Soziologie d

Reihe herausgegeben von
R. Diaz-Bone, Luzern, Schweiz
L. Knoll, Hamburg, Deutschland

Konventionen sind Koordinationslogiken, die in Situationen von kompetenten Akteuren pragmatisch in Werk gesetzt werden. Die in Frankreich entstandene, transdisziplinäre Wissenschaftsbewegung der Konventionentheorie („Economie des conventions") hat sich seit einigen Jahren in den deutschsprachigen Sozialwissenschaften etabliert. War es anfangs die Rezeption durch die Wirtschaftssoziologie und die Sozioökonomik, die die Konventionentheorie prominent gemacht hat, so hat sich schnell gezeigt, dass der Ansatz ein deutlich breiteres Anwendungsspektrum hat wie Arbeit und Organisation, Erziehung und Bildung, Recht, Gesundheit und andere sozialwissenschaftliche Forschungsbereiche. Die Konventionentheorie liefert sowohl grundlegende Beiträge zur sozialwissenschaftlichen Theoriebildung sowie zur Methodologie im Spannungsfeld zwischen Pragmatismus und Strukturalismus also auch empirische Anwendungen und Forschungsbefunde in verschiedenen institutionellen Bereichen, so dass man von diesem Ansatz auch als von einem komplexem pragmatischen Institutionalismus sprechen kann.
Um diese weite Perspektive auf die Konventionentheorie zum Ausdruck zu bringen hat sich in der deutschsprachigen konventionentheoretischen Forschung die Bezeichnung „Soziologie der Konventionen" etabliert – dabei wird „Soziologie" weit verstanden und nicht nur auf die Fachwissenschaft beschränkt. Die Transdisziplinarität dieses Ansatzes ermöglicht nicht nur die Vermittlung mit anderen institutionentheoretischen Ansätzen, sondern auch die gegenstandsbezogene Integration sozialwissenschaftlicher Forschung, die bislang in „Bindestrichdisziplinen" getrennt bleibt.
Die SPRINGER VS-Buchreihe „Soziologie der Konventionen" präsentiert aktuelle deutschsprachige Beiträge zu diesem transdisziplinären Feld. Es werden sowohl Monographien als auch thematisch fokussierte Herausgeberschaften publiziert.

Weitere Bände in der Reihe http://www.springer.com/series/15571

Rainer Diaz-Bone

Die „Economie des conventions"

Grundlagen und Entwicklungen der neuen französischen Wirtschaftssoziologie

2. Auflage

Springer VS

Rainer Diaz-Bone
Universität Luzern
Luzern, Schweiz

Soziologie der Konventionen
ISBN 978-3-658-21061-8 ISBN 978-3-658-21062-5 (eBook)
https://doi.org/10.1007/978-3-658-21062-5

Die Deutsche Nationalbibliothek verzeichnet diese Publikation in der Deutschen Nationalbibliografie; detaillierte bibliografische Daten sind im Internet über http://dnb.d-nb.de abrufbar.

Springer VS

Verantwortlich im Verlag: Katrin Emmerich

Gedruckt auf säurefreiem und chlorfrei gebleichtem Papier

Springer VS ist ein Imprint der eingetragenen Gesellschaft Springer Fachmedien Wiesbaden GmbH und ist ein Teil von Springer Nature
Die Anschrift der Gesellschaft ist: Abraham-Lincoln-Str. 46, 65189 Wiesbaden, Germany

Für meine Mutter
Maria Diaz-Santanilla
(geborene Bone)
1943–2013

Inhaltsüberblick

Inhalt

Verzeichnis der Abbildungen

Verzeichnis der Tabellen

Vorwort zur zweiten Auflage

In der deutschsprachigen Wirtschaftssoziologie sowie in den deutschsprachigen Sozialwissenschaften findet die Economie des conventions (EC) nun zunehmend Beachtung und Anwendung. Zudem entwickelt sich die Economie des conventions auch in Frankreich weiter. Für die zweite Auflage wurden einige Aktualisierungen und Ergänzungen vorgenommen.

Die zweite Auflage erscheint als erster Band in der neuen Reihe „Soziologie der Konventionen" bei Springer VS. Die Reihe soll der zunehmenden Internationalisierung sowie der wachsenden Bedeutung der EC insbesondere in den deutschsprachigen Sozialwissenschaften Rechnung tragen und dafür nun ein Forum darstellen.[1]

Im Frühjahr 2017 habe ich während eines Forschungssemesters Recherchen zu den weiteren Entwicklungen der EC durchgeführt. Während dieser Zeit war ich auf Einladung von Olivier Favereau am *Collège des Bernardins* (Paris) und auf Einladung von Christian Bessy an der *Ecole normale supérieure Paris-Saclay* (Cachan) Gastwissenschaftler an diesen beiden Institutionen. Erneut haben viele Gespräche mit Vertreterinnen und Vertretern der ersten, zweiten und nun auch dritten Generation der EC mir weitere Einblicke in diese Wissenschaftsbewegung ermöglicht. Ihnen allen danke ich dafür.

Rainer Diaz-Bone
Luzern im März 2018

1 Siehe den französisch-englischen Blog „Economie des conventions/Economics of convention" unter https://conventions.hypotheses.org/

Vorwort zur ersten Auflage

Seit einigen Jahren wächst in den deutschsprachigen Sozialwissenschaften das Interesse an den neuen französischen Sozialwissenschaften im Allgemeinen und der neuen französischen Wirtschaftssoziologie im Besonderen. Die „*Economie des conventions*" ist für beides ein zentraler Bestandteil. Auf sie stößt man nun auch außerhalb Frankreichs, wenn man danach fragt, was maßgebliche Entwicklungen der Sozialwissenschaften in Frankreich seit den 1980er-Jahren sind.

Dieses Buch hat sein Entstehen vielen Kooperationen zu verdanken. Es sind anfangs die Treffen mit Robert Salais in Berlin seit Mitte der 2000er-Jahre gewesen (der dort viele Jahre an verschiedenen Forschungseinrichtungen gearbeitet hat), welche hilfreich und instruktiv für dieses Buchprojekt gewesen sind. Die Treffen und die sich intensivierende Zusammenarbeit mit ihm und vielen anderen Vertreterinnen und Vertretern der Economie des conventions – seit den 2010er-Jahren dann überwiegend in Paris –, haben mir Einblicke in diese lebendige und vielseitige Wissenschaftsbewegung ermöglicht. Für die institutionellen Einladungen und Anbindungen, für die vielen Begegnungen und Gespräche, für das meiner Forschung entgegengebrachte große Interesse sowie für die dann auch private Gastfreundschaft der Konventionentheoretiker in Paris bin ich zutiefst dankbar. Für längere Gespräche und – zum Teil mehrere – Interviews haben sich viele zur Verfügung gestellt. Zum Teil wurden sie als solche vereinbart, zum Teil haben sie sich in verschiedenen Institutionen und anlässlich von Konferenzen ergeben. Danken möchte ich Robert Salais, Laurent Thévenot, Christian Bessy, Claude Didry, Olivier Favereau, André Orléan, François Eymard-Duvernay, Alain Desrosières, Pierre Boisard, Elisabeth Chatel, Guillemette de Larquier, Delphine Remillon, Joëlle Affichard, Philippe Batifoulier, Nicolas Postel, Franck Bessis, Ariane Ghirardello, Laura Centemeri, Claire Judde de Larivière, Tommaso Vitale, Jean-François Lejeune, Thomas Barreto, Géraldine Rieucau und Marie-Geneviève Michal-Salais. Sie haben bereitwillig über die Entwicklung und die Positionen der Economie des conventions sowie über ihre eigenen Karrieren Auskunft gegeben, die mit diesem Ansatz verbunden sind.[2]

Claude Didry hat mich im Herbstsemester 2012 als Gastwissenschaftler an die *Ecole normale supérieure de Cachan* (ENS de Cachan/Paris) in die dortige Forschungswerkstatt („laboratoire") *Institutions et dynamiques historiques de l'économie et de la société* (IDHES) eingeladen. Olivier Favereau hat im November 2012 am *Collège des Bernardins* (Paris) ein Kolloquium der „Konventionalisten" anlässlich der Forschungsarbeiten zu diesem Buchprojekt organisiert. Es sind dann im Herbst 2012 weitere Einladungen für Vorträge in Paris gefolgt, wie die von Laurent Thévenot an die *Ecole des hautes études en sciences sociales* (EHESS) oder wie die der Konventionentheoretiker um Olivier Favereau und Francois Eymard-Duvernay in das Kolloquium an der Universität Paris 10 (Nanterre). Christian Bessy hat mich für die Ausrichtung eines Panels („Conventions and law from a historical perspective") im Rahmen des Kongresses der *Association française d'économie politique* (AFEP) im Sommer 2014 an die ENS de Cachan/Paris eingeladen.

Seit 2010 waren auch gemeinsame redaktionelle und editorische Kooperationen für Herausgeberschaften wertvolle Gelegenheiten, um ein tieferes Verständnis für die Genealogie und Struktur sowie für die verzweigten Forschungslinien der Economie des conventions zu erhalten.[3]

Dem ehemaligen Cheflektor für das Fach Soziologie Frank Engelhardt (damals noch beim VS Verlag) danke ich dafür, dass er dieses Buchprojektes beim VS Verlag aufgenommen hat. Das Projekt hat viele Jahre in Anspruch genommen. Er und der ihm folgende Cheflektor Andreas Beierwaltes haben mit viel Geduld die Fertigstellung des Buches abgewartet. Dem Redaktionsteam im Fach Soziologie Andreas Beierwaltes, Cori Mackrodt, Katrin Emmerich und Katharina Gonsior danke ich für die Betreuung – nun im Springer VS Verlag. Frau Monika Neitzke hat die einzelnen Kapitel redigiert, auch ihr danke ich für diese Unterstützung.

Mittlerweile befassen sich auch in Deutschland, in der Schweiz sowie in Österreich Forschungsgruppen sowie einzelne Sozialwissenschaftlerinnen und Sozialwissenschaftler mit diesem Ansatz und beziehen ihn in vielfältiger Weise in empirische Forschung ein. Auch dem sich zunehmend intensivierenden (sowie sich organisierenden) Austausch in diesem entstehenden Netzwerk der deutschsprachigen

2 Siehe auch die publizierten Interviews Salais (2008a), Favereau (2012), Bessy (2013), Didry (2013a). Orléan (2013) sowie Eymard-Duvernay und Marchal (2014).

3 Siehe Diaz-Bone und Thévenot (Hrsg.)(2010), Diaz-Bone und Salais (Hrsg.)(2011, 2012), Diaz-Bone, Didry und Salais (Hrsg.)(2015).

Konventionentheoretikerinnen und Konventionentheoretiker verdanke ich viele Anregungen und Einsichten.[4]

Ich hoffe, dass das vorliegende Buch als nützlicher Intermediär (in dem Sinne des Wortes, wie er in diesem Buch eingeführt wird) für eine sich intensivierende Rezeption der Economie des conventions in den deutschsprachigen Sozialwissenschaften fungieren wird.

Rainer Diaz-Bone
Luzern im Februar 2015

4 Siehe dazu das Kapitel 11.

Einführung 1

„Die Etymologie eines Wortes hilft zu präzisieren, was es auf einer allgemeinen Ebene – per Konvention – zu verstehen gilt. Konvention (1268 [zuerst erwähnt]) kommt vom lateinischen *conventio*, was seinerseits abstammt von *convenire*: zusammenkommen, im weiteren Sinne: eine Übereinkunft erzielen." (Salais 1989, S. 213; Herv. i. Orig.)[5]

1.1 Einleitung

Der vorliegende Band stellt die erste einführende Gesamtdarstellung zu dem französischen Ansatz der *Economie des conventions* dar. In Frankreich gibt es diesen transdisziplinären Ansatz im Bereich der Wirtschaftssoziologie und Institutionenforschung seit mehr als drei Jahrzehnten. Mittlerweile liegt in Frankreich eine kaum mehr zu überblickende Zahl an Publikationen vor, und man kann bereits von einer zweiten und dritten Generation der Economie des conventions sprechen. Es gibt in Frankreich Einführungen in die Marktsoziologie oder in die Wirtschaftssoziologie, in die Soziologie des Unternehmens oder in die Arbeitssoziologie, in denen dieser Ansatz präsentiert wird.[6] Dennoch fehlt auch dort bislang eine Monographie, die eine

5 Übersetzung RDB.

6 Für Frankreich siehe beispielsweise zur Marktsoziologie die Darstellung von François (2008), zur Analyse der Regeln in der Ökonomie Postel (2003), zur Theorie des Unternehmens Eymard-Duvernay (2004) und auch Thuderoz (2005), zur Theorie des Gehalts Reynaud (1994), zur Theorie der Unsicherheit Moureau und Rivaud-Danset (2004), zur Ökonomie der singulären Güter Karpik (2011), zur Wirtschaftssoziologie den Beitrag von Heilbron (2001), Eymard-Duvernay (2009) sowie in dem Sammelband von Steiner und Vatin (Hrsg.)(2009). Für die Wirtschaftsgeschichte in Frankreich gibt es frühe Darstellungen mit den Beiträgen von Lepetit (1995a, 1995b) und Dewerpe (1995) in dem Sammelband von Lepetit (Hrsg.)(1995); siehe für die Wirtschaftsgeschichte insgesamt auch die Beiträge in Diaz-Bone und Salais (Hrsg.)(2011), in De Munck und Lyna

R. Diaz-Bone, *Die „Economie des conventions"*, Soziologie der Konventionen, https://doi.org/10.1007/978-3-658-21062-5_1

systematische Einführung und einen systematischen Überblick bietet. Dafür gibt es sicher viele Gründe. Neben der Zahl der Publikationen sind es auch die Anzahl der Forscherinnen und Forscher sowie das Spektrum der beteiligten Disziplinen und Anwendungsfelder, die dazu beitragen, dass kaum noch jemand alle Forschungsbereiche und Aspekte dieses Ansatzes länger repräsentieren und integrieren kann.

Die Economie des conventions (kurz EC) ist eine pragmatische *Grundlagentheorie* für die transdisziplinäre Analyse – nicht nur, aber wesentlich – ökonomischer Institutionen.[7] Zugleich ist sie ein anwendungsbezogener Ansatz, der die *empirische* Analyse der ökonomischen Koordination und der darin erfolgenden Konstruktionen von Wertigkeiten ermöglicht. Dies geschieht auf der Grundlage eines (erneuten) *pragmatic turn*, der seit den 1980er-Jahren in den neuen französischen Sozialwissenschaften stattgefunden hat und der seit einigen Jahren nun auch in den deutschsprachigen Sozialwissenschaften rezipiert wird. Eine traditionelle pragmatische Position ist diejenige des Pluralismus. So gilt auch für die EC, dass sie die Vielfalt ökonomischer Handlungslogiken ins Zentrum ihrer Analyse stellt. Gleichzeitig bricht sie radikal mit den vermeintlichen Evidenzen der Mainstream-Ökonomie, wie den gegebenen Eigenschaften und Qualitäten der Güter, der Rationalität der Akteure, dem Markt als sich selbst regulierendem und anonymem Zentralmechanismus für die Ökonomie. Aus Sicht der Economie des conventions sind Institutionen nicht externe Bedingungen (constraints), die für das Entscheiden und Koordinieren in der Ökonomie als gegeben zu betrachten sind – und die für das Erreichen einer „effizienten" Produktion und Distribution da sein müssen, um die opportunistischen Handlungsziele der Akteure sowie Informationsasymmetrien auszugleichen. Die EC geht im Gegenteil davon aus, dass Akteure vielmehr die Wirtschaft praktisch in Situationen „koordinieren" müssen und dass das Gelingen der Koordination trotz vorhandener Institutionen unsicher ist und daher immer wieder neu erreicht werden muss. Dabei gibt es zusätzliche stabilisierende Mechanismen und Praktiken,

(Hrsg.)(2015) sowie mit Bezug auf das Verhältnis von Recht und Wirtschaftsgeschichte Diaz-Bone et al. (Hrsg.)(2015). In Deutschland finden sich entsprechende Beiträge in den Sammelbänden zur Marktsoziologie von Beckert et al. (Hrsg.)(2007) sowie in dem Sammelband zur Wirtschaftssoziologie Beckert und Deutschmann (Hrsg.)(2009). Zuletzt findet sich eine Darstellung in der Einführung zur Wirtschaftssoziologie von Hedtke (2014) sowie in dem Sammelband zur Sozioökonomik von Hedtke (Hrsg.)(2015).

7 Das Kürzel EC hat sich etabliert, da es gleichermaßen für die französische Bezeichnung „économie des conventions" (hier „conventions" im Plural) als auch für die englische Übersetzung „economics of convention" (hier „convention" im Singular) als Abkürzung dient. Aus diesem Grund wird auch in der deutschen Rezeption zumeist das Kürzel EC verwendet. Bezeichnungen wie „Konventionenökonomie", „Konventionentheorie" oder „Ökonomie der Konventionen" sind die Ausnahme geblieben.

die Koordinationen mit situationsübergreifender Dauer und Reichweite ausstatten (wie insbesondere das Konzept der Forminvestition deutlich macht). Dafür ist ein Konzept kompetenter Akteure erforderlich, die, gestützt auf kognitive Formen und gestützt auf Objekte, die Pluralität der ökonomischen Handlungslogiken praktisch „handhaben" und diskursiv „begründen" können, wenn diese in die Kritik geraten, wenn es praktische Probleme gibt, wenn die Angemessenheit des bisherigen Operierens infrage gestellt wird. Die Sphäre der Ökonomie ist damit nicht erst für die Sozialphilosophie ein Feld der Moralität, sondern für die Alltagsakteure sind bereits Fragen der Richtigkeit (*justesse*) und der Gerechtigkeit (*justice*) praktisch normativ-ethische Fragen, die sie im konkreten Handeln in der Ökonomie lösen und (deren Ansprüche sie) einlösen müssen (Boltanski/Thévenot 2007). Damit kann die EC auch als eine neue Form einer politischen Ökonomie gelten, die der Bedeutung des Begriffs „politische Ökonomie" eine andere Wendung gibt. Denn die ökonomische Analyse bezieht nun die empirische Bedeutung und die Pluralität der Werte in die Analyse ein.

1.2 Konventionen

Aus Sicht der EC beziehen sich Akteure für die ökonomische Koordination auf Konventionen. Der Begriff der Konventionen bezeichnet dabei nicht einfach etablierte Standards. Er bezeichnet insbesondere auch nicht Traditionen, Bräuche und Sitten – wie dies etwa bei Max Weber noch als Verständnis des Konzepts der Konvention zu finden ist (Weber 1980).[8] Stattdessen werden Konventionen als kulturell etablierte Koordinationslogiken aufgefasst. Das Konzept der Konvention weist damit eine Ähnlichkeit zu anderen soziologischen Konzepten auf, wie dem des Rahmens in der Theorie von Erving Goffman (1977). Im Unterschied zu dem Rahmenkonzept von Goffman sind Konventionen im Rahmen der EC auf Objekte und kognitive Formate gestützt. Für die EC dienen Konventionen nicht einfach der „Definition der Situation", sie sind fundamentaler für die Konstruktion von

8 Wenn auch Weber in dieser Hinsicht irrelevant für die EC ist, so finden sich doch andere klassische Theoretiker, die ein Konzept der Konvention entwickelt haben und die in der EC diskutiert werden. Siehe beispielsweise für das Konventionenkonzept von David Hume die Beiträge von Latsis (2005, 2006, 2007). Es sind dann aber undogmatische Rezeptionen der Konventionenkonzepte von David Lewis und John M. Keynes, die in der EC prominent geworden sind, die in den folgenden Kapiteln eingeführt werden (Postel 2003). Siehe weiter auch die Beiträge in Baillé (Hrsg.)(2010) sowie den Band von Marmor (2009) zur Vielfalt der Konventionenkonzepte.

Evaluationen, Wertigkeiten und Qualitäten (von Objekten, Personen, Handlungen, Kategorien usw.) in Situationen erforderlich. Konventionen sind insgesamt ein Zentralkonzept dieses neuen Ansatzes, und mit Bezug auf Konventionen kann die Frage beantwortet werden, wie die radikale Unsicherheit über die ökonomisch relevanten Qualitäten in Situationen für die koordinierenden Akteure gelöst wird (Diaz-Bone 2011a). Das namensgebende Konzept der Konvention wird in der EC also scheinbar unkonventionell verwendet. Wie das Eingangszitat von Robert Salais verdeutlicht, verweist das Wort aber ursprünglich im Lateinischen auf die Anforderung des praktischen Erreichens einer Übereinkunft. Die EC bezieht nun die Bedeutung auf dieses Erfordernis für gelingende Koordinationen in ökonomischen Situationen. Auch wenn das Konzept der Konvention ein Zentralkonzept ist, wird es mit anderen neuen Konzepten vernetzt, sodass mit der EC ein umfassender und vollständiger wirtschaftssoziologischer sowie institutionentheoretischer Ansatz vorliegt.

1.3 Die neue französische Wirtschaftssoziologie

Das transdisziplinäre Feld der Analyse der Ökonomie hat sich als ausgezeichnetes Feld für die Weiterentwicklung soziologischer Theorieansätze erwiesen, was sich im deutschsprachigen Raum an dem Wiedererstarken der Wirtschaftssoziologie und an der Intensivierung von Forschungsaktivitäten im Feld der (neuen) Wirtschaftssoziologie(n) erkennen lässt (Beckert 1996; Beckert et al. Hrsg. 2007; Beckert/Deutschmann Hrsg. 2009).

Allerdings galten lange lediglich die Innovationen aus der amerikanischen Wirtschaftssoziologie als Beiträge zu einer „new economic sociology". Auch diese Einschätzung hat sich seit einigen Jahren geändert. Mit der EC steht ein genuin französischer Beitrag zur „new economic sociology" zur Verfügung als Ansatz für eine (re)integrierte pragmatische Analyse der ökonomischen Koordination und der ökonomischen Institutionen durch die Wirtschaftssoziologie, die Wirtschaftswissenschaft, das Wirtschaftsrecht, die Wirtschaftsgeschichte und die Wirtschaftsstatistik. Die EC stellt den Kern der neuen pragmatischen Soziologie in Frankreich dar, und man kann die EC als den Hauptbeitrag zur neuen französischen Wirtschaftssoziologie ansehen (Diaz-Bone 2011a). Wie die amerikanische neue Wirtschaftssoziologie, so hat die französische neue Wirtschaftssoziologie ihre Anfänge in den frühen 1980er-Jahren. Was sie aber von der amerikanischen Parallelbewegung unterscheidet, ist ihre Transdisziplinarität. Denn sie integriert für die historische Analyse der ökonomischen Institutionen und Koordinationspraktiken soziologische, wirtschaftswissenschaftliche und rechtswissenschaftliche Beiträge, ohne dass hierfür disziplinäre Zuständigkeiten als Barrieren aufgefasst würden. Insbesondere die deutsche Wirtschaftssoziologie hat lange in einer engen Auffassung dessen verharrt, was das Feld und die Gegenstände der Wirtschaftssoziologie denn seien. Sie hat sich ihrer Relevanz zu lange dadurch zu versichern versucht, dass sie vorwiegend die Exegese der großen deutschen Klassiker der Wirtschaftssoziologie betrieb, und eben damit hat sie ihre Bedeutung riskiert. Bis heute ist die Wirtschaftssoziologie in Deutschland von der Rechtssoziologie separiert. Arbeits- und Industriesoziologie, Organisationssoziologie, Professionssoziologie und soziologische Theoriebildung waren hier ebenfalls lange schlecht verzahnt mit der wirtschaftssoziologischen Forschung. Gerade die nahtlose Integration von rechtswissenschaftlichen, wirtschaftswissenschaftlichen, statistischen und soziologischen Denkweisen in der Analyse von Institutionen macht den neuartigen transdisziplinären Charakter der EC aus, der im Feld der Wirtschaftssoziologie international wohl einmalig ist.

1.4 Zielsetzung und Anlage des Buches

Das vorliegende Buch führt in die französische Economie des conventions ein.[9] Die Einführung erfolgt einmal in die Theorie dieses Ansatzes. Weiterhin werden die wichtigen Arbeiten vorgestellt. Zudem wird der Forschungsansatz in verschie-

---

9 Es gibt auch eine amerikanische Form der „Economics of convention", die als ein mikroökonischer Ansatz in der wirtschaftswissenschaftlichen Spieltheorie ebenfalls Kooperationen und Interaktionen zwischen Individuen untersucht. Dabei werden die Spieler insofern als vollständige Akteure betrachtet werden, da davon ausgegangen wird, dass sie selbstständig Kalküle treffen können, da sie individuell Sachverhalte (Ereignisse, Güter, andere Personen) bewerten können. Die amerikanische Economics of convention modelliert mathematisch die Entstehung von Konventionen zwischen diesen rational kalkulierenden Akteuren. Diese Version behält damit die Grundannahmen der mikroökonomischen, wirtschaftswissenschaftlichen Theorie bei. Siehe für repräsentative Arbeiten Wärneryd (1990) und Young (1993). Die französische EC untersucht dagegen, wie Konventionen Kalküle *ermöglichen*. Sie geht davon aus, dass Konvention als soziale Tatsachen zunächst entstehen, sich bewähren und dann den Interaktionen vorausgehen. Die französische EC bricht gleich mit einer ganzen Reihe der mikroökonomischen, wirtschaftswissenschaftlichen Grundannahmen (wie dem Rationalitätskonzept, der Externalisierung von Präferenzen und Güterqualitäten sowie auch mit dem methodologischen Individualismus; siehe Kapitel 10). Dieses Buch behandelt nur die französische EC, die im Unterschied zur amerikanischen Version auch tatsächlich transdisziplinär ist. Pierre-Yves Gomez (1994, S. 87f), Batifoulier und Larquier (2001a, 2001b) sowie Larquier und Batifoulier (2005) haben die Unterschiede zwischen diesen beiden Versionen herausgearbeitet.

denen Forschungsbereichen aus seinen Forschungsbeiträgen so rekonstruiert, dass sich der Denkstil – im Sinne von Ludwik Fleck (1980) – und der Forschungsstil der EC abzeichnen. Es geht hier daher nicht vorrangig um eine Berichterstattung von Forschungsergebnissen, davon, was in der französischen Ökonomie, in ihren Branchen und Unternehmen in den letzten Jahrzehnten erfolgt ist und was es dort an Koordinationsprozessen zu identifizieren gab. Vielmehr soll anhand des Einblicks in die Forschungen der Vertreterinnen und Vertreter der EC ein Verständnis ermöglicht werden, wie eine Theoriekultur mitsamt zugehöriger Methodenkultur in den letzten Jahrzehnten so mobilisiert, formiert und angewandt worden ist, dass damit ein wesentlicher Beitrag für die Wirtschaftssoziologie entwickelt wurde.

Die Kapitel 2, 3 und 4 präsentieren die Anfänge der EC. Das Kapitel 2 versucht die institutionelle und kognitive Struktur der EC freizulegen, indem wissenschaftshistorisch und wissenschaftssoziologisch ihre Formierung und Etablierung nachgezeichnet wird. Ohne diese so eröffnete Perspektive wird sich ein angemessenes Verständnis dafür nicht einstellen, dass es sich nicht um ein Paradigma – dies nun im Sinne von Thomas Kuhn (1996) – handelt, sondern um eine breite und transdisziplinäre Wissenschaftsbewegung. Die zwei Gründungsmomente sind zum einen die Analyse der klassifizierenden Praktiken der statistischen Klassifikationen (Kapitel 3) sowie zum anderen die Analyse der Arbeit und der Arbeitsmärkte (Kapitel 4). Das Kapitel 5 führt das Zentralkonzept der Konvention in der Gestalt der Qualitätskonventionen ein, denn das „Qualitätsproblem", also die in der Koordination zu bewältigende Unsicherheit über die in die Situation involvierten Qualitäten (Wertigkeiten, Eigenschaften), ist der Ausgangspunkt für die Analysen der EC. In diesem Kapitel werden auch Grundzüge des ersten Grundlagenwerks von Luc Boltanski und Laurent Thévenot systematisch eingeführt, das 2007 unter dem Titel „Über die Rechtfertigung" in der deutschen Übersetzung erschienen ist. Das andere Grundlagenwerk „Worlds of production" von Michael Storper und Robert Salais (1997), wird im Kapitel 6 eingeführt. Das Konzept der Produktionswelten ergänzt dasjenige der Qualitätskonventionen. Die Beiträge der EC zur Analyse der Finanzmärkte und des Geldes hat André Orléan vorgelegt. Diese werden in Kapitel 7 eingeführt. Die Integration der Analyse des Rechts – hier insbesondere des Arbeitsrechts und des Vertrages – ist wesentlich für die EC. Diese Arbeiten werden in Kapitel 8 systematisiert. Die Analysen der statistischen Klassifikationen sind im Kontext der EC fortgeführt worden. Das folgende Kapitel 9 repräsentiert die konventionentheoretischen Arbeiten zur Quantifizierung und zum Zusammenhang zwischen Staat, Regierung und Statistik. Danach wird die methodologische Position als komplexer pragmatischer Situationalismus im Kapitel 10 diskutiert und die EC als eine zeitgenössische Form eines pragmatischen Institutionalismus skizziert. Das Kapitel 11 diskutiert Perspektiven der EC.

2 Formierung und institutionelle Struktur

„Seit geraumer Zeit gibt das Konzept der Konvention Anlass zur Diskussion und es nährt unaufhörlich die zeitgenössischen Debatten zur Handlungstheorie. Die aktuelle Strömung der sogenannten *Economie des conventions* ist gleichermaßen in Ökonomie und Soziologie gegenwärtig und dient beiden dazu, neue Forschungsfelder zu erschließen." (Nachi 2006, S. 19f; Herv. i. Orig.)[10]

2.1 Einleitung

Die Economie des conventions stellt seit den 1980er-Jahren in Frankreich einen der einflussreichsten sozialwissenschaftlichen Ansätze dar. Sie ist Teil der „neuen französischen Sozialwissenschaften" (Wagner 1993; Dosse 1999; Corcuff 2011), die sozialwissenschaftliche Großparadigmen und dominierende Soziologien ablösen – wie die Bourdieusche Soziologie –, die sich seit den 1960er-Jahren in Frankreich etabliert hatten. In diesem Kapitel wird die Entstehung der EC skizziert, wobei es zunächst nicht darum geht, hier bereits die Theorie zu umreißen, sondern es sollen die institutionellen Entstehungskontexte und die Etappen des Formierungsprozesses der EC dargestellt werden.

Ein Verständnis der Theoriestruktur des Ansatzes, der Eigenheiten und der Bedeutung der EC setzt voraus, dass man die spezifischen Organisationsformen der Forschung in den französischen Sozialwissenschaften und den Theoriekontext berücksichtigt, in dem die EC sich formiert hat. Für eine Außenperspektive (insbesondere für eine deutsche) ist die EC nicht ohne Weiteres klar abzugrenzen – etwa indem man eine Reihe von Autoren oder Monografien angibt. Die EC stellt *kein* Paradigma im engeren Sinne dar, wenn man darunter ein kohärentes Konzeptsys-

10 Übersetzung RDB.

R. Diaz-Bone, *Die „Economie des conventions"*, Soziologie der Konventionen, https://doi.org/10.1007/978-3-658-21062-5_2

tem versteht, das von einer Forschungsgruppe auf wenige beispielhafte empirische Anwendungen bezogen wird. Vielmehr handelt es sich zunächst um einen weitreichenden und heute in Frankreich etablierten Ansatz, der sich allmählich formiert hat, als verschiedene Forschungsgruppen sich bewusst wurden, dass sie ähnliche Problemstellungen hatten, und begannen, diese mit Theorien und Konzepten, die sie zumeist in ihrem institutionellen Umfeld vorfanden, in neuer Weise zu bearbeiten. Anfänglich hatte die EC eher den Charakter einer wissenschaftlichen Bewegung, die verschiedene Einflüsse aufnahm und die bis heute auch verschiedene Strömungen beinhaltet. Daher gibt es nicht die eine „Person" und das begründende Werk für die EC. Die EC bildet bis heute ein transdisziplinäres Netzwerk, das wesentlich von Wirtschafswissenschaftlern und Soziologen und dann auch von einigen Historikern an verschiedenen Einrichtungen und in verschiedenen Kooperationsformen gebildet wurde.

2.1.1 Anteil außeruniversitärer Forschung in Frankreich

Vergleicht man die Institutionalisierung der deutschen Sozialwissenschaften mit derjenigen in Frankreich, so fällt auf, dass in Deutschland die Universitäten einen bedeutenderen Anteil an der Forschung haben, als dies für Frankreich gilt. Entsprechend sind die außeruniversitären Forschungseinrichtungen in Frankreich bedeutsamer als in Deutschland. Das mag ein Resultat auch der Humboldtschen Maxime von der Einheit von Forschung und Lehre an den Universitäten sein. Zumeist sind hier drittmittelfinanzierte Forschungsprojekte an Lehrstühle angegliedert oder werden sogar im Rahmen der universitären Forschung (mit Zuschüssen) durchgeführt. Reine Forschungseinrichtungen (wie das Wissenschaftszentrum zu Berlin, Max-Planck-Institute wie das MPI für Gesellschaftsforschung und verschiedene Institute für Sozialforschung, vgl. Weischer 2004) sind für die Sozialwissenschaft zwar von eminenter Bedeutung, ihr Anteil an der Forschung fällt aber geringer aus, als dies in Frankreich der Fall ist. Hier finden sich – konzentriert im Großraum Paris – große Forschungseinrichtungen, denn Paris ist auch die Wissenschaftshauptstadt Frankreichs (Pinçon/Pinçon-Charlot 2014). Zudem gibt es nationale Forschungsinstitutionen mit vielen Teilorganisationen, von denen das *Centre nationale de recherche scientifique* (CNRS) in seiner Größe kein deutsches Pendant hat.[11]

11 Das CNRS ist eine nationale Institution, die der Finanzierung und Koordination der französischen Wissenschaft dient. Das CNRS finanziert vollständig oder teilweise mehrere Zehntausend Wissenschaftler in ganz Frankreich (mit Schwerpunkt im Raum Paris) und verfügt über einen Etat von über 3,5 Milliarden €. Wie die EHESS fördert das CNRS die

2.1.2 Arbeitsformen

Für die Wissenschaftslandschaft in Frankreich sind Forschungsgruppen und Forschungszentren typisch, die dauerhaft eingerichtet sind, die zumeist an die nationalen sozialwissenschaftlichen Institutionen – wie die *Ecole des hautes études en science sociales* (EHESS)[12] – angegliedert sind oder durch sie finanziert werden (wie durch das CNRS) und mit den Eliteuniversitäten (Grandes écoles wie die verschiedenen *Ecoles normales supérieures* und die *Ecole polytechnique*) und einigen Pariser Universitäten vernetzt sind.[13] (Im Unterschied zu den Sonderforschungsbereichen der DFG, die finanzierte Forschungsverbünde sind, deren Mitglieder zumeist an

Kooperation zwischen Wissenschaftlern und wissenschaftlichen Einrichtungen, sodass Wissenschaftler häufig mehreren Einrichtungen zugerechnet werden.

12 Die EHESS ist eine staatlich finanzierte Ausbildungs- und auch Forschungsinstitution, die verschiedene Studiengänge anbietet, in denen Kompetenzen für die sozialwissenschaftliche Forschung ausgebildet werden. Sie wurde 1975 gegründet (und ist aus der 6. Sektion „Wirtschafts- und Sozialwissenschaften" der *Ecole pratique des hautes études* hervorgegangen). Die Einrichtungen der EHESS sind mehrheitlich im Raum Paris untergebracht (14 Standorte), außerdem gibt es Einrichtungen in Lyon, Toulouse und Marseille. Sie unterhält Forschungskooperationen mit weiteren nationalen Einrichtungen wie dem CNRS, dem INSEE sowie Forschungsverträge mit verschiedenen Universitäten und Grandes écoles (wie den ENS, der ENSAE oder der Ecole polytechnique) in ganz Frankreich und kooperiert mit ihnen in der Ausbildung von Doktoranden. Siehe auch www.ehess.fr

13 Die Grandes écoles sind eigenständige Ausbildungsinstitutionen, die sich von den anderen staatlichen Universitäten unterscheiden. Zuerst dadurch, dass der Zugang durch strenge Auswahlverfahren (die „concours") reglementiert ist. Viele Grandes écoles sind aber mit den Universitäten insofern vernetzt, als dass einige von ihnen lediglich Aufbaustudiengänge für Absolventen der Universitäten anbieten (die ENA ist institutionell gesehen insofern eine „Weiterbildungsuniversität"). Die ersten Grandes écoles wurden bereits Mitte des 18. Jahrhunderts gegründet, um die staatliche Elite für das Ingenieurwesen, die Wirtschaft und das Militär auszubilden (Rosanvallon 2000). Sie sind jeweils spezialisierte Ausbildungsinstitutionen und unterstehen zumeist direkt einzelnen Fachministerien (und nicht wie die Universitäten dem Bildungsministerium). Es gibt heutzutage ungefähr 200 Grandes écoles, die zwar in ganz Frankreich angesiedelt sind, aber deren größter Teil sich im Raum Paris konzentriert. Allerdings leiden die Grandes écoles an der fehlenden Verbindung von Forschung und Lehre und sie haben kein Promotionsrecht. (Damit hat der Doktortitel – anders als dies in Deutschland der Fall ist – weniger gesellschaftliches Prestige.) Bis heute sind die prestigeträchtigen Grandes écoles ein wesentlicher Teil der „Reproduktion" der französischen Eliten (Bourdieu 1988, 2004a; Schwibs 1988). Die renommiertesten Grandes écoles sind die *Ecole nationale d'administration* (ENA in Straßburg), die *Ecoles normales supérieures* (ENS rue d'Ulm in Paris, ENS Paris-Saclay, ENS de Lyon, ENS de Rennes), die *Ecole polytechnique* (heute Teil von ParisTech), das *Institut d'études politiques de Paris* (Science Po), die *Ecole des mines* (heute Teil von ParisTech).

verschiedenen Universitäten tätig sind, sind diese Gruppen und Zentren weitgehend von den Universitätsstrukturen unabhängig.) Weiter finden sich Arbeitsformen in der Forschung, die sich in Deutschland nicht finden, wie die der „Groupe", die kein informeller Arbeitszusammenhang ist und fest institutionalisiert sein kann (wie die GSPM an der EHESS, siehe unten), die des „Laboratoires" (der „Werkstatt"), die eine an einer Universität etablierte Forschungsgruppe ist, oder des „Séminaire", das eben keine einmalige Lehrveranstaltung, sondern eine universitäre Forschungsorganisation ist, die von einem oder mehreren renommierten Forschern geleitet wird, sich dauerhaft einem Forschungsthema widmet und auch der Qualifikation von Absolventen dient. Die Form des Séminaire findet sich auch für die Vorbereitung von Publikationen. Hier erfolgen dann (in größeren Abständen, aber institutionell gefördert) die Zusammenkünfte von Autoren sowie die Präsentation und Diskussion der ersten Fassungen von Buchbeiträgen.

Für die sozialwissenschaftliche Forschung muss man hinzufügen, dass sich hier ein weiterer Unterschied ergibt. Die größere Bedeutung der Forschungseinrichtungen resultiert aus den informellen Netzwerken zwischen den Forschungsgruppen und Institutionen, die so intensiver miteinander vernetzt sind, als dies für die dezentrale Forschungslandschaft in Deutschland möglich wäre. Es sind gerade die privaten Kontakte und Freundschaften, die im gemeinsamem Studium in Paris, aus der Zugehörigkeit zu Institutionen und Forschergruppen in diesem Raum entstehen und die die im Vergleich stärkere informelle Struktur der französischen Wissenschaft tragen.

2.1.3 „Wissenschaftsraum Paris"

Die Formierung der EC im Großraum Paris zu rekonstruieren bedeutet auch, sich zu vergegenwärtigen, dass Paris seit dem Hochmittelalter eine Wissenschaftsstadt ist und die französischen Wissenschaften sich seit Jahrhunderten sehr stark und in erster Linie an dem Geschehen in diesem Wissenschaftsraum orientiert haben. Im 13. Jahrhundert wurde die Sorbonne als erste Universität in Paris gegründet, die bald zu einem europäischen Zentrum der scholastischen Theologie wurde.[14] Bereits im ausgehenden Mittelalter war Paris auch ein europäisches Wissenschaftszentrum,

---

14 Die Sorbonne war damit eine der ersten Universitäten in Europa. Heute wird damit zunächst ein Gebäude im Quartier Latin bezeichnet, als selbstständige Universität gibt es die Sorbonne nicht mehr. Die Pariser Universitäten sind 1971 neu strukturiert worden, seitdem gibt es 13 Universitäten (Universités Paris 1 bis Paris 13) mit zusammen über 300 000 Studierenden.

in dem nicht nur die Theologie und Philosophie, sondern auch die Medizin und die Rechtswissenschaften aufblühten. Zudem wurde Paris zu einem Zentrum für die Übersetzertätigkeit (der antiken Schriften aus dem Arabischen ins Lateinische) und zu einem bedeutenden Verlagsort. Französisch etablierte sich nicht nur als Sprache der europäischen Höfe, sondern (ab dem 16. Jahrhundert) auch als europäische Wissenschaftssprache. Seit dem späten 17. Jahrhundert entstand die französische Aufklärung im Raum Paris (Serres 2002a). Es wurden wissenschaftliche Akademien gegründet, seitdem orientierte sich die westliche Welt an den französischen Wissenschaften und mit der französischen Revolution wurden die Wissenschaften zum ersten Anwalt des gesellschaftlichen Fortschritts. Die französischen Enzyklopädisten (wie Diderot und D'Alembert) versuchten ein letztes Mal, das gesamte Wissen der Neuzeit in vielen Bänden (Enzyklopädien) zu integrieren, sie präsentierten ein letztes Mal die Wissenschaften und das praktische Wissen ihrer Zeit als integriertes Wissenskorpus. Nach der französischen Revolution wurde diese Wissenschaftsentwicklung – insbesondere auch im Bereich der Naturwissenschaften und Technik – fortgesetzt und sogar forciert. Im 19. und 20. Jahrhundert entstand ein Gesellschaftsbild, das der Wissenschaft, der rationalen Planung und Standardisierung (im Sinne Saint-Simons) eine zentrale Rolle in der Formierung des zentralistischen französischen Nationalstaates und seiner Institutionen zuschrieb. Auch wenn in vielen europäischen Staaten (insbesondere England und Deutschland) und dann auch in den USA zu dieser Zeit eigene Wissenschaftszentren und Wissenschaftskulturen von vergleichbarem Gewicht entstanden, war und ist für Frankreich die Selbstorientierung des französischen Wissenschaftssystems seitdem eine Kontinuität. Es entstanden eigenständige französische Beiträge zur Fundierung bzw. Erneuerung der Sozialwissenschaften. Hier waren es zunächst vor allem die Durkheim-Tradition (Emile Durkheim, Marcel Mauss, Maurice Halbwachs, François Simiand) und die neue materielle Geschichtswissenschaft, die unter dem Namen ihrer Zeitschrift *Annales* berühmt geworden ist (Lucien Febvre, Marc Bloch, Fernand Braudel), welche sich beide zu Beginn des 20. Jahrhunderts etablierten und die Eigenständigkeit (aber auch die starke Orientierung an sich selbst) fortsetzten.[15] 1868 wurde die *Ecole pratique des hautes études* in Paris gegründet, die von Beginn an als Forschungseinrichtung konzipiert und als Gegenmodell zur Sorbonne positioniert wurde (Desrosières 2005a, S. 389). 1947 erhielt sie eine zusätzliche Sektion „Wirtschafts- und Sozialwissenschaften", die zu einer Stärkung der forschungsorientierten Soziwalwissenschaften führte. Mit dem

15 Siehe für die Entstehung, Etablierung und Wirkung der Durkheim-Tradition in Frankreich die Beiträge und Lepenies (Hrsg.)(1981a, 1981b), Steiner (2005a) sowie die Monografien von Subar (2012) und Heilbron (2015). Darstellungen zur Historikerschule um die Zeitschrift *Annales* finden sich in Burke (1991) und Dosse (1994).

französischen Strukturalismus und dem damit verbundenen Poststrukturalismus etablierte sich in den 1960er- und 1970er-Jahren ein erneut weltweit einflussreiches Großparadigma, das (international) weit und lange Zeit in die Geistes- und Sozialwissenschaften hineinwirkte (Dosse 1996, 1997, 1999; Cusset 2008; Heilbron 2015). Auch hier waren es französische Geistes- und Sozialwissenschaftler (Claude Lévi-Strauss, Michel Foucault, Roland Barthes, Jacques Lacan, Jacques Derrida, Pierre Bourdieu), deren Arbeiten bis heute weltweit gelesen werden und deren Vorlesungen an verschiedenen Pariser Wissenschaftsinstitutionen ein gesellschaftliches Ereignis waren. Noch lange nach dem Ende des Zweiten Weltkrieges sah sich Frankreich als Weltmacht, verstanden die französischen Kulturproduzenten und Wissenschaftler ihre Kultur und Wissenschaft als international bedeutsam, wenn nicht sogar als führend. Auch wenn die kulturellen und wissenschaftlichen Entwicklungen in Frankreich in anderen Ländern aufmerksam rezipiert wurden, sind der französische Kulturbetrieb und das französische Wissenschaftssystem bis heute durch eine vergleichsweise starke Orientierung an den *eigenen* Institutionen und deren Kultur- bzw. Theorieproduktion gekennzeichnet, was sich als Beharrungsvermögen eigener Traditionen und als Verzögerung wechselseitiger Rezeption mit nicht-französischen Entwicklungen auswirkt. Die benannten Schulen und Traditionen etablierten sich (mit unterschiedlichem Erfolg) institutionell und über mehrere Wissenschaftlergenerationen im Wissenschaftsraum Paris. Die EC entstand damit auch in einem französischen Theorienraum, der einmal durch die eigenen französischen Theorietraditionen, die hier präsent waren (und sind), und zum anderen durch die spezifischen französischen Rezeptionen und Spielarten anderer sozial- und wirtschaftswissenschaftlicher Paradigmen (wie dem Marxismus, neoklassischen Mainstream und Keynesianismus) gebildet wurden. Für Dosse (1999) und Heilron (2015) sind es einmal Großparadigmen wie Marxismus, Funktionalismus und Strukturalismus, die bis Anfang der 1980er-Jahre die etablierten Grundlagen der französischen Sozialwissenschaften ausmachten, bevor sie in die Kritik und die Krise gerieten. Moebius und Peter (2004) sowie Heilbron (2015) haben für die Soziologie konkreter einige soziologische Paradigmen ausgemacht, die in der Zeit von den 1960er- bis Ende der 1980er-Jahre in Frankreich dominant waren und die in vergleichbarer Weise „Gesellschaft als ein zusammenhängendes Ganzes begriffen, beruhend auf relativ stabilen Strukturen, Institutionen und sozialen Beziehungen" (Moebius/Peter 2004, S. 9). Dazu zählen sie die auf einem methodologischen Individualismus fundierende Theorie von Raymond Boudon, die ebenfalls bei der strategischen Handlung von Akteuren ansetzende Theorie von Michel Crozier und Erhard Friedberg, die Industriesoziologie und Soziologie sozialer Bewegungen von Alain Touraine sowie den genetischen Strukturalismus von Pierre Bourdieu.

Die institutionelle Dichte (sowohl für die Ausbildung der wissenschaftlichen Elite als auch für deren wissenschaftliche Tätigkeit), die Bedeutung der spezifischen Arbeitsformen und informellen Netzwerke, die lange praktizierte Selbstorientierung des französischen Wissenschaftssystems an der eigenen Wissenschaftsproduktion und seinen institutionellen Strukturen in diesem Großraum und die Dominanz der Großparadigmen stellten insgesamt die Ausgangsbedingung für die neueren sozialwissenschaftlichen Entwicklungen und insbesondere für die Formierung der EC dar.[16]

2.2 Gründungsmomente und Gründungsinstitutionen

Ende der 1970er-Jahre entstanden in der Soziologie und Philosophie verschiedene Gegenströmungen zu diesen Großparadigmen (Dosse 1997, 1999; Heilbron 2015). Im Unterschied zur Soziologie fanden sich in der französischen Philosophie Theorietraditionen, die in den Sozialwissenschaften nun zu neuem Gewicht kamen. Dazu zählten die Epistemologie von Michel Serres, der Poststrukturalismus (wie die Arbeiten von Gilles Deleuze und Felix Guattari) sowie die Arbeiten zur Hermeneutik von Paul Ricœur. François Dosse (1999, 2017) beschreibt, wie diese Philosophien – insbesondere die Arbeiten von Serres – nun aufgegriffen wurden und zusammen mit der Rezeption zeitgenössischer amerikanischer und deutscher Philosophie sowie soziologischer Forschungserfahrungen, die Sozialwissenschaftler in Auslandsaufenthalten sammelten, zu verschiedenen – anfangs noch wenig koordinierten – Ansätzen in Frankreich führten. Diese stellten hier zunächst noch geradezu „dissidente" Positionen gegenüber der etablierten französischen Wissenschaftslandschaft dar, fanden dann aber im Laufe der 1980er-Jahre wachsende Beachtung.

Hierzu zählte die in den späten 1970er-Jahren einsetzende Rezeption der pragmatischen und analytischen Philosophie aus den USA sowie der kritischen Theorie von Jürgen Habermas. Die akteurbezogenen und handlungsbezogenen Ansätze des Pragmatismus, die sich sowohl vom methodologischen Individualismus als auch von den makrotheoretischen und holistischen Traditionen absetzten, wurden seitdem intensiv rezipiert. Man kann mit Dosse von einem „pragmatic turn" (Dosse 1999, S. xvi) und einer einsetzenden „Repragmatisierung" der Sozialwissenschaften in den 1980er-Jahren sprechen.

16 François Dosse (1999, S. 65) spricht für die Zeit bis in die 1970er-Jahre, in der in den Geistes- und Sozialwissenschaften der Strukturalismus/Poststrukturalismus einflussreich war, gar von einem „Frankozentrismus".

2.2.1 Pragmatische Soziologie

Louis Quéré und Patrick Pharo führten im Laufe der 1980er-Jahre die Ethnomethodologie in Frankreich ein (Fornel et al. Hrsg. 2001). Die Arbeiten von Aaron Cicourel, Harold Garfinkel, Harvey Sacks und Erving Goffman wurden im Seminar von Quéré an der EHESS diskutiert, und 1986 fand eine erste Konferenz zur Konversationsanalyse statt, die Quéré mit Bernard Conein organisierte. Diese Autoren begannen in jener Zeit, die Konversationsanalyse mit kognitionstheoretischen Fragestellungen zur Klassifikation zu vermitteln. 1990 erschien der erste Band der Reihe „*Raisons pratiques*" in der Edition EHESS. In dieser Reihe finden sich seitdem grundlegende Beiträge zur „pragmatischen Soziologie", der pragmatischen Analyse von Handlung (ihrer Situativität, ihrem Objektbezug), der Praxis der Klassifikation und Kognition sowie zur Epistemologie.[17] Letztere hat in Frankreich eine lange Tradition. Insbesondere Gaston Bachelard und sein Nachfolger George Canguilhem haben seit den späten 1920er-Jahren die Epistemologie unabhängig von (und früher als) Kuhns Theorie der Paradigmen entwickelt. Sie haben verschiedene wissenschaftshistorische Betrachtungen der wissenschaftlichen Praxis durchgeführt und daraus zentrale Postulate für die Wissenschaftlichkeit abgeleitet wie dasjenige des epistemologischen Bruchs, das die anti-phänomenologische Position dieser Wissenschaftsphilosophie deutlich artikuliert. Der epistemologische Bruch besteht in der methodisch und instrumentell eingerichteten Distanzierung der wissenschaftlichen Forschung zur Alltagswelt, deren Konzepten, aber auch zum Subjektmodell als Modell für Erkennen und als Instanz für die Evidenz. Die Epistemologie von Bachelard und Canguilhem war die wissenschaftstheoretische Grundlage des französischen Strukturalismus, und insbesondere Michel Foucault und Pierre Bourdieu waren – auch weil sie von Canguilhem ausgebildet und gefördert wurden – stark an dem Bachelardschen Wissenschaftsverständnis orientiert.[18]

Die hier vorgestellten und in den 1980er-Jahren entstandenen Ansätze setzten sich bewusst von dem Wissenschaftsverständnis der französischen Epistemologie in der Tradition von Bachelard und Canguilhem ab. Das gilt insgesamt für die sich

17 Siehe Pharo und Quéré (Hrsg.)(1990), Conein, Dodier und Thévenot (Hrsg.)(1993), Fradin, Quéré und Widmer (Hrsg.)(1994), Fornel und Quéré (Hrsg.)(1999), Karsenti und Quéré (Hrsg.)(2004) sowie Bouvier und Conein (Hrsg.)(2007). Die wichtigsten Vertreter der französischen Rezeption der Ethnomethodologie sind mit ihren Ansätzen in dem Band von Fornel, Ogien und Quéré (Hrsg.)(2001) enthalten.

18 Siehe zum Einfluss der Epistemologie auf Foucault (Lepenies 1978; Diaz-Bone 2008) und zum Einfluss auf Bourdieu den Band von Bourdieu et al. (1991) sowie Bourdieu (2002). Eine Einführung in die verschiedenen Entwicklungen der Epistemologie in Frankreich gibt Pestre (2005).

formierende pragmatische Soziologie, wozu neben den Arbeiten der Ethnomethodologen Quéré und Pharo dann auch die Arbeiten von Francis Chateauraynaud,[19] Ruwen Ogien, Pierre Livet, Nicolas Dodier, Bernard Conein und Philippe Corcuff sowie einige der Arbeiten von Luc Boltanski und Laurent Thévenot gezählt werden können – ohne dass diese Aufzählung vollständig wäre.[20] Die pragmatische Soziologie stellt die Handlungsfähigkeit und die reflexiven Kapazitäten der Akteure ins Zentrum der Theoriebildung und empirischen Analyse. Sie ist somit eine praxeologische Soziologie.[21] Allerdings setzt sich die pragmatische Soziologie von einem methodologischen Holismus klar ab (Kapitel 10) und bricht hier mit der Soziologie von Bourdieu genauso wie derjenigen von Durkheim. Wie weit der Einfluss der pragmatischen Soziologie in der französischen Soziologie reicht ist kaum abzuschätzen. Auch die folgenden Ansätze wie die Actor-network-theory oder Gruppen wie die *Groupe de sociologie politique et moral* (siehe unten) können darauf bezogen werden. Zudem findet man mit der Theorie von Michel de Certeau weitere Arbeiten, die den Pragmatismus in Frankreich zu dieser Zeit prominent machen. Und bereits Certeau (1988) bezieht sich auf Konventionenkonzepte, darunter auch auf dasjenige von Lewis, welches für die EC wichtig geworden ist (siehe Kapitel 6).[22]

2.2.2 Actor-network-theory (ANT)

Einen wichtigen Ansatz in der neueren französischen Soziologie bilden die technik- und wissenschaftssoziologischen Forschungen von Bruno Latour und Michel Callon. Diese arbeiteten nach ihrer Ausbildung zunächst unabhängig voneinander in verschiedenen französischen Forschungsgruppen, dann auch Ende der 1970er-Jahre in den USA und England. Beide begründeten eine anthropologische Wissenschafts-

---

19 Siehe auch die Zusammenarbeit von Christian Bessy und Francis Chateauraynaud, die in ihrem Buch „Experts et faussaires" versucht haben, dem pragmatischen Ansatz von „De la justification" (Boltanski/Thévenot 1991) einen alternativen Entwurf zur Seite zu stellen, der die pragmatische Soziologie u. a. um Aspekte der Authentizität und der rhetorischen Strategien erweitert (Bessy/Chateauraynaud 1995, 2014).

20 Siehe für eine umfangreichere und vollständigere Darstellung Nachi (2006) und Barthe et al. (2013).

21 Siehe Dodier (1993a), Thévenot (1995a), Bénatouïl (1999) und Barthe et al. (2013).

22 Zudem finde man mit der Theorie von Michel de Certeau weitere Arbeiten, die den Pragmatismus in Frankreich zu dieser Zeit prominent machen. Und bereits Certeau (1988) bezieht sich auf Konventionenkonzepte, darunter auch auf dasjenige von Lewis, welches für die EC wichtig geworden ist (siehe Kapitel 6). Siehe zu Certeau den einführenden Band von Füssel (2018).

forschung, die nicht nur die Herstellung der wissenschaftlichen Resultate aus einer interaktionistischen Sicht in Laboren ethnografisch nachzeichnet, sondern die auch eine Rolle von Techniken, Instrumenten und allgemeiner Objekten mit Akteurqualität in der Interaktion behauptet. Beide waren beeinflusst durch die Philosophie von Deleuze und Guattari (1992).[23] Noch stärker aber durch die Arbeiten von Michel Serres, der mit seinem Konzept der Übersetzung (Serres 1992, 2002b) ein Modell für eine Epistemologie lieferte, die bei der wechselseitigen Vernetzung von Konzepten, Individuen und Objekten (Techniken) ansetzt.[24] Aus Sicht der Theorie von Serres wird Erkenntnis „dezentralisiert", indem sie durch die Praktiken, die durch die materiellen Eigenheiten der technischen Instrumente geprägt werden, verlagert wird in Netzwerke, die aus eben diesen Praktiken, Instrumenten sowie Akteuren bestehen und in denen „Dinge" ebenso erkennen wie agieren können. Der von Latour und Callon seit den 1980er-Jahren ausgearbeitete Ansatz wird als Actor-network-theory (ANT) bezeichnet. Institutionell waren beide seit dieser Zeit am CSI angesiedelt. Die ANT bildet einen weiteren praxeologischen Ansatz in der zeitgenössischen französischen Soziologie, die international Beachtung gefunden hat.[25] Insbesondere Michel Callon hat – mit Mitarbeitenden – seit Ende der 1990er Jahre dann auch eine Reihe von Arbeiten zur Soziologie des Marktes vorgelegt, die ebenfalls einen Beitrag zur neuen französischen Wirtschaftssoziologie darstellen (Callon et al. 2002; Callon/Muniesa 2005; Callon 2017).[26]

2.2.3 INSEE als Keimzelle

Das *Institut national de la statistique et des études économiques* (INSEE) hat nicht nur die Aufgabe, die Grundlagen der nationalen Statistiken zu standardisieren und regelmäßig Statistiken über Bevölkerung und Ökonomie zu erheben. Das INSEE ist auch eine interdisziplinäre Forschungseinrichtung, in welcher Statistiker, Wirt-

---

23 Siehe zum Einfluss von Deleuze und Guattari auf die ANT auch die Darstellung in Dosse (2017).

24 Siehe für eine Darstellung des Werdegangs und der Entwicklung der Epistemologie von Serres die Interviews in Serres und Latour (1995). Hier werden auch die Differenzen zwischen der Epistemologie von Serres und der Epistemologie von Gaston Bachelard und Georges Canguilhem deutlich.

25 Siehe Latour (1981, 1998, 2005), Callon (1986), Law und Hassard (Hrsg.)(1999) sowie Schulz-Schaeffer (2000).

26 Siehe auch die Beiträge in Callon (Hrsg.)(1998) sowie in Callon et al. (Hrsg.)(2013).

schaftswissenschaftler und Soziologen in Abteilungen und Forschungsgruppen zusammenarbeiten.[27]

Kennzeichnend für die Situation der Wirtschaftswissenschaften in Frankreich war, dass diese bis Mitte des 20. Jahrhunderts an den Universitäten an den rechtswissenschaftlichen Fakultäten im Rahmen von Studiengängen der „Politischen Ökonomie" studiert werden mussten (Lebaron 2000, S. 22/23).[28] In den Jahren nach dem Zweiten Weltkrieg lag der französischen Regierung aber an solchen Wirtschaftswissenschaftlern, die über die modernen Methoden der makroökonomischen Analyse verfügten, um mit ihrer Hilfe die Planung und die gesamtwirtschaftliche Koordination der Nachkriegswirtschaft durchführen zu können. Den Absolventen der Universitäten traute die Regierung dies nicht zu (Fourcade 2009, S. 206). Zudem war an den Universitäten die wirtschaftswissenschaftliche Forschung rückständig, wenn man diese mit dem Stand der Forschungen an amerikanischen Universitäten verglich. Aus diesem Grund wurde in den 1940er-Jahren die *Ecole nationale de la statistique et de l'administration économiques* (ENSAE) gegründet, die bis heute eine Hochschule für die Ausbildung von modernen Ökonomen und Statistikern ist, die typischerweise eine Laufbahn am INSEE einschlagen.[29] Das INSEE wurde 1946 gegründet und war bis in die 1970er-Jahre die wichtigste Organisation für die Erhebung und Zurverfügungstellung von Daten für die wirtschaftliche Planung und die Volkswirtschaftliche Gesamtrechnung.[30] Das INSEE avancierte – zusammen mit

27 Das INSEE (www.insee.fr) ist seit seiner Gründung in Paris angesiedelt. Es ist dem Ministerium für Wirtschaft, Finanzen und Beschäftigung zugeordnet. Zur Organisation der amtlichen Statistik und dem Beitrag des INSEE siehe Blanc und Desrosières (2003). Siehe für die Bedeutung des INSEE in Frankreich Desrosières (1977, 2005a, 2005b), Desrosières et al. (1977), Volle (1977), INSEE (Hrsg.) (1996), Didier (2016) sowie Litz und Lipowatz (1986).

28 Die Wirtschaftswissenschaften wurden bis in die 1970er-Jahre an den französischen Universitäten durch die Rechtswissenschaften dominiert und institutionell geradezu kontrolliert (Lebaron 2000, S. 34f; Fourcade 2009, S. 191f).

29 Seit Anfang der 1990er-Jahre ist die ENSAE Teil des Hochschulverbundes ParisTech.

30 In Frankreich wurden nach 1946 eine Reihe von Branchen verstaatlicht („nationalisiert"), das waren insbesondere die Unternehmen im Transportwesen, im Energiesektor, im Bausektor, in der Stahlproduktion, in der Telekommunikation sowie einige der großen Banken und der Versicherungen (Rosanvallon 2000, S. 169ff; Thuderoz 2005, S. 35). Im Rahmen einer wirtschaftlichen Planung („planification") wurden diese große Bereiche der französischen Wirtschaft bis in die 1960er-Jahre zentral geleitet und koordiniert – insbesondere hinsichtlich der ökonomischen Investitionen, der technologischen Forschung sowie der Personalplanung. Dem INSEE kam in dieser Zeit die Aufgabe zu die statistischen Grundlagen für die wirtschaftliche Planung dieser Staatstätigkeit zur Verfügung zu stellen. Aber auch in den folgenden Jahrzehnten behielt das INSEE seine zentrale Stellung bei, für die zentralisierte Wirtschaftspolitik durch die Ministerien in Paris die

anderen außeruniversitären Einrichtungen wie dem CEPREMAP (s. u.) – aber auch zu einer der führenden wirtschaftswissenschaftlichen Forschungseinrichtungen (Lebaron 2000; Fourcade 2009).

Im Laufe der 1960er-Jahre hatten sich am INSEE bald (gegenüber dem wirtschaftswissenschaftlichen Mainstream) heterodoxe wirtschaftswissenschaftliche Positionen (wie marxistische und insbesondere keynesianische Ansätze) etablieren können und bis weit in die 1970er-Jahre hinein hatte sich in dieser Forschungseinrichtung ein offenes Klima wechselseitiger Beeinflussung und Kooperation ergeben (Desrosières 2001, 2003a; Dosse 1999, S. 41f). Viele der Wirtschaftswissenschaftler, die am INSEE arbeiteten, waren in den 1970er- und 1980er-Jahren auch durch die Bourdieusche Soziologie beeinflusst.[31] Dies gilt etwa für den Wirtschaftswissenschaftler Laurent Thévenot (Jagd 2004; Dosse 1999, S. 41), der in den frühen 1980er-Jahren zusammen mit Luc Boltanski und Alain Desrosières am INSEE die soziologische Analyse der Praxis der statistischen Klassifikationen, der Entstehung und Formen der Repräsentation sozialer Berufsgruppen sowie der Berufsklassifikationen aufnahm (Boltanski/Thévenot 1983; Desrosières/Thévenot 2002; Didier 2014). Luc Boltanski war ein Schüler und seit den 1970er-Jahren einer der engsten Mitarbeiter Bourdieus am *Centre de sociologie européenne* (CSE).[32] Die Arbeiten zur Analyse der französischen Lebensstilgruppen, Klassen und Sozialstruktur, die Bourdieu und Boltanski seit den 1970er-Jahren publiziert hatten (insbesondere Boltanski 1970; Bourdieu/Boltanski 1981; Bourdieu 1978, 1982), haben die Grundlagen für eine zeitgenössische Theorie der Klassifikation gelegt und waren auch für verschiedene Forschergruppen am INSEE maßgeblich.

In dieser Zeit war der Wirtschaftswissenschaftler Robert Salais als Leiter einer Abteilung am INSEE tätig, der *Division emploi*. Diese hatte die Aufgabe, die Beschäftigung und die Arbeitslosigkeit in wirtschaftsstatistischer, wirtschaftshistorischer sowie epistemologischer Perspektive zu untersuchen (Salais et al. 1986, 1999; Dosse

Wirtschaftsinformationen zur Verfügung zu stellen. Siehe dafür insgesamt Rosanvallon (2000, S. 169ff). Er spricht für diese Jahrzehnte auch von einem „statistischen Monopol" des INSEE in Frankreich (Rosanvallon 2000, S. 177). Wenn man heute auch nicht mehr von einem solchen „statistischen Monopol" sprechen kann, so kann man doch diagnostizieren, dass das INSEE bis heute in Frankreich und gesellschaftsweit die einflussreichste Position für die Zurverfügungstellung von statistischen Informationen innehat.

31 Siehe dafür auch das Kapitel 3.

32 Er ist bis Anfang der 1980er-Jahre eng mit ihm befreundet. Das Erscheinen der Vorversion von „De la justification" (Boltanski/Thévenot 1987) führt zum Bruch zwischen Boltanski und Bourdieu. Das CSE ist Teil der EHESS. Siehe www.cse.ehess.fr

1999, S. 245).[33] In dieser Arbeitsgruppe wurde Anfang der 1970er Jahre eine sowohl sozialkritische als auch epistemologische Perspektive auf die statistische Praxis des INSEE eingeführt. Ein wichtiger Impuls dafür war die Kritik der Gewerkschaften CFT und CFDT in Frankreich, die die Ermittlung der Preissteigerungen durch das INSEE kritisierten, weil ihnen die Preissteigerung nicht valide ermittelt zu sein schien.[34] Ihrer Ansicht nach war die Preissteigerung zu niedrig erfasst, was – so ihre Position zu dieser Zeit – an den statistischen Verfahren und Konventionen des INSEE lag. Die Kritik des Preissteigerungsindex des INSEE war für CFT und CFDT deshalb von Bedeutung, weil in vielen Berufsgruppen die Lohnentwicklung an die durch das INSEE gemessene Preissteigerung gekoppelt war. Die *Division emploi* um Salais nahm diese Kritik ernst und integrierte eine methodenkritische und epistemologische Analyse der statistischen Prozeduren des INSEE, um die verschiedenen Etappen der Produktion der statistischen Daten zu überprüfen und deren sozialgeschichtliche Entstehung zu rekonstruieren. Aber bereits zu dieser Zeit wurde in der *Division emploi* der Zusammenhang zwischen den statistischen Kategorien, den ihnen zugrunde liegenden Konventionen, den institutionellen Prozeduren sowie den sozialpolitischen Implikationen der Konventionen und Praktiken in der Statistik intensiv diskutiert.

Die Transdisziplinarität und die offene Diskussionskultur in dieser *Division emploi* am INSEE, die auch Soziologinnen und Soziologen gleichberechtigt eingebunden hatte, sind bis heute wohl einmalig. Am INSEE haben sich in den späten 1970er- und 1980er-Jahren auch die Beziehungen zwischen Thévenot und Salais sowie weiteren „Gründern" der EC wie den Wirtschaftswissenschaftlern Olivier Favereau, François Eymard-Duvernay und André Orléan nach und nach ergeben (Dosse 1999, S. 245). Für fast alle dieser späteren Gründer gilt auch, dass sie an der *Ecole polytechnique*[35] studiert haben und daher nicht nur die ingenieurwissenschaftliche Ausbildung gemeinsam haben, sondern auch die Denkformen teilen, die in diesen Grandes écoles vermittelt werden und die sich dann in dieser Zeit bei den

33 Neben anderen waren auch Laurent Thévenot, Joëlle Affichard und Marie-Geneviève Michal-Salais in den frühen 1970er und 1980er-Jahren Mitglieder dieser Abteilung am INSEE.

34 Die CGT (*Confédération générale du travail*) und CFDT (*Confédération française démocratique du travail*) sind zwei Gewerkschaftsverbände, die grosse Teile der französischen Arbeitnehmerschaft mobilisieren können (obwohl der gewerkschaftliche Organisationsgrad niedriger ist als in Deutschland und der Einfluss der französischen Gewerkschaften in den letzten Jahrzehnen abgenommen hat). Die CGT steht der kommunistischen Partei Frankreichs nahe, während die CFDT der sozialistischen Partei nahe steht.

35 Diese Hochschule ist heute Teil des Hochschulverbundes ParisTech.

Gründern der EC zu sozialwissenschaftlichen Interessen entwickelten (Dosse 1999; Thévenot 2004a).[36] Wie eng die Verflechtungen in dieser Zeit waren und welche Rolle die persönlichen Bekanntschaften und Freundschaften für das Entstehen von Forschungszusammenhängen war, beschreibt Søren Jagd. Er hebt hervor, dass Laurent Thévenot eine zentrale Rolle in diesem entstehenden Netzwerk innehatte, zugleich aber auch, dass der Einfluss Bourdieus in dieser Formierungsphase der EC sehr stark war.

> "Looking back, it is striking that the group of people working at the research section of INSEE at that time was very important for the development of the convention tradition and also for Laurent Thévenot's work. At INSEE, Thévenot met several others who came to play a central role in the Economics of convention tradition: Robert Salais [...] was the leader of the research section at INSEE, Laurent Thévenot worked together with François Eymard-Duvernay [...]. André Orléan [...] was also working at INSEE although in a different section. At INSEE Thévenot also met the sociologist Alain Desrosières who introduced him to Bourdieu.
> From 1975 he gained a background in sociology through his link to Bourdieu, leading to one of his first publications, on youth as a statistical category [...]. Through Bourdieu he met the sociologist Luc Boltanski in 1981, who was Bourdieu's closest disciple [...]. In 1981 they started to work together on the problem of the socio-professional categories at INSEE." (Jagd 2004, S. 3)

Thévenot arbeitete am INSEE mit François Eymard-Duvernay über Konzepte der „Qualität" von Produkten. Beide erarbeiteten in dieser Zeit zudem eine erste theoretische Grundlage für die Analyse der immateriellen Investitionen, die Unternehmen tätigen müssen, um die Arbeitsorganisation erfolgreich durchzuführen, die sie als „Forminvestition" (oder auch „Investition in Formen") bezeichneten (Thévenot 1984, 1986; 2004a; Eymard-Duvernay 1987a, 1989; Eymard-Duvernay/Thévenot 1983a, 1983b; Dosse 1999, S. 43).[37] Mitte der 1990er-Jahre haben sich die Gründer

---

36 Dazu zählen Laurent Thévenot, Robert Salais, Jean-Pierre Dupuy, André Orléan (Thévenot 2004a, S. 10). Robert Salais hat im Gespräch darauf hingewiesen, dass er die meisten der anderen Gründer der EC (die Ausnahme ist Favereau) bereits aus dem Studium an der Ecole polytechnique kannte. Zudem seien viele Institutionen im Großraum Paris durch die persönlichen Netzwerke, die aus den Studienzeiten stammen, nicht nur vernetzt, viele Abteilungen und Laboratoires seien aus ihnen hervorgegangen.

37 Diese sind Investitionen in kollektive kognitive Formate, sie ermöglichen, das produktionsbezogene Wissen in eine Form zu bringen, die die Koordination und Standardisierung der Bewertungen, Entscheidungen und Handlungen im Produktionsprozess in kohärenter Weise organisierbar machen. Siehe ausführlicher zu diesem Konzept Kapitel 3 und Kapitel 4.

der EC auch im Feld der Wirtschaftswissenschaften positioniert und haben hier Positionen inne, die mit hoher Forschungsreputation einhergehen (Lebaron 1997).

Das INSEE kann insgesamt als die „institutionelle Keimzelle" für die EC betrachtet werden. In der INSEE-Zeitschrift „*Economie et statistisque*" erschienen in den 1980er- und 1990er-Jahren wichtige Beiträge zur Theorie der statistischen Klassifikation und der Analyse der Ökonomie von Mitgliedern der EC.[38] Aber auch wenn das INSEE in dieser Funktion als Keimzelle institutionell am sichtbarsten war, waren die Vertreter der EC doch bald auch in anderen Institutionen und Forschungsgruppen im Raum Paris tätig (häufig zeitgleich in mehreren), sodass die sich am INSEE herausgebildeten Arbeitszusammenhänge bald zu streuen begannen und auch die Einflüsse und Arbeitsfelder, denen sich andere Institutionen widmeten, in die Perspektiven der EC integriert wurden.

2.2.4 Einbettung in informelle Netzwerke

Es waren aber insbesondere auch die seit Ende der 1970er-Jahre entstehenden Freundschaften und informellen Beziehungen, die entscheidend für die Formierung der EC waren. Diese wiesen sich häufig nicht in dem Ausmaß in wechselseitigen Zitationen aus, wie es ihrem Einfluss auf die Denkweisen, die Elaborierung der theoretischen Konzepte nach eigentlich hätte der Fall sein müssen. Beispielhaft ist der Kontakt zwischen Luc Boltanski und Laurent Thévenot mit Bruno Latour und Michel Callon. Boltanski hatte die Arbeiten von Latour Ende der 1970er-Jahren rezipiert und sich bald auch mit ihm angefreundet. Der Einfluss der ANT auf Boltanski und Thévenot, insbesondere was die Theoretisierung der Objekte und ihre Bedeutung für die Koordination von Handlungen, die Konstruktion von Qualität und Wertigkeit angeht, kann kaum überschätzt werden. Boltanski und Thévenot sowie Latour und Callon haben seitdem immer wieder wechselseitig ihre Seminare besucht und ihre Perspektiven ausgetauscht. Eine Folge war, dass nun auch geteilte Forschungsstränge entstanden, wie die Theoretisierung der Objekte (die insbesondere dann Thévenot intensiv verfolgte, vgl. Thévenot 2006a) oder die soziologische Analyse der Ökonomie (die dann auch Callon aufnahm, vgl. Callon Hrsg. 1998).[39] Alle vier distanzierten sich von der Tradition der französischen

---

38 Die älteren Ausgaben der Zeitschrift Economie et statistique sind mittlerweile online und frei verfügbar (www.persee.fr). Einige der Beiträge sind zudem in englischer Übersetzung (english series) verfügbar.

39 „Die Wissenschaftssoziologen und Wissenschaftsanthropologen haben uns die Augen geöffnet hinsichtlich der schlechten Behandlung der Dinge. Sie haben die verschränkten

Epistemologie Bachelards, die die wissenschaftliche Konstruktion der Objekte mithilfe des epistemologischen Bruchs (mit den Vorkonzepten und dem Alltagsdenken) ins Zentrum gestellt hatte und den Wissenschaftlern (nicht dagegen den Alltagsakteuren) eine besondere epistemologische Kompetenz zugeschrieben hatte. Stattdessen wirkte sich der Einfluss der Epistemologie von Michel Serres und der anthropologischen Wissenschaftsforschung von David Bloor und John Barnes (des sogenannten „strong program" der Edinburgh-School) immer deutlicher aus. Diese Ansätze kritisierten eine Wissenschaftsphilosophie, die die Wissenschaftler und deren Erkenntnistätigkeit ins Zentrum stellt und von hier aus „Erkenntnis" erklärt. Stattdessen versuchten sie die „Verwicklungen" von Akteuren in Praktiken mit Objekten ins Zentrum zu stellen und verlagerten damit den Ort der Erkenntnis von einzelnen Individuen in die Netzwerke, die aus Akteuren, Objekten, Konzepten und Praxisformen bestehen. Diese Verlagerung bereitete die sogenannte „Symmetrisierung" der Analyseperspektive vor (Dosse 1999, S. 109).

Man kann das Konzept des Netzwerks auch auf die EC insgesamt anwenden und so einer einseitigen Fokussierung auf Forschungsinstitutionen gegensteuern. Denn Einrichtungen wie das INSEE sind einerseits Ausgangspunkte für die Vernetzung der Mitglieder dieser Wissenschaftsbewegung, andererseits entstanden (und entstehen) aus diesem Netzwerk wieder neue Forschungsgruppen – mit Anbindung an anderen Forschungsinstitutionen.

Betrachtet man die EC als Netzwerk von Forschenden, so sieht man auch, dass über die Zeit einzelne Forschungseinrichtungen ihre Bedeutung für die EC verloren haben und andere an deren Stelle getreten sind. Am INSEE hat sich der Kern des Netzwerks um die „Gründer der EC" Robert Salais, Laurent Thévenot, François Eymard-Duvernay, André Orléan bereits in den 1980er-Jahren abgezeichnet, zu dem dann noch Jean-Pierre Dupuy und Olivier Favereau hinzugehören, welche zur kognitivistischen Orientierung der EC beigetragen haben.

2.2.5 CREA und CEPREMAP

In den 1980er-Jahren war es die Kognitionsforschung, die sich in Frankreich als interdisziplinäre Bewegung zu etablieren begann. Die französischen Kognitionsforscher orientierten sich eng an ihren amerikanischen Kollegen, mit denen sie einen regen transatlantischen Austausch und auch Kooperationen pflegten. 1981

Beziehungen zwischen den Menschen und den Nicht-Menschen in Netzwerken evident werden lassen, die dann ihre Konsistenz auf die wissenschaftlichen und technischen Objekte übertragen." (Thévenot 1993, S. 85; Übersetzung RDB) wurde das *Centre de recherche en épistémologie appliquée* (CREA) gegründet, das der *Ecole polytechnique* zugehört und dessen Direktor Jean-Pierre Dupuy wurde.[40] Thévenot und Orléan arbeiteten (auf Einladung von Dupuy) in den folgenden Jahren am CREA, wo Dupuy den Austausch mit amerikanischen Kognitionsforschern etablierte, selbst in Stanford lehrte und Vertreter der EC (wie Thévenot) immer wieder in die USA holte, wo sie nicht nur mit den Entwicklungen der Kognitionsforschung, sondern mit der amerikanischen Wissenschaftskultur vertraut gemacht wurden, die im Vergleich zur französischen den offenen Austausch auch zwischen Vertretern verschiedener Disziplinen und Schulen förderte und weit weniger als die französischen Sozialwissenschaften unter den in Frankreich üblichen (oftmals auch polemisierenden) Abgrenzungen zwischen verschiedenen Positionen litt. Dupuy versuchte am CREA Entwicklungen der Kognitionsforschung in die Wirtschaftswissenschaften einzubringen. Hier schloss er zunächst an Arbeiten von Herbert Simon zur „bounded rationality" sowie von Daniel Kahneman und Amos Tversky zur verhaltentheoretischen Fundierung der Wirtschaft an. Am CREA wurden dann insbesondere die Arbeiten des Psychologen Donald A. Norman (1988, 1993) und Edwin Hutchins (1995) interessiert aufgenommen, die die Bedeutung von Objekten und Technologien in Situationen für die Kognition untersuchen und hierin weit über die Folgerungen für die Rationalität von Simon sowie Kahneman und Tversky hinausgehen.[41] Die „distributed cognition" („cognition située") verlagert die Perspektive vom Individuum in ein Kollektiv aus Personen und Prozeduren als Einheit der Kognition, wobei letztere als durch Objekte (Instrumente) gestützt und mitorganisiert gedacht wird (Laville 2000).[42]

Sowohl der Einfluss der ANT als auch die Rezeption der Arbeiten von Norman und Hutchins wiesen die Vertreter der EC auf die Bedeutung der Objekte nicht nur für die Stabilisierung des Handelns, sondern auch für die (kollektive) Wahrnehmung hin. Dupuy und Mitarbeiter versuchten dann in den 1990er-Jahren am CREA diese

40 Siehe www.crea.polytechnique.fr

41 Hutchins war Mitarbeiter von Norman. In seiner Theorie schließt er aber zudem an Aaron Cicourels Theorie der social cognition an (Cicourel 1975). Er versteht seine Arbeit als Beitrag zu einer „kognitiven Anthropologie", die aber die Kognitionen als sozial strukturierte Problemlösungen in realen Situationen und auf der Ebene der Gruppe und ihrer Instrumente zu analysieren habe (Hutchins 1995).

42 Auch Bernard Conein, der an die social cognition von Aaron Cicourel anschließt, beteiligt sich seitdem an der Vermittlung von Handlungstheorie, Theorie der Objekte und Kognitionsforschung und steht in engem Kontakt zu Thévenot (Bouvier/Conein Hrsg. 2007; Conein et al. Hrsg. 1993).

Erkenntnisse der Kognitionsforschung auf die Kritik des wirtschaftswissenschaftlichen Konzepts der Rationalität zu beziehen.[43]

Am CREA war auch der Wirtschaftswissenschaftler Olivier Favereau beschäftigt, der sich früh mit dem Konzept der Konvention bei dem Logiker und Sprachphilosophen David Lewis aber auch bei dem Ökonomen John Maynard Keynes befasst hatte. Favereau war – wie auch die anderen Ökonomen aus diesem Kreis – in dieser Zeit auf der Suche nach alternativen wirtschaftswissenschaftlichen Ansätzen zur Analyse von Koordinations- und Organisationsformen.[44] Er hatte in den 1970er-Jahren die von Michael Aglietta und Robert Boyer betriebene Ausarbeitung der „Théorie de la régulation" (TR) verfolgt. Der Austragungsort dafür waren die Seminare am *Centre d'études prospectives d'économie mathématique appliquée à la planification* (CEPREMAP).[45] Dieser Ansatz versucht, die marxistische Perspektive auf die Ökonomie zu modernisieren, indem sie das institutionelle Gefüge einer Ökonomie einbezieht und hier die historisch entstandenen Prinzipien für die – je nach Spielart des Kapitalismus unterschiedliche – institutionelle Lösung der Konflikte zwischen den an der Ökonomie beteiligten sozialen Gruppen in einer Gesellschaft betrachtet. Die Vertreter der TR beziehen dabei die Rolle des Staates und die Postulate der Theorie Keynes ein, wobei sie eine holistische, gesamtgesellschaftliche Interpretationsrichtung vertreten.[46] Aber es ist eben diese Fortsetzung marxistischer Denkweisen, die Favereau als problematisch ansah (Dosse 1999, S. 244).

So wie Boltanski und Thévenot mit den Vertretern der ANT kooperierten, so ist auch die TR mit der EC verbunden. Deutlich wird dies durch André Orléan, der gleichzeitig als Vertreter beider Ansätze betrachtet werden kann. Favereau hat immer wieder Publikationen zur TR und zum Verhältnis von EC und TR beigesteuert (Favereau 2002). Robert Boyer hat umgekehrt zu verschiedenen Sammel-

---

43 Einen Überblick über diese interdisziplinäre Forschungsagenda des CREA und über die eingebrachten Positionen geben die beiden Bände „Les limites de la rationalité, Band 1: Rationalité, éthique et cognition" (Dupuy/Livet Hrsg. 1997) und „Les limites de la rationalité. Band 2: Figures du collectif" (Reynaud Hrsg. 1997). Grundlage für die beiden Bände war das Kolloquium „Limitation de la rationalité et constitution du collectif" (5.–12. Juni 1993, Kolloquiumsreihe Colloques de Cerisy), das Jean-Pierre Dupuy, Pierre Livet, Robert Nadeau und Bénédicte Reynaud organisiert haben.

44 Es ist zu vermuten, dass Dupuy durch Olivier Favereau auf Lewis aufmerksam gemacht wurde. Dupuy entlehnt von Lewis dann nicht nur das Konzept der Konvention, sondern auch das des „common knowledge" (Dupuy 1989, 1997).

45 Siehe ausführlicher Dosse (1999) und Fourcade (2009). Das CEPREMAP ist größtenteils der *Ecole normale supérieure* (Rue d'Ulm) zugehörig. Siehe www.cepremap.ens.fr

46 Siehe einführend Boyer (2004), Boyer (2004, 2005), Boyer und Freyssenet (2000), Aglietta und Orléan (2002) sowie Boyer und Saillard (Hrsg.)(2002).

bänden der EC beigetragen (Boyer/Orléan 2004; Boyer 2006). Allerdings war und ist das Verhältnis der beiden Ansätze zueinander nicht unproblematisch. Denn die EC sieht sich selbst als einen Ansatz, der sich von der TR absetzt und nicht deren Komplettierung ist.[47]

2.2.6 Groupe de sociologie politique et moral (GSPM)

1984 richteten Luc Boltanski und Laurent Thévenot an der EHESS die Forschungsgruppe *Groupe de sociologie politique et moral* (GSPM) ein, welche sich als ein wichtiges Forum für die pragmatische Soziologie etablieren konnte.[48] In dieser Gruppe sind heute über 20 Sozialforscher aus verschiedenen Disziplinen versammelt (zum Teil mit Förderung des CNRS, zudem sind mehr als 20 weitere der Gruppe assoziiert).[49] Die Gruppe GSPM hat sich zur Aufgabe gemacht, die kritischen Praktiken, die Rechtfertigungen und Machtbeziehungen zum Gegenstand ihrer empirischen Forschungen zu machen. Dabei unterlegen die Mitglieder eine pragmatische Perspektive auf soziales Handeln und die interpretativen Kompetenzen der Akteure. Soziale Strukturen sehen die Vertreter der GSPM als durch soziale Handlungsgrammatiken (die Rechtfertigungsordnungen bzw. Wertigkeitsordnungen) strukturiert, die durch Praktiken der Akteure erschaffen, angewandt und verändert werden.

Die gemeinsamen Arbeiten von Boltanski und Thévenot zu den Rechtfertigungs- und Klassifizierungspraktiken dienen heute als Grundlage für verschiedene empirische Studien nicht nur in der GSPM, sondern auch für Arbeiten im Netzwerk der pragmatischen Soziologie insgesamt und darüber hinaus (Jagd 2004; Barthe et al. 2013). 1987 erschien mit „Les économies de la grandeur" die erste systematische theoretische Fassung der Theorie der Rechtfertigungsordnungen in der Reihe *Ca-*

---

47 Siehe dazu ausführlicher Kapitel 7.

48 Siehe www.gspm.ehess.fr

49 An der EHESS wurde dann Mitte der 1990er-Jahre dann eine weitere Gruppe, die *Groupe de sociologie pragmatique et réflexiv* (GSPR), gegründet, die ebenfalls ein Forum für die Entwicklung der pragmatischen Soziologie geworden ist. Die GSPR setzt wie die Groupe sociologie politique et morale (GPSM) von Boltanski und Thévenot (s. u.) bei Krisen und Kontroversen an und betont die kritischen und reflexiven Kapazitäten der Akteure. Im Unterschied zur GPSM widmet sich die Gruppe um Francis Chateauraynaud der Risikosoziologie und der Analyse der Informationstechnologien. Chateauraynaud hat (zusammen mit Jean-Pierre Charriau) die Textanalyse-Software PROSPERO entwickelt (Chateauraynaud 2003), die von Boltanski und Chiapello (2003) eingesetzt wurde für die Analyse von Managementhandbüchern und Managementratgeberliteratur. Siehe www.gspr.txt.free.fr/presentation.html

hiers de centre d'études de l'emploi (als Band Nr. 31). Hierin legten sie auch dar, dass viele Situationen durch eine Pluralität dieser Ordnungen gekennzeichnet sind und dass es sowohl Konflikte als auch Kompromisse zwischen diesen Ordnungen geben kann. Nach internen Spannungen in der GSPM sind die Gründer Luc Boltanski und Laurent Thévenot heute nicht mehr Mitglieder dieser Gruppe. Thévenot gehört nun dem *Centre Georg Simmel* (an der EHESS) sowie dem *Centre de recherche en économie et statistique* (CREST) an.

2.2.7 CEE

Das *Centre d'études de l'emploi* (CEE) ist eine weitere Einrichtung (Noisy-le-Grand, Großraum Paris), an der seit den 1980er-Jahren Vertreter der EC beschäftigt waren und zum Teil auch noch sind (Amossé 2016).[50] Hier arbeiteten beispielsweise François Eymard-Duvernay und Laurent Thévenot (wie bereits am INSEE) über Fragen der Qualifizierung und Qualitätsdefinition von Produkten, dann aber auch über die verschiedenen Koordinationsformen und Produktionsmodelle in Unternehmen (Eymard-Duvernay 1986, 1987a; Eymard-Duvernay/Thévenot 1986). In der CEE-Reihe *Cahiers* sind 1986 (Nr. 29), 1987 (Nr. 30) und 1989 (Nr. 32) drei Sammelbände erschienen, die sowohl empirische als auch theoretische Beiträge versammeln, welche die konzeptionellen Grundlagen der EC weiter differenzieren und anwenden. In den Bänden aus der CEE-Reihe finden sich Einzelfallanalysen – wie die zu den unterschiedlichen Produktionslogiken in der Camembertbranche von Boisard und Letablier (1987, 1989) oder die Analyse der Unternehmenskonzeption in der Betonbranche von Eymard-Duvernay und Thévenot (1986) –, die ihre Befunde als Veranschaulichungen des Ansatzes von Boltanski und Thévenot betrachten, auf deren Grundlage sie erst eine konzeptionelle Kohärenz erhalten (Eymard-Duvernay 1987a). Boisard und Letablier können in ihrer Studie die Existenz zweier unterschiedlicher Produktionslogiken in der Camembertbranche skizzieren, die jeweils die komplette Produktion von der Beziehung zu den Lieferanten bis hin zu den Vertriebsformen integrieren (siehe Kapitel 5). In der Zeit zwischen 1986 und 1989 nahm auch der Begriff der Konventionen in den angewandten Untersuchungen des CEE eine immer zentralere Stellung ein. Das CEE blieb über viele Jahre die Institution, an der Vertreter der EC ihre Forschung insbesondere zum Arbeitsmarkt durchführten, die sie dann in den Publikationsreihen des CEE veröffentlichten. Dazu zählen auch Beiträge zur erneuten Intensivierung der Forschung zum Konzept der Institution. Weiter verfolgten die Vertreter der EC am CEE

50 Siehe www.cee-recherche.fr

auch eine international vergleichende Forschungsperspektive, wie sie in dem Band von Bessy, Eymard-Duvernay, Larquier und Marchal (Hrsg.)(2001) dokumentiert wird. Mittlerweile zählt das CEE nicht mehr zu den Einrichtungen, an denen die EC stark repräsentiert ist.[51]

2.2.8 Paris 10 und Collège des Bernardins

Seit 1988 waren zunächst Olivier Favereau und seit 1995 dann auch François Eymard-Duvernay an der *Universität Paris 10 (Nanterre)* als Professoren für Ökonomie in der wirtschaftswissenschaftlichen Fakultät angesiedelt.[52] Die beiden Mitbegründer der EC haben dafür gesorgt, dass die wirtschaftswissenschaftliche Fakultät an der Universität Paris 10 für Jahrzehnte einer der wichtigen institutionellen Standorte der EC war. In Nanterre gab es von 1991 bis in die 2010er Jahre die Möglichkeit, einen Diplomstudiengang im Bereich der institutionentheoretischen Ökonomie zu absolvieren, in dem die Theorie der EC vermittelt wurde.[53] Seit 2000 gab es in Nanterre das Promotionsprogramm „*Economie, organisations, société*", dessen Mitbegründer und erster Direktor Favereau bis 2009 war (Batifoulier et al. 2016, S. 16).[54] Eine ganze Reihe von Ökonominnen und Ökonomen wurde in Nanterre durch die EC geprägt und viele der heute sichtbaren Vertreterinnen und Vertreter der zweiten und dritten Generation entstammen dieser „Nanterre-Tradition" der EC.[55] An der Universität

51 Einige EC-Vertreter wie Pierre Boisard, Elisabeth Chatel und Christian Bessy sind vom CEE an das IDHES gewechselt. François Eymard-Duvernay hat vom CEE an die Universität Paris 10 (Nanterre) gewechselt, wo auch Olivier Favereau bis zu seiner Emeritierung war.

52 Siehe für die akademischen Stationen von Favereau den Abriss in Batifoulier et al. (2016, S. 14f). Eymard-Duvernay war von 1972 bis 1984 Administrator am INSEE, dann bis 1993 Direktor des CEE. Siehe für die akademischen Stationen von Eymard-Duvernay auch den Nachruf von Favereau (2017).

53 Dieser Studiengang war mit einem Masterprogramm vergleichbar. Es handelte sich dabei um ein „*Diplôme d'études approfondies* (DEA)" mit dem Titel „*Economie des institutions*". In diesem Programm wurden die EC, die Théorie de la régulation (siehe dazu Kapitel 7) sowie verschiedene sozio-ökonomische Ansätze vermittelt (Batifoulier 2016, S. 16).

54 Zudem hat Favereau 1994 bis 2005 die Forschungsgruppe *Fondements des organisations et des régulations de l'univers marchand* (FORUM) geleitet. FORUM war die CNRS-Forschungsgruppe UMR 7028. „UMR" steht dabei für „*Unité mixte de recherche*", damit wird eine institutionenübergreifende CNRS-Forschungsgruppe bezeichnet. Sie wird sowohl durch das CNRS als auch durch die Organisationen finanziert, an denen sie angesiedelt ist.

55 In einem Interview hat Favereau einmal viele derjenigen aus der zweiten und dritten Generation benannt, ohne dass diese Auflistung vollständig wäre. Genannt wurden u. a.

Paris 10 war bis Mitte der 2010er Jahre auch die Vortragsreihe „*Séminaire conventions*" etabliert, die Olivier Favereau mit seinen Schülerinnen und Schülern institutionalisiert hatte. Hier haben über ca. zwei Jahrzehnte Vertreterinnen und Vertreter der EC ihre Forschungen vorgetragen und Forscherinnen und Forscher aus verschiedenen Ländern wurden eingeladen, um wirtschaftssoziologische und institutionentheoretische Arbeiten zu präsentieren. Mit dem Tod von François Eymard-Duvernay im Jahr 2016 und der Emeritierung von Olivier Favereau Anfang desselben Jahres sowie mit weiteren Weggängen, zuletzt von Philippe Batifoulier und Guillemette de Larquier (die beide lange Zeit mit Favereau und Eymard-Duvernay in Nanterre in der Forschung, aber auch in der Ausbildung zusammengearbeitet haben), hat der Standort Universität Paris 10 seine Bedeutung für die EC weitgehend verloren.

Bereits seit 2009 hat Olivier Favereau mit einigen Mitarbeitenden aus Nanterre ein (zunächst paralleles) weiteres Engagement am *Collège des Bernardins* aufgenommen. Dieses Collège ist eine theologische Fakultät im Quartier Latin in Paris mit verschiedenen Forschungsabteilungen.[56] Am Collège des Bernardins erfolgen nun in der Abteilung *Economie et société* kontinuierlich Kolloquien und Workshops zu Aspekten des Unternehmens und der Unternehmensführung.[57] Hier konnte seitdem die Arbeit von Favereau an der Theorie des Unternehmens, zur Mitbestimmung in Unternehmen, zu den Auswirkungen der Finanzialisierung auf die Arbeit und deren Organisation sowie zur Analyse der rechtlichen Grundlagen des Unternehmens in der interdisziplinären Abteilung fortgeführt werden (Favereau 2014a, 2014b, 2016). Allerdings wird nach wenigen Jahren dann 2018 die Tätigkeit von Favereau am Collège des Bernardins enden, so dass auch diese Institution an Bedeutung für die EC verlieren wird.

2.2.9 IDHES und neuere Entwicklungen

Es lassen sich aber Institutionen nennen, an denen Vertreterinnen und Vertreter der EC seit langem und auch bis heute zusammenarbeiten. Zudem finden sich neue Institutionen, an denen sich erst seit wenigen Jahren Forschungsgruppen mit konventionentheoretischer Ausrichtung etabliert haben und die an diesen Institutionen eine längerfristige Perspektive haben. Als Institution mit kontinuierlicher Bedeu-

Philippe Batifoulier, Franck Bessis, Christian Bessy, Ariane Ghirardello, Emmanuelle Marchal, Guillemette de Larquier, John Latsis, Nicolas Postel, Delphine Remillon und Géraldine Rieucau (siehe Favereau 2012, S. 40).

56 Siehe https://www.collegedesbernardins.fr/

57 Dazu zählte auch ein Kolloquium zu diesem Buchprojekt im November 2012.

tung ist das Laboratoire *Institutions et dynamiques historiques de l'économie et de la société* (IDHES) von besonderer Bedeutung für die EC. Das IDHES wurde von Robert Salais 1997 mitbegründet und bis in die 2000er-Jahre auch von ihm geleitet.[58] Das IDHES ist ein gutes Beispiel für das dynamische Wechselverhältnis zwischen dem Netzwerk der EC und Forschungsinstitutionen im Raum Paris. Robert Salais hatte lange am INSEE eine Arbeitsgruppe geleitet (zu der auch Laurent Thévenot gehört hatte), die sich dort mit der Entstehung der Kategorie der Arbeitslosigkeit und der statistischen Gruppierung der Arbeitslosen, mit der Analyse der beruflichen Beziehungen, den beruflichen Klassifikationen befasst hatte. In den 1980er-Jahren initiierte Robert Salais dann die Arbeitsgruppe mit dem Titel *Institutions, emploi, et économie politique* (IEPE), deren Mitglieder die Forschungsperspektiven der Division emploi des INSEE fortsetzten und die eine Reihe von Diskussionspapieren hervorgebracht haben (Didry 2012, 2013a). In den 1990ern wurde dann – aus der Gruppe IEPE hervorgehend – das Laboratoire IDHES gegründet.[59] Das Laboratoire ist insgesamt an fünf Standorten im Großraum Paris verteilt. Es ist insbesondere der Teil des IDHES, der an der Ecole normale supérieure (ENS de Paris-Saclay in Cachan) angesiedelt ist, dessen Vertreter und Vertreterinnen die historische Forschung der EC über die Arbeitslosigkeit sowie über die Arbeitsorganisation, die industriellen Beziehungen und ihre rechtlichen Bedingungen vertieft haben. In einem Séminaire dieses Laboratoires wurde eine Publikation vorbereitet, die die Forschung der EC über Institutionen wieder intensivierte und 1998 in der Reihe *Raisons pratiques* erschien (Salais et al. Hrsg. 1998).

Als wesentlich für die EC als Wissenschaftsbewegung muss gelten, dass sich auch die zweite Generation institutionell etabliert. Dies ist am Laboratoire IDHES mit Christian Bessy als aktuellem Direktor der Fall.[60] Mit der Berufung von Philippe Batifoulier als Professor für Ökonomie an die Universität Paris 13 im Jahr 2015 haben sich an dieser Universität im Norden von Paris neue Perspektiven eröffnet. Batifoulier leitet dort das *Centre d'Economie de Paris Nord* (CEPN), an dem eine Gruppe von jungen Forschenden sich der konventionentheoretischen Analyse der politischen Ökonomie der Gesundheit widmet.[61] Guillemette de Larquier ist 2017

---

58 Das IHDES wurde zunächst als IDHE (*Institutions et dynamiques historiques de l'économie*) gegründet, die Ergänzung um „ … *et de la société*" erfolgte 2013.

59 Das Laboratoire IDHES ist die CNRS-Forschungsgruppe UMR 8533. Siehe für weitere Informationen zum ganzen Laboratoire IDHES unter http://www.idhes.cnrs.fr/

60 Sein Vorgänger Claude Didry ist zum *Centre Maurice Halbwachs* (gegründet durch CNRS, ENS und EHESS) gewechselt, wo auch Emmanuel Didier angesiedelt ist.

61 Zu dieser Gruppe gehören auch Nicolas Da Silva und Ariane Ghiradello. Das CEPN ist die CNRS-Forschungsgruppe UMR 7234.

als Professorin für Ökonomie an die Universität Lille berufen worden (Larquier 2017). An dieser Universität waren bereits vorher mehrere Forschende angesiedelt, die zur EC hinzugezählt werden können, wie Nicolas Postel, oder die durch die EC beeinflusst sind, wie Florence Jany-Catrice.[62]

Nachdem die institutionellen Anbindungen der EC sowie ihre Veränderungen in den letzten drei Jahrzehnten vorgestellt worden sind, sollen im Folgenden wichtige Publikationen der EC vorgestellt werden, die in dieser Zeit erschienen sind. Den Anfang machen die (bis heute) einflussreichen Gründungstexte.

2.2.10 „Le travail" und Revue économique 1989

Die fundierenden Arbeiten der 1980er-Jahre – insbesondere die am CEE erfolgenden – wurden im Kontext der französischen Sozialwissenschaften noch nicht als der Beginn der Formierung eines neuen Ansatzes breiter wahrgenommen.[63] Mit dem Sammelband „*Le travail*" (im Untertitel „*Marchés, règles, conventions*" werden bereits wichtige Konzepte ausgewiesen) und einem Schwerpunktheft der renommierten wirtschaftswissenschaftlichen Zeitschrift *Revue économique* trat die EC nun vor eine größere Fachöffentlichkeit.[64]

Der von Salais und Thévenot herausgegebene Sammelband „*Le travail*" versammelt viele Beiträge, die aus einer Konferenz hervorgegangen sind, und man kann hieran bereits sehen, dass die Forschungsagenda der EC bereits Mitte der 1980er-Jahre im Grunde fast vollständig vorhanden ist. Die Beiträge sind zumeist eher kurze und programmatisch, sie beinhalten aber bereits das prominente Konzept der Konvention und fundieren damit neue Zugänge zur Analyse der Ökonomie sowie Kritik der etablierten wirtschaftswissenschaftlichen Zugänge. Die Ausgabe der *Revue économique* 40(2) „L'économie des conventions" aus dem Jahr 1989 gilt als weiteres „Gründungsdokument" (Salais 2007a) oder gar als „Manifest" der EC (Boyer 2006). Hierfür verständigten sich die beitragenden Autoren Dupuy, Favereau, Salais, Orléan,

62 Larquier, Jany-Catrice und Postel sind alle Mitglieder der CNRS-Forschungsgruppe „*Centre lillois d'études et de recherches sociologiques et économiques*" (Clersé). Diese ist die UMR 8019. Zudem ist an diesem Zentrum die Zeitschrift *Revue française de socio-économie* angesiedelt, in der auch neuere Beiträge zur EC publiziert werden.

63 Obwohl die CEE-Reihe bei dem renommierten Verlag *Presses Universitaires de France* erschienen ist.

64 Die *Revue économique* wurde 1950 von einer Reihe Universitätsprofessoren gegründet, die für die Rezeption der amerikanischen Wirtschaftswissenschaften und für die Modernisierung der französischen Wirtschaftswissenschaften ein Forum etablieren wollten (Steiner 2000, S. 1011f; Fourcade 2009, S. 192).

Eymard-Duvernay und Thévenot auf die Bezeichnung „économie des conventions", die seitdem den Ansatz repräsentiert.[65] Die Entstehung des Themenheftes ist typisch für die bereits benannten Arbeitsformen. Für das Themenheft wurde von 1986 bis 1988 am CREA ein Séminaire durchgeführt, in dem die Autoren in Abständen zusammentrafen, um über ihre Beiträge zu diskutieren. Ohne dies anzustreben, hat dieses Séminaire auch dazu beigetragen, dass sich die Kohärenz des konzeptionellen Systems der EC weiter erhöht hat. Entsprechend ist dann auch ein kurzes, aber programmatisches Vorwort von allen Autoren (die zugleich als Herausgeber des Themenheftes fungieren) formuliert worden, in dem sie erstmals auch eine eigene methodologische Position jenseits von methodologischem Individualismus und methodologischem Holismus einfordern.[66] Dass die Publikation von „*Le travail*" sowie das vorbereitende Séminaire für die Ausgabe der *Revue économique* in die Zeit ab Mitte der 1980er-Jahre fielen, in der auch die vier wichtigen Cahiers des CEE (No. 29, 30, 31, und 33, siehe Tabelle 2.1) veröffentlicht wurden, zeigt, dass die konzeptionelle Formierung der EC bereits Jahre vor dem Erscheinen der Sonderausgabe der *Revue économique* eingesetzt hatte. Dass sich aber nach dem Erscheinen des Themenheftes 1989 die EC als nun wirtschaftswissenschaftlicher Ansatz in Frankreich etablieren konnte, zeigt sich auch daran, dass in dieser Zeitschrift in den Jahren nach 1989 immer wieder grundlegende Artikel für die EC publiziert wurden (wie Defalvard 1992; Postel 1998) und 2002 mit der *Revue économique* 53(2) eine Schwerpunktausgabe zum Verhältnis von Wirtschaftswissenschaft und Soziologie mit Beiträgen von Favereau, Boltanski und Eymard-Duvernay erschien.

2.2.11 Die grundlegenden Monographien der EC

Viele der Publikationen der EC sind Sammelbände („Herausgeberschaften") und Schwerpunktausgaben von Zeitschriften. Dennoch existieren einige grundlegende Monografien, die das theoretische Denken der EC wesentlich geprägt haben, zugleich aber auch aus den Arbeiten der EC hervorgegangen sind. Von grundlegender Bedeutung für die EC sind bis heute „*De la justification*" (Boltanski/Thévenot 1991) und „*Les mondes du production*" (Salais/Storper 1993).

65 Etabliert hat sich dabei, dass in der französischen Bezeichnung Konventionen im Plural steht (*économie des conventions*), während im Englischen Konventionen im Singular steht (*economics of convention*).

66 Siehe zur methodologischen Position der EC Kapitel 11.

Die erste der beiden Monografien wurde 1991 bei Gallimard – einem der angesehensten Verlage in Frankreich – publiziert.[67] Diese Publikation führte ebenfalls nun zu einer breiten, teilweise gar euphorischen Rezeption in den französischen Sozialwissenschaften und zu Diskussionen über den darin enthaltenen Entwurf einer pragmatisch-kritischen Soziologie, die bis heute in Frankreich nicht abgerissen ist.[68] In „*De la justification*" beschreiben die beiden Autoren sechs erste Rechtfertigungen bzw. Wertigkeitsordnungen und legen die allgemeine Struktur dieser Ordnungen als Grammatiken des Handelns dar (diese werden in den folgenden Kapiteln näher beschrieben). Die Rechtfertigungsordnungen benennen sie jeweils als „Polis" oder „Welt". Die sechs in „*De la justification*" identifizierten Welten sind die „Welt der Inspiration" (die „erleuchtete Polis"), die „häusliche Welt" (die „familienweltliche Polis"), die „Welt der Meinung" (die „Reputationspolis"), die „staatsbürgerliche Welt" („bürgerweltliche Polis"), die „Welt des Marktes" („marktwirtschaftliche Polis") und die „industrielle Welt" („Industriepolis").[69] Bis heute gilt „De la justification" als Grundlagenwerk für die EC und als ein Hauptwerk der neuen französischen Sozialwissenschaften insgesamt (siehe dazu Kapitel 5). 2009 ist eine umfangreiche Sammlung von Reflexionen zu „De la justification" erschienen (Breviglieri et al. Hrsg. 2009).[70]

Die zweite grundlegende Monografie der EC stellt die Arbeit von Robert Salais und Michael Storper dar, die 1993 zuerst mit dem Titel „*Les mondes du production*" publiziert wurde (Salais/Storper 1993). Sie ist wenige Jahre später (etwas reorganisiert) in einer englischen Übersetzung erschienen (Storper/Salais 1997). Hierin wird der Ansatz der Produktionswelten vorgeschlagen, der eine etwas veränderte Konzeption der Rechtfertigungsordnungen präsentiert, aber dennoch klar erkennen lässt, dass hier die theoretischen Grundlagen der EC weiterentwickelt werden.

---

67 Nachdem die Vorversion in der Reihe Cahiers du CEE bereits 1987 erschienen war. Der vormalige Haupttitel wurde zum Untertitel.

68 Dodier (1991, 1993b), Juhem (1994), Breviglieri und Stavo-Debauge (1999), Corcuff (2007), Barthe et al. (2013). Siehe auch Breviglieri, Lafaye und Trom (Hrsg.)(2009).

69 Die genauen Bezeichnungen der Welten variieren in den verschiedenen Publikationen. Hier sind sie aus Boltanski und Thévenot (2007) übernommen, in Klammern die Bezeichnungen aus Boltanski und Chiapello (2003).

70 Die Zahl der Rezensionen zu den verschiedenen Übersetzung von „De la justification" ist kaum mehr zu übersehen. Siehe die Schwerpunktausgabe der Zeitschrift European Journal of Social Theory 14(3) aus 2011. Für neuere deutschsprachige Rezensionen siehe das Symposium in Soziologische Revue 34(3) aus 2011." Erstaunlich ist, dass in dem Buch keine Bezüge auf die Ethnomethodologie von Garfinkel (1967) erfolgen. Wenn Garfinkel auch keine Ordnungen rekonstruiert, so hat der Ansatz von Boltanski und Thévenot doch eine Reihe von Ähnlichkeiten zur Ethnomethodologie.

Der Ansatz der Produktionswelten wird in einer ländervergleichen Studie zur Produktionsorganisation, den industriellen Beziehungen und zur pragmatischen Koordination der Produktion eingebracht (siehe dazu Kapitel 6).

Man muss die Problematik sehen, dass die Monografie „De la justification", die mittlerweile international als Grundlage für die aktuellen Entwicklungen der neuen Sozialwissenschaften in Frankreich rezipiert wird, ihre enge Verbindung zur EC (die in den 1980er-Jahren ihr Entstehungskontext war) und ihre fundierende Rolle für diesen Ansatz in der Rezeption außerhalb Frankreichs kaum erkennen lässt. Die Rezeption von „*De la justification*" außerhalb Frankreichs hat bislang damit die breitere Rezeption der EC insgesamt kaum befördert. Die allmählich einsetzende Rezeption der EC ist anfangs vorrangig durch die englischsprachigen Bände von Storper und Salais (1997) sowie von Favereau und Lazega (Hrsg.)(2002) angestoßen worden.

Neben den beiden grundlegenden Monografien kann hier bereits auf weitere ausgewählte Monografien hingewiesen werden, die im Rahmen der EC entstanden sind. (Siehe für einen vollständigeren Überblick Tabelle 2.1).

Bereits 1986 haben Robert Salais, Nicolas Baverez und Bénédicte Reynaud eine historische Analyse der Entstehung der Kategorie der Arbeitslosigkeit mit dem Titel „*L'invention du chômage*" vorgelegt (Salais et al. 1986, 1999). Diese hat rekonstruiert, dass die Arbeitslosigkeit erst im Zusammenhang mit der industriellen Arbeitsorganisation (sowie dem Konzept der Vollbeschäftigung) möglich wurde. Diese Studie hat spätere Arbeiten der EC inspiriert und früh demonstriert, dass die EC ein umfassender polit-ökonomischer Ansatz ist, der in historisch-pragmatischer Perspektive Organisationsformen, Arbeitsrecht, die Praxis der amtlichen statistische Kategorisierung auf die Koordination in der Produktion, auf den Handlungssinn der Akteure in ihrer Zeit und die damit mögliche kollektive Generierung von Wertigkeiten bezogen hat.[71]

1999 veröffentlichten Luc Boltanski und Eve Chiapello mit „*Le nouvel esprit du capitalisme*" (Boltanski/Chiapello 1999; deutsch: Boltanski/Chiapello 2003) eine Fortsetzung des Ansatzes aus 1991, in der nun eine weitere Rechtfertigungsordnung eingeführt wird, die die neue Form der Unternehmensführung und der Ökonomie analysiert.[72] Die hier beschriebene Netzwerkkonvention vereinnahmt die Kritik an

71 Siehe dazu Kapitel 3.

72 Die Tatsache, dass „*Le nouvel esprit du capitalisme*" bereits 2003, wenige Jahre nach dem Erscheinen in Frankreich 1999, ins Deutsche übersetzt wurde, hat in Deutschland die Rezeption der EC nachteilig beeinträchtigt, da das eigentliche Grundlagenwerk „*De la justification*", in Frankreich bereits 1987 in einer Vorfassung erschienen, erst 2007 und mit einer Verzögerung von 20 Jahren in Deutsche übersetzt wurde. So hat in der deutschen Soziologie die Grundlage für das Verständnis dafür gefehlt, dass „*Der neue*

der Ökonomie nun selbst zu einer „raffinierten" Form der Unternehmensführung und Produktionsorganisation, in der Projektfähigkeit als qualifizierende Eigenschaft und die (befristete) projektbezogene Vernetzung als Koordinationsform für die Herstellung vorwiegend von Dienstleistung als neue Prinzipien seit den 1980er-Jahren entstehen.

Ebenfalls 1999 hat André Orléan seine konventionentheoretische Darstellung des Finanzmarktes vorgelegt: „*Le pouvoir de la finance*". Orléan (1999) bezieht Keynes' Konzept der Konvention in die EC ein, um die Funktionsweise der Finanzmärkte zu erklären, insbesondere aber auch um eine Kritik an einer Theorie der Fundamentalwerte zu entwerfen. Eine allgemeiner ansetzende Kritik an der neoklassischen Werttheorie hat Orléan nun vor wenigen Jahren mit „*L'empire de la valeur*" vorgelegt (Orléan 2011, engl. Orléan 2014). Hier handelt es sich zugleich um eine Monographie, die die Theorie des Geldes, des Finanzwesens und überhaupt der Wertkonstruktion umfassend auf konventionentheoretischer Grundlage darstellt.[73]

2.2.12 Die Ausweitung des Anwendungsspektrums

Eine Ausnahme für die internationale Rezeption stellt ein internationales Projekt dar, das Laurent Thévenot und Claudette Lafaye mit Michael Moody durchgeführt haben (2000). Hier wurde die Analyse von Konventionen von Umweltschutzbewegungen angewandt. Grundlegende Arbeiten dafür hatte Thévenot zusammen mit Claudette Lafaye bereits in den 1990ern durchgeführt. Sie hatten eine weitere Konvention identifiziert, die ökologische (Lafaye/Thévenot 1993) oder „grüne Konvention" (Thévenot et al. 2000; Moody/Thévenot 2000) . Die Gruppe um Thévenot (mit Claudette Lafaye und Michael Moody) hat vergleichend für Frankreich und die USA die Umweltschutzdiskussion untersucht. Diese Anwendung zeigt, dass der konventionentheoretische Ansatz mit der fundierenden Arbeit von Boltanski und Thévenot (2007) auch außerhalb der Wirtschaftswissenschaften oder der Wirtschaftssoziologie, nämlich in der vergleichenden empirischen Kultursoziologie fruchtbar angewandt werden kann. Zusammen mit Michèle Lamont hat Laurent Thévenot (2000) eine Sammlung vergleichender Analysen zu den sozialen Formen

---

Geist des Kapitalismus" eine Anwendung des Ansatzes der EC ist, aber eben nicht (!) das eigentliche Hauptwerk der neuen französischen Soziologie. Wäre „*De la justification*" zeitnah bereits in den 1990er-Jahren übersetzt worden, wäre es nie zu diesem Rezeptionsproblem der neuen französischen Sozialwissenschaften in Deutschland gekommen (Diaz-Bone 2011c).

73 Siehe auch die Reviews von Bessy (2013a) und Ganßmann (2012). Die Arbeiten von Orléan werden im Kapitel 7 behandelt.

der Evaluation in Frankreich und den USA publiziert.[74] Damit tritt die Analyse von Konventionen bzw. Rechtfertigungsordnungen ebenfalls als international vergleichender Ansatz hervor.

Bereits einige Jahre früher haben Robert Salais und Michael Storper die Konventionen in der Ökonomie im Ländervergleich untersucht (Salais/Storper 1993). Insbesondere die etwas anders zusammengestellte englischsprachige Fassung von 1997 stellt die vergleichenden Analysen zu Italien, Frankreich und den USA nun für eine internationale Leserschaft vor (Storper/Salais 1997). Die Gruppe um Eymard-Duvernay am CEE hat dann 2001 eine vergleichende Analyse zum Arbeitsmarkt in Frankreich und Großbritannien vorgelegt und die Ausweitung der komparativen Perspektive innerhalb des Ansatzes der EC weiter verfolgt (Bessy et al. Hrsg. 2001). Seit den 1990er ist der Ansatz der EC auf die Agrarökonomie (Agrarkultur) und die Analyse sowohl der regionalen, der nationalen als auch der internationalen Nahrungsmittelproduktion angewandt worden (Allaire/Boyer Hrsg. 1995; Nicolas/Valceschini Hrsg. 1995; Daviron/Ponte 2005; Ponte/Daviron 2005; Allaire/Daviron Hrsg. 2017).[75]

Von Beginn an hat die EC die Analyse des Rechts (und insbesondere des Arbeitsrechts) in die wirtschaftssoziologische und sozioökonomische Analyse als selbstverständlich mit integriert (siehe dazu Kapitel 8). Tatsächlich stellt mit dieser Integration die EC bis heute die Ausnahme der aktuellen wirtschaftssoziologischen Ansätze dar, denn die neuere Wirtschaftssoziologie hat die Analyse des Rechts (nachdem sie anfangs für die Klassiker Emile Durkheim und Max Weber selbstverständlich gewesen war) im Grunde vernachlässigt. Ebenso ist von Beginn die historische Analyseperspektive in der EC verfolgt worden, wie mit der Arbeit von Salais, Baverez und Reynaud (1986, 1999). In den letzten Jahren intensiviert die Rezeption in den Geschichtswissenschaften, die die EC als Ansatz der Wirtschaftsgeschichte und der economic history diskutiert.[76]

Weitere Beispiele für die kontinuierlich weiter erfolgende „Ausweitung des Anwendungsspektrums" sind die Arbeiten von Philippe Batifoulier zum Gesund-

74 In der Einleitung wird die Theorie der Rechtfertigungsordnungen als einer von zwei Ansätzen der versammelten Beiträge eingeführt. Die Hälfte der Beiträge basiert auf dieser Theoriegrundlage.

75 Siehe dazu das Kapitel 5.

76 Siehe Dewerpe (1995), Kocka (2010), Neu (2015) sowie die Beiträge in De Munck und Lyna (Hrsg.)(2015). Für die Wirtschaftsgeschichte ist die Zeitschrift *Historical Social Research* ein Forum. Siehe auch das Kapitel 10 zur Methodologie.

heitswesen,[77] von Elisabeth Chatel,[78] Jean-Louis Derouet[79] oder Eric Verdier[80] zum Bildungswesen.

Die Ausweitung des Anwendungsspektrums der EC ist auch in anderen Hinsichten erfolgt. Einmal wurden nach und nach weitere Konventionen benannt, sodass man viele Konventionen (bzw. Rechtfertigungsordnungen) identifiziert hat. Zum anderen werden Konventionen nun auf verschiedenen sozialen „Ebenen" lokalisiert. Sind sie bei Boltanski und Thévenot (2007) zunächst als situative Handlungsgrammatiken gedacht, werden sie in den Markt- und Unternehmensanalysen als Konzepte für die Differenzierung von Märkten und Branchen verwendet (hier werden sie dann als Qualitätskonventionen bezeichnet; Eymard-Duvernay 1989, 2004). Die pragmatischen Arbeiten von Laurent Thévenot (2006, 2011a, 2011c, 2011b, 2011e, 2014) stellen aber auch heraus, dass den Konventionen ähnliche Sachverhalte, die Thévenot „Regimes" nennt, den Umgang mit dem Selbst (der privaten Umgebung, dem Planen, dem Entdecken), das Selbstverhältnis und das Handeln in Bezug auf Dinge und den eigenen Körper regulieren, sodass Regimes auch „unterhalb der Ebene" der Interaktion mit anderen Personen vorhanden sind (Kapitel 11). Robert Salais hat (zusammen mit Michael Storper) dann den Staat als Konvention (Kapitel 6) identifiziert und so gezeigt, dass der Ansatz der EC geeignet ist, verschiedenste Koordinationsformen zu analysieren, die eine größere (räumliche und zeitliche) Reichweite haben als diejenige einer situativen Interaktion (Kapitel 10). Vertreterinnen und Vertreter der EC haben die EC zunehmend als grundlegenden Ansatz der politischen Ökonomie aufgefasst. Weiter sind Vertreterinnen und Vertreter der EC Kooperationen mit anderen Wissenschaftsbewegungen eingegangen sind, was ebenfalls zu zahlreichen Publikationen geführt hat, die insgesamt vielleicht nicht der EC im engeren Sinne zuzurechnen sind (auch wenn sie einzelne Konzepte der EC enthalten, wie dasjenige der Qualitätskonvention), aber die doch insgesamt Beiträge zu einer pragmatischen Institutionentheorie im Feld der politischen Ökonomie beigesteuert haben.[81]

77 Siehe Batifoulier (1992, 2008), Batifoulier und Bien (2000), Batifoulier und Gadreau (2006), Batifoulier, Bessis und Biencourt (2011), Batifoulier, Domin und Gadreau (2011), Batifoulier, Braddock und Latsis (2013).

78 Siehe Chatel (2001a, 2001b, 2009) sowie Bailly und Chatel (2006).

79 Siehe Derouet (1992).

80 Siehe Verdier (2010a, 2010b) sowie Brochier und Verdier (1999).

81 Siehe etwa die Sammelbände von Salais und Whiteside (Hrsg.)(1998), von Salais und Villeneuve (Hrsg.)(2004), von Chatel et al. (Hrsg.)(2005), von Bessy et al. (Hrsg.)(2011).

2.3 Publikationen der EC (1986–2017)

Publikationen, die zur Entwicklung EC beigetragen haben, die ihre Resultate präsentieren, die zum Teil auch einen programmatischen Charakter aufweisen oder die die EC in der Diskussion mit anderen Ansätzen vorstellen, können als materiale Beiträge zur EC und Manifestationen dieser Bewegung aufgefasst werden. Tabelle 2.1 versammelt die Beiträge in chronologischer Reihenfolge.[82] Enthalten sind auch nicht-französische Beiträge oder Übersetzungen (ins Deutsche oder ins Englische), die die internationale und insbesondere die deutschsprachige Rezeption befördert haben.

Tabelle 2.1 Publikationen der EC (1986-2017)[83]

1986	• Salais, Robert/Thévenot, Laurent (Hrsg.)(1986): Le travail. Marchés, règles, conventions. Paris: Economica.[1] • Salais, Robert/Baverez, Nicolas/Reynaud, Bénédicte (1986): L'invention du chômage. Histoire et transformations d'une catégorie en France des années 1890 aux années 1980 (2. Auflage 1999). Paris: Presses Universitaires de France. • Thévenot, Laurent (Hrsg.)(1986): Conventions économiques. Cahiers du CEE 29. Paris: Presses Universitaires de France.
1987	• Boltanski, Luc/Thévenot, Laurent (1987): Les économies de la grandeur. Cahiers du CEE 31. Paris: Presses Universitaires de France. (Vorversion von Boltanski/Thévenot 1991.) • Eymard-Duvernay, François (Hrsg.)(1987): Entreprise et produits. Cahiers du CEE 30. Paris: Presses Universitaires de France.

82 Es handelt sich damit um eine Auswahl, die der Verfasser getroffen hat. Nicht aufgenommen wurden unveröffentlichte Habilitationen und Forschungsberichte – obwohl auch hier viel beachtete Schriften der EC vorliegen. Ebenso sind die Bücher, die in Koautorschaft verfasst wurden, die aber nicht klar der EC zugeordnet werden können, nicht in die Tabelle 2.1 aufgenommen worden. Das gilt z. B. für Aglietta und Orléan (2002) sowie für Bessy und Chateauraynaud (1995). Sammelbände, die von Vertreter der EC (mit)herausgegeben worden sind, die zwar einige Beiträge zur EC aber auch zu anderen Ansätzen beinhalten, wurden ebenfalls nicht in die Tabelle 2.1 aufgenommen. Dies gilt z. B. für die Sammelbände von Bessy et al. (Hrsg.)(2011), von Mansfield et al. (Hrsg.)(1994), von Salais und Whiteside (Hrsg.)(1998), von Salais und Villeneuve (Hrsg.)(2004) sowie von Chatel et al. (Hrsg.)(2005).

83 Berücksichtigt wurden nur Special issues (Schwerpunktausgaben) von Zeitschriften zur EC oder Sammelbände (Herausgeberschaften) sowie Monografien, aber keine einzelnen Aufsätze. Grundlage für die Tabelle ist die Übersicht in Biencourt (2006), die erweitert und aktualisiert wurde.

1989	• Boltanski, Luc/Thévenot, Laurent (Hrsg.)(1989): Justesse et justice dans le travail. Cahiers du CEE 33. Paris: Presses Universitaires de France. • Revue économique 40(2): „L'économie des conventions".
1991	• Boltanski, Luc/Thévenot, Laurent (1991): De la justification. Les économies de la grandeur. Paris: Gallimard.
1993	• Bessy, Christian (1993): Les licenciements économiques. Entre la loi et le marché. Paris: CNRS. • Desrosières, Alain (1993): La politique des grands nombres. Paris: La Découverte. • Salais, Robert/Storper, Michael (1993): Les mondes du production. Paris: EHESS. • Schwerpunktheft der Zeitschrift Réseaux (Nr. 62) zur EC.[2]
1994	• Orléan, André (Hrsg.)(1994): Analyse économique des conventions. Paris: Presses Universitaires de France (2. erweiterte Auflage 2004). • Reynaud, Bénédicte (1994): Les théories du salaire. Paris: La Découverte.
1997	• Bessy, Christian/Eymard-Duvernay, François (Hrsg.)(1997): Les intermédiaires du marché du travail. Cahiers du CEE 36. Paris: Presses Universitaires de France. • Eymard-Duvernay, François/Marchal, Emmanuelle (1997): Façons de recruter. Le jugement des compétences sur le marché du travail. Paris: Métailié. • Storper, Michael (1997): The regional world. Territorial development in a global economy. New York: The Guilford Press. • Storper, Michael/Salais, Robert (1997): Worlds of production. The action frameworks of the economy. Cambridge: Harvard University Press. (Reorganisierte Übersetzung von Salais/Storper 1993.)
1998	• Salais, Robert/Chatel, Elisabeth/Rivaud-Danset, Dorothée (Hrsg.)(1998): Institutions et conventions (Raisons pratiques 9). Paris: EHESS.
1999	• Boltanski, Luc/Chiapello, Eve (1999): Le nouvel esprit du capitalisme. Paris: Gallimard.
2000	• Lamont, Michèle/Thévenot, Laurent (Hrsg.)(2000): Rethinking comparative cultural sociology. Repertoires of evaluation in France and the United States. Cambridge: Cambridge University Press.
2001	• Batifoulier, Philippe (Hrsg.)(2001): Théorie des conventions. Paris: Economica. • Bessy, Christian/Eymard-Duvernay, François/Larquier, Guillemette de/Marchal, Emmanuelle (Hrsg.)(2001): Des marchés du travail équitables? Approche comparative France/Royaume-Uni. Brüssel: Peter Lang.
2002	• Didry, Claude (2002): Naissance de la convention collective. Débats juridiques et luttes sociales en France au début du XXe siècle. Paris: EHESS. • Favereau, Olivier/Lazega, Emmanuel (Hrsg.)(2002): Conventions and structures in economic organization. Markets, networks and hierarchies. Cheltenham: Edward Elgar.[3]
2003	• Boltanski, Luc/Chiapello, Eve (2003): Der neue Geist des Kapitalismus. Konstanz: UVK. (Übersetzung von Boltanski/Chiapello 1999.)
2004	• Eymard-Duvernay, François (2004): Economie politique de l'entreprise. Paris: La Découverte. • Reynaud, Bénédicte (2004): Les règles économiques et leurs usages. Paris: Odile Jacob.
2005	• Desrosières, Alain (2005): Die Politik der großen Zahlen. (Übersetzung von Desrosières 1993.)

2006	• Boltanski, Luc/Thévenot, Laurent (2006): On justification. Economies of worth. Princeton: Princeton University Press. (Übersetzung von Boltanski/Thévenot 1991.) • Borghi, Vando/Vitale, Tommaso (Hrsg.)(2006): Le convenzioni del lavoro, il lavoro delle convenzioni. Schwerpunktheft der Zeitschrift Sociologia del lavoro (Nr. 104) zur EC. • Eymard-Duvernay, François (Hrsg.)(2006): L'économie des conventions. Méthodes et résultats. Band 1: Débats. Paris: La Découverte. • Eymard-Duvernay, François (Hrsg.)(2006): L'économie des conventions. Méthodes et résultats. Band 2: Développements. Paris: La Découverte.[4] • Thévenot, Laurent (2006): L'action au pluriel. Sociologie des régimes d'engagement. Paris. La Découverte.
2007	• Bessy, Christian (2007): La contractualisation de la relation de travail. Paris: LGDJ. • Boltanski, Luc/Thévenot, Laurent (2007): Über die Rechtfertigung. Hamburg: Hamburger Edition. (Übersetzung von Boltanski/Thévenot 1991.)
2009	• Orléan, André (2009): De l'euphorie à la panique: penser la crise financière. Paris: Editions Rue d'Ulm.
2010	• Diaz-Bone, Rainer/Thévenot, Laurent (Hrsg.)(2010): Die Soziologie der Konventionen/ Sociologie des conventions. Schwerpunktheft der Online-Zeitschrift Trivium (Nr. 5).[5] • Favereau, Olivier (Hrsg.)(2010): Les avocats, entre ordre professionnel et ordre marchand. Paris: Lextenso Editions/Gazette du Paris. • Marchal, Emmanuelle/Rieucau, Géraldine (2010): Le recrutement. Paris: La Découverte.
2011	• Diaz-Bone, Rainer (Hrsg.)(2011): Soziologie der Konventionen. Grundlagen einer pragmatischen Anthropologie. Frankfurt: Campus.[6] • Diaz-Bone, Rainer/Salais, Robert (Hrsg.)(2011): Conventions and institutions from a historical perspective. Special issue der Zeitschrift Historical Social Research 36(4).[7] • Orléan, André (2011): L'empire de la valeur. Refonder l'économie. Paris: Seuil.
2012	• Diaz-Bone, Rainer/Salais, Robert (Hrsg.)(2012): The Economie des Conventions – Transdisciplinary discussions and perspectives" (HSR-focus). Historical Social Research 37(4). • Eymard-Duvernay, François (Hrsg.)(2012): Epreuves d'évaluation et chômage. Toulouse: Octarès Editions. • Knoll, Lisa (2012): Über die Rechtfertigung wirtschaftlichen Handelns. Wiesbaden: VS Verlag. • Law, conventions and economy, Schwerpunktheft von Economic Sociology – European Electronic Newsletter 14(1).[8]
2013	• Salais, Robert (2013): Le viol de l'Europe. Enquête sur la disparition d'une idée. Paris: Presses Universitaires de France.
2014	• Desrosières, Alain (2014): Prouver et gouverner. Une analyse politique des statistiques publiques. Paris: La Découvertes.[9] • Favereau, Olivier (2014): Entreprises. La grande déformation. Paris: Collège des Bernardins. • Orléan, André (2014): The empire of value. A new foundation for economics. Cambridge: MIT Press. (Erweitere englische Übersetzung von Orléan 2011.)

2015	• Bessy, Christian (2015): L'organisation des activités des avocats: entre monopole et marché. Paris: Lextenso Editions. • Diaz-Bone, Rainer/Didry, Claude/Salais, Robert (Hrsg.)(2015): Law and conventions from a historical perspective. Special issue der Zeitschrift Historical Social Research 40(1). • Knoll, Lisa (Hrsg.)(2015): Organisationen und Konventionen. Die Soziologie der Konventionen in der Organisationsforschung. Springer VS.[10] • Marchal, Emmanuelle (2015): Les embarras des recruteurs. Enquête sur le marché du travail, Paris: Editions de l'EHESS.
2016	• Batifoulier, Philippe/Bessis, Franck/Ghirardello, Ariane/Larquier, Guillemette de/Remillon,Delphine (Hrsg.)(2016): Dictionnaire des conventions. Villeneuve-d'Ascq: Presses Universitaires du Septentrion. • Diaz-Bone, Rainer/Didier, Emmanuel (Hrsg.)(2016): Conventions and quantification – Transdisciplinary perspectives on statistics and classifications. Special issue der ZeitschriftHistorical Social Research 41(2).[11]

1 Beinhaltet ausgearbeitete Vorträge des Workshops „Les outils de gestion du travail" (22.-23. November 1984).
2 Verfügbar über www.persee.fr
3 Enthält Beiträge aus der Ecole d'été „Organisations et marchés" (20.-24. Juli 1998).
4 Die beiden Bände beinhalten Vorträge des Kolloquiums „Conventions et institutions: approfondissements théoriques et contributions au débat politique" (11.-13. Dezember 2003 am Institut International de la Défense in Paris).
5 Verfügbar über http://trivium.revues.org/index3540.html
6 Beinhaltet vier Artikel aus Diaz-Bone und Thévenot (Hrsg.)(2010) und sechs weitere Beiträge.
7 Die Beiträge wurden vorgestellt auf dem Workshop „Conventions and institutions from a historical perspective" (10. Februar 2012, Workshop an der Humboldt Universität Berlin). Verfügbar über http://www.gesis.org/hsr/archiv/2011/364-conventions-institutions/
8 Verfügbar über http://econsoc.mpifg.de/archive/econ_soc_14-1.pdf
9 Auch die beiden Sammelbände der Aufsätze aus 2008 (Desrosières 2008a, 2008b) könnte man hier aufführen, siehe dazu Kapitel 3 und Kapitel 9.
10 Enthält Beiträge von Vertreterinnen und Vertretern verschiedener institutionentheoretischer Ansätze, die die EC sowie ihre Konzepte in der Organisationsforschung beurteilen.
11 Ein weiteres Special issue der Zeitschrift Historical Social Research, „Markets, organizations and law" herausgegeben von Diaz-Bone und Favereau sowie ein Band zu „Bildung und Konventionen" herausgegeben von Christian Imdorf, Regula Leemann und Philipp Gonon sind in Vorbereitung.

Tabelle 2.1 lässt erkennen, dass (1) es verstreute und vielfältige Publikationsformen sind (Monografien, Buchreihen, Schwerpunktausgaben von Zeitschriften) anhand derer sich die Entwicklung sowie die Diskussion zur EC manifestiert und dass es (2) es insbesondere auch Konferenzen und Workshops sind, die eine solche Funktion für die EC haben und deren Beiträge dann oftmals später in Sammelbänden publiziert wurden.

2.4 Die EC als Wissenschaftsbewegung

Heute zählt die EC zu den einflussreichsten transdisziplinären Ansätzen in den französischen Sozialwissenschaften. Sie integriert wirtschaftswissenschaftliche und soziologische Forschungsperspektiven und entgrenzt die Forschungsfelder der beteiligten Einzeldisziplinen. Dabei werden in den empirischen Analysen der EC Sachverhalte integriert, die herkömmlicherweise als verschiedene „Ebenen" bezeichnet werden, beginnend bei Akteuren (und deren interpretativer Rationalität) über Interaktionen (und die Probleme der Koordination sowie den Bezug auf Objekte/ Produkte), Organisationen (Unternehmen mitsamt ihrer Produktionslogik) bis hin zu ganzen Branchen (Industrien und Märkten).[84] Die Arbeiten der EC haben insgesamt allgemeine soziologische Bedeutung, denn es handelt sich um nicht weniger als um den Versuch, eine pragmatisch ansetzende praxeologische Theorie der Ökonomie ins Zentrum der Sozialwissenschaften zu stellen. Sichtet man die Beitragenden zu den Sammelbänden und die Mitglieder der verschiedenen Gruppen und Institutionen, in denen sich die Forschungstätigkeit der EC etablieren konnte, so kommt man schnell auf einige Dutzend Forscherinnen und Forscher die zu einer zweiten Generation der EC gezählt werden können, wie dies beispielsweise für die Arbeiten von Philippe Batifoulier, Christian Bessy, Franck Bessis, Pierre Boisard, Elisabeth Chatel, Claude Didry, Guillemette de Larquier, Emmanuelle Marchal oder Bénédicte Reynaud gilt. Mittlerweile ist es kaum mehr möglich eine Vollständigkeit beanspruchende Auflistung der Wissenschaftlerinnen und Wissenschaftler im Raum Paris zu erstellen, die Beiträge zur EC geleistet haben.[85]

Wie kann man aber erklären, dass ein solcher Ansatz – der sich seit nun mehr als drei Jahrzehnten im Raum Paris formiert – bislang außerhalb Frankreichs und gerade im deutschsprachigen Raum lange Zeit kaum Beachtung gefunden hat (auch trotz der frühen *deutschsprachigen* Publikation eines Artikel in der *Zeitschrift für Soziologie* von Peter Wagner zu den „neuen Sozialwissenschaften in Frankreich", Wagner 1993)?

---

84 Zur Kritik von Ebenenmodellen und zur Ersetzung des Konzepts der Ebene durch das der Reichweite siehe Kapitel 6 sowie Kapitel 10.

85 Siehe auch die (ebenfalls keine Vollständigkeit beanspruchende) Aufzählung von Olivier Favereau (2012). In Paris wird bildet sich tatsächlich eine neue Generation heraus, die nun für sich beansprucht bereits so etwas wie die nächste – dann „dritte" – Generation zu repräsentieren, mit Mitgliedern wie Thomas Barreto, Laura Centemeri, Ariane Ghirardello, Jean-François Lejeune, Delphine Remillon, Géraldine Rieucau und anderen.

Die Sprachbarriere ist nur zum Teil eine Erklärung.[86] Für eine Rezeption hinderlich erscheint gerade die neue institutionelle Struktur der französischen Sozialwissenschaften seit den 1980er-Jahren. Denn diese brechen, wie die EC dies tut, mit der in Frankreich lange vorherrschenden Schulenbildung um eine zentrale Forscherpersönlichkeit, die dann eine zugehörige Institution und damit die Fortführung der Schule prägt. Die Bourdieu-Tradition am CSE ist das letzte international einflussreiche Beispiel hierfür in der Soziologie.

Betrachtet man die organisatorische Verankerung der EC, so weist sie eine netzwerkartige Organisationsform auf, die im Laufe der Zeit mehrere Zentren herausgebildet hat und deren Bedeutung sich gewandelt hat: anfangs waren insbesondere das INSEE und das CREA die wichtigsten Einrichtungen, später dann die EHESS und das CEE, heute ist es das Laboratoire IDHES (ENS Paris-Saclay) und es bilden sich Gruppen heraus an der Universität Paris 13 sowie nun auch in an der Universität Lille. Die Vertreter der EC sind an diesen verschiedenen Einrichtungen und Universitäten im Großraum Paris nicht nur „verstreut", sie gehören häufig mehreren Einrichtungen an (oder haben diese im Laufe der Zeit gewechselt). Weiter publizieren und forschen sie zudem oft nicht ausschließlich im Bereich der EC und stehen im engen Kontakt mit verwandten Ansätzen wie der ANT, anderen Formen der pragmatischen Soziologie oder der TR.

Luc Boltanski hat die besondere Position inne, dass einige seine Publikationen (vor allem diejenigen Ko-Autorschaften) wie Boltanski und Thévenot (1984, 2007, 2011) oder Boltanski und Chiapello (2003) wichtige Grundlagen und Beiträge für die EC sind, dass aber die allermeisten seiner weiteren Publikation nicht als Beiträge zur EC gelten können.[87]

Alain Desrosières hat eine ähnliche Position. Er verstand sich zwar selbst nicht als Repräsentant der EC, dennoch sind viele seiner Publikationen schlichtweg konventionentheoretisch fundiert oder beeinflusst (siehe Kapitel 9). Zudem zählen

86 Wenn auch richtig ist, dass seit dem Zweiten Weltkrieg die Rezeption französischer Sozialwissenschaften im deutschsprachigen Raum zunehmend lückenhaft erfolgt, und wenn, dann über den Umweg der Rezeption im englischsprachigen Raum. Die Ausnahme sind die Arbeiten von Pierre Bourdieu, die besser ins Deutsche übersetzt ist als dies für die Arbeiten von Emile Durkheim gilt.

87 Und die deutschsprachige Rezeption der Arbeiten von Boltanski hat bislang kaum zur Wahrnehmung ihres Einflusses auf die EC geführt. So ist die Rezeption der Arbeiten von Boltanski und Thévenot (sowie die der GSPM insgesamt) eher demokratietheoretisch interessiert oder durch das sozialkritische Rezeptionsinteresse der späten Frankfurter Schule verengt. Insgesamt führt diese Rezeption daher die Bezüge und Vernetzungen der Arbeiten von Luc Boltanski zur EC daher so gut wie gar nicht (siehe kritisch Wagner 1993, 1994, 2004, 2011).

einige seiner Publikationen heute zu den Grundlagen der EC (wie Desrosières/Thévenot 2002).

Da die Agenda der EC mittlerweile umfassend ist und sich über die Zeit auch erste Differenzierungen innerhalb dieses Ansatzes herausgebildet haben, präsentiert sich die EC selbst als Bewegung mit gemeinsamen Grundkonzepten und einem geteilten Anliegen.

Die Außenwahrnehmung der EC wurde lange auch durch die Arbeits- und Publikationsformen erschwert. In der Formierungsphase der EC in den 1980er-Jahren sind die wichtigsten Publikation in Veröffentlichungsreihen erschienen (wie den verschiedenen Arbeitspapieren des INSEE oder der Reihe *Cahiers du CEE*), die zunächst nicht von einem breiteren sozialwissenschaftlichen Publikum zur Kenntnis genommen wurden. Zudem sind Monografien die Ausnahme, die Beiträge der EC gehen häufig aus Verschriftlichungen von Konferenzen und Workshops hervor. Erst die Sondernummer der *Revue économique* ändert diese Situation – zumindest in Frankreich. Hier erscheinen in den 1990er-Jahren thematische Schwerpunktausgaben von Zeitschriften (wie *Réseaux* 1993 Nr. 62), die sich der Diskussion des konventionalistischen Ansatzes widmen. Zusammen mit dem Erscheinen von englischsprachigen Publikationen (Lamont/Thévenot 2000; Storper/Salais 1997; Favereau/Lazega Hrsg. 2002) setzt in den 2000er-Jahren allmählich eine internationale Rezeption ein (siehe Kapitel 11).

Seit einigen Jahren mehren sich zudem die Beiträge in Sammelbänden und Aufsätze, die die Entwicklung der EC resümieren und den Stand dieses Ansatz reflektieren (wie Swedberg 2006a; Eymard-Duvernay et al. 2006a, 2006b; Chatel 2006; Diaz-Bone/Thévenot 2010; Diaz-Bone 2009a, 2009b; Desrosières 2011a; Diaz-Bone/Salais 2011; Bessy 2014). Wenn die EC also eine langjährige Entwicklung und erste Differenzierungen erfahren hat, so versuchen diese Beiträge nun auch die Kohärenz dieses Ansatzes und seiner weiteren Perspektiven zu diskutieren.

Die netzwerkartige Organisationsform der EC ist zu unterscheiden von ihrer kognitiven Wissensstruktur – also der Form wie die EC als wissenschaftliche Theorie organisiert ist. Die EC ist kein enges Paradigma, keine Schule und erst recht keine Doktrin, die sich auf wenige Theoreme präzisieren ließe, und die durch ein klare abgrenzbare Gruppe von Vertreterinnen und Vertretern repräsentiert wird. Die EC kann viel eher als eine *transdisziplinäre Wissenschaftsbewegung* aufgefasst werden, die nicht-heterodoxe Beiträge zur politischen Ökonomie, zum Institutionalismus, zur Wirtschaftssoziologie, zum Arbeitsrecht, zur Statistik sowie zur Wirtschaftsgeschichte auf einer pragmatischen Grundlage beigetragen hat. Der Begriff „transdisziplinäre Wissenschaftsbewegung“ soll dabei Verschiedenes zum Ausdruck bringen.

1. Ein wissenschaftspolitisches Gründungsmoment der EC war – jenseits des wirtschaftswissenschaftlichen Mainstreams (der Neoklassik und ihrer mathematischen Formalisierung) aber auch jenseits des in Frankreich etablierten Marxismus und etablierten Strukturalismus – theoretische Innovationen für die Analyse der ökonomischen Koordination und der ökonomischen Institutionen zu entwickeln und in empirischen Analysen anzuwenden. Dieses wissenschaftspolitische Moment kennzeichnet den Bewegungscharakter der EC bis heute.
2. Innerhalb der EC und im Laufe von mehr als drei Jahrzehnten haben sich verschiedene Stränge und Positionen etabliert, die bis heute dafür sorgen, dass es auch interne Differenzierungen gibt und es nicht als angemessen erscheint, von einem „Paradigma" oder einer „Schule" zu sprechen. Diese Differenzierungen sind bis heute (im nun doppelten Wortsinn) „in Bewegung".
3. Die EC ist bis heute der einzige erfolgreiche Ansatz, der wirklich aus einer transdisziplinären Koordination zwischen Vertreterinnen und Vertretern der Ökonomie, Soziologie, der Statistik sowie dann auch der Geschichtswissenschaft entwickelt worden ist. Daher kann man von der EC im vollen Wortsinn auch als von einer Sozioökonomie sprechen.[88] Im Laufe der Zeit haben Wissenschaftlerinnen und Wissenschaftler zur EC als transdisziplinärer Wissenschaftsbewegung Beiträge geleistet, wobei nicht für alle diese Personen gilt, dass sie sich fortan *ausschließlich* als Repräsentantinnen bzw. Repräsentanten der EC verstanden hätten, sondern dass sie auch Beiträge zu anderen Ansätzen oder Wissenschaftsbewegungen geleistet haben.

Heute kann man (mittlerweile auch außerhalb Frankreichs) auf die EC als breiten Ansatz und als einen zentralen Bestandteil der neuen pragmatischen Sozialwissenschaften in Frankreich verweisen, ohne dass man notwendig zuerst auf Namen von einzelnen Personen verweisen müsste.

88 Siehe für eine so verstandene Sozioökonomie Hedtke (Hrsg.)(2015).

Klassifikationen und Klassifizierungspraxis

3

„Ohne Klassifikationen ist keine ökonomische Analyse möglich.“
(Guibert et al. 1971, S. 23)[89]

3.1 Einleitung

Nachdem im vorangehenden Kapitel eine Darstellung der Formierung der EC in dem Milieu des Wissenschaftsraums Paris skizziert wurde, sollen nun die ersten inhaltlichen Ausgangspunkte der EC systematisch eingeführt werden. Wenn das INSEE in Kapitel 2 als die Keimzelle der EC bezeichnet wurde, so gilt dies nicht nur in dem Sinn, dass hier die sozialen Netzwerke entstanden sind, aus denen die Forschungsgruppen der EC und ihre Arbeiten hervorgegangen sind.[90] Auf den ersten Blick mag es verwunderlich erscheinen, dass ein Institut für die amtliche Statistik und Wirtschaftsforschung auch das thematische Terrain und die institutionelle Basis für die Entstehung der transdisziplinären Wissenschaftsbewegung der EC zur Verfügung gestellt hat.

Denn eine solche Einrichtung wurde und wird (insbesondere außerhalb Frankreichs) erst einmal als Behörde für die amtliche nationale Statistik – die das INSEE zwar auch bis heute ist – wahrgenommen. Die im internationalen Vergleich einmalige Situation am INSEE war insbesondere in den 1960er-, 1970er- und 1980er-Jahren nicht nur dadurch gegeben, dass hier auch Soziologinnen und Soziologen angestellt

89 Übersetzung RDB.

90 Das INSEE (www.insee.fr) ist seit seiner Gründung in Paris angesiedelt. Es ist dem Ministerium für Wirtschaft, Finanzen und Beschäftigung zugeordnet. Zur Organisation der amtlichen Statistik und dem Beitrag des INSEE siehe Blanc und Desrosières (2003). Siehe für die Bedeutung des INSEE in Frankreich Desrosières (1977, 2005a, 2005b), Desrosièreset al. (1977), Volle (1977), INSEE (Hrsg.)(1996) sowie Litz und Lipowatz (1986).

R. Diaz-Bone, *Die „Economie des conventions“*, Soziologie der Konventionen, https://doi.org/10.1007/978-3-658-21062-5_3

waren und eng mit Wirtschaftswissenschaftlern und Statistikern zusammenarbeiteten, sondern auch dadurch, dass am INSEE seit Beginn der 1960er-Jahre eine interdisziplinäre Diskussion über die Konstruktion von statistischen Klassifikationen und über die Praxis des Klassifizierens einsetzte. In dieser Zeit fiel der Einfluss Bourdieus und seiner Mitarbeiter am INSEE auf fruchtbaren Boden. Und in den 1970er-Jahren gingen die Forschungen dieser durch Bourdieu beeinflussten Gruppe am INSEE in die Überarbeitung der französischen Berufsklassifikation ein, der sogenannten „sozioprofessionellen Kategorien". Wenn auch das namensgebende Konzept der Konvention am INSEE in der Zeit bis Anfang der 1980er-Jahre noch nicht prominent als Zentralkonzept dieses entstehenden Ansatzes hervortrat, so sind die in dieser Zeit entstandenen Arbeiten zur Praxis des Klassifizierens und zur Forminvestitionen dennoch bis heute zentrale Bestandteile des Theoriekerns der EC. Die damals erstmals erfolgte Analyse der reflexiv-interpretativen Kompetenzen der Akteure in den „Kämpfen um die Klassifikation" ließ für Boltanski und Thévenot die Bedeutung der Rechtfertigungsformen erkennbar werden, auf die die Akteure sich kritisch berufen und die später von Boltanski und Thévenot in „Über die Rechtfertigung" ausgearbeitet wurden (Boltanski/Thévenot 2007). Die Investition in die statistischen Formen wurde in verschiedenen Studien unter anderem auch als Investitionsarbeit von berufsständischen Gruppen in „ihre eigene" sozio-professionelle Kategorie identifiziert. Akteure versuchen ihrem Berufsstand im sozialen Raum zu Anerkennung zu verhelfen, was erfordert, dass diese Berufsgruppen nicht nur eigene kollektive Konventionen mit zugehörigen berufsständischen Definitionen und eigenen Reglementarien erhalten, sondern auch, dass Berufsgruppen durch die amtliche Statistik als Kategorien in die Berufsklassifikation Eingang finden und staatlich legitimiert werden. Das in der zweiten Hälfte der 1980er-Jahre allmählich bedeutsam werdende Konzept der Konvention, wurde dann auch auf diese anderen, in den frühen 1980er-Jahren erarbeiteten Konzepte bezogen. Das thematische Feld der Statistik, die Analyse der hier erfolgenden statistischen Klassifizierungspraxis und Forminvestitionen haben für die EC bis heute ihre zentrale Bedeutung behalten.[91] Insgesamt gelten die Analysen von Boltanski, Desrosières und Thévenot am INSEE zu den sozio-professionellen Kategorien und die in diesem Rahmen erfolgten Neuerungen für die Theorie der Klassifikation bis heute als wegbereitende Beiträge für die „neuen französischen Soziologien" (Corcuff 2007, S. 69ff) und insbesondere für die EC.

---

91 Thévenot (1994a, 1997, 2011c, 2011d), Salais (2004a, 2012a, 2014), Desrosières (2001, 2011a, 2011b), Didier (2014) und Deauvieau et al. (2014). Siehe auch die Aufsatzsammlungen Desrosières (2008a, 2008b, 2014) sowie das Kapitel 9.

3.2 Der Einfluss Bourdieus am INSEE

„He was going the farthest in the problems of categories."
(Thévenot über Bourdieu; zitiert nach Dosse 1999, S. 42)

Zu den Eigenheiten Frankreichs zählt die besondere Zentralisierung des Staatswesens, insbesondere seit der französischen Revolution. Alain Desrosières (2005a, S. 36f) hat die seitdem forcierte Vereinheitlichung der Landessprache, des Ausbildungswesens, der administrativen Struktur Frankreichs beschrieben. In dieser Zeit entstand ein neues Staatsdenken, für welches der nun durch den Staat zu betreibenden Statistik als Informations- und Planungsgrundlage eine herausragende Bedeutung zugesprochen wurde (Brian 2001; Desrosières 2005a). Und diese nationale Statistik war auf Kategorien mit nationaler Reichweite und damit nationaler Vergleichbarkeit (Äquivalenz) angewiesen (siehe dazu Kapitel 9). Dies galt insbesondere auch für ökonomische Kategorien. So wurde etwa die Arbeit an den Berufsklassifikationen in Frankreich Ende des 18. Jahrhunderts unter dem Minister des Inneren (Jean-Antoine Chaptal) erstmals systematisch aufgenommen – zu dieser Zeit noch aus der Perspektive der physiokratischen Wirtschaftstheorie. In den 1830er-Jahren wurde ein nationales „statistisches Büro", das *Bureau de la statistique générale de la France*, kurz SGF, eröffnet, welches – anfangs mit noch wenigen Mitarbeitern – sozio-ökonomische Daten und Indizes auf nationaler Ebene sammelte und publizierte. 1946 wurde das SGF durch das INSEE ersetzt. Dieses Institut war von Beginn an nicht nur mit regelmäßigen empirischen Untersuchungen und Volkszählungen betraut, es war – mit einigen Tausend Mitarbeitern ausgestattet (Delain 1977; Blanc/Desrosières 2003) – zugleich als eine interdisziplinäre Forschungseinrichtung angelegt.[92] Das INSEE etabliert seitdem wirtschaftsstatistische und sozialstatistische Kategorien gesellschaftsweit und hat sich höchste Legitimität verschafft durch seinen Beitrag zur Vereinheitlichung der Bilanzierungskennwerte von Unternehmen und den Beiträgen zu einem nationalen Bilanzwesen (national accounting). Die bis heute andauernde spezifische Bedeutung des INSEE für die französische Wirtschaft wird erst erklärlich durch seine strategische Funktion im Rahmen der zentralistischen Wirtschaftsplanung, die in Frankreich in den Jahrzehnten nach dem Zweiten Weltkrieg entwickelt wurde. Das INSEE hatte damit nicht nur die Aufgabe, Konjunkturdaten zur *Beschreibung* der Ökonomie zu liefern, sondern auch, Planungsdaten für die staatliche *Koordination* der Wirtschaft zur Verfügung zu stellen.

---

92 Siehe für die Entwicklung der Statistik in Frankreich die Beiträge in Affichard (Hrsg.) (1977) und Affichard (Hrsg.)(1987), für die historische Entwicklung der Berufsklassifikationen siehe insbesondere Desrosières (1977, 1985, 1987, 2005a), Desrosières und Thévenot (1977, 2002); Thévenot (1987), Merllié (1983).

Pierre Bourdieu – ein derzeit noch kaum bekannter Absolvent der ENS – hat in den 1950er-Jahren in Algier den Kontakt zu der dortigen Außenstelle des INSEE gesucht, weil er für seine Analysen des Zusammenhangs von Arbeitsverhältnissen und Zeitstrukturen repräsentative Daten über die algerische Gesellschaft (insbesondere über die Region der Kabylei) benötigte. Hier schloss er Freundschaft mit Wirtschaftswissenschaftlern und Statistikern am INSEE wie Alain Darbel, Charles Seibel und Jean-Paul Rivet, die Jahrzehnte andauern sollte und die die Verbindung Bourdieus (und seiner Mitarbeiter) zum INSEE in Paris vorbereitete (Bourdieu 1987a, S. 11, 2002; Seibel 2004; Schultheis 2000, 2007; Lebaron 2009; Masson 2012). Zusammen mit diesen INSEE-Forschern unternahm Bourdieu dann empirische Untersuchungen über die Konsumgewohnheiten, die Arbeits- und Wohnverhältnisse der algerischen Bevölkerung (Bourdieu 1958; Bourdieu et al. 1963). Und zusammen mit Alain Darbel organisierte er eine Konferenz, die 1965 in Arras stattfand. Hier wurde das Verhältnis zwischen den wirtschaftlichen Veränderungen und den sozialen Lebensbedingungen zu bilanzieren versucht. Das bedeutet konkreter, dass die Auswirkungen des zwanzigjährigen wirtschaftlichen Wachstums auf die soziale Mobilität (die Verringerung der sozialen Ungleichheiten), auf die Lebensformen und Konsumgewohnheiten sowie der Zusammenhang von Wachstum und Bildungschancen zwischen Wirtschaftswissenschaftlern, Demografen, Statistikern und Soziologen (aus dem INSEE-Kontext) diskutiert wurden. Im Vorwort der Publikation der Konferenzbeiträge – die unter dem Namen DARRAS (1966) erschien – hob der derzeitige Direktor des INSEE, Claude Gruson, die „Multidisziplinarität" dieser Begegnung hervor, eine Eigenschaft, die lange auch am INSEE stark ausgeprägt sein sollte (und die später eine Entstehungsbedingung der EC war). Der Einfluss Bourdieus auf viele der Statistiker und viele der Wirtschaftswissenschaftler am INSEE war beträchtlich.[93] Seitdem entwickelten sich auch die

93 So schreibt Claude Seibel, dass die Begegnung mit Bourdieu ganz neue Perspektiven eröffnet habe, da Bourdieu die kombinierte Perspektive der Statistik und der Ethnografie auf die algerische Gesellschaft geworfen habe (Seibel 2004, S. 20). Franz Schultheis schreibt über einen anderen Weg der Einflussnahme: „[...] Bourdieu [unterrichtete] an der Elite-Hochschule für Statistik ENSAE ganze Generationen zukünftiger Statistiker in Soziologie und trug dadurch maßgeblich zur beachtlichen soziologischen Fundierung der öffentlichen (amtlichen) französischen Statistik bei" (2000, S. 172; Anm. 2). Siehe dazu auch Gollac (2004). Bourdieu beschreibt später die prägende Wirkung seiner Arbeiten am INSEE und sieht auch umgekehrt den Einfluss der Forschungen zu den kategorisierenden Praktiken am INSEE auf seine entstehende Soziologie (Bourdieu 2004b, S. 91). Garcia-Parpet (2014) rekonstruiert die Entstehung der Wirtschaftssoziologie von Bourdieu aus diesen Anfängen in Algerien und den dort geknüpften Beziehungen.

wechselseitigen Beeinflussungen.[94] An der ENSAE, die seit den 1940er-Jahren die wichtigste Ausbildungsinstitution für Forscher und leitende Beamte am INSEE ist, boten in den 1960er-Jahren Bourdieu und Mitarbeiter aus seinem Umfeld wie Jean-Claude Passeron oder Luc Boltanski Seminare zur Wissenschaftstheorie und Forschungsmethodik an.[95] Vertreter des *Centre de sociologie européenne* (CSE) beteiligten sich zudem am INSEE in Forschungsprojekten.[96] Seit den 1960er-Jahren befassten sich die Soziologen aus dem Umfeld Bourdieus auch mit der Erarbeitung einer umfassend angelegten Sozialstrukturanalyse der französischen Gesellschaft, die sie auf einer modernen Theorie der sozialen Klassifikationspraktiken begründeten. Die kultursoziologischen Arbeiten zur Analyse der französischen Lebensstilgruppen und Klassen wurden nicht nur mit den Datensätzen, die durch das INSEE erhoben wurden, empirisch belegt, sondern diese umfangreichen Arbeiten waren auch Teil einer Reform der statistischen Klassifikation am INSEE selbst, die ebenfalls durch die theoretischen Arbeiten von Bourdieu und Mitarbeitern stark beeinflusst war.[97] Insbesondere die sozialstrukturellen Kategorien der Berufe wurden in der Vernetzung der Gruppe um Bourdieu und des INSEE intensiv diskutiert. Franz Schultheis hat die wechselseitige Einflussnahme zwischen Bourdieu und den Forschern am INSEE resümiert.

> „Bourdieu bediente sich der großen Erhebungen des INSEE in seinen eigenen Forschungen, nahm zum Teil an diesen aktiv teil, beeinflusste deren Anlage durch seine *inputs* an erkenntnistheoretischen und methodologischen Fragestellungen und schaffte es mit der Zeit, die in seinen eigenen Arbeiten entwickelten sozialstrukturellen Klassifikationen in die offizielle Statistik einzubringen. Nur durch diese enge

94 In dieser Auseinandersetzung erweiterte Bourdieu das Inventar seiner kultursoziologischen Konzepte um eine ökonomische Begrifflichkeit und deutete die Konzepte der Wirtschaftswissenschaften gleichzeitig kultursoziologisch um (vgl. Lebaron 2003; Diaz-Bone 2006, 2007, 2012a).

95 Das ENSAE ist wie das INSEE in Paris angesiedelt (www.ensae.fr). Desrosières (2001, S. 115) erwähnt neben dem Engagement Bourdieus auch die Lehrtätigkeit von Christian Baudelot und François Héran am ENSAE, die beide ebenfalls zur Theorie der Klassifikation Beiträge geleistet haben.

96 Der Band „Soziologie als Beruf" von Bourdieu, Chamboredon und Passeron (1991), in dem die wissenschaftstheoretische Position Bourdieus und Mitarbeiter dargelegt wird, ist aus den Lehrerfahrungen Bourdieus am ENSAE hervorgegangen.

97 Die genauen Formen und die Intensität der Vernetzung sind nur schwer zu rekonstruieren, weil sich vieles nicht in Dokumenten niederschlägt. Die Zahl der Hinweise auf persönliche Netzwerke und Freundschaften repräsentiert nicht valide deren Bedeutung (wie diejenige der Freundschaften etwa zwischen Bourdieu und Desrosières; siehe dazu Kapitel 2). Siehe zum Einfluss Bourdieus am INSEE und dessen Interesse an den Klassifikationskämpfen auch Thévenot (2011c, S. 384).

> Zusammenarbeit konnte er die enorme Datenbasis für Werke wie ‚Die feinen Unterschiede' überhaupt aufbauen. Auf der anderen Seite erbrachte Bourdieu aber auch selbst wertvolle Gegenleistungen, indem er mehrere Jahre lang an der Hochschule des Statistischen Amtes [gemeint ist das ENSAE, RDB] Sozialforschung unterrichtete und sehr nachhaltigen Einfluss auf die Forschungspraxis dieser bedeutenden Institution nahm." (Schultheis 2007, S. 51f; Herv. i. Orig.)

Für Desrosières sind es insbesondere zwei Positionen Bourdieus, die ihm als Anknüpfungspunkte für die soziologische Arbeit am INSEE gelten („les deux héritages"): (1) Die Wissenschaftlichkeit der soziologischen Forschung verlange den Bezug auf das „statistische Argument" (d. h. die Soziologie muss statistische Evidenzen mithilfe statistischer Instrumente produzieren) und (2) die Forderung des soziologisch-reflexiven Gebrauchs eben der statistischen Werkzeuge (Desrosières 2003a, S. 210). Letzteres bedeute, die sozialhistorischen Entstehungssituationen, die Konstruktionslogik und die Anwendungskontexte der statistischen Werkzeuge in die soziologische Analyse einzubeziehen, insbesondere die der statistischen Klassifikationen (Bourdieu 2002, S. 84).[98]

Man muss hier anführen, dass auch die Anwendung der multiplen Korrespondenzanalyse in den französischen Sozialwissenschaften und insbesondere in den Sozialstrukturanalysen am INSEE wesentlich auf den Einfluss Bourdieus zurückgeht (Desrosières 1978, 2001, 2003a; Desrosières/Thévenot 1979; Gollac 2004, Lebaron 2009, 2015). Die Einführung und der Einsatz der Korrespondenzanalyse haben die Überarbeitung der wichtigen sozio-ökonomischen Variablen, der „*catégories socioprofessionnelles*" (CSP), vorbereitet, da mithilfe dieses statistischen Instruments die Mehrdimensionalität des sozialen Raums seit den 1970er-Jahren identifiziert und visualisiert werden konnte. Damit wurde in vielen Untersuchungen evident, dass die Konstruktion einer angemessenen Klassifikation sozio-professioneller

---

98 Das ist letztlich die durch Bourdieu reaktualisierte Position der historischen Epistemologie von Gaston Bachelard (1978, 1988; Diaz-Bone 2008), die Bourdieu auch in die Ausbildung am ENSAE eingebracht hatte (Bourdieu et al. 1991). Bachelard stellt in seiner antipositivistischen Wissenschaftstheorie die Bedeutung der Instrumente (hier wären es die CSP) für die Konstruktion der Phänomene heraus und verwendet dafür den Begriff der „Phänomenotechnik", der im Grunde eine Forderung nach reflexiver Konstruktion mithilfe von Instrumenten ist: „Die klassische Trennung der Theorie von ihrer Anwendung mißachtete diese Notwendigkeit, die Anwendungsbedingungen in das Wesen der Theorie selbst einzubringen. […] An diesem Punkt merkt man, daß die Wissenschaft ihre Objekte verwirklicht, ohne sie jemals ganz fertig vorzufinden. Die Phänomenotechnik erweitert die Phänomenologie. Ein Konzept wird in dem Maß wissenschaftlich, wie es technisch wird, wie mit ihm eine Technik der Verwirklichung einhergeht." (Bachelard 1978, S. 111)

Gruppen anhand nur eines einzigen Kriteriums und anhand nur einer Dimension nicht valide sein konnte (Desrosières et al. 1983, S. 56f; Didier 2014).

3.3 Anschluss an die französischen Klassifikationsanalysen

Am INSEE wurde mit den sozio-professionellen Kategorien (CSP) Anfang der 1950er-Jahre (maßgeblich von Jean Porte) eine Berufsklassifikation entwickelt, die sich nicht nur in der administrativen Statistik durchsetzte, sondern die auch in den folgenden Jahrzehnten in Frankreich für die sozial- und wirtschaftswissenschaftliche Forschung (wie INED[99] oder CNRS) sowie für die kommerzielle Markt- und Meinungsforschung zu einem Standard wurde (Desrosières 1977, 2005b; Desrosières/Thévenot 2002, S. 21).[100] Diese Klassifikation war selbst wiederum ein komplexes Resultat verschiedener Modernisierungen der amtlichen Statistik und der Einflussnahmen der verschiedenen Berufsgruppen in Frankreich (Desrosières 1977; Thévenot 1983a, 1983b). Und diese statistischen Kategorien zirkulierten ihrerseits in den folgenden Jahrzehnten im sozialen Raum, wo sie zu etablierten gesellschaftsweiten sozio-kognitiven Kategorien wurden. Die CSP sind damit seit den 1950er-Jahren zu einer Art „statistischer Grundeinheit" geworden, zu einer Standardeinteilung der französischen Gesellschaft, die eben nicht mehr nur für Beschäftigungsanalysen einteilen, sondern die weitreichender zur zentralen sozio-demografischen Variablen für die meisten empirischen Analysen der französischen Gesellschaft und Sozialstruktur geworden sind. Auch wenn die Statistiker am INSEE sich anfangs nur vorsichtig zur Abbildungseigenschaft dieser Variablen äußerten, standen die CSP doch bald in Frankreich für in der Öffentlichkeit und durch die

---

99 Das 1946 gegründete INED (*Institut national d'études démographiques*) ist das nationale demografische Institut Frankreichs.

100 Die CSP sind eine vierstellige Kodierung, die die Berufe gruppiert und untergruppiert: nach Branchen, Status (insbesondere angestellt/selbstständig) und Qualifikation. Die Kontinuitäten und Veränderungen der Novellierung der CSP zur Volkszählung 1982 stellen Seys (1984) und Desrosières und Thévenot (2002) dar. Siehe auch die Diskussion zur CSP in „Travail et emploi" 38 aus 1988 darin insbesondere Favereau (1988). Siehe für neuere Arbeiten zu den CSP den Beitrag von Amossé (2013) sowie die Schwerpunkthefte der Zeitschriften *Sociétés contemporaines* 45-46 aus 2002 und *Revue française de sociologie* 10(2) aus 2012 (darin insbesondere Amossé 2012). Die CSP sind auch unter www.insee.fr abzurufen.

Massenmedien verwendete Kategorien, die „soziale Gruppen", gar „soziale Milieus" differenzierten (Desrosières 1977, S. 155).[101]

In den 1960er-Jahren begann am INSEE die Diskussion um die Prinzipien von Berufsklassifikationen und deren Architekturen. Denn die Frage war nun für die Soziologen, ob die statistischen Klassifikationen – wie die CSP – tatsächliche soziale Gruppen oder soziale Klassen valide erfassten (Guibert et al. 1971; Merllié 1983). Ein wesentlicher Grund für die Diskussion waren die dynamischen Veränderungen der französischen Sozialstruktur seit den 1960er-Jahren. Diese Diskussion intensivierte sich in den 1970er-Jahren so sehr, dass beschlossen wurde, die sozio-professionellen Kategorien zu modernisieren. Die neue Klassifikation der CSP wurde erstmals in der Volkszählung von 1982 eingesetzt (Desrosières/Thévenot 1979, 2002).[102] Eine zentrale Innovation war die Reflexion der Mehrdimensionalität dieser Klassifikation und der Nachweis Bourdieus, dass die sozialen Milieus der französischen Gesellschaft nicht nur in einer, sondern in zwei Dimensionen zu differenzieren waren. Diese zweidimensionale Repräsentation heißt seitdem „sozialer Raum", welcher mit dem „Raum der Lebensstile" korrespondiert (Bourdieu 1982).

Die Vorarbeiten für diese Modernisierung der CSP bestanden in den umfangreichen Analysen der Konstruktionsprinzipien für soziale Klassifikationen, aber auch in den soziologischen Analysen der empirischen Praxisformen, die einmal als soziale Interventionen (im Sinne der EC als Investitionen) das Entstehen von Klassifikationen beeinflussen und die zum anderen in pragmatischer Perspektive das praktische Klassifizieren, also das Anwenden von Kategorien in sozialen Situationen durch Akteure reglementieren (Desrosières et al. 1983).[103] Diese Vorarbeiten erfolgten auf Grundlage einer soziologisch-reflexiven Haltung gegenüber den in der eigenen wissenschaftlichen Arbeit verwendeten Instrumenten. Seit den 1970er-Jahren galten die Arbeiten von Bourdieu und Mitarbeitern (insbesondere Luc Boltanski) zu den sozialen Praxisformen des Klassifizierens als die fortschrittlichsten soziologischen

---

101 Dominique Merllié sieht bereits bei dem Entwickler der CSP Jean Porte (in dessen Erläuterungen *Code des catégories socio-professionnelles*, INSEE 1977) die Absicht formuliert, dass die CSP sich in dieser Weise als gesellschaftsweiter Standard etablieren sollten (Merllié 1983, S. 13).

102 Auf Anregung von Alain Goy wurde 1979 am INSEE in der Abteilung Beschäftigung eine Gruppe zusammengestellt, an der Desrosières und Thévenot beteiligt waren (Desrosières 1987, S. 54). Zu den weiteren Mitgliedern zählten auch Baudouin Seys und Michel Gollac (für eine Auflistung der Mitarbeiter siehe Desrosières et al. 1983, S. 73).

103 Weitere Resultate der Arbeiten am INSEE zur Analyse der Handhabung der CSP in der Umfragepraxis von Thévenot, Eymard-Duvernay u. a. sind publiziert in INSEE (Hrsg.)(1981). Ein Teil der Arbeiten von Thévenot (1981b, 1981c) ist zusammengefasst in Thévenot (1983b).

Reflexionen einer über Michel Foucault und Claude Lévi-Strauss bis auf Durkheim zurückzuführenden Tradition der Analyse von Formen der sozialen Klassifikationen und ihres Zusammenhangs mit der sozialen Struktur. Diese Tradition wurde nun in den Diskussionen am INSEE als Ausgangspunkt verwendet.[104]

Bereits die Analyse der „primitiven Klassifikationen" durch Durkheim und Mauss sowie die Religionssoziologie Durkheims hatten zu Beginn des 20. Jahrhunderts Aussagen gemacht über den Zusammenhang der Einteilung der Totems bei den australischen Ethnien und der komplexen Struktur der Gliederung in Klane sowie Teilklane (Durkheim 1981; Durkheim/Mauss 1993). Hier findet sich die später bei Bourdieu fortgeführte Grundstrategie, die „Übersetzung" der Sozialstruktur in die Klassifikationen der Dinge (Totems). Die Dinge (Totems) sind demnach wie die Menschen klassifiziert, weil deren Einteilung als Modell verwendet wird für die Einteilung der Dinge (Totems).

> „Kennzeichnend für die Klassifikationssysteme ist nun, daß die Vorstellungen darin nach einem Modell geordnet sind, das aus der Gesellschaft stammt. [...] Der Ausdruck ‚Modell' ist sogar noch unzureichend. Die Gesellschaft war nicht bloß Modell, an dem das klassifizierende Denken sich orientiert hätte; vielmehr diente ihr ureigenstes Gerüst als Rahmen für das System. Die ersten logischen Kategorien waren soziale Kategorien [...]" (Durkheim/Mauss 1993, S. 199/250)

Anhand der Ordnung der Totems, ihrer zugehörigen Eigenschaften und Wertigkeiten sind die Ethnien in der Lage, ihre Identität wahrzunehmen. Insgesamt sind durch die Ordnung der Totems die Mitglieder der beschriebenen Gesellschaft so vorreflexiv in der Lage, die Gesellschaft sowohl mit ihren Differenzierungen (in Klane und Teilklane) als auch als Einheit wahrzunehmen. Die klassifizierenden Prinzipien werden so zu sozio-kognitiven Prinzipien. Sind die Klassifikationen einmal etabliert, ermöglichen sie es, die Sozialstruktur zu reproduzieren (Durkheim/Mauss 1993, S. 179) und damit auf „[...] ihre Ursache zurückzuwirken und diese zu modifizieren" (Durkheim/Mauss 1993, S. 199). Für Durkheim und Mauss sind die symbolische Ordnung und die Logik der Klassifikation letztlich auf die Sozialstruktur zurückzuführen, Sozialstruktur und kulturelle Ordnung sind daher homolog (strukturgleich).

Die einflussreiche Theorie der Klassifikation von Durkheim und Mauss ist bis heute Gegenstand philosophischer und soziologischer Kritiken sowie Ausgangs-

---

104 Siehe Desrosières und Thévenot (1979, 2002). Die Klassifikationstheorien von Bourdieu und Foucault sind bereits bei Guibert et al. (1971) der theoretische Anknüpfungspunkt. Für die Rezeption der Klassifikationstheorien von Durkheim bis Bourdieu und Foucault siehe auch Desrosières (2005a, Kapitel 8).

punkt von Weiterentwicklungen. Auch wenn Lévi-Strauss als Neodurkheimianer gilt, so distanziert er sich in seinen Arbeiten von Durkheim durch die Annahme eines prinzipiell offenen Möglichkeitsraums an Oppositionsprinzipien, die zur Klassifikation der Menschen und der Dinge herangezogen werden können. Konkret wendet sich Lévi-Strauss gegen das theoretische Primat der Sozialstruktur und betont die Praxis der Handhabung von Oppositionsbeziehungen, die die Menschen „mühevoll" einsetzen müssen, um die Dinge und indirekt sich selbst in homologe Oppositionsbeziehungen zu bringen.

> „Das heißt jedoch nicht, daß wir damit zu der Durkheimschen These vom sozialen Ursprung des logischen Denkens zurückkehren. Obwohl zwischen der Sozialstruktur und dem System der Kategorien zweifellos eine dialektische Beziehung besteht, ist das letztere dennoch weder Folge oder Resultat der ersteren: beide bringen, zum Preis mühevoller wechselseitiger Anpassungen, bestimmte historische und lokale Modalitäten der Beziehungen zwischen Mensch und Welt zum Ausdruck, die ihr gemeinsames Substrat bilden." (Lévi-Strauss 1968, S. 248)

Für Lévi-Strauss sind die Prinzipien, auf denen Klassifikationen beruhen, immer nur a posteriori rekonstruierbar und kein a priori. Sie sind weder universell noch auf die Sozialstruktur zurückzuführen.

> „In Wahrheit *lässt sich das Prinzip einer Klassifikation niemals postulieren*: nur die ethnografische Forschung, d.h. die Erfahrung kann es a posteriori aufdecken." (Lévi-Strauss 1968, S. 74; Herv. i. Orig.)

Auch die Foucaultsche Theorie gibt (wie Lévi-Strauss) einer Art französischen Kantianismus eine empirisch-historische Wende. Foucault hat mit der Episteme einer Epoche ein kulturelles und tiefer liegendes Prinzip benannt, das ein Grundraster für klassifizierende Praktiken ist, das die Klassifikationen und das System der klassifizierten Dinge mit einer Ordnung, einer Logik ausstattet, die in einer Epoche vorreflexiv und (daher) evident ist.[105] Dass Dinge (Sachverhalte) als ähnlich oder unähnlich wahrgenommen und erlebt werden können (und damit klassifizierbar sind), führt Foucault auf die Episteme als sozio-kognitive Realität zurück, die in der Weise als vorreflexive und kollektive Vororganisation der Erfahrung wirkt, sodass die „Ordnung" als in den Dingen selbst angelegt erfahren wird (Foucault 1971, S. 22). Zum anderen weist Foucault damit aus, dass die Episteme für eine Kultur sowohl

105 Gegenstand der Foucaultschen Untersuchungen sind die epochalen Erkenntnisstrukturen, die die in der Renaissance entstehenden Wissenschaften vom Sprechen, vom Tauschen und vom Leben (die späteren Disziplinen der Linguistik, der Ökonomie und der Biologie) in ihrer Epoche „auf tieferem Niveau" synchron integrieren.

die fundamentale Denkstruktur, bestehend aus den sozio-kognitiven Prinzipien, als auch das gegenwärtig Vergessene ist. „Die Ordnung der Dinge" (Foucault 1971) nimmt eine Klassifikation zum Ausgangspunkt, die verdeutlichen soll, wie undenkbar eine Klassifikation ist, die auf keinem vertrauten Klassifikationsprinzip beruht. Foucault hat einen literarischen Text von Jorge Luis Borges herangezogen, der eine „chinesische Klassifikation der Tiere" enthält.

> „Dieser Text zitiert ‚eine gewisse chinesische Enzyklopädie', in der es heißt, daß ‚die Tiere sich wie folgt gruppieren: a) Tiere, die dem Kaiser gehören, b) einbalsamierte Tiere, c) gezähmte, d) Milchschweine, e) Sirenen, f) Fabeltiere, g) herrenlose Hunde, h) in diese Gruppierung gehörige, i) die sich wie tolle gebärden, k) die mit einem ganz feinen Pinsel aus Kamelhaar gezeichnet sind, l) und so weiter, m) die den Wasserkrug zerbrochen haben, n) die von weitem wie Fliegen aussehen.' Bei dem Erstaunen über diese Taxonomie erreicht man mit einem Sprung, was in dieser Aufzählung uns als der exotische Zauber eines anderen Denkens bezeichnet wird – die Grenze unseres Denkens: die schiere Unmöglichkeit, *das* zu denken." (Foucault 1971, S. 17; Herv. i. Orig.)

Die Irritation über diese Klassifikation lässt das Fehlen eines erfahrbaren Prinzips für die Klassifikation deutlich werden (oder auch die Unvertrautheit mit der Episteme der fiktiven chinesischen Kultur). Denn die Tiere erscheinen hier nicht sinnvoll geordnet. Für Desrosières und Thévenot (1979, S. 54) ist die von Foucault angeführte Klassifikation der Tiere ein extremes Beispiel für eine Sammlung bunt zusammengewürfelter („heterokliter") Kategorien, die verschiedenen Logiken zu folgen scheinen. Klassifikationen werden in dem Ausmaß als evident wahrgenommen, in dem sie kohärent und erschöpfend erscheinen, sodass die Taxonomie für unsere Kultur „burlesk" erscheinen müsse. Foucault hat in „Die Ordnung der Dinge" insgesamt drei kulturelle Epochen ausgemacht (Renaissance, Klassik, Moderne), für die er je eine zugehörige Form der Episteme identifiziert hat. Von diesen ist diejenige der Renaissance für uns aus heutiger Sicht wohl die ungewöhnlichste. Denn in der Renaissance war das Prinzip der Ähnlichkeit, das Denken in Kategorien der Ähnlichkeit die epistemische Logik. Es galt hier: Dinge, die sich ähnlich sind, haben ähnliche Eigenschaften, ziehen sich an, stehen in einer Verwandtschaftsbeziehung. Die Worte haben eine Bedeutung aufgrund der Ähnlichkeit ihres Klanges mit dem, was sie bezeichnen. Dinge und Eigenschaften werden damit aufgrund ihrer Ähnlichkeit klassifizierbar. Pflanzen heilen bestimmte Körperteile, wenn sie eine ihnen ähnliche Form haben.[106]

---

106 Anhand der Begründung der heilenden Wirkung des Samenkorns der Pflanze Eisenhut für das Auge hebt Foucault die fundierende Denkkategorie der Renaissance als für das moderne Denken befremdlich konkret hervor: „Zwischen den Augen und dem Eisenhut besteht eine Sympathie. Diese unvorhergesehene Affinität bliebe im Schatten, wenn es

Die Arbeiten Foucaults zur Theorie der Klassifikationsformen haben mit den Arbeiten von Lévi-Strauss gemeinsam, dass sie die Klassifikationen als historische Formationen auffassen. Auch die Arbeiten Bourdieus aus den 1970er-Jahren rekonstruieren soziale Klassifikationen als Resultat sozialer Auseinandersetzungen im sozialen Raum. Im Unterschied zu Durkheim oder Foucault (in „Die Ordnung der Dinge") hat Bourdieu (mit Mitarbeitern) nun die *konkrete soziale Praxis* der sozialen Kategorisierungen analysiert. Den Arbeiten von Durkheim und Mauss kommt zwar erstmals das Verdienst zu, die sozialen Klassifikationen *selbst* zum Gegenstand der Forschung gemacht zu haben und diese nicht mehr nur als Schemata anzusehen, mit denen soziale Akteure sich über die Welt verständigen (Desrosières 2005a, S. 272). Aber diese Tradition berücksichtigt kaum die verschiedenen Formen der sozialen Praxis des Klassifizierens – so die von Bourdieu an der Durkheim-Tradition geäußerte Kritik (Bourdieu 1976, 1987a). Durkheim und Mauss beziehen sich in ihrer Analyse auf die „primitiven" Klassifikationen als Ordnungen der Symbolwelten und sie erläutern auch, inwieweit diese als Vorformen der wissenschaftlichen Klassifikationen gelten können. Aber sie schließen explizit die Unterscheidungen aus, die sich in den alltagspraktischen Handlungen finden (Durkheim/Mauss 1993, S. 249, Anm. 227; Desrosières 2005a, S. 272f). Bourdieu hat sich in seinen Analysen der kabylischen Gesellschaft an den Arbeiten von Lévi-Strauss orientiert, wie dies bei der Interpretation der räumlichen Organisation des kabylischen Hauses deutlich wird (Bourdieu 1976, S. 48ff, 1987a, S. 23ff/468ff). Bereits hier wird allerdings auch die Kritik an Lévi-Strauss formuliert, denn dieser analysiere zwar die vorreflexive Ordnung der klassifizierenden Praxis, aber die Akteure waren (aus Sicht Bourdieus) hier nur gedacht als Ausführende eines objektiven kollektiven Unbewussten, der unbewussten Tätigkeit des menschlichen Geistes (Lévi-Strauss 1967) – und eben hierin bliebe Lévi-Strauss weiterhin Durkheimianer. Bourdieu hebt die Vernachlässigung der Praxis in seinen Studien zur kabylischen Gesellschaft auch als Kritik an Lévi-Strauss hervor, indem er die Regeln des strategischen Umgangs mit Klassifikationen analysiert und auf die historische Entstehung von Klassifikationen (Regeln und Schemata) *in* der kollektiven Praxis hinweist (Bourdieu 1976, 1987a). Die „Regeln" und „Schemata" des Handelns entstehen demnach in der „Akkumulation unzähliger geschichtlicher Handlungen" (Bourdieu 1987a, S. 78) und sie sind nicht die theoretische Logik ihrer Ausführung.

---

auf der Pflanze nicht eine Signatur, ein Zeichen und gewissermaßen ein Wort gäbe, das besagte, daß sie für die Augenkrankheiten gut ist. Dieses Zeichen ist vollkommen lesbar in ihren Samenkörnern: das sind kleine dunkle Kügelchen, eingefaßt in weiße Schalen, die ungefähr das darstellen, was die Lider für die Augen sind." (Foucault 1971, S. 58)

Festzuhalten ist soweit, dass aus Sicht der Praxeologie Bourdieus die Durkheim-Tradition insgesamt nicht nur die klassifizierende Praxis vernachlässigt, sondern die soziale Praxis als generierendes Prinzip für Klassifikationen verkennt. Bourdieu wendet die in der Analyse der kabylischen Gesellschaft ausgearbeiteten Konzepte dann auch auf die Analyse der französischen Gesellschaft an.

Die Ende der 1970er-Jahre in dem Buch „Die feinen Unterschiede" (Bourdieu 1982) veröffentlichte Theorie der Distinktion führt die Klassifizierungspraxis der sozialen Gruppen und Milieus Frankreichs dann auf den jeweiligen Habitus zurück (als das vorreflexive System der generativen Schemata für Wahrnehmen, Urteilen und Handeln). Die ästhetischen Präferenzen, der Geschmack wurden in dieser Zeit für die kultursoziologische Analyse Bourdieus zum bevorzugten Merkmal für „Klasse" (Bourdieu 1982, S. 18). Die Unterschiede im jeweiligen Habitus sind seitdem für die Bourdieusche Theorie zurückzuführen auf die sozialstrukturell unterschiedlichen kulturellen und materiellen Lebensbedingungen, womit die Bedeutung der Sozialstruktur für die Analyse der kulturellen Praktiken wieder eine Aufwertung erhält.[107] In den Arbeiten von Bourdieu finden sich daher nicht zufällig Wortreihungen und Wortspiele mit „Klasse", „Klassifikation" und „Klassierung", die den Zusammenhang zwischen der Formierung sozialer Gruppen und sozio-kognitiven Praktiken verdeutlichen sollen.[108] Das Prinzip der Distinktion besagt demnach, dass sich die Akteure mit ihrer Klassifizierungspraxis (der Evaluation der kulturellen Objekte und der kulturellen Praktiken) selbst klassifizieren und durch ihre Praxis der Klassifikation ihre Position im sozialen Raum und in Relation zu anderen ausweisen.

> „Geschmack klassifiziert – nicht zuletzt den, der die Klassifizierung vornimmt. Die sozialen Subjekte, Klassifizierende, die sich durch ihre Klassifizierungen selbst klassifizieren, unterscheiden sich voneinander durch die Unterschiede, die sie zwischen schön und häßlich, fein und vulgär machen und in denen sich ihre Position in den objektiven Klassifizierungen ausdrückt oder verrät." (Bourdieu 1982, S. 25)

---

107 Damit rückt Bourdieu zwar von der Position von Lévi-Strauss weiter ab, gleichzeitig nähert er sich derjenigen Durkheims wieder an.

108 Wie auch mit der Kapitelüberschrift „Klassen und Klassifizierungen" (Bourdieu 1982, S. 727) oder dem Aufsatztitel „Classement, déclassement, reclassement" (Bourdieu 1978). Letzterer verliert mit seiner Übersetzung ins Deutsche „Einstufung, Abstufung, Umstufung" (als Überschrift in Bourdieu 1982, S. 221) seine „semantische Reichweite" für die Soziologie. Auch Beate Krais hat auf die enge Beziehung hingewiesen, die zwischen dem Konzept der „Klasse" und der „Tätigkeit des Klassifizierens" in der Theorie Bourdieus besteht (Krais 1981, S. 17).

Der Akt der Klassifikation klassifiziert zuerst den Klassifizierenden und nicht das Klassifizierte. Zentral ist für Bourdieus Analyse, dass Klassifikationen selbst zum Gegenstand sozialer Distinktion werden, dass ihre Legitimität im sozialen Raum umkämpft ist, weil von der Durchsetzung von Klassifikationsprinzipien und Klassifikationen die Position und Identität sozialer Gruppen und Milieus im sozialen Raum abhängt. Damit wird nicht nur möglich, soziale Divisionen („wir" und „die") zu denken (wie bereits in der Durkheim/Mauss-Tradition), sondern damit ist weitergehend die eigene Positionierung bzw. der Kampf um soziale Anerkennung als „Kampf der Klassifikationssysteme" (Bourdieu 1982, S. 748; Bourdieu/Boltanski 1981, S. 103f) beschreibbar. Klassifikationen und Klassifikationsprinzipien zu etablieren heißt damit auch, die Sicht auf die Ordnung des Sozialen (nebst der eigenen Positionierung darin) erfolgreich durchzusetzen. Bourdieu hat mit Bezug auf Berufsklassifikationen beschrieben, wie soziale Kollektive ihre Identität im sozialen Raum zu formieren und zu etablieren versuchen, indem sie die Anerkennung ihrer Gruppe als Kategorie anstreben – das bedeutet z. B. nach der Institutionalisierung als Berufsgruppe in administrativen Statistiken streben.

> „Die Klassifikations- und Ordnungssysteme bildeten keine derart umkämpften Streitobjekte, trügen sie nicht bei zum Bestand der Klassen, indem sie mittels der entsprechend dem Ordnungssystem strukturierten Vorstellungen der Wirksamkeit der objektiven Mechanismen noch verstärken. Da Akt der Anerkennung der gesamten sozialen Existenz, ist mit der verbindlichen Setzung eines Namens eine buchstäbliche Verwandlung der benannten Sache vollzogen –: sie hört auf, tolerierte, illegale oder illegitime faktische Ausübung zu sein und wird *soziale Funktion*, also Mandat, *Beruf*, Amt, Rolle – dies alles Bezeichnungen, die sehr gut auf den Unterschied verweisen zwischen der *autorisierten*, durch stillschweigende oder ausdrückliche Delegation einem Individuum oder einer Gruppe übertragenen Tätigkeit und der bloß widerrechtlichen Inbesitznahme, die in Erwartung der Institutionalisierung ‚einen faktischen Zustand schafft'. Am eindeutigsten erweist sich die besondere Wirkungsweise der ‚Kollektivvorstellungen' […] in all den Fällen, wo der Begriff der Sache vorausgeht, wo die Usurpation der *nominellen Identität* zur beschleunigten Ausbildung der realen Identität führt – Beispiel: die freiwilligen Verbände, die sich zu Berufen wandeln, oder jene Gruppen zur Verteidigung von ‚Standesinteressen' (etwa die ‚Cadres'), die nach und nach bei ihren Mitgliedern wie bei den übrigen Berufsgruppen die *Vorstellung* ihrer Existenz und Einheit durchsetzen. Inwieweit eine Gruppe im offiziellen Rangsystem vertreten ist oder nicht, hängt weitgehend von ihrer Fähigkeit ab, sich bemerkbar zu machen, sich *anerkennen* zu lassen, mithin, sich zumeist nach hartem Kampf einen Platz in der Sozialordnung zu erstreiten […]" (Bourdieu 1982, S. 749f; Herv. i. Orig.)

Bourdieu hat weiter die Geschichtlichkeit der Klassifikationen betont, die Resultat sozialer Praxisformen sind. Wie Durkheim hat auch Bourdieu den sozialen Klassifikationen eine eigene Realität zuerkannt – ohne aber in der gleichen Weise der

Sozialstruktur das Primat zuzusprechen, denn einmal etablierte Klassifikationen sind als Begriffssysteme für Bourdieu relativ unabhängig und haben dann ein gewisses Beharrungsvermögen und eine eigene Wirkmächtigkeit. Die Eigenständigkeit der Klassifikationssysteme resultiert hier weiter nicht nur aus ihrer sozio-kognitiven Realität, sondern auch aus ihrer Eigenschaft, im sozialen Raum zum Gegenstand von Politiken der Klassifikation und der Einführung von Kategorien, das heißt konkret: Gegenstand der Politik um Bezeichnungen und Definitionen zu werden.

> „Tatsächlich gibt die Ordnung der Wörter niemals streng genau die Ordnung der Dinge wieder. Darin, nämlich in der relativen Unabhängigkeit der Struktur des Systems der klassifizierenden und klassifizierten Wörter (innerhalb dessen jedes einzelne Etikett seinen besonderen Wert gewinnt) gegenüber der Struktur der Verteilung des Kapitals, und genauer noch, im Auseinanderklaffen (Folge unter anderem der Eigenträgheit der Klassifikationssysteme als quasi juridischer, einem Stand des Kräfteverhältnisses sanktionierender Institutionen) zwischen dem mit der Veränderung des Produktionsapparates gekoppelten Wandel der Arbeitsplätze und dem Wandel der Bildungstitel gründen denn auch jene symbolischen Strategien, deren Ziel es ist, sich die Diskrepanz zwischen Nominellem und Realem zunutze zu machen, sich der Wörter zu bemächtigen, um in den Besitz der Dinge zu kommen, oder auch der Dinge, in der weiteren Hoffnung, bald auch die sanktionierenden Wörter zu erhalten […]" (Bourdieu 1982, S. 750f)

3.4 Kritik der Konstruktion von Klassifikationen

Die Forderung des soziologisch-reflexiven Gebrauchs der Instrumente wurde sowohl von Bourdieu und Mitarbeitern am CSE als auch von den Mitarbeitern am INSEE praktisch auf die Reflexion der *Entwicklung* von Klassifikationen angewendet. Für Bourdieu – der hier an die Wissenschaftsphilosophie von Gaston Bachelard angeschlossen hat – gehen in die Konstruktion von wissenschaftlichen Instrumenten notwendig Theorien ein. Instrumente sind aus dieser Sicht auch Materialisierungen der Theorie.[109] Im besten Fall wird diese reflektiert und bewusst gehandhabt, dann handelt es sich um eine wissenschaftliche Konstruktion des Instruments, ansonsten

109 „Ein Meßinstrument ist letztlich immer eine Theorie, und man muß begreifen, daß das Mikroskop mehr eine Verlängerung des Geistes ist als des Auges. […] Die Dualität von Universum und Geist erscheint, untersucht man sie auf der Ebene einer persönlichen Erkenntnisanstrengung, als Dualität zwischen einem schlecht präparierten Phänomen und einer nicht korrigierten Wahrnehmung. Betrachtet man den gleichen Dualismus auf der Ebene einer wissenschaftlichen Erkenntnisanstrengung, so erscheint er als Dualismus von Apparat und Theorie […]." (Bachelard 1978, S. 348)

wird dies aus Sicht der Theorie Bourdieus zum Problem, weil implizite Vorannahmen in die Konstruktion des Instruments (hier: Klassifikationen wie die CSP) eingehen, deren Anteil nicht bewusst ist und damit nicht kontrolliert werden kann, welchen Anteil diese implizite Theorie an der Konstruktion des wissenschaftlichen Objekts (hier: die Konstruktion von Berufsgruppen und sozialen Milieus) hat.[110]

> „Wenn die Methodologen den Regeln der Handhabung der bereits gebildeten Kategorien mehr Aufmerksamkeit widmen als den Verfahren zu ihrer Konstituierung, dann deshalb, weil das Problem der Konstruktion des Objekts – etwa die Gliederung der Bevölkerung in soziale Kategorien, Einkommensgruppen oder Altersklassen – nicht im voraus und ein für allemal gelöst werden kann. Weil in jede Taxonomie eine Theorie eingeht, wird eine nicht bewußt getroffene Gliederung notwendig von einer nicht bewußten Theorie angeleitet […].“ (Bourdieu et al. 1991, S. 53)

Desrosières und Thévenot haben diese Position nun auf Fragen der Entwicklung einer sozialen Klassifikation und insbesondere auf die für Frankreich so bedeutsamen CSP bezogen. Die von ihnen gestellten Fragen waren: Was ist also die Theorie der CSP und wie können die CSP soziologisch konstruiert werden, wenn man die Vorgabe hat, sie zu überarbeiten? Welche Folgerungen lassen sich aus der soziologisch-reflexiven Analyse der Klassifizierungspraktiken – insbesondere im Umgang mit den vorhandenen CSP – für die Überarbeitung der CSP selbst ziehen? Die Gelegenheit zur Überarbeitung der CSP erzwang damit insgesamt, nicht nur die gesellschaftliche Praxis des Gebrauchs der CSP, sondern auch die sozialwissenschaftliche Praxis der Entwickler statistischer Kategorien in den Blick zu nehmen.

Die von Desrosières und Thévenot von Mitte der 1970er- bis Anfang der 1980er-Jahre veröffentlichten Artikel (wie in der INSEE-Zeitschrift *Economie et statistique*) versuchen diesen theoretischen Rahmen für die Praxis der statistischen Klassifikation in Analysen der CSP nach und nach zu erarbeiten.[111] In dem Artikel „Les mots et les chiffres“[112] präsentierten sie 1979 erstmals eine Skizze ihrer (an

110 Boltanski (1970) zeigt dies kritisch anhand der Inspektion einer Klassifikation von Konsumgütern auf, die zwei Wirtschaftswissenschaftler unter Heranziehung einer „Spontansoziologie“ konstruiert haben. Boltanski zeigt, dass Kategorien nach widersprüchlichen Prinzipien entwickelt wurden und dass Konsumgüter in eine Kategorie gruppiert wurden, die durch unterschiedliche soziale Milieus unterschiedlich verwendet werden, sodass ihre Differenzierung notwendig gewesen wäre. Die Folgerung ist für Boltanski, dass die mit dieser Klassifikation erhobenen Daten keine valide Datenanalyse zulassen.

111 Siehe Desrosières und Thévenot (1979), Desrosières et al. (1983), Thévenot (1983b).

112 Der Titel ist eine Anspielung auf den französischen Titel „Les mots et les choses“ (dt. „Die Ordnung der Dinge“) der epistemologisch-historischen Analyse der Klassifikati-

Bourdieu anknüpfenden) Theorie der CSP sowie die Folgerungen für die Strategie der Überarbeitung der CSP (Desrosières/Thévenot 1979). Hierin gingen dann die Theoreme zu den verschiedenen Formen der sozialen Repräsentationsarbeit für die Etablierung von Kategorien ein. Thévenot (1983a) erweiterte diesen Theorierahmen um das Konzept der Forminvestition.[113] 1988 erschien dann in der Reihe „Repères" (bei „La Découverte", Paris) ihre einführende Monografie zu den CSP, zur soziologischen Theorie der Klassifikation, zur Geschichte der CSP und zu ihrer Novellierung zur Volkszählung 1982. Diese erschien 2002 in der 5. Auflage (!), was die Bedeutung der CSP für Frankreich belegt, wo sie nun seit über einem halben Jahrhundert (seit der Volkszählung 1954) auch zu gesellschaftlichen, nicht allein sozialwissenschaftlichen Kategorien geworden sind (Desrosières/Thévenot 2002).

Die Klassifikation, so wie sie in eine Befragung zu Beginn eines Datenproduktionsprozesses eingeht, ist für Desrosières und Thévenot das erste und zugleich dasjenige Instrument, welches in den Reflexionen der amtlichen Datenproduktion – insbesondere für die geradezu industrielle Form der Datenproduktion am INSEE – mit seinen Instrumenteneigenschaften am wenigsten beachtet worden sei. Weil man die Berufe und ihre Klassen für einen Bestandteil der Realität hält, die mit Evidenz auftreten, widmet man den die Berufe klassifizierenden Praktiken und den Klassifikationen selbst nicht die gleiche Aufmerksamkeit wie anderen Instrumenten.

Sie identifizieren zwei idealtypische Strategien, um eine Klassifikation zu entwickeln: einmal die Verwendung von „natürlichen Klassifikationen" und dann das Erstellen von „logischen Klassifikationen".

Klassifikationen, die von den Akteuren im sozialen Raum verwendet werden, sind „natürliche Klassifikationen". Die Bezeichnung „natürlich" ist hier kritisch gemeint in dem Sinne, dass den Akteuren die Kategorien und die Verwendung der historisch entstandenen Klassifikationen im Alltag evident und „naturgegeben" erscheinen. Der soziologischen Analyse gilt die einfache Übernahme solcher Klassifikationen deshalb als problematisch, denn die Prinzipien, mit denen die Kategorien eingerichtet wurden, sind hier „naturalisiert", d.h. nicht reflexiv. Es gelte gerade, diese „falschen Evidenzen" zu „de-naturalisieren". Eine statistische Analyse, die diese Klassifikationen einfach übernimmt, trüge systematisch zu ihrer weiteren Naturalisierung bei (Desrosières/Thévenot 1979, S. 59). Damit scheidet

onsordnungen von Michel Foucault (1971).

113 Dieses Konzept entstand seit Anfang der 1980er-Jahre in der Kooperation zwischen Laurent Thévenot und François Eymard-Duvernay, die zusammen die unterschiedlichen Weisen der Formierung von Standards in Unternehmen analysierten. Thévenot (1983a) bezieht es von Beginn an auch auf die statistischen Formen sowie die Bedeutung der statistischen Formen für die Arbeitsorganisation in Unternehmen.

eine solche Strategie aus (was nicht bedeutet, soziologisch nicht in Rechnung zu stellen, dass die „natürlichen" Klassifikationen eine eigene soziale Realität und Wirkmächtigkeit innehaben). Thévenot hat die Voraussetzungen aufgezählt für die Möglichkeit, eine Klassifikation konsequent anhand logisch-systematischer Kriterien zu entwickeln:

> „Ist es an dem Entwickler der Klassifikation (classificateur) selbst, die *Definitionen* der Kategorien zu *wählen?* Können die Kategorien *homogen* und *exklusiv* hinsichtlich eines Modells vergleichbarer (äquivalenter) Klassen sein und kann ihre Einteilung anhand von *Kriterien* erfolgen, die der Entwickler als *angemessen* erachtet? Was sind die durch den Entwickler *klassifizierten Objekte* und was ist der *Raum* (l'univers), den er berücksichtigen will?" (Thévenot 1983, S. 191; Herv. i. Orig.)[114]

Der Entwickler einer Klassifikation, dem möglich ist, diese Fragen positiv zu beantworten (und der den Raum der zu klassifizierenden Objekte kennt), kann wie ein „Ingenieur" in der Datenproduktion vorgehen, wenn er eine logische Konvention für die Bildung der Klassifikation entwerfen will. Das Vorgehen des modernen Dateningenieurs entspricht dann den Vorstellungen der Wissenschaften im Zeitalter der Klassik von einer idealen Klassifikation. Foucault (1971) hatte die berühmte Klassifikation der Pflanzen, die von Carl Linné eingeführt worden war, als ideale Verkörperung der Klassik im 18. Jahrhunderts interpretiert, dem die logische Ordnung der Welt als theologisch-metaphysisches Prinzip galt, das die wissenschaftliche Tätigkeit systematisch nachzuahmen hatte.

> „Der Gegenstand ist der Umfang, aus dem die natürlichen Wesen bestehen, ein Umfang, der vier Variablen unterliegt, und wirklich nur vier Variablen: der Form der Elemente, der Quantität dieser Elemente; der Weise, auf die sie im Raum eines in Beziehung zu dem anderen verteilt sind; der relativen Größe eines jeden. […] Wenn man zum Beispiel die Fortpflanzungsorgane der Pflanze studiert, wird es ausreichen, aber auch unerläßlich sein, die Staubgefäße und Stempel zu zählen (oder eventuell ihr Fehlen festzustellen) und zu bestimmen, welche Form sie haben, nach welcher geometrischen Gestalt sie in der Blüte verteilt sind (Kreis, Sechseck, Dreieck). […] In dieser fundamentalen Gliederung des Sichtbaren wird das erste Gegenübertreten der Sprache und der Dinge sich auf eine Weise herstellen können, die jede Ungewißheit ausschließt." (Foucault 1971, S. 177f)

Desrosières und Thévenot (1979, S. 51f) stellen heraus, dass diese Sicht logische Klassifikationen als Ausdruck sichtbarer Merkmale voraussetzt. Der Erfolg der Linnéschen Klassifikation sei in der Botanik möglich gewesen, weil hier die wichtigen Organe sichtbarer gewesen seien als z. B. bei den Tieren in der Zoologie und

114 Übersetzung RDB.

weil die Kriterien unmittelbar wahrnehmbar gewesen seien. Der „Raum der Berufe“ sei aber keineswegs in dieser Weise ein Raum „sichtbarer“ Merkmale, sodass man hier nicht anhand weniger sichtbarer Merkmale die (als bereits enthalten gedachte) Ordnung systematisch abbilden könnte. Desrosières und Thévenot führen eine Reihe von Überlegungen und Argumenten an, warum ihnen eine logische Architektur für die Klassifikation der Berufe insgesamt ungeeignet erscheint.

1. Als erste Illustration für einen fraglichen Versuch einer rationalen Konstruktion einer Nomenklatur der Beschäftigungen führen sie das amerikanische Dictionary of Occupational Titles (DOT) an (das in Frankreich allerdings kaum Anwendung oder Nachahmung gefunden hat). Hier wurde für eine dreistellige Klassifikation ein System aus drei Kriterien herangezogen: Wie ist im Rahmen der Beschäftigung die Beziehung der Beschäftigten zu (a) Informationen (Entscheidungen), (b) anderen Personen (Mitarbeiter) und (c) Dingen (Werkzeugen) ausgeprägt? Für jedes der drei Kriterien wurden dann im DOT Ausprägungen entwickelt und so aus der Kombination Kategorien eingerichtet, in die die Tätigkeiten gruppiert wurden. Desrosières und Thévenot meinen nun, dass man hieran schnell sehen könne, dass eine solche logische Klassifikation dem Kodierer zu viel Entscheidungsspielraum in der praktischen Kodiertätigkeit lässt. Trotz der logischen Strenge der Architektur sei die praktische Handhabung der Klassifikation dann vollkommen inkonsistent. Das Problem ist für die beiden weiter, dass eine solche Klassifikation den Unterschied zwischen Professionen nicht erfassen könne. Man brauche sich also nicht zu wundern, wenn anhand der drei obigen Kriterien Berufe wie „Feldwächter“, „Funkkoordinatoren in Taxizentralen“ und „Küchenchefs“ mit dem gleichen Kode für die Klassifikation kodiert würden, weil die Tätigkeiten durch eine ähnliche Kombination der drei herangezogenen Kriterien in eine Kategorie gruppiert würden.
2. Die logischen Kriterien für die Konstruktion von Klassifikationen können zwar systematisch-rational sein, aber wenn sie nicht in die Praxis der Akteure eingebunden sind, ist fraglich, ob sie als geeignete Kriterien für Klassifikationen gelten können. Ein Beispiel, das die praktische Infragestellung logisch konstruierter Klassifikationen belegen sollte, betrifft den Unterschied zwischen qualifizierter und nicht-qualifizierter Arbeit, der als Klassifikationskriterium von zentraler Bedeutung für die Einteilung der Berufe im Rahmen von kollektiven Konventionen ist. Da aber zwischen den tariflichen Einteilungen der Tätigkeiten nach Qualifikationen einerseits und den damit einhergehenden Arbeitsinhalten andererseits ein beträchtlicher Unterschied ausgemacht werden konnte, wurde seit 1970 für die amtliche Berufsklassifikation das Kriterium der qualifizierten Tätigkeit aufgegeben zugunsten eines rationaler erscheinenden

Kriteriums, das auf der Ausbildungszeit beruht. Aber es zeigte sich, dass die Änderung der amtlichen Klassifikation keinen Einfluss auf die klassifizierende Praxis der Tätigkeiten in den Unternehmen hatte, konkret also: dass sich die scheinbar rationalere Klassifikation der Berufe durch die amtliche Statistik nicht gegen den Einfluss der Klassifikationen in den kollektiven Konventionen durchsetzen konnte.

3. Auch wenn die Hoffnung der Verfechter logischer Klassifikationen darauf beruhten, dass man eine klare und explizite Architektur für sozialstrukturelle Klassifikationen entwerfen könne, bliebe ein gewichtiges Gegenargument, dass in den verschiedenen Regionen des sozialen Raums je unterschiedliche Kriterien unterschiedliches Gewicht für die Abgrenzung von Berufsgruppen haben.

> „Man muss aber beachten, dass der soziale Raum weit davon entfernt ist, homogen zu sein, und dass die je angemessenen Kriterien für die Abgrenzungen zwischen den Berufen von einem Ende bis zum anderen Ende des sozialen Raums variieren und dass diese Variation die Frage nach ihrer Hierarchie aufwirft." (Desrosières/Thévenot 1979, S. 52)[115]

Je nachdem, wo man sich im sozialen Raum befand, hatte beispielsweise die formale Qualifikation oder die berufliche Spezialisierung unterschiedliches Gewicht.

4. Ein Hauptversäumnis in der Entwicklung von Berufsklassifikationen sei aber, dass die Konstrukteure die Eigenheiten der zu klassifizierenden Objekte (aus soziologischer Sicht) nicht angemessen in Rechnung gestellt hätten. Denn im Unterschied zu Rosen oder Schmetterlingen seien die Berufstätigen in der Lage, auf ihre Klassifizierung praktisch zu reagieren und in sozialen Situationen darauf einzuwirken.

Desrosières und Thévenot ziehen in ihren Beiträgen zur Theorie der Klassifikation verschiedene Folgerungen (Desrosières/Thévenot 1979; Desrosières et al. 1983; Thévenot 1981a, 1983a): zuerst, dass allgemeine Überlegungen zu Prinzipien der Konstruktion von Klassifikationen dann unzureichend bleiben, wenn die *Praxis* des Gebrauchs von Klassifikationen nicht berücksichtigt wird. Die „logisch-rationale" statistische Praxis, die darin besteht, Beschäftigte und die von ihnen eingenommenen Positionen zu klassifizieren sowie Berufe zu definieren, die aber die Praxis derjenigen Individuen ausblendet, die die Positionen einnehmen und die die Berufe ausüben, wird von Desrosières und Thévenot dafür kritisiert, diejenigen *sozialen Bedingungen auszublenden*, die an eben diesen Definitionen mitwirkten, die in

115 Übersetzung RDB.

dem Engagement und den unterschiedlichen Möglichkeiten dieser Individuen im „Kampf um die Klassifikationen" bestehen. Die aktuellen Klassifikationen sind als jeweiliger Stand dieses „Kampfs" um Positionen und Identitäten im sozialen Raum begreiflich. Die Klassifikationen haben damit eine Geschichte, die von der Geschichte der sozialen Klassen oder Milieus nicht unabhängig ist.[116] Dieser Kampf um Klassifikationen ist nur in der sozial-historischen Perspektive verständlich, und dies auch nur dann, wenn man das *Verhältnis* von Klassifikationen und sozialen Repräsentationen berücksichtigt, wie es sich im Falle der wechselseitigen Beeinflussung von sozialen Gruppen und sozialen Kategorisierungen (später den sozialen Milieus und den CSP) in beiden Richtungen wirkmächtig artikuliert. In der historischen Betrachtung zeigt sich, wie sich die Prinzipien für die Klassifizierung von Berufen seit den ersten Klassifikationen der Physiokraten vermehrt haben, aber auch, wie sich die Prinzipien in der Rangfolge ihrer Bedeutung untereinander abgelöst haben. Zunächst sind die Berufe danach gruppiert worden, in welchem Verhältnis sie zu den natürlichen Ressourcen standen; hier traten zum ersten Mal die *métiers* als Vorformen der späteren Industriebranchen auf. Dann zog mit der Industrialisierung das Kriterium der Lohnarbeit als zusätzliches Prinzip in die Berufsklassifikationen ein. Hier wurde der Unterschied zwischen Lohnarbeiter („salarié") einerseits und Selbstständigem bzw. Arbeitgeber („patron") andererseits herangezogen, um gemeinsam mit den métiers die Gruppierungen der Berufe in Klassifikationen auf einer ersten Ebene zu differenzieren. Schließlich wirkten sich im 20. Jahrhundert in der französische Berufsklassifikation die aufkommenden kollektiven Konventionen (*conventions collectives*) aus, und die Arbeitnehmer wurden auf einer zweiten Ebene nach Qualifikationsstufen gruppiert.[117] Dieses Kriterium wurde zum einen für die Führung der Unternehmen zunehmend wichtiger, sodass diese an der Verwendung dieses Prinzips interessiert waren. Zum anderen setzte es

---

116 „Die Geschichte der Klassifikationen (Taxonomien) ist theoretisch von derjenigen der Klassen oder sozialen Schichten, welche durch die Historiker wahrgenommen und a posteriori rekonstruiert werden, zu unterscheiden. Aber in der Praxis ist diese Unterscheidung nur schwer einzuhalten: Sie erforderte eine fundierte Theorie der Beziehungen zwischen der Sozialstruktur und dem sozialen Bewusstsein." (Desrosières 1977, S. 157; Übersetzung RDB)

117 Siehe dazu Kapitel 8 sowie Didry (2002) sowie Didry und Salais (1993, 1995) weiter auch Martens (2005). Die kollektiven Konventionen sind wie schriftlich fixierte Übereinkünfte zwischen Vertretungen von Arbeitgebern und Arbeitnehmern (in Branchen). Sie sind wie (andere) Verträge Institutionen, die unvollständig sind und daher Raum für Interpretationen lassen und auf Konventionen (im Sinne der EC) angewiesen sind. Zum Verhältnis von Institutionen und Konventionen siehe auch die Ausführungen von Salais zum Verhältnis von Institution und dem Konventionen-Konzept der EC in Diaz-Bone (2008b) sowie die Beiträge in Salais et al. (Hrsg.)(1998) und Reynaud (2004).

sich mit der Etablierung von kollektiven Konventionen (zuerst in der Zeit zwischen 1936 und 1939, nachdem sie erstmals 1919 gesetzlich eingeführt wurden) als ein wichtiges Kriterium durch, anhand dessen sich die sich gegenüberstehenden Kollektiven („Tarifparteien“) verständigen konnten, weil darauf bezogen die „Qualität der Arbeit“ und damit deren Entlohnung klassifiziert werden konnte.[118] Die in die verschiedenen Klassifikationen der Berufe eingegangenen Prinzipien für deren Architekturen sind Ausdruck der sozialen Teilungslinien und manifestierten sich umgekehrt im sozialen Raum über die Jahrhunderte zu sozialen Kategorien. Sie stellen soweit auch die akkumulierte Geschichte der Klassifikationen dar (Desrosières/Thévenot 2002, S. 103). Die sozio-professionellen Kategorien wurden Anfang der 1950er-Jahre von Jean Porte als Klassifikation zwar „neu“ entworfen, aber auch sie mussten einmal diese akkumulierte Geschichte berücksichtigen, wie sie sich in der Einteilung der großen Berufsgruppen (und ihrer Binnendifferenzierung) zu der Zeit ausdrückte. Die erste Fassung der CSP verfolgte insgesamt aber auch am INSEE das Anliegen, nach dem Krieg die sozialen Ungleichheiten sowie die Einteilung der französischen Gesellschaft in die wichtigsten sozialen Milieus abzubilden. Hier galt es, den Zusammenhang zwischen der sozialen Position und der schulischen Bildung daraufhin zu beobachten, wie erfolgreich die Nachkriegsgesellschaft soziale Mobilität ermöglichte, wenn dieser Zusammenhang effizient gestaltet wird. Die CSP stellten damit einen historischen Kompromiss zwischen den klassifizierenden Interessen der „industriellen Welt“ und der „zivilen Welt“ dar – um hier bereits zwei der von Boltanski und Thévenot (2007) differenzierten Cités oder Welten heranzuziehen. Das war nicht zufällig der Fall, denn nach dem Zweiten Weltkrieg unterlag dieser Kompromiss dem damit als verbunden wahrgenommenen Zusammenhang zwischen der gesellschaftlichen Anstrengung zum Wiederaufbau der französischen Ökonomie (die sich in der staatlichen Wirtschaftsplanung und der volkswirtschaftlichen Gesamtrechnung artikulierte) und der gesellschaftlichen Anstrengung zur *sozialen Mobilität* großer Teile der Gesellschaft durch die Verbesserung der Bildungschancen für möglichst große Bevölkerungsgruppen andererseits (DARRAS 1966; Gruson 1976; Desrosières/Thévenot 2002, S. 18ff).

Die Analyse der klassifizierenden Tätigkeit muss insgesamt den sozialen Raum und die an dem Prozess der Definition von Kategorien und die an dem Prozess der Datenproduktion beteiligten *Akteure und ihre Strategien* berücksichtigen. Das beginnt mit der Einsicht, dass die Entwickler von Berufsklassifikationen (oder anderen Klassifikationen sozialstruktureller Dimensionen) eben gerade nicht über die Freiheit verfügen, eine Klassifikation unabhängig von der Struktur des sozialen Raums und nach selbst gewählten Kriterien zu entwerfen. Weiter ist die *Differenz*

118 Für eine ausführlichere Darstellung dieser Perspektive siehe Desrosières (1977, 1987).

zwischen der *Praxis der Konstruktion* der sozio-professionellen Kategorien und ihrem *praktischen Gebrauch* bedeutsam.

Desrosières und Thévenot haben den Begriff der „statistischen Kette" eingeführt, um die Serie der Stationen zu beschreiben, in die verschiedene Praxisformen und verschiedene Gruppen von Akteuren involviert sind (Desrosières/Thévenot 2002, S. 35).[119] Diese statistische Kette beginnt mit der Entwicklung der Klassifikation, sie erstreckt sich über ihren Einsatz in Befragungssituationen, geht über in die Phase der Kodierung bis hin zu den Interpretationen der Daten. Es sind insbesondere vier Gruppen von Akteuren, die hierbei (und in unterschiedlicher Weise) praktisch in die Stationen involviert sind. Unterschieden werden von Desrosières und Thévenot (1) die Inhaber der Positionen (titulaires d'un emploi), die im Rahmen einer Befragung mit Frageformulierungen und Formularen konfrontiert werden und die in Situationen gemäß ihren Praxisformen auf diese Konfrontation reagieren; dann (2) diejenigen Personen, die beruflich mit der Verzifferung, also mit der Kodierung der Antworten betraut sind (professionnels du chiffrement) und die für die Klassifizierungen möglicherweise Praxisformen entwickeln, die von denjenigen, die die Entwickler der Klassifikation vorgesehen haben, abweichen können; sodann (3) die Repräsentanten der Berufsgruppen (représentants des professions), die an der Etablierung der beruflichen Identität arbeiten und dafür verschiedene Strategien der Identitätspolitik einsetzen; und (4) zuletzt die Entwickler der Klassifikation (producteurs de taxinomies), die Kategorien mit Namen und Definitionen versehen und die versuchen müssen – im Unterschied zu den Repräsentanten der Berufsgruppen –, den ganzen sozialen Raum anhand handhabbarer, feststellbarer und objektiver Kategorien zu repräsentieren (Desrosières et al. 1983, S. 54).

3.5 Die gesellschaftliche Arbeit an den Repräsentationen

Ein wichtiger Bereich, in dem die Auseinandersetzungen und Engagements um diese Klassifikationen erfolgen, ist die Auseinandersetzung um Worte, genauer um Namen, wozu eben Berufsbezeichnungen (als Teil der statistischen Nomenklatur und ihrer Einordnung in die Hierarchien) zählen. Die Unschärfen der Bezeichnungen der statistischen Klassen, der Kategorisierungen der Berufe, sind weniger auf technische Mängel der Klassifikation zurückzuführen. Sie sind eher als Anzeichen für Bereiche im sozialen Raum zu sehen, in denen das „soziale Spiel" um die Definition und Durchsetzung der Kategorien erfolgt (Desrosières/Thévenot 1979, S. 52).

119 Siehe zum Zusammenhang von statistischer Kette und Forminvestition auch Kapitel 9.

Die Studie von Luc Boltanski (1990a) über die Formierung der „cadres" demonstriert eindrucksvoll, wie eine soziale Berufsgruppe, die zugleich ein soziales Milieu repräsentieren will, sich selbst formierte („erfand"), indem sie verschiedene symbolische, politische und institutionelle Strategien kombinierte, um als soziale Gruppe ihren Platz und die damit verbundenen „Rechte" und Statuszuschreibungen zu beanspruchen, um sich in der Region der „Mittelschichten" (selbst ein vager Begriff) insbesondere von angrenzenden Gruppen abzugrenzen. Die cadres sind heute eine Gruppe, zu der es in der deutschen Gesellschaft keine genaue Entsprechung gibt (übersetzt werden sie mit „Führungskräfte".)[120] Wie auffällig die erfolgreiche Arbeit an der „Repräsentation" dieser neu entstehenden Gruppe ist, zeigt sich daran, dass der Begriff der „cadres" bis 1936 in Frankreich praktisch nicht existierte und in der Volkszählung 1982 die mittlerweile etablierte Berufsgruppe der cadres (mit mehreren Untergruppen) dann über 4 Millionen Beschäftigte aufweisen sollte (Desrosières/Thévenot 2002). Es handelt sich hier nicht darum, dass eine „reale", bereits „im Verborgenen" vorhandene Gruppe sich ihrer Existenz erst bewusst wurde und sich nun einen Namen gab. Es handelt sich vielmehr darum, dass sich eine Gruppe von organisierten Ingenieuren seit Mitte der 1930er-Jahre als Kern der sozialen „Bewegung der cadres" (Boltanski 1990a, S. 55) formierte, dass sie als eine starke und gut organisierte Bewegung in Frankreich dem französischen Bürgertum gegenübertrat und dass die noch gestalt- und begrifflosen „Mittelklassen" (selbst ein noch vager Begriff) gegen eine Dichotomisierung und Polarisierung des sozialen Raums (in Arbeiter und Bürger) vorgehen wollten. Die Begriffspolitik um den Begriff der cadres erfolgte damals zunächst mit der Absicht, eine politische und sozio-kognitive Kategorie im sozialen Raum durchzusetzen und daran die Institutionalisierung einer Berufsgruppe anzuknüpfen.

„In dem hier untersuchten Fall (der vielleicht ein paradigmatisches Beispiel für eine Reihe von gesellschaftlichen Tatbeständen von allgemeiner Tragweite darstellt) hat sich die Bildung dieser Sozialkategorie in zwei Schritten vollzogen. Erster Abschnitt: eine Gruppe von Ingenieuren, ausgebildet in denselben Institutionen (den Grandes

120 Beate Krais hat in ihrem prägnanten Nachwort zur Studie von Boltanski darauf hingewiesen, dass auch aufgrund dieses einmaligen sozialen Konstruktionsprozesses der cadres in Frankreich dieser Begriff im Grund nicht übersetzbar ist. „Unübersetzbar ist der Begriff *cadre*, im Französischen sowohl umgangssprachlich wie in der Sprache der Sozialstatistik und der Sozialwissenschaften ein vollkommen geläufiger Begriff, weil im sozialen Leben der Bundesrepublik eine vergleichbare soziale Gruppe nicht existiert. Die *cadres*, das sind die, die im Betrieb den ‚Rahmen' (= cadre) abgeben für den Produktionsprozeß und die Arbeitskräfte in ausführenden Funktionen, die als ‚Einrahmungs-Personal' (personnel d'encadrement) dem betrieblichen Geschehen Struktur und Richtung geben." (Krais 1990, S. 335; Herv. i. Orig.)

écoles), geeint durch Eigenschaften des Habitus, vereint in Organisationen [...] vollzieht an sich selbst eine Neudefinitions- und Repräsentationsarbeit. Die Sprecher der Organisationen verallgemeinern so die Eigenheiten, die jeweils für ihre Gruppe charakteristisch sind, und verleihen ihnen einen Gattungsnamen: die *cadres*. Zweiter Abschnitt: dieser Urkern, dieser Name im Raum, ein benannter und repräsentierter, einem Objektivierungs- und Institutionalisierungsprozeß unterworfener Punkt, der sich von nun auf dem Fadenmuster des sozialen Raums [...] scharf abzeichnet wie eine Gestalt vor einem Hintergrund, spielt die Rolle eines Anziehungspunktes. Wie ein *Magnet* zieht er Subjekte und disparate Gruppen mit unterschiedlichen objektiven Eigenschaften an, die – bis dahin ohne spezifische Repräsentationsinstanzen – dazu gebracht werden, sich in der offiziellen Darstellung des *cadre* wiederzuerkennen [...]." (Boltanski 1990a, S. 47f; Herv. i. Orig.)

Die Repräsentationsarbeit hatte mehrere Dimensionen. Einmal ging es um die erfolgreiche *symbolische* Repräsentation mithilfe der Etablierung eines Namens, mit dem einerseits eine möglichst idealtypische Darstellung eines Berufsbildes verbunden werden sollte, sodass das Label attraktiv erscheinen konnte. Andererseits sollten möglichst viele angrenzende Fraktionen „mobilisiert" werden können, indem das Berufsbild auch ausreichend offen gehalten wurde. Weiter erfolgte zugleich die *politische* Repräsentation vor allem durch die Gründung und Einflussnahme von Berufsverbänden. Diese agierten in den verschiedenen Arenen, um die Durchsetzung der Kategorie zu erreichen, um die Macht der Definition der Zugehörigkeit zu dieser Sozialkategorie möglichst zu kontrollieren und um Leistungen und Berechtigungen für die Gruppe dann auch gegenüber den weiter entfernten sozialen Gruppen durchzusetzen.

Das Berufsbild, das der einflussreiche Verband CGC (*Confédération générale des cadres*) seit Mitte der 1940er-Jahre etablieren konnte, war zunächst dasjenige des leitenden angestellten Ingenieurs in einem großen Unternehmen. Um diese Gruppe der leitenden Ingenieure herum lagerten sich dann ganz heterogene Berufsgruppen an, für die dann das Kriterium aufgeweicht wurde und für die galt, dass sie im Unternehmen Verantwortung trugen – in welchem Ausmaß auch immer (Boltanski 1990a, S. 91ff). Diese Heterogenität schlug sich in der Organisationsstruktur der CGC anschaulich nieder.

„Es werden [...] drei Sektionen geschaffen, deren erste die ‚Führungskräfte (Ingenieure, *cadres* aus den Verwaltungen und kaufmännischen Abteilungen)' umfasst [...]; die zweite die ‚Meister und mittleren *cadres* (Techniker, *cadres* aus Verwaltungen und kaufmännischen Abteilungen)'; die dritte die Vertreter und Handlungsreisenden [...]." (Boltanski 1990a, S. 95f; Herv. i. Orig.)

Zentrale Voraussetzung war, dass „die cadres" in den nächsten Jahrzehnten als ein soziales Kollektiv wahrgenommen wurden, das nicht nur als Kollektiv konfliktfähig war und einheitlich agieren konnte, sondern dessen Realität als eine mit klaren Kriterien umrissene und in diesen begründete Gruppe im sozialen Raum unhinterfragt anerkannt wurde. Das begann in den 1950er-Jahren damit, dass die cadres Eingang in die statistischen Klassifikationen des INSEE fanden. (Diese anfängliche Binnendifferenzierung der CGC schlug sich auch in der ersten Fassung der CSP von Jean Porte in der Unterscheidung zwischen höheren und mittleren cadres nieder.) Die soziale Kategorisierung der cadres wurde damit eine zugleich politische, kognitive und statistische Operation (Desrosières/Thévenot 2002, S. 30f).

Die symbolische und die politische Repräsentationsarbeit verzahnten sich in den politischen Diskursen seit den späten 1930er-Jahren, in denen die Vertreter dieser Gruppe sich auch politisch zu legitimieren versuchten sowohl als Gegengewicht zur Arbeiterklasse als auch als Gegengruppe zu den Unternehmern. Diese Berufsverbände der cadres betraten seitdem bis heute immer wieder die politische Bühne Frankreichs, um die „Anliegen der Mittelklassen" zu vertreten.[121] Boltanski schildert in seiner Studie, dass die Arbeit an der Repräsentation insbesondere auch diskursiver Art war. Vertreter und Repräsentanten der Berufsgruppe beklagten anfangs die Missachtung der Rechte der cadres, ihrer Qualifikationen und Leistungen, aber auch ihrer legitimen Ansprüche (Boltanski 1990a, S. 58). Die diskursive Arbeit musste aber insbesondere da erfolgen, wo es um die Vereinheitlichung objektiv nicht einheitlicher Gruppen ging – wie den selbstständigen Fraktionen (Kaufleute, Kleinunternehmer) und den unselbstständigen Fraktionen (angestellte Führungskräfte) – was anhand des Konzepts des (persönlichen) Vermögens erfolgte, anhand dessen sich die cadres gegenüber den Arbeitern vermeintlich abgrenzen sollten (Boltanski 1990a, S. 75f).

Der Prozess der gesellschaftsweiten Anerkennung der cadres brauchte aber Zeit, bis in die 1960er-Jahre hinein. In dieser Zeit „modernisierte" und vervielfachte sich das Berufsleitbild unter Einbeziehung der amerikanischen Managementkonzepte, und in dieser Zeit begründete sich die Anerkennung auf der Sicherung sozialer Privilegien für diese Gruppe. Insbesondere die Ablehnung der Repräsentanten der cadres, ihre Berufsgruppe in das allgemeine Versicherungssystem einzubeziehen, und die Einrichtung eigener Pensionskassen machten die Grenzziehung zu den Arbeiterklassen manifest.[122] Zugleich wurde der Anspruch auf die Zugehörigkeit

121 Im Gegensatz zu dem Erfolg, die cadres als Berufsgruppe zu etablieren, steht der Misserfolg der Mittelklassen. Diesen sieht Boltanski (1990a, S. 103) darin, dass die Mittelklassen sich selbst anhand anderer als berufsständischer Formen nicht erfolgreich im sozialen Raum repräsentieren konnten. Die symbolische und politische Formierung „einer" Mittelklasse ist damit – im Unterschied zu den cadres – nicht gelungen.

122 „Die Mitgliedschaft in einer Pensionskasse für *cadres* ist immer noch das Kriterium, aufgrund dessen Anspruch auf die Zugehörigkeit zu dieser Berufsgruppe erhoben und

zu einer solchen Pensionskasse zum neuen Dispositiv für die Definition dieser Sozialkategorie. Die Objektivierung der cadres beinhaltete nicht zuletzt auch die Anerkennung der Repräsentanten ihrer Kollektivorganisationen als rechtliche Repräsentanten und Verhandlungsführer in Tarifverhandlungen. Boltanski resümiert die Formen der sozialen Arbeit, die sich als kollektive Investition in die Institutionalisierung einer Gruppe denken lassen, ohne die die Gruppe nicht existent geworden wäre.

> „Die Objektivierung der sozialen Gruppe in einer rechtlich definierten Kollektivperson und die der Kollektivperson in einem institutionellen ‚Apparat' tragen dazu bei, aus der sozialen Gruppe ein festeres und dauerhafteres Gebilde zu machen, als es das Aggregat der Subjekte ist, die sich auf sie berufen und sie erhalten. Die Institutionalisierung ermöglicht auf der einen Seite, daß die Positionen gegenüber den Akteuren eine relative Autonomie bekommen. Sie schafft Sekretäre, Präsidenten, Direktoren, Beauftragte, Berater usw., die sich auf stets gleichbleibender Stelle ablösen können, ohne die von ihren Vorgängern geleistete Arbeit aus dem Nichts heraus noch einmal machen zu müssen. Sie ermöglicht es auch, außer Akteuren und Worten auch Recht, Gebäude, finanzielle Mittel, Techniken, bewährte Verfahren, vertraute Objekte in den Dienst der sozialen Gruppe zu stellen, deren Präsenz dadurch unterstrichen wird. [...] Jeder einzelne Akteur, der Anwärter auf den Titel des *cadre* oder neuer Titelinhaber war, fand nun eine fertige, außerhalb seiner selbst und vor ihm bestehende Gruppe mit ihren paradigmatischen Eigenschaften und ihren Stereotypen vor. Er konnte ihr beitreten, aber er hatte sie nicht mehr zu gründen, er konnte sich über sie definieren, ohne sie definieren zu müssen, sich prägen lassen, ohne sie prägen zu müssen, das Mysterium ihrer Substanz zu ergründen versuchen (‚Wer seid ihr, cadres'), ohne zum (nunmehr verdrängten) Mysterium ihrer Geburt zurückkehren zu müssen. Als ob sie schon ewig dagewesen wäre." (Boltanski 1990a, S. 158f; Herv. i. Orig.)

Nach diesem Stadium der Etablierung der Kategorie der cadres entstand eine Vielzahl von Berufsverbänden, die die cadres repräsentieren wollten. Die Repräsentation der cadres wurde zu einem eigenen Feld, da nun viele Organisationen (Parteien, Gewerkschaften) versuchten, die als evident vorhanden wahrgenommene Gruppe für sich einzunehmen und institutionell zu binden. Gleichzeitig nahm die interne Heterogenität der mit dem Namen bezeichneten Berufsgruppe zu (aufgrund des Wandels der Organisationsformen, des Aufkommens neuer Technologien, des Entstehens neuer Branchen und insbesondere der Verwissenschaftlichung der

---

damit die weitestgehende Definition der sozialen Gruppe konstruiert werden kann (was den Interessen derer entspricht, die ihre unteren Grenzbereiche einnehmen: kleine *cadres* und andere in ähnlicher Stellung), eine Definition, die selber in Konkurrenz zu anderen, restriktiveren Definitionen steht, die den Interessen derjenigen Fraktionen der Berufsgruppe entsprechen, die vor allem hinsichtlich des kulturellen Kapitals bessergestellt sind [...]." (Boltanski 1990a, S. 105; Herv. i. Orig.)

Ausbildung durch neue Studiengänge und Abschlüsse). Boltanski argumentiert, dass das Feld der Berufsverbände zwar nach wie vor die Integration der sich fraktionierenden Kategorie der cadres bewerkstelligen konnte, dass aber seit den 1960er-Jahren die Sozialwissenschaften (insbesondere die Soziologie), die die Analyse dieser Berufsgruppe in Angriff nahmen, die cadres als Problem auffassten. Denn die cadres, die der Analyse Boltanskis zufolge nie eine homogene soziale Gruppe gewesen waren, beschäftigten nun ein kleines Heer von Sozialwissenschaftlern, die sich den Kopf darüber zerbrachen, wie diese als Gruppe, deren Existenz ihnen objektiv und unhinterfragbar erschien, in dieser Weise aufsteigen konnten, wie man sie nach wenigen Kriterien angemessen definieren konnte, wie man sie zu anderen Gruppen abgrenzen konnte und mit welchen statistischen Kategorien sie valide zu erfassen waren.

Robert Salais, Nicolas Baverez und Bénédicte Reynaud (1986, 1999) haben eine weitere einflussreiche Studie zur Arbeit an der Repräsentation einer sozialen Gruppe vorgelegt – die empirische Untersuchung zur Einführung („invention") der Kategorie der Arbeitslosigkeit.[123] Sie untersuchen hierin, wie diese Kategorie der „Arbeitslosen" Eingang in die amtliche Statistik gefunden hat, wie sich dort ihre Bedeutung in der Zeit zwischen 1890 bis 1980 gewandelt hat und wie die Kategorie der Arbeitslosen als sozio-kognitive Form historisch zusammenhängt mit unterschiedlichen institutionellen Formen ihrer administrativen Erfassung, ihrer juristischen Kodierung sowie der Arbeitsorganisation. Die amtliche Statistik Frankreichs erfasste zum ersten Mal Ende des 19. Jahrhunderts (1896) die Arbeitslosen („*les chômeurs*") als eigene Kategorie. Bis dahin waren sie Teil der Kategorie der „sans-professions", der sie gemeinsam mit „Gauklern", „Bohemiens", „Vagabunden" und „Prostituierten" zugeordnet wurden (Salais et al. 1986, S. 27f). Im Unterschied zur Kategorie der cadres hatten die französischen Sozialstatistiker bereits von Beginn an und für das folgende Jahrhundert einen bedeutenden Beitrag zu leisten, um Modelle für die Messung dieser Kategorie (und insbesondere: die Aggregation von

123 Die Studie hat weitere Studien der EC angestoßen wie die Analyse der (wirtschaftlich bedingten) Massenentlassungen in den 1980er-Jahren in Frankreich von Bessy (1993) oder die Analyse der Entstehung der Kollektivverträge in den 1930er-Jahren in Frankreich von Didry (2002). Bénédicte Zimmermann (2006) hat diese Perspektive auf die Entstehung der Kategorie der Arbeitslosen in Deutschland sowie im Vergleich zwischen Frankreich und Deutschland (Zimmermann 2000) angewendet. Siehe für die Beurteilung der Bedeutung der Studie von Salais, Baverez und Reynaud (1986) für die Theorie der Arbeitslosigkeit sowie zur Institutionalisierung dieser Kategorie die Beiträge von Piore (1987), Gautié (2002) und Didry (2012). Latsis (2006) diskutiert die Studie von Salais, Baverez und Reynaud aus methodologischer Perspektive. Salais (2007b) bezieht die Prozesse der europäischen Vereinigung auf die Kategorie der Arbeitslosen sowie deren Transformation.

Kennwerten aus individuellen Angaben von Befragten im Rahmen der Volkszählungen) zu entwickeln und damit wirtschaftspolitisch relevante Informationen zur Verfügung zu stellen. Es waren die Statistiker, die die Arbeitslosen in diesem Sinne erst zu „Subjekten" machten, indem sie sie klassifizierbar werden ließen. Die Grundlage dafür war die Einführung von Definitionen für die Kategorie „arbeitslos", die mit Regeln ihrer Erhebung und mit Regeln zusammenhingen, wie befragten Individuen der Status „arbeitslos" zugeschrieben wurde. Als „arbeitslos" konnte in den 1890er-Jahren nur gelten, wer einen Beruf angab. Weiter musste diese Person angeben, unter Anweisung anderer Personen (eines patrons) zu arbeiten. (Die Kategorie war damit eine sekundäre Kategorie, d. h. sie wurde auf die primären Kategorien des Berufs und der Abhängigkeit in seiner Ausübung bezogen). „Arbeitslos" war aus Sicht der Statistiker, wer angab, aus einem solchen Arbeitsverhältnis entlassen worden zu sein. Strittig war unter den Statistikern aber, wie lange die Entlassung her sein musste, damit eine Person als arbeitslos gelten konnte. Problematisch war für die Statistiker in dieser Zeit weiter, dass viele Berufstätige angaben, für mehrere Arbeitgeber zu arbeiten, diese häufig zu wechseln oder unregelmäßig zu arbeiten, sodass das Kriterium der Abhängigkeit nicht mehr einfach zu bestimmen war. Die neue Kategorie der „isolierten" unabhängigen Arbeiter („*les isolés*") wurde für die Volkszählung 1896 als „intermediäre" Kategorie eingeführt, um die unabhängig, unregelmäßig oder zu Hause arbeitenden Personen von den Arbeitslosen, den Arbeitern und den Arbeitgebern zu unterscheiden und getrennt zu klassifizieren. Diese Kategorie versammelte kleine Selbstständige ohne Mitarbeiter (Händler, Kleinbauern, Handwerker), aber auch diejenigen, die Auftragsarbeiten in Heimarbeit ausführten – das waren insbesondere Frauen. Die großen Industriebetriebe waren unter den Betrieben insgesamt bis nach dem Ersten Weltkrieg die Ausnahme, und vorindustrielle Arbeitsweisen überwogen, was sich in dem großen Anteil der *isolés* an den Erwerbstätigen ausdrückte.[124] Aber die später evidente Trennlinie zwischen Arbeitgebern und Lohnarbeitern blieb bis in die 1930er-Jahre unscharf. Damit hing zusammen, dass auch die statistische Kategorie der Arbeitslosen sich noch nicht im sozialen Raum etabliert hatte und Befragte im Rahmen der Volkszählungen bis in die 1930er-Jahre hinsichtlich dieser Kategorien unsicher waren. Die unklare Bedeutung der Kategorie „Arbeitslosigkeit" zeigte sich nun daran, dass auch viele *isolés* in den Volkszählungen angaben, arbeitslos zu sein, wenn sie das Gefühl einer starken Anbindung

124 Die Kategorie der isolés machte 1896 einen Anteil von 23 % an den Erwerbstätigen aus. Sie waren damit zu dieser Zeit die drittgrößte statistische Gruppe. 1936 stellten sie immerhin noch 14 % der Erwerbstätigen (Desrosières/Thévenot 2002). Mit den ersten CSP in den 1950er-Jahren ist diese Kategorie verschwunden.

an ein Unternehmen hatten, von dem sie Aufträge erhielten, und diese Anbindung für sie unterbunden oder ganz abgeschnitten war.[125] Andererseits waren es eben die *isolés*, zu deren Berufserfahrung und Handlungsorientierung es gehörte, zu wissen, dass sie immer wieder von Erwerbslosigkeit betroffen waren, dass ihre Auftragslage variierte, dass ihre Tätigkeit saisonale Flauten hatte, sodass sie diese Zeiten in ihren Familien oder mit anderen Tätigkeiten überbrückten, ohne dass sie sich als arbeitslos sahen. Seit der zweiten Hälfte der 1930er-Jahre entstanden in Frankreich nach und nach große Industrieunternehmen, in denen sich bald auch die tayloristische Arbeitsorganisation systematisch etablierte. Für Salais, Baverez und Reynaud (1986, S. 82) erscheint es zunächst paradox, dass in den folgenden Jahren auf der Ebene der Departments der Anteil der Lohnarbeiter und der Anteil der Arbeitslosen korrelierten. In den Departments, in denen die *isolés* bedeutsam blieben, spielte die Arbeitslosigkeit nun eine geringere Rolle. Ende der 1930er-Jahre setzten die Gewerkschaften weitreichende kollektive Konventionen durch und der Staat regulierte zunehmend den Arbeitsmarkt. Bis in die 1960er-Jahre wurde das industrielle Großunternehmen zum dominierenden Organisationsmodell der Produktion und Vollbeschäftigung nationales Anliegen der keynesianisch beeinflussten zentralisierten Wirtschafsplanung. In Frankreich entstand ein System der Arbeitslosenversicherung, der Arbeitsmarkt war weitgehend staatlich reguliert, und die staatliche *Agence nationale pour l'emploi* (ANPE) vermittelte den Arbeitslosen eine bezahlte Arbeit. Die Kategorie der Arbeitslosen war nun sozial etabliert, Arbeit und Arbeitslosigkeit wurden durch außerbetriebliche Einrichtungen und durch umfassende gesetzliche Bestimmungen reglementiert. Die Erklärung für das ausgemachte Paradox war das institutionelle Arrangement von Arbeitsorganisation und institutioneller Umgebung. Dort wo die *isolés* als Berufgruppe bedeutsam blieben, wurden saisonal bedingte Phasen der Erwerbslosigkeit als normale Einschnitte aufgefasst (und die Erwerbslosigkeit durch die Familien aufgefangen). Die Lohnarbeiter in den großen Industriebetrieben sahen sich dagegen mit einer neuen Form des Arbeitsverhältnisses konfrontiert, das sie aus der Verantwortung für die Koordination der Produktion entband und einer rigiden zeitlichen Standardisierung und Leistungsnormierung unterwarf. Im Gegenzug

125 Bénédicte Reynaud (2004) hat aus einer praxeologischen Sicht diese Differenz zweier Praxisformen rekonstruiert: einmal die Praxis der Statistiker, die die „isolés" nicht in die Kategorie der Arbeitslosen einordnen wollten, weil sie die „isolés" als den Selbstständigen ähnlich ansahen, und dann die Praxis der „isolés", die sich in amtlichen Befragungen durchaus als arbeitslos auffassten, wenn sie sich nicht mehr in Arbeitsbeziehungen eingebettet sahen. Die Regeln, wie Personen in die Kategorien der (amtlichen) Klassifikationen einzuordnen waren, wurden – so der Befund von Reynaud – praktisch unterschiedlich interpretiert (Reynaud 2004, dort Kapitel 1).

erwarteten sie aber, dass sie sich um die Dauerhaftigkeit und Regelmäßigkeit ihrer Lohnarbeit nicht zu sorgen brauchten, weil die industrielle Arbeitsorganisation längerfristige Produktionsplanungen und damit längerfristige Arbeitsorganisation bedeutete. Salais, Baverez und Reynaud (1986, S. 92ff) argumentieren nun, dass die tayloristische Arbeitsorganisation und die damit verbundene neue Identität der Lohnarbeiter institutionell eine „externe institutionelle Bedingung" (Salais et al. 1986, S. 92) für die Etablierung der Arbeitslosigkeit als sozialer Repräsentation waren. Die Trennlinie zwischen „arbeiten" und „nicht arbeiten" wurde durch die neue industrielle Arbeitsorganisation klar etabliert. Da wo die Arbeit durch andere organisiert und verwaltet wurde, wo sie das Objekt von Kalkulationen und Planungen wurde, trat der Zustand der Arbeitslosigkeit nicht nur klar zutage, sondern dort wurde die Vorsorge gegen Arbeitslosigkeit anderen überlassen. Für die Unternehmensleitungen entstand durch die institutionelle Umgebung der sozialen Absicherung von Arbeitslosigkeit die Möglichkeit, die Unsicherheiten der Arbeitsplanung auf diese Institutionen abzuwälzen. Die moderne Kategorie der Arbeitslosigkeit war also mit dieser institutionellen Verstaatlichung der Arbeitsorganisation untrennbar verbunden. Ohne den Bezug auf sich gleichzeitig verändernde Institutionen und insbesondere die Rolle des Staatsdenkens und staatlicher Institutionen waren die Veränderung der Bedeutung der statistischen Kategorie und die Formierung der (seit den 1970er-Jahren wachsenden) Gruppe der Arbeitslosen nicht begreiflich.

3.6 Die Praxis der Kodierung und der Klassifikation

Die konkrete Praxis der Klassifikation von Befragten und insbesondere die Praxis der Kodierung von Befragten durch Kodiererinnen und Kodierer wurden Ende der 1970er-/Anfang der 1980er-Jahre am INSEE zum Gegenstand verschiedener Untersuchungen gemacht. Denn die Frage nach dem Beruf der Befragten wurde in den Erhebungen des INSEE offen formuliert, sodass nach der Befragung am INSEE die offenen Antworten den in den CSP vorgesehenen Berufen zugeordnet werden mussten.

Das Untersuchungsinteresse war zu sehen, wie Kodiererinnen (die die überwiegende Mehrheit bildeten) und Kodierer, die detaillierte Anweisungen für die Kodierung von Befragungsdaten als Vorgaben hatten, sich praktisch verhielten. Es wurde zunächst angenommen, dass die Kodierer nur diejenigen erforderlichen Informationen aus den Fragebögen heranziehen würden, die ausreichend waren, weil sie zugleich die Kriterien waren, anhand derer die Klassifikationen konstruiert waren und in deren Kategorien die Befragten einzuordnen waren. So wäre ihre Kodiertätigkeit mit möglichst wenig Arbeitsaufwand und „rational" durchzuführen gewesen. Es zeigte sich aber, dass die Kodiererinnen und Kodierer aus den Fragebögen weit mehr Informationen heranzogen und dabei versuchten, auf soziale Stereotype und soziale Formen zu schließen, die ihnen vertraut waren. Bemerkenswert erschien hierbei, dass (1) diese Abweichung von den Anweisungen für die rationale Kodierung nicht nur bei schwierig zu kodierenden Fragebögen zu beobachten waren und dass (2) es sich bei den Kodiererinnen und Kodierer um professionelles und geschultes Personal am INSEE handelte, das eigentlich die erwartete rationale Kodierpraxis anhand der vorgegebenen Kodierregeln ausüben sollte (Thévenot 1981b, 1983b; Boltanski/Thévenot 1983).[126]

Boltanski und Thévenot haben diese Untersuchungen weitergeführt, indem sie die am INSEE entwickelten Vorgehensweisen (sowie die ersten Befunde) auch auf die Analyse der Praxis der Kategorisierungen durch Vertreter verschiedener Berufsgruppen und außerhalb der institutionell reglementierten Formen am INSEE anwendeten.

Die beiden haben insgesamt in zehn verschiedenen Gruppen verschiedene „Aufgaben" durchführen lassen (Boltanski/Thévenot 1983; Desrosières/Thévenot 2002, S. 51ff). Sieben Gruppen bestanden jeweils aus Angehörigen einer Berufsgruppe oder aus Mitgliedern einer spezifischen Ausbildungsinstitution, drei Gruppen rekrutierten sich aus dem INSEE-Kontext.[127]

Die erste Aufgabe hatte zur Zielsetzung, die Teilnehmer praktisch eine soziale Klassifikation erstellen zu lassen. Die Gruppen wurden in Zweiergruppen eingeteilt, jede erhielt das gleiche Set aus 65 Karteikarten, auf denen soziodemografische Angaben zu Personen enthalten waren (Alter, Wohnort, formale Bildungsabschlüsse, Alter, mit dem der letzte Bildungsabschluss erworben wurde, Beruf, berufliche Stellung sowie Name und Adresse des Arbeitgebers). Die Informationen auf den Karten basierten auf realen Personenangaben aus der letzten Volkszählung und

126 Auffällig ist hier die Nähe zu den ethnomethodologischen „Experimenten" von Harold Garfinkel (1967).

127 Die zehn Gruppen bestanden aus jeweils ca. 15 Mitgliedern. Es handelte sich um folgende Gruppen: (1) Angehörige einer Marketingabteilung eines internationalen Unternehmens, (2) Besucher einer Krankenpflegerschule, (3) Teilnehmer an einem Managementtraining für Sozialarbeiter, (4) Mitglieder einer Verkaufsabteilung eines international tätigen Nahrungsmittelunternehmens, (5) eine Gruppe Arbeitsloser, die an einer Trainingsmaßnahme teilnahmen, (6) eine Gruppe verrenteter Lehrerinnen, (7) Mitglieder aus einem Kurs zur Erwachsenenbildung, (8) eine Gruppe von Interviewern am INSEE, (9 und 10) zwei Gruppen von Kodiererinnen und Kodierern am INSEE (Boltanski/Thévenot 1983, S. 632).

wurden so zusammengestellt, dass sie breit über das Spektrum des sozialen Raums streuten. Dabei wurde zum einen versucht, Karteikarten einzubeziehen, deren Angaben einfach zu klassifizierende Personen repräsentieren sollten, weil sie einem sozialen Stereotyp entsprachen. Zum anderen wurden Karteikarten aufgenommen, die Personen mit einem „dekristallisierten Status" repräsentierten, die wenig stereotyp und daher nur schwer einer Kategorie zuzuordnen waren.

Die Anweisung war, die Karteikarten in mehrere einzurichtende Stapel zu sortieren, sodass jeder Stapel eine eigene Kategorie repräsentierte. Nähere Erläuterungen zu Art, Anzahl oder Systematik der zu bildenden Kategorien wurden nicht gemacht. Nachdem die Stapel gebildet worden waren, wurden die Teilnehmer gebeten, für jeden der gebildeten Stapel diejenige Karteikarte oben auf den Stapel zu legen, die ihn am besten repräsentierte, sowie „dem Stapel einen Namen zu geben" (Boltanski/Thévenot 1983, S. 636; Desrosières/Thévenot 2002, S. 52).

Das Anliegen von Boltanski und Thévenot war nun, die Praxis der Bildung von Kategorien zu verfolgen und hier durch die Bildung von Zweiergruppen die Diskussion über die zu bildenden Stapel (Kategorien) zu befördern und damit zum einen die im sozialen Raum zirkulierenden Stereotype zum Tragen kommen zu lassen sowie zum anderen nachhalten zu können, wie das Vorgehen und die Wahl repräsentativer Bezeichnungen bzw. Karten begründet werden. Es zeigte sich, dass die Zweiergruppen keine a priori entworfene Klassifizierung oder ein anderes Prinzip heranzogen, sondern nach und nach die Karteikarten durchsahen und ad hoc Stapel bildeten, deren Einteilungsprinzip zunächst von der Reihenfolge der „Fälle" abhing (chain association), in der die Karten in dem Stapel vorlagen. Weiter „wanderte" die Identität der Stapel mit den neu hinzugeordneten Karteikarten, mit der Folge, dass die interne Kohärenz der Stapel mit vielen Karteikarten nicht mehr gegeben war. Die abschließende Aufgabe, eine für den Stapel repräsentative Karteikarte obenauf zu legen, hatte den regelmäßig auftretenden Effekt, dass den Teilnehmenden die fehlende interne Kohärenz der Stapel bewusst wurde und ex post versucht wurde, die Wahl der repräsentativen Karteikarte als nur bedingt repräsentativ zu kommentieren und dennoch durch die Wahl einer Bezeichnung dem Stapel nachträglich eine Kohärenz zuzuweisen, die er aufgrund der inkonsistenten Praxis seines Zustandekommens nicht aufweisen konnte. Bemerkenswert ist, dass die Teilnehmenden dazu neigten, die vergebenen Bezeichnungen für die Stapel aus dem „administrativen Jargon" der Sozialstatistik zu verwenden, welche wissenschaftliche Gruppen- oder Milieunamen eingeführt hatte, was Boltanski und Thévenot mit deren erfolgreicher Popularisierung und dann erreichter gesellschaftsweiter Legitimität begründen (Boltanski/Thévenot 1983, S. 639). Da in jeder der zehn Gruppen mindestens sechs Zweiergruppen diese Aufgabe der Bildung von Stapeln und ihrer nachträglichen Benennung durchgeführt hatten, war es möglich, bei gleichen oder sehr ähnlichen Bezeichnungen zu vergleichen, ob die gleichen Karteikarten den Stapeln zugeordnet worden waren. Da dies nur in sehr geringem Ausmaß der Fall war, folgerten Boltanski und Thévenot, dass die Beziehung zwischen den Gruppen im sozialen Raum und den Bezeichnungen nur schwach ausgeprägt war, was für die Eigenständigkeit der Klassifikationen gegenüber den „objektiven" Einteilungen des sozialen Raums in soziale Milieus sprach (was insbesondere in der „Mitte" des sozialen Raums deutlich wurde). Die gewählten Bezeichnungen, die sich auf den legitimen administrativen „Diskurs" stützten, waren zwar einflussreiche Begriffe, sie waren aber nicht fundiert in „Korrespondenzregeln", die für die Alltagsakteure eine verlässliche Zuordnung von empirischen Fällen zu der bezeichneten Kategorie ermöglichten. Boltanski und Thévenot haben zudem belegen können, dass es einige Karten gab, die deutlich häufiger als „repräsentative" Karten obenauf gelegt wurden. Hier – so die Argumentation der beiden – wurden Berufsbilder als Repräsentationen herangezogen, in die im Laufe der Zeit mehr soziale Arbeit an der Repräsentation investiert worden war und deren Eigenschaft, überhaupt eine Gruppe repräsentieren zu *können*, daher als höher angesehen wurde. Damit hatte der kognitive Raum (cognitive space) der Bezeichnungen eine Eigenständigkeit gegenüber der Erfahrung des sozialen Raums – die praktisch die Erfahrung einzelner „Fälle" war.

In einer zweiten Aufgabe waren die Teilnehmer gebeten worden, je drei typische Fälle für die Gruppe der cadres anhand soziodemografischer Eigenschaften zu skizzieren. Die drei typischen Fälle sollten zunächst so aufgeschrieben werden, wie sie den Teilnehmern einfielen. Dann sollten die drei Fälle in eine Rangfolge gebracht werden, danach für wie „typisch" man sie erachtete. So erhielten Boltanski und Thévenot eine fiktive Stichprobe für die cadres, die sie später mit einer INSEE-Stichprobe empirischer cadres (nach den CSP) vergleichen konnten. Es stellte sich hier heraus, dass die bereits beschriebene soziale Arbeit an der Repräsentation der Berufsgruppe der cadres zur Etablierung eines einheitlichen Berufsbildes dieser faktisch sehr heterogenen Gruppe geführt hatte, welches sich bei den Teilnehmern der Untersuchung (aus beruflich ebenfalls sehr unterschiedlichen Gruppen) durch ihre Angaben zu den typischen Eigenschaften von cadres reproduzierte. Boltanski und Thévenot beziehen sich in ihrer Analyse auf die sozialpsychologische Theorie von Eleonor Rosch, die sozialpsychologische Experimente zur Praxis der Klassifikation von Alltagsakteuren unternommen hat und folgende Hauptbefunde formulierte: (1) Kategorien haben eine interne Struktur, d.h. (a) sie beinhalten typische Fälle (best examples) als Kern der Kategorie und (b) die weiteren Fälle sind auf diese bezogen, gelten aber nicht gleichermaßen als repräsentativ für die Kategorie. (2) Kategorien haben keine klar definierten Grenzen.

„Kurz, alles spielt sich so ab, als ob die Befragten, wenn es darum geht, den Begriff *cadre* inhaltlich (und nicht abstrakt anhand von ‚Kriterien') zu bestimmen, spontan die paradigmatischen Beispiele nennen und eben nicht an die Grenzfälle in den Randbereichen dieses unscharfen Ensembles denken würden. Die mentale Repräsentation entspricht damit in ihrer Struktur der Struktur der Berufsgruppe. Die guten Beispiele für die *cadres* sind den stilisierten Schemata angepaßt, die die in der Gruppe geleistete Repräsentationsarbeit hervorgebracht hat." (Boltanski 1990a, S. 304; Herv. i. Orig.)

Wie stark die stilisierten Schemata als mentale Repräsentationen fungieren, zeigte sich anhand ihrer Abweichung gegenüber den tatsächlichen Eigenschaften der cadres (Boltanski/Thévenot 1983, S. 650; Boltanski 1990a, S. 306). Die soziale Arbeit an der Repräsentation von Berufsgruppen wurde hier nun als kognitives Prinzip für die Repräsentation von Kategorien in der klassifizierenden Praxis identifiziert. Die Geschichte einer Berufsgruppe schlug sich dann auch in ihrer sozialen Repräsentation – praktisch in der Sozio-Kognition – nieder. Boltanski und Thévenot haben an dieser Aufgabe systematisch rekonstruiert, dass eine soziale Klassifikation der Berufe immer auch wertbeladen ist, insofern sie die Eigenschaft hat, die soziale Welt „einzuteilen", beansprucht sie, diese zu repräsentieren. Soziale Kategorien (wie Berufsgruppen) wurden von den Teilnehmern entsprechend nicht als „neutrale" Kategorien gehandhabt. Für die einflussreiche mentale Kategorie der cadres bedeutete dies, dass die „dominante" Repräsentation zwar in den verschiedenen Gruppen vorhanden war und als dominierende Repräsentation anerkannt wurde. Aber die klassifizierenden Akteure setzten sich durch den Gebrauch dieser Kategorie und durch ihre Kommentierungen distinktiv zu dieser Klassifikation in Beziehung. Teilnehmer, die der dominierenden Fraktion der cadres angehörten, brachten schlicht ihre implizite Zustimmung zu der dominanten Repräsentation zum Ausdruck, indem sie die Repräsentation nicht problematisierten. Teilnehmer, die selbst der dominierten Fraktion der cadres angehörten, zeigten in der praktischen Handhabung der dominanten Repräsentation eine Kombination aus Anerkennung und Rückweisung. Dies erfolgte etwa durch kritische Kommentierungen, dass die „typischen Repräsentationen" der cadres zwar verbreitet, aber sachlich unzutreffend seien, weil sie nicht im statistischen Sinne repräsentativ seien.

"In this way they perform the basic political action of using statistical representativeness to challenge political representatives and of refusing those who occupy a position of power within the group to speak and act in the group's name or to behave as if they incarnated it." (Boltanski/Thévenot 1983, S. 652)

Die Infragestellung und Kritik der Angemessenheit dominierender, einflussreicher sozialer Repräsentation betrachten Boltanski und Thévenot als eine mikropolitische Intervention der Teilnehmenden. Die moralisch-politische Praxis, der Boltanski und Thévenot in diesen Untersuchungen auf die Spur gekommen sind, ist eine Politik der Infragestellung bzw. Verteidigung von „Wertigkeit". Denn die Kritik oder Verteidigung durch die Teilnehmer betraf das Kriterium, ob die als typisch für die cadres erachteten Fälle auch „wert" („worthy") waren, die Gruppe der cadres zu repräsentieren.

Das Auftreten solcher moralisch-politischer Dimensionen der klassifizierenden Praxis haben Boltanski und Thévenot auch im Rahmen der vorherigen Aufgabe beobachtet. Denn die erste Aufgabe war bewusst so konzipiert worden, dass die Diskussion zwischen den klassifizierenden Akteuren begünstigt wurde. Hier hat sich ebenfalls gezeigt, dass Diskussionen entstanden, die die Formen der „Aushandlung" zwischen den Klassifizierenden über die Einrichtung von Kategorien und die Zuordnung von Fällen zu diesen betrafen und die sich gelegentlich zu grundlegenden Konflikten über die Prinzipien des Klassifizierens entwickelten. Boltanski und Thévenot führen ein Beispiel an, in dem zwei Frauen (die am INSEE als Interviewerinnen beschäftigt waren) sich über die Zuordnung von Fällen zur Kategorie der „Gehaltsbezieher, unqualifizierte Arbeiter" auseinander setzten, was im Grunde aber auf eine Auseinandersetzung über die Wertigkeit der Personen hinauslief, die dieser Kategorie zugeordnet werden sollen – und damit über die Wertigkeit der Kategorie selbst. In diesem Beispiel treffen zwei Interviewerinnen unterschiedlicher sozialer Herkunft aufeinander: „Martine" (die als Tochter eines Büroangestellten mit einem mittleren Schulabschluss vorgestellt wird) tritt in einen Disput ein mit Renée (die vorgestellt wird als Tochter eines wohlhabenden Bauern und die über einen Hochschulabschluss verfügt). Der Disput entzündet sich anlässlich der Frage, ob zwei Berufe in dieselbe Berufsgruppe klassifiziert werden können.

> Martine: "I don't agree … Chambermaid and female factory worker … It's not the same background, it's not the same way of life."
> Renée: "All right, but in the end it doesn't make much difference."
> Martine: "I dunno … I'm trying to follow you … All the same, they're two different life-styles, the factory girl gets dirty, she works much harder than a chambermaid working in someone's house."
> Renée: "A domestic servant doesn't sit around all day. I think they can go together."
> Martine: "I think it's not the same sort of life at all. Working in a factory and working as somebody's cleaning lady or chambermaid isn't the same sort of thing at all. Now *we* put chambermaid with cleaning lady."
> Renée: "What they have in common, is neither of them needs any qualifications, that's an important factor, after all." (zitiert nach Boltanski/Thévenot 1983, S. 655; Herv. i. Orig.)

Von zentraler Bedeutung ist hier, dass die beiden klassifizierenden Interviewerinnen sich darüber auseinandersetzen, ob die Qualifikation oder der Lebensstil das angemessene Prinzip für die Herstellung der Vergleichbarkeit (Äquivalenzprinzip) sein soll. Der Strategie von Renée, alle Personen aus der „nicht qualifizierten" Arbeiterschicht in einer Klasse zusammenzugruppieren, widersetzt sich Martine, indem sie ein anderes Prinzip für die Repräsentation der Ordnung des sozialen Raums („Lebensstil") entgegensetzt. Boltanski und Thévenot beobachten, dass die Akteure sich im Laufe der Konflikte bald auf allgemeinere Prinzipien und ihre Anerkennung in einer Allgemeinheit berufen.

> "To calm the tension, they have to escape into generalization and this leads them to draw on the available forms of representation of the social world and to reinvent the principal social philosophies, which they gravitate to in accordance with their social trajectories of their habitus." (Boltanski/Thévenot 1983, S. 657)

Es sind die hier vorgestellten Untersuchungen, die die Studien zur Praxis des Klassifizierens/Kodierens am INSEE verallgemeinert haben, in denen Boltanski und Thévenot" die reflexiven moralischen Kompetenzen der Akteure „entdeckt" haben und die (im Rahmen der Repragmatisierung der französischen Sozialwissenschaften) daher ein wichtiges Fundament für die EC geworden sind.[128] Diese moralischen Kompetenzen stehen insofern einer pragmatischen Soziologie näher als der Habitustheorie Bourdieus, weil es hier auf die reflexiven, weniger auf die vorreflexiven Kompetenzen der Akteure ankommt.[129] Das heißt praktisch, dass die Akteure sich nicht nur vorreflexiv und in immer wieder neuen Situationen verhalten können müssen, sie müssen auch den darüber hinausgehenden Schritt machen können, allgemeinere Prinzipien für ihr Handeln zu begründen und die allgemeineren Prinzipien anderer zu kritisieren. Diese Differenz wird seitdem in der französischen Soziologie als wichtige Differenz zwischen pragmatischen Handlungstheorien und Theorien der generativen Kompetenz – wie der Habitustheorie – angesehen (Nachi 2006; Boltanski 2003; Diaz-Bone 2011a; Barthe et al. 2013).[130]

---

128 Siehe für folgende Anwendungen und Diskussionen dieses Ansatzes (des „Klassifizierungsexperiments" mit den Karteikarten) Filhon et al. (2013), Deauvieau et al. (2014), die Arbeit von Penissat et al. (2016) sowie die Beiträge in Menger (Hrsg.)(2003). Für die Anwendung auf die deutsche Gesellschaft siehe Schultheis et al. (1996) sowie Pfeuffer und Schultheis (2002). Siehe für Anwendungen in der Schweiz Neuhaus (2008a, 2008b, 2011).

129 Ein weiterer Forschungsansatz, der zur Analyse der moralischen Kompetenzen beiträgt, ist Luc Boltanskis Analyse der Denunziationen in Leserbriefen (Boltanski et al. 1984; eine gekürzte Übersetzung findet sich mit Boltanski 1987).

130 Letztlich wird das Habituskonzept von der pragmatischen Soziologie explizit abgelehnt (Boltanski 2003).

3.7 Die Praxis des Antwortens

Die Analyse der Kodierpraxis wurde am INSEE ergänzt um die Analyse der Praxis des Antwortverhaltens. Stellen die Praxisformen der Kodiererinnen und der Kodierer eine erste Quelle für die Unsicherheiten der Kodierung dar, so stellt die Variation, die durch das unterschiedliche Antwortverhalten der Befragten in verschiedenen Situationen und verschiedenen Umfragen zustande kommt, eine größere Unsicherheit für die valide Erfassung der Berufstätigkeit dar. Befragungen erheben letztlich die Reaktion einer Befragten bzw. eines Befragten auf die Konfrontation mit Frageformulierungen in Situationen und nicht die fehlerfreie Erfassung der Ausprägung eines objektiven (d. h. von Interpretationen unabhängigen) Sachverhalts (Thévenot 1981b, 1983; Desrosières/Thévenot 1979). Das Ausgangsmaterial für die Kodierung sind damit Antworten auf Fragen, nicht die faktischen Berufstätigkeiten, und diese Berufsbezeichnungen sind als Ausgangsmaterial für Kodierung unterschiedlich problematisch. Denn die Frage nach der Berufstätigkeit („emploi") bringt in die Befragungssituation das „Spiel" um die Klassifikation im sozialen Raum ein. Die Antworten der Befragten sind interpretative situative Praktiken, aber sie unterliegen den symbolischen Zwängen (constraints) die sich im sozialen Raum formieren. Die Angaben zur Berufstätigkeit in den Befragungen am INSEE waren als Reaktionen auf die Aufforderung, den eigenen Beruf anzugeben, zunächst nichts anderes als die Versuche von Befragten, eine Benennung für die berufliche Tätigkeit anzugeben, die entweder auf die institutionalisierten Formen für Berufsbezeichnungen zurückgriffen (was die legitimste Form der Selbstverortung im sozialen Raum war und ist) oder die versuchten, sich der zumindest akzeptablen Formen der Selbstverortung im sozialen Raum zu bedienen (was in vielen Fällen bedeutete, eine euphemistische Angabe über die eigene berufliche Tätigkeit anzugeben). Berufsbezeichnungen sind unterschiedlich institutionalisiert, ihre Grenzen können daher klar umrissen (und die Berufsnennungen dann reliabel) sein oder sie können unscharf sein (und dann in verschiedenen Situationen zu unterschiedlichen Berufsnennungen führen). Es hat sich weiter gezeigt, dass das Antwortverhalten wesentlich von der Einstellung zur Befragung selbst und von der Einschätzung der Art der Befragung abhängt.

Die Befragungen des INSEE (das auch die Volkszählungen durchführt) wurden von vielen Franzosen wie eine „gesetzliche" Befragung aufgefasst – auch wenn es sich nicht um eine Volkszählung handelte. Hier gaben dann Befragte häufig für ihre Berufstätigkeit eine kurze und formale Angabe an, die ihnen eine vermeintlich amtlich zutreffende Angabe zu sein schien, die aber die zutreffende Kodierung für die CSP erschwerte. Dieselben Personen zogen im Rahmen einer Befragung zur Familiensituation dagegen andere Klassifikationsprinzipien heran, die zu umfassenderen Auskünften über die Berufstätigkeit führten (Thévenot 1983b, S. 200f).

Wurden Differenzierungen der Qualifikationen erfragt, die für die Befragten wenig Relevanz hatten oder ihnen nicht bekannt waren, so war die Folge ein hoher Anteil an Antwortverweigerungen. So gaben ein Drittel aller Arbeiter (im Rahmen der Volkszählung 1975) keine genauere Qualifikation an. Thévenot (1983b, S. 198) hat die Non-response-Quoten nach Branchen analysiert und gefolgert, dass diese in solchen Branchen sehr viel höher ausfielen (bis zu 87 %), in denen die handwerkliche Produktion in kleinen Betrieben erfolgte, wo die Differenzierung der Arbeiter nach Qualifikationsgruppen entweder kaum bekannt war oder keine Rolle spielte.

Anlass für Nachbefragungen durch das INSEE ergab sich durch ungenaue oder widersprüchliche Angaben zur Beruftätigkeit. Auch hier hat sich gezeigt, dass die interpretative Praxis der Befragten zu einer eigenen Definition von statistischen Kategorien geführt hat. Maryse Huet (1981) hat dies am Beispiel der Kategorien der „mithelfenden Familienangehörigen" (*aide familial*) und der Gruppe der „in der Landwirtschaft Beschäftigten" (*exploitant agricole*) untersucht. Sie hat gezeigt, dass die gestiegene Zahl der letzten Gruppe mit einer veränderten Auffassung der weiblichen Beschäftigten von ihrer Tätigkeit einherging. Die Bäuerinnen, die weitgehend die gleichen Tätigkeiten wie ihr Mann ausführten, neigten zunehmend dazu, sich nicht als „mithelfende Familienangehörige" zu deklarieren, sondern als „in der Landwirtschaft Beschäftigte" (das galt insbesondere für die Gemüsebäuerinnen). Bäuerinnen, die in landwirtschaftlichen Betrieben *andere* Aufgaben als ihre Männer ausübten, neigten dagegen eher weiterhin zur Einordnung in die Kategorie „mithelfende Familienangehörige". Worauf es hierbei ankommt – und das lässt sich auf andere Branchen übertragen –, ist, dass die Frauen mit einer veränderten Interpretation ihrer Berufstätigkeit auch ihr Antwortverhalten systematisch geändert haben.

Der Vergleich von Angaben zur Berufstätigkeit, die dieselben Befragten im Rahmen von zwei unterschiedlichen Befragungen im selben Jahr gemacht hatten, hat Thévenot ermöglicht, zu zeigen, dass insgesamt ein Drittel der Berufstätigen unterschiedliche Angaben gemacht hatte.[131] Nachdem am INSEE vielfach der Frage nachgegangen worden war, warum die Angaben variierten, hat sich Thévenot auch die Frage gestellt, wie es kommt, dass Berufsgruppen weitgehende *stabile* Angaben machten. Es hat sich hier gezeigt, dass sich drei Einflüsse ausmachen lassen, die sich in stabilen Benennungen der Berufstätigkeit auswirken. Thévenot spricht von „drei Weisen, Professionen zu formieren".

---

131 Thévenot (1981b, 1981c, 1983) hat die Angaben von 17 000 Befragten hinsichtlich ihrer Berufstätigkeit sowohl im Rahmen der Volkszählung 1975 als auch im Rahmen einer Befragung zur Beschäftigung für 1975 (enquête d'emploi) verglichen.

1. Abschlüsse, deren Erwerb, und Berufstätigkeiten, deren Ausübung durch staatliche Einrichtungen oder starke Berufsverbände kontrolliert werden, haben einen juristisch abgesicherten Charakter erhalten (Thévenot 1981b, 1983a). Beispiele sind die Medizinerausbildung und die Ausbildung von Juristen sowie deren institutionalisierte Formen der Zulassung. Hier hat die Berufsbezeichnung den Charakter eines institutionalisierten Titels (mit zugehörigen Rechten und Statuszuschreibungen) erhalten, sodass die Berufbezeichnung selbst zu einer staatlich sanktionierten Form geworden ist. Diese Berufe werden entsprechend verlässlich („reliabel") angegeben.
2. Dann gibt es die Berufe, die Teil eines métiers sind und deren Ausübung die Aneignung des Wissens in Form einer Lehre in dem métier erfordert. Beispiele sind Handwerksberufe, in denen der Wissenserwerb durch die – im Wortsinne – manuelle Nachahmung der Handarbeiten der Meister des Fachs erfolgt. Auch diese Berufe haben eine hohe Stabilität in ihrer Nennung.
3. Als Drittes finden sich die Berufe, die den Befragten nicht einfach nur als „Berufungen" gelten, sondern in denen sie eine „Gabe" (don) oder ein Talent einbringen, um diesen Beruf ausüben zu können, und deren Bezeichnungen ebenfalls von den Befragten in beiden Befragungen in weitgehend einheitlicher Weise angegeben wurden. Hier sind es die künstlerischen Berufe, die als Beispiel dienen.

Für Thévenot sind die drei aufgeführten Formen, „Professionen zu formen", idealtypisch unterscheidbar, tatsächlich stehen die empirischen Professionen, die stabil benannt oder von den Befragten angegeben worden sind, zwischen diesen Idealtypen.

Den Gegenpol zu den stabilen Berufsbezeichnungen bilden für Thévenot die *fluktuierenden Berufsbezeichnungen*, worunter er solche Berufe versteht, deren Angehörige zu mindestens 60 % wechselnde Bezeichnungen in den beiden Befragungen angegeben haben. Die These lautet, dass solche fluktuierenden oder unsicheren Bezeichnungen in solchen Branchen zu erwarten sind, in denen der Einsatz des finanziellen Kapitals und der Grad der Automatisierung hoch sind und die handwerkliche Qualifikation niedrig ist. Hier haben sich die Produktionswerkzeuge die Qualifikationen ihrer „Bediener" so untergeordnet, dass diese „ihren Namen verloren haben". Die Arbeiter werden hier dann beispielsweise als „Operateure" bezeichnet. Das Fehlen von eigenständigen Berufsbezeichnungen geht für Thévenot einher mit dem Fehlen anerkannter Qualifikationen im Unternehmen. Für Thévenot sind das insbesondere Branchen, in denen Rohstoffe auf einer ersten Produktionsstufe verarbeitet werden (Thévenot 1983b, S. 208f). Als Beispiel wird die Verwendung der Nomenklatur angeführt, die ein cadre einer Plastikfabrik in einem Interview erläutert. Die Produktion von Plastikteilen war in diesem Fall hochgradig automatisiert, und hier waren betriebseigene Berufsbezeichnungen eingeführt worden. Diese Klassifikationen wurden bewusst abgesetzt von solchen Klassifikationen, wie sie in landesweiten kollektiven Konventionen enthalten waren, um im Unternehmen die Kontrolle über die Vergütung zu behalten. Die „Qualifikation", die in der Produktion zum Tragen kam und im Unternehmen anerkannt wurde, blieb so auf die Reichweite des Unternehmens beschränkt. Diese Strategie der Abkopplung von in den kollektiven Konventionen (*conventions collectives*) festgelegten Berufsbezeichnungen hinterließ auch in großen Unternehmen ihre Spuren, wie im Fall des Reifenherstellers Michelin, dessen Arbeiter als Berufsbezeichnung sehr häufig Kategorien wie „ouvrier Michelin" oder „agent Michelin" angaben. Diese „modernen" Klassifikationen der Tätigkeiten, wie sie sich für Thévenot seit den 1970er-Jahren in der untersuchten Plastikfabrik oder bei Michelin abzeichnen, haben so zu einer Erosion derjenigen Klassifikationen geführt, die in den 1930er-Jahren in den kollektiven Konventionen entwickelt worden sind, um insbesondere für die großen Unternehmen und landesweit die Gruppierungen von Arbeitern und Angestellten festzulegen (Martens 2005). Die Qualifikationen in standardisierte Formen zu bringen hat Ende der 1930er-Jahre für Arbeitgeber und Gewerkschaften die Möglichkeit geboten, diese als Kriterium heranzuziehen und die sozialen Konflikte auf das Ausmaß ihrer Bewertung und Vergütung zu begrenzen.

Im Rahmen der Einführung der EC geht es hier nun weniger um die systematische Repräsentation von Befunden (zumal diese aus heutiger Sicht für die Industrie- und Arbeitssoziologie in der Regel nicht mehr vollumfänglich bedeutsam sind), vielmehr soll der Weg nachgezeichnet werden, wie für die EC in der Analyse der Berufsklassifikationen (sowie der Unternehmensstrategien, die auf die Qualifikationen der Arbeiter bezogen sind) die Konzepte der Form, der Forminvestition und der Äquivalenz hervorgetreten sind.

3.8 Forminvestition

Die Analyse der Berufsklassifikationen und der Klassifizierungspraxis hat Anfang der 1980er-Jahre auf das Konzept der Forminvestition hingeführt. François Eymard-Duvernay und Laurent Thévenot haben es in diesen Jahren gemeinsam am INSEE entwickelt und ihre Befunde in Form von zwei INSEE-Working Paper publiziert (Eymard-Duvernay/Thévenot 1983a, 1983b). Beide haben das Konzept später auch in Einzelautorschaften weiter ausgearbeitet (Thévenot 1983b, 1984, 1986b;

Eymard-Duvernay 1986).[132] Neben den materiellen Investitionen, die „Immobilisierungen" von Kapital sind – wie im Fall der Anschaffung von Maschinen für die Produktion –, gibt es auch auf der Ebene der Informationen Immobilisierungen von Formen wie bei der Etablierung von Berufsbezeichnungen, die dauerhaft gemacht werden – zum Beispiel durch Verrechtlichung. Diese Investitionsarbeit ist nun umfassender, sie bezieht verschiedene Formen der symbolischen Arbeit ein – wie die Etablierung statistischer und kognitiver Kategorien, was am Beispiel der cadres anschaulich wird. Die Investition, die hierbei betrachtet wird, ist die Investition in die Gültigkeit (Validität im Sinne einer Anerkennung) einer Form hinsichtlich einer bestimmten (sachlich-sozialen) Reichweite und für eine bestimmte zeitliche Dauer. Boltanski und Thévenot haben hervorgehoben, dass Formen die Vergleichbarkeit von Menschen oder Dingen ermöglichen, dass dafür die Einführung von Prinzipien der Vergleichbarkeit die Voraussetzung sind, die Äquivalenzen genannt werden.

> „Der Begriff ‚Forminvestition' betont die Behandlung von Menschen und Dingen in Formen, welche dazu dienen, sie durch die Herstellung von Äquivalenzen auf einer gewissen Ebene der Allgemeinheit zu halten. In solchen Fällen werden allgemeine Charakterisierungen, Klassifikationen und Standards in materiellen Begrifflichkeiten auf der Basis von kostspieligen Operationen vorgenommen, die Menschen oder Dingen Formen verleihen und – um einen gewissen Preis – spätere Koordinierung, die auf diesen ‚formvollendeten' Wesen beruhen, erleichtern. Einer produktiven Investition vergleichbar, erwarten auch hier die Akteure davon einen gewissen Nutzen, der in einer erleichterten Koordination besteht. Forminvestitionen unterscheiden sich je nach der Ausdehnung des räumlichen oder zeitlichen Geltungsbereiches der hergestellten Äquivalenz, ebenso aber auch je nach der Konsistenz der materiellen Ausstattung, von der die Äquivalenz getragen wird." (Boltanski/Thévenot 2007, S. 21, Anm. 3)[133]

Formen dienen damit der Reproduktion von Situationen und ökonomischen Abläufen, weil sie Handlungen koordinierbar und die Wertigkeit von Personen (wie anhand der Bewertung ihrer Qualifikationen) und Objekten (wie Produkten) bestimmbar machen. Die Theorie des „wissenschaftlichen Managements" von Taylor ist von Thévenot als ein Programm analysiert worden, das die Reichweite

132 Das Konzept der Forminvestition ist zeitgleich von Eymard-Duvernay und Thévenot in der Analyse der Unternehmensorganisation und des Arbeitsmarktes eingesetzt worden. Siehe dazu auch Kapitel 4.

133 Bei Desrosières finden sich entsprechende Passagen wie die folgende: „Der Umfang der in der Vergangenheit durchgeführten *Forminvestition* ist der entscheidende Faktor, der die Solidität, die Dauerhaftigkeit und den Gültigkeitsraum der so konstruierten Objekte konditioniert. Die Bedeutung dieses Begriffes besteht genau darin, die beiden Aspekte – d. h. den ökonomischen und den kognitiven Aspekt – durch die Konstruktion eines Systems von Äquivalenzen zu approximieren." (Desrosières 2005a, S. 12; Herv. i. Orig.)

der Formen für die Qualifikationen strategisch auf die Unternehmen zu beschränken beabsichtigte. Das Management soll hier danach streben, die Gültigkeit der Formen zu kontrollieren, und daher vermeiden, die Kontrolle von Formen anderen Institutionen – insbesondere staatlichen – zu überlassen (Thévenot 1984, 1986b). Die Rolle des Staates sieht Thévenot auf der anderen Seite, dort, wo es um die Etablierung der landesweiten Gültigkeit von Formen geht, wie dies für die Berufsklassifikationen durch das INSEE angestrebt wurde. Zugleich ist der Staat durch die staatlich zertifizierten Diplome aber auch unmittelbarer Garant für die Gültigkeit von Formen in Form von Titeln.

Forminvestition bezeichnen (sowohl als Prozess wie auch als Resultat) die Objektivierungen von Formen. Damit sind Kosten der Investition verbunden, die aus den Formen der sozialen Arbeit ihrer Etablierung bestehen. Sind Formen als Weisen der In-Formation von Wissen einmal etabliert, tragen sie dazu bei, dass Automatismen der Reproduktion von Handlungen und von Handlungskoordination möglich werden – sei es bezogen auf die Produktion in Unternehmen oder auf die Kategorisierung von Akteuren und Zuständen. Formen bringen dann Kapazitäten ein, Situationen „ökonomisch reproduzieren zu können" und Effekte zu haben, die nicht dem Handeln von Akteuren zuzurechnen sind (Thévenot 1983b, S. 218).

Mit Forminvestitionen sind allerdings – wie auch bei „materiellen Investitionen" – auch andere Arten von Kosten oder „Opfer" („*sacrifices*") verbunden (Thévenot 2011c). Denn Forminvestitionen können die räumliche und zeitliche Reichweite von Formen nur über eine Generalisierung erreichen. Generalisierungen führen zu Verlusten, wie man anhand von Klassifikationen schnell verdeutlichen kann. Klassifikationen müssen von den Einzelheiten der Einzelfälle absehen, wenn Klassifikationen deutlich weniger Kategorien beinhalten sollen als Fälle zu klassifizieren sind. Die Generalisierung, die Formen und Klassifikationen erreichen sollen, geht auf Kosten der Detailliertheit (Thévenot 2011c, S. 385).

Mit dem Konzept der Forminvestition haben die Arbeiten von Thévenot, Eymard-Duvernay und auch von Desrosières eine konzeptionelle Grundlage gelegt, die die Theorie der Klassifikation (wie sie zuletzt von Bourdieu weiterentwickelt wurde) auf eine allgemeinere Grundlage stellt: Klassifikationen sind nun nur eine Form von Formen unter vielen.

Klassifikationen sind keine Abbildung vorhandener „gegebener" sozialer Einteilungen, sondern Repräsentationen sozialer Kollektive – und dies nicht nur in der administrativen Repräsentation, sondern auch in der Repräsentation von Kollektiven im sozialen Raum. Es zeigt sich sowohl, dass die Repräsentationsarbeit situativ erfolgt und die Akteure in Situationen ihre *reflexiven Kompetenzen für die Rechtfertigung von Äquivalenzprinzipien* einbringen, als auch, dass Kollektive gesamtgesellschaftlich für die Formierung und Institutionalisierung von Kategorien Politiken der Repräsentation verfolgen, wie sich in der historischen Analyse gezeigt hat.

Die Analysen der statistischen Klassifikationen seit Ende der 1970er-Jahre haben bereits die verschiedenen „sozialen Ebenen", oder besser die verschiedene Reichweiten der Interaktionsformen integriert, von der Interaktion zwischen Anwesenden bis hin zum Staat und der Gesellschaft. Dabei haben die Vertreter der EC von Beginn an sowohl historisch als auch praxeologisch argumentiert. Die Erarbeitung einer Theorie der Klassifikation hat den Zusammenhang zwischen den sozialen Repräsentationen, den sozialen Formen, der Kognition des institutionellen Settings zunächst für den Bereich der sozialen Berufskategorien herausgestellt. Dieser Zusammenhang zwischen Kognition, Formen, Institutionen und Handeln ist von der EC dann auch in vielen anderen Bereichen wie in Unternehmen oder in Märkten zum Gegenstand gemacht worden. Bereits in den späten 1970er- und frühen 1980er-Jahren haben die Vertreterinnen und Vertreter der späteren EC damit die Frage aufgegriffen, wie soziale Formen, soziale Repräsentationen mit Institutionen zusammenhängen und wie sich dieser Zusammenhang historisch gewandelt hat. Die Entstehung der EC wird also insgesamt erst von diesen Analysen der Klassifizierungspraxis aus begreiflich, die wesentlich am INSEE entstanden sind. Allerdings erscheint das Konzept der Forminvestition hier noch als das Zentralkonzept der EC, was sich in den darauffolgenden Jahren allmählich ändert.

Die Analysen zu den statistischen Klassifikationen und zur Praxis des Klassifizierens bilden bis heute einen integrierten Forschungsbereich der EC, der insbesondere durch Alain Desrosières, dann auch von Laurent Thévenot und Robert Salais weiter entwickelt worden ist und heute Teil der „Soziologie der Quantifizierung" ist (Kapitel 9). Die in diesem Kapitel dargelegten Grundlagen bilden daher in Frankreich auch den aktuellen Rahmen für neuere Entwicklungen der EC sowie für Forschungsgruppen, die durch die Arbeiten der EC stark beeinflusst sind (Penissat et al. 2016).[134]

134 Dazu zählt CREST, das „Laboratoire de sociologie quantitative" (LSQ, siehe www.crest.fr). Hingewiesen sei auch auf das Forschungsprojekt CORDI (was für „Catégorisations et connaissances ordinaires du monde social" steht), das den Ansatz der Arbeiten von Boltanski und Thévenot zu den Klassifikationen seit 2014 wieder aufgreift und bei CREST angesiedelt ist.

Arbeit und Arbeitsmärkte 4

„Die modernen Ökonomien sind notwendig komplex, das heißt, sie sind einer Pluralität von Evaluierungsprinzipien unterworfen. Jede Konzeption von Arbeitsmärkten, die danach strebt, Arbeitsmärkte auf der Grundlage einer universellen Koordinationsform vereinheitlichen zu wollen, führt daher zu grundlegenden Dysfunktionen."
(Bessy et al. 2001c, S. 307)[135]

4.1 Einleitung

Es ist insbesondere das thematische Feld der Arbeit, anhand dessen sich seit der ersten Hälfte der 1980er-Jahre die EC als ein transdisziplinäres Feld von Sozialwissenschaftlerinnen und Sozialwissenschaftlern herauskristallisiert hat. In diesem Themenfeld hat sich die EC in dieser Zeit auf einer neuen institutionentheoretischen Basis allmählich integriert. Anknüpfungspunkt sind durchaus die (in den vorherigen Kapiteln dargestellten) Arbeiten zu den statistischen Klassifikationen und zur Praxis des Klassifizierens, die von Pierre Bourdieu, Luc Boltanski, Alain Desrosières, Laurent Thévenot, Robert Salais und anderen am INSEE und in dessen Umfeld unternommen wurden. Allerdings erweitert sich nun das Forschungsfeld auf sehr viel mehr Aspekte „der Arbeit". 1984 wurde unter dem Titel *„Les outils de gestion du travail"* eine erste Tagung veranstaltet, deren Beiträge dann 1986 in dem Band *„Le travail. Marchés, règles, conventions"* von Robert Salais und Laurent Thévenot herausgegeben wurden. Dieser Band bildet die Gründungsmomente der EC zeitlich und thematisch ab.[136] Das Konzept der Konvention wird hier nun in

135 Übersetzung RDB.

136 Siehe für eine Einschätzung dieses Bandes als ein erstes weitgehend vollständiges Hervortreten der Agenda der EC den Beitrag von Desrosières (2011a).

R. Diaz-Bone, *Die „Economie des conventions"*, Soziologie der Konventionen, https://doi.org/10.1007/978-3-658-21062-5_4

einigen Beiträgen diskutiert und für die Analyse eingesetzt. Die Konventionenkonzepte von John M. Keynes (2006) und von David Lewis (1975) werden geprüft und erweitert.[137] Gerade die theoretischen Beiträge greifen zeitgenössische Ansätze der (gerade entstehenden) neuen amerikanischen Wirtschaftssoziologie (Harrison White, Mark Granovetter), der Transaktionskostenökonomie (Ronald Coase, Oliver Williamson) und der Informationsökonomie (George Akerlof, Joseph Stiglitz, Michael Spence) kritisch auf. Die Kritik der neoklassischen Wirtschaftstheorie und die Entwicklung einer erneuerten und transdisziplinären Analyse der Ökonomie sind ein geteiltes Projekt der Beiträge und der programmatischen Einleitungen in die vier thematischen Bereiche des Bandes. Dafür werden theoretische Konzepte der heterodoxen Positionen innerhalb der Wirtschaftswissenschaften und der Organisationsforschung herangezogen, wie die Arbeiten von Albert Hirschman, Herbert Simon, Michael Piore. Einen Bezug stellt die französische *Théorie de la régulation* dar.[138] Doch insgesamt reichen die theoretischen Referenzen weit in die verschiedenen Sozialwissenschaften hinein. Und hier werden verschiedene pragmatische Ansätze einbezogen, die die konstruktiven Kompetenzen des Handelns für die ökonomische Koordination ins Zentrum stellen, sowie Arbeiten, die die Rolle der Objekte für das Handeln und die Koordination in der Ökonomie herausarbeiten. Ein Konzept der EC, das sich bereits vor demjenigen der Konvention etablieren konnte, ist dasjenige der *Forminvestition*, das von François Eymard-Duvernay und Laurent Thévenot seit Anfang der 1980er-Jahre in verschiedenen Beiträgen eingeführt worden war (Eymard-Duvernay/Thévenot 1983a, 1983b; Thévenot 1984) und sich seitdem für die empirische Forschung als fruchtbar erwiesen hat. Die Konzepte der Konvention und der Forminvestition werden in diesen Beiträgen eingeführt, um die Grundlagen für eine neue Institutionentheorie zu entwickeln. Auch der im selben Jahr 1986 erschienene Band „Conventions économiques" (Thévenot Hrsg. 1986) sowie die Monografie „L'invention du chômage" (Salais et al. 1986)[139] repräsentieren Arbeiten, die die Umrisse der entstehenden Wissenschaftsbewegung erkennen lassen, welche die ökonomische Koordination mit diesen neuen Konzepten modelliert und dabei

137 Beide Konventionenkonzepte werden später noch ausführlicher vorgestellt: das Konventionenkonzept von Lewis in Kapitel 6, dasjenige von Keynes in Kapitel 7.

138 Diese wird insbesondere repräsentiert durch die Arbeiten von Michel Aglietta und Robert Boyer; siehe dazu Kapitel 7.

139 Eine um ein Vorwort ergänzte zweite Auflage ist 1999 erschienen (Salais et al. 1999). Siehe auch den Sammelband von Mansfield, Salais und Whiteside (Hrsg.)(1994), der im Vergleich zwischen Frankreich und Großbritannien die Analyse der Entstehung von Arbeitslosigkeit behandelt. Er setzt die in „L'invention du chômage" entwickelte Perspektive fort. Eine gute Analyse der Methodologie von „L'invention du chômage" findet sich bei Latsis (2006).

„Arbeit“, „Markt“ und „Organisation“ nicht als gegebene Sachverhalte betrachtet, sondern als Resultate einer durch Konventionen und Formen ermöglichten und stabilisierten Koordination.

Es sind diese drei Publikationen „Le travail. Marchés, règles, conventions“, „L'invention du chômage“ und „Conventions économiques“, die bereits im Jahr 1986 – also einige Jahre vor dem Erscheinen der Sondernummer der *Revue économique* – die EC hervortreten lassen, allerdings ohne dass (1) dieser institutionalistische Ansatz in sich bereits konzeptionell kohärent organisiert war und (2) ohne dass die Bezeichnung „Economie des conventions“ sich bereits etabliert hätte. Erst ein Jahr später, 1987, erscheint ein Hauptwerk der „neuen französischen Sozialwissenschaften“, die Monografie „Les économies de la grandeur“ von Luc Boltanski und Laurent Thévenot, in einer ersten Ausgabe in der Reihe des CEE und wird dann (bei Gallimard) 1991 unter dem Titel „De la justification“ neu aufgelegt (Boltanski/Thévenot 1991, dt. Boltanski/Thévenot 2007). In diese bahnbrechende und zwei Jahrzehnte später dann international viel beachtete Arbeit gehen Konzepte der entstehenden EC ein, wie das der Forminvestition und der Äquivalenz (Desrosières). Diese Publikation manifestiert ebenfalls das Moment der entstehenden EC. Für die folgenden Publikationen der EC wird sie zu einer Referenz, konkreter: Sie wird als eine Grundlagenarbeit in der EC anerkannt. Die 1989 in der Reihe des CEE erschienene Aufsatzsammlung „Justesse et justice dans le travail“ (Boltanski/Thévenot Hrsg. 1989) zeigt, wie die Theoriearbeit von Boltanski und Thévenot in verschiedenen Analysen der EC zum Forschungsbereich der Arbeit fruchtbar gemacht werden kann.

Dieser Forschungsbereich „der Arbeit“ ist aber auch (nach demjenigen der Praxis der statistischen Klassifikation) der zweite Themenbereich, in dem die Vertreterinnen und Vertreter der EC bis heute Beiträge liefern und in dem die EC seit Mitte der 1980er-Jahre die konzeptionelle Entwicklung eines institutionalistischen Ansatzes mit dessen empirischer Anwendung Hand in Hand gehen lässt.

Als dritter großer Forschungsbereich entsteht dann in dieser Zeit auch die Analyse der Produkte, der Produktqualitäten und Qualitätskonventionen sowie der zugehörigen Formen der konventionenbasierten institutionellen Arrangements (siehe dazu Kapitel 5).

Man kann weiter mit den Forschungen zum Vertrag, zum Gehalt und allgemeiner zum Konzept der „Regel“ von Beginn an einen eigenständigen institutionentheoretischen Ansatz der EC identifizieren, der bis heute als aktueller Forschungsstrang zwischen Konventionen und Institutionen unterscheidet und der das Konzept der Institution in das Handeln wieder „einzulagern“ beabsichtigt. Institutionen sind demnach dem Handeln „endogen“ (siehe dazu Kapitel 8).

Es ist aber zunächst der thematische Bereich des Arbeitsmarktes, der die Bedeutung der vermittelnden Personen, der vermittelnden Organisationen und der vermittelnden Objekte – insbesondere im Prozess der Rekrutierung – für die Konstruktion von Qualifizierungen und Kompetenzen für die Vertreterinnen und Vertreter der EC erkennbar werden lässt. Die Studien von Eymard-Duvernay und seinen Mitarbeiterinnen und Mitarbeitern (insbesondere Christian Bessy und Emmanuelle Marchal) zu den Intermediären (*intermédiaires*), den Formen der Rekrutierung und insgesamt zur Kritik der herkömmlichen Vorstellung vom Arbeitsmarkt, sind bis heute wegweisende Beiträge zu einer Analyse der Arbeitsmarktökonomie auf der Grundlage eines pragmatisch fundierten Institutionalismus und fundieren damit eine Kritik des neoklassischen Arbeitsmarktmodells.

In diesem Kapitel werden die wichtigsten Beiträge der EC zum Arbeitsmarkt vorgestellt. Sie in Grundzügen zu kennen ist – wie die Kenntnis der grundlegenden Beiträge zur Analyse der Klassifikationen und Klassifikationspraxis – eine Voraussetzung für das Verständnis der EC überhaupt.

4.2 „Le travail"

Mit der Aufsatzsammlung „Le travail. Marchés, règles, conventions" liegt die erste wichtige Publikation der EC vor.[140] Wenn die Beiträge auch nicht ein kohärentes Begriffssystem und eine eng definierte Agenda bearbeiten, so beziehen sie sich doch bereits auf gemeinsame Konzepte und teilen die Auffassung einer notwendigen Repragmatisierung der Institutionentheorie sowie der Gesellschaftstheorie insgesamt. Enthalten sind über zwanzig Beiträge, darunter auch von Autoren, die dann 1989 auch zu der Sondernummer der *Revue économique* 40(2) „L'économie des conventions" beigetragen haben: François Eymard-Duvernay, Olivier Favereau, André Orléan, Robert Salais und Laurent Thévenot.

Die Beiträge sind in vier Themenbereiche gruppiert: (1) Formen der Verhandlung zwischen Arbeitgebern und Arbeitnehmern, (2) Instrumente der Qualifizierung von Arbeit, (3) theoretische Zugänge zur Rolle von Regeln und Konventionen sowie (4) Formen des Engagements und der Verantwortlichkeit und der Arbeit. Die Beiträge in diesen vier Themenbereichen werden zu Beginn jeweils durch eine Einleitung vorgestellt, und der Zusammenhang zwischen den Beiträgen wird hier

140 Auch Heilbron (2001) fasst dieses Buch als die (bereits) erste eigentliche Buchpublikation der EC auf. Die Beiträge sind zumeist nur kurz (zehn bis weniger als zwanzig Seiten), denn es handelt sich um verschriftlichte Workshopbeiträge (siehe Tabelle 2.1).

herausgearbeitet. Die Beiträge verhandeln aus sozialwissenschaftlicher Perspektive Arbeitsverträge und Gehälter, die Bedeutung von Tarifverträgen für die Strukturierung von Branchen und Gehaltsgruppen, die „Mittel" der Unternehmensführung, Finanzmärkte und (interne) Arbeitsmärkte, die Bedeutung sowie Prozesse der Forminvestition für die Etablierung von Qualifikationen und Berufsgruppen. Einige ausgewählte Beiträge sollen kurz vorgestellt werden.

Wie Robert Salais und Laurent Thévenot eingangs (in der Einleitung zum ganzen Band) herausstellen, geht es in den Beiträgen jeweils um die Regeln, die Konventionen und die Formen, die die Arbeit zu einem Produktionsfaktor machen und die die Kompetenzen und Handlungen der in der Produktion engagierten Personen bestimmen (Salais/Thévenot 1986, S. 3). Und weiter geht es aber auch um die kreativen und strategischen Kompetenzen der involvierten Akteure. Denn die Handlungen und Verhandlungen in den industriellen Beziehungen sind nicht nur durch die Regeln strukturiert, sie sind auch Verhandlungen über die Regeln sowie auch über die Einführung und Abwandlungen von Regeln, sodass „Institutionen" nicht als für das Handeln externe und schon gegebene (für das Handeln „externe") Mechanismen für die Koordination gelten. Denn in vielen Situationen sind Regeln und Konventionen erst noch zu verhandeln, um eben ein geteiltes Verständnis der Regeln und Konventionen zu erzielen, welches die Voraussetzung für eine gelingende Koordination und Kooperation in der Produktion ist (Salais/Thévenot 1986, S. 4).

Robert Salais (1986) macht in seiner Einleitung für den ersten Themenbereich dann deutlich, dass die Folgerung sein muss, die Praktiken der Verhandlungen zu untersuchen und die Prozesse der Forminvestition, der Standardisierung der Zeit und den Wechsel zwischen der Verhandlung mit Regeln und der Verhandlung über Regeln zu fokussieren. Eine zentrale Rolle bei den Prozessen der Verhandlungen im Rahmen industrieller Beziehungen spielen dann einmal die (konstruierten) Repräsentationen und Formen eben dieser industriellen Beziehungen und der Arbeitsorganisation. Dann sind es aber auch zum anderen die technischen Objekte und materiellen Prozeduren (seien sie verschriftlicht oder eher informell) als Intermediäre zwischen den Personen, die eigenständige Effekte für die personale Interaktion aufweisen, welche zum Gegenstand der Analyse gemacht werden sollen.

Christophe Midler (1986) stellt in seinem Beitrag zur tayloristischen Arbeitsorganisation heraus, dass hier eine Beschreibung der tayloristischen Arbeitsorganisation als nur standardisierende Organisation nicht länger ausreichend ist und die Beschreibung des tayloristischen Managements als „unsichtbare Technologie" hinzutreten müsse. Letztere ist die industrielle Praxis der Arbeit an der Repräsentation der tayloristischen Arbeitsorganisation. Die konkreten Techniken der Zeiterfassung, der Herstellung der Produktionskette und der Leistungsmessung erfordern eine sowohl vorgängige (einrichtende) als auch eine mitlaufende (kontrollierende) Investition in Repräsentationsformen, wie Arbeit zu denken ist und wie man die Übereinstimmung zwischen der tatsächlichen Produktionsweise mit der angestrebten Produktionsweise feststellen kann. Eine Hauptinvestition ist diejenige der wissenschaftlichen Theorie Taylors selbst. Diese geht ein in die wissenschaftlichen Instrumente für die Einrichtung der tayloristischen Arbeitsweise. Die so wissenschaftlich (auf)gerüstete Form der Unternehmensführung ist damit ein Resultat einer umfangreichen Forminvestition. Die Unternehmensführung wird zu einer „Maschinerie" (*machine de gestion*), deren Aufgabe es ist, für die Produktion eine Instrumentierung zu institutionalisieren, die sowohl kognitiv als auch diskursiv ist. Die Unternehmensführung etabliert die tayloristischen Denkweisen und Formen. Midler beschreibt weiter, wie die Denkweisen und Formen des tayloristischen Managements krisenhaft werden, als die japanischen Formen der Unternehmensführung Anfang der 1980er-Jahre in Europa aufkommen und sich auch die wirtschaftlichen Rahmenbedingungen für die tayloristische Produktion verschlechtern. Hier geht es ihm darum zu zeigen, wie die Prozesse der Autonomisierung der Unternehmensführung (in großen Industrieunternehmen) und die erfolgten tayloristischen Forminvestitionen nun sehr praktisch zum Generator von unternehmensinternen Problemen werden.

Bénédicte Reynaud (1986) nimmt sich der Frage an nach welchen Konventionen in unterschiedlichen französischen Branchen Gehälter gezahlt werden. Sie untersucht hierbei die verschiedenen Tarifverträge in den Branchen, um die dort etablierten Prinzipien für die Bestimmung der Gehälter zu identifizieren. Gehälter können anhand eines festen Betrags für eine vereinbarte bestimmte Zeitspanne bestimmt werden, sie können nach hergestellter Stückzahl oder nach tatsächlicher Arbeitszeit bestimmt werden, sie können nach Alter und Dauer der Firmenzugehörigkeit variieren, es kann individuelle und kollektive Vergütungselemente geben. Mithilfe einer Hauptkomponentenanalyse versucht sie dann, Hauptoppositionen zu identifizieren. Das Bild, das sich anhand der Hauptoppositionen für die einzelnen Branchen ergibt, ist unterschiedlich komplex. Die geringste Diversität der Vergütungsformen findet Reynaud in den älteren Branchen. In diesen hatte die (statistische) Forminvestition die meiste Zeit, um sich auf die Tarifverträge auszuwirken und die Gehaltssysteme zu vereinheitlichen, sodass sich hier auch ein Zirkel schließt: Die statistische Analyse von Reynaud zeigt die Langzeitwirkung der statistischen Praxis selbst auf.

Joëlle Affichard (1986) fragt in ihrem Beitrag, wie die Anerkennung von neuen technischen Berufen und die Vereinheitlichung von Berufsabschlüssen (*homologation des titres*) praktisch erfolgen. Anhand von Fallstudien versucht sie zu rekonstruieren, wie auf staatlicher Ebene Kommissionen daran arbeiteten. Affichard setzt hier die französischen Studien zu den Berufsklassifikationen fort, mit der Perspektive, wie aktuelle Klassifikationspraktiken erfolgen können, wo noch keine Kategorien eingerichtet und angepasst sind. Diese Vereinheitlichung hat eine wichtige Bedeutung nicht nur für die Vergütung, sondern auch für die Zulassung von Berufen und liegt daher auch im Interesse des Staates, der das Monopol für die Verleihung von Titeln und Diplomen innehat (welches das Bildungsministerium ausübt). Die zentrale Frage ist, wie man Klassen mit äquivalenten Berufsgruppen etabliert und welches Prinzip für die Äquivalenz zugrunde gelegt wird. Ein erstes Prinzip ist die Dauer der Berufsausbildung, das aber in den 1960er-Jahren in die Kritik geriet, weil es nicht garantieren kann, dass die berufliche Qualifikation auch vergleichbar ist. Anfang der 1970er-Jahre wurde daher eine interministerielle und dauerhafte Expertenkommission eingerichtet, die sich den neuen Berufen nun je einzeln und in Form zu erstellender Dossiers annahm. Hier kamen Experten zusammen und beurteilten die mit dem Berufsabschluss verbundene Qualifizierung und die Einordnung in Qualifizierungsklassen (sodass die Ausübung des Monopols durch das Bildungsministerium gelockert wurde). Ihre zentrale Aufgabe war die Einstufung in ein Qualifizierungsniveau. Diese Einstufung war wesentlich für die Aufnahme dieser Berufsabschlüsse in die Tarifverträge der verschiedenen Branchen.

Der Beitrag von Marc Maurice (1986) ist erwähnenswert, weil er eine kritische Diskussion des Konzepts der Forminvestition vorstellt. Er versucht, dieses Konzept mit dem (Bourdieuschen) Konzept des sozialen Raums in Beziehung zu setzen und fragt danach, wie sich Forminvestitionen im (!) sozialen Raum erklären lassen. Seine zentrale These ist, dass ein „Raum der Qualifikationen" in einem nationalen institutionellen Setting entsteht, das ihn dann zu einem je national spezifischen Raum der Qualifikationen werden lässt.[141] Als Beispiel dient die Form der cadres, deren Entstehung untrennbar verbunden sei von den hierarchischen sozialen Beziehungen in den französischen Unternehmen.[142] Für ihn stellt sich daher weniger die Perspektive der Investition als vielmehr die der Produktion von Formen. Den Arbeiten von Bourdieu und Boltanski nahe stehend, sieht Maurice eine wechselseitige Abhängigkeit der Produktion von Formen und der Konstruktion des Raums der Qualifikationen.

Laurent Thévenot hat eine Einleitung in den dritten Themenbereich des Bandes (zu den theoretischen Zugängen zur Rolle von Regeln und Konventionen) beigetragen. Thévenot (1986c) versucht bei den in „Le travail" vorliegenden theoretischen Arbeiten zum Konventionenkonzept erstmalig, die theoretische Kohärenz zu reflektieren.

141 Siehe für eine Anwendung dieses Konzeptes des Raums der Qualifikation (Bessy 1997c) unten.

142 Diese ist dann später nicht mehr nur spezifisch französisch. Sie ist zwar in Frankreich entstanden (Boltanski 1990a), aber dann z. B. auch in der Schweiz etabliert worden.

Eine Kohärenz, wie sie die wirtschaftswissenschaftliche Theorie mithilfe der Formalisierung anstrebt, erscheint ihm nicht möglich, eben weil die Grundlagen der Arbeiten zur Theorie der Konventionen aus Ansätzen verschiedener Disziplinen stammen, die dort auch häufig einen heterodoxen Status inne haben. Dennoch muss ein Forschungsprogramm – so Thévenot – seine theoretische Kohärenz auf die Probe stellen, indem es seine verwendeten Konzepte auf die verschiedenen theoretischen Rahmen, aus denen sie stammen, genauso prüfend bezieht wie auf die Forschungsinstrumente, mit denen sie in der Praxis verbunden sind. Eine ungeprüfte Übernahme solcher Konzepte aus anderen Ansätzen würde riskieren, dass die Übernahme ungeprüfter Annahmen sowie die Übernahme ungeprüfter Forschungspraktiken (anderer Disziplinen) erfolgte (Thévenot 1986c, S. 197f).

Thévenot sieht eine weitere Aufgabe für die einsetzende Arbeit an der Theorie der Konventionen. Diese besteht darin, dass die verschiedenen beitragenden Disziplinen ein je eigenes zugehöriges theoretisches Instrumentarium einbringen, das auch eine je andere empirische Forschung realisiert. Für die Sozialwissenschaft gilt – so Thévenot –, dass die sozialen Akteure nun nicht einfach nur Forschungsobjekte sind, sondern dass sie die durch die Sozialwissenschaften erarbeiteten Konzepte (wie Markt, Gruppe, Staat) selbst in den Alltagssituationen einsetzen. Die verschiedenen Sozialwissenschaften bringen dabei unterschiedliche Konzeptionen des Sozialen und sozialer Beziehungen in die Konstruktion eben des Sozialen, von sozialen Beziehungen und von Alltagssituationen ein. Ein Forschungsprogramm muss daher auch diese Konstruktionseffekte (die Realisierungen seiner wissenschaftlichen Konzepte in der Empirie) in Rechnung stellen. Diese führen dazu, dass durch den Einfluss sozialwissenschaftlicher Theorien in Alltagssituationen eben diese Situationen den Theorien nun ähnlich werden (Thévenot 1986c, S. 198).[143]

Die theoretischen Beiträge in dem Band sieht Thévenot nun in diesem Licht. Sie setzen die Arbeiten zu den sozialen Klassifizierungspraktiken, zu den kodierten Formen und zum Konzept der Forminvestition (mit Eymard-Duvernay) fort. Gemeinsam ist diesen Arbeiten, dass sie sich mit den Instrumentierungen befassen, die Akteure heranziehen, um Äquivalenzen, Wertigkeiten und Generalisierungen in Situationen herzustellen. Thévenot stellt hier nun das Konzept der Forminvestition ins Zentrum. Eben dieses sollte leisten, zu zeigen, wie Akteure zeitliche, soziale und räumliche Stabilisierungen und Generalisierungen von Wertigkeiten und Koordinationsformen herstellen können. Die Konzepte „Konvention" und „Forminvestition" lassen sich durch den von Thévenot verwendeten Begriff der „konventionellen Formen" (*formes conventionnelles*) direkt aufeinander beziehen. Die Arbeiten von André Orléan, François Eymard-Duvernay und Olivier Favereau

143 Diesen Effekt hatte bereits Bourdieu als „Theorieeffekt" bezeichnet (Bourdieu 1985).

zum Konventionenkonzept sind daher direkt im Anschluss an diese Reihung zu sehen (Thévenot 1986c, S. 199f).

Auch François Eymard-Duvernay (1986) setzt in seinem kurzen Beitrag bei Überlegungen zum Konzept der Forminvestition an, um es weiter zu präzisieren und betont hierbei den Prozess des „In-Form-Bringens".

> „Die Operationen des In-Form-Bringens bestehen darin, eine Beziehung zu *reglementieren*, eine unsichere Interaktion zu transformieren, sie bestehen weiter in der Aushandlung für einen *automatisierten* Austausch, bei dem die persönlichen Eigenschaften der beteiligten (und in Beziehung befindlichen) Individuen nicht mehr intervenieren. Die Form des In-Form-Bringens kann selbst unterschiedlich beschaffen sein. Die vollendete Form der Formalisierung stellt das *Werkzeug* dar, welches ermöglicht, mit einer nur noch minimalen menschlichen Intervention eine Relation zwischen Objekten zu reproduzieren [...]. Allerdings führen die Regeln und die Gewohnheit zu einem vergleichbaren Resultat. Der Unterschied liegt im Grad der Rigidität. Man kann das Konzept [des In-Form-Bringens] präzisieren, indem man die Operation des In-Form-Bringens als eine *Investition* betrachtet, so als ob es sich um eine Maschine, ein Reglement, eine Marke, einen Titel, eine Ausbildung, eine Vorschrift handelte. Investieren bedeutet die Validität einer Form hinsichtlich einer Dauer und Reichweite festzulegen, indem man eine Ausgabe tätigt oder indem man allmählich eine Gewohnheit einsetzt." (Eymard-Duvernay 1986, S. 239; Herv. i. Orig.)[144]

Forminvestitionen haben dann zur Folge, dass Transaktionskosten sinken und die *Reichweite* der ökonomischen Interaktionen gesteigert wird, da Forminvestitionen die Ablösung von personalen Qualitäten und die Reduktion des Verhandlungsaufwandes ermöglichen. Mit dem Beitrag von Eymard-Duvernay (1986) wird deutlich, dass das Konzept der Forminvestition damit nicht nur auf die Koordination in der Produktion (von Produkten und Dienstleistungen), sondern auch auf die Koordination der Distribution bezogen ist. Die Normierung von Produkten ist nur für einen Teil der möglichen Produkte eine angemessene Strategie der Forminvestition. Dies wird von Eymard-Duvernay nicht nur bei handwerklichen Produkten, sondern auch bei Marken aufgezeigt. Für Eymard-Duvernay stellt dann letztlich das Konventionenkonzept die eigentliche Weiterentwicklung dar, da es besser als das Konzept der Institution geeignet ist, so etwas wie den „institutionellen Rahmen" für die Forminvestition zur Verfügung zu stellen.

Die beiden Beiträge von André Orléan (1986) und Olivier Favereau (1986) sind Beiträge zur Theoretisierung und Differenzierung des Konventionenkonzepts, und sie beziehen ihre Überlegungen nicht vordergründig auf das Thema „Arbeit". Beide Autoren beziehen sich auf ein transdisziplinäres Feld von Theorieansätzen, um das

144 Übersetzung RDB.

neoklassische Modell vom Markt, vom Akteur und vom Geld zu kritisieren und um eine konventionentheoretische Alternative vorzulegen. Für beide Autoren ist dabei die wirtschaftswissenschaftliche Theorie von Keynes ein Ausgangspunkt. Orléan betont ausgehend von individuellen Handlungen die Unmöglichkeit, das Marktgeschehen und die Akzeptanz des Geldes zu erklären. Für ihn – so argumentiert er mit Keynes (2006) und Knight (2006) – ist die Unsicherheit über die zukünftigen Situationen ein Hauptproblem, das alle Marktökonomien kontinuierlich repräsentieren und bearbeiten müssen. Orléan führt hier seine überwiegend kognitive Lösung ein, indem er (sich auf Keynes beziehend) unterscheidet zwischen zwei Ebenen: (1) der Ebene der individuellen Handlungen und Interessen und (2) der „Meta-Ebene" der kollektiven Repräsentationen, die konventionell sind (Orléan 1986, S. 236). Diese letzte Ebene ist erforderlich, da Akteure nicht nur die eigenen Interessen als Entscheidungsgrundlage benötigen, sondern auch eine Repräsentation davon brauchen, womit sie zu rechnen haben. Und dies in zwei Hinsichten: (1) Einmal müssen sie wissen, was Erwartungen anderer Akteure sind, und dann müssen sie (2) wissen, wie die wirtschaftliche Gemeinschaft sich anhand von Geld (das konventionell akzeptiert werden muss und das damit eine Repräsentation dieser Gemeinschaft darstellt) verständigt, wie die Einschätzung von Werten und wie die Einschätzung von zukünftigen Situationen erfolgt.[145]

Die grundlegendste Bearbeitung des Konventionenkonzepts legt aber Olivier Favereau (1986) vor. Er geht ebenfalls von Keynes aus, zieht aber weitere Theorien heran, um mehrere Konventionenkonzepte vergleichen zu können. Insbesondere die Arbeiten der Arbeitsmarktforscher Michael Piore und Peter Doeringer (Piore 1979, 1987; Doeringer/Piore 1985) sind hier ein weiterer Bezug. Eingangs führt Favereau – wie Orléan – die Defizite der neoklassischen Wirtschaftstheorie als Begründung für die Notwendigkeit einer transdisziplinären Orientierung ein. Er betrachtet dann Konventionen als spezifische Formen von Regeln, die direkt oder indirekt das Verhalten von Individuen aufeinander abstimmten, ohne dass ein marktförmiger Austausch oder eine Intention der beteiligten Individuen vorangehen müsse. Favereau liegt daran, das Konventionenkonzept von Keynes auch auf Gütermärkte zu beziehen und dessen Reichweite so zu steigern. Favereau sieht (wie Orléan) Konventionen als Mechanismen, die das Problem der Unsicherheit bearbeitbar machen. Drei von Keynes (1937) unterschiedene Aspekte sind ein Ausgangspunkt für Favereau (1986, S. 254): (1) Konventionen repräsentieren die „kollektive Meinung" über wirtschaftlich relevante Sachverhalte. Handelt es sich um Sachverhalte, die in Preisen ausgedruckt werden können, dann kann man von den Preisen als der Repräsentation einer Durchschnittsmeinung sprechen. (2) Die

145 Ausführlicher zur Position von Orléan siehe Kapitel 7.

Konvention ist die Grundlage, um Erwartungen über zukünftig Erwartbares zu formulieren. (3) Die Konvention repräsentiert aber auch ein Werturteil über die Richtigkeit der kollektiven Meinung. Bis zum Gegenbeweis gilt sie als deren zutreffende Repräsentation. Im Unterschied zu Orléan löst sich Favereau aber von einer allein kollektiv-kognitivistischen Fassung von Konvention. Dies ist ihm möglich, indem er sich auf die Arbeiten von Piore stützt. Favereau unterscheidet ein Bedeutungsspektrum für das Konzept der Konvention und stellt zwei (idealtypische) Pole gegenüber. Das Konventionen-Konzept, das sich an den Arbeiten von Keynes orientiert, bezeichnet er als *Konvention*$_1$, während das Konventionen-Konzept, das sich eher an den Arbeiten von Piore orientiert, von ihm als *Konvention*$_2$ bezeichnet wird.[146] Die folgende Tabelle 4.1 stellt die beiden Pole idealtypisch gegenüber.[147]

Tabelle 4.1 Konvention$_1$ und Konvention$_2$

Konvention$_1$ (Keynes)	**Konvention$_2$ (Piore)**
Soziale (kollektive) Repräsentation	Lokale Tradition
„Vertrauen" als Archetyp	„Brauch" als Archetyp
Konvention koordiniert die Repräsentationen und weniger die individuellen Entscheidungen	Konvention koordiniert die individuellen Entscheidungen und nicht die kollektiven Repräsentationen
Konvention stellt ein notwendiges Hilfsmittel zur marktförmigen Koordination dar	Konvention stellt eine Alternative zur marktförmigen Koordination dar

Das Modell der Konvention$_2$ ist durch die organisationstheoretischen Studien der (organisations)internen Arbeitsmärkte von Peter Doeringer und Michael Piore (1985) inspiriert. Doeringer und Piore definieren interne Arbeitsmärkte und ihre Vorteile.

> "The internal labor market is defined by an enterprise, or part of an enterprise, or by craft or professional community. Entry into such markets is limited to particular jobs or ports of entry. The pricing of labor, and its allocation from the point of entry to other work positions, is governed by administrative rules and customs. These rules and customs differentiate members of the internal labor market from outsiders and accord them rights and privileges which would not otherwise be available. Typically, these 'internal' rights include guarantees of job security, opportunities for career

146 Siehe dazu auch Favereau (2004) sowie die kritische Kommentierung von Postel (1998).

147 Die Tabelle 4.1 stützt sich auf eine umfangreichere Kriterienliste, die Favereau (1986, S. 256/260) vorgelegt hat. In der Tabelle 4.1 werden nur die wichtigsten Aspekte verdichtet.

> mobility, and equity and due process in treatment at the workplace." (Doeringer/Piore 1985, S.X)

Erkennbar wird hier, dass die Reichweite der Konvention nun nicht mehr auf die (neoklassische) Marktform beschränkt ist. Die hier vorgestellten Beiträge verdeutlichen, dass die EC ihre Programmatik bereits Mitte der 1980er-Jahre entworfen hat und nicht erst mit der (als das eigentliche Gründungsdokument geltenden) Ausgabe der *Revue économique* 1989. Den Band „Le travail" zeichnet insgesamt aus, dass hierin erstmals Arbeiten enthalten sind, die das Konzept der Konvention weiter theoretisieren und die dazu beitragen, dass es sich gegenüber dem Konzept der „Forminvestition" als das Zentralkonzept der EC nun zu etablieren beginnt.

4.3 Konventionen der Produktivität und der Arbeitslosigkeit

Auch Robert Salais (1989, 2007a, 2011) hat – wie Olivier Favereau – versucht, das Konventionenkonzept zu differenzieren und so für die Analyse der Arbeit fruchtbar zu machen. Er hat grundlegend bei der Arbeit, genauer bei der auf das Produkt bezogenen Arbeit angesetzt. Er diagnostiziert die Koexistenz der „Konvention der Produktivität" und der „Konvention der Arbeitslosigkeit". Während die Konvention der Produktivität die Bedeutung der Arbeit für die Herstellung von Produkten im Unternehmen bestimmt, setzt die Konvention der Arbeitslosigkeit an der Beurteilung der Arbeit als Ware an der Schnittstelle zwischen Unternehmen und Produktmarkt an. Die Konvention der Produktivität strukturiert die Arbeitsbeziehung, indem sie die Transformation der Arbeit in ein Produkt koordiniert und daraufhin bewertet. Hier werden die Arbeit und das Produkt im Unternehmen auf Konzepte wie Lohn, Effizienz und Qualität bezogen. Die Konvention der Arbeitslosigkeit bezieht dagegen die Produkte auf deren Absatzmöglichkeiten auf den zugehörigen Produktmärkten. In dem Moment, in dem der Unternehmer das fertige Produkt verkaufen will, muss das Verhältnis zwischen diesen beiden Konventionen justiert werden. Denn das ist der Moment, in dem das Produkt durch den Markt geprüft wird. Diese Justierung erfolgt *en detail* durch einen Evaluationsprozess, in welchem der Unternehmer die Geltung der beiden Konventionen berücksichtigen und relationieren muss:

> „Entspricht es nach Menge, Qualität und Preis den Erwartungen und Möglichkeiten der Käufer? In diesem Moment wird auch die Konvention der Produktivität getestet. Denn häufig tun sich bedeutende Lücken zwischen den Antizipationen des Unternehmens und den Möglichkeiten des Absatzes auf dem Markt auf. Die Anpassung

der Kosten wird über die Konvention der Arbeitslosigkeit geregelt. Die Menge der bezahlten Arbeit wird an die Marktmöglichkeiten angepasst (gemäß diverser Arrangements: Entlassung, Unterbeschäftigung, Einstellungsstopp, Aufteilung der Arbeit). Im Artikel von 1989 habe ich untersucht, ob es eine Hierarchie zwischen den beiden Konventionen gibt (Salais 1989). In dem Maße, wie die Konvention der Produktivität über das Endergebnis entscheidet, hat ihre Stabilität Vorrang. Der Unternehmer hat kein Interesse daran, in jedem Augenblick die Lohnsetzung in Frage zu stellen, auf deren Stabilität das Arbeitsengagement der Lohnabhängigen beruht. Die Anpassung ist kurzfristig. Sie richtet sich vorrangig auf die Parameter der Beschäftigung, daher die Konvention der Arbeitslosigkeit. In einem solchen Schema funktioniert die Mechanik der Macht über die Hierarchie der beiden Konventionen. Die Priorität, die der Stabilität der Lohnsetzung eingeräumt wird, bedeutet für die Lohnabhängigen, dass sie die Auswirkung von Marktschwankungen auf das Beschäftigungsniveau akzeptieren müssen. Umgekehrt muss der Unternehmer die Interessen der Lohnabhängigen im Bereich der Produktion berücksichtigen. Es besteht also dort eine Art Verpflichtung (mit ungleichen Erträgen für die einen und die andern) zur Kooperation. Der Punkt, bis zu dem der Unternehmer sich kompromissbereit zeigen muss, hängt ab vom relativen Gewicht der Paradigmen der Organisation und des Markts." (Salais 2007a, S. 103f)

Die Auswirkungen variierender Absatzmöglichkeiten auf die Arbeit hängen damit aus konventionentheoretischer Sicht von der relativen Gewichtung dieser beiden Konventionen ab. Hat die Konvention der Produktivität Vorrang, variiert das Beschäftigungsvolumen bei relativ stabilen Löhnen, reicht aber die Konvention der Arbeitslosigkeit in das Unternehmen hinein, dann beginnen die Löhne zu variieren bei relativer Stabilität der Arbeitszeit. Die konventionenbasierte Konstruktion des „Werts" der Arbeit variiert je nach dominierender Konvention.[148]

Die Bezeichnung „Konvention der Arbeitslosigkeit" mag zunächst irritieren, da es ja um das Arbeitsvolumen sowie Art und Qualität der Arbeit (aus Sicht des Unternehmers) geht. Diese Konvention entsteht als eine moderne Konvention im Rahmen der gesellschaftlichen industriellen Arbeitsorganisation, für die gilt, dass nun auch die Kategorie der Arbeitslosen nicht nur als statistische Kategorie aufkommt, sondern dass Arbeitslosigkeit durch die institutionellen Formen der sozialen Absicherung nun erst organisiert wird (Salais et al. 1986, 1999).[149] Unternehmer, die Arbeitnehmer einstellen, finanzieren die soziale Absicherung der Arbeitnehmer durch das Unternehmen mit. Unternehmer, die Arbeitskräfte entlassen, externalisieren dagegen die Kosten der sozialen Absicherung, die nun durch die Institutionen für die soziale Absicherung (wie staatliche Arbeitslosen-

148 Konventionen der Arbeit und der Arbeitslosigkeit lassen sich weiter für die vier von Salais und Storper unterschiedenen Produktionswelten spezifizieren (siehe dazu Kapitel 6 zu den Produktionswelten).

149 Siehe dazu auch die Ausführungen in Kapitel 3.

versicherungen) getragen werden (Salais 1989, S. 225). Ein Beispiel dafür sind Branchen, die stark saisonale Schwankungen hinsichtlich der Arbeitslosigkeit aufweisen, weil Unternehmen in Zeiten mit geringem Auftragsvolumen oder in Jahreszeiten mit ungünstigen Witterungsbedingungen Arbeitskräfte für Wochen oder Monate entlassen – wie im Fall der Bauwirtschaft oder der Agrarwirtschaft. Die Bezeichnung „Konvention der Arbeitslosigkeit“ soll diese Externalisierung durch die Unternehmen zum Ausdruck bringen, ohne dass tatsächlich eine hohe Zahl arbeitsloser Personen vorhanden sein muss.

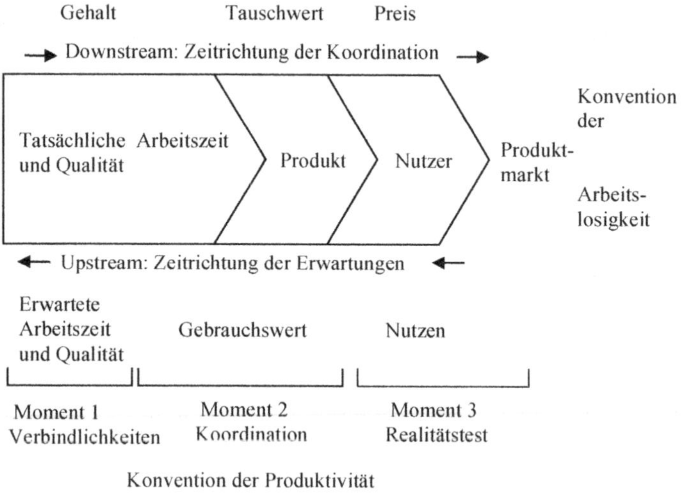

Abbildung 4.1 Konventionen der Arbeit (im Bereich des Unternehmens)
Quellen: Grafik basiert auf Salais (1997, 2011)

Robert Salais hat anhand des Modells in Abbildung 4.1 versucht zu veranschaulichen, dass (1) die Koordination auf das Produkt und dessen Wertigkeit bezogen ist (und nicht zuerst auf die Arbeit) und dass (2) die Koordination sowie die hier involvierten Konventionen in der Zeitdimension zu betrachten sind. Abbildung 4.1 stellt das Modell der Konventionen der Arbeit systematisch dar und macht deutlich, dass die Akteure in der Koordination zwei gegenläufige Zeitorientierungen verfolgen. Downstream gerichtet schließen sie an die vorlaufenden Koordinationsformen sowie an die hier erzielten Verbindlichkeiten, Entscheidungen, Vorprodukte („Downstream: Zeitrichtung der Koordination“) an. Upstream gerichtet antizipieren sie die

Erwartungen, die für die folgenden Phasen der Koordination eintreten („Upstream: Zeitrichtung der Erwartungen"). Entsprechend durchläuft die Koordination drei verschiedene Momente: Sie muss vor der eigentlichen Produktion die Verbindlichkeiten für die Produktion wie Bestellungen von Vorprodukten, Anwerbung von Arbeit eingehen (Moment 1), dann erfolgt die eigentliche Produktion (Moment 2), anschließend wird das Produkt auf den Markt gebracht, wo es sich der Bewertung durch die Nutzer und den Markt „stellen" muss (Moment 3). Die drei unterschiedenen Momente ermöglichen, dass für die Analyse auch die Widersprüchlichkeiten auftreten können. Diese artikulieren letztlich das grundlegende Problem der Existenz zweier Formen von Unsicherheit, die mit der Koordination der Arbeit (in der Produktion) verbunden sind.

(1) Eine erste Unsicherheit liegt durch eine unterschiedliche zeitliche Orientierung vor, die das Moment 1 und 2 betrifft. Denn aus Sicht der Arbeitnehmer wird mit dem Arbeitsvertrag wesentlich ein Tausch von Arbeitszeit gegen Gehalt vereinbart – das betrifft eigentlich nur Moment 1. Der vor (!) der eigentlichen Bewerkstelligung der Produktion eingegangene Arbeitsvertrag soll aus ihrer Sicht eine Dauer der Arbeit vereinbaren. Dagegen wird aus Sicht der Unternehmer mit dem Arbeitsvertrag versucht, mit der vereinbarten Arbeitszeit ein Produkt zu erzielen – das betrifft sowohl Moment 1 als auch Moment 2 –, ohne dass die Arbeitnehmer die Realisierung dieses Ziels vollständig kontrollieren können. Der vor der eigentlichen Produktion eingegangene Arbeitsvertrag soll aus ihrer Sicht am Ende (!) eine Produktion (mit einer spezifischen Qualität) erzielen. Diese Situation zweier Perspektiven, die nicht deckungsgleich sein müssen, bringt daher eine erste grundlegende Unsicherheit in den Produktionsprozess ein (Salais 1989). Die Konvention der Produktivität muss also zwei unterschiedliche Koordinationshaltungen vermitteln und dafür einen Kompromiss finden.

Der grundlegende Aufsatz von Salais (1989) thematisiert bereits aus einer institutionentheoretischen Perspektive den Zusammenhang zwischen Vertrag, Gehalt und Arbeitsorganisation bzw. Arbeitsmarkt.[150] Das Grundproblem ist für Salais dabei, dass das zeitliche Auseinanderfallen von Vertragsabschluss und der Erfüllung des Vertrages (zeitliche Differenz zwischen Moment 1 und Moment 2) ein zusätzliches institutionelles Setting verlangt, damit die Produktion im Unternehmen in kohärenter Weise organisiert werden kann. Der Vertrag allein ist dazu nicht imstande, aber auch die Einbindung in die hierarchische Struktur des Unternehmens oder eine marktförmige Modellierung der Arbeitsbeziehung kann dies nicht leisten. Entsprechend kritisiert Salais die Ansätze von Frederick Taylor,

150 Siehe dazu ausführlicher auch Kapitel 8.

Herbert Simon sowie der Arbeitsmarktökonomen aus den 1980er-Jahren (Salais 1989, S. 212).[151] Salais zieht stattdessen denjenigen sozialen Mechanismus heran, der in der Herstellung einer geteilten Interpretation der zukünftigen Koordination besteht und eine Wechselseitigkeit der Erwartungen hinsichtlich des *Wie* der Produktion erzielt: eben die Konvention. Damit ist die Bewältigung der Unsicherheiten im Unternehmen möglich, die sich aus Abstimmungsproblemen zwischen den drei zeitlich unterschiedlich platzierten Momenten ergeben.

> „Eine Konvention ist ein Ensemble von Elementen, die in jedem Moment für die mit der Konvention Handelnden zusammenpassen, sodass die Handelnden ein geteiltes Verständnis über die Elemente teilen. Allerdings stammt dieses geteilte Verständnis nicht aus einer vorangehenden Vorschrift, worin jedes Detail bereits erläutert wäre und worin eine gleiche sowie bewusste Rationalität und Intentionalität bereits reflektiert würden. Eine Konvention ist vielmehr ein System reziproker Erwartungen hinsichtlich der Kompetenzen und des Verhaltens, das als selbstverständlich aufgefasst wird. Daher kann eine Konvention als effizient gelten." (Salais 1989, S. 213)[152]

(2) Eine zweite Unsicherheit für die Produktion entsteht dadurch, dass in den Momenten 1 und 2 fraglich ist, ob die Konvention der Produktivität und die Konvention der Arbeitslosigkeit tatsächlich aufeinander abgestimmt sind oder zueinander im Widerspruch stehen, was sich erst im Moment 3 erweisen kann, wenn die Verbindlichkeiten für die Produktion aber bereits eingegangen sind. Die Konvention der Arbeitslosigkeit muss also das Verhältnis der drei Momente (ex post) austarieren – und sei es, um erst für die nächste Produktionsperiode eine bessere Abstimmung der drei Momente zu erreichen.[153]

Das Modell von Salais versucht insgesamt, die Produktion ins Zentrum der Analyse zu stellen, und kombiniert gleichzeitig die Ebene der Koordination im Unternehmen mit der Koordination zwischen Unternehmen und Märkten (Arbeitsmärkte und Produktmärkte).[154] Salais verbindet mit diesem Modell auch eine Kritik der herkömmlichen wirtschaftswissenschaftlichen Modellierung der Arbeit. Denn diese erfasse weitgehend nur das Moment 1, kaum aber die Verbindung zwischen Moment 1 und Moment 2 und eigentlich nie die Verbindung zwischen allen drei Momenten. Für Salais ist es aber eben die Interdependenz zwischen allen drei

151 Siehe zur Theorie des Unternehmens aus Sicht der EC Kapitel 5.

152 Übersetzung RDB.

153 Siehe zur Modellierung dieser Unsicherheiten bei Salais auch den Beitrag von Petit und Sauze (2006).

154 Man kann diese Unsicherheiten als den Konflikt zwischen der später von Salais und Storper (1993; Storper/Salais 1997) so bezeichneten industriellen Welt und der Marktwelt reinterpretieren. Siehe dazu auch Kapitel 6.

Momenten und der hier involvierten gegenläufigen Zeitorientierungen, die erst eine Analyse des Arbeitsprozesses wirklich verständlich werden lassen (Salais 2011, S. 231). Salais schließt mit seinem Modell auch an die wirtschaftswissenschaftliche Diskussion der grundlegenden Problematik der Unsicherheit an (Salais 2004b). Allerdings bezieht die EC die Unsicherheit immer auf die Koordination in Situationen (hier: Produktionssituationen). Konventionen sind dann „Lösungen" für die Bewältigung von Unsicherheiten.

4.4 Konventionen der Rekrutierung

Ein wichtiger Forschungsbereich der EC besteht in der Analyse von „Rekrutierungsformen" und „Einstellungspraktiken" („*façons de recruter*") auf Arbeitsmärkten und den beteiligten Praxisformen derjenigen, die am Einstellungsprozess beteiligt sind (Eymard-Duvernay/Marchal 1997).[155] Die Kompetenzen der Bewerber werden hierbei nicht als „objektiv" gegebene Sachverhalte betrachtet, sondern gerade daraufhin analysiert, wie sie im Laufe der ineinandergreifenden Stationen der Rekrutierung durch die Praktiken verschiedener Akteursgruppen hervorgebracht werden. Kompetenzen von Arbeitnehmern sind für Eymard-Duvernay Resultat von Beurteilungspraktiken (*jugements*). Diese erfolgen wiederum mit Bezug auf eine Konvention, sodass die Kompetenz einer Person (z. B. einer Bewerberin) je nach Konvention unterschiedlich beurteilt wird.

> „Unser Ansatz führt uns dazu, die Beurteilung in der Handlungslogik zu verorten. Es gibt keine der Beurteilung vorgängige Kompetenz, die es zu identifizieren gelte: Die Beurteilung trägt eben erst zur Formierung der Kompetenz bei. Man könnte (um eine etwas abgenutzte Formulierung zu verwenden) sagen, dass die Kompetenz eine ‚soziale Konstruktion' ist. Um es noch zu präzisieren, sprechen wir von einer Kompetenz als dem Resultat einer Konvention, von einer Übereinkunft (Konvention) darüber, was die Kompetenz ist. Der Begriff der Konvention wird verwendet, um Übereinkünfte im unmittelbaren Kontext der Handlung zu bezeichnen, sodass sie nicht als grundlegende soziale Normen aufgefasst werden. […] Dieser Ansatz führt zu einer Verschiebung der Analyse: Von den Kompetenzen geht man hinüber zu der beurteilenden Beziehung." (Eymard-Duvernay/Marchal 1997, S. 12)[156]

155 Die folgenden Abschnitte in diesem Unterkapitel sind – geringfügig überarbeitet – als Passagen entnommen aus Diaz-Bone (2009c).

156 Übersetzung RDB.

François Eymard-Duvernay und Emmanuelle Marchal (1997, S. 23f) haben vier Konventionen für die Beurteilung von Bewerbern unterschieden, die im Zuge von Einstellungspraktiken („Rekrutierungen") zum Tragen kommen. Wieder handelt es sich um idealtypische Unterscheidungen. Die beiden Autoren greifen hierbei nur die „Marktkonvention" von Boltanski und Thévenot auf, die sie nun auf die Einstellungspraktiken beziehen, und führen drei weitere Konventionen ein.

1. Die Konvention der *Institution:* die Beurteilung erfolgt mit Bezug auf formale Regeln, die die allgemeinen Kategorien der ausgeschriebenen Tätigkeit (Unternehmenskategorien, Kategorien der Arbeitsposition usw.) an die spezifischen Kategorien der Bewerber (Diplome, Berufserfahrungen) vermitteln. Der Rekrutierende muss hier aber als „Regulator" dennoch für jeden Bewerber die Anwendung der Regeln interpretieren, denn der EC gelten formale Regeln als unvollständig.[157]
2. Die Konvention des *Marktes:* der Rekrutierende betrachtet eine möglichst große Auswahl konkurrierender Bewerber als einen Markt und er versucht, eine Wahl zu treffen, die einerseits mit wenigen Kosten verbunden sein soll und die andererseits durch den Konkurrenzmechanismus die Qualität der Bewerber optimieren soll. Im Unterschied zur Konvention der Institution unterliegt der Rekrutierende hierbei nicht im gleichen Ausmaß dem Zwang zur Rechtfertigung. Der Rekrutierende ist hier ein „Selektierer". Um die „Eignung" der Bewerber zu ermitteln, kann der Rekrutierende ein Repertoire einfacher Regeln bis hin zu psychologischen Eignungstests einsetzen.
3. Die Konvention des *Netzwerks:* der Rekrutierende stützt sich in der Auswahl auf ein Netzwerk sozialer Beziehungen, um einen Kandidaten für eine Stelle zu ermitteln. Hier kommen weder allgemeine Regeln zur Anwendung (wie bei der Konvention der Institution), noch erfolgt die Mobilisierung einer möglichst großen Zahl von Bewerbern (wie bei der Konvention des Marktes). Die Rekrutierung erfolgt vielmehr lokal, und die Rolle des Rekrutierenden ist hier nur gering institutionalisiert, sodass er als ein „Mediator" angesehen werden kann. Er verlässt sich hierbei auf die im Netz zirkulierende Reputation von Kandidaten, deren Kompetenz als in ihren Beziehungen „verteilt" („distribuiert") betrachtet wird.
4. Die Konvention der *Interaktion:* dem Rekrutierenden ist der Kandidat (in einem Bewerbungsgespräch) situativ präsent, und er versucht eine Vertrauensbeziehung zu dem Kandidaten herzustellen. Die Beurteilung basiert auf dem Interakti-

157 Dass die Bezeichnung dieser Konvention irritiert, diskutiert Michele Widmer (2012). Sie schlägt vor, stattdessen von der „industriellen Konvention" zu sprechen, da ihr diese eine grössere Reichweite zu haben scheint als die Konvention der „Institution".

onsprozess, in dem die Kompetenz des Kandidaten „emergiert". Hierbei ist der Rekrutierende ein Gesprächspartner, der versucht, im Laufe der Interaktion die Kategorien für die Beurteilung des Bewerbers zu gewinnen und anzupassen.

Auch bei dieser (analytischen) Unterscheidung von vier Konventionen zeigt sich die für die EC kennzeichnende Position der unterstellten Pluralität von Konventionen: Es gibt nicht nur eine ökonomische Prozedur für die Auswahl von Bewerbern, sondern alternative Modi der Beurteilung für „Arbeit" und „Kompetenz". Zudem ist charakteristisch, dass in den meisten Einstellungsverfahren mehrere dieser Konventionen zu verschiedenen Zeitpunkten mit unterschiedlichem Gewicht „aktiviert" werden, sodass eine Rekrutierung zumeist nicht durch eine einzige Konvention geprägt ist. Wenn dies aber so ist, dann ist für die Economie des conventions bedeutsam, wie die Akteure den Übergang zwischen diesen Konventionen handhaben und wie sie ein „ausgewogenes Urteil" (*„jugement équilibré"*) zustande bringen, nachdem verschiedene Konventionen handlungswirksam geworden sind, denn die Konventionen artikulieren durchaus antagonistische Logiken.

Eymard-Duvernay und Marchal (1997, S. 40f) haben für die vier Konventionen systematisch unterschieden, wie diese eine je eigene „Ontologie" der Kompetenz von Bewerbern fundieren und welche „Dispositive" diese Kompetenzkonstruktion unterstützen und stabilisieren.[158]

Abbildung 4.2 setzt die vier (idealtypischen) Konventionen zueinander in Beziehung. Dabei treten zwei Oppositionen zutage, die durch die vertikale und die horizontale Achse in der Abbildung 4.2 repräsentiert werden. (1) Die vier Konventionen lassen sich danach unterscheiden, ob die Prozeduren der Kompetenzzuschreibung im Rekrutierungsprozess auf individuelle Eigenschaften zurückgeführt werden oder ob die Kompetenz zurückgeführt wird auf Eigenschaften, die den Bewerbern aufgrund ihrer Zugehörigkeit zu Kollektiven zukommen. (Die individuellen Eigenschaften sind Gegenstand der Psychologie und werden als „naturgegebene Ausstattung" von Personen aufgefasst. Kollektive Eigenschaften sind durch Institutionen „abgesicherte" Eigenschaften, wie Bildungsabschlüsse oder die Statusgruppen und Netzwerke, denen Bewerber angehören.) (2) Kompetenzen lassen sich dann danach unterscheiden, ob sie sich in einem Aushandlungsprozess im Laufe der Rekrutierung in Situationen ergeben oder ob sie sich auf Normen und Kriterien beziehen, die vor der einzelnen Rekrutierung institutionalisiert wurden, sodass vereinheitlichte

158 Siehe für eine neuere Anwendung des Ansatzes von Eymard-Duvernay und Marchal die Untersuchung von Philipp Gerlach (2014) zur Auswahl von Ingenieuren.

Kriterien für die Beurteilung gelten, die nicht auf den Einzelfall bezogen sind (oder im Laufe einzelner Rekrutierungen entwickelt wurden).[159]

Abbildung 4.2 Konventionen der Rekrutierung

Quelle: Eymard-Duvernay und Marchal (1997, S. 25)

159 In dieser Dimension stehen einander die Konzepte der formalen Qualifikation und der individuellen Eignung gegenüber. Eymard-Duvernay und Marchal (1997, S. 42f) heben die Rolle der Psychologie hervor, die die individuellen Dispositionen (Eignungen) von den institutionalisierten Formen der Kompetenz (Qualifikation) dadurch absetzt, dass diese Kompetenzen als Teil der „naturgegebenen Ausstattung" von Individuen konzipiert werden. Kompetenzen werden so als Begabung (1) individualisiert und (2) als dauerhaft gegebene, stabile Eigenschaften aufgefasst.

4.5 Die Intermediäre („les intermédiaires“)

Wenn im Laufe einer Rekrutierung mehrere dieser hier unterschiedenen Konventionen durch die Akteure praktischer Bezug für die Handlungskoordination werden, dann ist es in der Regel erforderlich, dass sogenannte Intermediäre zwischen diesen verschiedenen Konventionen als Bewertungslogiken vermitteln, zwischen ihnen „Übersetzungen“ leisten und Kompromisse herstellen.[160] Intermediäre sind alle Personen, die an dem Prozess der Rekrutierung beteiligt sind – also nicht nur „Vermittler“ (Jobvermittler) im engeren Sinne. Die bereits eingeführten „Rekrutierer“ sind solche Intermediäre. Das können weiter auch Berater sein, die in spezialisierten Unternehmen für die Suche von Arbeitnehmern tätig sind. Dann zählen auch Mitarbeiter von Behörden, staatlichen und lokalen Agenturen dazu, die an der Vermittlung von Arbeitnehmern beteiligt sind.

Mit Intermediäre werden in der Forschung der EC zumeist Personen bezeichnet, während von den Objekten, denen nicht nur im Prozess der Rekrutierung aus Sicht der EC eine wichtige Rolle zuerkannt wird, zumeist als von „Dispositiven“ die Rede ist (so etwa Bessy et al. 2011, S. 14f; Bessy 2003a, 2017; Eymard-Duvernay 2009).[161] Dennoch täuscht diese begriffliche Differenzierung. Denn für die EC können auch die Objekte durchaus diese Eigenschaft der Intermediäre aufweisen, und die Differenzierung zwischen Personen und Dingen wird unwesentlich (Bessy 2013, 2014; Thévenot 2014). Zudem treten Organisationen ebenfalls als solche Intermediäre auf, dies insbesondere dann, wenn es sich um öffentliche oder private Arbeitsagenturen handelt (Bessy 1997a, 1997b, 1997c; Bessy/Larquier 2010; Marchal/Rieucau 2010; Bessy/Chauvin 2011, 2013).[162] Hinzu kommen unternehmensinterne Abteilungen

160 Das Konzept der Übersetzung haben Michel Serres (1992) und – an ihn anschließend – Michel Callon (1986) eingebracht. Sie sind auch der Bezug für die Fundierung des Konzeptes der Intermediäre (Bessy/Chauvin 2011, 2013). Das Konzept der Intermediäre ist ebenfalls durch Vertreter der ANT ausgearbeitet worden; siehe insbesondere den Band von Antoine Hennion (2015).

161 Der Begriff „Dispositiv“ (*dispositif*) ist ein im Französischen häufig verwendeter Begriff, der mit „Instrument“ oder „Werkzeug“ übersetzt werden kann. Zugleich ist ein Dispositiv aber auch dasjenige, was „zur Verfügung“ steht und eingesetzt werden kann. Ein Dispositiv kann weiter ein Mittel sein, um für ein strategisches Interesse eine Wirkung zu erzielen oder zu steigern. Siehe zur Bedeutung des Konzepts „*dispositif*“ in den Sozialwissenschaften Dodier und Barbot (2016) sowie zu dessen Verwendung in der EC Thévenot (2004a), die Beiträge in Chatel et al. (Hrsg.)(2005) und Diaz-Bone (2017).

162 Bessy und Larquier haben einen Überblick über die wirtschaftswissenschaftliche Literatur zu Dienstleistungen im Bereich Personalvermittlung sowie zur Diversität der Intermediäre im „Markt der Personalvermittlung“ erstellt. Weiter haben sie diesen Bereich deskriptivstatistisch analysiert (Bessy/Larquier 2010). Siehe auch die Habilitationsschrift

und Dispositive (wie Aushänge im Unternehmen), die den sogenannten „internen Arbeitsmarkt“ organisieren – die aus Sicht der EC weder auf „Märkte“ noch auf das Unternehmen beschränkt sind (Favereau 1989a, S. 277f; Bessy et al. 2001b, S. 12) – sowie soziale Netzwerke (Marchal/Rieucau 2010; Marchal/Remillon 2012).[163] Christian Bessy und François Eymard-Duvernay betonen, dass die Intermediäre nicht einfach „neutrale Vermittler“ von Bewerbern und (offenen) Stellen oder nur ein „neutrales Medium“ sind, um bereits vorhandene Informationen zu „vermitteln“.

> „Die Transaktionen auf dem Arbeitsmarkt werden bewerkstelligt durch die Intermediäre, die dazu beitragen, Informationen über die Bewerber und die Stellen zu produzieren. Unter diesem Begriff kann man sowohl Personen verstehen, die ein Expertenwissen angesammelt haben, wie Dispositive des Managements (beispielsweise Stellenprofile) oder auch Technologien (ein Computernetzwerk, Annoncen usw.). Der Begriff des Intermediär ermöglicht, sich des permanent wirksamen Rahmens bewusst zu werden, der die Transaktionen auf dem Markt ermöglicht: Diese Beziehungen stützen sich auf ‚ein Drittes'. […] Verschiedene Konfigurationen von Intermediären korrespondieren dabei mit verschiedenen Formen, wie die Kompetenzen [der Bewerber] evaluiert werden, und mit verschiedenen Formen der Arbeitslosigkeit.“ (Bessy/Eymard-Duvernay 1997, S. XVIIf)[164]

Was der französische Begriff des „*intermédiaire*“ deutlicher zum Ausdruck bringt als der deutsche Begriff des Vermittlers, ist, (1) dass hier eine Mitkonstruktion durch die beteiligten Intermediäre erfolgt und die Intermediäre damit alles andere als nur eine neutrale Zwischeninstanz sind. Die Kompetenzzuschreibung und die *Produktion* sowie Formatierung von Informationen (als „In-Formation“) erfolgen zugleich als Konstruktion. Die „Transaktion“ wird gedacht als ein Prozess, in dem die Sachverhalte, die nur vermeintlich vorab und unabhängig von diesem Prozess objektiv existieren – wie die Kompetenzen der Bewerber –, durch die Intermediäre praktisch mit hervorgebracht werden. Der Begriff des Intermediär macht (2) auch deutlich, dass die „Transaktionen“ auf dem Arbeitsmarkt eingerahmt sind durch eine personale und instrumentale Ausstattung, die „den Arbeitsmarkt“ erst ermöglicht und Bewerber und offene Stellen aneinander „vermittelt“. Der Arbeitsmarkt ist damit nicht die Institution, auf dem ein Angebot und eine Nachfrage einfach aufeinander treffen. Der Arbeitsmarkt, das Angebot und die Nachfrage werden durch die Intermediäre erst organisiert und das in mehrfacher Weise. Denn die unterschiedlichen Intermediäre sind zugleich auch jeweils Vermittler in Sachen

---

von Larquier (2016a), in der Entwicklungen der EC im Bereich des Arbeitsmarktes ausgearbeitet werden.

163 Für die Vielfalt der Rekrutierungswege und Rekrutierungsformen siehe unten.

164 Übersetzung RDB.

Konventionen der Rekrutierung und allgemeiner: Konventionen der Evaluation und der Qualitätsbestimmung, da sie an der Distribution und der Reichweite von Konventionen mitwirken (Bessy/Chauvin 2011).[165] Das Konzept des Intermediär ermöglicht auch, eine andere Perspektive für die Analyse der Organisation der kollektiven Kognition zu eröffnen.

> "From this standpoint, intermediaries offer an epistemological solution for escaping the dualism of subject/object and monistic, unilateral causality. What we have here is one of the key arguments of approaches in terms of 'distributed cognition'." (Bessy/Chauvin 2010, S. 2)

Christian Bessy und Pierre-Marie Chauvin beziehen sich hier auf das Konzept der „distributed cognition" von Edwin Hutchins (1995), der die Kognition als nicht auf individuelle Psychen beschränkt und durch Objekte (wie Intermediäre) mitorganisiert auffasst. Damit wird denkbar, dass der Arbeitsmarkt nicht für Arbeitsuchende und Arbeitgeber „sichtbar" ist, sondern auch seine Repräsentation erst hervorgebracht werden muss, z. B. anhand von Informationen in zugehörigen Formen sowie anhand kollektiver kognitiver Kategorien sowie der darauf bezogenen vermittelnden Praktiken.[166]

Am CEE sind verschiedene qualitative Studien zu eben diesen vermittelnden Praktiken, z. B. im Rahmen der Rekrutierung von Führungskräften (*cadres*), durchgeführt worden. Anhand von Einzelfallstudien wurde hierbei untersucht, wie die Intermediäre vorgehen, was ihre Handlungskriterien und Routinen sind – und: wie sie praktisch an der Konstruktion von Kompetenzen und der Definition von Anforderungen und Stellenprofilen mitwirken. In diesen Untersuchungen wurden die Intermediäre gebeten, in dem Prozess der Einstellung von Führungskräften ihre Vorgehensweise schrittweise zu erläutern. Beratungs- und Einstellungsgespräche wurden dabei (offen) beobachtet und die verschriftlichten Gespräche ausgewertet.

In einem Fall wurde ein Berater engagiert, der für einen mittelständischen Unternehmer eine „rechte Hand" für die Geschäftsführung suchen sollte. Der Unternehmer hatte aus Sicht des Beraters, der an den Formaten des Marktes orientiert war, wenig spezifizierte Vorstellungen von der Tätigkeit und der Arbeitsplatzdefinition seines zukünftigen Mitarbeiters. Die Organisation des mittelständischen Unternehmens

165 Für Bessy und Chauvin können Intermediäre demnach betrachtet werden als „[...] entrepreneurs of styles and conventions of perception whose effect cannot always be foreseen." (Bessy/Chauvin 2010, S. 14)

166 Siehe für die Vermittlungen zwischen Objekten, Praktiken und Kognition auch die Studien von Nicolas Dodier (1995) sowie von Christian Bessy und Francis Chateauraynaud (1995).

war durch wenige Hierarchiestufen und durch geringe Formalisierung der leitenden Tätigkeiten gekennzeichnet. Der Unternehmer beschrieb, welche charakterlichen Eigenschaften er von dem zukünftigen Mitarbeiter erwartete, und sah dessen Aufgabe insbesondere darin, selbst flexibel Probleme zu identifizieren und darauf zu reagieren. Die Schilderung beinhaltete die Angabe der Arbeitsbeziehungen, in die der neue Mitarbeiter eher wie in ein Netzwerk denn in eine formale Organisation eintreten sollte. Anfangs stellte für den Unternehmer die Konvention des Netzwerks dessen Handlungslogik und Denkschemata dar. Der Berater versuchte nun, nach und nach im Beratungsgespräch die Konvention des Netzwerks in diejenige des Marktes „zu übersetzen". Er musste im Gespräch Punkt für Punkt die erwarteten Eigenschaften in die Formate der Marktkonvention umwandeln, wobei er genau hier praktisch intervenieren musste. Denn die anfänglich nicht spezifizierten Vorstellungen des Unternehmers oder die Erwartungen, die mit der Marktkonvention nicht vereinbar waren, wurden im Beratungsgespräch so umgearbeitet, dass die resultierenden Formulierungen in einer Stellenanzeige gedruckt werden konnten. So erwartete der Unternehmer „Charisma" und „allgemeine Persönlichkeit", was im Beratungsgespräch zunächst zu „professioneller Kompetenz" und dann zu „vorhandener Managementerfahrung" transformiert wurde. Da der Berater die Formate des Marktes antizipierte, wirkte er aktiv auf die Anzeigengestaltung und sogar auf die Definition der formalen Arbeitsplatzanforderungen ein. So schlug er die erforderlichen formalen Abschlüsse und eine Eingrenzung des Alters vor. Der Berater wurde damit nicht nur zum „Übersetzer" und „Mitkonstrukteur" für die Stellenausschreibung, durch seine Intervention setzte er darüber hinaus Formen des Marktes so durch, dass er aktiv die Angleichung der *Formen* von Angebot und Nachfrage betrieb, weil der Berater auch die Marktkonvention an den Unternehmer vermittelte.

> „Wir schlagen hier vor, die Serien der durch den Berater durchgeführten Übersetzungen aufzuzeigen. Denn die Anfrage des Unternehmers kann so nicht in eine Stellenanzeige umgesetzt werden. Sie muss formatiert und übersetzt werden in die Standards des Arbeitsmarktes. Das bedeutet zugleich, dass die Stellendefinition erfolgen muss, die Tätigkeitsbestandteile bestimmt und die Auswahlkriterien für die Kandidaten aufgelistet werden müssen. Der vorliegende Fall zeigt klar, dass es sich hierbei nicht um einen neutralen Vermittler zwischen Angebot und Nachfrage handelt. Er spielt eine aktive Rolle in der Konstruktion des Stellenprofils, die die gemeinsame Orientierungsgrundlage für die verschiedenen Parteien zur Verfügung stellt, die in die Rekrutierung involviert sind." (Eymard-Duvernay/Marchal 1997, S. 54f)[167]

167 Übersetzung RDB.

Dennoch beinhaltete die Stellenanzeige die Spuren der Netzwerkkonvention, da die Angaben des Unternehmers sich nicht ganz in standardisierte Formate der Marktkonvention übersetzen ließen, sodass Formulierungen wie „rechte Hand des Unternehmers" oder die Anforderung „schnell reagieren zu können", „vielseitig zu sein" Interpretationsspielraum ließen für Bewerber, die so auf eine geringe Formalisierung der Arbeitsorganisation schließen konnten. Ihnen oblag dabei die Aufgabe, die Tätigkeit bzw. die wenig bestimmte Aufgabe zu präzisieren.

Stellenanzeigen, die in den Tageszeitungen, in Fachmagazinen oder im Internet publiziert werden, sind hier das eine Dispositiv für die Marktkonvention. Anzeigen stabilisieren diese Form der Handlungskoordination und stellen für die Akteure, die sich daran orientieren, die kognitive Orientierung dar: Auch wer sich (als Arbeitnehmer) nicht auf Annoncen bewirbt bzw. (als Arbeitgeber) keine Annonce aufgibt, kann so sehen, „was der Markt ist", was man hier erwarten kann. Stellenanzeigen repräsentieren die „Grammatik der Marktkonvention", da sie die formalisierten (und zum Teil gesetzlich festgeschriebenen) Formulierungen für Qualifikationsanforderungen, Tätigkeitsbeschreibungen und Berufsbezeichnungen verwenden, die von allen Akteuren gekannt und anerkannt werden.[168]

Die nächste Aufgabe des Beraters war die Sichtung der eingegangenen schriftlichen Bewerbungen. Hier wurde das Curriculum Vitae (CV) zum weiteren Dispositiv der Marktkonvention für die Auswahl. Das standardisierte schriftliche Format des CV ermöglichte ein hohes Maß an Vergleichbarkeit und damit an Konkurrenz zwischen den Bewerbern. Da eine große Zahl von Bewerbungen vorlag und die Auswahl effizient erfolgen sollte, zog in der Einzelfallstudie der Berater zunächst die formalisierten Kriterien (formale Bildung, Alter) heran, um diese als Eliminationskriterien zu verwenden. Bewerbungen, in denen die Bewerber das Alter oder die Art der Managementerfahrung nicht präzise angaben, wurden mit der Begründung aussortiert, dass die Bewerber sich nicht konform mit den Regeln des Marktes beworben hatten. In weiteren untersuchten Fällen wurden aufgrund des Zwangs, aus einer großen Zahl schriftlicher Bewerbungen wenige Kandidaten auszuwählen, im Zuge der Durchsicht – also ex post – Kriterien abgeändert und verschärft (beispielsweise wurde die Anforderung an die Qualifikation erhöht). In einigen der untersuchten Fälle haben die Berater nach Durchsicht der Bewerberlage eine Neuausschreibung vorgeschlagen, wenn ihnen die Bewerberlage nicht angemessen schien. Ex post wurde hierbei das anvisierte Profil nun „präzisiert", d.h. umgearbeitet. Auch hier partizipierten die Berater an der Stellendefinition. Die

168 Es liegen im Rahmen der EC zahlreiche Studien zu Stellenanzeigen vor. Siehe dazu Bessy und Larquier (2000), Bessy et al. (2001a), Marchal und Torny (2002, 2003), Marchal und Rieucau (2006) sowie Larquier und Rieucau (2017).

Vorgehensweise der Berater weist so im Vergleich der (in der Abbildung 4.2 unterschiedenen) vier Konventionen das geringste Ausmaß an Rechtfertigungszwang aus.

Sobald Berater eine Auswahl an Bewerbern zur Einladung für Bewerbungsgespräche vorschlugen, kam es zum Übergang zwischen Konventionen. Denn die anschließend durchgeführten Bewerbungsgespräche unterlagen – so Eymard-Duvernay und Marchal – nun der Konvention der Interaktion. Aus ihrer Sicht wurden auf diese Weise die Vergleichbarkeit der Bewerber und die Konkurrenzsituation zwischen ihnen (die die Dispositive der Marktkonvention eingebracht hatten) geschwächt, da die Gespräche immer nur mit einzelnen geführt wurden, diese Gespräche nicht vollständig vorab durchgeplant werden konnten, Stimmungen, Körperhaltungen, Verhaltensweisen, Vokabular nicht standardisiert sind und es hier (nach Auswahl aufgrund des CV) auf die Validierung der von den Bewerbern angegebenen Erfahrungen durch die Rekrutierenden ankam. Diese Erfahrungen wurden aber je individuell und durch Schilderung von je spezifischen Arbeitssituationen und Arbeitsbeziehungen dargestellt. Die Motive für Stellenwechsel und die Karriereorientierung wurden erfragt. Der bisherige Berufsweg wurde insgesamt danach beurteilt, wie seine Dynamik sich in „Erfahrungen" niedergeschlagen hatte. Und die Rekrutierenden waren dann an der Frage interessiert, wie diese Erfahrungen auf die neue Arbeitssituation übertragen werden konnten. Diese spezifische „diskursive Kompetenz" des Bewerbers trat hier nun in der Interaktion mit den Beratern „ans Licht". Diese versuchten im Gespräch, die Dimensionen zu identifizieren, anhand derer sie diese Berufserfahrungen fallspezifisch beurteilen konnten.

Eymard-Duvernay (2008a) hat diesen Vorgang so interpretiert, dass die Berater „Theorien" der Koordination in ihrer diskursiven Praxis einbringen. In diese „Theorien" gehen die Konventionen (oder Kompromisse zwischen ihnen) implizit mit ein. Die Stellenanzeigen beinhalten damit die sprachlichen Register, die zugleich die sprachlichen Register der Berater (und Rekrutierer) sind. Anhand verschiedener Diskursanalysen von Stellenanzeigen konnte dies gezeigt werden (Marchal/Torny 2002, 2003; Marchal/Rieucau 2006).[169] Die Praxis der „Sprache des Arbeitsmarktes" betrachtet Eymard-Duvernay als die Ebene, auf der die für die Rekrutierung und die Formulierung von Stellenanzeigen zu applizierenden Konventionen für die Kompetenzkonstruktion „ausgehandelt" werden. Erst mit dieser diskursiven Praxis werden Konventionen als das Äquivalenzprinzip für die „Vergleichbarmachung"

169 Die Diskursanalysen waren auf einer pragmatischen Diskurstheorie fundiert und wurden mit der Software PROSPERO unterstützt, die ein großes Korpus quantitativ auswertbar und diese Befunde dennoch aus der Perspektive einer pragmatischen Diskurstheorie interpretierbar macht (Chateauraynaud 2003).

von Kompetenzen etabliert, sodass danach eine „Messung" oder „Klassifizierung" von Kompetenzen möglich wird (Eymard-Duvernay 2008a, 2009).

4.6 Die Arbeitsmärkte der Fotografen

In einer Feldstudie hat Christian Bessy die Formen des Eintritts in den Arbeitsmarkt für Fotografen, die vermittelnden Praktiken und Objekte sowie die Strukturen des Arbeitsmarktes für Fotografen untersucht (Bessy 1997c).[170] Tatsächlich ist „der" Arbeitsmarkt in radikaler Weise durch die Koexistenz von Eintrittsformen, vermittelnden Praktiken und Objekten gekennzeichnet, sodass Bessy konsequent von *den Arbeitsmärkten* im Plural spricht. Ebenso zeigt sich, dass für den Markteintritt viele Wege möglich sind und dass eine Pluralität der Formen existiert, wie die Qualifikationen von Fotografen beurteilt (und so mitkonstruiert) werden. Bessy spricht von den „Räumen der Qualifikation der Arbeit", wobei hier „Qualifikation" im Sinne von „Qualifizierung" eine doppelte Bedeutung erhält (Bessy 1997c, S. 237). Denn in diesen Räumen erfolgt die Qualifizierung zugleich als Kompetenz*erwerb* und Kompetenz*zuschreibung*.

Bessy hat Absolventinnen und Absolventen einer Pariser Hochschule (*Ecole nationale supérieure Louis Lumières*) befragt, die den dortigen Studiengang „Fotografie" abgeschlossen hatten. Bessy hat in der ersten Hälfte der 1990er-Jahre qualitative Interviews mit Berufseinsteigern in der Region Paris geführt. In dieser Zeit vollzog sich der Einzug der Digitaltechnik in der Fotobranche.

Berufseinsteigern standen unterschiedliche Einstiegsstrategien zur Verfügung. Ihre Dozierenden an der Pariser Hochschule waren häufig die Ersten, die sie rekrutierten, da die Hochschulprofessoren die Ersten waren, die die besten Absolventen für ihre eigenen universitären aber auch privatwirtschaftlichen Unternehmen und Projekte engagierten. Bereits die Hochschule war mit anderen Organisationen vernetzt, für die sie Aufträge ausführte (wie für die französische Armee), sodass für die Studierenden häufig schon Netzwerke für den Berufseintritt vorhanden waren. Ergänzt wurden diese Möglichkeiten durch Stellenausschreibungen und Stellenvermittlungen, die das Sekretariat der Hochschule selbst bekannt gab bzw. durchführte (Bessy 1997c, S. 249f).

Absolventen konnten aber auch in den Pariser Fotostudios ihre Berufstätigkeit beginnen. Hier waren Beschäftigungsverhältnisse kennzeichnend, die eben noch keine unbefristete Festanstellung waren, wie die Teilzeitanstellung oder Praktika.

170 Siehe dazu auch Moureau und Sagot-Douvauroux (2006).

Auch das *free lancing*, also die Mitarbeit in einem Fotostudio als freier Mitarbeiter, der für die Abwicklung einzelner Aufträge engagiert wurde, war zu dieser Zeit eine verbreitete erste Form der professionellen Arbeitsorganisation. Die Räume der Qualifizierung waren demnach anhand vernetzter Organisationsformen zu unterscheiden, die Formen des Marktes und der Organisation integrierten bzw. überschritten (Bessy 1997c, S. 245). Dann war aber auch die Fotobranche durch die Art der Arbeitsteilung hinsichtlich der handwerklichen und technologischen Praktiken geprägt. Absolventen hatten in den Fotostudios zumeist die Wahl, ob sie eher das Handwerk des Fotografierens oder die technischen Kompetenzen der elektronischen Nachbearbeitung und der Vervielfältigung von Fotografien ausüben wollten. Das Knüpfen von professionellen Kontakten und das Einwerben und kaufmännische Abwickeln von Aufträgen war in den Fotostudios den Inhabern vorbehalten. Die verschiedenen Kompetenzen, die die Fotostudios zu integrieren hatten, waren in vielen dieser Studios nicht nur durch die Vernetzung der Arbeitsabläufe untereinander oder durch die Produktionskette anhand geteilter Routinen und Technologien (Standards) integriert, sondern insgesamt auch durch ein geteiltes kollektives kognitives Dispositiv, den „Stil" des Studios.[171]

> „[…] jeder trägt an der Herstellung des Images eines Studios, da es eine geteilte Philosophie gibt und es eine sich wiederholende Arbeit im Kontakt mit anderen gibt. Das alles führt zu einer gewissen Persönlichkeit. Man kann hier erkennen, dass das technologische und das organisationale Lernen in dem Studio vollständig verzahnt sind und sich anhand einer gemeinsamen Form oder eines gemeinsamen Selbstbildes des Studios kristallisieren." (Bessy 1997c, S. 254)[172]

Christian Bessy beschreibt auch, dass eben diese Herausbildung eines für ein Studio spezifischen Stils und die in einem Studio spezifischen Arbeitsformen den Eintritt in diese Arbeitswelt erschweren können.

> „[…] die Kenntnis der spezifischen Technologien eines Studios sowie die interpersonelle Dimension tragen zur Ausbildung dichter Netzwerke bei, die den Zutritt für neue Assistenten dann erschweren." (Bessy 1997c, S. 255)[173]

Das Ziel der freien Mitarbeitertätigkeit war es dagegen zumeist, selbst diese professionellen Kontakte aufzubauen und damit die Selbstständigkeit als Fotograf

171 Siehe für das Konzept des *kollektiven kognitiven Dispositivs* Favereau (1989a, 1989b) sowie Orléan (2004a, 2004b) und die Darstellung in Kapitel 8.

172 Übersetzung RDB.

173 Übersetzung RDB.

vorzubereiten. Ein weiteres und dadurch vorbereitetes Ziel war es, nach und nach anhand der eingeworbenen Aufträge allmählich genügend Fotografien zusammenzustellen, um eine eigene „Arbeitsmappe" (*book*) erstellen zu können, mit dem eine Bewerbung bei einer Agentur oder einem Agenten möglich war. Die freie Mitarbeit war aus diesem Grund für einige Absolventen attraktiver als die Tätigkeit in einem Studio, da hierdurch die Möglichkeit entstand, Fotografien in Alleinautorschaft zu produzieren – was einem angestellten Assistenten im Fotostudio nicht möglich war – und zu versuchen, diese als Artikulation eines individuellen Stils anderen zu präsentieren. Die Arbeitsmappe kann somit als eine Kristallisation des Netzwerkes aufgefasst werden, in dem der Fotograf nach und nach seine Aufträge erhalten und abgearbeitet hat (Bessy 1997c, S. 280). Als Intermediär trat die Mappe dann neben das CV, da es ebenso als Dispositiv für Bewerbung, z. B. um Aufnahme in eine Agentur, dienen konnte.

Der erfolgreiche Fotograf zielte damit auf die Selbstständigkeit oder die damit ermöglichte Vertretung durch einen Agenten oder eine Agentur. Die Agenten bzw. Agenturen erstellten von den durch sie vertretenen Fotografen nun ihrerseits eigene „Dossiers". Den Agenten und Agenturen kam eine spezifische Rolle an der Mitkonstruktion des Autorenstatus des Fotografen zu, da die Agenten und die Vertreter der Agenturen in den Konferenzen mit den Kunden den persönlichen Stil, die künstlerische Individualität und Besonderheit des Fotografen zu vermitteln hatten.[174]

Bis zu diesem Erfolg, der die Positionierung als künstlerisch wahrgenommener und gefragter Fotograf festigte, waren die „Jobs" als freie Mitarbeiter für die Absolventen vielfach bedeutsam. Über den Erwerb von Netzwerkbeziehungen waren es insbesondere der Erwerb von organisatorischen und technischen Kompetenzen, die – vergleichbar mit der Tätigkeit in der Organisationsstruktur des Studios – nun auf dem Markt der freien Fotografie erworben werden konnten. Die Netzwerkbeziehungen waren dabei die Voraussetzung, Arbeitsteilung und die Beherrschung der verschiedenen Technologien durch mehrere Beteiligte bewerkstelligen zu können. Ähnlich den Schließungseffekten, die Bessy im Studio beobachten konnte, zeigte sich auch bei den Netzwerken der frei arbeitenden Fotografen, dass diese sich bei schlechter Auftragslage gegenüber neuen Absolventen abschlossen und so das Risiko der Auftragslosigkeit abzufedern versuchten (Bessy 1997c, S. 259).

Fotografien an Bildarchive zu verkaufen war eine Strategie, die bei schlechter Auftragslage Anwendung fand. Bildarchive sammeln und verkaufen systematisch für die Medien vorab angefertigte Fotografien von Standardmotiven (von promi-

174 Bessy (1997c, S. 264) bezieht sich auf das Konzept der Wahrnehmungskonventionen (*conventions de perception*) bei Howard Becker (1982), um die Etablierung von kollektiven kognitiven Dispositiven für die Evaluation von Fotografien zu bezeichnen.

nenten Personen, Sehenswürdigkeiten und anderen verbreiteten Fotomotiven). Das Bildarchiv war damit für die Branche – neben der Fotomappe, den Dossiers der Agenten bzw. Agenturen – ein wichtiger Intermediär. Hierdurch wurde die Ablösung von organisatorischen oder netzwerkförmigen Evaluationsformen möglich, denn die Archive repräsentierten die fotografischen Produkte als Angebot wie auf einem Markt, auf das die Pariser Medien als Nachfrage dann zugreifen konnten.

Bessy (1997c) betont, dass die Qualifizierung der in die Berufswelt der Fotografie eintretenden Absolventen nicht erklärlich wird, wenn man diese durch die Ausbildung an der Hochschule als bereits vorhanden oder als allein durch die Investition des Absolventen erreichte Qualifizierung denkt. Die Qualifizierung kann in verschiedenen Konstellationen und institutionellen Formen erfolgen, was eingangs mit den unterschiedlichen „Räumen" beschrieben worden ist. Es ist wichtig festzuhalten, dass diese Qualifizierung (1) dann aber prozesshaft erfolgt und dass sie (2) in diesen durch die Intermediäre organisierten institutionellen Settings zustande kommt – auch wenn sie dann auf Personen zugerechnet wird. (3) Letztlich ist auch die Vorstellung von einem einheitlich organisierten Arbeitsmarkt für Bessy unzutreffend. Denn die Intermediäre, die institutionellen Formen oder der Autorenstatus (hinsichtlich der künstlerischen und juristischen Dimensionen) waren in pluraler Weise koexistent in dieser Branche. Bessy spricht daher auch von verschiedenen Märkten, die koexistieren. Die folgende Tabelle 4.2 stellt die drei von Bessy identifizierten Marktformen idealtypisch dar.

Tabelle 4.2 Die Arbeitsmärkte der Fotografen

Markt (Typ)	Kriterien für die Evaluation	Stütze der Evaluation	mobilisiertes Kollektiv	Evaluator	Status des Fotografen
Autorenmarkt	Form des pers. Ausdrucks	Dossier oder Arbeitsmappe	Sammlung	Agent, Agenturvertreter	Autor
Markt als Métier	professionelle Qualifikation	CV	Beruf	Arbeitgeber	Angestellter
Produktmarkt	Preis	Produkt	Aggr. Nachfrage/Angebot	Verantwortlicher des Archivs	Freier Mitarbeiter

Quelle: Bessy (1997c, S. 277)

Wenn der Befund auch erst einmal für die Fotobranche im Raum Paris der 1990er-Jahre gilt, so kann doch generalisiert werden, dass kaum zu erwarten ist, dass wirtschaftswissenschaftlich konzipierte „Märkte" wirklich nur durch eine einzige institutionelle Form der Evaluation und Koordination organisiert sind – auch wenn eine Form die anderen dominieren kann. Für die Pariser Fotobranche, wie sie Bessy untersucht hat, hat sich gezeigt, dass diese koexistenten Markttypen nach dem Grad der Reputation, dem Umfang des Netzwerks und der Auftragslage von den Akteuren unterschiedlich genutzt werden konnten, ohne dass es sich um wirklich getrennte Märkte gehandelt hätte.

4.7 Rekrutierungswege und Rekrutierungsformen im Vergleich

Ausgehend von den „*Façons de recruter*" (Eymard-Duvernay/Marchal 1987) haben Emmanuelle Marchal und Géraldine Rieucau in „*Le recrutement*" die Befunde der EC (dazu zählen auch ihre eigenen Arbeiten) zu den Rekrutierungswegen („canaux") und den Rekrutierungsformen zusammengestellt (Marchal/Rieucau 2010).[175] Sie systematisieren zunächst Befunde der international vergleichenden Forschung zu den Rekrutierungswegen.[176] Dabei können sie zeigen, dass in keinem der untersuchten westeuropäischen Länder – Spanien, Frankreich und Großbritannien – ein (neoklassisch gedachter) transparenter Arbeitsmarkt vorliegt, dessen sich die Arbeitssuchenden anhand nur einer Form, wie sie sich zu bewerben haben, bedienen können. Marchal und Rieucau zeigen vielmehr, dass in verschiedenen Ländern jeweils eine national spezifische Pluralität von Rekrutierungswegen vorliegt. Dafür haben sie Daten aus Befragungen ausgewertet, die erfasst haben, über welchen Rekrutierungsweg eine befragte Person an die derzeitige Stelle gelangt ist. So hat in Frankreich die Initiativbewerbung (man versendet unaufgefordert eine Bewerbung mit dem eigenen CV an ein Unternehmen) eine größere Bedeutung inne, als dies für Großbritannien und Spanien gilt, derweil

175 Der Band „Le recrutement" erscheint in der Buchreihe „Collection Repères" bei La Découverte. Diese Reihe stellt in synoptischer Form den Wissensstand zu verschiedenen sozialwissenschaftlichen Bereichen für Studierende in zugänglicher Form dar. Es liegen zwei weitere Bände in dieser populären Reihe vor, die sich ebenfalls stark auf die EC als Grundlage stützen. Das sind: „Les théories du salaire" von Bénédicte Reynaud (1994), „Economie politique de l'entreprise" von François Eymard-Duvernay (2004) sowie „Le recrutement" von Emmanuelle Marchal und Géraldine Rieucau (2010)

176 Eine Vorstudie, die am CEE erfolgt ist und auf die sich Marchal und Rieucau stützen, ist die Untersuchung von Bessy und Marchal (2007). Siehe für eine erste Skizze eines vergleichenden Ansatzes ebenfalls Marchal und Rieucau (2006).

sind in Frankreich die Wiedereinstellungen bedeutsam. In Spanien spielen dafür die sozialen Netzwerke (hierbei insbesondere die familialen Beziehungen und die Freundschaftsnetzwerke) eine bedeutende Rolle. Die größte Bedeutung unter den Rekrutierungswegen haben Stellenanzeigen dagegen (nur) in Großbritannien. Aber kein Rekrutierungsweg kann mehrheitlich als Erfolg versprechend gelten. Jeder der drei betrachteten Arbeitsmärkte zeichnet sich durch eine Heterogenität aus, in der zunehmend nun auch öffentliche Vermittlungsagenturen (Arbeitsamt) und private Vermittlungsagenturen wichtiger geworden sind. Arbeitsmärkte sind demnach nicht nur nicht (übernational) vergleichbar, sie sind auch keine (im neoklassischen Sinn) „Märkte", die unvollkommen wären, weil sie durch ein Defizit an Liberalisierung gekennzeichnet wären (Bessy et al. 2001a). Vielmehr bringt ihre (je national unterschiedliche) Pluralität der Rekrutierungsformen eine je nationale Spezifität ein, wie die Besetzung von Stellen koordiniert wird. Marchal und Rieucau machen weiter deutlich, dass eine wirtschaftswissenschaftliche Betrachtung von Arbeitsmärkten dann an Grenzen stößt, wenn sie einseitig die Suchaktivitäten von Arbeitssuchenden und die sichtbaren freien Stellen ins Zentrum der Analyse stellt. Denn einmal rekrutieren Unternehmen aktiv selbst Mitarbeiterinnen und Mitarbeiter, ohne dass diese initiativ werden, zum anderen zeigt die Pluralität der Rekrutierungswege auch, dass viele Stellenbesetzungen nicht über einen Marktmechanismus, sondern über persönliche Beziehungen und nicht offen ausgeschriebene Besetzungsverfahren erfolgen. Ein großer Teil des Arbeitsmarktes ist daher für die meisten Marktteilnehmer gar nicht sichtbar. Die Sichtbarkeit (praktisch: die öffentliche Ausschreibung oder deren Meldung bei den öffentlichen Agenturen von Stellen) hängt wesentlich von den Unternehmen selbst ab (Marchal/Rieucau 2010, S. 18f), und viele Unternehmen schreiben viele ihrer zu besetzenden Stellen eben nicht öffentlich aus bzw. melden sie nicht bei den öffentlichen Arbeitsvermittlungen.

Im Anschluss an die bereits vorgestellte Studie von Eymard-Duvernay und Marchal (1997) differenzieren Marchal und Rieucau die Rekrutierungswege anhand zweier Oppositionen (Marchal/Rieucau 2010, S. 43f). Abbildung 4.3 zieht diese Oppositionen als Achsen heran. (1) Eine erste Opposition lässt sich einführen, wenn man danach fragt, ob eine Rekrutierung anhand des Einsatzes von Intermediären und Instrumenten („Dispositiven") erfolgt ist oder ob ein Rekrutierender „direkt" vorgegangen ist. Diese Opposition bildet in der Abbildung 4.3 die vertikale Achse. Diese Achse repräsentiert die *Intensität der Instrumentierung* bei der Rekrutierung (die von unten nach oben abnimmt). (2) Dann kann man fragen, ob die Rekrutierung eher anhand informeller oder formeller Praktiken erfolgt ist. Diese Opposition wird in der Abbildung 4.3 durch die horizontale Achse repräsentiert; sie repräsentiert damit das *Ausmaß der Forminvestition*, die erforderlich ist für die verschiedenen Rekrutierungswege. Sowohl die Intensität der Instrumentierung als auch das Ausmaß der Forminvestition ermöglichen eine unterschiedliche Reichweite der *Rekrutierungsketten*, womit die Etappen und Phasen gemeint sind, die eine Person bis zu ihrer Einstellung durchläuft. Die Kompetenzkonstruktion – so Marchal und Rieucau – hängt nun eben von diesen Rekrutierungsketten und den darin involvierten Dispositiven und Kompetenzkonventionen ab. Die Intermediäre (Stellenvermittler, Agenturen, Rekrutierende) können bei höherer Reichweite der Rekrutierungsketten zwar eine höhere *Generalität* der Kriterien (Anforderungen an die Stellen) einrichten, gleichzeitig müssen sie die Balance herstellen, wie sie die *Spezifität* der Bewerberinnen und Bewerber zum Tragen kommen lassen können. Letzteres wird umso wichtiger, je spezifischer das Anforderungsprofil und je weniger präzise das Tätigkeitsprofil der zu besetzenden Stelle formal bestimmt werden kann.

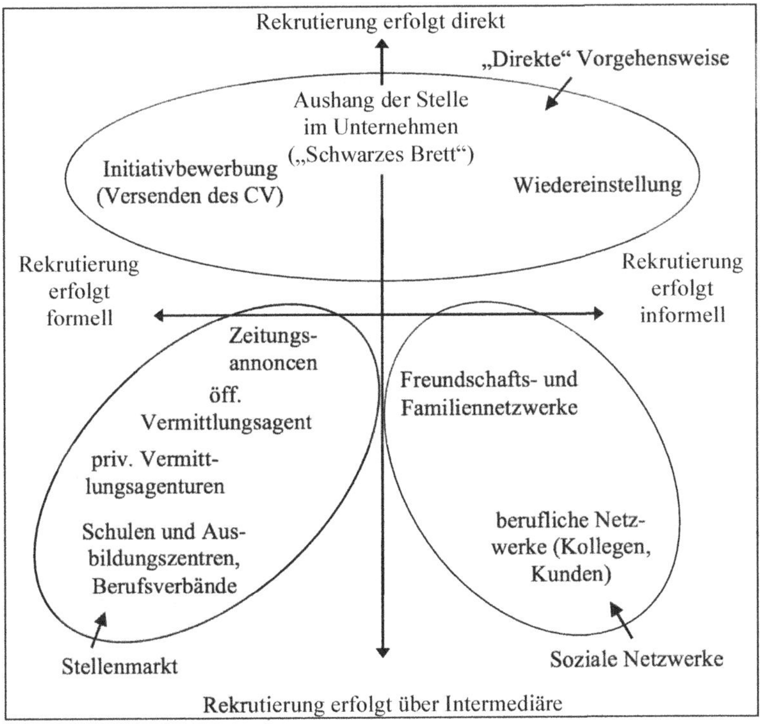

Abbildung 4.3 Rekrutierungswege
Quelle: Marchal und Rieucau (2010, S. 45)

Auch Marchal und Rieucau betonen, dass man einen pragmatischen Ansatz zur Analyse der Rekrutierungswege und Rekrutierungsformen heranziehen muss, da es letztlich darauf ankommt, wie die Rekrutierenden die verschiedenen Dispositive (wie den CV) handhaben und welche interpretativen Kompetenzen sie nicht nur im Bewerbungsgespräch, sondern bei Rekrutierungswegen mit hoher Reichweite auch bei der Interpretation der verschiedenen Etappen einsetzen.[177] Zudem müssen die Rekrutierer über die Etappen der Rekrutierungswege eine Vielzahl von Kriterien handhaben (Marchal/Rieucau 2010, S. 80). Das sind Kriterien wie Familienstand, Alter, Gesundheitszustand, Nationalität sowie das Vorliegen einer Behinderung, anhand derer sich Diskriminierungen artikulieren können. Hinzu kommen Kriterien wie körperliche Fähigkeiten und körperliche Erscheinung, und das Spektrum der Kriterien, die „Persönlichkeit" erfassen sollen, wie die Fähigkeit, sich darzustellen und verbal auszudrücken und das allgemeine (nicht formale) Bildungsniveau. Eine wichtige Rolle spielen die praktischen Kompetenzen, die berufliche Erfahrung und das „savoire-faire", also das, was im anglo-amerikanischen Raum als „skills" bezeichnet wird und was nicht durch Diplome und formale Zertifikate repräsentiert werden kann. Zuletzt kommen eben die formalen Abschlüsse und Diplome als Kriterien hinzu. Diese Kriterien können je nach Rekrutierungsverfahren zueinander in einem Spannungsverhältnis stehen, und hier kommt es auf die Praxis der Rekrutierenden an, wie sie mögliche Widersprüche in eine kohärente Beurteilung überführen.

Marchal und Rieucau sehen sowohl das Internet als auch den Eignungstest als Dispositive kritisch. Das Internet hat das Problem, dass es den „Stellenmarkt" nicht angemessen repräsentiert, wenn die Suchmasken zu differenziert Profile bzw. Stellenbeschreibungen abbilden und insbesondere wenn die Sucheinstellungen nicht den etablierten Nomenklaturen (Berufsklassifikationen) entsprechen. Es zeige sich, dass das Internet daher insbesondere dann geeignet sei, wenn Portale („job boards") für spezielle Arbeitsmärkte eingerichtet werden (Marchal/Rieucau 2010, S. 57f). Marchal und Rieucau zeigen, dass für den sichtbaren Teil des Arbeitsmarktes (ausgeschriebene Stellen, Internetportale) die Forminvestition einer Vereinheitlichung der „Sprache des Arbeitsmarktes" eine wichtige Funktion innehat. Die Bedeutung wächst, da die Dynamik durch neu entstehende Berufe zunimmt und viele (häufig lang etablierte und insbesondere schlecht bezahlte) Berufe dem Trend einer Euphemisierung unterliegen (Marchal/Rieucau 2010, S. 80f).

Marchal und Rieucau sehen das Aufkommen von Eignungstests im Zusammenhang mit der Verrechtlichung des Arbeitsmarktes. Denn Eignungstests erscheinen

177 Marchal (2013) hat Praktiken der Anonymisierung solcher Dispositive (wie dem CV) untersucht.

vielen Arbeitgebern als objektive Instrumente für die Auswahl von Personen. Allerdings sehen Marchal und Rieucau die Gefahr, dass psychologische Tests eingesetzt werden, die legitim erscheinen, die aber nicht geeignet sind, für spezifische Auswahlverfahren die richtigen Eignungsdimensionen zu erfassen, und die zudem unterstellen, dass Eigenschaften konstant seien. In diesem Fall würde die Verwendung solcher Tests irrational. Zudem liegt das Problem vor, dass Kompetenz nicht eine nur psychologische Fähigkeit sei, sondern eine Qualität einer Person, die auf Arbeitskontexte, Arbeitssituationen und Tätigkeiten bezogen ist. Insgesamt erscheinen Eignungstests den beiden Autorinnen damit als problematisch (Marchal/Rieucau 2010, S. 88f).

Rekrutierungsverfahren stehen zunehmend unter Legitimationsdruck (Marchal/Rieucau 2010, S. 93). Dies zum einen, weil Staaten rechtliche Auflagen machen, dass die Rekrutierung keine soziale Gruppe diskriminieren darf, zum anderen auch, weil Unternehmen unter der Beobachtung sozialer Bewegungen und der Öffentlichkeit stehen, die gleichfalls gegen die Benachteiligung von Frauen, älteren Menschen, Menschen aus unteren sozialen Schichten, Menschen mit Behinderungen oder Migrantinnen und Migranten einzuschreiten versuchen. Marchal und Rieucau argumentieren aber, dass jeder Rekrutierungsweg seine ihm spezifischen Exklusionsmechanismen mit sich bringe – selbst das Verfahren des „*concours*“, der in Frankreich ursprünglich als Mittel gegen die etablierten Eliten eingeführt wurde, um die Chancen auf Positionen im Staatsdienst für alle Gesellschaftsschichten gleich zu gestalten. Aber die spezifischen Bewerbungsformen und das Ausleseverfahren des *concours* scheinen geradezu für die Bewerberinnen und Bewerber günstig zu sein, deren Eltern bereits diese Positionen innehaben oder innehatten. Der *concours* erscheint damit als eine Rekrutierungsform, die die soziale Ungleichheit reproduziert, anstatt sie aufzubrechen (Marchal/Rieucau 2010, S. 97). Die Ungleichheit wird auch an anderer Stelle reproduziert. Es zeigt sich, dass private Vermittlungsagenturen eher hoch qualifizierte Arbeitssuchende vermitteln, für die es ein Stellenangebot und einen spezifischen Arbeitsmarkt gibt. Die privaten Agenturen suchen sich die für sie attraktiven Berufe aus. Die staatlichen Vermittlungsagenturen müssen sich dagegen auch der Problemgruppen annehmen wie derjenigen der Langzeitarbeitslosen, der gering Qualifizierten und der Jugendlichen, die erstmals auf den Arbeitsmarkt eintreten. Ein weiterer Gesichtspunkt, der sich auf die Art und Weise der Rekrutierung auswirkt und damit indirekt soziale Ungleichheit reproduzieren kann, ist die Unternehmensgröße. Es sind vor allem die staatlichen und die größeren Unternehmen, die eigene Abteilungen oder zumindest spezifische Positionen unterhalten, die sich mit der Rekrutierung befassen (Marchal/Rieucau 2010, S. 35, Tabelle 1). Diese Abteilungen bzw. Positionen können eher die Rekrutierungsformen formalisieren und standardisieren und die Kriterien nicht nur objektivieren, sondern auch Gleichstellungskriterien und Antidiskriminierungsstrategien umsetzen.

Letztlich differenzieren Marchal und Rieucau (2010, S. 103f) vier Formen der Beurteilung und zugehöriger Rekrutierungsformen:

1. Die vereinfachte Rekrutierung, die insbesondere direkt, informell, ohne Intermediäre und bei kleinen Unternehmen erfolgt.
2. Die standardisierte Rekrutierung, die anhand einer Stellenausschreibung (mit einem Qualifikationsprofil) auf Grundlage der schriftlichen Bewerbung (CV) insbesondere im tertiären Sektor stattfindet.
3. Die formalisierte Rekrutierung, die anhand von Eignungstests und hohem Aufwand an Forminvestitionen insbesondere in Großunternehmen erfolgt.
4. Die „kontextualisierte" Rekrutierungsform, die die Beurteilung anhand von Arbeitsproben in konkreten Arbeitssituationen (oder anhand von Simulationen) durchführt.

Am Ende plädieren die beiden Autorinnen dafür, dass Arbeitsmärkte dann als funktionierend betrachtet werden können, wenn sie eine Diversität der Rekrutierungsformen aufweisen, die die Exklusionsmechanismen, die je spezifisch für einzelne von ihnen sind, zu kompensieren helfen (Marchal/Rieucau 2010, S. 104). So sind Personen, die über wenig soziales Kapital verfügen, in solchen Branchen und Ländern systematisch benachteiligt, in denen es darauf ankommt, unterstützende Personen zu kennen, die eine Stelle zu vermitteln helfen. Standardisierte Rekrutierungsverfahren können diejenigen bevorzugen, die mit Testverfahren und Auswahlprozeduren besser als andere vertraut sind. Ältere und ausländische Bewerber haben in vielen Ländern schlechtere Bewerbungschancen und sie werden zumeist schon anhand des CV nicht weiter in Betracht gezogen. Hier zeigt sich, dass die letzte Rekrutierungsform ihnen neue Chancen zukommen lässt, wenn sie Gelegenheit haben, Arbeitsproben abzuliefern.

Auch François Eymard-Duvernay hat in einem Aufsatz mit dem Titel „*Justesse et justice dans les recrutements*" (Eymard-Duvernay 2008a)[178] die Konventionenabhängigkeit der Kompetenzzuschreibung als Grundlage herangezogen, um für eine Pluralität und so für mehr Gerechtigkeit in den Rekrutierungspraktiken zu plädieren.[179] Sein Argument basiert auf der zentralen Einsicht der EC, dass in den Sozialwissenschaften „das Empirische" bereits eine normative Grundlage hat.

178 Eymard-Duvernay spielt damit auf den Titel des Sammelbandes „*Justesse et justice dans le travail*" von Boltanski und Thévenot (1989) an.

179 Auch Ghirardello und van der Plancke (2006) haben eine solche Pluralität begründet.

Denn die alltäglichen Koordinationen fundieren auf Konventionen als normativen Ordnungen. Erst auf ihrer Grundlage kann dann die „objektive" Richtigkeit ermittelt und im Zweifelsfall in Diskursen verhandelt werden (Boltanski/Thévenot 2007; Reynaud/Richebé 2007). Die Richtigkeit (*justesse*) der Ermittlung von Kompetenzen und die Gerechtigkeit (*justice*) der Art und Weise ihrer Ermittlung sind damit untrennbar. Eymard-Duvernay macht deutlich, dass neben einer zu verwendenden Vielzahl von Konventionen auch die radikale Unsicherheit der Kompetenzevaluationen bewusst sein muss und dass man eine „Überselektion" (Eymard-Duvernay 2010, S. 141), die zu viele Kriterien für die Auswahl zugrunde legt, vermeiden müsse. Auch Eymard-Duvernay (wie Marchal und Rieucau) schlägt vor, die Bewerber bereits in der Phase des Bewerbungsgesprächs weiter in das Unternehmen einzubetten, indem z. B. weitere Abteilungsleiter als Beurteiler hinzukommen. Zudem betont er, dass die Asymmetrie zwischen Evaluierenden und Evaluierten, die auch eine Machtasymmetrie sei, ausgeglichen werden müsse, indem die Evaluierten als Subjekte an der Kompetenzzuschreibung zu beteiligen seien (Eymard-Duvernay 2008a, S. 66).

4.8 Sind Arbeitsmärkte international vergleichbare Märkte?

Die bislang vorgestellten Arbeiten der EC beziehen sich wesentlich auf branchenspezifische Arbeitsmärkte oder nationale Arbeitsmärkte. Ein zentrales Motiv der international vergleichenden Studien der EC zum Arbeitsmarkt war, der neoliberalen Auffassung zu begegnen, dass hohe Arbeitslosigkeit auf ein Marktdefizit oder gar Marktversagen des Arbeitsmarktes zurückzuführen sei. In der Einleitung zu dem Band, der als Titel die Frage formuliert, ob Arbeitsmärkte vergleichbar seien („*Des marchés du travail équitables?*"), beantworten Christian Bessy, François Eymard-Duvernay, Guillemette de Larquier und Emmanuelle Marchal (2001a) diese Frage entschieden mit nein. Die Beiträge in diesem Band, die den Vergleich zwischen den Arbeitsmärkten in Frankreich und Großbritannien durchführen, zeigten eben, dass die Arbeitsmärkte nicht nur durch einen (neoklassisch gedachten) Marktmechanismus koordiniert sind, sondern durch eine je spezifische Pluralität von koordinierenden Intermediären. Bereits die Analyse von Bessy zu den Arbeitsmärkten der Fotografen hat schon für nur eine Nation und nur eine Branche die Koexistenz verschiedener Arrangements von intermédiaires aufgezeigt, sodass man bereits in einer Nation von einer Pluralität der Arbeitsmärkte sprechen muss und nicht von „dem Arbeitsmarkt der Fotografen". Bessy, Eymard-Duvernay, Larquier und Marchal (2001c, S. 301) betonen daher, dass die EC das Marktverständnis erweitert, indem darunter (a) nicht nur die Gesamtheit der Transaktionen von „Arbeit" verstanden wird, sondern (b) auch die Pluralität der Institutionen, die den Zugang zur Beschäftigung organisieren, und (c) die marktförmigen und jederzeit mobilisierbaren Formen der Bewertung der Arbeit.

> „Einer der wichtigen Befunde unserer Untersuchung ist es, gezeigt zu haben, dass es in Großbritannien einen wirklichen Stellenmarkt gibt, der systematischer entwickelt ist als in Frankreich. Historisch betrachtet ist die Existenz eines Stellenmarktes eng verbunden mit dem Interesse der Mächtigen in Britannien, einen Arbeitsmarkt zu schaffen, der diejenigen Arbeiter ausschließt, die als nicht einstellbar galten, und gleichzeitig der Pluralität der Akteure (darunter den privaten Akteuren) Rechnung zu tragen, die in spezifischen Arbeitsmarktsegmenten intervenieren konnten. Der britische Arbeitsmarkt ist viel feiner segmentiert als in Frankreich, und jedes Segment korrespondiert mit einem spezialisierten Intermediär, der die Transparenz und die Reibungslosigkeit der Transaktionen steigert. Die Segmentierung der Vermittlung von Stellen basiert auf einer institutionellen Verankerung, die viel stärker ist als in Frankreich. Sie bringt die privaten und öffentlichen Agenturen in einem größeren Ausmaß und in einer größeren Komplementarität mit je zugehörigen Selektionsformen ein – wobei sie die Normen des Marktes privilegiert. Im Gegensatz dazu liegt in Frankreich eine starke Trennung zwischen den öffentlichen und privaten Agenturen vor. Diese Trennung hat zu tun mit dem (theoretischen) Monopol der öffentlichen Agenturen, die die Stellenangebote und die Stellensuche auf der Basis einer allgemeinen Berufsklassifikation in Beziehung setzen. So sind der Selektion Grenzen gesetzt, was die Kritik der Arbeitgeber zur Folge hat, die häufig private Vermittler (wie Zeitarbeitsfirmen) vorziehen, wenn es sich nicht um sehr standardisierte Beschäftigungen handelt." (Bessy et al. 2001c, S. 303)[180]

Tatsächlich ist es so, dass in den 1990er-Jahren (die der analysierte Zeitraum der vergleichenden Analysen sind) in Frankreich die Arbeitslosigkeit angestiegen ist, während in Großbritannien die Arbeitslosigkeit deutlich zurückging.[181] Die allgemeine Einschätzung ist, dass gerade in Großbritannien in den 1990er-Jahren Arbeitsmärkte eher marktliberal verfasst waren, also einem (neoklassischen) Markt eher entsprachen, während dies für Frankreich zu dieser Zeit weniger der Fall gewesen ist. Die Autorinnen und Autoren kritisieren aber das neoliberale Argument, das besagt, eine Überregulierung der Arbeitsmärkte (in Frankreich) sei das Problem für die hohe Arbeitslosigkeit, und sie drehen die Argumentation

---

180 Übersetzung RDB.

181 In der Zeit zwischen 1992 und 1999 stieg die Arbeitslosenquote in Frankreich von 10,4 % auf 12,1 %, während sie in Großbritannien von 10,1 % auf 6,2 % sank (Larquier 2001, S. 21).

um. Sie sehen eher ein Koordinationsdefizit der Arbeitsmärkte in Frankreich. Aus Sicht der EC ist das Volumen der Arbeit (und damit auch der Arbeitslosigkeit) in einer Volkswirtschaft zudem keine konstante Größe, sondern hängt von Art und Qualität der vermittelnden Institutionen, Personen und Objekte ab (Bessy/Eymard-Duvernay 1997a, S. VII).

Die Vertreter der EC betonen, dass ein Koordinationsdefizit nicht zu verwechseln sei mit einem Regelungsdefizit. Es geht ihnen nicht um weitere rechtliche Regulierungen (Bessy et al. 2001c; Eymard-Duvernay 2005). Vielmehr soll begreiflich werden, dass „der Arbeitsmarkt" keine zentralisierte und selbstregulierende Institution ist. Auch handele es sich nicht um einen einfach zu überschauenden „Markt", der für alle in gleicher Weise kognitiv wahrnehmbar sei (Eymard-Duvernay 2001). Die Vielzahl der (regionalen, branchenspezifisch berufsständisch je unterschiedlich bedeutsamen) Intermediäre sowie die Praxis der Ausschreibung von offenen Stellen organisiert auch kognitiv die Arbeitsmärkte, sodass sich die Pluralität der organisierenden Prinzipien zu einer Pluralität der kognitiv je anders organisierten Arbeitsmarktbereiche auswirkt. Intermediäre formatieren, generieren und vermitteln Informationen auf den Arbeitsmärkten und tragen mit koordinierendem Bezug auf Konventionen zur Bewältigung der Unsicherheit über die Qualität von Arbeitskräften (und Arbeitsstellen) bei (Bessy/Eymard-Duvernay 1997, S. VIIIf).

Von den Vertretern der EC wird entsprechend gefordert, dass die Methodologie der spezifischen Ebene, auf der die Koordination der Arbeit erfolgt, Rechnung zu tragen habe. Es ist eigentlich – so Eymard-Duvernay – die Mesoebene der Institutionen, die unterhalb der nationalen Ebene empirisch und anhand „lokaler Analysen" zu untersuchen sei und in der sich die Makroebene (der Nation) einschreibe (Eymard-Duvernay 2008a, S. 64). Auch Robert Salais und Michael Storper (1993; Storper/Salais 1997) haben in ihrer international vergleichenden Analyse Regionen und nicht nationale Ökonomien untersucht, um eben die regionalen Ungleichheiten der institutionellen und konventionenbasierten Koordination *innerhalb* der Nationen zu berücksichtigen.[182] Als problematisch sehen Bessy, Larquier, Eymard-Duvernay und Marchal (2001b, S. 9/13) aber auch, dass die Statistiken für den internationalen Vergleich nicht vergleichbar seien, da sie auf unterschiedlichen Konventionen für die Messung beruhten.[183] So erscheint ein Teil des Rückgangs der Arbeitslosigkeit in Großbritannien auf eine dortige Veränderung der statistischen Klassifikation zurückzuführen zu sein, mit der Folge, dass die Messungen nicht vergleichbar sind, da sie letztlich auf unterschiedlichen Konvention beruhen (Eymard-Duver-

182 Siehe auch Kapitel 6.

183 Siehe zu diesem Problem das Kapitel 9.

nay 2001, S. 291).[184] Eymard-Duvernay führt die Schwächung der Kategorie der Arbeitslosen in Großbritannien auf die Grundlogik des Marktes zurück und zieht eine radikale Folgerung.

> „In einer Marktgesellschaft wird die Kategorie der Arbeitslosigkeit faktisch aufgeweicht. Die Arbeitslosigkeit entsteht im Zusammenhang mit dem Status des Lohns [...], die [Arbeitslosigkeit ist] ihrerseits verknüpft mit der Entstehung industrieller und ziviler Koordinationsformen. Man kann also sagen, dass in einer Welt des reinen Marktes – paradoxerweise – keine Arbeitslosigkeit existiert, weil es dort die institutionalisierte Kategorie des Lohns nicht gibt." (Eymard-Duvernay 2001, S. 291f)

Im Vergleich der beiden Länder Frankreich und Großbritannien zeichnen sich für Bessy, Eymard-Duvernay, Larquier und Marchal (2001c) zwei grundlegend unterschiedliche nationale Koordinationslogiken auf den jeweiligen Arbeitsmärkten ab. Für Frankreich ist dies eher diejenige der industriellen Koordinationsweise (industrielle Konvention) und für Großbritannien eher die der marktförmigen Koordinationsweise (Marktkonvention).[185] Auch wenn diese Diagnosen für den Untersuchungszeitraum (der 1990er-Jahre) gelten, so zeigt sich doch bis heute, dass die wesentlichen Unterschiede der Koordinationsweisen beständig geblieben sind.

4.9 Valorisierung, Diskursuniversen und Suchstrategien in Marktsegmenten

Die Analyse der Arbeitslosigkeit ist ein durchgehendes Forschungsanliegen der EC. Nachdem Salais, Baverez und Reynaud (1986, 1999) insbesondere die Kategorie der Arbeitslosigkeit und ihre Ko-Konstruktion in einem zugehörigen institutionellen Umfeld (der Industrialisierung Frankreichs) in der langfristigen historischen Perspektive untersucht hatten, hat eine Gruppe um Eymard-Duvernay in einer neueren Untersuchung in dem Band „*Epreuves d'évaluation et chômage*" die verschiedenen Formen von Arbeitslosigkeit im Rahmen unterschiedlicher Erwerbsbiografien untersucht und diese auf unterschiedliche Arbeitsmärkte bezogen (Eymard-Duvernay Hrsg. 2012). Diese Studie setzt die in diesem Kapitel vorgestellten Forschungslinien

184 Eymard-Duvernay kritisiert, dass einige der vormals als „arbeitslos" erfassten Personen in Großbritannien nun der Kategorie der „Inaktiven" zugeordnet werden, obwohl sie arbeitssuchend und verfügbar seien, sodass damit die Arbeitslosigkeit unterschätzt werde (Eymard-Duvernay 2001, S. 291).

185 Diese beiden Konventionen werden im folgenden Kapitel 5 dann näher erläutert.

fort und ist auch deshalb beachtenswert, weil sie konzeptionelle und methodische Neuerungen im Rahmen der Analyse von Arbeitsmärkten eingeführt hat. Eymard-Duvernay führt das Konzept der Valorisierung (*valorisation*) ein, das ihm geeignet erscheint, die Prozesse der Zuschreibung von Qualität zu erfassen.

> „Wir bevorzugen den Begriff Valorisierung […], der klar die ethischen und politischen Dimensionen der Qualität anzeigt und der ermöglicht, die Beziehung zu den Werttheorien in der Ökonomie herzustellen. Der Begriff hat zudem den Vorteil, die Betonung auf die Dimension der Handlung des Urteilens in einer dynamischen und nicht statischen Perspektive zu legen. Das Urteil stellt keinen Zustand fest, es konstruiert (oder dekonstruiert) Wert. Das Urteil ist die Operation, die den Wert erschafft." (Eymard-Duvernay 2012, S. 11)[186]

Wie Christian Bessy (1997c), der von Räumen der Qualifizierung gesprochen hat, so sieht auch Eymard-Duvernay diese Prozesse der Zuschreibung von Qualitäten als in Kontexten erfolgend und durch diese bedingt. Er bezeichnet sie als „Räume der Valorisierung" (Eymard-Duvernay 2012, S. 32), und auf die durch Eymard-Duvernay gelegte konzeptionelle Grundlage beziehen sich viele der Beiträge in dem Band.

Emmanuelle Marchal und Delphine Remillon (2012) haben auf der Grundlage biografischer Interviews von Personen über deren Lebensverlauf, aber insbesondere über die Berufsverläufe sowie die Strategien der Arbeitssuche versucht, die Werte und Identitäten von Arbeitenden und Arbeitslosen zu identifizieren.[187] Für alle Befragten gilt, dass sie entweder (zum Interviewzeitpunkt) arbeitslos waren oder vorher Erfahrungen mit lang andauernder Arbeitslosigkeit gemacht hatten.[188] Marchal und Remillon haben diese Interviews einer lexikometrischen Analyse unterzogen, um die darin enthaltenen und in sich kohärenten „Diskursuniversen" zu identifizieren.[189] Solche Diskursuniversen sind nicht als Narrationen oder Gespräche aufzufassen, sondern als Wortfelder, die durch die praktische Vernetzung (Kookkurrenz) eine

---

186 Übersetzung RDB.

187 Es existiert eine Reihe von Beiträgen, die eine dynamische Analyseperspektive anwenden auf den Zusammenhang von Berufsverläufen und sozialen Ungleichheiten (Larquier/Remillon 2008; Remillon 2009; Charbeau/Larquier 2010). Darüber hinaus untersuchen Larquier und Rieucau (2010, 2014), wie unterschiedliche Intermediäre und Unterstützungsformen unterschiedliche Berufsverläufe und Arten von Berufstätigkeit (Anstellung, Selbstständigkeit) ermöglichen, ob man also eine Stelle findet oder selbst erschafft.

188 Es wurden insgesamt 44 biografische Interviews geführt. Alle Personen waren zwischen 40 und 60 Jahre alt.

189 Eine Vorversion dieser Analyse (mit einer genaueren Beschreibung der Stichprobe und des Analyseverfahrens) ist vorab am CEE erschienen (Marchal/Remillon 2007).

zusammenhängende Semantik repräsentieren.[190] (Marchal und Remillon nennen diese Diskursuniversen auch „lexikalische Universen" oder „lexikalische Welten".)[191] Sie wollen mit dieser diskursanalytischen Analyse der biografischen Interviews einen anderen Zugang zur Analyse der praktischen Bedeutung von Marktformen für die Arbeitssuchenden (arbeitslose Personen) eröffnen. Sie beziehen sich dabei auf die verschiedenen Marktformen, die Doeringer und Piore (1985) als Segmente identifiziert haben. (Die beiden werden daher als „Segmentalisten" bezeichnet.)

> „Die Theorien der Segmentalisten beschreiben die Segmente des Arbeitsmarktes, indem sie von Dispositiven ausgehen, die das Verhalten strukturieren. Wir schlagen hier einen anderen Zugang vor, um die sozialen Welten (oder Räume der Valorisierung) zu identifizieren. Wir haben uns für sprachliche Äußerungen interessiert, die Personen getätigt haben, welche eine Erzählung ihres beruflichen Werdeganges liefern. […] Wir konnten diese drei lexikalischen Universen so interpretieren, dass sie auf die drei Typen [Segmente] von Märkten verweisen, welche die Segmentalisten bereits aufgezeigt haben: die Arbeitsmärkte der Unqualifizierten oder Gelegenheitsarbeiter […], auf welchen die Investitionen in Ausbildung und spezifische Techniken für die Stelle nur gering sind; die Märkte für qualifizierte Angestellte, deren Qualifikationen übergreifend sind […]; und die internen Arbeitsmärkte […], wo im Gegenteil die Qualifikationen nicht übertragbar sind, da sie durch ein aufgabenbezogenes Anlernen und durch ein ‚training on the job' erworben wurden. Hier wird eine hohe Anpassungsfähigkeit der Handarbeit gefordert. […]
>
> Wir werden zeigen, dass zu jedem Markt spezifische Vorgehensweisen der Arbeitssuche gehören. Die verschiedenen Kanäle der Rekrutierung sind nicht gleichermaßen effizient auf jedem dieser Märkte. Und auch wenn manchmal dieselben Intermediäre herangezogen werden (z. B. der Vermittler oder das Netzwerk), variiert ihr Gebrauch doch von einem Markt zum anderen, sodass damit auch verschiedene Beziehungen zu diesen Intermediären aufgebaut werden." (Marchal/Remillon 2012, S. 79f)[192]

Der Ansatz von Marchal und Remillon versucht – im Unterschied zu den wirtschaftswissenschaftlichen Analysen der Situation von Arbeitslosen auf Arbeitsmärkten – (1)

---

190 Diese Analyse erfolgte mithilfe der Software ALCESTE, die vom CNRS seit 1986 entwickelt wird. ALCESTE ermöglicht, in einem Korpus die wichtigsten Semantiken und ihre (hierarchische) Struktur zu extrahieren. Darüber hinaus kann ALCESTE kohärente Teilkorpora in einem Korpus identifizieren. Praktisch wird das Korpus dafür in elementare Kontexteinheiten (jeweils einige Zeilen) zerlegt, die Serien vereinfachter Begriffe (in Wortstämme vereinheitlicht) enthalten. Diese elementaren Kontexteinheiten werden dann hierarchisch geclustert, sodass sie intern kohärente lexikalische Teilkorpora („mondes lexicaux" oder „univers de discours") bilden.

191 Die Autorinnen erhalten vier verschiedene lexikalische Universen, von denen sich drei klar auf die unterschiedenen drei Segmente des Arbeitsmarktes und die Markttypen beziehen lassen.

192 Übersetzung RDB.

die Einbeziehung der subjektiven Sichtweisen anhand der Analyse der Diskursuniversen. Denn um das Suchverhalten und die Wahrnehmung von Gelegenheiten sowie die Wahrnehmung der Nützlichkeit von Vorgehensweisen erst verstehen zu können, müsse man die Interpretationen der Akteure einbeziehen. Weiter geht es ihnen dann (2) um die Analyse der Trias aus Marktsegmenten, zugehörigen Diskursuniversen und Vorgehensweisen für das Suchen nach einer Anstellung. Damit fassen die Autorinnen die institutionalistische Analyse weiter, als nur nach Regeln, Rationalitäten und Ressourcen (sowie nach Präferenzen und Preisen) zu fragen: Es geht ihnen auch um die Bedeutungsstrukturen und die interpretativen Praktiken der betroffenen Akteure. Marchal und Remillon verstehen (3) diese Marktsegmente mit ihren Diskursuniversen, Intermediären sowie Suchstrategien als je eigene Räume der Valorisierung, in denen auch je typische Verlaufsformen (*parcours*) von Berufstätigkeit und Arbeitslosigkeit (sowie ihrer Abfolge) vorzufinden sind.

> „Diese Typologie der Verläufe von Beschäftigung und Arbeitslosigkeit stützt sich auf die lexikalischen Welten, die die Diskursanalyse unterschieden hat. Die Hypothese, die wir testen wollen und die wir validieren, ist, dass die Sprache nicht vom Sozialen abgetrennt werden kann, da sie ein strukturierendes Element ist. Die Sprache ist ein Instrument, um die soziale Welt zu befehligen, um sie zu konstruieren, um sie zu kategorisieren […]. Die vorangehende Analyse der Sprache hat uns ermöglicht, ‚Universen des Lebens' mit ‚Universen des Sinns' zu vermitteln […]." (Marchal/Remillon 2012, S. 89)[193]

Marchal und Remillon rekonstruieren die „Innenansichten" (die lexikalischen Welten) der drei Marktsegmente sowie die zugehörigen typischen Berufsverläufe, berufliche Identitäten und Erfahrungen, so wie sie sich aus Sicht der befragten arbeitslosen Personen rekonstruieren lassen.[194] Das Diskursuniversum im *Marktsegment der unqualifizierten Arbeitnehmer* ist durch ein Vokabular über den Lohn und die Dauer der Tätigkeit (Vertragsdauer) geprägt. Hinzu kommen die Probleme als wichtige Themen, die sich ergeben, wenn die Übergänge zwischen Zeiten der Beschäftigung und Tätigkeiten und Arbeitslosigkeit häufig sind (wie Krankheit, fehlende soziale Sicherung, kaum finanzielle Reserven, belastete Familienverhältnisse). Die Berufsverläufe sind geprägt durch eine Aneinanderreihung ausgeübter Tätigkeiten, die die Befragten nicht als Akkumulation von Erfahrung erfahren, die nicht zu einer stabilen beruflichen Identität führt. Diese Befragten verstehen sich nicht als Angehörige eines Berufsstandes, eines Metiers oder einer Profession.

193 Übersetzung RDB.

194 Siehe für eine feiner differenzierende Analyse Remillon (2009), in der weitere solcher Marktsegmente aufgeschlüsselt werden.

Dieses Marktsegment wird nicht erfahren als durch Instabilitäten geprägt, hier gibt es auch kein bedeutsames Konzept von Karriere, und selbst in den Phasen der Stabilität (durchgehende Anstellung) gibt es keine Gehaltssteigerungen und Aufstiege. Insgesamt handelt es sich hier um den zweiten Arbeitsmarkt, der den Raum der Valorisierung für diese Befragten und ihre Arbeit in diesem Segment darstellt (Marchal/Remillon 2012, S. 84f). Dagegen ist das Diskursuniversum im *Marktsegment für die qualifizierten Arbeitnehmer* durch eine ausgeprägte Begrifflichkeit der Profession (des Metiers) und der Zeitlichkeit geprägt. Letztere beschreibt die Trennung in Arbeitszeit und Freizeit und damit als Erfahrung die Regularität und Berechenbarkeit der Arbeitszeit. Zudem haben die Arbeit und die Beschäftigten hier auch eine Qualität und damit einen Preis. Die Berufslaufbahnen der befragten Arbeitslosen in diesem Segment werden interpretiert als stabile Laufbahn trotz instabiler Vertragsverhältnisse. Sie sehen einen Zuwachs ihrer Erfahrung sowie ihrer Qualifikation über die verschiedenen Stationen ihrer Berufstätigkeit. Sowohl die Erfahrung als auch die Qualifikation sehen sie als von einer Beschäftigung zur nächsten übertragbar. Die Offenheit („Fluidität") dieses Marksegments wird durch die berufliche Mobilität gesichert. Hier ist der Raum der Valorisierung die Profession mitsamt ihren professionellen Netzwerken (Marchal/Remillon 2012, S. 86f). Das dritte Marktsegment ist dasjenige, das anhand der Differenz von *internen und externen Märkten strukturiert ist.* Die Autorinnen haben hierfür insbesondere die großen französischen Unternehmen ausgemacht, welche in Abteilungen differenziert sind und über regionale Filialen verfügen. Das hier vorfindliche Diskursuniversum ist zuerst auf diese großen Unternehmen bezogen, und die befragten Personen beschreiben hier zunächst firmenbezogene Karrierewege im internen Arbeitsmarkt. Diese sind Aufstiege in der Unternehmenshierarchie mit zugehörigem Zuwachs an Einkommen, Kompetenz und Verantwortung. Hier wird eine produktbezogene Expertise diskursiviert, die ein Teil der Kompetenz ist. Den Raum der Valorisierung bildet zunächst das Unternehmen, in dem Personen beschäftigt sind, sowie dessen betriebliche Netzwerke. Aber zu diesem Marktsegment gehört auch der externe Arbeitsmarkt – zumindest so, wie er sich für diejenigen als Betätigungsfeld darstellt, die keine Möglichkeiten (mehr) für eine innerbetriebliche Karriere haben und gezwungen sind, außerhalb des bisherigen Unternehmens eine neue Stelle und darauf aufbauende Karriereperspektiven zu suchen. Hier können nun die firmenübergreifenden Netzwerke aus schwachen Beziehungen zum Tragen kommen, die die Einstellung in einem neuen Unternehmen fördern und so die Karriere fortzusetzen helfen. Dies sind die „schwachen Beziehungen", wie sie Granovetter mit dem Konzept der *weak ties* beschrieben hat (Granovetter 1973).

Die qualifizierten Arbeitnehmer, die nicht in großen Unternehmen arbeiten, setzen auf die personalisierten Kontakte, die auf Bekanntsein und beruflicher Reputation beruhen. Diese versuchen sie auch zu den Akteuren in den vermittelnden Organisationen über ihre spezifische Qualifikation für ein Metier aufzubauen. Befragte, die in großen Unternehmen arbeiten oder dort (wieder) arbeiten wollen, streben die Vorteile des *internen Arbeitsmarktes* an, der geschützte Aufstiegs- und Karrieremöglichkeiten eröffnet, durch die Evaluation und Förderung von Vorgesetzten. Zugleich sind sie diejenigen, die von ihren Positionen aus das größte Repertoire an formalen Vorgehensweisen einsetzen, wenn sie das eigene Großunternehmen verlassen müssen (oder dort zumindest keine weiteren Karriereoptionen haben) und sich für Stellen (auf dem *externen Arbeitsmarkt*) in anderen Großunternehmen bewerben. Die staatlichen Arbeitsvermittlungen werden kaum als adäquate Intermediäre für eine solche Stellenvermittlung gesehen, weshalb die arbeitssuchenden Personen sich vor allem direkt mit dem möglichen neuen Arbeitgeber in Kontakt setzen, sich also direkt bewerben.

Tabelle 4.3 Hauptformen der Arbeitsplatzsuche nach Marktsegment

Markt (Segment)	Beziehungsnetz	Zeitarbeitsfirmen	staatliche Arbeitsagenturen[180]	andere Vorgehensweise
Markt für unqualifizierte Arbeitnehmer	„Mund-zu-Mund"-Propaganda, um vor Ausschreibung Gelegenheit zu finden	Vielfache Einschreibung, um Einstellungschancen zu multiplizieren	kritische Rückfragen, aufgrund „enttäuschender Vermittlung"	„Von Tür zu Tür" gehen
Markt für qualifizierte Arbeitnehmer	Netzwerke der Professionellen vermitteln Vertrauen und Reputation	Personalisierte Kontakte	Personalisierte Kontakte, wenn das Metier klar bestimmt ist	Auf eigene Rechnung arbeiten und schwarz arbeiten
Interner/externer Markt	Schwache Beziehungen stützen die Karriere	befristete Anstellung mit Übernahmeoption	Erwartung von Ausbildung und Information, nicht von Vermittlung	Multiplikation formaler Vorgehensweisen: Initiativbewerbungen, Reagieren auf Annoncen, Internet

Quellen: Marchal und Remillon (2012, S. 105) sowie Remillon (2009, S. 313)

195 Bis 2008 war dies die *Agence nationale pour l'emploi* (ANPE) mit ihren Filialen. Seitdem heißt die staatliche Arbeitsvermittlung *Pôle emploi*. Hier können sich arbeitssuchende Personen registrieren lassen und erhalten Dienstleistungen (Arbeitsvermittlung, Qualifizierungsangebote) sowie staatliche Arbeitslosenunterstützung.

Zu allen drei Marktsegmenten gehören verschiedene Interpretationen, was die Bedeutung und der Nutzen der Intermediäre für die Befragten als arbeitssuchende Personen sein kann. Soziale Netzwerke, private Zeitarbeitsfirmen und staatliche Arbeitsagenturen werden eben in verschiedener Weise eingesetzt. Hinzu kommen spezifische Strategien in den Segmenten. Marchal und Remillon haben in einer Tabelle (siehe Tabelle 4.3) diese Intermediäre und Vorgehensweisen für die drei Marktsegmente (idealtypisch) skizziert. Die *unqualifizierten Arbeitnehmer* setzen insbesondere auf informelle Strategien und müssen sich eigentlich ständig auf dem Laufenden halten darüber, wo es mögliche neue Arbeitsgelegenheiten gibt. Der Umgang mit formalen Organisationen ist in diesem Segment eher durch Kritik und Erwartungslosigkeit gekennzeichnet.

An den Beitrag von Marchal und Remillon haben Eymard-Duvernay und Remillon (2012) unmittelbar angeschlossen und sind den detaillierten Verläufen von Berufsbiographien sowie den darin eingebetteten Erfahrungen von Arbeitslosigkeit nachgegangen.[196] Nun sind hier die Abfolgen von Valorisierungen und Devalorisierungen betrachtet worden, wobei dem Konzept des „Qualitätsurteils" (*jugement de qualité*) eine besondere Bedeutung zukommt.

> „Wir interessieren uns für Situationen, in welchen die Arbeit nicht die Objektivität hat, die man ihr verleiht, wenn man aus Gewohnheit von einer ‚Ware' spricht – was nicht mehr auszudrücken scheint als das Vorliegen von quantitativen Entscheidungen in Begriffen von Angebot und Nachfrage. Infolgedessen ist es erforderlich, in die Analyse eine spezifische Operation einzuführen: diejenige des Qualitätsurteils, die eine komplexe Operation mit mehreren Dimensionen ist. Sie ist kognitiv (man muss so genau wie möglich Sachverhalte messen), sie ist ethisch (diese Messung ist angeleitet durch eine Konzeption des Guten), sie ist sozial (diese Konzeption des Guten muss zwischen den Austauschenden, die durch ein größeres Kollektiv beurteilt werden, geteilt sein), sie ist politisch (weil sie bestimmte Bedingungen der Gerechtigkeit respektieren muss). Jede dieser Dimensionen des Urteils ist mit Unsicherheit behaftet. Daraus resultiert, was man eine qualitative Unsicherheit nennen kann. [...] Das Urteil überträgt sich durch eine Valorisierung oder eine Devalorisierung von Personen, nämlich durch eine Zuteilung von Arbeit (oder nicht), die Selektion während der Arbeit und die Risiken der Exklusion für diejenigen, die nicht ausgewählt wurden." (Eymard-Duvernay/Remillon 2012, S. 107)[197]

Berufsbiographien lassen sich als Abfolge von Situationen verstehen, in denen Personen mit Qualitätsurteilen „versehen" werden, d. h. ihnen werden Kompeten-

196 Es wurden dafür 65 weitere biografische Interviews durchgeführt. Erneut waren die Befragten zwischen 40 und 60 Jahre alt, arbeitslos oder hatten Erfahrungen mit längerer Arbeitslosigkeit gemacht.

197 Übersetzung RDB.

zen, Qualifikationen, Eigenschaften, Fähigkeiten, Wertigkeiten usw. zuerkannt – oder eben auch nicht. Arbeitslosigkeit – wie sie hier untersucht wird – ist dann zurückzuführen auf eine oder mehrere Situationen, in denen eine oder mehrere Devalorisierungen und dann eine Exklusion stattgefunden hat. Situationen, in denen Qualitätsurteile erfolgen, sind für die EC grundsätzlich als Prüfungen (*épreuves*) zu verstehen. Der Wortbestandteil „Urteil" drückt dies aus. Ein Wort wie „Qualitätsprüfung" würde dagegen nahelegen, dass die Qualität vor dem Qualitätsurteil bereits in einer spezifischen Art und Weise vorhanden wäre und nur darauf wartete, durch die Prüfung „zutage" zu treten. Eben diese Vorstellung lehnt die EC insgesamt ab. Für Eymard-Duvernay und Remillon ist die Analyse der Arbeitslosigkeit, die durch Mechanismen der Exklusion erfolgt, zu unterscheiden von konjunktureller Arbeitslosigkeit. Letztere kann anhand quantitativer Indikatoren erfolgen (Eymard-Duvernay/Remillon 2012, S. 108). Insbesondere für die hier untersuchte Form der Arbeitslosigkeit spielt die Interpretation (das Schlussfolgern) durch die Akteure selbst eine grundlegende Rolle für die Erklärung und für das Verstehen der Arbeitslosigkeit sowie für die Identifizierung der dafür wichtigen Ereignisse (Eymard-Duvernay/Remillon 2012, S. 117). Zudem ist für die Identifizierung und Interpretation von Devalorisierungen die Heranziehung des jeweiligen situativen Kontexts relevant, in dem Qualitätsurteile und Prüfungen erfolgen. Denn die Prüfung hängt ab von den situativ präsenten Räumen der Valorisierung.

> „Der Ausgang der Prüfung hängt vom Kontext ab, das heißt von der Präsenz oder Absenz bestimmter Objekte, kognitiven Werkzeugen oder Dispositiven, und im weiteren Sinne vom mehr oder weniger kooperativen (oder demokratischen) Charakter der Prüfung. Damit kann man sagen, dass der Wert eines Angestellten nicht stabil gegeben ist, sondern in Abhängigkeit von der Konfiguration des Parcours der Prüfungen und seiner Dynamiken variiert. Dies führt zu einem Parcours von Prüfungen, der umfassend valorisiert und zu einer allmählichen Konstruktion einer beruflichen Identität führt, das heißt im Unterschied zu einem Parcours der Exklusion mit möglichen Gabelungen zwischen diesen beiden Typen von Verläufen." (Eymard-Duvernay/Remillon 2012, S. 144).[198]

Eymard-Duvernay und Remillon verweisen damit auf die (empirische) Normativität der Qualitätsurteile und Prüfungen, d. h. es sind praktisch die Konstellationen von Intermediären in situativen Kontexten, die die Gerechtigkeitsprinzipien einbringen. Diese können sich als Unfairness und als Ungerechtigkeit erweisen, somit soziale Ungleichheiten verstärken, wenn Devalorisierungen auf die Unangemessenheit von Kontexten für Qualitätsurteile zurückzuführen sind. Solche Devalorisierungen

198 Übersetzung RDB.

können sich zudem über die verschiedenen Situationen der Prüfung kumulieren. Die Analyse der Berufsverläufe, die die beiden vorlegen, zeigen eben solche Unangemessenheiten sowie Verkettungen von Valorisierungen und Devalorisierungen auf (und sie können auch die Bedeutung der Diskursuniversen für deren Interpretation der Berufsverläufe erneut nachweisen). Eymard-Duvernay und Remillon argumentieren nicht in der vereinfachenden Weise, dass für Arbeitslosigkeit lediglich die sozialen Bedingungen verantwortlich seien. Aber sie plädieren für eine Berücksichtigung eben dieser Angemessenheit von Prüfungen für Arbeitnehmer, das heißt konkret für eine Pluralität von Räumen der Valorisierung und für die Möglichkeit, eine Form der Valorisierung durch eine andere kompensieren zu können (Eymard-Duvernay/Remillon 2012, S. 144f).[199]

Ein weiterer Beitrag von Guillemette de Larquier und Emmanuelle Marchal (2012) hat die Auswahlverfahren von französischen Unternehmen auf eben solche Angemessenheiten und deren Pluralität hin untersucht.[200] Sie zeigen zwar auf, dass es insgesamt eine Pluralität von Verfahren gibt. Sie zeigen aber auch, dass viele Privatunternehmen nicht die gleichen Ressourcen aufbringen können für die Rekrutierung und dass insbesondere im öffentlichen Dienst die Formalisierung der Auswahlverfahren (aufgrund öffentlichen Legitimierungsdrucks) sehr weit fortgeschritten ist. Brisant erscheint ihnen die Tatsache, dass gerade die sozialen Gruppen, die stärker von Arbeitslosigkeit betroffen sind, auch eher von diskriminierenden Formen der Auswahl und Valorisierungen betroffen sind (wie geforderte physische Eigenschaften und Leistungsvermögen in den Ausschreibungen). Sie folgern, dass die weitere Formalisierung von Auswahlverfahren nicht angemessen sein kann, sondern dass es um eine Bewahrung einer Pluralität und die Einrichtung der Diversität von Valorisierungsformen innerhalb eines Auswahlverfahrens gehen müsse (Larquier/Marchal 2012, S. 74).

---

199 Die Forderung, dass Kompensationen möglich sein sollen, haben Eymard-Duvernay und Marchal früh als Konzept des „*jugement équilibré*“ eingebracht (Eymard-Duvernay/Marchal 1997, S. 47).

200 Datengrundlage ist die *Enquête Ofer* (für *offre d'emploi et recrutement*), welche für 4052 französische Unternehmen die Einstellungsverfahren im Jahr 2005 anhand qualitativer Interviews erhoben hat (Larquier/Marchal 2012, S. 49). Siehe für eine Analyse dieser Daten auch Bessy und Marchal (2009) sowie Bessy und Larquier (2010).

4.10 Sind Arbeitsmärkte „Märkte"?

Die Arbeiten der EC zeigen von Beginn an, dass mehrere Konzepte von Konvention aufgegriffen und entwickelt wurden. Von Beginn an wird nicht nur davon ausgegangen, dass eine Pluralität (im Sinne von Koexistenz verschiedener Koordinationsprinzipien) von Konventionen in der Ökonomie vorliegt, sondern es liegt auch ein mehrfaches Verständnis von Konventionen selbst vor. Diese Verständnisse haben jeweils gemeinsam, dass Konventionen nicht reduziert werden können auf „Standards" oder „Bräuche", sondern dass sie jeweils bezogen sind auf Koordination und die mit ihr einhergehenden Probleme der Unsicherheit und des Erfordernisses der Interpretation. Damit wird auch klar, dass die – heutzutage zuerst mit der EC in Verbindung gebrachten – „Qualitätskonventionen" nicht die alleinige Art von Konventionen ausmachen, wenn sie auch das heute prominenteste Konventionenkonzept in der EC darstellen. Die Analyse der Arbeitsmärkte durch die EC weist nicht nur die Pluralität von Konventionen auf, sondern auch die Pluralität der Intermediäre im Arbeitsmarkt. Christian Bessy (2014, S. 13) hat hervorgehoben, dass die EC auch als eine Sozio-Ökonomie der Intermediäre des Marktes aufgefasst werden könne, die die Prozesse der Qualifizierung (von Arbeit, Produkten, Personen) ermöglichen. Seit einigen Jahren wird nun in diesem weiten Sinne der Begriff der Valorisierung verwendet (Bessy/Chauvin 2013).[201]

Die gängige Auffassung von Märkten setzt bei einem Produkt mit spezifischen gegebenen Eigenschaften an. Dem setzt die EC in den Analysen zum Arbeitsmarkt nicht nur eine Pluralität (an Konventionen, Intermediären, Formen, Dispositiven) entgegen, sondern auch die pragmatische Grundhaltung, dass Prozesse (der Qualifizierung/Valorisierungen) und nicht gegebene Eigenschaften am Anfang stehen. Das hat kritische Folgen für das herkömmliche neoklassische Konzept von „Märkten".

1. Zuerst einmal, dass Arbeitsmärkte keinem „Marktmodell" entsprechen, das *eine einzige* und damit *umfassende* Koordinationslogik unterstellt, das in westlichen Gesellschaften verbreitet ist und das dem neoklassischen Modell eines transparenten Austauschmechanismus entspricht, der nur über den Preismechanismus vorab definierte Qualitäten (hier „Arbeit" bzw. „Arbeitnehmer") an Käufer (hier Arbeitgeber) mit vorab definierten Bedürfnissen, welche mit Kaufkraft ausgestattet sind, *direkt* vermittelt. Der Nachweis einer koexistenten Pluralität von Konventionen in Arbeitsmärkten ist ein früher Befund der EC.

201 Siehe für einen systematischen Beitrag zur Analyse von Prozessen der Valorisierung Heinich (2017). Auch Reckwitz (2017) spricht in seiner Kultursoziologie nun von Valorisierung.

Märkte sind damit durch eine Pluralität institutioneller Arrangements und Koordinationslogiken gekennzeichnet.

2. Dann sind Arbeitsmärkte auch *komplexe und organisierte Sphären*, weil sie Akteure und Organisationen mithilfe von Intermediären (Personen und Dispositiven), Rekrutierungswegen, Formen und Formaten sowie Konventionen aneinander vermitteln, die reale Arbeitsmärkte erneut deutlich absetzen vom Modell des neoklassischen Marktes, das – bis auf den zentralen Preismechanismus – eben das Fehlen von Organisation voraussetzt.
3. „Markteffizienz" der verschiedenen Typen und Segmente von Arbeitsmärkten – im Sinne des möglichst reibungslosen Funktionierens der Arbeitssuche – ist je unterschiedlich durch Intermediäre und Vorgehensweise etc. zu erreichen. „Effizienz" kann eben aufgrund dieser Komplexität vorliegen. „Ineffizienz" kann dann auch durch ihr Fehlen (ein Koordinationsdefizit) verursacht sein.
4. Auch wenn die EC an die Arbeit von Doeringer und Piore (1985) anschließt, die eine Unterscheidung zwischen „Organisation" (interner Arbeitsmarkt) und „Markt" (externer Arbeitsmarkt) voraussetzt, so fällt auf, dass die durch die EC eingeführten Konzepte für die Koordination und Qualifizierung/Valorisierung sich zumeist nicht nur einem von beiden zuordnen lassen. Damit stellt sich die Frage, ob „Organisation" und „Markt" wirklich grundverschiedene und daher auch eigenständige Koordinationsformen sind. Denn die Prozesse der Qualifizierung/Valorisierung überschreiten die Grenze von Unternehmen und übergreifen damit diese Differenzierung. Insbesondere Intermediäre bewerkstelligen dies an den „Organisationsgrenzen", indem sie die grenzüberschreitende Vernetzung mit dem „Markt" (sowie mit anderen Organisationen, externen Personen, Objekten, Prozessen) herstellen (Eymard-Duvernay 1994).[202]
5. Dann wird in den Beiträgen der EC deutlich, dass „Arbeit" nach Art, Qualität und Menge *kein vorab gegebener Sachverhalt* ist. Wie dies bereits für die statistischen Kategorien erfolgt ist, so wird auch hier der Nachweis durch die EC erbracht, dass die „Arbeit" und darauf bezogene Aspekte wie „Qualifikationen" Resultate sind, die durch Akteure, Konventionen und Objekte prozesshaft generiert werden. Dieser Befund kann kritisch auf die Produktontologie des neoklassischen Marktmodells (aber auch folgender, wirtschaftswissenschaftlicher Ansätze wie dem wirtschaftswissenschaftlichen Neoinstitutionalismus von Williamson und North) insgesamt übertragen werden – was dann anhand der Generalisierung

202 Eymard-Duvernay (1994) stützt sich hier auf die netzwerktheoretische Position von Mark Granovetter (1985), der früh argumentiert hat, dass Organisationen und Märkte eben nicht als unabhängige Koordinationsmodi aufzufassen seien, da ihre Grenzen durch Netzwerke durchdrungen seien.

der Analyse der Qualifikationsprozesse und der Einführung des Konzeptes der Qualitätskonventionen auch erfolgt.

Insgesamt sind aus Sicht der EC Arbeitsmärkte in der Regel keine neoklassischen „Märkte"[203] – und diese Differenz ist nicht auf ein Defizit empirischer Arbeitsmärkte zurückzuführen.

203 Wenn Arbeitsmärkte neoklassischen Märkten entsprechen, dann handele es sich um eine Ausnahme, so Eymard-Duvernay (1994). Für diese Diagnose stützt sich Eymard-Duvernay auf die Arbeit von David Marsden (1989), der zu dem Schluss kommt, dass Arbeitsmärkte aufgrund fehlender Generalisierbarkeit (von Qualitäten und Qualifikationen) und von Opportunismus (insbesondere durch Arbeitgeber) instabile Märkte sind.

Qualitätskonventionen 5

„Sind die Qualitätskonventionen einmal fixiert, kann das rationale Kalkulieren ohne Probleme bewerkstelligt werden, insbesondere wenn die Einheiten des Kalkulierens fixiert sind. Aber es ist notwendig, in die Analyse die Konstruktion der Qualitätskonventionen einzubeziehen, weil sie niemals definitiv etabliert sind. Stattdessen werden sie im Zuge der Koordination immer wieder infrage gestellt. Diese Debatte über die Konventionen, die der Koordination unterliegt, wird in der Economie des conventions in Betracht gezogen, indem eine Pluralität der Konventionen eingeführt wird, zwischen denen die Akteure vermitteln müssen." (Eymard-Duvernay 2008a, S. 60)[204]

5.1 Einleitung

Zu den viel beachteten Beiträgen der EC zählen die Analyse der Qualitäts*konstruktionen* und die Einführung des Konzeptes der *Qualitätskonventionen*. Die „Entdeckung" der Qualitätskonventionen ist eine der genuinen Leistungen der EC, die damit ihre zentrale Stellung im Zentrum der neuen französischen Wirtschaftssoziologie begründet und sich auch daher als prominenter Bestandteil der neuen pragmatischen Soziologie in Frankreich etabliert hat. Neben der „Entdeckung" der rechtfertigenden Praktiken im Rahmen der Analyse der klassifizierenden und kategorisierenden Praktiken (Kapitel 3) sowie der Identifikation der fundamentalen Rolle von Konventionen in der Koordination und Qualifizierung (Valorisierung) der Arbeit (Kapitel 4) sind die Arbeiten zu den Qualitätskonventionen ein weiteres Gründungsmoment der EC.

204 Übersetzung RDB.

R. Diaz-Bone, *Die „Economie des conventions"*, Soziologie der Konventionen, https://doi.org/10.1007/978-3-658-21062-5_5

In diesem Kapitel wird das Konzept der Qualitätskonvention eingeführt und andere Konzepte der EC werden darauf bezogen. Hierbei wird erneut deutlich, dass die EC eine pragmatische Grundlage für ihre sozio-ökonomische und wirtschaftssoziologische Theorie verwendet. Denn auch hier ist die *Pluralität* der Qualitätskonventionen ein Ausgangspunkt. Weiter wird gezeigt, dass die Qualitätskonstruktion in das koordinierende Handeln eingelagert ist und damit das Handeln unter Bedingungen der *Unsicherheit in Situationen* der pragmatische Ausgangspunkt der EC ist. Die Analyse der so auf die Qualität bezogenen *Koordination* ermöglicht auch einen innovativen Zugang zur Analyse der Koexistenz verschiedener institutioneller Arrangements in der Wirtschaft, wie „Markt" und „Unternehmen" (Eymard-Duvernay 1989; Thévenot 1989a).[205] Auch hier bringt die EC ein neues Verständnis ein, wie institutionelle Arrangements zu verstehen und wie sie bedingt sind. Die kritischen Bezüge zur neoklassischen Wirtschaftstheorie und zum wirtschaftswissenschaftlichen Neoinstitutionalismus sind daher nicht nur für das Erkennen der Innovativität dieses Konzeptes wichtig, sondern auch, um die Bedeutung der Qualitätskonventionen für die Koordination in Märkten und Organisationen sowie für die Koordination von Unternehmen in Märkten zu verstehen.

François Eymard-Duvernay und Laurent Thévenot haben hier die wichtigen grundlegenden Arbeiten zur Elaboration dieses Konzeptes beigetragen. So wie sie auch das Konzept der Forminvestitionen in den 1980er-Jahren in Kooperation entwickelt haben, publizierten sie fast zeitgleich erste Arbeiten, in denen sich das Konzept der Qualitätskonventionen abzeichnet (Eymard-Duvernay 1986; Thévenot 1986; Eymard-Duvernay/Thévenot 1986). Eymard-Duvernay und Thévenot beziehen sich dabei auf die Theoriearbeit, die Thévenot mit Luc Boltanski ebenfalls in den 1980er-Jahren unternommen hat und die im Rahmen der EC unter der Bezeichnung „*Les économies de la grandeur*" (Boltanski/Thévenot 1987) früh aufgenommen wurde. In ihren Beiträgen zur Revue économique von 1989 systematisieren Eymard-Duvernay und Thévenot ihre Arbeiten, die den Ansatz von Boltanski und Thévenot auf die Qualitätskonventionen in der Ökonomie beziehen, insbesondere im Bereich der Theorie des Marktes. Diese Artikel von Eymard-Duvernay mit dem Titel „*Conventions de qualité et formes de coordinations*" (Eymard-Duvernay 1989) und „*Equilibre dans un univers complexe*" (1989) vernetzen das Konzept der „Qualitätskonvention" mit vielen anderen Konzepten der EC (wie Forminvestition,

205 Auch Richard Sennett hat die Koordination als soziologische und wirtschaftssoziologische Kategorie in neuer Weise zum Analysegegenstand gemacht. Wie die EC so bezieht er auch die Pragmatik der Koordination und ihre Bedeutung für Organisationsformen ein. Anders als die EC untersucht Sennett dann auch die sozialpsychologischen Aspekte, die kooperative Orientierungen von Akteuren beeinträchtigen und Koordination damit in Unternehmen erschweren (Sennett 2012).

Äquivalenz, Pluralität, Intermediäre, Realitätstest) und beziehen klassische Konzepte wie Rationalität, Information, Unsicherheit, Markt, Unternehmen in dieses Konzeptnetzwerk so ein, dass auch diese eine spezifische Bedeutung im Rahmen der EC erhalten. Es wird hier insgesamt deutlich, dass die EC nicht auf ein einzelnes Konzept reduziert werden kann, insbesondere nicht auf das namensgebende Konzept der „Konvention", sondern dass dieses Konzept eine zentrale Stellung in einem Netzwerk von Konzepten in der EC innehat.

In diesem Kapitel stehen die Arbeiten von Boltanski und Thévenot zu den Rechtfertigungsordnungen sowie die darauf beruhenden Arbeiten von Eymard-Duvernay und Thévenot zu den Qualitätskonventionen im Vordergrund. Aber auch Robert Salais hat – in Kollaboration mit Michael Storper – seit den 1980er-Jahren die Qualitätsproblematik ins Zentrum seiner Theorie der Produktionswelten gestellt. Es wird direkt im Anschluss in Kapitel 6 eingeführt.

Qualitätskonventionen sind keine „Standards" für „Qualität". Sie sind vielmehr als Koordinationslogiken aufzufassen, die Akteure heranziehen für die „Qualifizierung" von Objekten (wie Produkten), Personen oder Handlungen (Eymard-Duvernay 1986, 1989).[206] Der Term „Qualifizierung" hat dabei in Frankreich eine andere Bedeutung als im Deutschen. Im Deutschen bezeichnet der Begriff eher die berufliche Bildung oder allgemeiner den Erwerb einer Kompetenz, die für eine Tätigkeit erforderlich ist. Im Französischen bezeichnet „Qualifizierung" aber auch die Bestimmung und Zuerkennung von Eigenschaften und hat damit eine umfassendere Bedeutung. Darüber hinaus bedeutet Qualifizierung auch die Zuerkennung von *Wertigkeiten*. Bereits in ihrer Analyse der statistischen Klassifizierungs- und Kategorisierungspraxis haben Boltanski und Thévenot die Zuordnungspraxis von Personen zu sozialen Kategorien analysiert und „entdeckt", dass hier wertende Zuschreibungen eingebracht werden, die begründen sollen, warum eine Person einer statistischen Kategorie zuzuordnen ist. Dabei kam auch zutage, dass Akteure sich auf normative Prinzipien beziehen können, wenn sie ihre klassifizierende und kategorisierende Praxis rechtfertigen müssen oder wenn sie andere einer Kritik unterziehen.[207] In dem Buch „Über die Rechtfertigung" erläutern Boltanski und Thévenot dann genauer, was sie unter „qualifizieren" und „Qualifizierung" verstehen.

---

206 Es ist vielmehr so, dass Konventionen Standards fundieren. Lawrence Busch hat versucht, die verschiedenen Qualitätskonventionen auf die Art und Weise, wie damit Standards unterschiedlich begründet und aufgefasst werden, zu beziehen (Busch 2011, S. 253f).

207 Für Luc Boltanski gilt, dass er diese Entdeckung in der Analyse der Logiken von Denunziationen (in Leserbriefen an eine große Tageszeitung) weiter ausgearbeitet hat. Siehe dafür Boltanski, Darré und Schiltz (1984), eine gekürzte deutschsprachige Darstellung liegt mit Boltanski (1987) vor.

> „Über den gewöhnlichen Sprachgebrauch hinausgehend verwenden wir das Verb ‚qualifizieren' (frz. qualifier) zur Bezeichnung eines Vorgangs, mittels dessen man (a) ein einzelnes Wesen identifiziert, indem man es einer Äquivalenzklasse zuordnet, subsumiert, es ‚kategorisiert'; (b) dem Wesen eine konventionell festgelegte Bezeichnung gibt, was ungefähr dem entspricht, was im Englischen mit dem Begriff ‚Labeling' bezeichnet wird, mit der Ausnahme, dass der Begriff es wie im juristischen Sprachgebrauch möglich macht (wenn ein Richter entscheidet, dass die Situation die Anwendung eines Gesetzes verlangt) zu spezifizieren, dass man (c) das Wesen in einen performativen Code einschreibt. Die ‚Qualifizierungen', die wir in diesem Buch untersuchen, besitzen auch eine wertende Dimension, was voraussetzt, dass man sich (d) auf ein Gemeinwohl bezieht." (Boltanski/Thévenot 2007, S. 11, Fußnote 1)

Qualifizierung meint hier also sowohl den *Prozess* der Zuordnung (von „etwas") zu einer Äquivalenzklasse und damit („dessen") Zuordnung zu einer Kategorie als auch das *Resultat* der zugeschriebenen Klasse und Kategorie. In Kapitel 3 ist das Äquivalenzprinzip bereits eingeführt worden als das Prinzip, das „vergleichbar" macht (und damit eine Klassifikation fundiert) und das mit einer Forminvestition (der Etablierung der Klasse bzw. Kategorie) einhergeht (siehe auch Kapitel 9). Auch in dem obigen Zitat beziehen Boltanski und Thévenot die „Qualifizierung" auf einen normativen Kontext und eine kollektive Intentionalität, die die Koordination auf ein „Gemeinwohl" ausrichtet.[208]

Das Buch „Über die Rechtfertigung" (mit dem Untertitel „Eine Soziologie der kritischen Urteilskraft") erscheint 2007 (Boltanski/Thévenot 2007) und ist die deutsche Übersetzung des 1991 in Frankreich erschienenen Bandes „De la justification" (das den Untertitel trägt „Les économies de la grandeur", Boltanski/Thévenot 1991). Und dieses wiederum ist die Neuausgabe der (in der Einleitung erwähnten) Theoriearbeit „Les économies de la grandeur" aus dem Jahr 1987 (Boltanski/Thévenot 1987). Diese Theoriearbeit ist selbst in Wechselwirkung mit der EC entstanden. Es ist einmal ein Hauptwerk, auf dem auch die EC basiert, dann sind viele seiner Konzepte und Argumente in der praktischen Forschung entstanden, die die EC als Wissenschaftsbewegung begründet hat. Ohne den Bezug auf diese Theoriearbeit wäre die EC unverständlich. Das Buch „Über die Rechtfertigung" hat heute eine epochale Bedeutung für die Begründung der neuen Sozialwissenschaften und die neuen Soziologien in Frankreich (Dosse 1999; Corcuff 2011).[209]

Dennoch ist die Lektüre von „Über die Rechtfertigung" eine am Anfang befremdliche Erfahrung – so insbesondere für Leserinnen und Leser im deutschsprachigen Raum, die den Entstehungskontext und seine Wechselwirkung mit der

208 Für das Konzept der kollektiven Intentionalität und seine Bedeutung für institutionalistische Argumentationen siehe John Searle (2015), Bessy (2011) sowie Kapitel 10.

209 Siehe ausführlicher Kapitel 2.

EC nicht kennen. Der Eindruck, den man mit der Lektüre der ersten Seiten erhält, ist deshalb ungewöhnlich, weil hier scheinbar kein herkömmliches soziologisches Thema verhandelt wird. Man könnte den Eindruck erhalten, dass hier eher ein sozialphilosophisches, vielleicht auch ein rhetorisches Problem analysiert wird: das der Rechtfertigung im Zusammenhang mit Kritik und Gemeinwohl.[210] Das Buch gibt zudem auch nur wenige Hinweise auf die EC und seine Vernetzung mit der EC.

Trotzdem wird bald deutlich, dass es Boltanski und Thévenot nicht um eine „philosophische Sozialphilosophie" geht, sondern um eine Rekonstruktion der *empirisch* vorhandenen moralischen Ordnungen, die den wirtschaftlichen Koordinationen zugrunde liegen. Diese moralischen Ordnungen verstehen die beiden als sehr praktisch relevant, denn Akteure müssen in Situationen implizit oder explizit Bezug nehmen können auf diese moralischen Ordnungen, wenn sie mit anderen die gleichen Interpretationsformen teilen wollen, um gemeinsam eine ökonomische Koordination zu bewerkstelligen. Diese moralischen Ordnungen sind die Rechtfertigungsordnungen, die Boltanski und Thévenot bereits in der Analyse der Rechtfertigungspraktiken kategorisierender Akteure identifiziert haben (Boltanski/Thévenot 1983; Kapitel 3). Boltanski und Thévenot (2007) zeigen, wie Akteure nun diese Rechtfertigungen praktizieren, indem sie auf Formen des impliziten Gemeinwohls verweisen, das anzustreben ein Kollektiv als wertvoll erachten kann. Sie verwenden daher auch den Begriff des „Gemeinwesens" oder der „Welt" (das bzw. die mit je einer Rechtfertigungsordnung korrespondiert), womit sie nicht einfach nur faktisch existierende Gruppen oder Gesellschaften bezeichnen. Sie bezeichnen damit ideale soziale Welten, die durch die impliziten moralischen Ordnungen organisiert werden. Diese idealen Welten sind keine real existierenden Welten, wenn man darunter versteht, dass die empirische Wirklichkeit so beschaffen ist, wie diese Gemeinwesen oder Rechtfertigungsordnungen „sich die soziale Welt idealerweise vorstellen". Es handelt sich also um *Metaphysiken* des Sozialen, die bekanntlich von der real existierenden *Wirklichkeit* zu unterscheiden sind.

Aber – und das ist eine wichtige empirische Wendung in „Über die Rechtfertigung" – Boltanski und Thévenot sprechen den Akteuren die Kompetenz zu, selbst im Alltag als „praktische Metaphysiker" (Boltanski/Thévenot 2007, S. 203) kompetent zu handeln (und auch zu müssen) und die Rechtfertigungsordnungen als „Denkmodelle" für ihr reales, alltägliches Urteilen und Handeln heranzuziehen. Damit erhalten Rechtfertigungsordnungen als „Denkmodelle" für die Akteure nun eine durchaus empirische Realität.

---

210 Der Begriff der EC taucht hierin nicht auf. Ein Grund ist darin zu sehen, dass die erste Fassung dieser Theoriearbeit entstanden ist, noch bevor sich dieser Begriff etablieren konnte.

Was durch den in den französischen Buchausgaben enthaltenen Begriff der „*grandeur*" signalisiert wird (und durch den Titel der deutschsprachigen Ausgabe leider nicht mehr), ist, dass diese Rechtfertigungsordnungen zu tun haben mit der praktischen Herstellung von „Größe" oder „Wertigkeit". Die Qualifizierung, die durch koordinierenden Bezug auf die Rechtfertigungsordnungen und in Welten erfolgt, erkennt den qualifizierten Sachverhalten (Personen, Objekten, Handlungen) „Qualität" im Sinne eines moralischen Wertes zu. Rechtfertigungsordnungen ermöglichen damit für die Akteure die Bezugnahme und Begründung normativ aufgeladener Oppositionen wie „gut"/„schlecht", „gerecht"/„ungerecht" oder „richtig"/„falsch". Die praktische Normativitität, die diese Welten und Rechtfertigungsordnungen realisieren und die sich in diesen normativen Begriffsoppositionen ausdrückt, ist immer bezogen auf das durch eine Koordination in Situationen anzustrebende *Gemeinwohl*. Dieses ist anders bestimmt je nach Welt und Rechtfertigungsordnung. Jede Welt und Rechtfertigungsordnung besitzt spezifische *Formen* für Informationen, in die sie investiert hat, um die Koordination zu stabilisieren und die Kognition zu situieren. Die Rolle, die den *Objekten* im Rahmen der pragmatischen Soziologie und der EC zuerkannt wird, kann eigentlich nicht überschätzt werden. Objekte spielen eine Hauptrolle in der Zuerkennung von Wertigkeit und bei ihrer praktischen Prüfung, den *Tests* von Qualitäten (Thévenot 1989a; Boltanski/Thévenot 2007).

5.2 Die acht wichtigsten Qualitätskonventionen

Boltanski und Thévenot (2007) wählen nun eine Reihe von Texten (Klassiker der Sozioökonomie, der Philosophie, theologische Texte und insbesondere zeitgenössische Ratgeber) aus, von denen sie ausgehen, dass aus ihnen die wichtigen und sozio-kulturell etablierten Rechtfertigungsordnungen rekonstruiert werden können. Dabei haben Boltanski und Thévenot durchaus im Blick, dass sie solche Rechtfertigungsordnungen identifizieren wollen, die für die weit gedeutete ökonomische Koordination maßgeblich sind. (Das macht der französische Titel bzw. Untertitel „*Les économies de la grandeur*" auch dadurch deutlich, dass Ökonomi*en* im Plural aufgeführt sind.) Allerdings ist die Analyse der Ökonomien eine grundlegende Analyse der Gesellschaft insgesamt, eben dann, wenn man Ökonomie weit gefasst versteht. Die von ihnen identifizierten sechs Rechtfertigungsordnungen sind damit einerseits alle auch in der Ökonomie im engeren Sinne von „Wirtschaft" relevant, zugleich sind sie aber auch allgemeine soziale Koordinationslogiken in anderen Bereichen als „der Wirtschaft", da die Zuerkennung von „Größe" und „Wert" überall erfolgt (Boltanski/Thévenot 2006). „Über die Rechtfertigung" ist aus dem transdisziplinären Kontext der EC hervorgegangen und beinhaltet dennoch eine Grundlagentheorie für die Sozialwissenschaften insgesamt.

Die sechs in „Über die Rechtfertigung" identifizierten Rechtfertigungsordnungen (sowie die zugehörigen „Welten", fr. „*cités*") werden später von Eymard-Duvernay und Thévenot (und dann auch von anderen) auch als „Qualitätskonventionen" bezeichnet. Diese haben sich in der EC etabliert in der Weise, dass sie sich in verschiedenen empirischen Studien auch als Koordinationslogiken rekonstruieren ließen. Später sind weitere Rechtfertigungsordnungen oder Qualitätskonventionen hinzugekommen, von denen sich insbesondere zwei in empirischen Studien abgezeichnet haben: die ökologische Konvention und die Netzwerkkonvention. Diese (vorerst) acht verschiedenen Qualitätskonventionen sollen kurz skizziert werden.[211] Diese Konventionen korrespondieren mit zugehörigen „Welten", in denen sie ihre volle Gültigkeit haben und deren Logik sie sind. Boltanski und Thévenot haben die Konventionen (und die Welten) verschiedentlich charakterisiert und eher beschrieben als präzise definiert.[212] Sie sollen dann in einer Tabelle nach Vergleichsaspekten systematisiert werden.

---

211 Es sind weitere Qualitätskonventionen vorgeschlagen worden, darunter von Laurent Thévenot (1997) die der Information oder von Eric Verdier (2010b) für die Analyse des Bildungswesens die akademische Konvention, die professionelle Konvention und die universalistische Konvention. All diese Qualitätskonventionen haben sich aber nicht in der Weise etabliert, dass sie im Feld der EC auch von anderen als erklärende Prinzipien angesehen würden. Zuletzt haben Nachtwey und Seidl (2017) die Konvention (bzw. „Polis") der Solution vorgeschlagen. Boltanski und Thévenot (2007, siehe unten) haben Kriterien (Axiome) für Qualitätskonventionen bzw. Rechtfertigungsordnungen vorgelegt, sodass der Status „Qualitätskonvention" bzw. „Rechtfertigungsordnung" nicht beliebig zuerkannt werden kann.

212 Es ist bereits eine Reihe von Begriffen eingeführt worden, die im Grunde den gleichen Sachverhalt bezeichnen, z. B. Rechtfertigungsordnung, Welt (cités), Qualitätskonvention oder Polis (wie in Boltanski/Chiapello 2003). Es handelt sich dabei immer um die kollektiven Koordinationslogiken, die die EC seit den 1980er-Jahren nach und nach identifiziert hat. Diese Begriffe bezeichnen also in gewisser Weise letztlich alle das Gleiche: die Koordinationslogiken, die für die kollektive Konstruktion und Kognition von Wertigkeiten und Qualitäten von kompetenten Akteuren herangezogen werden. Man kann die Vielzahl dieser Begriffe einmal damit erklären, dass eine Vielzahl Autorinnen und Autoren an dieser Identifizierung beteiligt war. Zum anderen kann man argumentieren, dass diese Begriffe unterschiedliche Perspektiven auf die kollektive Konstruktion von Qualitäten in Koordinationssituationen werfen. Das Konzept der Konvention betont das Erfordernis, dass Handlungs- und Evaluationslogiken für die Koordination für Akteure in Situationen erforderlich sind. Der Begriff der Rechtfertigungsordnung betone, dass diese Logiken auch für die diskursive Begründung bzw. die diskursive Kritik herangezogen werden können. Der Begriff der Polis betont, dass die Koordination ein (virtuelles) Gemeinwesen aktualisiert bzw. ein Gemeinwohl anstrebt. Zuletzt hebt der Begriff der „Welt" hervor, dass in

5.2.1 Die Marktkonvention („Welt des Marktes")

Diese Koordinationslogik scheint den meisten Menschen in westlichen, kapitalistischen Gesellschaften vertraut zu sein. Dennoch bezeichnen Boltanski und Thévenot mit dieser Konvention eine sehr spezifische Logik, und man wird bald sehen, dass westliche, kapitalistische Gesellschaften sowie ihre „Märkte" und die „Unternehmen" durch die Koexistenz sehr vieler Konventionen geprägt sind. Aus diesem Grund sind das Allerweltsverständnis von „Markt" und die hier bezeichnete Marktkonvention unbedingt zu unterscheiden. Die Marktkonvention bezeichnet die Ausrichtung der Koordination an den individuellen Bedürfnissen und den aktuellen Preisen der Produkte. Als legitime Praxis gelten der freie Wettbewerb (die Konkurrenz) unter Absehung der jeweiligen Person und der individuelle geldvermittelte Tausch (Geld gegen Güter) zwischen Individuen. Egoismus und Opportunismus sind hier angemessen; die Theorie von Adam Smith ist hier die „Blaupause". Smith hat in „*Der Wohlstand der Nationen*" argumentiert, dass das eigennützige Verfolgen der individuellen Bedürfnisse auf freien Märkten auch für die Gemeinschaft das beste Ergebnis erzielt (Smith 1974). In der Folge hat sich daher die Marktkonvention auch als Modell für die liberale politische Ökonomie etabliert. Die „unsichtbare Hand" des Marktes erzielt aus dieser Perspektive das optimale Gemeinwohl. Qualität haben die Personen in dieser Welt aufgrund eben ihrer Bedürfnisse und ihrer Kaufkraft (Käufer) sowie der Behauptung im Wettbewerb (Verkäufer). Produkte sind veräußerlich, und das bedeutet von den Personen „ablösbar". Die erforderliche Forminvestition besteht in der Etablierung von Marktpreisen, die das Verhältnis zwischen aktueller Nachfrage und aktuellem Angebot volatil (und kurzfristig) anzeigen. Etablierte Formen sind aber auch grafische Darstellungen von Preisbewegungen, wie man sie an der Börse findet (elektronische Charts, Börsenticker). Man muss hier die Folgen sehen, die sich aus der kurzen Zeitorientierung ergeben, die durch die Marktkonvention eingebracht wird, denn die Qualitäten werden durch die aktuellen Preise zum Ausdruck gebracht. Da diese sehr volatil sein können, sind Qualitäten in Märkten ebenso volatil. Das wiederum kann sich als Generierung von Unsicherheit erweisen, insbesondere wenn die Marktkonvention unter Bezug auf andere Konventionen daraufhin kritisch beurteilt wird, wie es denn sein kann, dass die Qualitäten solchen Schwankungen unterliegen. Die Neoklassik hat in ihrem Marktmodell die Produktqualitäten daher radikal ausgelagert, indem sie die Menge der Produkte und ihre Eigenschaften externalisiert und die Frage der

der Koordination für die Akteure in Situationen ein praktisch geteilter Sinnhorizont zur Verfügung steht, der intersubjektiv geteilte (und objektgestützte) Interpretationen und Kognitionen ermöglicht.

Qualitätsbeurteilung den Nachfragern überlässt – auch das ist ein externalisierter Vorgang. Die EC setzt aber eben diese Qualitätsbeurteilung (und damit die kollektive Qualitätskonstruktion) ins Zentrum der Analyse.

5.2.2 Die industrielle Konvention („industrielle Welt")

In dieser Welt zählt die langfristige, effiziente Planung der Produktion. An die Stelle des Wettbewerbs (und der Konkurrenz) treten die Kooperation (Aufgabenteilung), die geplante Zulieferung und der geplante Absatz. Die Logik der Planung der Produktion bestimmt auch die Organisationsformen der Wirtschaft sowie die anerkannten Qualitäten, wie sie insbesondere durch die beruflichen Qualifikationen und Professionsgruppen gesichert werden (Boltanski/Thévenot 2007, S. 279f). Denn hier zählt wissenschaftliche (technische und ökonomische) Expertise, die in die Planung eingeht. Diese Planung versteht sich in dieser Welt auch nicht lediglich als Produktplanung. Die „Blaupause" – die die französischen Aufklärer wie Saint-Simon, Condorcet und Comte zur Verfügung gestellt haben – ist eine für die Planung der Gesellschaft insgesamt. Planung wird hier mit gesellschaftlichem Fortschritt verbunden, und ist auf eine Zukunft ausgerichtet, nicht auf die Befriedigung einer aktuellen Nachfrage (Boltanski/Thévenot 2007, S. 282). Personen stehen hier nicht in Tauschbeziehungen zueinander, sondern in „funktionalen" Beziehungen. An die Stelle des Eigeninteresses, das in der Marktwelt legitim war, treten die planerische Rationalität und die (wissenschaftliche) Optimierung der Planung. So wird die planerische Effizienz als Bewertungskriterium etabliert. Standardisierung ist eine wichtige Strategie in der industriellen Welt, um Effizienz in der Produktion und hohe Produktivität zu erreichen. Einflussreicher Vordenker der industriellen Welt ist in Frankreich Claude-Henri Saint-Simon gewesen. Er skizzierte bereits im 19. Jahrhundert die ersten sozialphilosophischen Prinzipien der industriell organisierten Gesellschaft (Boltanski/Thévenot 2007, S. 167). Die Theorie des Arbeitswissenschaftlers Frederick W. Taylor hat dann – über hundert Jahre nach Saint-Simon – die industrielle Massenproduktion (organisiert um das Fließband) als idealtypische Realisierung der industriellen Welt konzipiert (Taylor 1977). Anzuerkennen ist hierbei, dass gerade Taylor auf die Notwendigkeit der Kooperation zwischen Arbeitern und Management hingewiesen hat. Die industrielle Welt stellt also nicht einfach nur eine Hierarchie ins Zentrum, in der das Management in einer Fabrik einfach anordnen kann, was die Arbeiter zu tun haben. Ohne die Kooperation der Arbeiter kann es keine industrielle Produktion geben, und – so Taylor – die wissenschaftliche Betriebsführung ist auch im Interesse der Arbeiter, die dann angemessene Löhne erhielten, weil ihre Arbeitsleistung nun wissenschaftlich erfasst würde und der Streit darüber befriedigt werden könne (Taylor 1977). Auch die Forminvestitionen folgen der Wissenschaftlichkeit. Skalen, Metriken „verziffern" diese Welt, sodass die Kalkulation für die Planung möglich wird. Visualisierungen dieser metrischen Informationen (Kurven, Tabellen) sind wichtige Darstellungsformen. Auch hier geht es in der Produktion um Geldwerte, aber sie sind zuerst als geplante Kosten gedacht. Zertifikate sind die Form, anhand derer Standardisierungen verbürgt werden können. Die industrielle Welt ist in gewisser Weise im Vorteil, wenn es um die Herstellung von Reichweite und die Generalisierung ihrer Formen geht, da sie die Forminvestition mit Standardisierung verbindet (Thévenot 1989a, S. 159, Fußnote 1). Die industrielle Welt hat eine enorme Verbreitung, denn die Strategien der Planung, Standardisierung, Effizienzsteigerung und Verzifferung zur Koordination von Produktion finden sich in vielen sozialen Bereichen. Die missverständliche Auffassung von industrieller Standardisierung besteht darin zu glauben, dass Unternehmen dann nur ein Modell produzierten wie Henry Ford, der anfangs nur das Modell T in Schwarz hergestellt hat. Insbesondere die großen Automobilhersteller wie VW und viele andere große deutsche Industrieunternehmen demonstrieren, wie man eine große Variation in der Produktpalette einrichten kann, indem man diese aus den Kombinationen von Modulen herstellt. Die Module (als Grundbausteine) werden hochgradig vereinheitlicht, aber die Zahl ihrer Kombinationen ermöglicht eine große Variation der fertigen Produkte. Und häufig ist dort, wo von einer „Vermarktlichung" der Gesellschaft kritisch die Rede ist, aus Sicht der EC eigentlich deren „Verindustrialisierung" am Werk.

5.2.3 Die handwerkliche Konvention („Welt des Hauses")

Diese Welt orientiert sich an der Familie als Modell. Personen gehören hier einer familienähnlichen Gemeinschaft an. „In einer häuslichen Welt richtet sich die Wertigkeit eines Menschen nach seinem Rang in einer Vertrauenshierarchie, der wiederum eine Kette persönlicher Abhängigkeiten zugrunde liegt." (Boltanski/Thévenot 2011, S. 58) Das Modell der Familie lässt sich einfach auf Unternehmen im Sinne des „Familienbetriebs" oder des Handwerksbetriebs übertragen. Und tatsächlich sind auch die historischen unternehmerischen Formen Familienhaushalte, die ein Gewerbe betreiben (z. B. in einem Handwerksatelier, einem Laden oder einem Bauernhof; siehe Thuderoz 2005). Gerade auch in zeitgenössischen Klein- und Mittelbetrieben finden sich viele Elemente dieser Konvention. Die Bezeichnungen „Mitarbeiter" oder „Chefs" (in Frankreich „patrons") und in Handwerksbetrieben „Lehrlinge", „Gesellen" und „Meister" verweisen darauf. Die Wertigkeit in der Produktion kommt nicht durch wissenschaftliche Planung, sondern durch eine

Handarbeit zustande, die auf körpergebundener Erfahrung und Meisterschaft beruht. Das „Können" (im Sinne einer *poesis*) ist hierbei durchaus als eine Meisterschaft zu verstehen, die auch künstlerischen Wert beanspruchen kann und die insofern nur je einzigartig und auf einer individuellen Könnerschaft beruht.[213] Im Gegensatz zur industriellen Welt, wo es um die Koordination der Massenproduktion geht, geht es hier um die Koordination der Produktion von Einzelstücken. Die handwerkliche Konvention ist von Boltanski und Thévenot zunächst als häusliche Konvention eingeführt worden. Sie haben aufgezeigt, dass die häusliche Konvention sich auch außerhalb der Familie und außerhalb der Unternehmen findet. Angezeigt wird dies etwa dadurch, dass von „Herrschern" und „Untertanen" die Rede ist (Boltanski/Thévenot 2007, S. 137). Personen sind in dieser Welt durch Verwandtschaftsbeziehungen, personale Abhängigkeit, Hierarchie, Loyalität, gemeinsame Herkunft, Abstammungen und Vertrauen miteinander verbunden. Qualität und Wertigkeit kommen einer Person zu, wenn sie einen Status und Rang aufgrund dieser Art von Beziehungen einnimmt und so Autorität innehat. Die Formen dieser Welt, auf die Boltanski und Thévenot (2011, S. 59) verweisen, sind z. B. Titel („Visitenkarten") und Anredeformen, die sich auf solche Ränge und Statuspositionen beziehen; in Organisationen sind es die Personalabteilungen, die relevante informelle Formen (Umgangsformen) zu formalisieren suchen („codes of conduct"). Hinzu kommen die Berater, die Benimmregeln und Umgangsformen vermitteln wollen. Allerdings ist das Wissen in dieser Welt nicht weitergehend standardisierbar, und die relevante Form der Repräsentation von Informationen ist die überliefernde Erzählung. Das Wissen wird praktisch durch das Vormachen („Beispiel") und das Nachahmen vermittelt, denn das Wissen ist hier wesentlich personengebunden. Zudem kommt es auf die informelle und private Form der Kommunikation an, wie z. B. Briefe. An die Stelle von Standards (wie in der industriellen Welt) treten hier „Routinen", „Gepflogenheiten" (Takt) und „Gewohnheiten" (Boltanski/Thévenot 2007, S. 231f). Große Bedeutung haben Zeremonien, Anlässe und Feierlichkeiten, die das Kollektivgefühl (Familiensinn, Betriebsgemeinschaft, Gruppengeist, Nationalstolz) der übergeordneten Einheit stärken (Boltanski/Thévenot 2007, S. 243). Das Gemeinwohl besteht hier in der Stärke der Gemeinschaft („Zusammenhalt"), die sich ihrerseits um ihre Mitglieder „sorgt" und diese schützt.

213 Siehe zum Handwerk die Studie von Richard Sennett (2009). Zu beachten ist, dass die handwerkliche Konvention nicht deckungsgleich ist mit den empirischen Koordinationslogiken im Handwerk, da auch Elemente vieler anderer Konventionen hier wirksam sind, wie Elemente der industriellen Konvention, der Konvention der Inspiration u. a.

5.2.4 Die Konvention der Bekanntheit („Welt der Meinung")

Boltanski und Thévenot (2007) führen diese Konvention als wirksam an in einer Welt, in der die Meinung anderer die Grundlage für die Wertschätzung von Personen darstellt. Die Wertigkeit ist das Ausmaß an Ruhm, Ehre, Anerkennung und Bekanntheit. Diese Wertigkeit basiert nicht auf der Qualität der interpersonalen Beziehungen, wie dies in der handwerklichen Welt der Fall ist. Die Parallele, die Boltanski und Thévenot zur Ökonomie ziehen, ist die des Kredits, den viele Menschen einer Person durch ihre Anerkennung „übertragen" (Boltanski/Thévenot 2007, S. 145).[214] Boltanski und Thévenot beziehen diese Konvention auch auf die Massenmedien. In diesen bzw. für diese dort zählt dann Anerkennung in der Form von Prominenz.

> „Zu den relevanten Personen in der Welt der Bekanntheit zählen Personen des öffentlichen Lebens, Stars, Meinungsführer, Journalisten. Sie besitzen Wert und Wertigkeit, wenn sie berühmt, anerkannt, erfolgreich sind und überzeugend auftreten." (Boltanski/Thévenot 2011, S. 60)

Die korrespondierenden Rollen haben die Verehrer, Fans und das Publikum inne (Boltanski/Thévenot 2007, S. 247f). Die Konvention der Bekanntheit kann aber auch für Unternehmen und ihre Produkte gelten, wenn der Name des Unternehmens zur „Marke" wird, die durch die Konsumenten geschätzt und nachgefragt wird. Die Formen, die hier gelten, sind dann Abzeichen, Ehrungen und Ehrentitel, Markenlogos, Denkmäler, Einrichtungen wie „Ruhmeshallen" (im Sport: hall of fame), aber auch Mediengenres wie Talkshows, in denen Prominente eingeladen werden, oder die Möglichkeit, im Internet per Mausklick „Gefällt mir"-Buttons zu klicken, Sternchen zu vergeben oder seine Kommentare in Felder einzugeben. Im Bereich der Wissenschaft finden sich Wissenschaftspreise – sofern sie durch ein Gremium verliehen werden, das eher frei und wenig standardisiert über die Zuerkennung entscheiden kann. (Rankings von Fachbereichen oder Universitäten kombinieren im Grunde häufig die industrielle Konvention mit der Konvention der Bekanntheit.) Und es sind dann weiter auch Formen, die die Marketingabteilungen, Werbeabteilungen und Abteilungen für Öffentlichkeitsarbeit (public relations) etabliert haben, wie die Genres der „Werbespots", der Presseerklärungen und der Broschüren (Boltanski/Thévenot 2011, S. 60). Sie zielen ab auf die günstige Beeinflussung der öffentlichen Meinung, des Image und der Positionierung von Personen, Organisationen und Produkten (Boltanski/Thévenot 2007, S. 248f). Die

214 Tatsächlich scheint hier eine Nähe zum Bourdieuschen Konzept des symbolischen Kapitals vorzuliegen (Boltanski/Thévenot 2007, S. 146).

Formen haben die Eigenschaft, auf die Anerkennung *verweisen* zu müssen, deren Ausdruck (Zeichen) sie sein sollen. Boltanski und Thévenot bezeichnen die Formen daher auch als „semiotisch" (Boltanski/Thévenot 2011, S. 63).

5.2.5 Die Konvention der Inspiration („Welt der Inspiration")

Diese Konvention begründet die Wertigkeit von Personen, denen besondere kreative Fähigkeiten und Leistungen zuerkannt werden. Design, Gestaltung und Werbung sind Bereiche, in denen diese Konvention wirksam ist. Boltanski und Thévenot haben diese Konvention auch auf den Bereich der Religion bezogen. Denn Inspiration oder Erleuchtung kann dadurch entstehen, dass besondere Personen einen Bezug zu „externen Quellen" der Inspiration haben, wie zu dem „Heiligen". Die Wertigkeit zeigt sich dann als „Charisma" oder „Heiligkeit" (Boltanski/Thévenot 2011, S. 58).[215] Wertigkeit und Qualität kommen Personen zu, denen man Genialität und Einfallsreichtum unterstellt. Diese Zuschreibungen gehen häufig einher mit „Non-Konformität" und Zuständen besonderer „Emotionalität" oder „Askese" – also Formen des Fühlens und Verhaltens, von denen man wohl denkt, dass sie für die Erfahrung der Inspiration förderlich sind. Die religiöse Deutung der besonderen Wertigkeit in dieser Welt als „Gnade" (im Sinne einer göttlichen Ausstattung mit Fähigkeiten) markiert einen wichtigen Unterschied zur Konvention der Bekanntheit, denn die Konvention der Inspiration resultiert nicht aus der Anerkennung anderer Menschen. In der Wissenschaft ist die Forschung und in der Wirtschaft sind die Forschungs- und Entwicklungsabteilungen (insbesondere auch die Entwicklung des Designs) die Bereiche, in denen diese Konvention eine Wirkstätte innehat. Auch die Kunst (Film, Literatur, Malerei, Musik etc.), Praktiken der (politischen, ästhetischen, religiösen etc.) Rebellion („Subkulturen und Populärkulturen", soziale und politische Bewegungen), die Existenzweise des Bohemiens oder das Ingenieurswesen (soweit es um das Erfinden, weniger um das Entwickeln und gar nicht um das Planen geht) zählen dazu. Die Welt der Inspiration ist keineswegs auf diese Bereiche in Organisationen beschränkt. Die Bezeichnungen „*creative industries*" (Florida 2002) und „*ästhetischer Kapitalismus*" (Reckwitz 2012) verdeutlichen, dass die Konvention der Inspiration in neuen Dienstleistungssektoren und Branchen, die ästhetische Kultur- und Konsumgüter anbieten, sowie in großen Bereichen der Internetökonomie sehr einflussreich ist. Die Welt der Inspiration ist allerdings – insbesondere aus anderen Welten wie der industriellen Welt betrachtet – auch

215 Boltanski und Chiapello bezeichnen diese Welt entsprechend als die „erleuchtete Polis" (Boltanski/Chiapello 2003).

eine Sphäre der Unsicherheit, der Unberechenbarkeit, der „Verrücktheiten“, der „Irrationalitäten“, des „Phantastischen“ und des „Mysteriösen“ (Boltanski/Thévenot 2007, S. 223). Das hat zur Folge, dass *in* der Welt der Inspiration die Wertigkeit und Qualität nicht mit ökonomischem Erfolg oder Ruhm zu erreichen sind. Überhaupt können Prüfungen und Tests der Wertigkeiten kaum objektiviert werden und sie sind „nur interne Prüfungen“ – intern für jede dieser Welten (Boltanski/Thévenot 2007, S. 222). Die Standardisierung kann hier keine Strategie der Forminvestition sein, und Patente, die Erfindungen zertifizieren und Rechte an ihnen sichern, zählen auch eigentlich zu den Formen der industriellen Welt. Boltanski und Thévenot sehen daher eher die Art und Weise der Emotionalität als Charakteristikum der in dieser Welt relevanten Informationen. Diese Welt hat insgesamt Schwierigkeiten damit, „sich formatieren“ zu lassen. Die Welt der Inspiration „steht also vor der paradoxen Situation, dass sie sich durch eine Größe auszeichnet, die sich jeglicher Messung entzieht, sowie durch eine Form der Äquivalenz, in der dem Einzigartigen Vorrang eingeräumt wird.“ (Boltanski/Thévenot 2007, S. 222) Events, Ereignisse oder „Momente“ verleihen den Formen eher einen Ereignischarakter (und bringen entsprechend die Schwierigkeit mit sich, dass eine zeitliche und räumliche Reichweite in dieser Welt allein mit dieser Konvention nur schwer zu erreichen sein wird). Die relevanten Informationen werden daher anhand von Erzählungen, Schilderungen und Berichten von diesen Ereignissen und außergewöhnlichen Einfällen und Erfahrungen repräsentiert.

5.2.6 Die staatsbürgerliche Konvention („staatsbürgerliche Welt“)

Diese Konvention hält eine Welt im Inneren zusammen, die die Solidarität und die Rechte und die Gleichheit der Menschen betont, weil sie Teil eines aufgeklärten, bürgerlichen Kollektivs sind (Parteien, Staat, Vereine, soziale Bewegungen, Initiativen etc.). Boltanski und Thévenot beziehen sich hier auf die Schriften von Jean-Jacques Rousseau und dessen Konzept des Gesellschaftsvertrags. Hier werden die Unterordnung unter einen staatlichen Souverän und die Einfügung in ein Gemeinwesen als Resultat konvergierender Einzelwillen gedacht (Boltanski/Thévenot 2007, S. 254f). Dieses Gemeinwesen wird selbst als Repräsentant des Gemeinwohls aufgefasst (Boltanski/Thévenot 2007, S. 153f).

> „Die Besonderheit der staatsbürgerlichen Welt besteht darin, dass sie nicht individuelle, sondern kollektive Wesenheiten betont. Einzelne Menschen können nur als bedeutend oder groß gelten, insofern sie einer Gruppe angehören oder als Repräsentanten einer Kollektivperson auftreten. Personen von ‚Größe‘ (Wertigkeit) sind in einer solchen

> Welt entsprechend Föderationen, öffentliche Körperschaften, Repräsentanten oder Delegierte. Ihre Eigenschaften sind durch öffentliche Satzung geregelt oder gesetzlich verankert. Relevante Gegenstände sind entweder immaterieller Art, wie etwa Regeln, Gesetze und Verfahren, oder materiell, wie Gewerkschaftsbüros oder Wahlurnen. Zu den erwähnenswerten Beziehungen gehören solche, die Menschen mobilisieren und dazu bringen, kollektiv zu handeln." (Boltanski/Thévenot 2011, S. 61)

Im Gegensatz zur Marktkonvention kommt es hier nicht auf die Verfolgung eigennütziger Ziele an, sondern auf das Engagement für kollektive Anliegen, auf die Beteiligung an sozialen Bewegungen (in verschiedenster Form), auf die Mitarbeit in ehrenamtlichen Projekten und gemeinnützigen Organisationen. Wirkmächtig ist diese Konvention nicht nur im Bereich der Politik oder der sozialen Hilfe, sondern auch im Recht, wo Staatsanwälte und Richter das Gemeinwohl vertreten und schützen müssen. Angezeigt wird die Konvention, wenn von „öffentlichem Interesse" und „Öffentlichkeit" die Rede ist, diese ebenso wie „Legalität" oder „Legitimität" angerufen und argumentativ ins Feld geführt werden (Boltanski/Thévenot 2007, S. 255). Wertigkeit und Qualität haben Personen in dem Ausmaß inne, in welchem sie Kollektivinteressen vertreten. Relevante Prozeduren sind Wahlen oder die Delegation, und relevanter Status sind entsprechend gewählte Personen (z. B. Abgeordnete, Betriebsräte) sowie „Vertreter" und „Sprecher" (Boltanski/Thévenot 2007, S. 258). Informationen haben in dieser Welt Relevanz, wenn sie „offiziell" sind (Boltanski/Thévenot 2012, S. 63). In Unternehmen und Arbeitsmärkten artikuliert sich die staatsbürgerliche Konvention durch die Einforderung gleicher Rechte (und Gehälter) für Männer und Frauen sowie die Einforderung von Arbeitnehmerrechten insgesamt. In Organisationen gibt es entsprechende Abteilungen oder Positionen (Gleichstellungsbeauftragte), die gegen Diskriminierung (hinsichtlich Geschlecht und ethnischer Zugehörigkeit) vorgehen und auf die Gleichbehandlung achten sollen. Aber auch die Produktion wird durch diese Konvention daraufhin kritisch beäugt, ob sie „Externalitäten" zur Folge hat, wie die Beeinträchtigung der Rechte bzw. die Ausbeutung Dritter, z. B. im Fall von Produkten, die durch Kinderarbeit hergestellt wurden. Unternehmen reagieren, indem sie versuchen, ihre unternehmerische Verantwort durch Programme (und Proklamationen) ihrer „*corporate social responsability*" auszuweisen, und sie reagieren so auf die Anforderungen in dieser Welt. Bekannte NGOs wie z. B. *Anmesty International*, *Greenpeace*, *Transparency International*, die *Fair-Trade*-Bewegung und auch wirtschaftskritische Initiativen wie *Finance Watch* beruhen ebenso wie *Verbraucherschutzorganisationen*, *Mietervereine*, der *TÜV* wesentlich auf der staatsbürgerlichen Konvention.

5.2.7 Die ökologische Konvention („grüne Welt")

Insbesondere Laurent Thévenot hat in Kooperation mit anderen die ökologische Konvention identifiziert (Lafaye/Thévenot 1993; Thévenot et al. 2000, 2011).[216] Hierbei handelt es sich um eine Koordinationslogik, der es um die Wahrung der Integrität der „natürlichen Umwelt" hinsichtlich ihrer geologischen, landschaftlichen, biologischen, klimatischen Eigenschaften geht. Produktion, Distribution und Konsumption sollen so erfolgen, dass sie die Integrität dieser Umwelt respektieren.

> „Auf Umweltüberlegungen basierende Rechtfertigungen gehen davon aus, dass es zum allgemeinen Wohl der Menschheit ist, die Sensibilität für Umweltthemen und -konsequenzen zu fördern, die Wildnis zu schützen, Umweltressourcen zu bewahren und die Verbundenheit mit der Natur, dem Boden oder der Wildnis in den verschiedensten Formen zu pflegen und zu entwickeln." (Thévenot et al. 2011, S. 157)

Die bedeutenden Akteure in dieser Welt sind Personen, die sich für die Wahrung der Integrität der Umwelt einsetzen und selbst eine reflexive Lebensweise praktizieren, die die Umwelt nicht beeinträchtigt. Die ökologische Konvention ist der staatsbürgerlichen Konvention in der Hinsicht ähnlich, dass auch sie die „Externalitäten" zum Gegenstand ihrer Kritik macht. Allerdings geht es der Kritik der ökologischen Konvention nicht um die Beschädigung der Rechte Dritter, sondern um die Kritik der Beschädigung der „natürlichen Umwelt". Wie die Konvention der Inspiration hat auch die ökologische Konvention Vorläufer in spirituellen Bewegungen, aber auch in der Romantik und insbesondere in den sozialen Bewegungen der zweiten Hälfte des 19. Jahrhunderts, die gegen die Umweltzerstörung aktiv geworden sind. Beide Konventionen betonen Holismen (sowie mystische und spirituelle Einheiten) und – wie die staatsbürgerliche Welt – die Idee, dass es eine überindividuelle und höherwertige Ordnung gibt.[217] Die grüne Welt geht von ökologischen Kreisläufen aus, in die Menschen und Natur eingebunden sind. Die ökologische Konvention ist am sichtbarsten (aber bei Weitem nicht nur) in den verschiedenen Nahrungsmittelbranchen wirksam.[218] Hier erkennt sie Wertigkeit denjenigen Produkten bei, die

---

216 Der Beitrag von Thévenot et al. (2011) stellt eine leicht gekürzte Fassung des Originalbeitrags von Thévenot et al. (2000) dar.

217 Thévenot et al. führen die „Tiefenökologie" als eine fundamentalistische ökologische Ideologie an (Thévenot et al. 2011, S. 163).

218 Siehe auch die Beiträge in Sylvestre und Boyer (Hrsg.)(1995), Nicolas und Valceschini (Hrsg.)(1995) sowie in Allaire und Daviron (Hrsg.)(2017). Nun findet sich auch eine Aufnahme der konventionentheoretischen Perspektive in den deutschsprachigen Analysen zum Agro-Food Sektor, siehe dafür beispielsweise Erdmann et al. (2018).

so produziert worden sind, dass sie die Umwelt nicht beeinträchtigt haben. Zwar soll die unmittelbare Produktqualität überlegen sein, da die Produktion auf den Einsatz von „künstlichen" und „chemischen" Zusatzstoffen verzichtet, um eine möglichst „natürliche" Qualität zu erzielen, allerdings ist diese kaum unmittelbar (im Konsum) zu erfahren. Bemerkenswert ist vielmehr, dass die Zuerkennung von Qualität und Wertigkeit der Produkte sich wesentlich zuerst auf die Produktions*weise* und erst danach auf die Produkte bezieht. Auf der Seite des Konsums wird die grüne Welt komplettiert durch einen Einzelhandel, der sich auf ökologisch produzierte Artikel spezialisiert hat, und soziokulturelle Bewegungen wie der Vegetarismus, der auch durch die ökologische Konvention koordiniert wird. Die ökologische Konvention ist mittlerweile auf allen Ebenen der politischen Ökonomie eine wirksame Konvention, da die Folgekosten von Externalitäten (Umweltschäden, Gesundheitsschäden) auf die „Verursacher" zugerechnet werden sollen. Die Formen der ökologischen Konvention sind zumeist narrative Formen, Schilderungen, wie Schäden zuzurechnen sind, wie ein Engagement erfolgreich war, und Erzählungen, die die Zusammenhänge ökologischer Kreisläufe repräsentieren. Die ökologische Rechtfertigung stützt sich auch auf den natürlichen Lebensraum als Erbe, das es für die folgenden Generationen zu wahren gelte (Thévenot et al. 2011, S. 161). Zunehmend werden numerische Formen relevant, da viele der Beeinträchtigungen nicht anders erfahrbar sind als über Indikatoren – sei es, weil eine *longue durée* vorliegt wie beim Klimawandel, sei es, weil der menschliche Körper keine Sinnesorgane für Umweltbeeinträchtigungen hat wie im Fall radioaktiver Strahlung. Allerdings zeigt sich an der ökologischen Konvention auch, dass Qualitätskonventionen Unvollständigkeiten aufweisen können. Die Strategie der Zertifizierung spielt eine sehr wichtige Rolle für die auf die ökologische Konvention bezogene Koordination. Für Konsumenten wird dadurch erst ersichtlich, dass die Produktion eben unter den Anforderungen der Wahrung der natürlichen Integrität erfolgt ist. Diese wird aus der industriellen Welt „übernommen", zugleich ist die Kritik an der industriellen Welt, die auf der ökologischen Konvention fußt, eine der heftigsten Kritiken, und die „grüne Welt" sieht sich geradezu als fundamentale Opposition und Alternative zur industriellen Welt. Auch verfügt die ökologische Konvention nicht über eigene Organisationsformen (sie ist hierin „unvollständig"). Daher sind ökologisch produzierende Bauernhöfe und andere ökologisch produzierende Unternehmen an den Organisationsformen der handwerklichen Welt orientiert. Trotz dieser Unvollständigkeiten will auch die grüne Welt eine thematisch umfassende Welt sein, d. h. alle Lebensbereiche, Lebensaspekte und damit alle Aspekte der Ökonomie beurteilen und gegebenenfalls kritisieren können. Thévenot et al. (2000, 2011) haben dies anhand des Tourismus, von Verkehrsprojekten und verschiedenen Formen der Energiegewinnung gezeigt. Diskursiv wird die ökologische Konvention heute anhand von Begriffen wie „Nachhaltigkeit", „Erneuerbarkeit", „Klimabilanz", „CO_2-Ausstoß", „Umweltverträglichkeit" u. a. indiziert. Nichtregierungsorganisationen wie *Greenpeace* oder andere Naturschutzverbände und die Anti-Atomkraftbewegung sind wichtige überindividuelle Akteure in der grünen Welt.

5.2.8 Die Netzwerkkonvention („projektbasierte Welt")

Mit ihrem Buch *„Der neue Geist des Kapitalismus"* haben Luc Boltanski und Eve Chiapello (2003) eine neue Konvention vorgestellt, die Netzwerkkonvention. Ausgangspunkt für diese Rekonstruktion war die Analyse der Reaktionen „des Kapitalismus" auf die Kritiken, die insbesondere an den Formen der modernen kapitalistischen Organisation und den durch sie bedingten Arbeitsbedingungen geübt wurden. Für Boltanski und Chiapello (2003) erwächst aus dem Wechselverhältnis zwischen Kritik am Kapitalismus und dessen Reaktionen eine Dynamik, die den Kapitalismus immer wieder zu neuen Formen der Legitimation gebracht hat (Boltanski/Chiapello 2001).

Boltanski und Chiapello (2003) haben in ihrer Analyse der Managementliteratur das Aufkommen der Netzwerkkonvention in den 1990er-Jahren rekonstruiert. Diese reintegriert nun die seit den 1960er-Jahren aufgekommene Kritik an den kapitalistischen Arbeitsformen. Die zugehörige Welt ist die „projektbasierte" Welt. Hierin sind die Akteure qualifiziert, wenn sie Netzwerke bilden können und wenn sie sich als „projektfähig" erweisen. Die „Größe" von Personen hängt von ihrer Flexibilität, Mobilität und ihrer „employability" ab. Wichtige Akteure in dieser Welt sind die cadres (Ingenieure und Manager), die in Unternehmen den projektförmigen Charakter der Koordination initiieren und anleiten (die Koordination koordinieren). Aber auch die Intermediäre, die in und zwischen den Unternehmen tätig sind, wie Berater, Coaches, Personalvermittler, Vertreter und Unternehmensrepräsentanten haben hier Qualität und Wertigkeit (Boltanski/Chiapello 2003, S. 152f).

Akteure müssen in der Lage sein, strategisch Kooperation und Konkurrenz auszubalancieren und in einem Team Aufgaben zu integrieren und andere Personen zu mobilisieren. Akteure mobilisieren so Netzwerkstrukturen (um Personen und Ressourcen zu mobilisieren) für Projekte und lösen auch das Problem, dass Netzwerkstrukturen prinzipiell nicht abgeschlossen sind, indem Netzwerkstrukturen für einzelne Projekte eine Abgrenzung erhalten (Boltanski/Chiapello 2003, S. 152).[219]

219 Aus diesem Grund wollen Boltanski und Chiapello auch nicht von einer „Netzwerkwelt" sprechen, denn in dieser wäre es schwierig, die Kriterien für die Beurteilung der Wertigkeit einzubringen, wenn Netzwerke unabgeschlossen sind und die Frage der

Dabei müssen sie die Kompetenz haben, Projekte zu initiieren und auch erfolgreich zu beenden. Risikobereitschaft und die Fähigkeit, in Projektmitarbeiter Vertrauen zu setzen, ist genauso bedeutsam wie die unternehmerische Fähigkeit, das Ziel und den Erfolg des Projekts anzustreben und die Bedingungen für dessen Realisierung einzurichten. Im Unterschied zur Marktwelt sind Produkte hier kaum standardisiert, ihre Eigenheiten sind zudem in größerem Umfang nicht-materiell und dann kaum ablösbar von den Personen und Beziehungen, also dem Netzwerk, in dem sie hervorgebracht wurden. Obwohl die Projekte die Netzwerke für eine gewisse Dauer immer wieder schließen, besteht die Gemeinwohlorientierung dieser Welt darin, dass im Rahmen von Projekten auch die Kompetenzen an andere Personen weitervermittelt werden, sodass die Kompetenzen nie dauerhaft nur einer Person gehören, so wie die Netzwerke, die Projekte und die Produkte nie einer einzelnen Person zuzurechnen sind. Dennoch versuchen einzelne Personen, sich „Profite" aus den kollektiven Netzwerkstrukturen und Projekten anzueignen. Boltanski und Chiapello veranschaulichen dies mit Bezug auf die soziologische Netzwerktheorie von Harrison White, Mark Granovetter und Ronald Burt (Boltanski/Chiapello 2003, S. 159/163).[220] Die projektbasierte Welt ist verwandt mit der Welt der Inspiration, da auch hier die Kreativität von Bedeutung ist, die nun auf die Projekte bezogen wird. Zudem ist in der projektbasierten Welt wie in der handwerklichen Welt das Vertrauen zentral sowie auch die Bereitschaft, dieses in soziale Beziehungen zu investieren. Es ist einfach, die Bedeutung der Netzwerkkonvention für die Organisation zu verdeutlichen, denn gerade die Managementliteratur hat diese Metaphorik des Netzwerks („vernetzte Organisation") in die Beratung eingebracht. Die Unternehmensstruktur in der projektbasierten Welt ist diejenige der „schlanken Organisation" mit „flexiblen Organisationsstrukturen". Projektarbeit, Workshops, Events, Teams, aber auch Branchenmessen, Interorganisationsnetzwerke, die Nutzung der Social Media (wie „*Facebook*", „*LinkedIn*", „*XING*") auch für berufliche Belange gehören hierher wie überhaupt die Auflösung der Grenzen zwischen Beruflichem und Privatem. Das Internet als technisches Medium erhöht

---

Zugehörigkeit bzw. Nicht-Zugehörigkeit unbestimmt ist (Boltanski/Chiapello 2003, S. 151). Dennoch verwenden die beiden den Begriff der „Netzwerklogik" (Boltanski/Chiapello 2003, S. 185). In diesem Sinn wird hier der Begriff der Netzwerkkonvention dann als angemessen erachtet.

220 Insbesondere Harrison White hat die soziologische Theorie der Netzwerke weitergehend ausgearbeitet (White 2008). Wie die EC geht auch die Netzwerktheorie von White und in seiner Folge diejenige von Granovetter (1985) und Burt (1992) davon aus, dass neoklassische „Märkte" und „Organisationen" durch übergreifende (informelle und formale) Netzwerkstrukturen immer bereits vernetzt („eingebettet") sind und daher als Modelle nicht beanspruchen können, verschiedene institutionelle Logiken zu repräsentieren.

die Reichweite der Wirkung dieser Konvention. Die Realitätsprüfung erfolgt anhand der (Serie der) gelungenen Projekte, denn die Projektfähigkeit erweist sich erst, wenn das Projekt auch erfolgreich beendet wurde. Die relevanten Formen sind daher auch die Erzählungen und Dokumentationen der gelungenen Projekte, aber auch Formen, die die Projektfähigkeit und Projektbereitschaft dokumentieren, wie die Selbstdarstellungen im Internet in den Social-Media-Seiten, die angeben, über wie viele und welche Kontakte man verfügt. Die Netzwerk-Metapher wird selbst zu einer kognitiven Form in der projektbasierten Welt. Die Rede vom „Netzwerk", vom „Netzwerken" oder vom „sozialen Kapital" weist nicht nur einen Theorieeffekt (der sozialwissenschaftlichen Netzwerktheorie in der Gesellschaft) aus, sondern indiziert auch die Wirkung der Netzwerkkonvention. Für Boltanski und Chiapello repräsentiert die Netzwerkkonvention eine neue Etappe in den Legitimationsbemühungen des modernen Kapitalismus. Sie sprechen daher auch – und mit Bezug auf Max Weber – vom neuen Geist des Kapitalismus. Sie identifizieren zwei vorangehende Formen des kapitalistischen Geistes, die in den Unternehmen vorheriger Wirtschaftsepochen dominant waren. Die erste Form des kapitalistischen Geistes war durch einen Kompromiss aus handwerklicher Konvention und Marktkonvention geprägt. Die folgende Version des kapitalistischen Geistes war durch einen Kompromiss aus der industriellen Konvention und der staatsbürgerlichen Konvention geprägt (Boltanski/Chiapello 2003, S. 63).

> „Der ‚zweite' Geist, der sich um die zentrale Figur des Direktors (bzw. angestellten Firmenleiters) und um die Führungskräfte herum organisiert, entspricht […] einem Konzernkapitalismus. Die Unternehmen sind bereits in einem Maß gewachsen, dass die Durchbürokratisierung und der Einsatz umfangreicher Betriebsstrukturen mit einem immer höher qualifizierten Personal ein zentrales Element darstellt." (Boltanski/Chiapello 2003, S. 57).

Die dritte Version wird durch die Netzwerkkonvention repräsentiert. Die Unternehmen agieren global und setzen neue Informations- und Kommunikationstechnologien ein (Boltanski/Chiapello 2003, S. 57). Letztlich sehen Boltanski und Chiapello den „kapitalistischen Geist" in ihrer wirtschaftshistorischen Analyse nicht auf die Ebene der Organisationen (oder auf die Ebene der Interorganisationsbeziehungen) beschränkt, sondern begreifen diesen auch als eine Koordinationslogik auf der Ebene einer politischen Ökonomie insgesamt.[221]

---

221 Man braucht hier nur auf weitere solcher Analysen zu verweisen, etwa auf Ulrich Becks Analyse der Individualisierung (Beck 1986), die sehr ähnliche Diagnosen der soziohistorischen Dynamik der Ökonomie liefern. Christian Bessy (2007) sieht mit der von

5.2.9 Tabellarische Systematisierung der Qualitätskonventionen

Die Tabelle 5.1 systematisiert die acht hier differenzierten Konventionen.[222] Anders als dies bei Boltanski und Thévenot (2007) erfolgt, ist die Tabelle enger auf eine wirtschaftssoziologische Anwendung der Qualitätskonventionen ausgerichtet.

Die Tabelle soll auch verdeutlichen, dass alle Qualitätskonventionen in Märkten und Organisationen (Unternehmen) koexistieren und dass es keine einfache Zuordnung einzelner Qualitätskonventionen zu einzelnen institutionellen Arrangements gibt. Eben hierin besteht ja die Kritik der EC an den dominierenden institutionentheoretischen Ansätzen in der Wirtschaftswissenschaft, wie noch ausgeführt werden wird.

Boltanski und Chiapello beschriebenen projektbasierten Welt ebenfalls die Tendenzen der Individualisierung im Arbeitsrecht konzeptionell erfasst (siehe Kapitel 8).

222 Siehe für solch eine tabellarische Systematisierung auch Boltanski und Thévenot (2011, S. 63), Thévenot, Moody und Lafaye (2000, S. 241) oder Diaz-Bone (2009b).

Tabelle 5.1 Systematisierung der Qualitätskonventionen

	Handwerkliche Konvention	**Marktkonvention**	**Industrielle Konvention**	**Konvention der Inspiration**
Wertigkeit	Vertrautheit, Tradition und Handarbeit	Nachfrageorientierung, freier Tausch	Planung und Standardisierung	Kreativität, Genie, Nonkonformität
Bewertungskriterium	Anerkennung, Reputation	Preis	Effizienz, Produktivität	Schöpfungskraft, Innovativität, Originalität
Format der relevanten Information	mündliche Überlieferung, Beispiele	Geldeinheiten	messbare wissenschaftliche Daten, Statistiken	Neuheit, Emotionalität
Qualifikation von Personen	Autorität und Flexibilität	Bedürfnisse und Kaufkraft	professionell-wissenschaftliche Kompetenz	Erfindungsreichtum, Innovationskraft
Beziehungslogik	… des Vertrauens	… des Tausches	… der Funktionalität	… des Glaubens an Kreativität
Produktqualität	Produkt ist individuell für Kunden hergestellt, besteht aus der in das Produkt eingegangenen Expertise des Herstellers, Qualität ist dauerhaft	Produktqualität ist instabil, weil nachfrageabhängig, und besteht in der Leistung, diese Nachfrage aktuell zu befriedigen	Produkt wurde kostengünstig, massenhaft, effizient produziert, Qualität besteht in der Angemessenheit von technischen Standards für den Massenkonsum	Produkte sind gegenüber anderen Produkten durch Neuerungen ausgezeichnet und sollen zukünftige Produktstandards repräsentieren
Produktion ist geprägt durch	geringe Arbeitsteilung, eher kleine Unternehmen	hohe Arbeitsteilung in Unternehmen, die viele Vorprodukte einkaufen	hohe Arbeitsteilung in großen Unternehmen, die viele Produktionsschritte integrieren	Flexibilität und Bereitschaft zur laufenden Verbesserung und Neuorganisation
Unternehmensformen, in denen Konvention typischerweise einflussreich ist	Familienbetrieb, mittelständisches Unternehmen (in Familienbesitz), Handwerksbetrieb	Börse, Aktiengesellschaft mit kurzfristiger Orientierung an Börsenwert	Konzern mit langfristiger Unternehmensstrategie, „Fabrik"	Forschungseinrichtung, Unternehmen der „creative industries" (Designfirmen, Softwareentwickler, Werbefirmen, Eventagenturen etc.)
Abteilungen in Unternehmen, in denen Konventionen typischerweise einflussreich sind	Produktion, Forschung- und Entwicklung	Marketing, Einkauf, Marktforschung	Produktion, Qualitätssicherung, Planung und Strategie, Rechnungswesen, Personalabteilung, Controlling, Einkauf, Marktforschung	Forschung und Entwicklung, Planung und Strategie, Produktion
Prüfung erfolgt anhand	Vertrauenswürdigkeit	Wettbewerbsfähigkeit	Stabilität und Kompetenz	Durchsetzung von Innovationen
Zeithorizont	Mittelfristig, an Tradition orientiert	kurzfristig, aktueller Preis relevant	eher langfristig, Planung	kurzfristig

Konvention der Bekanntheit	**Staatsbürgerliche Konvention**	**Ökologische Konvention**	**Netzwerkkonvention**
Bekanntheit, Ruhm, Ehre, Prominenz	Gleichheit, Fairness, Partizipation	Umwelt (deren Integrität)	Aktivität („Selbstmanagement")
Menge der Anerkennenden	Kollektivität von Anliegen	Umweltverträglichkeit, Vermeidung von Externalitäten	Gelungener Abschluss des Projekts
Quoten und Reichweiten, Verkaufszahlen, Symbole, Logos	Formal, offiziell, juristisch	Ökologische Diskurse/ Berücksichtigung ökologischer Aspekte	Gespräche (Treffen, Sitzungen)
Bekanntheit in der Öffentlichkeit	Kollektive Anliegen vertreten können, sich für andere engagieren	Kenntnis u. Respektierung ökologischer Zusammenhänge bzw. Integrität	Projektfähigkeit, Teamfähigkeit, Begeisterungsfähigkeit, Flexibilität
... der Reputation	... des sozialen Engagements	... der Verantwortlichkeit	... der Projektorientierung
Produkte sind vertraut und verbreitet, sie erscheinen als verlässlich. Qualität erscheint im Lichte der Reputation des Herstellers.	Produkt wurde hergestellt, ohne die Integrität der Rechte Dritter zu beeinträchtigen sowie um möglichst viel Partizipation zu ermöglichen	Produkt wurde hergestellt und konsumiert, ohne dass die Umwelt oder die Gesundheit beeinträchtigt wurde	Produkt ist Resultat einer Projektkoordination, dessen Qualität wesentlich in der Koordinationsfähigkeit von Einzelnen begründet liegt
Vermehrung und Wahrung des Markenimages	Berücksichtigung von Rechten, die weite Gleichheit und Partizipation stärken	geringe Arbeitsteilung in eher kleinen Unternehmen	Integration von Koordination, Planung und Herstellung
Markenhersteller, Dienstleistungsunternehmen (Beratungsunternehmen), „hanseatischer Kaufmann"	öffentlich-rechtliches Unternehmen, Genossenschaft, Vereine, Nichtregierungsorganisation (NGO), Non-Profit-Organisation (NPO)	angelehnt an handwerkliche Konvention: regional produzierender und absetzender Betrieb, der in ökologischer Weise wirtschaftet	Einzelunternehmer („Freiberufler"), Projektkooperationen zwischen eigenständigen Unternehmen, Beratungsunternehmen
Marketing und Werbung, Öffentlichkeitsarbeit (PR), Marktforschung	Öffentlichkeitsarbeit (PR), Werbung, Rechtsabteilung, Gleichstellungsbeauftragte, Personalabteilung	Einkauf, Marketing, Planung und Strategie, Werbung, Öffentlichkeitsarbeit (PR)	Personalabteilung (interner und externer Arbeitsmarkt), Forschung und Entwicklung, Planung und Strategie
Gelungene Präsentationen und Auftritte; Anerkennung durch Öffentlichkeit, Publikum, Kritiker	Durchsetzung, Formulierung und Verteidigung von kollektiven Anliegen („für eine gerechte Sache")	Nachhaltigkeit und Erneuerbarkeit, Vermeidung von Umweltbeeinträchtigungen	Gelingen des Projektes und Abnahme durch Auftraggeber (Arbeitgeber)
eher kurzfristig, Welt hat kaum Gedächtnis	langfristig	sehr langfristig	mittelfristig (Projekt als Zeithorizont)

5.3 Die Vernetzung des Konzepts der Qualitätskonventionen

Der theoretische Gehalt des Konzepts der Qualitätskonventionen ist nicht damit ausgeschöpft, dass man Qualitätskonventionen als isoliertes Konzept vorstellt. Qualitätskonventionen müssen auf weitere Konzepte bezogen werden, sodass sich ihr theoretischer Gehalt wirklich abzeichnet.

(1) Das Konzept der Qualitätskonvention ist eingebettet in das „*Modell der Rechtfertigungsordnungen*" (Boltanski/Thévenot 2007, S. 108f). Um von einer Rechtfertigungsordnung und einer zugehörigen Welt sprechen zu können, sollen einige Bedingungen erfüllt sein. Boltanski und Thévenot haben das Modell „axiomatisiert", also eine Reihe formaler Bedingungen aufgestellt, die mögliche Rechtfertigungsordnungen und ihre zugehörigen Welten erfüllen müssen.

Axiom 1 besagt, dass in der Welt alle zugehörigen Mitglieder identifiziert werden können, also die Personen, die sich in dieser Welt „einigen" können und die somit Mitglieder des Gemeinwesens sind. Die Mitglieder der Welt haben verschiedene Qualitäten und Wertigkeiten (Axiom 2). Alle Menschen sollen prinzipiell eine Größe in der Welt haben können, d.h. alle Mitglieder der Menschheit müssen prinzipiell Teil der Welt sein können sowie alle Qualitäten und Wertigkeiten prinzipiell erreichen können (Axiom 3). Die Qualitäten und Wertigkeiten müssen in dieser Welt in eine Rangordnung gebracht werden können (Axiom 4). Die Welt hat einen spezifischen Investitionsmodus, der Qualitäten und Wertigkeiten erreichbar macht, aber zugleich den Menschen Kosten und Opfer (Verzicht auf alternative Optionen) aufbürdet (Axiom 5). Die Qualitäten und Wertigkeiten sind mit Vorteilen und Annehmlichkeiten verbunden, die umso umfangreicher sind, je weiter oben eine Person in der Rangordnung positioniert ist (Axiom 6). Kulturelle Evaluationsformen und Denkweisen, die diese Bedingungen (Axiome 1 bis 6) *nicht* erfüllen, sind in diesem Theoriekontext keine Qualitätskonventionen, die eine Rechtfertigungsordnung tragen können und auf die Akteure sich rechtfertigend beziehen können. Das Modell der Rechtfertigungen lässt eine „Grammatik" der Rechtfertigungspraxis zutage treten.[223]

223 Dieses analytische Interesse an der Grammatik der Rechtfertigungsordnungen weist die Theorie von Boltanski und Thévenot auch als eine Weiterführung der strukturalen Analyse aus. Spätestens hier wird deutlich, dass „Über die Rechtfertigung" sowohl pragmatische als auch strukturalistische Theorieelemente kombiniert (siehe Kapitel 10).

(2) Die Qualitätskonventionen fungieren in den Welten als *Äquivalenzprinzipien.* Sie erst machen die Qualitäten und Wertigkeiten *vergleichbar.* Wichtig ist hierbei, dass sie die Qualitäten und Wertigkeiten nicht gleich (!) machen. Es geht darum, dass in den Welten konventionenbasiert „geklärt" werden kann, wer „größer" und wer „kleiner" ist – um die französische Bedeutung der „grandeur" noch einmal zu vergegenwärtigen. Die Äquivalenz herzustellen heißt, Qualitäten und Wertigkeiten in Bezug zueinander zu setzen, und hier sind die Qualitätskonventionen die Prinzipien dafür. Es gibt also auch immer Personen in den Welten, die „klein" sind, also nur geringe Wertigkeit haben. Ein Beispiel sind die Fließbandarbeiter in der industriellen Welt, die lediglich einfache Arbeiten mechanisch ausführen und dafür mit einem Stundenlohn vergütet werden. Ein weiteres Beispiel sind die Lehrlinge in der handwerklichen Welt, die gerade ihre Ausbildung begonnen haben und am ersten Tag erst einmal die Werkstatt fegen dürfen.

(3) In Situationen unterliegen Akteure einem *Imperativ der Rechtfertigung.* In sozialen Situationen beziehen Akteure die Gerechtigkeit (*justice*) und die Richtigkeit (*justesse*) ihres Handelns auf Qualitätskonventionen. Der Rechtfertigungsimperativ ist der soziale Zwang, dem Akteure unterliegen, er ist keine nachträgliche Rechtfertigungsideologie. Er wird vielmehr mobilisiert durch eine kollektive Intentionalität (das Erreichen des Gemeinwohls) und den dafür erforderlichen Zwang zur Koordination.

> „Unter welchen Voraussetzungen kann eine Form von Äquivalenz allgemeine Gültigkeit erlangen, das heißt eine Einordnung und Bewertung von Personen und Objekten ermöglichen, die den Rahmen für eine Einigung abgeben oder in einem Konflikt als Bezugspunkt dienen kann? Als Antwort auf diese Frage wollen wir den der Möglichkeit zur Koordinierung menschlicher Handlungen zugrunde liegenden Rechtfertigungsimperativ ernst nehmen und den Zwang zur Einigung auf ein Gemeinwohl untersuchen. Insofern geben wir uns nicht mit dem Legitimationsbegriff zufrieden, mit dem im Anschluss an Max Weber tendenziell Rechtfertigung und Täuschung gleichgesetzt und unter Rückzug auf einen Werterelativismus der Zwang zur Koordinierung völlig ausgeblendet wird. Unser Interesse richtet sich auf Handlungen, die rechtfertigbar sind, wobei wir sämtliche Schlussfolgerungen aus der Tatsache ziehen, dass die Personen der Notwendigkeit ausgesetzt sind, ihre Handlungen zu begründen. Anstatt – wie bei einem falschen Alibi – im Nachhinein Gründe vorzuschieben, um die eigentlichen Beweggründe zu verheimlichen, liefern sie Erklärungen, die einer Überprüfung durchaus standhalten können." (Boltanski/Thévenot 2007, S. 60f)

Hier tritt eine Skepsis gegenüber einem Legitimationsbegriff zutage, bei dem eine Legitimation nur zum Schein erfolgt oder nur als Ausrede gedacht ist.[224]

(4) Die *Rolle der Objekte* ist in diesem Theoriekontext bedeutsam. Die skizzierten Welten sind nicht nur durch eine Qualitätskonvention als Koordinationslogik „ausgestattet", sie sind insbesondere Welten, in denen je spezifische Objekte eine fundamentale Rolle spielen.

> „Die Feststellung der Größe einer Person kann nicht einfach aufgrund einer intrinsischen Eigenschaft dieser Person erfolgen [...]. Sie muss sich auf Objekte stützen, die außerhalb der Person liegen und die dann gewissermaßen als Instrumente oder Werkzeuge zur Beurteilung der Größe dienen. [...] Welten dürfen also nicht mit Gruppen in Verbindung gebracht werden, sondern nur mit Arrangements von Objekten. Diese Arrangements charakterisieren die verschiedenen Situationen, in denen Personen handeln und dabei diese Objekte ins Spiel bringen." (Boltanski/Thévenot 2007, S. 183/290)

Objekte sind also deshalb so bedeutsam, weil sie den Akteuren ermöglichen, die (je unterschiedlichen) Qualitäten und Wertigkeiten (Größen) zu „ermitteln".[225] Rechtfertigungen mit Bezug auf Qualitätskonventionen können daher nicht allein diskursiv erfolgen. Rechtfertigungsordnungen sind für Boltanski und Thévenot nicht reduzierbar auf Diskursordnungen. Insbesondere dadurch, dass Akteure die Qualitäten und Wertigkeiten in kritischen Situationen auf Tests beziehen, zeigt sich, dass die bei Boltanski und Thévenot (2007) gedachten Konzepte von „Qualität", „Wertigkeit", „Rechtfertigung" nie auf allein diskursive Prozesse reduzierbar sind und ihre Realität nicht reduziert werden kann auf Kognition oder Wissen.

---

224 Hier wird eine Differenz zum soziologischen Neoinstitutionalismus deutlich. Während dieser Legitimationen als Ideologien verdächtigt, die wenige Verbindungen und wenig Kohärenz mit den anderen Praxisformen zu haben brauchen, ist der Rechtfertigungszwang für Boltanski und Thévenot auch ein Zwang zur Kohärenz zwischen diskursiven und nicht-diskursiven Formen des Handelns. Bessy und Chateauraynaud (1995, 2014) haben eben hier kritisch angefragt, welche Möglichkeiten der Täuschung und welche Aufwendungen der Authentizitätsversicherungen dennoch möglich bzw. erforderlich sind. Siehe für einen Vergleich von EC und soziologischem Neoinstitutionalismus Diaz-Bone (2012a).

225 Bessy und Chateauraynaud (1995, 2014) zeigen auf, dass Objekte dann problematisch für die Fundierung der Wertigkeit sind, wenn sie selbst in die Kritik geraten, also in den Verdacht, dass sie nicht authentisch, nicht echt sind. Dann erfolgen Prüfungen auch von Objekten, wofür dann andere Objekte und Experten mobilisiert werden.

(5) Das wird in Momenten der *Kritik* deutlich, wenn Qualitäten und Wertigkeiten infrage gestellt werden. Denn dann werden Qualitäten und Wertigkeiten mit Bezug auf Objekte geprüft. Ohne den Bezug auf Objekte sind auch Rechtfertigungen kaum denkbar. Die zentrale Folgerung ist, dass eine nur diskursive Strategie der Rechtfertigung, die nicht durch Bezüge und Stützungen auf Objekte ergänzt wird, ihre Wirkmächtigkeit nicht entfalten kann. Aber auch, wenn keine Kritik mobilisiert wird, stehen Qualitäten in Wechselwirkungen zu Objekten und finden Realitätstests (Prüfungen) statt. Für die Marktkonvention besteht ein Realitätstest schlichtweg darin, dass die Produkte auch immer wieder abgesetzt (verkauft) werden müssen und dass das Unternehmen sich so als wettbewerbsfähig erweist. Eine Auszeichnung mit und Planung von Preisen reicht hier nicht aus. Boltanski und Thévenot geben einige Beispiele für Prüfungen in weiteren Welten.

> „Häufig sind es Situationen, in denen es derart durcheinander geht, die zu Unsicherheiten hinsichtlich der Größe führen und zu ihrer Klärung eine Prüfung erforderlich machen. Die Situation wird dann ‚geklärt', das heißt zur Behebung des Streits wird auf Ressourcen ein und derselben Welt Rückgriff genommen. Aufgrund der Aussage eines getreuen Dieners wird der Usurpator, ein jüngerer Bruder, der den Platz des erstgeborenen legitimen Erben unter Ausnutzung eines Schiffsbruchs eingenommen hat, demaskiert (Welt des Hauses); mittels einer gewissenhaft durchgeführten Studie lässt sich die Effektivität eines Verfahrens testen (industrielle Welt), dessen Übernahme ohne vorausgehende Experimentalphase ansonsten nur von der Glaubwürdigkeit des Erfinders abhinge (Welt der Meinung und des Ruhmes); die Einberufung der Generalversammlung macht den zirkulierenden Gerüchten und der drohenden Spaltung durch einzelne Klüngel ein Ende (Welt des Staatsbürgers)." (Boltanski/Thévenot 2007, S. 192f)

Von Bedeutung ist hier, dass Kritiken (an Qualitäten und Wertigkeiten) in Situationen *Unsicherheiten* aufkommen lassen. Prüfungen (Tests) dienen dazu, die entstandenen Unsicherheiten zu beseitigen (Boltanski/Thévenot 2007, S. 193).

(6) In den Welten spielen *Intermediäre* eine wichtige Rolle, denn sie vermitteln einmal die Objekte, Handlungen und Personen untereinander. Dann steigern sie die Reichweite der Konventionen (und ergänzen in dieser Funktion die Formen). Intermediäre sind aber zusammen mit dem Bezug auf Objekte auch maßgeblich an der Zuerkennung von Qualitäten und Wertigkeiten beteiligt. Intermediäre können Personen sein (wie Vermittler und Zwischenhändler), allerdings können Objekte – wie (Mess)Instrumente u. a. – selbst als Intermediäre fungieren (Bessy 2017; Bessy/Chauvin 2010, 2013).[226]

226 Siehe auch Kapitel 4 und Kapitel 8.

(7) In den Welten und „konventionenbasiert" erfolgt auch die Organisation der *Kognition* von Qualitäten und Wertigkeiten. Die „distributed cognition" wird möglich, wenn kognitive Artefakte, Objekte sowie Formen so zusammenspielen, dass nicht Individuen die Einheiten sind, die „kognizieren" (wahrnehmen, erkennen, Wissen prozessieren), sondern Kollektive aus Personen und Objekten.[227] Die Analyse der Formen und ihre Unterscheidung von den relevanten Objekten gestalten sich häufig schwierig, da die Formen als Eigenschaften der Objekte auftreten – es sind Formen *an* ihnen. Betrachtet man die industrielle Fließbandproduktion in einer Fabrikhalle, so findet man häufig große Anzeigetafeln, die die aktuellen Zahlen der produzierten Einheiten angeben und vergleichbar machen mit der geplanten Anzahl zu produzierender Einheiten. Nun ist die Anzeigetafel eben ein wichtiges *Objekt* für die distributed cognition. Ihre Eigenheit ist es, Zahlen anzuzeigen (die sich bei Werksbesichtigungen den Besuchern vielleicht als unverständlich erweisen). Zugleich ist es die numerische *Formatierung*, anhand derer die Anzeigetafel in der Fließbandproduktion informiert.

(8) Akteure haben *Kompetenzen*, wie sie mit Qualitätskonventionen umgehen können und auch müssen. Diese Kompetenzen bestehen einmal in der kritischen Kompetenz, sich auf Qualitätskonventionen *innerhalb* einer Welt zu stützen, wenn sie Qualitäten und Wertigkeiten infrage stellen. Die Kompetenzen bestehen andererseits darin, Qualitätskonventionen *verschiedener* Welten zu unterscheiden, ihre jeweilige Angemessenheit zu beurteilen und zwischen ihnen zu wechseln.

> „In einer differenzierten Gesellschaft trifft eine Person zwangsläufig jeden Tag auf Situationen, die ganz klar voneinander geschiedenen Welten gehören. Sie muss sie erkennen und sich darauf einstellen können. Jede differenzierte Gesellschaft kann in diesem Sinne als ‚komplex' bezeichnet werden, als ihre Mitglieder die Kompetenz besitzen müssen, die Natur einer Situation identifizieren und sich durch Situationen bewegen zu können, die unterschiedlichen Welten gehören." (Boltanski/Thévenot 2007, S. 290)

Akteure müssen häufig in wenigen Augenblicken zwischen verschiedenen Welten wechseln können, sie müssen in der Lage sein, sich auf einzelne Welten zu konzentrieren und die Belange anderer Welten auszublenden (Boltanski/ Thévenot 2007, S. 313f). Weiter müssen Akteure in der Lage sein, Kompromisse und Kombinationen zwischen den Qualitätskonventionen herzustellen, die selbst ein hohes Maß an Kohärenz aufweisen.

---

227 Das Konzept der distributed cognition geht auf die Arbeiten von Edwin Hutchins und Donald Norman zurück; siehe dazu auch Kapitel 2.

(9) Grundlegend für die EC ist die *existierende radikale Pluralität* der Qualitätskonventionen. Radikale Pluralität ist dabei nicht so zu verstehen, dass alle Qualitätskonventionen jederzeit „gleichberechtigt“ als Koordinationsprinzipien wirken. Diese Situation wäre für Akteure nicht zu bewältigen, sie wäre durch ein Höchstmaß an Unsicherheit und Komplexität gekennzeichnet. Unter „Existenz“ einer radikalen Pluralität ist zum einen zu verstehen, dass zumeist nur eine oder nur wenige Qualitätskonventionen dominieren und andere marginalisieren können; kennzeichnend für reale Situationen ist dabei aber, dass trotz einer Hegemonie einzelner Qualitätskonventionen immer auch Elemente anderer Qualitätskonventionen anzutreffen sind (Eymard-Duvernay 1989, 2004). Kein realer „Markt“, keine reale „Organisation“ ist hier ausgenommen. Zum anderen ist unter der „Existenz“ der radikalen Pluralität zu verstehen, dass die Pluralität der Qualitätskonventionen als System von kulturell verankerten Rechtfertigungsordnungen für die Akteure in Situationen als möglicher Sinnbezug in Situationen zur Verfügung steht. Akteure können sich kritisch oder rechtfertigend auf Qualitätskonventionen beziehen, die marginal sind oder die mit keinem Element in der Situation materiell verankert sind.

(10) Die existierende Pluralität bringt *Spannungen* ein, die eben durch die Koexistenz der Qualitätskonventionen entstehen und immer wieder virulent werden. Denn die Qualitätskonventionen stehen zueinander in einem widersprüchlichen Verhältnis, wenn unterschiedliche Akteure sich auf verschiedene Qualitätskonventionen beziehen, um Kritik und Rechtfertigung grundsätzlich anzubringen. Denn solange eine Person, ein Objekt oder ein Prozess nur innerhalb einer Welt infrage stehen, kann dies anhand einer Prüfung „geklärt“ werden. Aber die Kritiken und die Rechtfertigungen, die aus der Warte unterschiedlicher Welten erfolgen, stellen in Situationen die gemeinsame Basis für die Koordination und damit die Evaluation grundsätzlich infrage. Diese Infragestellung muss nicht bereits als ein großer Skandal, als eine laute Streiterei, als eine dramatische Anklage oder als Konflikt gedacht sein. Kritiken und Rechtfertigungen erfolgen bereits alltäglich und in kleinen Disputen, Diskussionen oder Klärungen von „Unstimmigkeiten“, „Widersprüchen“, „Irritationen“. In Situationen, in denen man die Routine verlässt, Koordinationen auf einmal nicht gut funktionieren (und in denen Gewalt oder große Machtungleichheiten fehlen), muss man sich häufig schon einmal grundsätzlich verständigen, wie „etwas“ in richtiger und gerechter Weise „gemacht werden“ kann und auch soll.[228] Qualitätskonventionen und Rechtfertigungsordnungen fallen

228 Siehe für die Analyse der Spannungen, der Kritik und der Kompromisse in der Organisationsforschung die Beiträge in Knoll (Hrsg.)(2016) und in Cloutier et al. (Hrsg.)(2017)

ansonsten auch gar nicht weiter auf, wenn sie für alle Beteiligten „funktionieren" und wenn alle wissen, „was zu tun ist", „wie man sich zu koordinieren hat" und „was wie zu bewerten ist" (Boltanski/Thévenot 2000, 2007; Thévenot 1989a). Wie kommt es nun dazu, dass der Pluralismus der Qualitätskonventionen und die Spannungen in Alltagssituationen sich nicht permanent als Quellen von Unsicherheit und Konflikt auswirken? Neben den Kompetenzen der Akteure sind es vor allem die Objekte, Formen und Intermediäre, die eine Vorherrschaft (Hegemonie) einer Qualitätskonvention (oder eines Kompromisses) stabilisieren und etablieren helfen können. Damit tritt auch in den meisten Situationen kein Werterelativismus zu Tage (Boltanski/Thévenot 2000). Objekte, Formen und Intermediäre sind in diesem Sinne dann Dispositive aus der Perspektive der Akteure.

5.4 „Le Camembert" – normannisch oder normiert?

Eine empirische Studie, die die Qualitätskonventionen anschaulich werden lässt, indem sie zwei von ihnen (idealtypisch) innerhalb einer Branche vergleicht, haben Pierre Boisard und Marie-Thérèse Letablier vorgelegt (Boisard/Letablier 1987, 1989; Boisard 1991). Boisard und Letablier haben die Koordinationsformen in der Herstellung eines spezifischen Produkts untersucht: den Camembert, der eine bekannte französische Käsespezialität aus der Normandie ist. Ein Camembert ist ein Weichschimmelkäse, der in kreisrunder Form (mit ca. 11 cm Durchmesser) hergestellt wird, ein Gewicht von 250 bis 300 Gramm hat und in einer Papp- oder Holzschachtel ausgeliefert wird (Boisard 1991, S. 196). Der Camembert ist seit fast einhundert Jahren die Käsesorte, die in Frankreich am meisten konsumiert wird, und er gilt heute als ein nationales Symbol (Boisard 2003, 2007).[229]

In der Normandie finden sich in der Camembertbranche zwei Qualitätskonventionen: die industrielle Produktion („*camembert normé*") und die traditionell-handwerkliche Herstellungsweise („*camembert normand*"). Dabei wird die erste Herstellungsweise wesentlich durch die industrielle Konvention organisiert, während die zweite Herstellungsweise wesentlich durch die handwerkliche (familienweltliche) Konvention organisiert wird. Pierre Boisard stellt die industrielle Herstellung in Käsefabriken dar und charakterisiert diese Herstellungsform.

sowie Brandl und Schneider (2017) sowie Gond et al. (2017).

229 Der Camembert ist heutzutage weiß, da er seit ca. 1900 mit dem Schimmelpilz *penicillium candidum* behandelt wird. Vormals war die Farbe des Camemberts gräulich (Boisard 1991, S. 190/195).

> "From the beginning to the end, all stages of the process contribute to the creation of an industrial product, carrying the label 'camembert'. If one were to characterize this item in one word, the term 'standard' would be appropriate. I mean by the adjective an object conforming to stable and precise norms, accurate and consistent whatever the place and time of its production and sale. Constancy is what qualifies camembert as an industrial product, not its mechanical or automatic manufacture in a factory.
> Factory production alone does not make camembert an industrial product. Rather, industrialization demands that all processes and relations comply with established standards so that the final product, at the moment of consumption, is absolutely right. A single error at any stage of processing may be enough to reduce its quality to nothing. [...]
> The logic of the system aims to create a standard product, unchanging in space and over time, with as long a 'shelf live' as possible, and at minimum cost. To this end, standardization, stabilization, and productivity are the leitmotifs of each stage." (Boisard 1991, S. 177)

Der Camembert als industrielles Produkt wird unter Einsatz umfassender Nahrungsmitteltechnologie und einem hohen Grad an Automatisierung hergestellt. Die Expertise von Nahrungsmitteltechnologen (wie Lebensmittelchemikern), Ingenieuren (für die Anlagensteuerung) und Betriebswirten ist hier von zentraler Bedeutung, gleichzeitig sind angelernte Fachkräfte an der standardisierten Produktion beteiligt. Letztlich wird in vielen Fabriken angestrebt, die Produktion radikal zu automatisieren, sodass man weitgehend ohne angelernte Beschäftigte auskommt. Die Koordinationsformen in der Produktion der Camemberts sind durch unpersönliche Beziehungen, Verträge und den Einsatz von Maschinen gekennzeichnet. Die Milch als Vorprodukt wird auf dem nationalen Milchmarkt bezogen. Dabei wird bereits in der Milchproduktion versucht, den Milchproduzenten Vorgaben zu machen, welche Art von Kühen einzusetzen sind und wie diese zu ernähren und insgesamt zu halten sind sowie welche Hygienestandards einzurichten sind. Grundsätzlich gilt die „Natürlichkeit" der Milch, der Kühe und der weiteren Umwelteinflüsse in der industriellen Welt als problematisch, da sie dem Anliegen der Standardisierung zuwiderlaufen kann.

> "In spite of all efforts of industry, however, the variables bound up in a living material as complex and fragile as milk have as yet prevented its complete normalization and, similarly, the absolute mastery of its transformation into cheese." (Boisard 1991, S. 178)

Verunreinigungen aus dem Melkvorgang, Bakterien in der Milch, Schwankungen des Fettgehalts (oder anderer Bestandteile) gilt es zu vermeiden. Die Milch wird bereits beim Milcherzeuger in großen Tanks gesammelt, dort gemischt und gekühlt gelagert. Sie wird dann gekühlt in die Fabrik geliefert und dort pasteurisiert. Es erfolgt eine Standardisierung, indem Unterschiede der Milchbestandteile (wie

Milchfett, Milchsäure u. a.) ausgeglichen werden, die durch jahreszeitliche Einflüsse eingebracht werden (wie Klima oder unterschiedliches Futterangebot) und die durch mangelnde (bzw. unterschiedliche) technologische Standards liefernder Milchbetriebe entstehen. Die Standardisierung und Stabilisierung des Vorprodukts und die Automatisierung ermöglichen die Produktion von Camemberts in großen Mengen. Große Fabriken können viele Hunderttausend Camemberts pro Tag herstellen (Boisard 1991). Diese standardisierten Camemberts unterliegen industriellen Nahrungsmittelstandards. Im Laufe der Herstellung kommt niemand mit dem Produkt unmittelbar in Berührung – wie ein Direktor einer Camembertfabrik von Boisard zitiert wird: „No one ever touches our product" (Boisard 1991, S. 180). Die Qualität wird anhand chemischer, nahrungsmitteltechnischer Kennwerte in Laboren kontinuierlich ermittelt und so überwacht. Die Fermentation wird industriell durch künstlich hergestellte Milchsäurestarter (*lactic starter*) eingeleitet. Probleme bereiten der industriellen Produktion dann auch solche Bakterien und Verunreinigungen, die in den Fabrikanlagen vorkommen. Diplome, Tarifverträge und andere formale Kriterien entscheiden hier über die Positionierung der Mitarbeiter im Betrieb und über die Vergütung. Die Standardisierung und die wissenschaftlich kontrollierte Herstellung weisen die Qualität des „normierten Camemberts" für die Käufer aus. Qualität ist hier (in der industriellen Welt) positiv bestimmt und behauptet sich durchaus gegenüber der Auffassung von Qualität in anderen Welten. Denn „Qualität" erscheint hier einmal als „wissenschaftlich kontrollierte" Qualität und zum anderen als dauerhaft einheitliche Qualität: Die industriellen Camemberts sollen immer gleich schmecken. Der Vertrieb der Camemberts wird vorab langfristig mit Großhändlern und den großen Supermarktketten vereinbart. Diese Camemberts zeichnen sich durch relativ günstige Preise aus und dadurch, dass sie unter eigenen Markennamen frankreichweit beworben und vertrieben werden. Diese industriellen Camemberts liegen dann in den Kühlregalen der Supermärkte aus, wo sie in ganz Frankreich ebenso „anonym" gekauft werden können. Die Kunden bewahren den industriellen Camembert im Kühlschrank auf und essen ihn gekühlt.

Die handwerkliche Welt ist grundsätzlich anders organisiert. In der traditionell-handwerklichen Herstellung des Camemberts wird in der Normandie die Rohmilch von den örtlichen Bauern bezogen, mit denen langjährige Lieferbeziehungen bestehen und mit denen man seit Langem bekannt ist.

> "If industrial camembert is the result of standardization, traditional camembert depends on the valorization of local specificities supported by a network of personalized relations.
> The materials used in preparation owe their quality to the continuous care of individuals who know one another and who maintain close trusting relationships in a

> particular locality. As a result, the least disruption in these networks leads to defects in quality – whereas the industrial system, less fragile in this regard, does not depend on personal relationships. Good milk, the indispensable element of good cheese, is milk produced in Normandy, by indigenous Norman cows that are carefully fed and showered with affection. The milk must be collected and treated properly, placed in twenty-liter cans, stored in a cool place, then picked up twice a day by the cheesemaker's dairy. The region of milk collection is limited: no farm can be more than 10 kilometers from the dairy. As there are 'wine yards', so there are 'milk yards' […]. […] The milk, except for transportation in cans, receives no shocks. Respect for its integrity is essential to the quality of the cheeses. At the unloading platform of the cheese dairy, the milk is sorted according to its look and smell. […] Then the milk is tasted to identify and dispose of which is too acidic. This unrefrigerated milk is rich in bacterial flora: collected in the evening, it is put into containers to ripen, so that its degree of acidity will rise. The next day it is mixed with milk collected that morning […]. The mixture thus obtained has the desired degree of acidity without needing an addition of lactic starter." (Boisard 1991, S. 181ff)

Die Milch wird möglichst „naturnah" produziert und deshalb eben *nicht* pasteurisiert. Die Milch ist hier zwar ein Vorprodukt, aber sie wird als ein „lebendes Produkt" betrachtet. Die Bakterien werden hier nun zu „Verbündeten". Die Natürlichkeit der Milch und ihre Herkunft begründen ihre „Integrität" als Vorprodukt und sind gerade nicht problematisch – wie in der industriellen Welt. Wie in der Weinproduktion, so existiert auch in der Camembertproduktion das Konzept des „Terroirs" (Boisard 1991, S. 201).[230] Wertigkeit kommt den Mitarbeitern und insbesondere dem Besitzer des traditionell betriebenen Camembertbetriebs zu, wenn sie als Fachfrau bzw. er als Fachmann für die regionale Viehzucht gilt und vertraut ist mit den Viehbeständen seiner Milchlieferanten (Boisard 1991, S. 183). Die Herstellung erfolgt in kleinen ortsansässigen und traditionellen Familienbetrieben. Dort werden die Camemberts in kleinen Serien und auf der Grundlage von traditionellen Familienrezepten hergestellt, die in den Familienbetrieben über die Generationen weitergegeben werden. Die Erfahrung in diesen Familienbetrieben, die Qualität der Vorprodukte aus der Region und die qualifizierte Handarbeit (bei wenig Technikeinsatz und dem Verzicht auf Automatisierung) sollen eine besondere Qualität der Camemberts erzielen. Rekrutiert werden die Mitarbeiter aus der Familie und der Region. Die Position, die ein Mitarbeiter im Betrieb einnimmt, wird durch die Dauer der Betriebszugehörigkeit, durch das Vertrauen, das der „patron" in ihn setzt, und durch die handwerkliche Kompetenz geprägt.

230 Damit werden nicht nur die geologischen und mikroklimatischen Verhältnisse des Bodens bezeichnet, sondern auch dessen Kultivierung. Insgesamt verleiht die Referenz auf das diskursive Konzept des „Terroirs" dem Wein bzw. hier der Milch in „magischer Weise" Qualität.

Die „Ausbildung“ ist ein vor Ort und in der praktischen Herstellung, durch Vormachen und Erzählen erfolgendes, schrittweises Vermitteln des Produktionswissens. Die traditionelle Käseherstellung ist im Wortsinn Handarbeit, die durch die betriebliche Praxis erlernt wird, das Wissen besteht auch aus „Tricks“, spezifischen Handgriffen und Fertigkeiten („knacks“).

> "All these manual operations – unmolding, salting, turning – require a knack that one can acquire only through direct apprenticeship. In all these manipulations, the workers are directly involved. They touch the cheese, they gauge its consistency with their hands, they judge its appearance with their eyes. This direct contact is essential for evaluating the transformation of cheese. Sight and smell warn the worker of possible problems and indicate the degree of ripening. No device can indicate whether the draining is sufficient, whether the ripening is proceeding correctly, whether the salt content is adequate. Only the hand, the eye, and nose – educated by experience – can make these decisions." (Boisard 1991, S. 184)

In dieser Welt werden die Camemberts in kleiner Stückzahl hergestellt, es sind zumeist nur wenige Hundert Camemberts, die hergestellt werden können. Der Verzicht auf Pasteurisierung verhindert eine Produktion in größeren Stückzahlen (Boisard 1991, S. 195). Die Qualität wird anhand der körpergebundenen Erfahrung sowie mithilfe der sinnlichen Eindrücke (wie Geruchseindruck, Tasteindruck und visueller Einschätzung des Aussehens) beurteilt – menschliche Erfahrung und menschliche Sinnesorgane treten an die Stelle von wissenschaftlicher Expertise und dem Einsatz von Messinstrumenten. Dabei sind die Camemberts in ihren geschmacklichen Eigenschaften durchaus verschieden, da sie den jahreszeitlichen und sogar täglichen Schwankungen der Milch als Vorprodukt unterworfen sind.

> "Although the actual process of cheesemaking does not change, it is never exactly the same from one day to the next because the weather changes, and so does the milk. Thus each day one must adapt to make the best cheese possible, a cheese that will not be same as that of the day before but will nevertheless carry the brand name of the firm, often the owner's family name. The owner thus takes personal responsibility for the quality of his product." (Boisard 1991, S. 186)

Für diese traditionellen Camemberts werden seit 1983 in Frankreich die Qualitätsbezeichnungen vergeben, die die regionenspezifische Herstellung zertifizieren mit der in Frankreich gesetzlich geschützten „appellation d'origine contrôlée“, kurz AOC (Boisard 1991, S. 187). Die Zertifizierung der traditionellen Camemberts erfolgt anhand vorgegebener Kriterien.[231] Die Familienbetriebe machen für ihre Produkte keine Werbung. Sie verkaufen ihre Camemberts entweder in der Region oder in Käsefachgeschäften (oder in den großen Käseabteilungen der gehobenen Kaufhäuser). Die Kunden schätzen diese Camemberts als Spezialitäten und sind bereit, höhere Preise für diese Qualitätsprodukte zu bezahlen. Anders als im Vertrieb der industriell hergestellten Camemberts stehen hier auch im Verkauf Intermediäre als Zwischenglieder zur Verfügung, um die Reichweite der Qualitätskonvention zu steigern. Die Verkäufer, die „hinter" der Käsetheke stehen, erläutern die Herkunft und die Eigenheiten der verschiedenen traditionellen Camemberts aus der Normandie. Und durch den regionalen Absatz bzw. den Kundenkontakt im Fachhandel erhalten die normannischen Hersteller Rückmeldungen über mögliche Qualitätsprobleme sowie über Kundenpräferenzen. Durch diese Personalisierungen wird die Reichweite des Vertrauens in der traditionellen Camembertproduktion ausgedehnt (Boisard 1991, S. 186f).

Die vergleichende Studie zeigt die Koexistenz verschiedener Konventionen in einer Branche auf, sodass ein Markt für Lebensmittel durch verschiedene Koordinationslogiken charakterisiert wird. Es sind hier keineswegs die Produkteigenschaften, die sogenannten „asset specifities" (Williamson 1985), die das institutionelle Arrangement nahelegen oder gar „determinieren". Keine der Konventionen ist „legitimer" oder „besser" als die andere.[232] Dennoch sind sie – und das jeweils kritisch – aufeinander bezogen, und sie grenzen sich so anhand ihrer „Produktionsideologie" in der Camembertbranche voneinander ab. Das Beispiel zeigt auch, dass Qualitätskonventionen verschiedene Produktions- und Distributionsstufen übergreifen können und so die Reichweite der Koordinationslogik über die Produktionsstätte (Familienbetrieb oder Käsefabrik) hinaus – sowohl „vorlaufend" (die Vorprodukte betreffend) als auch „nachlaufend" (den Vertrieb der Camemberts betreffend) – ausdehnen können. In diesen beiden Fällen „dominiert" eine Qualitätskonvention die Produktions- und Distributionskette – entweder die industrielle Konvention (im Fall des camembert normé) oder die

231 Dazu zählen, dass die Milch aus der Normandie stammt, dass der Camembert aus Rohmilch hergestellt wurde, dass die Formgebung manuell und mit einer Schöpfkelle erfolgt ist (in mehreren Schritten), dass Trockensalz zum Salzen verwendet wurde sowie dass die Käseschachtel aus Holz hergestellt ist (Boisard 1991, S. 188). Marie-Thérèse Letablier und Claire Delfosse (1995) sind den Praktiken der Anerkennung des AOC-Zertifikats für Käse (darunter auch für Camemberts) und den praktischen Details der Qualitätsbestimmung nachgegangen.

232 Gerade Boisard betont die „Symmetrie" in der Betrachtungsweise der Qualitätskonventionen, wobei er auf das entsprechende Konzept der ANT verweist (Boisard 1991, S. 173/199).

traditionell-handwerkliche Konvention (im Fall des camembert normand). Dabei ist daran zu erinnern, dass aus Sicht der EC eigentlich nie eine einzige Qualitätskonvention als *ausschließliche* Koordinationslogik anzutreffen ist. Im Fall des Camembertbeispiels kann man dies leicht aufzeigen: Die AOC-Zertifizierung ist im Grunde eine Strategie der industriellen Welt, die die traditionelle Produktion (handwerkliche Welt) heranzieht, um die traditionelle und regionenspezifische Herstellung und eben nicht die Standardisierung auszuweisen. Letztlich ist hier der Staat der Garant für die Reichweite und die Gültigkeit der AOC-Zertifikate, die als Siegel auf den Produkten angebracht sind und die ihre Qualität ausweisen sollen (Boisard 1991, S. 202).[233]

Das Verhältnis zwischen den beiden Welten, derjenigen des „normierten Camemberts" und derjenigen des „normannischen Camemberts", ist komplex. Einerseits stellen diese Welten die jeweilige Gegenposition in der Camembertbranche dar, und ihre (jeweils dominierenden) Qualitätskonventionen sind grundlegende Differenzierungsprinzipien in dieser Branche. Andererseits werden die Qualitätskonventionen in den Teilbereichen der Camembertbranche auch positiv aufeinander bezogen oder Strategien aus der anderen Welt übernommen. So stammt die in der handwerklichen Welt herangezogene Strategie der AOC-Zertifizierung, die die traditionelle Camembertproduktion vor der industriellen Konkurrenz schützen soll, selbst aus der Welt der Industrie. Und das Marketing in der industriellen Welt versucht in Werbespots auf eine normannische Tradition zu verweisen und das Design der Käseschachtel traditionell aussehen zu lassen. Typisch für den Camembert ist, dass die Holzschachteln mit runden Etiketten beklebt sind. Auch auf den industriell hergestellten Camemberts zeigen die Etiketten traditionalistische Motive, und u. a. auf diese Weise wird in der industriellen Welt auf eine traditionelle Herstellung verwiesen (Boisard 1991, S. 195).[234] Einflussreiche Vertreter der industriellen Welt haben daher auch ein Interesse an der Existenz und Fortführung der traditionellen Camembertproduktion, und es kommt vor, dass industrielle Camembertproduzenten zugleich Besitzer traditioneller Camembertbetriebe sind (Boisard 1991).

Die Studie von Boisard und Letablier ist geradezu paradigmatisch geworden dafür, wie man das Konzept der Qualitätskonventionen als grundlegende Logik

233 Für die Zertifizierung und die Kontrolle der traditionellen, regionalen Produktion zuständig ist das staatliche *Institut national de l'origine et de la qualité* INAO.

234 Die Etiketten auf den Holzschachteln können im Sinne von Gérard Genette (1992) als „Paratexte" aufgefasst werden, die nicht einfach nur über ein Produkt informieren, sondern an seiner Qualitätskonstruktion beteiligt sind. Siehe für die Anwendung des Konzepts der Paratexte auf die Analyse der Weinbranche Diaz-Bone (2013a).

für Produktion, Distribution und Konsum von Produkten in Branchen vergleichend analysieren kann. Sowohl Thévenot (1986b) als auch Eymard-Duvernay (1993, 2004) haben sich auf diese Studie bezogen, um die Analyseperspektive der EC zu veranschaulichen.[235] Thévenot hat hervorgehoben, dass die Strategien der Qualitätszuschreibung, der Kontrolle der Vorprodukte, der Qualifizierung von Personen, der Kooperation in Unternehmen sowie zwischen Unternehmen auf viele Branchen übertragbar sind, insbesondere wenn die industrielle und die handwerkliche Qualitätskonvention vergleichend untersucht werden (Thévenot 1986b, S. 144).

5.5 Kritik der Transaktionskostenökonomie

Mit der gerade erfolgten Einführung der Qualitätskonventionen lässt sich die darauf bezogene Kritik der EC an der Transaktionskostenökonomie von Ronald Coase und Oliver Williamson sowie an der ihr vorausgehenden neoklassischen Wirtschaftstheorie weiter einführen.[236] Die Kritik an der Transaktionskostentheorie ist nicht einfach nur eine Randbemerkung. Die Transaktionskostentheorie ist ein kontinuierlicher „Gesprächspartner" der EC – nicht in dem Sinne, dass die Vertreter der EC in einem kontinuierlichen Austausch und in enger Zusammenarbeit mit der Transaktionskostenökonomie stünden, sondern dass die Grundkonzepte der Transaktionskostenökonomie (sowie der Neoklassik) seit Jahrzehnten herangezogen werden, um einen grundlegend anderen sozialwissenschaftlichen, pragmatischen Institutionalismus zu entwickeln. Die hier weiter eingeführte Kritik zeigt zudem, dass die EC ebenso versucht Zentralprobleme und Zentralbegriffe der Wirtschaftswissenschaften wie „Unsicherheit", „Rationalität", „Markt", „Wert" oder „Unternehmen" neu zu fassen. Entsprechend lässt sich die EC nicht auf spezifische Konzepte wie „Konvention", „Forminvestition", „Äquivalenz" reduzieren. Einmal, weil auch Begriffe, die zunächst klassische wirtschaftswissenschaftliche

235 Die Hauptbefunde der vergleichenden Untersuchung von Boisard und Letablier (1987, 1989) sind auch dargestellt in Eymard-Duvernay (2004, S. 78-80). Thévenot (1986b) hat viele der von Boisard und Letablier beschriebenen Strategien herangezogen, um die allgemeinen Konzepte der EC damit zu veranschaulichen.

236 Die Kritik betrifft nicht im selben Maß die Arbeiten von Douglass North, der nicht nur eine historische Wendung in die Transaktionskostenökonomie eingebracht hat, sondern auch eine kulturalistische Wendung, die zu mehr Übereinstimmungen zwischen den beiden Institutionalismen geführt hat. Siehe für eine Diskussion der Arbeiten von North (1991, 1990, 2005) aus Sicht der EC Diaz-Bone und Salais (2011).

sind, nun auf das konzeptuelle Netzwerk der EC neu bezogen werden und in der EC ebenso eine spezifische neue Interpretation erhalten. Dann, weil sowohl die Transaktionskostenökonomie als auch die EC ihre Konzepte in die Theoriepraxis einer Wissenschaftskultur – oder im Fall der EC einer Wissenschaftsbewegung – einbettet, die ihr erst den vollen theoretischen Gehalt zukommen lässt. Einzelne Begriffe wie „Konvention" oder „Transaktionskosten" sind entleert, wenn sie aus dem Kontext dieser Praxis herausgelöst werden. Setzt man die EC und die Transaktionskostenökonomie kritisch zueinander ins Verhältnis, dann handelt es sich also nie nur um punktuelle Abgleiche von Begriffsunterschieden. Letztlich stehen sich zwei fundamental verschiedene institutionentheoretische Denkweisen gegenüber, die sich zudem in verschiedenen – dennoch miteinander verknüpften – Forschungsfeldern „konfrontieren" lassen.[237] Olivier Favereau hat diese beiden (und weitere) Ansätze kritisch verglichen, daraufhin wie sie Organisationen und Verträge analysieren (siehe dafür Kapitel 8).

Die Transaktionskostentheorie schließt an die neoklassische Wirtschaftstheorie zwar an, ergänzt sie aber um weitere institutionentheoretische Anteile. Die heute klassische Frage der Transaktionskostentheorie, die Ronald Coase (1937) zuerst gestellt hat, ist, warum es überhaupt Unternehmen (und allgemeiner Organisationen) gibt, wenn man – wie in der Neoklassik – den ökonomischen Tausch als prinzipiell durch Verträge zwischen freien Individuen auf Märkten koordiniert denken kann. Die Antwort von Ronald Coase (1937) auf diese Frage lautet, dass Transaktionskosten dafür verantwortlich sind, dass (neoklassisch gedachte) Märkte ökonomischen Tausch in der Regel nicht effizient bewerkstelligen. Unternehmen dienen dazu, Transaktionskosten zu reduzieren und opportunistisches Verhalten durch das Prinzip der Hierarchie institutionell zu kontrollieren. Oliver Williamson (1985, 2000) hat an die Arbeiten von Coase angeschlossen und die jeweiligen spezifischen Produkteigenschaften – die asset specifities – zum Ausgangspunkt genommen, um zu untersuchen, was für deren Produktion das effizienteste institutionelle Arrangement ist.

Aus Sicht der EC stellt die Transaktionskostenökonomie also eine für die Neoklassik erforderliche *Ergänzung* dar, weil Märkte nicht effektiv funktionieren – wegen der Transaktionskosten. Aber die Grundannahmen der Neoklassik werden nicht korrigiert, wozu einmal die Annahme gegebener Gütermengen und Gütereigenschaften zählt und damit die Qualität der Produkte als objektive Produkteigenschaft. Weiter zählt zu den Annahmen, dass die Präferenzen der Akteure gegeben sind und Akteure mit einer kalkulierenden Rationalität ihre eigennützigen Ziele verfolgen

237 Dass es auch Gemeinsamkeiten zwischen diesen beiden institutionentheoretischen Ansätzen gibt, verdeutlicht Bessy (2002, 2013a).

(Modell des homo oeconomicus). Die Information, an der sich Akteure orientieren, ist dann der Preis. Die hier aufgeführten Annahmen werden als *exogen* – also als für die Analyse gegeben – betrachtet, um dann zu untersuchen, wie und welche ökonomischen Institutionen den ökonomischen Tausch unter der Voraussetzung dieser angenommenen Gegebenheiten bewerkstelligen.

Die EC hat eine Reihe fundamentaler Kritiken an der Transaktionskostentheorie von Williamson formuliert, die wesentlich dann auch die neoklassische Theorie des Marktes betreffen. (Die Kritiken ergeben sich aus den Grundpositionen und dem Verständnis der Grundkonzepte, wie sie in diesem Kapitel eingeführt wurden.)

(1) Ein erster grundlegender Kritikpunkt betrifft die Differenzierung institutioneller Arrangements und besagt, dass aus Sicht der EC die Transaktionskostenökonomie die Pluralität der verschiedenen Qualitätskonventionen als Koordinationslogiken in der Ökonomie übersieht und letztlich alle institutionellen Arrangements und Wertigkeiten auf die im neoklassischen Sinn gedachte Markttransaktion mitsamt ihrer institutionellen Ergänzungen reduziert.

So ist das Modell des Unternehmens, das die Transaktionskostenökonomie vorschlägt, aus Sicht der EC nur eine um Verträge und das Prinzip der Hierarchie erweiterte Form der marktförmigen Koordination.

> „Nach Coase oder Williamson hat die Firma nur auf die Effizienz der Koordination Einfluss und setzt über die Transaktionen und die Verträge die neoklassische Tradition einer allgemeinen Reduktion auf den Warenaustausch fort.“ (Eymard-Duvernay et al. 2011, S. 220)

Stellt man dagegen die Pluralität der Koordinationslogiken an den Anfang, so ist für den Tausch mit einer komplexeren Situation zu rechnen. Denn wenn Akteure verschiedene Wertigkeitsordnungen für ihr Handeln und Evaluieren heranziehen, kann es zu kritischen oder krisenhaften Situationen kommen. Laurent Thévenot hat versucht, dies einmal anhand eines Schemas für eine Tauschsituation zu verdeutlichen (Thévenot 1989a, 2002a). Er greift ein Beispiel auf, das Williamson eingeführt hat (Williamson 1975), und erweitert die Zahl der Situationen.[238] Hierbei geht es um einen gebenden Akteur, der Blut für klinische Zwecke zu geben bereit ist, und einen interpretierenden Akteur, der diese Situation interpretiert. Beschränkt man die Pluralität auf zwei Qualitätskonventionen, die Marktkonvention und die staatsbürgerliche Konvention, so kann man eine Vierfeldertabelle mit vier Situationen

238 Williamson (1975) führt das Beispiel nur mit der ersten Spalte der Tabelle ein, bereits das scheint Thévenot nicht angemessen (1989a, S. 151).

erstellen, die sich durch die Kombinationen der herangezogenen Qualitätskonventionen unterscheiden.

Tabelle 5.2 Situative Kombination zweier Konventionen nach Thévenot

		gebender Akteur	
		staatsbürgerliche Konvention	Marktkonvention
interpretierender Akteur	staatsbürgerliche Konvention	solidarisch/ sympathisch	gierig
	Marktkonvention	naiv	realistisch

Quellen: Thévenot (1989a, S. 150, 2002a, S. 184)

Je nachdem, ob der gebende Akteur das Blut spendet (staatsbürgerliche Konvention) oder es verkauft (Marktkonvention), und je nachdem, welche der beiden Qualitätskonventionen der interpretierende Akteur für angemessen hält, kann in den vier Situationen das Geben von Blut sehr unterschiedlich beurteilt werden. In den beiden Situationen, in denen beide Akteure die gleiche Qualitätskonvention heranziehen, ist die Beurteilung unproblematisch – Thévenot (1989a, S. 151) spricht von „natürlichen Situationen". Der gebende Akteur handelt „solidarisch" oder „realistisch". Die in den Situationen möglichen Koordinationen und die Qualität des Blutes sind in beiden Situationen kohärent, allerdings zwischen den Situationen unterschiedlich. Einmal ist das Blut ein Geschenk und Ausdruck von Solidarität, es wird von Akteuren gespendet, die als sozial und für humanitäre Zwecke engagiert wahrgenommen werden. Das andere Mal ist das Blut eine Ware. Es hat zu einem Preis einen Warenwert, es wird von Akteuren gehandelt, die sich für die Handelbarkeit engagieren und Blut als Ware auffassen, welche von den konkreten Personen und den sozialen Beziehungen zwischen ihnen losgelöst ist. Aber Situationen, in denen die Akteure verschiedene Qualitätskonventionen heranziehen, um eine Koordination zu erreichen, sind „kritische Situationen", in denen die Wertigkeit der Akteure, der Objekte und der Handlungen nun infrage stehen (Thévenot 1989a, S. 151). Infrage steht damit auch das Gelingen der Koordination – gleich ob marktförmiger Tausch oder solidarische Gabe. Thévenot (1989a, S. 169) hält Williamson nun vor, dass er zwar die verschiedenen Wertigkeitsordnungen erkannt habe, dass die Transaktionskostenanalyse aber nur daran interessiert sei, wie man die Wertigkeitsordnungen und damit Koordinationslogiken in eine aus Sicht der Transaktionskostenökonomie effizientere Koordinationslogik überführen könne. Thévenot (1989a, S. 170) argumentiert weiter, dass die Position von Williamson dabei lediglich nur eine „Natur" und nur eine „Objektivität" (der Güter, der Qualitäten, der Präferenzen, der Rationalitäten) annehme, wohingegen eben diese nicht von einer theoretischen Betrachtung der wirtschaftswissenschaftlichen Institutionenanalyse abhingen, sondern von den Koordinationslogiken, die Akteure zur Koordination und Qualitätszuschreibung in Situationen heranziehen. Das Problem lässt sich aus Sicht der EC auch nicht lösen durch den Vorschlag von Williamson (1975, S. 38), die kritische Situation durch die Einbettung der Transaktion in einen Kontext (in eine „trading atmosphere") aufzulösen, der Vertrauen schaffe und die Transaktion dennoch ermögliche. Thévenot (1989a, S. 151f; 2002, S. 185f) sieht das Problem der unterschiedlichen Koordinationslogiken als so nicht aufzulösen. Diese Kritik ist weitreichend, denn Thévenot erkennt die staatsbürgerliche Konvention als Koordinationslogik der Solidarität auch in dem Organisationsmodell wieder, das Williamson heranzieht, um die Organisation als Form der effizienten Einbettung von Arbeitsverträgen als Transaktionen einzuführen. Der hier angeführte Kritikpunkt weist auf eine bemerkenswerte Gemeinsamkeit zwischen den beiden Ansätzen hin. Denn wenn die Kritik der EC zutrifft, dass die Transaktionskostenökonomie eigentlich nur eine grundlegende Koordinationslogik als (effiziente) Koordinationslogik annimmt, dann gibt es keinen prinzipiellen Unterschied zwischen den verschiedenen institutionellen Arrangements. Die Differenz zwischen Markt und Organisation (Unternehmen) wird dann nur noch eine graduelle bzw. nach Arten der institutionellen Ergänzung oder Einbettung unterscheidbare Differenz, ohne dass das Prinzip des marktförmigen Tausches durch grundsätzlich andere Koordinationsformen verdrängt oder ergänzt würde.[239] Die Gemeinsamkeit besteht darin, dass auch die EC den „Markt" der „Organisation" nicht als zwei verschiedene ökonomische Prinzipien gegenüberstellt. Die EC bricht mit einem Dualismus von Markt und Organisation (Thévenot 1995c, S. 42), denn beide sind durch eine Pluralität von Qualitätskonventionen geprägt, die ihre Grenzen auflösen.

(2) Ein weiterer Kritikpunkt zeichnet sich ab, wenn man die Bedeutung der Qualität sowie der einheitlichen Qualitätswahrnehmung als zentrale Voraussetzung für die ökonomische Koordination setzt. Die Qualität der Objekte ist nicht – oder nicht ausreichend – durch ihre objektive Materialität zu erklären. Qualitäten und Qualitätswahrnehmungen sind aus Sicht der EC *nicht* durch die materiellen Eigenschaften der Dinge und Praktiken gegeben oder gar garantiert. Ihre Wahrnehmung ist damit unsicher. „Güter" und „Produkte" erhalten erst in der konventionenbasierten Produktion eine Wertigkeit und damit eine kollektiv wahrgenommene Qualität.

239 Ein Modell für solch eine Einbettung findet sich bei Williamson (2000, S. 597).

Die Folgerung dieser Kritik lautet, dass Qualitäten (von Produkten oder Dienstleistungen) der Koordination nicht exogen sind. Qualitäten sind als Eigenschaften von Produkten oder Dienstleistungen keine der Koordination vorgängigen Sachverhalte. Dass Qualitätsunsicherheit für neoklassische Märkte zu massiven Problemen – bis hin zum Marktversagen – führen, legt Thévenot (1989a, 1995c) dar. Der klassische Beitrag, der dieses Problem anhand des Gebrauchtwagenmarktes und der asymmetrischen Information (über Qualitäten von Gebrauchtwagen) darlegt, ist in der Wirtschaftswissenschaft der Artikel von Akerlof (1970). Letztlich – so Akerlof – müsste der Gebrauchtwagenmarkt nach dem neoklassischen Modell kollabieren, weil aufgrund von Qualitätsunsicherheiten aufseiten der Käufer, die über den Zustand des Gebrauchtwagens keine vollständige Information haben, keine Transaktionen mehr stattfänden. Dass dennoch Gebrauchtwagen auf „Märkten" gehandelt werden, liegt dann an den Abweichungen der realen Gebrauchtwagenmärkte von dem neoklassischen Marktmodell (wie der Einbettung in soziale Netzwerke, Zertifizierungen, rechtlichen Regelungen sowie Reputationen der Verkäufer etc.). Unsicherheit ist ein Grundbegriff der ökonomischen Analyse, und der Institutionalist Frank Knight hat in den 1920er-Jahren dieses Konzept prägnant für die Wirtschaftswissenschaften ausgearbeitet. Die Unsicherheit über die zukünftige Auswirkung ökonomischer Entscheidungen (wie Investitionen), über nicht vorhersehbare externe Ereignisse (wie Naturkatastrophen, die sich auf die Ökonomie auswirken) oder über die Entwicklung anderer relevanter Randbedingungen (politische Interventionen) ist unvermeidbar. Die EC betont, dass die Unsicherheit über das Verhalten und Handeln anderer ebenfalls nicht zu vermeiden ist. Thévenot (1989a, S. 167, 2002, S. 189) bezeichnet diese Unsicherheit als „natürliche Unsicherheit". Die EC argumentiert, dass eine radikale Unsicherheit durch etablierte Konventionen reduziert wird, weil Akteure mit Bezug auf eine als geteilt unterstellte Orientierung an Konventionen in übereinstimmender Art und Weise interpretieren und handeln (Salais 1989, 2007a; Orléan 1999, 2012).[240] Thévenot führt aber eine weitere Art der Unsicherheit ein, die er „kritische Unsicherheit" nennt und die in der Infragestellung der Tests in einer Welt auftritt. Hier stehen Objekte als angemessene Fundierung, als angemessener Beleg, als angemessenes Instrument etc. für die Prüfung der Qualität infrage (Thévenot 1989a, S. 167, 2002a, S. 190).

240 Siehe dazu auch Kapitel 4, in dem Salais Unsicherheit auf die Konventionen der Arbeit bezieht, und Kapitel 7, wo mit Bezug auf Finanzmärkte diese Funktion der Konventionen durch André Orléan dargestellt wird.

(3) Eine dritte Kritik bezieht sich auf das Konzept der Rationalität. In der neoklassischen Theorie und der Transaktionskostenökonomie wird die Ausstattung der Akteure, rational zu kalkulieren, als ein wesentliches Handlungsprinzip angenommen. Der Nutzen der Güter und deren Preise werden demnach individuell kalkuliert, und die Akteure versuchen, (bei gegebenen Ressourcen) den eigenen Nutzen individuell zu maximieren. Diese Auffassung von Rationalität ist eng verknüpft mit dem methodologischen Individualismus, der sowohl der neoklassischen Theorie als auch der Transaktionskostenökonomie unterliegt. Ökonomen „enthüllen" hier dann die vermeintlich „wahren" Handlungsmotive und sind selbst häufig geneigt, in ihren Interpretationen des Handelns anderer Akteure Handlungsmotive zu erschließen, die in Opposition zu den Motiven stehen, die die Akteure selbst angeben (Thévenot 189a, S. 156). Thévenot stellt für die EC eine andere Perspektive auf Rationalität vor, die Rationalität auf Qualitätskonventionen und auf mit eigenen Sets an Objekten und Formaten „ausgestattete" Situationen bezieht und damit Rationalität als so bedingt sieht. Rationalität stützt sich demnach kalkulierend auf Formen und Objekte, die selbst mit Konventionen korrespondieren. Damit kann das Problem der begrenzten Rationalität „abgemildert" werden, da sich Kalkulationen auf Umwelten und Gegebenheiten in Situationen stützen. Akteure können die jeweilige Angemessenheit der Art der Kalkulation (*mode de calcul*) beurteilen (Thévenot 1989a). Demnach gibt es mehrere „Naturen" und „Objektivitäten". Rationalität hat zudem zwei Aspekte zu berücksichtigen: Sie ist Grundlage des individuellen Entscheidens und zugleich das Prinzip, das dieses Entscheiden für andere in Situationen interpretierbar macht (Thévenot 1989a). Damit steht diese Auffassung von Rationalität quer zur Unterscheidung des methodologischen Individualismus und des methodologischen Holismus (siehe dazu Kapitel 10). Die Ausstattung mit konventionenbasierten Formen strukturiert Erwartungs- und Zeithorizonte und stabilisiert so die Rationalität. Begreift man Rationalität als prozedurale Rationalität, so stützen sich Entscheidungen auf kollektive Kognitionen, Instrumente und Regeln, die ihrerseits in kohärenter Weise auf die Qualitätskonvention bezogen sind (Favereau 1989a, 1989b, 2012; Thévenot 1989a). Rationalität ist so verstanden die auf Qualitätskonventionen bezogene Begründbarkeit des Handelns in mit Formen und Objekten ausgestatteten Situationen und keine Eigenschaft von Akteuren.[241]

241 Siehe zum Zusammenhang von Organisation und Rationalität sowie zur Prozeduralität der Rationalität auch die Beiträge von Favereau, die in Kapitel 8 dargestellt sind.

(4) Dann kommt eine Kritik auf, wenn man die Rolle der Objekte für die ökonomische Koordination aus Sicht der EC hervorhebt. Akteure stützten sich in der Koordination auf Objekte, Objekte ermöglichen die kollektive Kognition von Wertigkeiten und Qualität sowie die Herstellung von Äquivalenzen. Objekte ermöglichen die Koordination räumlich und arbeitsteilig (Maschinen, Fahrzeuge, Gebäude), kognitiv, weil sie (Messinstrumente, Displays, Medien) ermöglichen, die für die verschiedenen Welten erforderlichen Informationen zu erhalten und zu repräsentieren (in den für die Welten je kohärenten Formen), und Objekte ermöglichen die Prüfung (Tests) der Wertigkeiten und Qualitäten, die erfolgen, wenn in kritischen Situationen die Wertigkeit gestützt, belegt, getestet, bewiesen werden muss. Thévenot hat darauf aufmerksam gemacht, dass in der Ökonomie Objekte insbesondere auch als Ressourcen in den verschiedenen Welten auftreten. Und die Objekte müssen dann selbst Anforderungen erfüllen, damit sie in je einer der durch die EC differenzierten Welten in die Koordination als Handlungsressourcen integriert werden können (Thévenot 1989a, S. 158). Objekte als Ressourcen einzusetzen bedeutet, sie in einer kohärenten Weise in Situationen einzusetzen, die eine Weise der Forminvestition ist.

> „In unserem Ansatz ist eine Ressource einer der allgemeinen Sachverhalte, die gekoppelt sind an eine Weise der Forminvestition. Ihr Gebrauch im strengen Sinne ist – wie der eines Produktionsfaktors – nur ein besonderer Fall einer spezifischen Art der Investition, so wie man in Produktionsmittel investiert." (Thévenot 1989b, S. 140)[242]

Wie das Camembertbeispiel verdeutlicht hat, sind Ressourcen für die Produktion (wie Vorprodukte, Qualifikationen von Personen) nur dann akzeptabel, wenn sie die Formen realisieren (an sich aufweisen), die mit der zugehörigen Qualitätskonvention vereinbar sind. Die Wirtschaftswissenschaften beziehen diese Aufwendungen für diese Art der Investition („Kosten" für das In-Form-Bringen – die nicht notwendig in Geldeinheiten erfassbar sind) nicht ein (Thévenot 1989a, S. 158). Die Transaktionskostenökonomie geht von den Produkteigenschaften aus, wenn sie asset specifities an den Anfang der Überlegung stellt, und fragt dann, welche institutionellen Arrangements für ihre Produktion am effizientesten sind. Die EC kehrt die Betrachtung um, indem sie die asset specifities als Produkteigenschaften nicht voraussetzt, sondern als Resultat der objektgestützten und an Formen ausgerichteten Koordination betrachtet. Aufgrund der besonderen Bedeutung, die die EC den Objekten zuerkennt, sind für die EC ohne Objekte keine effizienten Koordinationen sowie keine institutionellen Arrangements denkbar.

242 Übersetzung RDB.

(5) Es ist wichtig, auf eine Differenz zwischen der EC und der Transaktionskostenökonomie hinzuweisen, die in ihrer unterschiedlichen Analysehaltung gegenüber Institutionen besteht. Diese Differenz eröffnet ebenfalls eine kritische Perspektive auf die Transaktionskostenökonomie. Letztere analysiert die Effizienz von Institutionen mit den Mitteln der neoklassischen Analyse, die sie für die marktförmige Transaktion hat (Williamson 2000, S. 595). Institutionen sind dem ökonomischen Handeln als *exogen* gedacht und sie werden auf *ihre Funktion hin bewertet*, Transaktionskosten zu senken und zu kontrollieren. Die EC hingegen (Bessy/Favereau 2003) analysiert Institutionen mit dem Fokus darauf, wie Akteure diese in Situationen handhaben, sodass sie hier nicht als externe Zwänge („constraints") gelten können und dass Akteure Institutionen in verschiedener Form interpretieren und handhaben. Bemerkenswert erscheint Thévenot (1989a, S. 170), dass eine institutionentheoretische Auffassung, die Institutionen als Regeln und diese zugleich als exogen für die Koordination auffasst, diese Institutionen selbst voraussetzen muss und nicht erklären kann. In dieser kritischen Sicht auf die neoklassische Marktanalyse sowie die Transaktionskostenökonomie ist die Position der EC, die Institutionen als endogen auffasst, erneut artikuliert (Bessy 2011; Bessy/Favereau 2003; Salais 2007a).

5.6 Unternehmen und Qualitätskonventionen

Eine Reihe von Beiträgen der EC hat das Konzept der Qualitätskonventionen auf Unternehmen bezogen und Letzteren damit eine besondere Interpretation im Rahmen der EC zukommen lassen. In den Beiträgen von Thévenot (1989a, 1989b, 2001a, 2002a) und Eymard-Duvernay (1989, 1993, 1994, 2004, 2011) wird die Pluralität der Qualitätskonventionen als Koordinationslogik in die Analyse der Unternehmen eingebracht.[243] Qualitätskonventionen werden als Produktionsmodelle in Unternehmen gedeutet. Anders als dies für viele Ansätze der Organisationsforschung gilt, wird dem Unternehmen und allgemeiner der Organisation nicht eine eigene Realität zuerkannt in dem Sinne, dass mit „Organisation" bereits per se eine eigenständige Koordinationslogik bezeichnet würde. Daher interessiert sich die EC auch nicht für ein eigenes „Konzept der Organisation" – als ob mit einer solch nominalistischen Strategie eine eigene Realität der Organisation fundiert oder Phänomene des Organisierens und der Organisiertheit besser gefasst würden. Vielmehr sind Organisationen aus Sicht der EC Instrumente oder Dispositive für die

243 Siehe zur Unternehmung auch Salais (1989, 2004b).

kollektive Koordination. Unternehmen werden als *Dispositive* für die Handhabung der Komplexität der Pluralität von Qualitätskonventionen aufgefasst.

Olivier Favereau (2014a) hat (im Kontext des Collège des Bernardins) das Dispositivkonzept mit Bezug auf Unternehmen weiter ausgearbeitet. Demnach sind Unternehmen (1) Dispositive der Valorisierung (hier schließt Favereau an Arbeiten von Eymard-Duvernay an), da Unternehmen an der Schnittstelle von drei Formen der Valorisierung liegen (bewertet werden sie durch Finanzmärkte und durch Konsumenten, dann wird auch die in ihnen geleistete Arbeit bewertet). Weiter (2) sind Unternehmen ein Dispositiv für die Mobilisierung des Kollektivs derjenigen, die hierin die ökonomische Koordination durchführen. (3) Aus Sicht der Mitarbeitenden ist das Unternehmen weiter ein Dispositiv für das Justieren des Verhältnisses von Personalisierung der Arbeit und Standardisierung der Arbeit. (4) Dann ist das Unternehmen ein Dispositiv für die Entfaltung privatisierter Macht, worunter Favereau die Macht versteht, die ein Unternehmen unabhängig von nationalem Recht entfalten kann (beispielsweise durch Einführung unternehmensinterner Regeln).[244]

Akteure verfügen über eine zusätzliche Kapazität, mit diesen Dispositiven zu agieren, wenn sie einer Organisation angehören, diese repräsentieren können oder Intermediäre „an ihren Grenzen" sind (Eymard-Duvernay 1994, 1997). Wie sich einfach zeigen lässt, lassen sich auf das Dispositiv „Organisation" alle wichtigen Konzepte der EC beziehen und organisationale Effekte dann so interpretieren. (Es ist nicht anders herum, dass mit „Organisation" im Rahmen der EC bereits ein theoretischer Gehalt vorliegt.)

Insbesondere Unternehmen sind Dispositive, die *Forminvestitionen* erfordern und befördern. Unternehmen sind für Zwecke des Managements, der Produktion und der interorganisatorischen Koordination (Planung, Unternehmenskooperationen und Absatz) auf die Generalisierung von Formen über zeitliche, personale, räumliche und sachliche Kontexte hinweg angewiesen.

> "Organizations are obviously devised to generalize, both in terms of temporal and spatial validity, certain forms of relations between human beings and their environment. Some sociological reductions to practices and local situations miss the relevance of these forms of generalization, and the kind of transformation which is needed to build them out of more localized and personalized relationships. 'Investment in forms' support this generalization of coordination, and pave the way towards making

244 Siehe für eine Systematisierung des Dispositivkonzepts in der sozialwissenschaftlichen Analyse der Ökonomie die Beiträge in Diaz-Bone und Hartz (Hrsg.)(2017) sowie darin und spezifischer für die Verwendungen des Dispositivkonzeptes im Rahmen der EC Bessy (2017) und Diaz-Bone (2017a).

people and things more similar and more general across contexts [...]. An investment in form is costly and demands negotiation and material equipment, but the cost may be offset by returns in coordination which depend on the extension of the domain of time and space within it is accepted.

If we investigate the general cognitive forms that actors use and which allow to coordinate their conduct, we first have to consider categorization and codification. The making of statistical forms of equivalence plays a central role in the kind of generalizations that sustain social sciences. [...] Furthermore, we need to explore a wide variety of ways of creating equivalences between human beings or between things through standards or other conventional qualities." (Thévenot 2001a, S. 407)

Es sind insbesondere die statistischen Formen, die das Rechnungswesen (Accounting) und die Buchführung (aber auch das Controlling) strukturieren, anhand derer Unternehmen mit dem Staat praktisch koordiniert sind. Viele statistische Formen weisen eine nationale (und europäische) Reichweite auf und können als staatliche Formen aufgefasst werden (siehe Kapitel 9). Unternehmen repräsentieren aber auch ihre eigenen Prozesse in numerisch-statistischer Form, wie dies für Produktplanung, Absatz, Personalführung, Marktpositionierung, Gewinne und nicht zuletzt Bilanzen gilt. Dies erfolgt als das sogenannte „Operations research" sowie als „Accounting" anhand von Unternehmenskennziffern, „Performance"-Maßen und anderen Indikatoren. Auch diese numerischen Daten des Rechnungswesens basieren auf Konventionen, wie Unternehmen und Wertbestände in Unternehmen zu quantifizieren und in „Werte" zu überführen sind, die in Geldeinheiten ausgedrückt werden (Chiapello 2008, 2015).

Laurent Thévenot hat bei der Pluralität der Qualitätskonventionen angesetzt und auf die strategische Bedeutung hingewiesen, die Unternehmen für die Vereinbarkeit von Qualitätskonventionen haben (Thévenot 1989a, 1989b, 1995c, 2001a, 2002a). Die klassische Frage „Warum gibt es Unternehmen?", die Coase gestellt und aus transaktionskostentheoretischer Perspektive beantwortet hat, wird von Thévenot anders beantwortet: Unternehmen ermöglichen, die Widersprüchlichkeit und Spannungen zwischen den Qualitätskonventionen handhabbar zu machen und Kompromisse zwischen ihnen herzustellen (Thévenot 2001a, S. 411).[245] Die Marktkonvention, die industrielle Konvention und die handwerkliche Konvention sind in vielen Aspekten konträr. Um ein Beispiel anzuführen: Die Zeitorientierung ist in der Marktkonvention kurzfristig – in den beiden anderen erscheint das nicht tragbar, deren Zeitorientierung ist langfristig (Planung und Tradition). Als Dispositive kommen nun konkrete und bekannte Strategien infrage, die die unterschiedlichen Zeitlich-

245 Siehe für einen Überblick über Studien, die die Theorie von Boltanski und Thévenot (2007) auf die Organisationsforschung anwenden, Jagd (2011) sowie die Beiträge in Knoll (Hrsg.)(2015) und Cloutier et al. (Hrsg.)(2017).

keiten „ausgleichen", z. B. die Lagerhaltungen oder „Just-in-time"-Lieferungen, die es den Unternehmen ermöglichen, die Kurzfristigkeit des Marktes planerisch zu kompensieren. Alternativ vereinbaren Unternehmen vertraglich die Zulieferung von Vorprodukten oder die Abnahme der Produkte zu geplanten Preisen, um die Preisschwankungen des Marktes auszusetzen (Thévenot 2001a, S. 413).

Marktkonvention und industrielle Konvention beziehen sich wesentlich auf unpersönliche Formen und Standardisierung; das ist mit der handwerklichen Konvention wiederum unvereinbar – um einen zweiten Aspekt anzuführen. Die Marktkonvention, die auf Wettbewerb setzt, und die handwerkliche Konvention sowie die industrielle Konvention, die beide auf Kooperation setzen, müssen im Unternehmen vermittelt werden. Dispositive sind hier unternehmensinterne Wettbewerbe (zwischen Teams, Abteilungen oder Filialen) oder interne Arbeitsmärkte, die sowohl personales Vertrauen und Kooperation als auch Wettbewerb für das Unternehmen zu verbinden versuchen (Thévenot 2001a, S. 414). Betrachtet man Dienstleistungen, so zeigt sich, dass sie häufig abhängig sind von den konkret involvierten Personen (Eymard-Duvernay 1989, 2011; Karpik 2011). Die Standardisierung und Anonymität, die die industrielle Konvention und die Marktkonvention verfolgen, stehen hier den erforderlichen persönlichen Formen der Dienstleistung entgegen, wenn diese an der Person und in personenbezogenen Interaktionen zu erbringen ist sowie von Dienstleistern aufgrund ihrer persönlichen Eigenheiten. Die handwerkliche Konvention und die Netzwerkkonvention beziehen gerade die persönlichen Interaktionsformen mit ein, und die projektförmigen Arbeitsformen sowie die informellen Netzwerke in Unternehmen können die Koordinationsfähigkeit in Unternehmen und von Unternehmen in Branchen entscheidend verbessern.

Die EC hat auch öffentlich-rechtliche Unternehmen daraufhin untersucht, wie hier verschiedene Qualitätskonventionen zueinander in einem Spannungsverhältnis stehen bzw. wie sie miteinander in Einklang gebracht wurden. Grundsätzlich gilt aber, dass alle Qualitätskonventionen in Unternehmen vorhanden sein können und in Dispositive dann Eingang finden.

Begreift man mit Eymard-Duvernay (1991) und Thévenot (1995c, 2001a, 2002a) Unternehmen als Dispositive für die Koordination sowie Dispositive in Unternehmen als institutionelle Kompromisse zwischen verschiedenen Qualitätskonventionen, so ist in jeder empirischen Analyse jeweils nachzuzeichnen, wie die Widersprüchlichkeiten für praktische Zwecke vermittelt werden, sodass die Kompromisse eine Steigerung (im Vergleich zu den vorher existierenden einzelnen Qualitätskonventionen) erzielen, eine spezifische oder neue Kooperation ermöglichen können. Zugleich vertritt die EC, dass Kompromisse die Möglichkeit von unternehmensinternen Widersprüchen und Konkurrenzen zwischen Qualitätskonventionen weiterhin präsent halten (Bernoux 1995; Jagd 2011). Es sind verschiedene Tätigkeitsfelder in Unternehmen, die eben die praktische Herstellung und Stabilisierung von Kompromissen zur Aufgabe haben. Dazu zählt einmal das Management, die „Unternehmensführung". Diese Unternehmensabteilung, deren Mitglieder Boltanski (1990) als Kader bezeichnet hat (Kapitel 3), muss nicht nur die verschiedenen im Unternehmen vorhandenen Qualitätskonventionen miteinander in eine kohärente Beziehung setzen und koordinieren, sondern auch die Beziehungen zwischen sich widersprechenden Qualitätskonventionen „managen", die sich im Außenverhältnis des Unternehmens ergeben. Diese Aufgabe kommt auch anderen Abteilungen wie der Personalabteilung oder der Marketingabteilung zu, denn auch sie müssen unternehmensinterne und unternehmensexterne Koordinationsformen miteinander koordinieren, wie den „internen Arbeitsmarkt" und den „externen Arbeitsmarkt" oder industriell geplante Produkte und die auf dem Markt absetztbaren Produkte.

Thévenot schlägt vor, Dispositive als Ansatzpunkte für die Analyse von Qualifizierungsprozessen und Qualitätszuschreibungen heranzuziehen.

> „Die Differenzierung der Qualifikationsordnungen ermöglicht, die Instrumente zu analysieren (Organe der Zertifizierung, Expertendispositive) sowie auch andere Dispositive, die die Koordination der Aktivitäten organisieren – vom Handwerksbetrieb bis hin zur Fabrik und zu den unternehmensübergreifenden Beziehungen. Wenn man einen Ansatz verwendet, der das Schwergewicht auf die Bedeutung der Koordination legt [...], dann versucht man die Frage der Qualifizierung der Produkte in Beziehung zu setzen mit der Qualitätszuschreibung und des Management der Angestellten sowie zu den Beziehungen, die das Unternehmen zu Abnehmern und Zulieferern unterhält. Setzt sich eine einzelne Wertigkeitsordnung (wie die marktliche, die industrielle, die handwerkliche) durch, dann kann man sie als Unternehmensmodell spezifizieren [...]. Aber die Analyse der Organisationen und Institutionen legt ebenfalls nahe, die Formen des Kompromisses zwischen verschiedenen Koordinationsformen [Qualitätskonventionen] zu identifizieren, welchen sie helfen, sich ihren Weg zu bahnen, und die ihnen die Daseinsberechtigung liefern [...]. Und in dieser Differenzierung einer Pluralität der Wertigkeitsordnungen zeigt sich, dass die Dispositive für die effiziente Koordination selbst zusammengesetzt sind und Möglichkeiten für Kompromisse zwischen verschiedenen Wertigkeitsordnungen eröffnen." (Thévenot 1995c, S. 39)[246]

Thévenot legt keine detaillierten ökonomischen oder sozialhistorischen Analysen vor, aber er versucht doch, einige dieser Kompromisse mit ihren Leistungsfähigkeiten und ihren inneren Widersprüchen zu skizzieren (Thévenot 1995c). Er argumentiert, dass Unternehmen die Markenbildung als Dispositiv des Marketings verwenden, um der Nachfrage nach Produktdifferenzierung zu entsprechen und um so die unmittelbare Konkurrenz abzuschwächen. Damit trügen sie zum

---

246 Übersetzung RDB.

„normalen Funktionieren des Marktes" bei, da sie die Qualitätsunsicherheit durch einen Kompromiss zwischen der Marktkonvention und der handwerklichen Konvention sowie der Konvention der Bekanntheit handhabbar machen. Die geschützte Herkunftsbezeichnung (AOC) funktioniert auf Märkten nur als ein Kompromiss, in den einmal die industrielle Konvention eingeht, die die Standardisierung und Zertifizierung von *Produkten* anstrebt, und in den dann auch die Konvention der Bekanntheit eines *produzierenden Unternehmens* eingehen muss, dessen Reputation als Vertrauensmechanismus dann wirkmächtig wird, wenn bekannt wird, dass es sich den Kontrollprozeduren für die Zertifizierung unterwirft.

Es ist das grundlegende Problem der Qualitätskontrolle, das Thévenot für Unternehmen als Koordinationsproblem identifiziert, deren Qualitätszirkel als Dispositiv ebenso einen Kompromiss zwischen verschiedenen Qualitätskonventionen darstellt (Thévenot 1995c, S. 48).

> „Das Qualitätsmanagement erhält seine Effizienz tatsächlich aus der Pluralität der Qualifikationsformen, die dessen Erprobung mit ermöglichen. Eine präzise Analyse des Dispositivs der Qualitätszirkel zeigt, dass diese dazu bestimmt sind, zugleich Koordinationen anzuregen, die mit verschiedenen Wertigkeitsordnungen zusammenhängen […]. Die *Marktkonvention* kommt zum Tragen, wenn im Unternehmen die Wünsche der Kunden sowie ihre Unzufriedenheiten mit Produkten oder Dienstleistungen wahrgenommen werden. Die *industrielle Konvention* wird eingebracht durch die Analysemethoden, die Verfahren der Ursachenanalyse, Umfragemethoden sowie Statistiken zur Performanz und zu Dysfunktionalitäten. Die *handwerkliche Konvention* ist involviert anhand des informellen How-to-Wissens, das durch die Erfahrung kumuliert wird, dies erfolgt in einer vertrauten Atmosphäre im Unternehmen und über die dauerhaften Beziehungen zu den externen Ansprechpartnern, sodass Vertrauen gefördert und Reputation aufrechterhalten wird. Die *staatsbürgerliche Konvention* ist präsent anhand der Beratungsformen im Rahmen eines kollektiven Projekts, in dem die Mitglieder solidarisch und gleichermaßen gleichberechtigt sind. Die *Konvention der Inspiration* wird angeregt durch die Maßnahmen, die die Kreativität und das Aufkommen origineller und innovativer Ideen begünstigen. Die *Konvention der Bekanntheit* trägt mithilfe der Kommunikationsmethoden dazu bei, die Meinungen im und außerhalb des Unternehmens hinsichtlich des Erfolgs der Projekte zu sensibilisieren sowie mithilfe der Medienpräsenz für ein gutes Image zu sorgen." (Thévenot 1995c, S. 46; Herv. i. Orig.)[247]

Zusammen mit der Etablierung der Dispositive in den Unternehmen entsteht eine unternehmensübergreifende Interpretationsgemeinschaft, die in der Lage ist, Normen und Regeln angemessen zu interpretieren und zu handhaben, ohne dafür erneut auf weitere Regeln und Normen zurückgreifen zu müssen, und die

247 Übersetzung RDB.

so einen unendlichen Regress vermeiden kann (Thévenot 1989a, S. 170). Auf diese Weise erhalten die Dispositive selbst einen unternehmensübergreifenden Charakter und sind nicht nur auf die formale Festlegung in den Unternehmen beschränkt (Thévenot 1995c, S. 49f). Als solche unternehmensübergreifenden Beispiele für Kompromisse betrachtet Thévenot auch den Fordismus und den Toyotismus, die auch nicht auf die Automobilbranche beschränkt sind, sondern Kompromisse zwischen im Wesentlichen je zwei Qualitätskonventionen darstellen, die als Gesellschaftsmodelle viele Branchen beeinflusst haben (Thévenot 1995c). Der Fordismus wird als Kompromiss zwischen der industriellen Konvention und der Marktkonvention gesehen. Denn er integriert die industrielle Koordinationsform, die Taylor eingeführt hatte, mit der marktorientierten Produktion für den Massenkonsum und einer Lohnpolitik, die die Beteiligung am Massenkonsum auch ermöglichen soll. Die letzten beiden Elemente sind an die Kaufkraft gebunden, die den Konsumenten Wertigkeit verleiht. Der Toyotismus wird als Kompromiss zwischen der industriellen Konvention und der handwerklichen Konvention interpretiert. Die toyotistische Produktionsweise integriert Teamarbeit, Qualitätszirkel und die Reintegration der Kompetenzen, um diese mit der industriellen Massenproduktion zu kombinieren, also mit Strategien der Standardisierung der Produkte und der industriellen Qualitätskontrolle.

Auch wenn empirische Unternehmen immer durch plurale Konstellationen von Qualitätskonventionen gekennzeichnet sind, hat das Konzept der Produktionsmodelle eine Berechtigung erhalten, weil einzelne Qualitätskonventionen immer wieder prägend geworden sind und eine hegemoniale Stellung in der Firma errungen haben. Einen Pluralismus der Qualitätskonventionen zu konstatieren bedeutet ja nicht, dass es empirisch beliebig ist, wie die Koordination der Qualitätskonventionen durch die Produzierenden bewerkstelligt wird. François Eymard-Duvernay selbst hat darauf hingewiesen, dass eine Konvention niemals definitiv etabliert ist (Eymard-Duvernay 2008a, S. 60). Und die eingangs vorgestellten acht Qualitätskonventionen haben in den Abteilungen, die man in produzierenden Unternehmen regelmäßig finden kann, auch ihren je unterschiedlich gewichteten Einfluss.

Die Konstellation der Konventionen sowie die in den Unternehmen erzielten Kompromisse können dabei verschiedene Forminvestitionen und Schwerpunktsetzungen realisieren, sodass Unternehmen überwiegend durch eine der beteiligten Konventionen geprägt sein können und eine spezifische Unternehmensform realisieren. Eine Konvention kann dann zum „Produktionsmodell" oder zum „Unternehmensmodell" (Eymard-Duvernay 1989, 2002b, 2004) werden, das nicht nur die Handlungspraxis im Unternehmen mit Kohärenz ausstattet, sondern auch die Qualitätskonvention für die Wahrnehmung des Produkts außerhalb des Unternehmens und die Vernetzung der Handlungen über die Unternehmensgrenze hinaus mit koordiniert (Ughetto 2000).

> „Wir haben auf theoretischer und empirischer Grundlage einen vergleichenden Ansatz von ‚Unternehmensmodellen' ausgearbeitet. Jedem Unternehmensmodell liegt eine insgesamt kohärente Auffassung hinsichtlich dessen zugrunde, was die Qualität des Produkts und die Qualität der Arbeit ausmacht. Es gibt nicht nur eine einzige Art, Qualität zu beurteilen, und diese Unsicherheit macht die Koordination im Rahmen der Aktivitäten komplizierter [...]. Verglichen mit der klassischen Produktionsfunktion verknüpft dieses Vorgehen Arbeit und Produkt auf ganz originelle Art und Weise. Die Zusammenhänge zwischen inputs und outputs sind nicht nur quantitativer, sondern auch qualitativer Natur. Die Qualität der Arbeit sowie der Rohstoffe hängt aufs Engste mit der Qualität des Produkts zusammen." (Eymard-Duvernay 2011, S. 105)

Wie ein Unternehmen sich auf dem Markt verhält und wie die Qualität seiner Produkte im Vergleich zur Qualität der Produkte anderer Unternehmen wahrgenommen wird, hängt damit von der eigenen Qualitätskonvention sowie dem Verhältnis zu den Qualitätskonventionen anderer Unternehmen im Markt ab (Favereau et al. 2002). Damit lassen Märkte (Branchen) sich daraufhin untersuchen, wie sie sich in Regionen differenzieren, in denen unterschiedliche Qualitätskonventionen jeweils das Produktions- und Koordinationsregime sowohl in den Unternehmen als auch zwischen Unternehmen (Lieferanten, Produzenten und Abnehmern, die im Fall der Konsumgüterproduktion als Endkunden dann Konsumenten sind) ausüben. Die Studie von Boisard und Letablier hat hier die industrielle Konvention und die handwerkliche Konvention als zwei Beispiele für solche Produktionsmodelle vorgeführt.

Mit der Betrachtungsweise von Konventionen als Produktionsmodelle sowie von Organisationen als Dispositive ist auch eine weitere Perspektive auf die Unternehmensführung und das Management verbunden (Ughetto 2000, Eymard-Duvernay 2004). Diese erhalten die Aufgabe, angesichts der Pluralität der Konventionen in Unternehmen das Produktionsmodell zu etablieren und die Konventionen im Unternehmen mit denjenigen der Umwelt zu koordinieren (Levy 2002, Thévenot 2002).

Wenn auch mit allen Qualitätskonventionen in allen Unternehmen und Unternehmensformen sowie in allen Abteilungen zu rechnen ist, so haben die Ausführungen deutlich gemacht, dass es doch Unterschiede gibt, wo – in welchen Unternehmensbereichen und in welchen Unternehmensformen – Qualitätskonventionen typischerweise einflussreich sind. Tabelle 5.1 listet Unternehmensformen auf, bei denen damit zu rechnen ist, dass sie insgesamt durch einzelne Qualitätskonventionen stärker beeinflusst sein werden. Dann sind auch Abteilungen in Unternehmen aufgeführt, für die unternehmensintern gilt, dass die Koordination in ihnen an einzelnen Qualitätskonventionen stärker ausgerichtet sein wird.

Exkurs: das Unternehmensmodell von Pierre-Yves Gomez

In den 1990er-Jahren hat ein Managementtheoretiker aus Lyon die EC früh rezipiert und eine originelle Integrationsleistung für die Unternehmens-, Management- und Organisationsforschung entwickelt.[248] Die beiden Monographien „*Qualité et théorie des conventions*" (Gomez 1994) und „*Le gouvernement de l'entreprise*" (Gomez 1996) von Pierre-Yves Gomez haben eine eigene Forschungslinie der EC begründet.[249] Ausgangspunkt ist für Gomez die Unsicherheit über die Qualität der Arbeit, über die Qualifizierung der Individuen und über die konkreten Anstrengungen des Individuums im Unternehmen. Alle diese Qualitäten bzw. Anstrengungen können durch den Arbeitsvertrag nicht ausreichend bestimmt und gesichert werden. Anders als dies für die bisher vorgestellten Arbeiten der EC gilt (die Qualitätskonventionen eingebracht haben, die man als soziokulturelle Logiken deuten kann), schlägt Gomez vor, das Konventionenkonzept auf das Unternehmen insgesamt zu beziehen.

> „Es wird möglich sein, das Unternehmen als einen Raum der Regulation zu betrachten; dies in dem Rahmen, in dem die Regeln etabliert wurden, welche die Aktivitäten regieren. Diese *Regeln* definieren wiederum den Rahmen für die privaten Kalküle (die opportunistischen eingeschlossen), sie definieren die Implikationen für das Unternehmen, welche die zu realisierenden Anstrengungen oder die intersubjektiven Verträge betreffen. Die Regeln tragen dazu bei, ein gemeinsames Wissen und unter den Akteuren geteilte Praktiken zu etablieren, die diesen sowohl eine Linie als auch einen Maßstab für die Handlungen ermöglichen. Die Firma lässt sich daher als eine Konvention der Anstrengung auffassen. Das bedeutet buchstäblich eine Konvention,

248 Die Arbeiten von Gomez sind für die Vertreterinnen und Vertreter der EC im Raum Paris bislang noch wenig einflussreich, was durch die anfängliche Ausrichtung der Arbeiten von Gomez für die Managementwissenschaften sowie die zum Teil neue Begrifflichkeit und auch eigenständige Theoriekonstruktion begründet sein kann. In dem Band „*Economie politique de l'entreprise*" von Eymard-Duvernay (2004) gibt es nur eine Referenz auf Gomez. Siehe aber die Einleitung in „*Le gouvernement de l'entreprise*" von Favereau (1996).

249 Es folgt eine Reihe von Publikationen von ihm und anderen – von ihm beeinflussten – Ökonomen im Bereich Unternehmensführung; siehe Gomez (1995, 1996, 2006); Gomez/ Jones (2000), Daudigeous und Valiorgue (2010), Gond und Leca (2012), das special issue der Zeitschrift *Revue française de gestion* „*La théorie des conventions en pratique*" Nr. 112 von 1997 sowie den Sammelband „*Conventions et management*" herausgegeben von Amblard (2003).

> die die Anstrengungen definiert, regiert und misst, die Akteure aufwenden, um ein als *gemeinsam* definiertes Anliegen zu realisieren." (Gomez 1996, S. 201; Herv. i. Orig.)[250]

Die von Gomez vorgeschlagene „Konvention der Anstrengung" (*convention d'effort*) ermöglicht es, das Unternehmen als eine Organisation der kollektiven Intentionalität und als Dispositiv für die Mobilisierung eine Kollektivs für ein gemeinsames Ziel zu deuten. Gomez hat die Existenzweise der Konvention der Anstrengung weiter ausgearbeitet. Dabei hat er sich nicht nur auf die EC und die ANT bezogen, sondern auch auf die Diskurs- und Dispositivtheorie von Michel Foucault (Gomez 1994, 1996). Foucault hat Diskurse als Systeme aus Aussagen bestimmt (Foucault 1973).[251] Die Konvention wird nämlich auch als Informationssystem gedeutet, die zum einen erreicht, dass die Akteure ihre Existenz akzeptieren (Gomez 1996, S. 174), und die zum anderen in Form von Aussagen die Akteure im Unternehmen informiert, worum es im Unternehmen geht, was dort wie zu tun ist, wer dazugehört und wer nicht, was der Zweck des Unternehmens ist.

> „Die Konvention ist zuerst ein Diskurs, der uns als Individuen erreicht und uns anzeigt ‚was normalerweise zu tun ist'. Die Rolle der Aussage ist, Markierungen für das Verhalten zu setzen, indem sie qualifiziert, was mit der Konvention vereinbar ist und was ihr fremd ist. Wir haben bereits auf der Tatsache insistiert, dass der Kern der Konvention durch die Überzeugung der Individuen konstituiert wird, die sie annehmen. Die Aussage hat als Funktion zu kommunizieren, worauf sich die geteilte Konvention bezieht. Es sind Texte, Äußerungen, Sinn, welche auf die Situation der Unsicherheit antworten. So findet das Individuum einen Sinn für das Handeln und ist entlastet von möglichen ‚rationalen' Entscheidungen: Die Aussage verhilft ihm zu einer solchen." (Gomez 1996, S. 193)[252]

Wichtig ist hierbei, dass für Gomez eine Konvention der Anstrengung und ihre Realität als Diskurs nicht als expliziertes und aufzulistendes Set von Normen und Werten zu denken ist – etwa im Sinne von im Unternehmen niedergeschriebenen „Leitlinien", „Zielen" oder „Grundsätzen". Diskurse beinhalten vorreflexive und informelle Elemente genauso wie reflexive und formelle. Zudem sind die Aussagen

---

250 Übersetzung RDB.

251 Diese Aussagen bilden in der Foucaultschen Diskurstheorie ein System, weil sie denselben diskursiven Regeln der Aussagenproduktion unterworfen sind. Aussagen sind damit nicht wegen des manifesten Aussageninhalts Elemente des Diskurses, sondern weil sie in ihrer Produktion einem einheitlichen System von Regeln unterlagen und damit eine relativ kohärente Form der Wissensformation darstellen (Foucault 1973).

252 Übersetzung RDB.

und die Informationen, die die Individuen durch sie erhalten, selbst nicht intentional (Gomez 1994, S. 109), aber dennoch notwendig überindividuell.

Allerdings lässt sich die Konvention der Anstrengung nicht reduzieren auf ihre diskursive Realität, denn um die Akteure in die kollektive Anstrengung „verwickeln" zu können, muss sie sich auch in der technisch-materialen Ausstattung des Unternehmens niederschlagen. Hierin befindet sich die Theorie von Gomez in Übereinstimmung mit der von Boltanski und Thévenot. Die Konvention der Anstrengung wird durch diese ergänzt. Gomez nennt dies das materielle Dispositiv.

> „Die Konvention ist eine konkrete Struktur, die eine charakteristische Gestalt hat. Das materielle Dispositiv garantiert die Materialisierung des Transfers derjenigen Informationen, die durch die Konvention ausgesendet werden. Sie setzen sich zusammen aus den *Kontakten* zwischen denjenigen, die die Konvention aufgreifen, dann dem *Grad der Standardisierung* dieser Kontakte sowie der Kapazität, die den Aufgreifenden überlassen bleibt, diese Konvention zu *verhandeln*." (Gomez 1994, S. 134; Herv. i. Orig.)[253]

Auch Gomez hat versucht, im Rahmen seiner Theorie des Unternehmens „Qualität" konzeptionell zu fassen. Er siedelt die Qualitätskonstruktion im Zusammenwirken der Konvention der Anstrengung und der Qualifizierungen, die den Individuen zugeschrieben werden.[254] Doch nicht eine Qualität an sich ist für Gomez der wichtige Mechanismus, sondern die Kompetenz zu qualifizieren, worin die diskursiven Prozesse der Qualitätsdefinition, der Qualitätsbeurteilung sowie der Qualitätsmessung im Unternehmen sowie in dessen Marktbeziehungen involviert sind. Die Qualität eines Produktes oder einer Dienstleistung ist für Gomez daher eine Konsequenz und keine gegebene Eigenschaft, von der die Analyse ausgehen könne (Gomez 1994, S. 212f). Er differenziert vier idealtypische Formen der Qualität. Diese vier Typen sind für ihn differenzierbar, indem er nicht nur Unternehmen, sondern auch Märkte betrachtet. (1) Die erste Qualitätskonvention ist fundiert dadurch, dass sie in der Öffentlichkeit beurteilt und kontrolliert wird. Diese Konvention wird als „Qualität des öffentlichen Dienstes" bezeichnet und durch Anwälte, durch Gesundheitsberufe sowie durch die traditionellen Bankdienstleistungen repräsentiert. (2) Die zweite Qualitätskonvention ist die „Qualität des Hauses", die sich an der japanischen Produktionskultur erläutern lässt und nach der die Produktion im Unternehmen „harmonisch" erfolgen soll und sich spezifisch an den Bedürfnissen

253 Übersetzung RDB.

254 Die intersubjektiven Zuschreibungen der Kompetenzen der Individuen hinsichtlich ihrer professionellen Qualifikation nennt Gomez „Konventionen der Qualifizierungen" (Gomez 1994, S. 145/151).

der Kunden ausrichtet. (3) Die dritte Qualitätskonvention ist die „Standardqualität", die normalisierte und in industrieller Weise organisierte Qualitäten generiert. (4) Die „liberale Qualität" wird Firmen (und deren Produkten sowie Dienstleistungen) zugeschrieben, die die Produktion delegieren und die Produktion in einem Vertragssystem bewerkstelligen. Das Unternehmen rückt damit in die Nähe eines Marktes, erreicht aber dennoch, dass die dem Unternehmen zugeschriebene Reputation für die Qualität des generierten Produktes bzw. der generierten Dienstleistung steht.

Wie für Eymard-Duvernay (2004) so ist auch für Gomez die EC ein Ansatz, der eine politische Ökonomie des Unternehmens ermöglicht. Denn die Konvention der Anstrengung ist als praktische und normative Ordnung auch das „System der Regierung" im Unternehmen. Mit dem Akzeptieren der Existenz der Konvention der Anstrengung erkennen die Individuen an, was „normal" ist und was von ihnen normalerweise erwartet wird. Wieder im Anschluss an Michel Foucault – hier nun an dessen Machttheorie (Foucault 1976) – formuliert Gomez, dass Unterwerfung bedeute, zu einem Subjekt einer besonderen Konvention zu werden. Die Foucaultsche Machttheorie verfügt nicht über einen substanziellen Machtbegriff. Macht wird nicht so gedacht, dass sie von einer sozialen Gruppe oder Position „besessen" wird. Macht wird vielmehr als Effekt gedacht. Entsprechend betont Gomez, dass die Unterwerfung im Unternehmen und die damit verbundene Subjektivierung für alle erfolgen und dies wesentlich durch die Form der Selbstunterwerfung (Gomez 1996, S. 233f).[255]

Die Arbeiten von Gomez sind nicht nur wegen der diskurstheoretischen Ausrichtung von Interesse. Denn hier eröffnen sich Perspektiven für die Entwicklung der EC (was im Kapitel 11 aufgegriffen werden wird). Sie stellen auch deutlich die Interpretation von Konventionen als kognitive Strukturen heraus, wie man dies etwa auch in der Theorie von André Orléan (Kapitel 7) findet. Weiter zeichnet sich bei Gomez der Einfluss des französischen Strukturalismus klar ab. Gomez positioniert seine konventionentheoretische Synthese in der Nähe zum *Strukturalismus*, weil Konventionen als solche tieferliegende Strukturen aufgefasst werden können, die die kollektive Kooperation in Unternehmen nicht nur mit irgendeiner Form von Kohärenz ausstatten, sondern für spezifische Muster, Logiken und Rationalitäten als erklärende Sachverhalte herangezogen werden können (Gomez 1994, S. 87;

255 Im Französischen bezeichnet „*sujet*" sowohl „Subjekt" als auch „Untertan". Foucault hat die Argumentation prominent gemacht, dass „das Subjekt" erst durch die Unterwerfung und in konstitutiver, nicht repressiver Weise „als Subjekt" formiert wird. Das beinhaltet gerade auch Formen der Selbstunterwerfung (Foucault 1977).

Gomez/Jones 2000).[256] Der für die EC wesentliche andere Einfluss, der *Pragmatismus*, wird dagegen von Gomez kaum berücksichtigt. Das zeigt sich insbesondere darin, dass die durch die vorher vorgestellten Arbeiten identifizierte Pluralität von Konventionen sowie die durch diese den Akteuren zugesprochene Kompetenz, Kompromisse und Konflikte mit Bezug auf diese Pluralität zu handhaben, in den Arbeiten von Gomez nicht bedeutsam sind.

5.7 Märkte und Qualitätskonventionen

Märkte im Sinne der neoklassischen Wirtschaftswissenschaften sind – wie Organisationen – aus Sicht der EC keine eigenen Koordinationslogiken. Es gilt auch hier, dass alle Qualitätskonventionen in solchen Handlungssphären anzutreffen sind, die allgemein als „Märkte" bezeichnet werden. Bereits die Darstellung der industriellen Konvention sollte deutlich werden lassen, dass die meisten Branchen nicht wirklich „marktförmig" organisiert sind, sondern durch industrielle Formen der Planung, Standardisierung und Absprache gekennzeichnet und so stabilisiert sind.

Was landläufig als „Markt" bezeichnet wird und in der Wirtschaftswissenschaft als *das* Koordinationsmodell aufgefasst wird, ist aus Sicht der EC durch eine radikale Qualitätsunsicherheit geprägt – nicht jedoch die Art von Unsicherheit, wie sie durch asymmetrische Informationen eingebracht wird. Denn auch bei vollkommener Transparenz bleibt das fundamentale Problem, wie der Wert von Gütern überhaupt zu bestimmen ist (Orléan 2011, 2014). Ohne Qualitätskonventionen – so die These der EC – kollabieren Märkte, zumindest wenn man darunter die Institutionen versteht, die die neoklassische Wirtschaftswissenschaft eingeführt hat (Orléan 2011, 2014).

Der Begriff der Marktes wird in der EC weitgehend der Qualitätskonvention des Marktes vorbehalten, die dann überall anzutreffen sein kann. Wenn der Begriff „Markt" in der EC nicht prominent ist, so liegt das auch daran, dass der Begriff der „Branche" und die Branche als Analyseeinheit viel bedeutsamer in der EC sind. Entsprechend kann man beispielsweise die Arbeit von Salais und Storper (2007) zu den Produktionswelten (Kapitel 6) auch als eine Analyse von Marktordnungen lesen. Die EC eröffnet für die Analyse von Märkten verschiedene Perspektiven.

(1) Einmal hat die EC mit dem Konzept der Marktintermediären die Vernetzung zwischen Organisationen in den Branchen (sowie mit anderen Branchen) unter-

256 Dass die EC sowohl eine pragmatische als auch eine strukturalistische Perspektive aufweist, arbeiten auch Lazega und Favereau (2002) heraus (siehe auch Kapitel 10).

sucht. Damit ist die Einbettung von Organisationen in Märkten früh ein Analysegegenstand geworden. Die Studien zum Arbeitsmarkt der Fotografen von Bessy (1997c) sowie von Eymard-Duvernay und Mitarbeiterinnen zu den Segmenten der Arbeitsmärkte (2012) sind Beispiele dafür (Kapitel 4). In neueren Beiträgen haben Christian Bessy und Pierre-Marie Chauvin auf die marktkonstituierende Bedeutung der Tätigkeiten von Intermediären erneut hingewiesen (Bessy/Chauvin 2010, 2013).

> "The economic activities of the intermediaries examined here consist in services relating to their participation in the construction, maintenance, or expansion of a market. We set focus on professional intermediaries considered as 'third parties', which intervene between the so called 'supply' and 'demand', and whose actions have some effects on the economic or symbolic value of a product or an organization. Beyond the figure of the 'auctioneer' traditionally acknowledged by the standard economic theory, we can identify four main types of intermediaries which are more or less linked to the supply or the demand side: the *distributors* that buy and resell products, the *matchmakers* that put into contact partners of exchange, the *consultants* that produce advice to their clients (generally from the 'supply' side) and the *evaluators* that evaluate products, individuals or organizations. Each type of intermediary can potentially be involved in the activity of *valuation* [...]. Our main hypothesis is that intermediaries are the actors who, beyond their apparent specific function (providing services of buying and selling, matching, advising and evaluating), are all engaged in activities of valuation that shape the market." (Bessy/ Chauvin 2013, S. 84; Herv. i. Orig.)

Durch die hier angesprochenen Tätigkeiten der Intermediäre werden Qualitätskonventionen in Märkten etabliert, ihre Reichweite wird gesteigert und die verschiedenen Qualitätskonventionen in Märkten werden aneinander vermittelt.

(2) Zum anderen wird mit der Annahme einer Pluralität von koexistierenden Qualitätskonventionen in Branchen denkbar, dass Qualitätskonventionen Märkte intern differenzieren. Bereits das obige Camembertbeispiel hat dies verdeutlicht: die verschiedenen Camemberts werden als vergleichbar und als einem Markt zugehörig wahrgenommen, ihre Qualitäten sind aber auf unterschiedlichen Qualitätskonventionen fundiert. Ein weiteres Beispiel, das einen Markt auf seine interne und konventionenbasierte Differenzierung hin analysiert, ist eine Studie zum deutschen Weinmarkt (Diaz-Bone 2005, 2013a).[257] Die folgende Abbildung 5.1 veranschaulicht die Struktur des deutschen Weinmarktes danach, wie hier verschiedene Qualitätskonventionen unterschiedliche Marktsegmente voneinander abtrennen. In

257 Datengrundlage sind Branchenzeitschriften und Daten aus Publikationen von Weinforschungseinrichtungen und nationalen Verbänden; siehe Diaz-Bone (2005).

Abbildung 5.1 sind ebenfalls die mit den Qualitätskonventionen einhergehenden Unternehmensformen im Weinmarkt enthalten.[258]

In diesem Modell wird die regionalistische Konvention vorgeschlagen, deren Wertigkeit der Bezug und die Kenntnis der regionalen Traditionen und Lebensweisen darstellen. Im Unterschied zur ökologischen Konvention steht nicht die Integrität der Umwelt, sondern die Integrität regionaler Lebensformen im Vordergrund. Der Vorschlag schließt an die Arbeiten von Michael Storper an. Er hat eine solche Auffassung von Regionen als Konventionen aus einer wirtschaftsgeographischen Sicht entwickelt (Storper 1997).

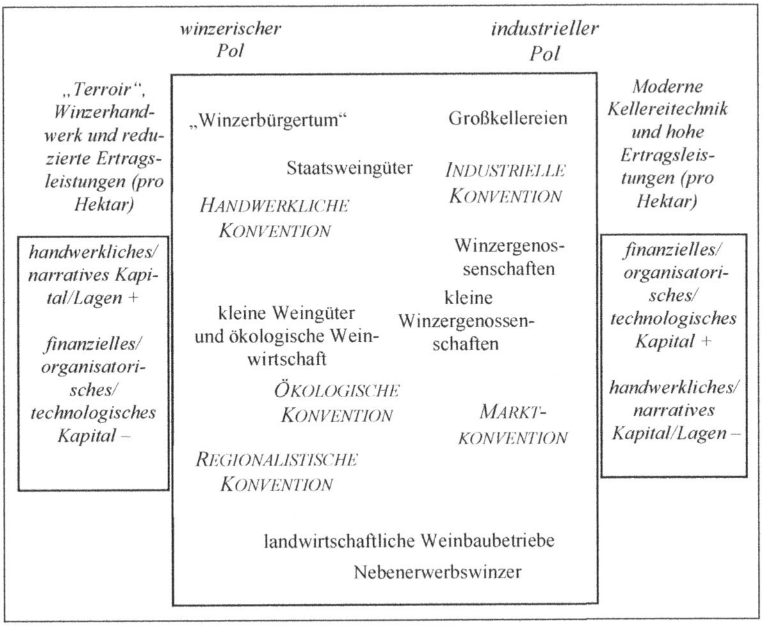

Abbildung 5.1 Qualitätskonventionen im Weinmarkt
Quellen: Diaz-Bone (2005, 2013a)

258 Insbesondere im deutschsprachigen Raum haben verschiedene Studien Feldanalysen (in der Tradition Bourdieus) mit dem Konzept der Qualitätskonvention kombiniert, siehe dafür Diaz-Bone (2007, 2013a), Knoll (2012, 2013a, 2013b), Mützel (2013, 2015) sowie einige der Beiträge in Bernhard und Schmidt-Wellenburg (Hrsg.)(2012a, 2012b).

In dem Modell des Weinmarktes sind auch die Bourdieuschen Kategorien der Kapitalarten aufgenommen – über die EC hinausgehend. Im Unterschied zur Bourdieuschen Feldanalyse werden durch die EC die Objekte und die Formen in Analysen einbezogen. Die wichtigsten Unterschiede zwischen diesen beiden – theoriehistorisch zusammenhängenden – Ansätzen ist aber, dass die EC von einer unvermeidbaren Pluralität von Qualitätskonventionen als strukturierender Prinzipien ausgeht, wohingegen in der Bourdieuschen Soziologie mit der Struktur und dem Volumen von (feldrelevanten) Kapitalarten sowie dem Habitus der Akteure letztlich nur zwei strukturell miteinander verbundene strukturierende Prinzipien angenommen werden. Insgesamt kann die EC die Stabilität von Marktsegmenten anhand der Etablierung verschiedener Qualitätskonventionen erklären. Das Beharrungsvermögen von Märkten wird durch deren Verkettung mit vor- und nachlaufenden Koordinationsformen erklärt. Marktdynamiken beobachtet die EC anhand der durch neu aufkommende Qualitätskonventionen ausgelösten Veränderungen (wie der Etablierung der ökologischen Konventionen in den letzten Jahrzehnten) und der permanent virulenten Spannung zwischen verschiedenen Qualitätskonventionen in Märkten.

Exkurs: das Marktmodell von Harrison White

Anfang der 1980er-Jahre hat Harrison C. White an der Columbia University die ersten Arbeiten vorgelegt, die die Grundlage für die sogenannte „neue amerikanische Wirtschaftssoziologie“ liefern sollten. Er hat Konzepte der Netzwerkanalyse verbunden mit der Frage „Where do markets come from?“ – so der Titel des ersten, grundlegenden Aufsatzes (White 1981). Im Grunde behandelt White eher die Frage nach der Ordnung und Stabilität von Märkten als die ihrer Entstehung. Dies gelingt ihm, indem er evident macht, dass das neoklassische Marktmodell sich in realen Ökonomien deshalb nicht als dauerhafte Struktur einstellen kann, weil Unternehmen in einem perfekten Wettbewerb bei austauschbaren Gütern keine Gewinne mehr erzielen. Für White sind Märkte aus einem anderen Grund als stabile Strukturen möglich: Die Unternehmen produzieren Güter, die mit einer unterschiedlichen Qualitätswahrnehmung einhergehen. Produktqualität wird damit das konstituierende Prinzip, das Märkte möglich macht. Unternehmen produzieren demnach Produkte, die zwar als zugehörig zu einer Produktkategorie und damit auch zu einem Markt, hinsichtlich ihrer Qualität aber als so unterschiedlich wahrgenommen werden, dass die Unternehmen unterschiedliche Preise erzielen können. Unternehmen in einem Markt mit verschiedenen Produktqualitäten nehmen auch hinsichtlich des Umsatzes (in Abhängigkeit vom Produktionsvolumen) unterschiedliche Positionen ein (White 2002a; White/Godart 2007). Diese Umsatzpositionen stellen das sogenannte „Marktprofil" dar, welches beispielhaft für ein Set von sieben Unternehmen in der folgenden Abbildung 5.2 dargestellt ist.[259]

Die Unternehmen sind eingebunden in Netzwerke, in denen Beziehungen zu Zulieferern und Abnehmern die Produzenten über die Zeit in Verbindlichkeiten einbetten und die die Produktion (sowie Wahrnehmung) verschiedener Qualitäten ermöglichen. Die Unternehmen können in diesem Markt dann Gewinnmargen dauerhaft einrichten, und der Markt wird als System unterschiedlicher Qualitätspositionen so über die Zeit stabilisierbar.[260]

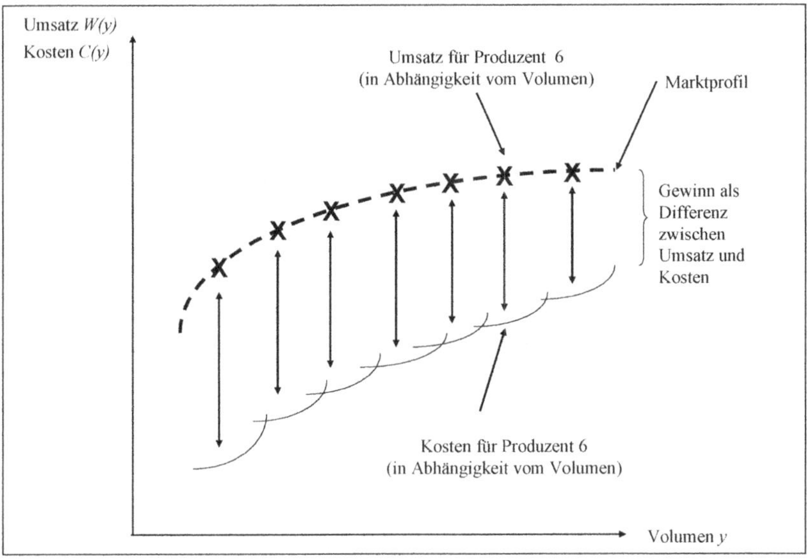

Abbildung 5.2 Marktprofil nach White
Quelle: White und Godart (2007)

259 In Abbildung 5.2 sind Unternehmen, die hohe Produktqualitäten generieren, links angesiedelt. Sie haben geringere Umsätze und noch geringere Produktionsvolumina.

260 Die Voraussetzung für die Stabilität des Marktprofils ist, dass Unternehmen allein in ihrer „Qualitätsnische" positioniert sind. Kommen sich zwei Unternehmen „zu nahe" und nehmen sie dieselbe Qualitätsposition ein, dann kollabiert an dieser Stelle das Marktprofil, d. h. die Unternehmen treten in die reine Konkurrenzsituation ein, sodass keine Gewinne mehr für sie möglich sind.

White hat sich (während verschiedener Aufenthalte in Paris) mit Vertretern der EC ausgetauscht.[261] Es lassen sich einige wichtige Unterschiede der beiden Ansätze identifizieren, wenn es darum geht, Märkte wirtschaftssoziologisch zu analysieren und zu modellieren.

Im Unterschied zur EC, die jeweils eine Pluralität von Konventionen in Märkten annimmt und rekonstruieren kann, geht White davon aus, dass Märkte zwar verschiedene Produktqualitäten in einer hierarchischen Staffelung aufweisen, die Qualitätsdifferenzierung in *je einem* Markt ist aus Sicht von White aber nicht auf verschiedene Qualitätskonventionen zurückzuführen. Vielmehr werden von White *verschiedene* Märkte selbst daraufhin typologisiert, wie sie die Produkt- und Mengenbeurteilungen von Produzenten und Konsumenten ins Verhältnis setzen (White 2002a; White/Godart 2007; Diaz-Bone 2010a). Es gibt in der Theorie von White damit eine Pluralität von Markttypen, die er in einem Modell, der „Ebene der Märkte", modelliert (White 2002a, Diaz-Bone 2010a), aber White denkt Märkte nicht als *intern* nach Konventionen differenziert. Im Unterschied zur EC muss White also in seinem Marktmodell die Qualitätsdefinition externalisieren, d. h. die unterschiedlichen Qualitäten werden *im* Marktmodell zunächst *nicht* erklärlich. Die EC kann die Erklärung der Qualitätskonstruktion internalisieren, indem sie die arbeitsteilige Produktion in Märkten als durch Qualitätskonventionen organisierte Kooperation erklärt.[262] White hat auf andere soziale Mechanismen wie die in den Netzwerken zwischen Unternehmen entstehende Reputation hingewiesen sowie auf die Bedeutung von Diskursen für die Reproduktion von Qualitätszuschreibungen (White 2000, 2002). Aber diese Arbeiten sind bislang nur rudimentär ausgeführt.

Bemerkenswert bleibt, dass White wie die EC Anfang der 1980er-Jahre früh das Qualitätskonzept als zentral für die neue Wirtschaftssoziologie identifiziert und

261 Der Austausch zwischen der EC und Harrison C. White hat in der Zeit zwischen 1996 und 1998 im Rahmen gemeinsamer Konferenzen in Paris stattgefunden. Dieser hat einerseits zur weiteren Ausarbeitung des Marktmodells von White geführt (White 2002a, 2002b), andererseits zu dessen systematischer Beurteilung aus Sicht der EC (Favereau et al. 2002; Biencourt/Urrutiaguer 2002; Favereau 2012). Philippe Steiner (2005b) vergleicht das Marktmodell von White mit der Konzipierung des Marktes aus der Perspektive der EC und diskutiert auch die Rezeption des Whiteschen Ansatzes durch die EC. Thomas Dallery, Fabien Eloire und Jordan Melmiès (2009) beziehen in ihrer Analyse des Feldes der Restaurants in der Stadt Lille das Modell von White, das Konventionenkonzept von Keynes und ebenfalls die EC ein.

262 Das von White eingeführte Konzept des „style" (White 1992) könnte einfach zu demjenigen der Qualitätskonvention in Beziehung gesetzt werden und hätte in der Markttheorie von White als Entsprechung aufgefasst werden können, es wird dann in der Markttheorie von White jedoch nicht eingesetzt. Insgesamt hat White keine solche interne Erklärung der Qualität ausgearbeitet. Siehe dafür die Diskussion in Diaz-Bone (2010a).

fruchtbar gemacht hat.[263] In der neuen amerikanischen Wirtschaftssoziologie ist die Theorie von White hiermit einzigartig geblieben, während das Konzept der „Qualität" nicht nur in der EC, sondern auch in anderen Ansätzen der neuen französischen Wirtschaftssoziologie eine besondere Stellung eingenommen hat – wie in der Theorie von Lucien Karpik (1989, 2011) und der ANT (Callon et al. 2002).

5.8 Global value chains

Wie das Beispiel der Camembertproduktion verdeutlich hat, sind Qualitätskonventionen die Koordinationslogik für die Herstellung von Nahrungsmittelqualitäten in Interorganisationsbeziehungen. Die Analyse der Produktion ist in der EC selten nur auf einzelne Organisationen oder Märkte beschränkt. Märkte und Organisationen werden in der Aufeinanderfolge und der Vernetzung untereinander betrachtet. Das Konzept der Qualitätskonventionen hat daher eine Vielzahl von Studien angestoßen, die in Regionen die Koordinationsformen in verschiedenen Bereichen der Nahrungsmittelproduktion untersucht haben. Der Ansatz von Thévenot und Boltanski (2007) ist insbesondere am *Institut national de la recherche agronomique* (INRA)[264] aufgegriffen worden und hat hier zu einer Reihe von Studien und Publikationen geführt.[265] Laurent Thévenot hat früh den Ansatz an Forscherinnen und Forscher in den französischen Agrarwissenschaften sowie der Regionalökonomie (mit Fokus auf der Analyse regionaler Märkte) vermittelt (Thévenot 1995c). Über den nationalen Kontext hinaus wurden die Untersuchungsperspektiven auf Qualitätskonventionen auch auf transnationale Produktions-, Distributions- und Konsumketten ausgedehnt, in denen über große räumliche sowie zeitliche Distanzen Unternehmen, Personen, Objekte ökonomische Praktiken koordinieren. Ursprünglich als „commodity chains" benannt, wurden diese „Ketten" dann bald als „global commodity chains" sowie als „global value chains" (GVC) bezeichnet, um nicht nur die transnationale Reichweite, sondern auch die Kontrolle der Wer-

263 Die Arbeiten von David Stark (2000, 2009) haben früh die Theorieverbindungen zwischen der Arbeit von Boltanski und Thévenot sowie der White-Tradition hergestellt, die eben beide die Qualität (Wertigkeiten) als Zentralkonzept der Wirtschaftssoziologie ansehen.

264 Siehe http://institut.inra.fr

265 Siehe die Beiträge in den Sammelbänden von Allaire und Boyer (Hrsg.)(1995), Nicolas und Valceschini (Hrsg.)(1995) sowie in Allaire und Daviron (Hrsg.)(2017). Mit Ponte (2016) findet sich ein Überblicksartikel zu den englischsprachigen Beiträgen in diesem Bereich.

tigkeit stärker zu betonen.[266] Die GVC analysis fokussiert dabei die Beziehungen zwischen Unternehmen, die nicht über (im herkömmlichen Sinne) marktförmige Einrichtungen koordiniert werden, und untersucht, wie die „governance" der GVC erfolgen kann anhand der Definition, Durchsetzung und Kontrolle von Standards und Parametern, an denen die Akteure in der value chain die Produktion ausrichten müssen (Humphrey/Schmitz 2002; Ponte et al. Hrsg. 2011).

Eine Reihe von Publikationen hat die EC auf dieses Forschungsfeld bezogen und den wirtschaftswissenschaftlichen Ansatz der „global value chain analysis" (GVC analysis) kritisiert (Raynolds 2002, 2004; Raikes/Jensen/Ponte 2000; Busch 2000, 2007, 2011; Bocquet 2007). Insbesondere Stefano Ponte und Peter Gibbon haben in verschiedenen Arbeiten Kritikpunkte angeführt, die die Einführung der EC und des Konzeptes der Qualitätskonventionen vorbereitet haben (Ponte/Gibbon 2005; Gibbon/Ponte 2008; Ponte 2009).[267] (1) So geht die GVC analysis von weitgehend unproblematisch zu bestimmenden Eigenschaften der „Produktqualität" und ihrer Erfahrbarkeit im Konsum aus. Dabei sehen Ponte und Gibbon (2005, S. 2f) wie die Vertreter der EC „Qualität" nicht als durch materielle Eigenheiten von „Produkten" (gleich ob sie als Objekte oder als Dienstleistungen vorliegen) fundiert und in dieser Weise sinnlich zuverlässig erfahrbar. Qualität wird erst über die Stationen der value chain in der praktischen Koordination hervorgebracht, und es gibt keine materiell und objektiv bestimmbaren „asset specifities", die die Qualität garantieren.[268] (2) Dann setzt der Ansatz der GVC analysis ein Verständnis von hierarchischer („vertikaler") Steuerung voraus, die sogenannte „lead firms" als die die value chain steuernde Instanz annimmt, die mithilfe von Standards und anderen organisatorischen Techniken die „governance" der value chains bewerkstelligt. Dagegen gehen Ponte und Gibbon von vielfältigen (und insbesondere „horizontal") koordinierenden Prozessen und Praktiken aus, die in den verschiedenen Segmenten für die Qualitätsdefinition und Qualitätsproduktion in value chains erfolgen, und relativieren die Bedeutung von Firmenstrukturen sowie ihrer typologisierenden Analyse (Ponte/Gibbon 2005, S. 3f; Gibbon/Ponte 2008). (3) Zuletzt erscheint ihnen evident zu sein, dass man es nicht nur mit einer Koordinationslogik in GVCs zu tun hat, sondern eine Koordination einer Pluralität

---

266 Die konzeptionelle Grundlage des GVC-Ansatzes wurde von Gary Gereffi, John Humphrey und Timothy Sturgeon vorgelegt (Gereffi/Humphrey/Sturgeon 2005). Siehe auch die Beiträge in den Sammelbänden von Gereffi und Korzeniewicz (Hrsg.)(1994) sowie Blair (Hrsg.)(2009).

267 Siehe für die Ausführungen in diesem Abschnitt auch Diaz-Bone (2013b).

268 Hier liegt ein wichtiger Unterschied der EC zum wirtschaftswissenschaftlichen Neoinstitutionalismus von Oliver Williamson (1985) vor, der Produkteigenschaften und damit deren Qualitäten ontologisiert. Siehe dafür Diaz-Bone (2012c).

von Konventionen, Techniken und Intermediären erfolgen muss, die am Ende zu einer kohärenten Qualitätskonstruktion und Qualitätswahrnehmung führen muss (Ponte/Gibbon 2005, S. 3).

Auch wenn heutzutage von einer umfassenden Vermarktlichung der Gesellschaft die Rede ist und die Ökonomie zunehmend dereguliert zu sein scheint, so ist zu beobachten – so Ponte und Gibbon (2005) –, dass die Konvention des Marktes nicht für die Koordination in value chains hegemonial ist, sondern dass erneut eine Pluralität von Qualitätskonventionen insbesondere bei Konsumgütern die value chains prägt. So hat die *staatsbürgerliche Konvention* seit langem an Bedeutung gewonnen, wenn es darum geht, die Art der Herstellung so zu koordinieren, dass Entwicklungsländer in ihrer gesellschaftlichen Entwicklung befördert werden, konkreter: dass z. B. Kinderarbeit vermieden wird, dass eine angemessene Gewinnbeteiligung an die Kleinbauern und Kleingewerbe in den Herstellerregionen abgeführt wird (was unter dem Label „faire trade" für value chains einflussreich geworden ist) bzw. dass Billiglöhne geächtet und angemessene Löhne bezahlt werden. Das Wort „Staat", das in „staatsbürgerlich" enthalten ist, tritt hier als Koordinationsform mit begrenzter Reichweite hinter das zivilbürgerliche Engagement für eine transnationale Allgemeinheit zurück. Auch die *ökologische Konvention* hat zunehmend Einfluss gewonnen. Obwohl weite Transportwege eigentlich nicht mit ökologischen Kriterien vereinbar sind, stammen viele „ökologisch hergestellte" Produkte aus anderen Weltregionen und sollen dort so produziert worden sein, dass die Herstellung, der Transport sowie die Weiterverarbeitung die Umwelt nicht schädigen und möglichst keinen CO_2-Ausstoß zur Folge haben. Viele value chains generieren Konsumprodukte, die insbesondere durch Markennamen und durch die Herkunft aus bzw. Produktion in bekannten Weltregionen für die Konsumenten erst kategorisierbar sind. Hier greifen die Koordinationslogiken der *handwerklichen Konvention* (familienweltliche Konvention) sowie der *Konvention der Bekanntheit*, zu der die Strategien des „branding", „labeling" sowie der Konstruktion einer Unternehmens- und Familiengeschichte zählen, die nun international und massenmedial erfolgen müssen und „Weltmarken" bekannt machen. Transnationale, interorganisationale und allgemeiner soziale Netzwerke zwischen Produzierenden müssen hier den Mechanismus des personalen Vertrauens mobilisieren, so wie es für hanseatische Kaufmänner oder jüdische Diamantenhändler sprichwörtlich geworden ist, auf deren Wort und auf die mündlichen Vereinbarungen mit ihnen Verlass sein muss. Hier verzahnen sich die *handwerkliche Konvention* und die *Netzwerkkonvention*, wenn die unternehmerische Reputation für den internationalen Warenhandel ein wichtiges Medium für value chains wird – das ist oder war der Fall, solange Wirtschaftsrecht nur national durchsetzbar war (oder selbst das nicht). Es ist insbesondere die *industrielle Konvention*, die ermöglicht hat, value chains mit großer räumlicher Reichweite dauerhaft zu erstellen, denn die Standardisierung von Koordinationsformen und Produkteigenschaften ist dafür wesentlich. Die Tatsache, dass value chains durch die Kopplung von Qualitätskonventionen möglich werden, wird bei dieser Konvention am deutlichsten: Qualitätskonstruktionen bedienen sich im Rahmen weiter ausgedehnter value chains vielfach der Zertifizierung. Die ökologische oder die staatsbürgerliche Qualität ist auf diese angewiesen. Die Marktkonvention muss die weltweite Standardisierung von Produkten und deren Zertifizierung (als bestimmten Standards entsprechend) voraussetzen, um z. B. Produkte auf Börsen erst handelbar werden zu lassen.[269] Umgekehrt benötigt die industrielle Konvention die Mobilisierung von Vertrauen in die von ihr lancierten „Standards", „Kontrollen" und „Zertifizierungen" (Gütesiegel) – das kann letztlich nur durch den Einsatz der Reputation von Unternehmen, Personen, Kontrollinstanzen (Jurys, Aufsichtsbehörden, Kontrollgremien etc.) erfolgen. Nun verzahnen sich die staatsbürgerliche und die handwerkliche Konvention mit der industriellen Konvention, um Letztere insbesondere da zu ihrer Wirkmächtigkeit zu verhelfen, wo nationale Dispositive wie nationales Recht an ihre Grenzen stoßen und internationale Rechtsabkommen (noch) nicht vorliegen. Das Interesse von Daviron und Ponte besteht darin, zu fokussieren

> "[…] on how 'lead firms' in 'buyer-driven' chains define and manage 'quality', how they shape the rules and conditions of participation, and thus how they determine the functional division of labour and entry barriers along the chain." (Ponte/Gibbon 2005, S. 3)[270]

Ein anschauliches Beispiel für GVCs als „quality convention chains" haben Benoit Daviron und Stefano Ponte mit ihrer empirischen Studie „The coffee paradox" vorgelegt (Daviron/Ponte 2005).[271] Sie untersuchen über die Stationen der Kette hinweg, wie dort jeweils konkret die Produktion, die Distribution und der Konsum koordiniert werden. Das „coffee paradox" besteht dann in einem Widerspruch, den man für viele Konsumgüter identifizieren kann. Während in den Ländern des Südens aufgrund des Preisverfalls von einer Kaffeekrise gesprochen wird, findet in den Ländern des Nordens eine Art „Kaffeerenaissance" statt, die sich manifest in

269 Für die Chicagoer Börsen hat dies William Cronon (1991) rekonstruiert.

270 Insofern auch internetgestützte Dienstleistungen als „buyer-driven chains" aufgefasst werden können, erhält der Ansatz von Ponte und Gibbon (sowie Daviron) eine Vielzahl möglicher weiterer Anwendungen. Allerdings ist auch der Hinweis erforderlich, dass die Reichweite ihres Ansatzes dann eingeschränkt ist und man einige der Überlegungen auf „producer-driven chains" anders beziehen muss.

271 Siehe auch Diaz-Bone (2012b).

einer Ausbreitung von „Espresso-Bars“ sowie dem Aufkommen von „Kaffeebarketten“ (wie die „*Starbucks Corp.*“) und insgesamt dem wachsenden Kaffeekonsum zeigt – auch von „nachhaltig“ produzierten und „fair“ gehandelten Kaffees. Für die beiden Autoren kann der Widerspruch nicht erklärt werden, indem man auf klassische wirtschaftswissenschaftliche Mechanismen zurückgreift wie Überproduktion in den Ländern des Südens oder die überlegene Marktmacht in den Ländern des Nordens. Für Daviron und Ponte scheint das empirisch nicht der Fall zu sein, und sie zeigen dies anhand eines Vergleichs von drei value chains verschiedener verarbeiteter Kaffeesorten („blends“) auf. Alle beginnen mit dem Einkauf in Tansania und enden mit dem Konsum in Italien. Weltweit sind die Kaffeebohnen Robusta und Arabica verbreitet. Letztere gilt als die aromatisch wertvollste Bohnenart, sie ist aber empfindlicher gegenüber klimatisch ungünstigen Verhältnissen (hohe Temperaturen) als dies für die Bohnenart Robusta gilt. In der folgenden Tabelle zeigt sich, dass die Arabica-Bohnen als Rohstoff im Einkauf ca. anderthalbmal so teuer sind wie die Robusta-Bohnen. Dennoch ist am Ende der value chain eine der beiden Arabica-Blends fast zehnmal so teuer wie der Robusta-Blend und zweieinhalbmal so teuer wie der andere Arabica-Blend, der dasselbe Ausgangsprodukt hatte. Es zeigt sich, dass die Preisunterschiede erst mit den Stationen der Röstereien und dem Einzelhandel stark ausgeprägt sind – selbst bei gleichen Vorprodukten.

Tabelle 5.3 Global value chains nach Preisen

Preis nach value chain (pro Pfund 1999/2000)	Low-end blend (100 % Robusta) Supermarkt, Heimkonsum	High-end blend (100 % Arabica) Supermarkt, Heimkonsum	High-end blend (Espresso) (100 % Arabica) Kaffeebar
Kaffeefarm (Verkaufspreis auf lokalem Markt)	0,20	0,31	0,31
Auktion	0,47	0,66	0,72
Exporthafen (free on board)	0,53	0,72	0,78
Importhafen (Frachtkosten, Versicherung, Zoll)	0,56	0,76	0,82
Rösterei (Verkaufspreis für Supermarkt/Kaffeebar)	1,99	6,51	8,14
Einzelhandel (Konsumentenpreis)	2,25	8,14	21,71

Quelle: Daviron und Ponte (2005)

Wie kommen diese Unterschiede also zustande und warum treten sie erst so spät in den value chains auf? Offensichtlich artikuliert sich anhand der Preisunterschiede, die ab der Verarbeitung in den Röstereien auftreten, die Wahrnehmung zugeschriebener Qualitätsunterschiede. Diese sind in Tabelle 5.3 dargestellt. Daviron und Ponte suchen die Antwort in einem Wechsel von Qualitätskonventionen an den betreffenden Stationen (Ponte 2005, S. 204ff). Die folgende Tabelle 5.4 versucht zu veranschaulichen, dass die Preisunterschiede nicht durch eine Zutageförderung einer bereits in den Kaffeebohnen angelegten „inhärenten" Qualität zu erklären sind, sondern durch einen Wechsel der Qualitätskonventionen innerhalb der value chain. Die Einbringung der handwerklichen Konvention ermöglicht die Umstellung der Qualitätszuschreibung, die erst in Italien erfolgt und den beiden Arabica-Blends eine andere Qualität zuschreibt als dem Robusta-Blend. Lediglich für Letzteren greift am Ende der value chain die Kombination von Marktkonvention und industrieller Konvention, die erst die Standardisierung der Produkte und danach ihren „marktlichen" Vertrieb ermöglicht.

Tabelle 5.4 Global value chains nach Konventionen

Qualitätskonventionen nach Kaffeesorten und Stationen	Low-end blend (100 % Robusta) Supermarkt, Heimkonsum	High-end blend (100 % Arabica) Supermarkt, Heimkonsum	High-end blend (Espresso) (100 % Arabica) Kaffeebar
Kaffeefarm (Verkaufspreis auf lokalem Markt)	Markt	Markt/Industrie	Markt/Industrie
Auktion	Markt	Markt/Industrie	Markt/Industrie
Exporthafen (free on board)	Markt	Markt/Industrie	Markt/Industrie
Importhafen (Frachtkosten, Versicherung, Zoll)	Markt	Markt/Industrie	Markt/Industrie
Rösterei (Verkaufspreis für Supermarkt/Kaffeebar)	Markt/Industrie	Handwerk/Industrie	Handwerk
Einzelhandel (Konsumentenpreis)	Markt/Industrie	Handwerk	Handwerk

Quelle: Daviron und Ponte (2005)

Für die die Stationen übergreifende Integration der beiden value chains der Arabica-Blends hat die industrielle Konvention die Aufgabe, die Qualität der der Rösterei vorlaufenden Stationen in standardisierter Form und mithilfe technischer Verfahren zu koordinieren, zu standardisieren und so zu kontrollieren. Insbesondere in den Röstereien leisten Unternehmen wie *Lavazza* und *Illy* eine „Individualisierung" und ein Branding der Blends, die durch den speziellen Vertrieb über Fachgeschäfte fortgesetzt wird, wo eine personalisierte und konzeptionell auf die handwerkliche Konvention ausgerichtete Fachberatung erfolgt.[272]

Die Verbindung von EC und GVC analysis macht deutlich, dass die EC sicher nicht auf Analysen ökonomischer Praktiken mit geringer Reichweite beschränkt ist. Im Gegenteil, eine größere Reichweite als sie mit dem Konzept der global value chains als quality chains erreicht ist, ist kaum denkbar. Eine weitere Perspektive, die die EC in die GVC analysis einbringt, ist die Frage, ob man „Konventionen höherer Ordnung" identifizieren kann, die von den Akteuren herangezogen werden, um verschiedene Qualitätskonventionen mit geringerer Reichweite über die Stationen der value chain zu regulieren, sodass die Prozesse in der global value chain integriert werden. Das Kaffeebeispiel gibt einen Hinweis auf die Bedeutung der industriellen Konvention für diese Integrationsfunktion.

Für die EC ist ebenso wichtig zu fragen, wie pragmatisch die „governance" der quality convention chain erfolgt, wenn Akteure ein Set aus Qualitätskonventionen sowie ihre Elemente über die Stationen der value chain kombinieren müssen.[273] Statt also von „Standards" oder „Parametern" als Instrumente und Voraussetzungen der Qualitätssicherung auszugehen, verkehrt die EC die Richtung der Analyse: Von den Qualitätskonventionen ausgehend werden die darauf fußenden (und pragmatisch vereinbarten) Formate und Strategien identifiziert. In den letzten Jahren hat Stefano Ponte die GVCs der südafrikanischen Weine untersucht (Ponte 2007, 2009).[274] Ponte rekonstruiert, wie im Wesentlichen drei verschiedene Qualitätsstufen möglich werden, die sich auf unterschiedliche Kombinationen von Qualitätskonventionen über die ganze chain hin stützen. Wieder steht im Fokus des Analyseinteresses, ob und wie lead firms die GVCs organisieren und die Qualitätskonstruktion so kontrollieren. Wie bereits in der Analyse der GVCs der Kaffeeproduktion, der Kaf-

---

272 Seit einigen Jahren kann man Kaffeekapseln sowie zugehörige Kaffeemaschinen kaufen, die zunächst von der Firma Nestlé, dann von deren Ableger „*Nestlé Nespresso AG*" unter dem Label „*Nespresso*" vertrieben werden. Letztlich handelt es sich ebenfalls um eine Mobilisierung verschiedener Qualitätskonventionen – hier nun auch der Konvention der Inspiration (die die „Erfindung" des Systems manifestiert) und der Konvention der Bekanntheit (der Marke Nestlé) – und zugehöriger Dispositive (Patentrechte, Maschinen und Vertriebsformen), die deutlich erhöhte Preise für günstig eingekauften Kaffee ermöglichen.

273 Siehe zur „governance" von GVCs auch die Beiträge in Ponte, Gibbon und Vestergaard (Hrsg.)(2011).

274 Methodisch stützt sich Ponte (2007, 2009) dabei auf Experteninterviews mit Akteuren über die verschiedenen Stationen der GVCs hinweg.

feedistribution und des Kaffeekonsums, so überschreitet auch hier die Perspektive der EC die Analyse einzelner Märkte oder Organisationen.[275]

Qualitätskonventionen ermöglichen den Akteuren – dabei auf Objekte und Formate gestützt –, Qualitätskonstruktionen über weitreichende Handlungs- und Interpretationsketten so zu koordinieren, dass institutionelle Arrangements wie „Markt" oder „Organisation" dabei überschritten werden.

275 Siehe zur Analyse der Konstruktion von Weinqualitäten und der Struktur von Weinmärkten weiter auch die konventionentheoretische Studie von Barbera und Audifredi (2012) zur Umstellung der Weinproduktion im Piemont. Harrison White (2002c) hat ebenfalls sein Marktmodell auf die Analyse des französischen Weinmarktes angewendet. Zur Analyse der Qualitätskonstruktion von Weinen und ihrer Klassifikation finden sich aktuelle Beiträge von Marie-France Garcia-Parpet (2009, 2011, 2017) sowie Jörg Rössel und Jens Beckert (2013).

Produktionswelten 6

> "The commodity, as Marx noted, is the material result of an extraordinary complex ensemble of social processes. Marx was primarily interested in unveiling the creation of value hidden behind the production of objects; we are more interested in the product as a concrete outcome of a complex network of relations between persons, reflecting their framework of action.
>
> The precondition of coordination is that participants agree as to the qualities of products bought or sold. In the absence of such an agreement, the exchange cannot take place. By 'qualities' we do not mean 'good' or 'bad' quality, but the fact that any exchange presupposes an agreement on what the quality is." (Storper/Salais 1997, S. 37f)

> "Our epistemological point of departure in pragmatics leads to the view that production systems are organized as distinct ensembles of objects, routines, and conventions. These ensembles are largely invisible, in the sense that the parts of the ensemble are highly interdependent in both physical and cognitive terms." (Storper/ Salais 1997, S. 277)

6.1 Einleitung

Betrachtet man die EC als einen aktuellen institutionentheoretischen Ansatz, dann scheint es sich anzubieten, von verschiedenen „Ebenen" zu sprechen, wie sie auch in anderen Institutionalismen unterschieden werden. Man könnte dann davon sprechen, dass es sich bei der EC um einen umfassenden und viele Ebenen integrierenden Institutionalismus handelt, was sich insbesondere anhand der einflussreiche Untersuchung „*Worlds of production*" von Michael Storper und Robert

R. Diaz-Bone, *Die „Economie des conventions"*, Soziologie der Konventionen, https://doi.org/10.1007/978-3-658-21062-5_6

Salais zu den Produktionswelten (1997) zeigt.[276] Hier werden die „Handlungsebenen" der Interaktion, der Organisation, des Marktes, der Branche, der Region und des Staates in einer international vergleichenden Analyse konzeptionell integriert. Aus Sicht der EC ist das Denken in „Ebenen" allerdings dann problematisch, wenn man damit ausdrücken will, dass auf verschiedenen „Ebenen" unterschiedliche Handlungslogiken oder gar Ontologien anzutreffen seien, wie sie durch holistische institutionentheoretische Ansätze gedacht werden. Aus Sicht der EC dient das Konzept der Ebene stattdessen der Differenzierung von Reichweiten. Mit dem Konzept der Ebene werden unterschiedliche zeitliche und räumliche Reichweiten von Koordinationslogiken gefasst, wobei die für die Analyse zentrale Einheit die Branche als „Ebene" darstellt. Auf diese Ebene werden andere Ebenen mit geringerer Reichweite (wie „das Unternehmen") oder mit höherer Reichweite (wie „der Staat") dann bezogen (siehe dazu ausführlicher Kapitel 10). Storper und Salais verwenden in „Worlds of production" den Begriff der „Ebene" (level) in vielfältiger Weise, allerdings stehen dabei die Ebenen nicht in einer hierarchischen Ordnung, in welcher eine Ebene ausgezeichnet wäre gegenüber anderen.

In der Arbeit von Storper und Salais findet sich dann eine Erweiterung des Konventionenkonzepts gegenüber dem Modell, das Salais für die Analyse der Konventionen der Arbeit entwickelt hatte (1989, 2006).[277] Die Monographie „Worlds of production. The action frameworks of the economy" stellt eine etwas anders zusammengestellte und um einige Abschnitte gekürzte Fassung der vorangehenden französischen Ausgabe „Les mondes du production. Enquête sur l'identité économique de la France" dar (Salais/Storper 1993).[278] Insbesondere die englische Ausgabe hat zur internationalen Rezeption der EC beigetragen, zumal es sich um eine Monografie der EC handelt. Die Mehrheit der Publikationen der Vertreter der EC sind Beiträge in Sammelbänden, das dominierende Format der EC sind

276 Siehe auch Salais und Storper (1992), Salais (unter Mitarbeit von Tessier 1992), Storper (1993, 1996) sowie die Beiträge von Salais (2000, 2004b). Eine Vorstudie ist bereits im IEPE-Kontext erschienen, hier haben Salais und Storper (1989) das Modell der Produktionswelten auf die Automobilindustrie angewandt (siehe dazu auch Storper und Salais 1992). Siehe auch den IEPE-Text von Salais (1996) zu den „möglichen Produktionswelten".

277 Siehe dazu Kapitel 4. Siehe für die Diskussion der Erweiterung des Modells der Konventionen der Arbeit zum Modell der Produktionswelten auch den Beitrag von Petit und Sauze (2006).

278 Der empirische Teil der englischen Ausgabe behandelt insbesondere den Vergleich dreier Wirtschaftsregionen in drei verschiedenen Ländern (Raum Paris, Norditalien und Kalifornien). Die französische Ausgabe beinhaltet darüber hinaus auch vergleichende Analysen zu weiteren französischen Regionen, sodass hier anstelle des internationalen Vergleichs eher die französische Wirtschaft im Fokus steht – was sich auch in dem anderen Untertitel zeigt.

kürzere Artikel und Forschungsbeiträge. Zugleich zeigt sich an dieser Monografie (das gilt für die englische wie für die französische Ausgabe), dass Salais und Storper die Ausarbeitung einer integrierten Theorie der EC und deren empirische Anwendung eindrücklich verzahnt haben. Obwohl sich Salais und Storper mittelbar auf die Grundlagenarbeit von Luc Boltanski und Laurent Thévenot (2007) beziehen, wird das Konventionenkonzept nun nicht mehr allein äquivalent zum Konzept der Rechtfertigungsordnung verwendet, sondern erhält hier eine offenere und vielfältigere Anwendung. Und wie bei dem Konzept der Qualitätskonvention, das Eymard-Duvernay und Thévenot präzisiert haben (Kapitel 5), haben auch Produktionswelten – in unterschiedlicher Weise – die Aufgabe zu lösen, wie Qualität zugeschrieben und evaluiert werden kann.

Die Produktionswelten, die hier eingeführt werden, und die verschiedenen Konventionen, die mit ihnen zusammenhängen (Konventionen der Partizipation und der Identität, Konventionen der Arbeit, Finanzierungskonventionen, Konventionen des Staates), sind aus einem Wechselspiel zwischen institutionentheoretischen Überlegungen und ihrer Anwendung in empirischen Analysen hervorgegangen. Damit handelt es sich nicht einfach um eine Nomenklatur von abstrakten Begriffen und auch nicht um ein reines Modelldenken. Das Modell der Produktionswelten ist an der Empirie entwickelt worden und hat sich in verschiedenen Analysen als Modell für reale Ökonomien bewährt. Es hat in diesem Sinne empirischen Gehalt und vielfach ein vergleichendes Verstehen historisch gewachsener Institutionen und Praxisformen ermöglicht. Nun stehen nicht die Befunde der empirischen Analysen im Vordergrund, sondern das Modell selbst.

6.2 Der multiple Charakter von Konventionen

Ausgangspunkt für Storper und Salais ist die formale Definition von David Lewis, der die Konvention auf die Lösung eines Koordinationsproblems bezogen hat.

> „Eine Verhaltensregularität R von Mitgliedern einer Gruppe G, die an einer wiederholt auftretenden Situation S beteiligt sind, ist genau dann eine Konvention, wenn bei jedem Auftreten von S unter Mitgliedern von G
> (1) jeder R folgt;
> (2) jeder von jedem andern erwartet, daß er R folgt;
> (3) jeder es vorzieht, R zu folgen, sofern auch die andern es tun, weil S ein Koordinationsproblem ist und die allseitige Befolgung von R in S ein koordinatives Gleichgewicht ergibt." (Lewis 1975, S. 43)

Konventionen erhalten bei Salais und Storper allerdings einen multiplen Charakter, d.h. sie können hier mit unterschiedlichen Reichweiten und in verschiedenen Formen auftreten, sei es als situative Koordination, sei es als formaler Standard oder formale Regel (Konvention als „Vereinbarung"), sei es als Handlungslogik mit langer Dauer (Konvention als sozio-kulturell verankerte Rechtfertigungsordnung bzw. Koordinationslogik). Salais und Storper tragen mit ihrer Fassung des Konventionenkonzepts zu einer Ausarbeitung der pragmatischen Deutung des Konzepts der Konvention bei, das auch die Entstehung und Institutionalisierung von Konventionen beinhaltet. Dies sind Aspekte, die in der formalen Definition von Lewis fehlen.[279]

> "Conventions resemble 'hypotheses' formulated by persons with respect to the relationship between their actions and the actions of those on whom they must depend to realize a goal. When interactions are reproduced again and again in similar situations, and when particular courses of action have proved successful, they become incorporated in routines and we then tend to forget their initially hypothetical character. Conventions thus become an intimate part of the history incorporated in behaviors. [...] The word 'convention' is commonly understood to suggest at one and the same time: a rule which is taken for granted and to which everybody submits without reflection, the result of an agreement (a contract), or even a founding moment (such as the Constitutional Convention). Thus convention refers to the simultaneous presence of these three dimensions: (a) rules of spontaneous individual action, (b) constructing agreements between persons, and (c) institutions in situations of collective action; each has a different spatio-temporal extent, and they overlap in complex ways at a given moment in any given situation. In practice, it is only by initially *assuming* the existence of a common context and by formulating expectations with respect to the actions of others that it is possible to engage in coordinated collective action: these are the dimensions of inherited, *longue durée* conventions, some of which take the form of formal institutions and rules. But at any given moment, the context is evaluated and re-evaluated, reinterpreted, by the individual who must choose to practice or not practice according to a given convention." (Storper/Salais 1997, S. 16f, Herv. i. Orig.)

Salais und Storper setzen bei der Analyseeinheit der Branche und nicht bei der Analyseeinheit des Unternehmens (der Firma) an (1997, S. 23ff).

> "The analysis of real worlds of production thus takes place at the level of the *branch* of production (that is, a coherent 'space' of productive activity, sometimes involving parts of several industries), not at the level of individual firms or establishments. Firms

279 Auch wenn die Definition der Konvention von Lewis ein Einfluss in der EC ist, so gibt es doch auch eine Reihe von Kritiken wie die bereits angeführte. Siehe weiter Bessy (2002, 2011), Eymard-Duvernay (2004, 2009), Eymard-Duvernay und Marchal (1997), Koumakhov (2014), Postel (2003, 1998).

are important organizations within these tissues, but there is no reason to make the firm the central focus of economic analysis." (Storper/Salais 1997, S. 24; Herv. i. Orig.)

Das Argument ist, dass es die je spezifischen Entstehungsprozesse und historisch entstandenen Besonderheiten von Branchen sind, die die gegenwärtige institutionelle Verfassung von Branchen erklärlich werden lassen. Branchen sind reale „Produktionswelten", die für Unternehmen die prägende Umwelt ausmachen. Andere Unternehmen (Konkurrenten, Zulieferer und Abnehmer) und die Vernetzungen mit ihnen, dann Ausbildungsinstitutionen, Verbände, Aufsichtsbehörden sowie branchenspezifische Gesetze und Branchentraditionen, lassen die Branche und nicht das einzelne Unternehmen zur ausgezeichneten Analyseebene der EC werden. Salais und Storper betonen weiter, dass die Betrachtung der Regionalität und die in Regionen vorhandenen institutionellen Strukturen die Analyse von Branchen weiter präzisieren können. Es sind damit nicht Länder, die die eigentliche Analyseeinheit von vergleichender Institutionenanalyse sind, sondern Strukturen und Praxisformen in einer regional zu verortenden Branche. Von der Branche ausgehend müssen dann aber auch andere „Ebenen", also Reichweiten, einbezogen werden. Das sind einmal die jeweiligen staatlichen Akteure und staatlichen Regulationen sowie die Art und Weise, wie der Staat als Konvention in den regional verorteten Branchen in den realen Produktionswelten in Kraft tritt. Das sind zum anderen die Formen der Organisation in der Ökonomie und die Formen der Interaktion in Situationen.

6.3 Vier mögliche Produktionswelten

Im Unterschied zu Boltanski und Thévenot (2007), die von klassischen und einflussreichen Texten der politischen Philosophie ausgehen, werden *„mögliche Produktionswelten"* von Salais und Storper identifiziert. Sie sind als „reine" oder „idealtypische" Formen von Produktionswelten zu verstehen. Im Zentrum der Konzeption von Produktionswelten stehen Produkte sowie die damit verbundenen kohärenten Produktions-, Tausch- und Koordinationslogiken (nicht Rechtfertigungsordnungen wie bei Boltanski und Thévenot 2007). Salais und Storper werfen damit von Beginn an die Perspektive der EC auf Produkte: diese sind nicht durch ihre materiellen Eigenschaften bestimmt (so wie dies bei Williamson 1985 mit den „asset specifities" gedacht ist), sondern treten mit ihren Eigenschaften erst in Produktionswelten hervor. Die vier möglichen Produktionswelten sind zu unterscheiden von den realen Produktionswelten, die Kombinationen von oder Kompromisse zwischen unterschiedenen möglichen Produktionswelten sein können. *Reale Produktionswelten* sind Zonen der Produktion, die sich in der ökonomischen Realität historisch und regional herausgebildet und aufgrund ihrer inneren Kohärenz bewährt haben.[280] Die ökonomische Kohärenz ist der „Test", den die Realität der Produktionswelt auferlegt.

> "All production must, in reality, survive a test of economic coherence. For contemporary advanced (that is high wage and high cost) economies, such coherence is more and more attributable to their ability continuously to reinvent, differentiate, and reconfigure products so as to place themselves at the technological frontier (in the sense of product qualities, which they may also be responsible for defining) in a given sector." (Storper/Salais 1997, S. 21)

Die möglichen Produktionswelten sind aber durchaus nicht einfach wissenschaftlich-abstrakte Konstruktionen im Sinne einer lediglich institutionentheoretischen Beschreibung, die den handelnden Akteuren verborgen bleibt. Auch für die praktisch Handelnden in der Ökonomie stellen die möglichen Produktionswelten einen idealtypischen Sinnzusammenhang für das Handeln dar.

> "We call certain worlds 'possible' because they are types of coherent action frameworks for the basic kinds of products found in a modern industrial economy. By ideal types, we mean that they express, in theoretical terms, the pragmatic coherence sought by actors themselves." (Storper/Salais 1997, S. 27)

Salais und Storper führen für die Identifizierung der möglichen Produktionswelten zwei Differenzierungsprinzipien ein.

(1) Zunächst erfolgt die Unterscheidung, ob es sich um Branchen handelt, in denen spezialisierte (nicht-standardisierte) Produkte oder standardisierte Produkte hergestellt werden. Michael Storper bezieht die Unterscheidung spezialisiert versus standardisiert auch auf die jeweiligen Zulieferer und Technologien.

> "The first opposition refers to whether the supply of critical inputs for the producer, such as technology, information and skills necessary to carry out production, comes from a community of specialists, in which case such inputs are rare or costly and time-consuming to reproduce or whether their supply is easy and relatively cheap to expand. […] A standardized product is made with a known, widely used production technology in which quality is so widely attainable that competition inevitably

280 Das Konzept der Produktionswelten ist vielfach aufgegriffen und auch auf andere Bereiche angewendet worden. Didry (2002, 2012) wendet das Konzept auf die Rechtsproduktion an (Kapitel 8). Elisabeth Chatel wendet es auf die Erziehungssysteme an (Chatel 1998, 2001a). François Horn (2001, 2004) bezieht das Modell auf die Softwarebranche und Daniel Urrutiaguer (2014) analysiert Theater damit.

comes to be centered on price. The specialized product, on the other hand, is made with technology and know-how which are restricted to a community of specialists." (Storper 1996, S. 763f)

(2) Dann wird unterschieden, ob Produkte für bestimmte Typen von Abnehmern bzw. für Abnehmergruppen, gar persönlich bekannte Abnehmer hergestellt werden (gewidmete Produkte; „dedicated products") oder ob Produkte eher für wenig bis gar nicht differenzierte „Allgemeinheiten" (von Abnehmern oder Konsumenten) hergestellt werden („generic products"). Kreuztabelliert man diese beiden Differenzierungen, erhält man eine Vier-Felder-Tabelle, die vier verschiedene (mögliche) Produktionswelten unterscheidbar macht (siehe Tabelle 6.1).[281]

Für die beiden Autoren müssen sich die Handelnden in der Ökonomie in ihren praktischen Entscheidungen ebenfalls an diesen Oppositionen orientieren, sodass sie daher auch eine empirische Fundierung für die Anzahl von vier Produktionswelten behaupten (Storper/Salais 1997, S. 39f). Salais und Storper führen weiter zwei Oppositionen an, die mit den gerade eingeführten Oppositionen nicht deckungsgleich sind, aber in der Einteilung der Produktionswelten anhand der Kreuztabellierung einhergehen. Zunächst einmal liegt eine Unterscheidung zwischen *economies of scale* und *economies of variety* vor. In der industriellen Welt und in der Marktwelt kommen die economies of scale zum Tragen. In der Welt der intellektuellen Ressourcen und der interpersonellen Welt kommen die economies of varietes zum Tragen.

Eine Unterscheidung, die das für die Analyse der Ökonomie so wichtige Konzept der Unsicherheit weiter differenziert, ist die Unterscheidung von Unsicherheit und Risiko, die Frank Knight bereits 1921 vorgelegt hat (Knight 2006). Jede soziale Koordination (und spezifischer: jede Ökonomie) ist durch Unsicherheit über die Annahme von Koordinationsangeboten, über das Zustandekommen geteilter Interpretation und über das Gelingen von Koordination (und spezifischer: von Produktion und Absatz) gekennzeichnet. In der Ökonomie ist für Knight aber bedeutsam zu unterscheiden, ob man diese Unsicherheiten grundsätzlich kalkulieren kann, dann spricht er von Risiko, oder ob diese Unsicherheiten so fundamental sind, dass man sie nicht kalkulieren kann, dann spricht er weiterhin von Unsicherheit (siehe ausführlicher Kapitel 7).

281 In den verschiedenen begleitenden Publikationen Rivaud-Danset und Salais (1992) sowie Salais und Storper (1992) werden einige der hier eingeführten Produktionswelten noch etwas anders bezeichnet. Storper (1996) verwendet dann die hier eingeführten Bezeichnungen.

Tabelle 6.1 Mögliche Produktionswelten

	Spezialisierte Produkte [economies of variety]	Standardisierte Produkte [economies of scale]
bestimmten Abnehmern „gewidmete“ Produkte („dedicated products“) [Risiko im Sinne von Knight]	**Interpersonelle Welt** Evaluation für Qualität: Preis Formen der Unsicherheit: persönliche Eigenschaften anderer Produzenten und Konsumenten Reaktion auf Unsicherheit: Verständigung innerhalb einer Gemeinschaft von Personen Grundlage für Wettbewerb: Qualität	**Marktwelt** Evaluation für Qualität: industrielle Standards aus Sicht der Nachfrager Formen der Unsicherheit: veränderliche Preise und Mengen Reaktionen auf Unsicherheit: unmittelbare Verfügbarkeit Grundlage für Wettbewerb: Preise und Geschwindigkeit
Generische Produkte [Unsicherheit im Sinne von Knight]	**Welt der intell. Ressourcen** Evaluation für Qualität: wissenschaftliche Methoden Formen der Unsicherheit: Pfad der Wissensentwicklung Reaktion auf Unsicherheit: Vertrauen in andere Grundlage für Wettbewerb: Lernen	**Industrielle Welt** Evaluation für Qualität: allgemeine industrielle Standards Formen der Unsicherheit: Business cycle, Nachfrageschwankungen Reaktion auf Unsicherheit: Kurz- und mittelfristige Prognose von Ereignissen und Verhalten Grundlage für Wettbewerb: Preis

Quelle: Storper und Salais (1997, S. 33)

Jede dieser hier unterschiedenen (möglichen) Produktionswelten stellt einen kollektiven Handlungsrahmen dar, wie Personen, Organisationen, Objekte und Konzepte (Ideen, Werte) miteinander vernetzt werden und eine Sozialwelt bilden können, die eine gewisse Kohärenz und Einheitlichkeit aufweist. Alle unterscheiden sich hinsichtlich der sozialen Konstruktion von Produktqualität, Effektivität und in diesen Produktionswelten auftretenden Formen von Innovation.

Zugleich sind diese Produktionswelten für die in ihnen handelnden Akteure kognitive Welten, d. h. die Welten stellen den Akteuren auch zugehörige Formate und Formatierungen für die hier relevanten Informationen zur Verfügung. Es finden sich je spezifische zugehörige Denk- und Wahrnehmungsschemata.[282] Die handelnden Individuen erfahren diese Produktionswelten als kollektive Realitäten, da die Produktionswelten die Möglichkeiten für Kooperation und Koordination in der Ökonomie strukturieren. Obwohl sie selbst Resultat von Handlungen sind, haben sie damit auch einen objektiven Charakter als Strukturen für das Handeln (Storper/Salais 1997, S. 18f).

Angesichts von Koordinationserfordernissen in Situationen, die durch Unsicherheit gekennzeichnet sind, haben die Akteure eine pragmatische Kompetenz, die einmal in dem reflexiven Vermögen besteht, die Angemessenheit von verschiedenen möglichen Handlungsformen beurteilen zu können, zum anderen ihr Handeln in der Interaktion mit anderen an den angemessenen Handlungsformen in Produktionswelten auszurichten. Das ökonomische Handeln und die koordinierte Produktion und Distribution erfolgen also nicht nach einem oder nach wenigen Gesetzen der Ökonomie, sondern folgen stabilisierten, anzupassenden oder zu erfindenden Sets von Konventionen in Produktionswelten. Genau besehen verwenden Salais und Storper das Konzept der Konventionen für pragmatische Strukturen mit unterschiedlichen Reichweiten. Damit entspricht eine Produktionswelt nicht mehr nur einer einzigen Konvention.[283] Vielmehr fundiert ein kohärentes Set von Konventionen jeweils eine der vier folgenden möglichen Produktionswelten.[284]

6.3.1 Die industrielle Welt (standardisiert/generisch)

Produkte sind hier von allgemein bekannter, sichtbarer und standardisierter Qualität. Sie werden nicht im Hinblick auf spezifische Abnehmer hergestellt, sondern für „anonyme" Käufer. Produzenten konkurrieren hier vorrangig über den Preis; ihre Investitionen in die Produktion und die Preispolitik werden längerfristig kalkuliert und fixiert. Hier kommen die economies of scale zur Entfaltung, Produktqualitäten

282 Storper und Salais (1997, S. 22) beziehen sich hierbei nicht auf das Konzept der Forminvestition von Thévenot (1984), sondern sprechen von der „Konvention der Konsolidierung", womit Konzepte für die Identifizierung von Identitäten gemeint sind, und damit auch die Kategorien für Klassifikationen.

283 Auch hierin ist ein Unterschied zur Theorie der Rechtfertigungsordnungen von Boltanski und Thévenot (2007) zu sehen. Deren Konzept der Rechtfertigungsordnung kann man als eine – wenn auch sehr grundlegende – Konvention deuten. Das Konzept der Qualitätskonvention von Thévenot (1989a) und Eymard-Duvernay (1989) korrespondiert damit eher mit dem Konzept der Rechtfertigungsordnung.

284 "Each such set of conventions describes a framework for action, different for each basic kind of product, which we label a 'world' of production." (Storper 1996, S. 767)

sind normiert. Verwendete Materialien und Produktionsmittel sowie das verwendete Produktionswissen haben hier keinen individuellen Charakter, sie sind gut substituierbar. Die Vorstellung von der industriellen Welt ist als Organisationsform der modernen Massenproduktion eine gut etablierte Repräsentation der Wirtschaft in modernen Gesellschaften.

6.3.2 Die Marktwelt (standardisiert/gewidmet)

Auch in der Marktwelt sind Produkte standardisiert, aber die Produktion wird für spezifische Nachfragen hergestellt. Der Zeithorizont ist (gegenüber der industriellen Welt) kürzer: Die Käufer erwarten möglichst unmittelbare Bedürfnisbefriedigung, die Produzenten reagieren darauf (und auf die Veränderungen) ebenfalls möglichst schnell. Die Orientierung dafür ist die zeitnahe Beobachtung der Marktpreise und ihrer Veränderungen. Entsprechend konkurrieren Produzenten hier über den Preis und dessen schnelle Anpassung an die Preisbewegungen sowie in der Beurteilung der Produktqualität durch die Konsumenten, für die sie produzieren. Hier ist die Ökonomie eine der economies of variety und keine der Rationalisierung von massenhafter Herstellung. Auch die Vorstellung von der Marktwelt ist eine weit verbreitete gesellschaftliche Repräsentation, über die kompetente Akteure verfügen.

6.3.3 Die interpersonelle Welt (spezialisiert/gewidmet)

Diese Produktionswelt ist für das alltägliche Verständnis von Ökonomie vielleicht am wenigsten repräsentiert. Dennoch kommt sie verbreitet vor und ist eine vertraute Handlungs- und Koordinationslogik. Hier werden spezifische Produkte in spezialisierten Produktionen für spezifische und zumeist bekannte, wenn nicht vertraute Abnehmer hergestellt. Hier zählen die individuelle, aber wechselseitig wahrgenommene Reputation von Produzenten und Abnehmern. Wettbewerb erfolgt hier über die wahrgenommene Produktqualität, nur nachrangig über den Preis. Beispiele für diese Produktionswelten sind designintensive und handwerklich fundierte sowie dienstleistungsintensive (beratungsintensive) Ökonomien, wie Teile der Modebranche (Haute Couture, Designerstudios in urbanen Metropolen) oder der Möbelindustrie für Designermöbel. Die Produktion ist hier vorrangig eine Produktion in kleinen Stückzahlen (wenn nicht sogar von Einzelstücken) oder doch in so spezifischer Form, dass sie nur von spezifischen Käufertypen oder spezifischen Auftraggebern abgenommen wird und werden kann. Vorläufer für diese Produktionswelten sind die großstädtischen Zunftökonomien, die eben nicht nur aus den einzelnen Betrieben bestehen, sondern aus den städtischen oder gar regionalen Zunftorganisationen mitsamt ihrer Ausbildungs- und Rechtsstruktur, aber auch ihrem weiteren Sozialwesen (Absicherungen, Wohnformen) und ihrer gesamten Wirtschaftskultur. Entsprechend sind die Technologien und Werkzeuge sehr spezifisch, so wie die Wissensformen und Kompetenzen, die hier in die Produktion eingehen. Zum Teil sind sie nicht nur betriebsspezifisch, sondern sogar einmalig erworben bzw. hergestellt für einzelne Produkte und Transaktionen. Käufer können hier nicht einfach die Qualität anhand kodifizierter Kriterien oder weit reichender Standards identifizieren, sie müssen sich Kompetenzen und Kennerschaften aneignen bzw. in eine intensive konventionenbasierte Koordination mit den Produzenten eintreten. In dieser wird die Produktkonzeption dann kooperativ definiert und die so erst zu beurteilende Qualität, die diese beteiligten Akteure erkennen, hergestellt. Hier gibt es entsprechend keine langfristige Produktplanung; der Zeithorizont der Produktion und Produktionsplanung ist kurz und die Unsicherheit damit entsprechend groß: Es ist nicht klar, womit bei dem nächsten Auftrag zu rechnen ist, welcher Art das Produkt sein wird etc. Dennoch gibt es Aspekte, bei denen sich ein langer Zeithorizont zeigt: Die Unternehmen und die interpersonalen Beziehungen sind durch ein Verständnis der Individualität und Dauerhaftigkeit geprägt, ihre Geschichten werden durch Stories, Rituale und Traditionen repräsentiert.

6.3.4 Die Welt der intellektuellen Ressourcen (spezialisiert/generisch)

In dieser Produktionswelt geht es darum, dass hier wissensbasierte und wissensintensive Produkte hergestellt werden, die für große Nutzergruppen oder gar die Allgemeinheit eine Verbesserung darstellen und daher nachgefragt werden, sich etablieren und neue Standards setzen. Ihre Kompetenzen und ihr Produktionswissen, ihre Ressourcen sind in hohem Maß spezifisch. Ein Beispiel für die Produktionswelt sind die großen Softwareunternehmen wie Microsoft oder Apple mit ihrer Software oder ihrer Hardware, die den Alltag von Millionen Nutzerinnen und Nutzern neu definiert haben. Im Unterschied zur Marktwelt wird hier nicht auf spezifische Abnehmer und auch nicht kurzfristig reagiert. Im Unterschied zur interpersonellen Welt soll in der Welt der intellektuellen Ressourcen dann kodifizierbares, von Personen ablösbares und übertragbares Wissen gewonnen werden. Wie in der industriellen Welt wird langfristig für einen breiten, wenig differenzierten Konsum geplant. Aber anders als in der industriellen Welt sind es eben nur diese Unternehmen, ihre Kompetenzen und ihr Kontext, die diese Produkte herstellen können. Ob es diesen Firmen gelingt, diese neuen Maßstäbe zu etablieren, hängt davon ab, ob ihre Produkte eine geplante oder ungeplante Veränderung der Nutzung, technologischer Standards bzw. des Konsums erreichen. Die Akteure dieser Produktionswelt sehen sich daher einer grundlegenden Unsicherheit und nicht einem berechenbaren Risiko (im Sinne von Frank Knight) gegenüber.

6.4 Konventionen der Partizipation und der Identität

Die gerade beschriebenen Produktionswelten sind mögliche Produktionswelten. Zum Entstehen realer Produktionswelten tragen Konventionen der Partizipation und der Identität bei. Sie sind in spezifischen Regionen Teil der sozialen und kulturellen Umwelt von Produktionswelten. Im Unterschied zu den Produktionswelten, die sich auf die Produkte und die Art der Produktion beziehen, beziehen sich die Konventionen der Identität und der Partizipation auf die Identitäten und Verhaltensweisen der beteiligten Personen. *Konventionen der Identität* sind stabilisierte Identitäten von sozialen Gruppen und Individuen, die auch beinhalten, welche Kompetenzen und Eigenschaften diese aufweisen, sodass wahrnehmbar wird, welche Erwartungen man an diese hinsichtlich ihrer Fähigkeiten und Verhaltensweisen stellen kann. *Konventionen der Partizipation* beziehen sich dann auf die Erwartungen hinsichtlich der Interaktionsformen dieser sozialen Gruppen und Personen, d. h. darauf, welche Rollen sie in Interaktionen einnehmen, wie weit die Legitimität ihrer Handlungen reicht. Konventionen der Identität und der Partizipation haben einen wichtigen Einfluss darauf, wie sich die vier *möglichen* Produktionswelten in regionalen und historisch gewachsenen Ökonomien als *reale* Produktionswelten manifestieren. Denn sie kondensieren die regionalen Traditionen, die sich in kollektiven Vorstellungen von Berufsgruppen und berufsständischen Gruppen niederschlagen, z. B. bezüglich Arbeitsinhalt, Arbeitsweise, Arbeitsethos. Sie geben vor, wie sich die Personen mit welchen Rechten und Pflichten (die sich aus Mitgliedschaften in Organisationen ergeben können) und aufgrund ihres kulturellen und sozialen Kapitals (formale Qualifikation, Reputation) in welcher Weise an der koordinierten Produktion beteiligen. Durch diese Konventionen wird bestimmt, ob Personen in den Produktionswelten ihre Rollen und Identitäten abstrakt als formalisiert und anonym begreifen können oder ob sie diese konkret als informell und persönlich auffassen (Storper/Salais 1997, dort Kapitel 9). Da die Konventionen der Identität und der Partizipation entscheidend zur Rollendefinition, Kompetenzzuschreibung und Erwartung an die Lernbereitschaft beitragen, sind sie aus pragmatischer Sicht ausschlaggebend für die Anpassungsfähigkeit von realen Produktionswelten an veränderliche Umwelten oder für die Bewältigung von Krisen. Sie tragen damit zur Stabilisierung der realen Produktionswelten bei. Aus pragmatischer Sicht ist mit den Konventionen der Identität und der Partizipation aber auch eine Erwartung verbunden, wie Akteure ihre Kompetenzen einsetzen können, um die unterschiedlichen Handlungslogiken der verschiedenen Produktionswelten zu übersetzen und zu kombinieren – also wie Produktionswelten in praktischen Situationen übersetzt, vermittelt und „geöffnet" werden.[285]

6.5 Konventionen der Arbeit in den vier Produktionswelten

Die sozialwissenschaftliche Analyse der Arbeit, der Arbeitsbeziehungen und der Arbeitsformen zählt zu den Gründungsmomenten der EC. Daher finden sich in diesem Band eigene Kapitel zur Arbeit (Kapitel 4 und 8). Aber Salais und Storper haben für ihre vier identifizierten möglichen Produktionswelten jeweils auch spezifische Konventionen der Arbeit ausgemacht, die hier in diesem Zusammenhang dargestellt werden sollen. Während die Konventionen der Partizipation und der Identität die Inhalte und Formen der Arbeit noch auf der Ebene der Produktionswelt betrachten, kommen auf der Ebene des Unternehmens die Konventionen der Produktivität und der Arbeitslosigkeit hinzu. Diese sind von Salais (1989) eingeführt worden (siehe ausführlich dazu Kapitel 4). Die *Konvention der Produktivität* betrifft die Frage, wie die wechselseitigen Arbeitsbeiträge im Unternehmen koordiniert werden, sodass die hergestellten Produkte auch erfolgreich abgesetzt werden können.

> "For workers this convention resides in work routines, customs and traditions, the development of shared expectations, learning, and the transmission of skills; use of material objects (equipment, tools) and work rules contributes to the convention by encouraging and stabilizing certain behaviours." (Storper/Salais 1997, S. 58)

Die *Konvention der Arbeitslosigkeit* betrifft dagegen aus Sicht des Unternehmers die Frage, wie er Arbeit als Produktionsfaktor betrachtet und wie er diese in Verhältnis setzt zu anderen Produktionsfaktoren, nachdem er weiß, ob die Produkte der vorangegangenen Produktionsphase sich haben erfolgreich absetzten lassen. Während die Konvention der Produktivität also vor dem angestrebten Absatz die Arbeit im Unternehmen koordiniert, betrifft die Koordination der Arbeitslosigkeit die Frage,

---

285 Siehe weiter zu den professionellen Identitäten von Ärzten die Arbeit von Dodier (1993c) und zu den professionellen Identitäten von Bauern den Beitrag von Allaire (2006). Die professionellen Identitäten von Rechtsanwälten haben Favereau et al. (2010) sowie Bessy (2015a) untersucht; siehe dafür auch Kapitel 8.

wie in Abhängigkeit von dem erfolgten Absatz eine nachträgliche Anpassung der eingesetzten Arbeit erfolgen kann oder muss. Salais und Storper differenzieren nun mit Bezug auf die vier Produktionswelten, wie die beiden Konventionen der Arbeit spezifischer miteinander zusammenhängen (Storper/Salais 1997, S. 60ff).[286]

6.5.1 Konventionen der Arbeit in der industriellen Welt

In der industriellen Welt wird die Produktion langfristig geplant und es werden dauerhafte Investitionen in Produktionsmittel getätigt. Für die industrielle Arbeit bedeutet dies, dass für jeden Arbeitsplatz die Arbeitsschritte zergliedert und standardisiert, die industrielle Arbeit für jede der dortigen Teiltätigkeiten bis ins Detail optimiert und zeitliche Vorgaben dafür definiert werden. Ziel ist, die Arbeitsteilung zwischen den verschiedenen Arbeitsplätzen in standardisierter Form festzulegen und den Produktionsablauf insgesamt damit planbar zu machen. Die Arbeitsorganisation ist im Unternehmen dann hierarchisch aufgebaut und weitgehend formalisiert, also generell unabhängig von den Personen, die diese Arbeiten ausführen. Das Paradigma für die industrielle Arbeitsorganisation (in dem Modell der industriellen Produktionswelt) ist die arbeitswissenschaftliche Analyse durch Taylor. Die Geeignetheit von Arbeitnehmerinnen und Arbeitnehmern soll entsprechend anhand formaler Qualifikationen (Abschlüsse) beurteilt werden können. Für den beruflichen Aufstieg gibt es definierte Wege; hinzu kommt das Senioritätsprinzip für das Fortkommen im Betrieb. Die Herkunft aus der Region und persönliche Beziehungen zählen in der industriellen Welt nicht als arbeitsrelevante Qualitäten. Personen werden durch die Unternehmen eingestellt und entlassen, je nach dem geplanten Einsatz von Arbeit. Hier ist die Entlassung in die Arbeitslosigkeit also tatsächlich der Modus, das Arbeitsvolumen und den erzielten Absatz von produzierten Waren aneinander anzupassen. Die Planung in der industriellen Welt hat auch die Versicherung gegen Arbeitslosigkeit eingeführt, die nun nicht zur Vermeidung von Arbeitslosigkeit führt, sondern zur unternehmensübergreifenden Organisation der Entlassung in diese.

286 Siehe dazu auch die IEPE-Vorstudie von Salais (1990) zu den Konventionen der Arbeit.

6.5.2 Konventionen der Arbeit in der Marktwelt

Wie in der industriellen Welt, so sind auch in der Marktwelt die wichtigen Vorprodukte standardisiert. Aber die Arbeit in der Marktwelt orientiert sich einmal an kurzfristigen Produktionen und Aufgaben, dann muss das Spektrum der standardisierten Produkte dennoch in flexibler Kooperation hergestellt werden. Unternehmen sind in der Marktwelt häufig Zulieferer, die nur Teilprodukte herstellen und sich flexibel an die Auftragslage und die Aufträge anpassen müssen. Die Anpassung an den Absatz erfolgt hier nicht über Entlassung, sondern über die Anpassung des Arbeitseinkommens entsprechend der Auftragslage und den Absatzerfolgen, dann auch über „irreguläre Beschäftigungsformen" wie flexible Beschäftigungszeiten oder Zeitarbeitsverträge.

6.5.3 Konventionen der Arbeit in der interpersonellen Welt

Hier werden viele Produktionen als Einzelproduktionen aufgefasst, und die Personen koordinieren sich auf der Basis des gegenseitigen und langen Vertrautseins: „Production is carried out by small numbers of individuals who asses others in the production system on the basis of their history." (Storper/Salais 1997, S. 61) Während in der industriellen Welt die Koordination durch die formale Organisation ermöglicht wird, liegen der interpersonellen Welt eine informell geteilte Wertbasis und geteiltes implizites Wissen darüber zugrunde, wie angemessen produziert wird. Das Einkommen hängt hier wesentlich von der nachgefragten Qualität und dem Produktionsaufwand, dabei weniger von der aufgewendeten Zeit als vielmehr von der Qualität des Endproduktes ab. Gearbeitet wird hier nicht in hochstandardisierten Teilschritten, sondern ihre Expertise ermöglicht den Arbeitnehmerinnen und Arbeitnehmern, zusammenhängende Arbeitsabläufe zu bewerkstelligen. Handwerkliche Expertise ist hier personalisierte, inkorporierte und individuelle Erfahrung, wie sie in traditionellen und spezialisierten Handwerksbetrieben idealtypisch mit der Meisterschaft verbunden wird. Die Arbeit in der interpersonellen Welt ist typischerweise regional eingebunden, denn hier wird die Reputation nicht durch formale Abschlüsse und Qualifikationen sichtbar, sondern durch die Anerkennung in interpersonalen regionalen Netzwerken.

6.5.4 Konventionen der Arbeit in der Welt der intellektuellen Ressourcen

In der Welt der intellektuellen Ressourcen wird die Koordination der Arbeit wesentlich durch Standards der professionellen und wissenschaftlichen Praxis und das zugehörige Ethos fundiert. Es sind die in die Personen investierten Ausbildungen und die inkorporierten Kompetenzen von Spezialisten, die wechselseitig geschätzt werden und deren kreativen, eigeninitiativen und aufgabenbezogenen Einsatz man von den Personen in der Welt der intellektuellen Ressourcen erwartet. Die Gehälter werden daher nicht in erster Linie durch die Qualität des Endproduktes gerechtfertigt, sondern sie gelten als längerfristige Investitionen in die einzelnen Personen und ihre Ausbildung als Spezialisten.

6.5.5 Tabellarische Systematisierung der Konventionen der Arbeit

Die Tabelle 6.2 stellt vergleichend die Unterschiede der Arbeit in den vier möglichen Produktionswelten anhand ausgewählter Dimensionen zusammen.

Tabelle 6.2 Konventionen der Arbeit in den Produktionswelten

	Interpersonelle Arbeit	Intellektuelle Arbeit	Marktarbeit	Industrielle Arbeit
Unbekannter Faktor	Unsicherheit hinsichtlich der nachgefragten Qualität	Unsicherheit hinsichtlich Zukunft	Spezifische lokale Unsicherheit hinsichtlich Nachfrage	Vorhersagbare Risiko
Identität für andere	Mitglied einer Arbeitsgemeinschaft	Experte	Verfügbares autonomes Individuum	Inhaber eines Arbeitsplatzes
Evaluation der Arbeit	Marktpreis des Produkts	Wissenschaftliche und ethische Standards	Verfügbarkeit	Arbeitsbeschreibung, Klassifikation der Aufgaben
Gehalt	Individuell entsprechend dem Output	Investition in Personen	Anhand der Aufgabe und der Zeit	Stundenlohn für die Tätigkeit/den Arbeitsplatz
Unternehmen	Strategische Vernetzung von Personen	Kleingruppen	Zusammenstellung individueller Akteure	Interner Arbeitsmarkt
Anpassung an unbekannte Faktoren	Persönliche Verantwortung	Wissensentwicklung	Veränderlichkeit des Arbeitsvolumens	Arbeitslosigkeit

Quelle: Storper und Salais (1997, S. 59)

6.6 Innovation

Die Welt der intellektuellen Ressourcen scheint diejenige Produktionswelt zu sein, die auch für andere Produktionswelten ständig Innovationen generiert. Aber so einfach ist das nicht. Innovationen finden in jeweils spezifischer Form in allen Produktionswelten statt. Man muss vielleicht noch einmal verdeutlichen, dass diese Produktionswelten nicht um einzelne Unternehmen herum organisiert und auch nicht durch materielle Eigenschaften von Produkten determiniert sind, sondern dass spezifische Unternehmensformen in Regionen und Netzwerken sowie unter spezifischen historischen Konstellationen mithilfe spezifischer Denkweisen, Traditionen und Formate entstehen, sodass es sich immer um einen Verbund handelt – daher „Welt" –, in dem nun Innovationen gemäß der dominierenden Koordinationslogik der Produktionswelt generiert werden. Innovationen werden also nicht von einzelnen Unternehmen oder Unternehmern in die Welt gesetzt, sondern von Innovationssystemen. Zentral ist für Salais und Storper, dass die Nation in der Analyse von Innovationssystemen nicht als die erklärende Instanz aufgefasst wird. Damit sind es auch nicht die Unterschiede zwischen „nationalen Innovationssystemen", die innovationsträchtige Ökonomien von nicht innovationsträchtigen Ökonomien unterscheidbar machen.

> "For one thing, innovation can probably not be analyzed exclusively at the level of sectors that involve a broad range of products; possible worlds are specific to products. Second, while formal national institutions undoubtedly influence the selection of innovative processes [...], conventions and action frameworks have much to do with what specializations nations select and their differential levels of success. Third, the conventions which underlie innovative performance and specialization are in some cases highly specific to discrete sub-national regions, places in which certain learning-based real worlds of production are concentrated, with associated action frameworks and conventions rooted in the regional population." (Storper/Salais 1997, S. 63)

Das Innovationsproblem besteht nun für Unternehmen in jeder der vier möglichen Welten darin, solche Produkte zu generieren, die spezifische Eigenschaften aufweisen müssen, sodass sie für diese Welt adaptierbar sind und eine „Qualität" mit dem Produkt verbunden wird, die im Vergleich zu den Produkten des „durchschnittlichen Produzenten" dieser Welt mit einem (Wettbewerbs)Vorteil verbunden ist. Diese Qualität stellt in dieser Welt einen Informationsvorsprung, eine „asymmetrische Information", dar. Die Möglichkeit zur erfolgreichen Innovativität von Produkten wird somit abhängig von den Eigenschaften der jeweiligen Produktionswelt. Damit sind zugleich Produkteigenschaften, die Absatzstrukturen sowie die Profitstrukturen in den vier Produktionswelten kombiniert zu betrachten (Storper/Salais 1997, S. 64f; Storper 1996, S. 771f).

In der *industriellen Welt* kann eine Innovation erfolgreich sein, wenn neue generische Produktqualitäten entwickelt werden, die aber zugleich standardisierbar sein müssen. Die Innovation in der industriellen Welt bezieht sich vor allem auf die Verbesserung technologischer Standards der Produktion. Da sie wie keine andere Produktionswelt darauf konzentriert ist, Produktionskosten zu senken und Absatzmengen zu erhöhen, muss ein Unternehmen hier als erstes Unternehmen die neuen Produkte unter Einsatz moderner Technologien in Bestandteile zerlegen und die Produktion standardisieren. Viele Industrieunternehmen verfügen über Forschungs- und Entwicklungsabteilungen, denen die Aufgabe übertragen ist, neue Produkte zu entwerfen und die standardisierte Produktion vorzubereiten. Dennoch ist Imitation durch andere – wie in der Marktwelt – eine einfache Strategie aufgrund der Standardisierung der Produktion und zugleich der Mechanismus, der die Gewinne aus dieser Vorreiterschaft wieder schmelzen lässt. In der *Marktwelt* kann eine Innovation dann erfolgreich sein, wenn Produkte mit neuen gewidmeten Eigenschaften entwickelt werden, die ebenfalls zugleich standardisierbar sein müssen. Zentral ist für die Marktwelt, dass die spezifischen Bedürfnisse von Abnehmern und Konsumenten schnell erkannt werden und Innovationsvorteile dadurch erzielt werden, dass Produzenten schneller agieren und dabei präziser an den Bedürfnissen der Abnehmer und Konsumenten orientiert sind als ihre Konkurrenten. Die Produzenten der Marktwelt (und auch die Produzenten der industriellen Welt) stehen nicht in den kontinuierlichen Beziehungen zu den Abnehmern wie in der interpersonellen Welt, dennoch müssen sie den Bedürfnissen der Abnehmer und Konsumenten präzise und schnell folgen können. In der *interpersonalen Welt* muss ein Produkt neue gewidmete Eigenschaften aufweisen, die den Einsatz spezifischer Ressourcen verlangen. Innovation erfolgt hier als kontinuierliche Verbesserung und Modifikation von Materialien und Designs, die dennoch nicht vollständig kodifizierbar sind. Dafür spielen die personalen Netzwerke zwischen Produzenten und Abnehmern und die in ihnen kontinuierlich erfolgende Kommunikation eine zentrale Rolle für produktbezogenes Lernen und für die Entwicklung solcher innovativer Eigenschaften von Produkten. In der *Welt der intellektuellen Ressourcen* muss eine Innovation entsprechend neue generische Qualitäten aufweisen, die zugleich den Einsatz spezifischer Kompetenzen erfordern. Die Innovativität wird hier nicht durch den engen Kontakt zu den Abnehmern und Konsumenten erzielt, sondern durch das Verfügen über eine Gemeinschaft von Spezialisten, die ein spezifisches Produkt entwickeln, das ein Entwurf für ein neues Bedürfnis ist, das es noch nicht gibt. Die Innovationssysteme der vier Produktionswelten sind hier nur grob skizziert. Zudem handelt es sich nicht um

Rezepte, wie zukünftige Innovation zu erreichen ist, sondern um die verstehende Analyse, welches die Rahmenbedingungen (constraints) in den Produktionswelten für Innovation sind. Tatsächlich beeinflussen sich die Innovationsprozesse der vier Produktionswelten untereinander. Die industrielle Welt unterhält beispielsweise vielfältige Forschungs- und Entwicklungsbeziehungen zu Unternehmen der Welt der intellektuellen Ressourcen (Storper 1996, S. 784); regionale Vernetzungen über die verschiedenen Welten hinweg können ebenfalls Effekte eines Innovationssystems aufweisen; staatliche Einrichtungen bringen hingegen Initiativen, Infrastrukturen und Ressourcen ein, um Innovationen anzureizen, wobei das Staatshandeln und Staatsdenken hier je nach Konvention wieder ganz unterschiedlich ausgeprägt sein kann (siehe unten).

6.7 Finanzierungskonventionen

Dorothée Rivaud-Danset und Robert Salais (1992) haben für die vier möglichen Produktionswelten skizziert, wie sich auch bei der Finanzierungspraxis der Unternehmen zeigt, dass sie – zumindest tendenziell – in den Produktionswelten unterschiedlichen Konventionen folgen, die sie *Finanzierungskonventionen* nennen (*conventions de financement*).[287] Ausgangspunkt für Rivaud-Danset und Salais sind die von John M. Keynes (2006) und John Hicks (1989) angeführten Überlegungen zum Interesse an Liquidität. Demzufolge ist nicht allein der Zinssatz dafür relevant, ob Geld gehalten oder angelegt wird. Das Verfügen über Geld hat einen eigenen Wert. Unternehmen haben an Liquidität ein Interesse, weil sie damit Flexibilität erhalten. Liquide Mittel können sie für vorhersehbare Ausgaben (wie bald zu begleichende Rechnungen) oder unvorhersehbare Ausgaben (wie nicht antizipierte günstige Angebote oder das Ausgleichen von Schadensfällen) einsetzen. Es gibt verschiedene Strategien, die Unternehmen für das Verfügen liquider Geldmittel einsetzen können: (1) Solche Finanzmittel kann man entweder liquide selbst im Unternehmen halten, indem man Rücklagen bildet (und sei es, dass das Unternehmen eigenes, frei verfügbares Guthaben bei einer Bank führt), (2) dann kann das Unternehmen sich Geldmittel über den Finanzmarkt beschaffen (indem es

287 Siehe auch Salais (1988a) sowie die IEPE-Vorstudien zur Bedeutung der Finanzierung für die Unternehmensmodernisierung von Salais (1988b) sowie zur Bank-Unternehmens-Beziehung von Rivaud-Danset (1989). Salais und Rivaud-Danset sehen in diesen Studien die finanzielle Investition (mitsamt ihrer Formen) nur als eine von dreien – neben der Investition in Arbeit und in Technologie. Diese Investition erfolgt damit in „drei Dimensionen": Markt, Organisation und Finanz (Salais 1988a, 1988b).

sich an der Börse Geldmittel durch den Verkauf von Unternehmensanteilen verschafft) oder (3) Unternehmen versuchen, bei einer Bank Kredit und damit durch die Bank Liquidität zu erhalten. Wenn ein Unternehmen auf eine Bank zugeht, um Liquidität zu erlangen, ist es für das Unternehmen von zentraler Bedeutung, wie die Bank die Beziehung zu dem Unternehmen betrachtet. Rivaud-Danset und Salais unterscheiden dafür zwei Modelle für die Verhaltensweise der Banken. Einmal das Modell der engagierten Bank, dann das Modell der Bank, die sich allein aufgrund der Aktenlage (und einer auf selbst generierten Indikatoren fundierten Repräsentation des Unternehmens) entscheidet und dementsprechend Kredite vergibt oder nicht.

Die Bank, die sich mit einem Unternehmen wirtschaftlich engagiert („*la banque à l'engagement*"), betrachtet die Kreditvergabe als eine Investition in ein Unternehmen, dessen Geschäftstätigkeit sie begleitet und das sie berät. Diese Banken liefern spezialisierte Informationen zu den geplanten Investitionen, und versuchen, eine langfristige Geschäftsbeziehung mit dem Geld leihenden Unternehmen aufzubauen. Diese Banken stellen dann für die Unternehmen „Hausbanken" dar, die den Unternehmen mit Geldmitteln auch dann zur Seite stehen, wenn das Unternehmen in finanzielle Schieflagen gerät und die Rückzahlung der Kredite kurzfristig nicht leisten kann, und die Vertrauen in das Unternehmen haben, dass es die Krise bewältigen wird. Grundlage für diese Beziehung zwischen sich engagierender Bank und Kredit nehmendem Unternehmen sind personale Beziehungen sowie ein wechselseitiges Verstehen (seitens der Bank) was das Unternehmen „leistet" und welche „zukünftigen Potenziale" es hat, und (seitens des Unternehmens) was die Bank für Expertisen und Interessen einbringt. Das Unternehmen wird so aus Sicht der Bank „personalisiert".

Dem entgegen steht das Modell der Bank, „die nach Aktenlage verfährt" („*la banque à l'acte*"). Sie strebt nach standardisierten Informationen über das Unternehmen, um (im Sinne von Knight) das Risiko des Kreditausfalls in einem Wahrscheinlichkeitskalkül abzubilden. Hier zählen nicht die informellen Kenntnisse des individuellen Unternehmens, sondern (für Branchen) generalisierte Modelle, die dann auf das den Kredit beantragende Unternehmen angewendet werden. Das Unternehmen wird hier aus Sicht der Bank „objektiviert". Die Bank drängt dann auf die weitest mögliche Verregelung der Kreditbeziehung in einem Vertrag, um damit die Zahlungsfähigkeit des Kreditnehmers und die zukünftige Rückzahlung des Kredits zu sichern. Die Bank, die nach Aktenlage verfährt, nähert sich den Standards und den Verfahrensweisen des Finanzmarkts, auf dem sich Unternehmen ebenfalls Kapital beschaffen können. Wie unterscheiden sich nun die vier möglichen Produktionswelten hinsichtlich ihrer Finanzierungsformen? Die folgende Tabelle 6.3 stellt die Finanzierungskonventionen vergleichend gegenüber.

Tabelle 6.3 Finanzierungskonventionen der Unternehmen

Produktionswelt	Finanzmarkt	La banque à l'acte	La banque à l'engagment
Industrielle Welt	*Industrielle Finanzierungskonvention des Finanzmarkts*		
Strategie: Das Unternehmen nutzt verschiedene Finanzierungsquellen	Risiko wird als kalkulierbar angesehen, Beziehung ist anonym und formal	Bank beurteilt Kreditwürdigkeit des Unternehmen nach Kriterien des Finanzmarkts	
Marktwelt		*Vertragliche Finanzierungskonvention*	
Strategie: Das Unternehmen präferiert die Selbstfinanzierung		Beziehung beruht auf einem einfachen Vertrag.	Bank benötigt Vertrauen, insbesondere in Kunden des Unternehmens
Interpersonelle Welt			*Konvention der interpersonellen Finanzierung*
Strategie: Das Unternehmen strebt nach Finanzautonomie	Wechselseitige Ablehnung	Kredit setzt persönliches Vertrauen voraus	Hier entsteht langfristig genaue Kenntnis des Unternehmens und wechselseitiges Verstehen
Welt der intellektuellen Ressourcen			
Strategie: Kapitalbeschaffung aus anderen Quellen	Wechselseitige Ablehnung		Bank übt kollektive Garantien für Finanzierung aus

Quelle: Rivaud-Danset und Salais (1997, S. 33)

Die Unternehmen der industriellen Welt und die Bank, die „à l'acte" verfährt, koordinieren sich anhand derselben Konstruktion des berechenbaren Risikos. Rivaud-Danset und Salais bezeichnen die Finanzierungskonvention der industriellen Welt daher als die *industrielle Konvention des Finanzmarkts.* Der Finanzmarkt und die standardisierende Beziehung zur Kredit gewährenden Bank sind hier die angestrebten Beschaffungswege für Geld. Dabei verwenden die Unternehmen der industriellen Welt vergleichende Strategien in ihrer Planung für Kapitalbeschaffung. Die Unternehmen der Marktwelt bevorzugen wie die Unternehmen der industriellen Welt die Beziehung zu einer Bank, „die nach der Aktenlage verfährt". Aber hier steht das Prinzip des Vertrages stärker im Vordergrund als das Prinzip des Finanzmarktes. Wenn hier eine dauerhafte Beziehung zu einer Bank eingegangen wird, die „sich engagiert", dann ist dies möglich, wenn die Bank dieselbe Perspektive wie das Unternehmen übernimmt – die möglichst unmittelbare Orientierung an Kundenbedürfnissen – und wenn die Bank zudem in die Kunden eben dieses Unternehmens vertraut. Die Finanzierungskonvention der Marktwelt wird hier *vertragliche Finanzierungskonvention* genannt. In der interpersonellen Welt findet sich die *Konvention der interpersonellen Finanzierung.* Hier findet man eine Ablehnung gegenüber den anonymen Marktbeziehungen auf dem Finanzmarkt, die kurzfristig und formal sind. Stattdessen fundieren Vertrauensbeziehungen die Kreditnahme und die Kreditvergabe.

Betrachtet man die Tabelle 6.3, so fällt auf, dass die Finanzierungskonvention für die Welt der intellektuellen Ressourcen fehlt. Diese Welt ist aus Sicht von Rivaud-Danset und Salais insofern besonders, da hier das größte Wagnis für eine Bank besteht und diese Unternehmen angesichts der radikalen Unsicherheit des Erfolgs für ganz neue Produkte im Grunde gar nicht wissen können, ob ihre Produkte erfolgreich sein werden. Hier sind – so Rivaud-Danset und Salais – vertragsmäßige oder auf persönlichen Beziehungen beruhende Verbindungen zu einzelnen Banken nicht länger ausreichend. Stattdessen werden Finanzierungen über Kollektive angestrebt, womit nicht der Staat gemeint ist, sondern vielmehr neuere Finanzierungsformen, z. B. anhand großer Fonds und Gesellschaften, die eigens zu dem Zweck gegründet werden, Risikokapital zu sammeln, und die genauso wie die Unternehmen dieser Welt angewiesen sind auf die Spezialisten, nun, um die Erfolgsaussichten anderer Spezialisten zu beurteilen. Dies ist die *Finanzierungskonvention der kollektiven Garantie*. Banken haben hier eine ausübende Funktion, und wie in der interpersonellen Welt gibt es eine Ablehnung, Finanzmittel auf dem Finanzmarkt zu beschaffen.

6.8 Eine konventionentheoretische Fundierung des Staatshandelns

Es sind insbesondere die Arbeiten von Robert Salais, die innerhalb der EC die „Ebene" des Staates (Salais 2007a, 2015a; Salais/Storper 1993; Storper/Salais 1997) und diejenige der Europäischen Union (Salais 2008a; Salais/Villeneuve 2004) in diesen pragmatischen Institutionalismus einbezogen haben. Mit dieser Einbeziehung komplettiert die EC das Set an erforderlichen Konzepten für die Modellierung unterschiedlicher Reichweiten („Ebenen") und entzieht sich damit der Kritik oder der Einschätzung, sie sei nur ein institutionentheoretischer Ansatz für die Mikroebene, wie dies beispielsweise in Frankreich aus der Perspektive der Regulationstheorie erfolgt ist (Boyer 2006).

Bemerkenswert ist dabei, dass der Staat in der EC nicht als eine Institution, sondern als eine Konvention, d. h. als ein interpretativer und pragmatischer Handlungsrahmen aufgefasst wird. In der EC wird das Verhältnis von Institutionen und Konventionen als ein komplexes Verhältnis gedacht. Wenn Institutionen etablierte Regeln sind, ist – da Regeln der EC als unvollständig gelten – zumeist ihre Handhabung in Koordinationssituationen nicht vollständig determiniert und ihr Handlungssinn interpretationsbedürftig. Damit kommen Konventionen ins Spiel, die dabei helfen, die praktische Nutzung von Institutionen für Akteure in Situationen erfolgreich zu koordinieren. Umgekehrt können Konventionen den Charakter von Institutionen erhalten, wenn sie sich für die Lösung von Koordinationserfordernissen bewährt haben.

Salais und Storper (1997) kritisieren das Staatskonzept in zwei zentralen Punkten: (1) zunächst, dass in verschiedenen Institutionalismen (wie dem wirtschaftswissenschaftlichen Neoinstitutionalismus von Williamson) der Staat als Gegensatz zum Markt oder zur Zivilgesellschaft aufgefasst wird. Die Kritik besteht darin, dass der Staat immer eine Voraussetzung für das funktionierende Markthandeln und Marktdenken sein muss und eben nicht das Gegenteil davon. Dann ist das Staatshandeln auch immer auf das Gemeinwohl bezogen, gleich in welcher Weise Staat gedacht wird. Die Kritik besteht (2) auch darin, dass der Staat in verschiedenen Formen als Konvention existieren und sich handlungspraktisch auswirken kann. Da in allen Ökonomien eine Pluralität von möglichen Produktionswelten vorliegt, kann es permanent zu einem Koordinationsversagen kommen. Institutionen sind aus Sicht der EC nun dafür geschaffen worden, um die realen Produktionswelten gegen dieses Versagen zu schützen. Dennoch sind Institutionen keine Garantie dafür, dass das Koordinationsversagen vermieden bzw. bewältigt wird.

> "In real worlds, however, individuals act by drawing on more than one possible world of production, or do not act strictly according to one given possible world, and thus there is a constant threat of coordination failures. Institutions take shape through efforts to protect the real world against this threat. There is nothing functionalist about such effort. Institutions do not eliminate coordinating failures, but rather attempt to establish the terms of a solution which, if successful, can be employed by the actors involved. In other words, successful institutions establish conventions for the populations they are intended to affect." (Storper/Salais 1997, S. 207)

Salais und Storper differenzieren (zunächst) drei verschiedene Konventionen des Staates: (a) die Konvention des externen Staates, (b) die Konvention des abwesenden Staates und (c) die Konventionen des situierten (oder des „in das Handeln eingelagerten") Staates. Zuletzt kann man – einen jüngeren Vorschlag von Salais folgend – noch (d) die Konvention des ordo-liberalen Staates ergänzen.

Die Konvention des *externen Staates* ist beispielhaft für Frankreich. Hier erwarten die Akteure, dass der Staat interveniert, und zwar nicht erst, sobald ein Koordinationsversagen vorliegt, sondern dass der Staat selbst interveniert und plant. Im Falle Frankreichs strebt er z. B. die wirtschaftliche Unabhängigkeit der Nation und die Vollbeschäftigung an. Das soll hier sein Beitrag zum Gemeinwohl (common good) sein. Der Staat wird als eine der Wirtschaft dennoch externe Instanz gesehen, die auch über der Gesellschaft steht. Zugleich ist der Staat die Instanz, auf die die Akteure hoffen können sollen, wenn es Probleme in der Ökonomie gibt. Die Folge, so wenden Salais und Storper kritisch ein, ist dass die Akteure dies antizipieren und Koordinationsversagen in Kauf nehmen, weil sie wissen, dass in diesem Fall der Staat auf den Plan tritt und korrigierend oder ergänzend aktiv wird. So kommt es zu dem Paradox, dass sich durch diese Antizipation die Konvention des externen Staates selbst realisiert.[288] Diese Konvention des Staates könne eigentlich nur für die industrielle Produktionswelt effizient werden – so die Autoren weiter –, da der Staat objektive und quantifizierbare Indikatoren brauche, um zu entscheiden, wann er interveniert und wie die Zielerreichung festgestellt werden könne. So ist das Gemeinwohl definierbar. Im Falle Frankreichs realisieren die Ingenieurkorps der staatlichen Ministerien die Intervention, und sie orientieren sich an ökonomischen quantitativen Maßen. Für diese Gruppe wird das Staatshandeln als Intervention „von oben" somit rationalisierbar.

Die Konvention des *abwesenden Staates* ist typisch für die anglo-amerikanischen Ökonomien und das wirtschaftsliberale Denken. Hier ist der Staat der Widersacher des Marktes. Das Gemeinwohl wird hier als die Möglichkeit der Individuen gesehen, ihr eigennütziges Interesse in der Ökonomie frei verfolgen zu können – und dies zum Nutzen der Gemeinschaft. Diese Konvention des Staates korrespondiert mit der Marktwelt als Produktionswelt. Die Intervention des Staates wird hier insofern scharf kritisiert, als sie für die Entfaltung der individuellen Absichten und Potenziale als hinderlich aufgefasst wird. Hier ist das Paradox nun, dass der Staat eben diese Sicht auf seine Abwesenheit in der Ökonomie durchsetzen muss, damit das Gemeinwohl auch realisiert werden kann. Der Staat muss überwachen, dass er nicht auf dem Markt als Hindernis auftritt und dass der Marktmechanismus

288 "Most important, each person defines his or her action on the basis of this premise and thus holds back to some extent from fulfilling commitments to action or mobilizing resources. As a result, the convention becomes part of a self-fulfilling prophecy: In the final analysis, the State appears to be truly necessary to economic efficiency." (Storper/ Salais 1997, S. 210f)

jederzeit so stark ist, dass der Staat nicht intervenieren muss. Das bedeutet auch, dass der Staat gegen Konventionen der koordinierten kollektiven Aktion vorgehen muss, damit der Marktmechanismus ungehindert sein freies Spiel entfalten kann.

Die Konvention des *situierten Staates* wird von Akteuren ins Werk gesetzt, die wissen, dass es an ihnen ist, ein noch nicht definiertes Gemeinwohl zu realisieren und dass der Staat erst dann intervenieren wird, wenn sie dabei scheitern. Zentral ist hier, dass der Staat die Akteure im Ungewissen lässt, wie er intervenieren wird, um das Koordinationsversagen zu kompensieren. Damit sollen die Paradoxien der Konventionen des externen und des abwesenden Staates vermieden werden. Hierfür ist es erforderlich, dass holistische oder essentialistische Doktrinen von Gesellschaft zurückgewiesen werden, damit nicht im Vorhinein das Gemeinwohl definiert wird und die Akteure keine praktische Freiheit für dessen Entwicklung haben. Daher kann das Gemeinwohl nur in Bezug auf konkrete Situationen kollektiver Handlung definiert werden, in einem Prozess und durch die Akteure selbst. Die Voraussetzung ist hierbei, dass die Autonomie sowohl der Individuen als auch der Kollektive respektiert wird und die verschiedenen Handlungslogiken gleichermaßen in Betracht gezogen werden, anstatt a priori abstrakte Kriterien für Mittel und Ziele festzulegen (Storper/Salais 1997, S. 214).

> "The particular mix of real worlds of production found in each country and constituting its economic identity, is related to each country's dominant conventions of the state. Conventions of the external and absent states favour, albeit in different way, access to the possible world of Industry and the Market and tend to discourage the Interpersonal and Intellectual worlds. Only the convention of situated states allows sufficient access to all four possible worlds because they are inherently favourable to the possibility of multiple frameworks." (Storper/Salais 1997, S. 215)

Aufgabe des Staates ist dann, die Akteure mit den Kompetenzen und Kapazitäten so auszustatten, dass sie in die Lage versetzt werden, gemäß der Konvention des situierten Staates zu agieren. Akteure, die mit einer solchen interpretativen Handlungsfreiheit ausgestattet sind, können dann aus pragmatischer Sicht die Unsicherheit, wie welches Gemeinwohl zu erreichen ist, mithilfe der Pluralität der möglichen Produktionswelten bewältigen und so die ökonomische Koordination realisieren, ohne dass sie auf den Staat warten oder ihn aus der Ökonomie verbannen.

In seinen wirtschaftshistorischen und wirtschaftspolitischen Studien zur europäischen Union und dabei auch zur deutschen Wirtschaft hat Robert Salais zuletzt noch die Konvention des *ordo-liberalen Staates* identifiziert.[289] Salais hat

---

289 Daran anknüpfend hat Frédéric Marty die Bedeutung der ordo-liberalen Auffassung für die Wettbewerbsregulierung der Europäischen Union untersucht (Marty 2015).

den deutschen Ordo-Liberalismus in Absetzung sowohl von der Konvention des abwesenden Staates als auch vom Neoliberalismus beschrieben.

> „Der Ordo-Liberalismus integriert die Investitionen in spezifische Aktiva und die Innovation, in einem Wort in die Qualität und die Differenzierung als positive Faktoren für die Konkurrenz. Dem Monopol steht er feindlich gegenüber und fördert stattdessen Unternehmen mittlerer Größe. Da es ihm um den Schutz vor Missbrauch geht, fördert er insbesondere die Transaktionen zwischen den Akteuren, anders gesprochen den ‚freien Handel' […]. Der Staat, weit davon entfernt, nur ein abwesender Staat zu sein, interveniert, um grundlegende Regeln festzulegen, die von allen respektiert werden müssen. Diese Regeln dienen dazu, das Vertrauen zu schützen, das die freien Transaktionen unter Gleichen erlaubt (ohne dass diese gegen Monopole oder dominierende Positionen ankämpfen müssen). Aber im Gegensatz zum […] Neoliberalismus haben die ordo-liberalen Institutionen als Zielsetzung einen Rahmen von Regeln zu setzen, die den wirtschaftlichen und sozialen Marktakteuren dann erlauben, frei ihre Konventionen für die Koordination einzubringen. Diese Institutionen streben den besten Kompromiss zwischen Freiheit und Ordnung, zwischen kollektiver Autonomie und globaler Ordnung an. Dennoch geben sie nicht vor, a priori zu determinieren, was jeder zu tun hat: Sie setzen Anfangspunkte in Sachen Vertrauen und Verantwortung, aber die Idee hierbei ist, dass im Zuge der Koordination sich zwischen den Verantwortlichen der Respekt für die grundlegenden Regeln von selbst stärkt. Und im Falle ihrer Missachtung würden die Probleme auch innerhalb der Gemeinschaft der Akteure gelöst werden." (Salais 2013, S. 270)[290]

Der Ordo-Liberalismus ist als wirtschaftspolitische Theorie in der Mitte des 20. Jahrhunderts von der sogenannten Freiburger Schule (um Walter Eucken) entwickelt worden, und laut Salais lässt er sich nicht auf eine Theorie des Marktes (der Marktordnung) reduzieren, sondern ist vielmehr eine Theorie des Staates (Salais 2013, S. 178). Auch wenn die deutsche Wirtschaft heutzutage nicht als ordo-liberal beschrieben wird,[291] so war diese Auffassung ein prägender Einfluss für die deutsche Ökonomie nach dem zweiten Weltkrieg und diese Konvention des Staates ist immer noch als prägender Einfluss vorzufinden – insbesondere im europäischen Vergleich.[292] Für Salais ist gerade diese ordo-liberale Konvention des Staates eine Erklärung für die (im europäischen Vergleich hervorstehende) Leistungsfähigkeit der deutschen Wirtschaft, da sie die Regelungen auf der „Ebene" der Branchen und

---

290 Übersetzung RDB.

291 Die an den Ordo-Liberalismus anschließende wirtschaftspolitische Position der „sozialen Marktwirtschaft" (die mit den Arbeiten von Alfred Müller-Armack in Verbindung gebracht wird) ist bis heute die bekanntere Position.

292 Hinzu zählt Salais den ausgeprägten Föderalismus und Regionalismus der deutschen Wirtschaft, die auch mit einem hohen Maß an Autonomie einhergehen (Salais 2013, S. 42).

der Märkte möglich macht, die wiederum den zugehörigen Akteuren (Unternehmen, Regulierern) kollektive Aktionen, interne Kontrolle und damit eine korporatistische Koordinationsform ermöglichen. Salais sieht im Gegensatz dazu den Neoliberalismus als durch die Aussetzung der rahmenden Regelungen gekennzeichnet, was praktisch heißt, dass die Akteure Möglichkeiten erhalten (und ausbauen), solche kollektiven Regeln zu umgehen (Salais 2013, S. 271f).[293]

Die Konventionen des Staates können als sozio-kulturell etablierte (oder im Fall des situierten Staates als zu etablierende) Rahmen verstanden werden, die Akteuren ermöglichen abzusehen, wie das Handeln und Intervenieren staatlicher Organe (Justiz, Polizei) und Verwaltungen in ihrer Koordination in Rechnung zu stellen ist. Dass die EC „Staat" (in verschiedenen denkbaren Formen) als Konvention auffasst, erklärt sich von hier aus: Es geht um die Bedeutung, die Akteure interpretativ in ökonomischen Situationen dem „Staat" für ihre Koordinationsanstrengungen zuerkennen (müssen). Die Konventionen des Staates lassen dabei verschiedene Konstellationen und Freiheiten für die praktische Produktion im Unternehmen sowie für die unternehmensübergreifende Produktion zu. Die Konventionen des Staates betreffen damit die Konstruktion von Qualität in der Produktion (im Unternehmen oder unternehmensübergreifend) nur indirekt oder sogar gar nicht, während die Qualitätskonventionen (Kapitel 5), die Welten der Produktion sowie Konventionen der Arbeit unmittelbar für die Qualitätskonstruktion in den Unternehmen bzw. in der unternehmensübergreifenden Produktion relevant sind.[294]

---

293 Siehe zur Kritik des Neoliberalismus aus Sicht der EC auch Chiapello (2017), Davies (2014) und Diaz-Bone (2016a).

294 Eric Verdier und Frédéric Marty haben das Konzept des Staates als Konvention aufgegriffen. Verdier hat in seiner vergleichenden Analyse von Innovationssystemen verschiedene Konventionen des Staates unterschieden. Er differenziert vier Konventionen, die erklärlich werden lassen, wie nationale Kollektive für die Koordination im Bereich von Forschung und Entwicklung mobilisierbar sind: Er differenziert (a) die „Republik der Wissenschaften" (oder den „akademischen Staat"), (b) den „unternehmerischen Staat", (c), den „regulierenden Staat" sowie (d) den „ermöglichenden Staat" (Verdier 2006; siehe auch Lanciano-Morandat/Verdier 2004). Marty wendet die Konventionen des Staates als „Konventionen der Reglementierung" auf die Analyse der Reglementierung der Elektrizitätsbranche in Frankreich an. Im Fokus steht die Rekonstruktion der Veränderung der Reglementierung dieser Branche seit dem ersten Weltkrieg in Frankreich. Marty differenziert vier Konventionen, darunter zunächst wie Storper und Salais (1997) die (a) „Konvention des abwesenden Staates" und (b) die „Konvention des externen Staates". Dann (c) die „Konvention der öffentlichen Dienstleistungen" und zuletzt – in Anlehnung an die wirtschaftswissenschaftliche Theorie der österreichischen Schule – (d) die „Konvention der österreichische Schule" (Marty 2002, 2006).

6.9 Die Kritik an Oliver Williamsons Neoinstitutionalismus

Für die EC ist der Neoinstitutionalismus von Oliver Williamson eine immer wieder kritisierte Gegenposition (siehe bereits Kapitel 5). Auch Storper und Salais haben sich kritisch auf diesen Ansatz bezogen. Aus ihrer Sicht ist dieser Institutionalismus zwar ein Versuch, Defizite des neoklassischen Mainstreams zu kompensieren – jedoch nur ein halbherziger. Systematisiert man die Kritiken, erhält man folgendes Set an Kritikpunkten. (1) Bereits die Ausarbeitung des Konzepts der Qualitätskonvention – im Kapitel 5 – hat die erste Kritik zutage treten lassen: Die verschiedenen institutionellen Arrangements von Williamson (1985) entsprechen nicht jeweils nur einer Konvention, sondern einer Pluralität von Konventionen – die auch vorliegt, wenn eine Konvention dominant ist. Auch die realen Produktionswelten liegen zumeist in Kombinationen und in einem „Mix" vor, wenn auch eine einzelne der möglichen Produktionswelten dominieren kann. (2) Überhaupt erscheint Salais und Storper, dass der methodologische Individualismus von Oliver Williamson Kollektiveigenschaften von Institutionen als „Residuum" verkennt. Kollektive, kollektive Phänomene und damit Koordination werden so zum analytischen Problem (Storper/Salais 1997, S. 271).[295] (3) Im Ansatz von Williamson werden Produkte und die ihnen spezifischen Eigenschaften (asset specifities) als a priori betrachtet, um dann aus diesen Eigenschaften effiziente institutionelle Arrangements abzuleiten. Damit wird hier davon ausgegangen, dass Produkte intrinsische Eigenschaften aufweisen, deren Produktions- und Transaktionskosten dann die bedingenden Größen für die effizienteste Governance-Form darstellen. Aus Sicht der EC erscheint eine umgekehrte Perspektive angemessener (Storper/Salais 1997, S. 273; Diaz-Bone/Salais 2011), d. h. es sind die Produktionswelten und die in ihnen realisierten Koordinationsformen, die die Produkteigenschaften hervorbringen. Produkteigenschaften sind damit Resultat des „institutionellen Arrangements", wobei eine Art von „Produkt" in einer Branche in verschiedenen Produktionswelten produziert werden kann und damit verschiedene Produkteigenschaften („Qualitäten") erhalten kann. (4) Salais und Storper (1997, S. 274) kritisieren weiter, dass der Neoinstitutionalismus das Problem der radikalen Unsicherheit auszublenden versucht, indem eine ex ante-Perspektive ex-post-Situationen kontrollieren soll, konkret: indem ex-post-Probleme (Opportunismus) durch ex ante-Verträge und institutionelle Arrangements vorhergesehen werden sollen. (5) Die von der Neo-

295 Hier unterscheidet sich Douglass North (2005), der zumindest der Kultur und den Normen eine eigene Realität zuerkennt, von Williamson. North betrachtet auch die kulturellen Elemente (wie mental models und Normen) daraufhin, in welcher Weise sie als Institutionen die ökonomische Koordination strukturieren.

klassik und auch vom Neoinstitutionalismus verwendete Opposition „Staat versus Markt“ trifft nicht zu bzw. ist sinnlos. Das Staatsdenken in seinen verschiedenen konventionellen Formen ist in allen Ökonomien und in je spezifischer Weise existent, um eine erfolgreiche wirtschaftliche Koordination in den einzelnen Branchen und Märkten zu erreichen. Staat und Markt bilden damit keine Opposition, sondern sind in unterschiedlicher Weise miteinander verzahnt (Storper/Salais 1997).

Geld und Finanzmärkte 7

„Die Gesellschaft strukturiert sich anhand der Opposition privat/sozial. Der soziale Pol wird durch das Geld repräsentiert." (Orléan 2003, S. 194)[296]

7.1 Einleitung

Dieses Kapitel stellt den Beitrag der EC zur institutionentheoretischen Konzipierung und zur Analyse des Geldes sowie der Finanzökonomie systematisch dar.[297] Die Position der EC vertritt in diesem Forschungsfeld insbesondere André Orléan mit seinen Beiträgen.[298] Seine Arbeiten stehen daher in diesem Kapitel im Zentrum.[299] Die französischen Sozialwissenschaften haben lange Zeit vor allem durch die „Théorie

296 Übersetzung RDB.

297 Dieses Kapitel stützt sich in Teilen auf zwei vorangegangene Darstellungen zum Beitrag der EC zur Analyse des Geldes und der Finanzmärkte (Diaz-Bone 2010b; Diaz-Bone 2012b). Die betreffenden Passagen wurden überarbeitet und aktualisiert. Dieses Kapitel stellt dann aber gegenüber den beiden vorangehenden Publikationen auch neuere Beiträge der EC dar.

298 André Orléan war von 1967 bis 1987 als Administrateur am INSEE tätig, hat dann am CREA sowie an der *Ecole polytechnique* gearbeitet und ist seit den 2005 am Campus Jordan (zunächst ENS, heute *Ecole d'économie de Paris*) als Professor für Wirtschaftswissenschaften tätig. Orléan ist seit 1999 Mitglied von CEPREMAP.

299 Es gibt mittlerweile einige Beiträge anderer Vertreterinnen und Vertreter der EC zum Themenfeld Geld und Finanzmärkte. Dazu zählen der Beitrag von Dorothée Rivaud-Danset und Robert Salais (1992) – der im Kapitel 6 zu den Produktionswelten behandelt wurde (siehe dort auch die Hinweise zu den IEPE-Beiträgen) –, die Beiträge in Bourghelle et al. (Hrsg.)(2005), die Anwendungen der Arbeiten von Orléan durch Yamina Tadjeddine (2006) sowie durch Bourghelle und Brandouy (2006), ferner dann die Beiträge von Batifoulier, Latsis und Merchier (2010), Chiapello (2015a, 2016), Chiapello und Walter (2016), sowie Knoll (2018). Siehe mit Bezug zur EC weiter auch Holst (2016)

R. Diaz-Bone, *Die „Economie des conventions"*, Soziologie der Konventionen, https://doi.org/10.1007/978-3-658-21062-5_7

de la régulation“ (auch Regulationstheorie, im Folgenden kurz TR) Beiträge zur Analyse des Geldes und der Finanzökonomie beigesteuert. Für die EC gehört die (ältere) TR zum Entstehungskontext. Sie hat von der TR einerseits wichtige Impulse erhalten, zum anderen hat sich die EC dann aber von der TR abgesetzt. Aus diesem Grund soll die TR zunächst kurz vorgestellt werden, um danach die Absetzung der EC von der TR und ihren spezifischen eigenen Beitrag darzustellen.

7.2 Die Théorie de la régulation (TR)

Die TR ist von Michel Aglietta, Alain Lipietz und Robert Boyer seit den 1970er-Jahren als zunächst spätmarxistisch ausgerichteter und als (im kritischen Verhältnis zur „Mainstream-Ökonomie“) heterodoxer Ansatz entwickelt worden (Aglietta 1976, Boyer 1987, Boyer 2004).[300] Dieser Ansatz hat in Frankreich einige Jahrzehnte einen großen Einfluss auf die sozial- und wirtschaftswissenschaftliche Analyse der Ökonomie ausgeübt (Boyer/Saillard Hrsg. 2002). Zeitlich geht die Entstehung der TR derjenigen der EC um einige Jahre voran, und insbesondere die Arbeiten von Aglietta waren für einige der Vertreter der EC eine erste Orientierung.

Im Unterschied zur EC ist das Gründungsmoment der TR die Fortsetzung einer nicht-orthodoxen marxistischen Analyse kapitalistischer westlicher Gesellschaften. Ein Ausgangspunkt dafür waren der strukturalistische Marxismus von Louis Althusser (1977) und die durch ihn (wieder) ermöglichte Ausweitung der Analyse der Produktionsverhältnisse, die nun die ganze Sphäre der sozialen Reproduktion einschließen sollte, an der die „ideologischen Staatsapparate“ wie Familie, Medien, Religion, Gewerkschaften, Parteien, Schulen einen wichtigen Anteil haben. Es sind Althusser zufolge eben diese „kulturellen“ Institutionen, die wesentlich sind für

sowie hinsichtlich der Auswirkung der Finanzialisierung auf Unternehmen Faust und Kädtler (2017) und Kädtler et al. (2017).

300 Siehe für einen Überblick zur TR Boyer (2003, 2004) und für ein Resümee die Beiträge in Boyer und Saillard (Hrsg.)(2002) sowie weiter für eine kritische deutsche Rezeption die Beiträge in Esser, Görg und Hirsch (Hrsg.)(1994) sowie Eser (2008). Kurze ideen- und institutionengeschichtliche Darstellungen der TR finden sich bei Jessop (1997), Vidal (2001) oder Scherer (2005). Für die anglo-amerikanische Rezeption siehe Jessop (2001, 2006). Zur Positionierung von TR und EC in den französischen Wirtschaftswissenschaften siehe Steiner (2000) und Fourcade (2009, dort Kapitel 4). Dass der Begriff der „régulation“ im Nachkriegsfrankreich Teil der politischen Semantik der Staatselite war und dass die régulation als Funktion des Staates gesehen wurde, beschreibt Pierre Rosanvallon (2000, S. 175f).

die Reproduktion der kapitalistischen Produktionsverhältnisse über den Mechanismus der Ideologie (wobei diese verstanden wird als das imaginäre Verhältnis der Klassen zu den Produktionsmitteln).

Wie Althusser, so war die TR von Beginn an an der Analyse der gesamtgesellschaftlichen Institutionen interessiert, die die krisenhaften Reproduktionsverhältnisse nicht nur stabilisieren, sondern auch die Konflikte zwischen den sozialen Klassen institutionell vermitteln und damit für die Akkumulation des Kapitals den sozialen gesellschaftlichen Zusammenhalt als Voraussetzung organisieren.

> „Eine Regulationsweise ist eine Gesamtheit von Vermittlungen, die die von der Kapitalakkumulation hervorgerufenen Verwerfungen so eingrenzen, dass sie mit den sozialen Zusammenhalt innerhalb der Nationen vereinbar sind." (Aglietta 2000, S. 11)

Im Unterschied zu Althusser stellen die Vertreter der TR gerade die Instabilität (Krisenanfälligkeit) der Regulationsmodi ins Zentrum der Analyse, anstatt die stabilisierenden Beiträge der Kultur für die kapitalistische Wirtschaftsordnung und die Reproduktion als a priori an den Anfang zu setzen. Analytisch setzt die TR damit bei den makroökonomischen Transformationen an, um dann erklären zu können, wie sich neue „Kräfte" manifestieren und ein neues Regime stabilisieren.

> "The purpose of the research is to identify the forces which transform the social system and guarantee its cohesion over a long period, to explain the conditions and types of behaviour that result in qualitative changes, and to discover the role played by economic crises in these transformations." (Vidal 2001, S. 24)

Das ökonomische Modell der TR postuliert die Abfolge von Regimen, die vorherige verdrängen und dann selbst krisenhaft werden. Die TR bricht so mit neoklassischen Konzepten wie dem homo oeconomicus oder dem Marktmodell, das über die Herstellung von Gleichgewichten auch soziale Interessen aushandeln soll. Analyseebene ist für die TR nicht nur die Gesamtgesellschaft (bzw. die Makroökonomie), die TR postuliert explizit einen methodologischen Holismus, den sie dem methodologischen Individualismus des wirtschaftswissenschaftlichen Mainstreams (Neoklassik, mikroökonomische Fundierung der Makroökonomie) entgegensetzt. Aus Sicht der TR bilden die verschiedenen gesellschaftlichen Institutionen als Ganzes einen Regulationsmodus. Die TR versucht die jeweiligen Formen des Kapitalismus zu erklären, wobei deren jeweilige Stabilität angesichts der Krisenanfälligkeit erklärungsbedürftiger ist als die Krisen und Transformationen der Wirtschaftsordnung.

Das Geld spielt in der TR eine bedeutsame Rolle, da zum einen die verschiedenen Bereiche der Ökonomie über das Geld aneinander vermittelt werden und das „monetäre Regime" ebenso Teil des Regulationsmodus ist.

> "The importance of money as an institutional form derives from its role as a general equivalent, a mode of connection between units. Many modalities in the form of monetary constraint are possible. There are as many monetary regimes as there are ways of compensating shortfalls and oversupply between economic agents." (Boyer/Saillard 2002, S. 39)

Zum anderen etabliert eine herrschende Klasse ihre Macht über die beherrschten Klassen aus Sicht der TR über das Lohnverhältnis, in dem sich die Macht des Geldes artikuliert. Dem Wunsch nach weiterer Akkumulation von Kapital aufseiten der herrschenden Klasse steht der Zwang aufseiten der Lohnabhängigen gegenüber, Zugang zu Geld durch Arbeitsverträge und den Verkauf von Arbeitskraft zu erhalten. Die Lohnabhängigen stehen in den Unternehmen einer ungleich größeren Macht gegenüber, die diese Asymmetrie weiter verschärfen würde, wenn der Kapitalismus nicht in Strukturen eingebettet wäre, die ihn einschränken.

> „Diese sind weder das Ergebnis der Vernunft der Kapitalisten noch das spontane Resultat der Konkurrenz, diese Strukturen gehen vielmehr aus der Einrichtung gesellschaftlicher Institutionen hervor, die wiederum durch die kollektiven Werte legitimiert werden, die den Gesellschaften ihren Zusammenhalt verleihen." (Aglietta 2000, S. 20)

Die Kohärenz zwischen dem „Verhältnis von Kapital und Arbeit" (Verhältnis von Einkommen und Kapitalerträgen), der Form der ökonomischen Konkurrenz, der Geldpolitik, dem Konsum sowie der Rolle des Staates in der Ökonomie wird aus Sicht der TR durch die konkreten Formen der sozialen Institutionen etabliert und stabilisiert, die dann einen Regulationsmodus artikulieren. Dabei geht es um historische Regulationsmodi wie „Fordismus", „Taylorismus", „Toyotismus", „Postfordismus" und nun auch „Neoliberalismus" sowie um ihre nationalen Spielarten (wie die französische Nachkriegswirtschaft, die bedeutende planwirtschaftliche Elemente aufwies).

7.3 Die Absetzung von der TR

Die Nähe der TR zur Theorie von Keynes ist offensichtlich. Die TR hat diese rezipiert und in Frankreich einen bedeutenden Teil des Linkskeynesianismus repräsentiert, der sich für die Formen staatlicher Interventionen in der Geld- und Beschäftigungspolitik interessiert hat.

TR und EC sind beides Paradigmen für die Analyse ökonomischer Institutionen. Aber es bestehen wechselseitige Kritiken und grundlegende Unterschiede. Die

Kritik der Regulationstheorie an der EC besteht nicht darin, dass letztere keine kritisch-marxistische Gesellschaftsanalyse darstellt. Die Kritik besteht vielmehr darin, dass der EC einmal vorgehalten wird, sie sei nicht geeignet für die Analyse der Makroökonomie und damit der gesamtgesellschaftlichen Verhältnisse (Aglietta 2000, S. 24).[301] Tatsächlich haben die Vertreter der EC vielfach bei Situationen, Organisationen (Unternehmen) oder Branchen als Analyseebene angesetzt. Dennoch finden sich hier auch „makroökonomische" Analysen wie die Länder vergleichenden Arbeiten von Storper und Salais (1997) sowie von Bessy, Larquier, Eymard-Duvernay und Marchal (Hrsg.)(2001). Allerdings argumentiert die EC eigentlich nicht mit verschiedenen „Ebenen", sondern eher mit unterschiedlichen Reichweiten (siehe Kapitel 10), sodass diese Kritik der TR die spezifische Erklärungslogik des methodologischen Situationalismus der EC nicht berücksichtigt. Aglietta kritisiert weiter, dass die EC die Existenz und Stabilität von Kollektiven sui generis nicht erkläre, sondern diese zurückführe auf das dynamische Interagieren von Individuen (Aglietta 2000, S. 25). Tatsächlich betont die EC die pragmatischen Kompetenzen von Akteuren in Situationen, aber gerade das Konzept der Konvention ermöglicht die Stabilisierung von Kollektiven. Insgesamt scheinen die Kritiken an der EC nicht zutreffend zu sein.

Aus Sicht der EC ermangelt es der TR umgekehrt an Konzepten und Zugängen, die verschiedene Reichweiten („Ebenen") kombinieren und in der Analyse integrieren. So sind Analysen situativer Handlungsmuster sowie überhaupt die Einbeziehung der Handlungskompetenzen ökonomischer Akteure in der TR kaum vorhanden.[302] Selbst staatliche Akteure und der Staat werden nicht als politikfähige Instanzen betrachtet, die einen etablierten Regulationsmodus verändern oder gar steuern könnten. Letztlich ist hier der Staat nur integraler Teil eines Regulationsmodus.

Heute kann man sagen, dass die Regulationstheorie in Frankreich nur ein Ansatz der sozialwissenschaftlichen Analyse der Ökonomie neben mehreren ist,

---

301 „Auch bietet die Theorie der Konventionen eine große Bandbreite von Modellen an, in denen die institutionellen Formen untersucht werden. Aber der Übergang zur Makroökonomie fehlt fast gänzlich. Gerade diesen Übergang versucht die Regulationstheorie zu finden, indem sie die Mechanismen der Vermittlungen mit den oben definierten grundlegenden Beziehungen des Kapitalismus – dem Geld und dem Lohn – verbindet." (Aglietta 2000, S. 24)

302 Es finden sich mittlerweile einige Artikel, die die TR und die EC miteinander vergleichen, auch nach wechselseitigen Kritiken, aber auch ergänzenden Beiträgen fragen. Franck Bessis (2006) stellt EC und TR systematisch dar und entwirft eine institutionentheoretische Synthese. Siehe weiter Bessis (2007, 2008a, 2008b, 2009), El Aoufi (2009), Bazzoli et al. (1994), Eymard-Duvernay (2005), Favereau (2002), Jessop (1997), Rose (1990), Thévenon (2006) sowie Wilkinson (1997).

ihre einstmals führende Stellung unter den heterodoxen ökonomischen Ansätzen hat sie verloren – hier ist sie von anderen Institutionentheorien insbesondere der EC verdrängt worden.

Führende Vertreter der TR wie Robert Boyer haben seit den 1980er-Jahren ihre postmarxistische Orientierung zunehmend in eine vergleichende institutionenökonomische Ausrichtung transformiert (Boyer 2005). Robert Boyer hat mit André Orléan in verschiedenen Aufsätzen die Frage nach der Entstehung und Stabilisierung eines Regulationsmodus nun mithilfe des Konventionenkonzepts (und spieltheoretischer Überlegungen) zu beantworten versucht (Boyer/Orléan 1991, 2004).

Die hier skizzierte Absetzung der EC von der TR kann in zwei Weisen verstanden werden. (1) Einmal dient sie der Verdeutlichung der inhaltlichen Unterschiede zwischen diesen beiden französischen institutionalistischen Paradigmen der Wirtschaftsanalyse hinsichtlich Analyseinteresse, theoretischer Grundlage und methodologischen Zugangs. (2) Zum anderen zeigt sich hier aber auch, dass die EC thematische Perspektiven der TR weiterverfolgt, wenn auch mit anderen sozial- und handlungstheoretischen Prämissen. Das betrifft z. B. die wichtige Thematik der Beschäftigung (Lohnverhältnis) und des Vertragsverhältnisses (Salais/Thévenot Hrsg. 1986; Reynaud 1994, 1995, 2004). Das betrifft aber insbesondere die institutionentheoretische Analyse des Geldes und des Finanzsystems. Diese Kontinuität wird durch die Arbeiten von André Orléan repräsentiert. Orléan, der zusammen mit Aglietta an der Ausarbeitung einer Geldtheorie gearbeitet hat (Aglietta/Orléan 2002), zählt nicht nur zur TR sondern auch zu den Mitbegründern der EC (Orléan 2013). Er stellt weiterhin ein Verbindungsglied zwischen diesen beiden Ansätzen dar, da er (bis heute) eine postkeynesianische Perspektive auf die Geldtheorie mit Aglietta teilt. Seine Ausarbeitung des keynesianischen Konventionenkonzepts (hier ist insbesondere dessen Dynamisierung bedeutsam) und seine kognitivistische Interpretation des Konventionenkonzepts stellen den genuinen Beitrag der EC zur Analyse des Geld- und Finanzwesens dar.

7.4 Die konventionelle Fundierung des Marktes

Aus konventionentheoretischer Perspektive sind Waren (Güter), Märkte sowie Preis und Geld nicht einfach gegeben. Die EC als institutionentheoretischer Ansatz kritisiert eine solche Evidenz als „naturalistisch". Orléan (2001, 2002, 2003, 2009a) entwickelt diese Perspektive anfangs anhand der Kritik sowohl der Neoklassik als auch der neuen amerikanischen Wirtschaftssoziologie (später kommen weitere Kritiken an klassischen Ansätzen hinzu, siehe unten).

Leon Walras hat 1874 als erster eine Theorie des Marktes vorgelegt, in der er die reine Konkurrenz in einem mathematischen Modell modelliert hat und in dem das Konzept einer „reinen Ökonomie“ (économie pure) erstmals radikal eingebracht wurde (Walras 1988). Walras nimmt ein perfektes Funktionieren des Marktmechanismus dann an, wenn die Marktteilnehmer dem Verhaltensmodell des homo oeconomicus möglichst nahekommen, d.h. rational und eigennützig handeln. Dafür müssen sie aber – Walras zufolge – frei und ohne soziale Bindungen agieren können. Die freie Konkurrenz ist dann das Preisbildungsregime, und der Preis stellt sich (bei Markträumung) als Gleichgewichtspreis ein.

Mark Granovetter (1985) hat aus soziologischer Sicht kritisch eingewendet, dass die Neoklassik die Akteure damit als atomisierte Marktteilnehmer konzipiere. Das Funktionieren (aber auch die Dysfunktionen) von Märkten (sowie Organisationen) sei aber nur erklärlich, wenn man die soziale Einbettung von Akteuren in soziale Netzwerke zusätzlich in Betracht ziehe. Granovetters Kritik (1985) hat die neue amerikanische Wirtschaftssoziologie (*new economic sociology*) mitbegründet. Erst die Einbettung ökonomischer Institutionen in die sozialen Netzwerke fundiere das Vertrauen in die Akteure sowie die marktrelevanten Informationen, sodass die effiziente Marktperformanz möglich wird.[303]

Orléan (2003) wendet nun gegen Walras wie gegen Granovetter ein, dass beide den geldvermittelten, anonymen und flüchtigen Markttausch nicht als eine soziale Form der Beziehung anerkennen. Beide setzten soziale Beziehungen mit personalen Beziehungen gleich. Ersterer sieht diese als problematisch, der andere als notwendig an. Für Orléan ist selbst die Kritik von Granovetter an der Neoklassik unzureichend, denn sie teile mit dem Modell von Walras die Auffassung, dass der geldvermittelte Tausch das soziale Band zwischen den Akteuren durchtrennt. Hierin sieht Orléan eine problematische Gemeinsamkeit von Neoklassik und neuer amerikanischer Wirtschaftssoziologie.

Der Grund für die Ausblendung des Sozialen bei Walras ist aus Sicht von Orléan eine „naturalistische Auffassung“ der Ökonomie. Dieser zufolge sind Waren und Geld gegebene Sachverhalte. Walras frage nicht nach den spezifischen Voraussetzungen für ihre Konstruktion und Evaluation. Bei Granovetter sei die Sache der Kritik komplizierter, und Orléan rekurriert hierfür auf die Arbeit von Pascal Chantelat, welcher die neue amerikanische Wirtschaftssoziologie kritisch inspiziert hat (Chantelat 2002). Granovetter vereinseitige soziale Beziehungen als nur persönliche

303 Allerdings wird durch die Einbettung genauso die Möglichkeit der Ineffizienz von Märkten eingebracht.

Beziehungen. Dieser Ansatz verkenne, dass die Anonymität und die Kurzzeitigkeit der Begegnungen auf Märkten eine spezifische Form der sozialen Beziehung sui generis sei, der die Last des Kalküls und der Berechnung auferlegt werde. Diese Form des Sozialen könne existieren und fortbestehen, auch wenn keine sozialen Netzwerke vorhanden seien, wie sie von Granovetter als personale und dauerhafte persönliche Beziehungen gedacht seien (Orléan 2003, S. 183f). Orléan radikalisiert das Argument weiter, dadurch dass er die „Diffusion" dieser spezifischen Form der Interaktion – wie der des Markttausches – als durch das Soziale konstituiert sieht, indem es sich als sein Gesetz aufzwingt. Die Gesellschaft als Ganzes zeige sich in der Anonymität des Marktes. Mit kritischem Bezug auf Granovetter's Konzept der Embeddedness folgert Orléan, dass der Markttausch daher bereits in die Gesellschaft eingebettet sei, noch bevor es zur Entstehung von Netzwerken aus personalen Beziehungen und zur Repersonalisierung der ökonomischen Beziehungen komme (Orléan 2003, S. 184).

Das Denken der Marktbeziehung als spezifischer und als unpersönlicher, dennoch (oder gerade) sozialer Beziehung wird möglich, wenn man das Geld und das System der Güter als fundierende soziale Institutionen für die Sachverhalte in Betracht zieht, die nicht einfach als gegeben vorausgesetzt werden können.

Das System der zu tauschenden Güter und der Preise können nicht anders gedacht werden als in einem sozialen Raum, in dem die Akteure kontinuierlich eine Übereinstimmung über die Qualitäten der Güter erzielen müssen. Dafür müssen die Akteure über gemeinsame Repräsentationen der Ökonomie verfügen, und sie müssen ein Vertrauen in das ökonomische System teilen. Die Funktion der ökonomischen Repräsentation übt hierbei das Geld aus: Es handelt sich um seine kollektiv wahrgenommene Fähigkeit, Reichtum zu erfassen. Das Vertrauen in das ökonomische System basiert seinerseits auf dem Vertrauen, dass es eine kollektive Verständigung über die ökonomischen Qualitäten (Wertigkeiten) der Güter gibt. Die Repräsentationsfunktion des Geldes und die geteilte Qualitätswahrnehmung der Güter sind die institutionellen Grundlagen des Marktes. Auf diesen beiden beruht die soziale Objektivität der Güter und des Geldes.

Welche Konsequenzen es hat, wenn die kollektive Qualitätswahrnehmung auf Märkten nicht gelingt, kann Orléan anhand der wirtschaftswissenschaftlichen Analysen informationeller Asymmetrien von Akerlof und Spence zeigen. Märkte kollabieren, wenn Informationen über die Qualität der Güter asymmetrisch verteilt sind, was sich anhand des Marktes für Gebrauchtwagen zeigen lässt (Akerlof 1970). Märkte ziehen zur Lösung dieses Problems geteilte kognitive Kategorien heran, um die informationelle Asymmetrie zu handhaben. Die Analysen von Spence (1973) zeigen, dass auf dem Arbeitsmarkt eigentlich nur der Bewerber um eine Stelle über die vollständige Information über seine Qualifikation verfügen kann. Der Arbeitsmarkt zieht daher kollektiv wahrnehmbare Qualitätsindikatoren heran – in diesem Fall formale Ausbildungsabschlüsse. Titel und Abschlüsse „machen sichtbar", sodass Qualitätszuschreibungen kollektiv erfolgen können. Sie dienen als kollektive Koordinaten für eine konventionell fundierte Konstruktion der Qualität, die dem Tausch vorangehen muss und die den Preis begründet. Das Preis-Modell von Orléan konzipiert Preise damit insgesamt nicht als Anzeiger für Tauschverhältnisse (Verhältnis von Angebot und Nachfrage) und Geld auch nicht als einfaches Medium für den Tausch. Das Modell von Orléan trägt unverkennbar Durkheimsche Züge. Das soziale Kollektiv muss eine umfangreiche und totale Investition vorgängig realisieren, indem es Konventionen für die kollektive Qualitätskonventionen und die Repräsentationsfunktion des Geldes etabliert und so für das System der Güter und der Preise eine geteilte kollektive Wahrnehmung ermöglicht. Das Soziale erlegt dem einzelnen Individuum vorab seine Gesetzmäßigkeit auf, indem es die subjektiven Präferenzen auf die kollektive interpretative Investition kognitiv bezieht und es kodiert, sodass die subjektiven Präferenzen sich danach als sozial konform und marktförmig erweisen können (Orléan 2014). Die Individuen bedienen sich dann der geteilten Qualitätskategorien, anhand derer sie ihre Präferenzen artikulieren können. Und wie Durkheim (1984) argumentiert auch Orléan, dass sich die überindividuelle Realität des Kollektiven und seine Kapazität, Geld und Güter als institutionelle Fundierungen des Marktes zu begründen, dem einzelnen Bewusstsein entziehen. Der geldvermittelte Tausch wird nur noch als spontane und anonyme Interaktion erlebt.

7.5 Unsicherheit, Liquidität und Vertrauen

Mit dem Geld objektiviert sich das Kollektiv in der Weise, dass es den anonymen Tausch ermöglicht. Gleichzeitig entzieht sich das Kollektiv damit aus den jeweiligen interpersonellen Konstellationen, wie sie durch die flüchtigen Tauschbeziehungen immer wieder neu entstehen und sich auflösen. Die Ökonomie wird so zur Sphäre fehlender interpersonaler Solidarität (im Sinne Durkheims). Zugleich zieht damit die Unsicherheit in die Ökonomie ein, denn jeder Einzelne wird in unvorhersehbarer Weise von den aggregierten freien Entscheidungen der anderen abhängig. Damit wird das Soziale in radikaler Weise für den Einzelnen undurchsichtig und unsicher, da die Marktgesellschaft dem Einzelnen die Absicherungen gegen die Schwierigkeiten in der unvorhersehbaren Zukunft verweigert, wie sie im Bereich der Familie und personaler Netzwerke gegeben sind (Orléan 2002, 2003). Die Abwesenheit sozialer Solidarität führt angesichts der Unsicherheit über die ökonomische Zukunft zu einem

Bedürfnis nach einer sozialen Absicherung. Dieses Bedürfnis wendet sich – Orléan zufolge – an die Gruppe als Gesamtheit in der Form, dass es als ein absolutes Verlangen nach Reichtum auftritt, welcher ökonomische Unsicherheiten unbedeutsam werden lässt. Reichtum tritt seinerseits auf in Form von *Liquidität*, und diese zeigt zugleich ihre soziale Eigenschaft, von allen Gesellschaftsmitgliedern begehrt zu werden. Hier kann Orléan anknüpfen, indem er Liquidität als die Form der sozialen Beziehung und der Solidarität in einer Gesellschaft auffasst, die die Personalisierung von Abhängigkeiten ablehnt. Geld ermöglicht die Mobilisierung der Akteure in der Ökonomie, und es findet von allen Akteuren Anerkennung als Ausdruck von Reichtum. Liquidität als Ausdruck von Reichtum (Verfügungspotenzial) ist im Gegenzug abhängig von der Anerkennung des Geldes durch die Gesellschaft, womit sich durch das Geld die Gesellschaft insgesamt als Souverän repräsentiert und über das Geld die Beziehung des Einzelnen zur Gesamtheit hergestellt wird (Aglietta/Orléan 2002). Von dieser Warte aus hat Orléan die wirtschaftswissenschaftlichen Konzeptionen von Liquidität kritisch evaluiert.

In der wirtschaftswissenschaftlichen Theorie ist das Konzept der Liquidität in zwei Richtungen ausgearbeitet worden.

1. Liquidität wird einmal als Eigenschaft von Märkten für spezifische Güter aufgefasst, diese Güter dort einfach kaufen und wieder verkaufen zu können. Ein Gut sofort kaufen und verkaufen zu können, kennzeichnet damit die Liquidität des spezifischen Marktes. Der Zeitbezug ist hier die Gegenwart.[304]
2. Die andere Richtung der Ausarbeitung des Konzeptes der Liquidität ist die geldtheoretische Perspektive, wie sie durch Keynes formuliert worden ist (Keynes 2006). Liquidität ist nun eine Eigenschaft von Akteuren, die das Verfügen von Geld durch Akteure bezeichnet. Über Geld zu verfügen, Geld „zu halten", um sich gegen Unsicherheiten und Kontingenzen abzusichern, schafft eine spezifische Nachfrage nach Geld selbst. Hier ist Geld nicht mehr Mittel, um Güter zu erwerben, sondern um Zeiträume zu überbrücken, in denen Unsicherheiten bewältigt werden müssen, erwartete Ausgaben getätigt werden müssen oder für die die Zahlungsfähigkeit eingerichtet werden soll, um sich kurzfristig spekulativ an der Börse zu betätigen. Der Zeitbezug ist hier die Zukunft.[305]

304 Siehe für eine solche Konzeption von Liquidität als Markteigenschaft Tobin (1987) oder Carruthers und Stinchcombe (1999).

305 Keynes unterscheidet verschiedene Motive dafür, Geld „in Kasse zu halten" (2006, S. 164ff). Das sind das Einkommensmotiv (Überbrückung des Zeitraums zwischen Bezug des Einkommens und seiner Ausgabe), das Geschäftsmotiv (Überbrückung des Zeitraums zwischen dem Anfallen von Geschäftskosten und dem Eingang von Verkaufserlösen), das Vorsichtsmotiv (Vorsorge für unvorhergesehene Ausgaben) und

Die erste Konzeption von Liquidität muss ihrerseits die sozialen Investitionen in die fundierenden Institutionen des Marktes voraussetzen, damit die Liquidität als Eigenschaft des Marktes hervortreten kann. Geld wird hier wieder naturalistisch vorausgesetzt. (Die Kritik dieser Position ist bereits eingeführt worden.) Orléan sieht aber in der zweiten Konzeption von Liquidität einen Ansatz, der prinzipiell die Differenz zwischen Werttheorie (wie kommen Preise zustande?) und Geldtheorie (ist Geld nur ein „Tauschmittel ohne Eigenschaften"?) aufgegriffen und bearbeitet hat.

Stellvertretend dafür steht für Orléan die Arbeit von Don Patinkin (1972). Patinkin hat Geld selbst als Gut *sui generis* in die Werttheorie aufgenommen und so einen Ansatz vorgelegt, der aus Sicht von Orléan die Differenz zwischen Werttheorie und Geldtheorie überbrücken könnte. Geld erhält in diesem Modell einen intrinsischen Wert, Akteure sind daran interessiert, Geld nachzufragen und es zu halten, anstatt es auszugeben. Denn Geld hat die wertvolle Kapazität, dass dafür *jederzeit* wertvolle Güter eingetauscht werden können – solange man das Geld hält, hat es eben diesen eigenständigen Nutzen. Wie Keynes versucht auch Patinkin, die eigenständige Nachfrage nach Geld als Gut zu erklären (Orléan 2014, S. 72f). Aber auch hier ist die Kritik von Orléan (2002, S. 35f), dass dieser so bestimmte intrinsische Nutzen des Geldes ohne einen Bezug auf die Entscheidungen anderer hergeleitet wird. Patinkin unterstelle einen privaten Nutzen des Geldes, und müsse bei den Akteuren dennoch voraussetzen, dass diese die zukünftige Akzeptanz des gehaltenen Geldes durch Dritte antizipieren. Damit ist auch hier die Beziehung zum Geld nicht reduzierbar auf eine „rein private" (purement privé) Beziehung. Der bei Patinkin angelegte zeitliche Bezug auf die Zukunft verweise auf das fehlende Konzept des Vertrauens bei ihm, ohne den der intrinsische Nutzen und damit der Wert des Geldes nicht erklärlich würden.[306]

Das Vertrauen in das Geld ist aus institutionalistischer Sicht fundamental, und es lassen sich drei verschiedene Mechanismen für das Entstehen des Vertrauens identifizieren (Aglietta/Orléan 2002, S. 104f, Orléan 2007, 2014). *Methodisches Vertrauen* in das Geld erwächst aus der Wiederholung und der entstehenden Tradition der Tauschakte, immer wieder zu einem erfolgreichen Ende zu kommen. *Hierarchisches Vertrauen* kann als Nächstes und als überlegene Form des Vertrauens

---

das Spekulationsmotiv (Bereithaltung von Geld, um kurzfristig Wertpapiere kaufen zu können). Im Unterschied zum konventionentheoretischen Ansatz von Orléan hat sich Keynes aber für den makroökonomischen Zusammenhang von Zinspolitik und Liquidität interessiert. Letztlich ist Zins für Keynes die Kompensation für den Verzicht auf Liquidität (und nicht für den Verzicht auf Konsum).

306 „Il n'y a pas de monnaie sans confiance." (Orléan 2002, S. 36)

entstehen, wenn eine politische Autorität in der Lage ist, Regeln der Geldverwendung einzuführen und zu ändern. *Ethisches Vertrauen* wird als Letztes möglich, wenn in einer Gesellschaft mit dem Entstehen der geldlichen Abstraktion (von eben dieser Gesellschaft) die Abstraktion des Individuums gestützt wird und das individuelle Kalkül in Geldeinheiten als Element einer individuellen und befreiten Humanität denkbar wird. Das Wohlergehen des Individuums wird Teil einer individuellen Rationalität und damit zu einer eigenen ethischen Haltung.[307] Ethisches Vertrauen in das Geld gilt Orléan (und auch Aglietta) als die fundamentalste Form des Vertrauen in das Geld, sie könne sogar die politischen Kontrolle des Geldes begrenzen. Für Orléan (2007, 2014) wird somit denkbar, dass das Geld nicht nur dem Markt, sondern auch dem Staat als Institution vorausgeht. Denn am Anfang steht ein Kollektiv, das mit der Einführung des Geldes seine sozialen Beziehungen stabilisieren und auf Dauer stellen will – auch wenn der Staat dann nach und nach eine wichtige aktive und reglementierende Rolle übernimmt.[308]

Dass der Staat nicht allein Garant für das Vertrauen in das Geld ist und dass eine Gesellschaft auf einen Vertrauensmechanismus angewiesen ist, der zukünftige Geldverwendungen und die zukünftige Akzeptanz sichert, will Orléan anhand des intergenerationellen Tauschs zeigen. Der Bezug ist das „Modell der überlappenden Generationen“, welches von Paul Samuelson und Maurice Allais eingeführt wurde („modèle à générations imbriquées“, Orléan 2002, S. 36; Orléan 2009a, S. 227f).[309] Eine aktuell erwerbstätige Generation ist darauf angewiesen, dass das von ihr für den Ruhestand angesparte Geld von zukünftigen Generationen als Tauschmittel akzeptiert wird. Die aktuell erwerbstätige Generation steht damit in einem nicht zeitgleichen Tauschverhältnis mit folgenden Generationen, oder anders formuliert die Gesamtheit der durch das Geld aneinander verwiesenen Akteure steht in einem nicht simultan erfolgenden Tauschverhältnis. Das Geld passiert von Generation zu Generation die Zeiten und ermöglicht den Ruheständlern ihre in der Erwerbstätigkeit erworbenen Rechte auf die Geldverwendung. Die derzeit jungen Generationen akzeptieren das Geld, nicht weil es für sie intrinsisch wertvoll ist, sondern weil auch sie darauf vertrauen, dass in weiterer Zukunft dann junge Generationen das Geld akzeptieren werden. In dieser Eigenschaft des Geldes, nicht koexistente Generationen miteinander in Beziehung zu setzen, artikuliert

307 Hier beziehen sich Aglietta und Orléan (2002, S. 105) auf die Vorarbeiten von Georg Simmel (1987).

308 Die Ausarbeitung der Bedeutung der Staatstätigkeit für das Geld und die verschiedenen Formen des Geldregimes sind Gegenstand der Regulationstheorie.

309 Die Quellen des „Allais-Samuelson-Modells überlappender Generationen“ sind konkret Allais (1947) und Samuelson (1958).

sich erneut die Eigenschaft des Sozialen: Das Leben der Individuen ist endlich, die Existenz der Gesellschaft ist es nicht. Die Evidenz eines Glaubens an eine zeitlich unbegrenzte Akzeptanz des Geldes führt zu der für Orléan paradoxalen Folgerung: Das Geld wird heute akzeptiert, weil es morgen akzeptiert werden wird (Orléan 2002, S. 42). Aufgelöst wird dieses Paradox durch den eigentlichen Mechanismus, der dahinter steht: das implizite Vertrauen in das fortwährende Kollektiv, das sich in der Geldverwendung artikuliert (Orléan 2002, S. 44). Dieses Kollektivvertrauen übersteht Staatskrisen und Staatsversagen und ist für Orléan damit grundlegender als die staatlichen Sicherungsbemühungen für die intergenerationelle Akzeptanz von Rentenansprüchen.[310]

7.6 Konventionen und Liquidität in der Finanzwelt

Finanzmärkte sind in der wirtschaftssoziologischen Forschung in den letzten Jahren zunehmend Gegenstand der Analyse geworden, weil sich gerade hier die sozialen Mechanismen der Konstruktion von Märkten am deutlichsten zeigen. Entgegen der Idee, dass hier die „reine Ökonomie" unabhängig von der sozialen Einbettung anzutreffen sei, tritt für die soziologische Analyse das umfangreiche Spektrum der sozialen Investitionen zutage, die erforderlich sind, um die Institutionen der Finanzwelt, ihre Regeln, ihre Akteure ins Werk zu setzen.[311] Mittlerweile zentrale Ansätze sind die *Social Studies of Finance* (MacKenzie 2006, Kalthoff 2009) oder die *Accounting-Forschung* (Hopwood/Miller Hrsg. 1994).[312] Ein wichtiges Kennzeichen der Finanzmärkte ist, dass sie kollektive Einrichtungen sind, die zuallererst die Liquidität von Aktien (Besitzrechte an Unternehmungen) gewährleisten sollen.[313] Das Kapital soll permanent wandelbar sein, d. h. Aktien sollen jederzeit in Geld umgewandelt werden können.

---

310 Franck Bessis hat diese Sicht von Orléan auf Institutionen als durch Kollektive fundierte und realisierte Sachverhalte aufgegriffen (Bessis 2006, 2008a, 2008b, 2009).

311 Siehe Abolafia (1996), Godechot (2001), Kalthoff (2004), Knorr Cetina und Bruegger (2002), Knorr Cetina und Preda (Hrsg.)(2005), Windolf (Hrsg.)(2005), MacKenzie (2006, 2009), Kalthoff und Vormbusch (Hrsg.)(2012) sowie Kraemer und Nessel (Hrsg.)(2012, 2015).

312 Siehe für die Anwendungen der Konventionentheorie in der Accouting-Forschung Amblard (2004), Chiapello (2008, 2015b) und Ramirez (2013).

313 Als Referenz für die folgenden Passagen siehe Orléan (1999, dort Kapitel 1) und Orléan (2014, dort Kapitel 7).

Orléan zeigt die vorlaufenden institutionellen Prozesse auf, die die Liquidität ermöglichen. Dazu zählt die Standardisierung der Produkte. Zwar brauchen Aktien, Optionen und andere Wertpapiere nicht weiter standardisiert zu werden (sie sind es bereits, was Quantitäten und Zeiträume betrifft), dennoch gibt es auch für Finanzmärkte das Erfordernis der Standardisierung von Produktqualitäten, wenn die Wertpapiere darauf bezogen sind. Damit wird die Standardisierung der Produktqualitäten ein Erfordernis für die Herstellung der Liquidität. Die Qualität von Rohstoffen wird beispielsweise durch Börsen und Kontrollgremien der Finanzmärkte operationalisiert, wie dies bei Weizenqualitäten im Terminhandel oder bei der Festlegung von handelbaren Legierungen von Metallen der Fall ist (Cronon 1991). Zentral ist hierbei, dass damit Produktkategorisierungen etabliert werden, die auf Konventionen fußen, welche Eigenschaften die Produkte wesentlich ausmachen sollen und wie ihre Qualität bestimmt wird. Werden Unternehmen, die an Börsen notiert sind, in die falsche Produktkategorie eingeordnet, können sie durch die Analysten, die Branchen beobachten, eine Bewertung erhalten, die aus Sicht des Unternehmens nachteilig sein kann.[314]

Finanzmärkte steigern ihre Liquidität, wenn die Zugangsbarrieren zum Handelsplatz reduziert werden und wenn die Transaktionskosten für den Handel von Wertpapieren sinken. Finanzmärkte steigern ihre Liquidität weiter, wenn Instrumente eingerichtet werden, die in immer kürzeren Zeitintervallen Preise angeben und zugehörige Personen auf institutionalisierten Positionen für ein spezifisches Papier einen „Markt machen", d. h. dass sie bereit sind, jederzeit Aktien oder Derivate auch zu handeln, indem sie zu einem aktuellen Kurs aufkaufen und zu einem höheren aktuellen Kurs verkaufen.

Zur Steigerung der Liquidität gehört aus konventionentheoretischer Sicht aber insbesondere auch, dass die Formen der Transaktionen kodifiziert werden, d. h. dass die Regeln etabliert werden: wie Akteure welche Informationen angeben und erhalten (z. B. Informationen über Dritte, die Aufträge erteilt haben), in welchen Einheiten und Intervallen welche Preise anzugeben sind, wer berechtigt ist zu kaufen und zu verkaufen, wie die Übertragung der Besitzrechte erfolgt und welche Sanktionen bei Missachtung oder Nichterfüllung von Regeln erfolgen.

Finanzmärkte unterscheiden sich deutlich von anderen Märkten durch diese Art der Kodifizierung. (Auch andere Märkte sind rechtlich eingebettet, aber sie sind nicht in dieser Weise reglementiert – man denke etwa an Konsumgütermärkte.)

Orléan spricht daher von Finanzmärkten als Organisationen oder organisierten Märkten, die durch ein Ensemble von Regeln Liquidität produzieren (Orléan 1999, S. 34/39). Liquidität ist also alles andere als ein spontaner Marktmechanismus.

---

314 Siehe für den Nachweis die Analyse von Zuckerman (1999).

Orléan hebt weiter hervor, dass es diese Liquidität ist, die es ermöglicht, Preise zu ermitteln. Investoren und Spekulanten können so kontinuierlich aktuelle Werte identifizieren, für die Folgendes gilt: Man kann sich darauf verlassen, dass man zu diesen Preisen kaufen oder verkaufen kann. Fehlt Liquidität, so kann man sich informieren, welcher Preis bei einer vergangenen Transaktion gezahlt wurde, man weiß aber nicht, ob eine Transaktion zu diesem Preis erneut zu erzielen wäre. Finanzmärkte unterscheiden sich daher auch darin, so Orléan (2014), dass sie die Differenzierung in zwei grundsätzlich verschiedene Gruppen von Verkäufern und Käufern – wie sie beispielsweise bei Konsumgütern gegeben ist – tendenziell auflöst. Denn die an den Börsen gehandelten Objekte werden einmal nicht durch einen Konsum zerstört und Käufer können prinzipiell als Verkäufer auftreten und die zuvor gekauften Wertpapiere veräußern. Die hohe Liquidität (im Sinne kontinuierlicher Verkäuflichkeit) des Finanzmarktes ermöglicht allen Akteuren den aus ihrer Sicht günstigen Zeitpunkt zu wählen, ob sie als Verkäufer oder als Käufer auftreten wollen bzw. ermöglicht ihnen auch dann ihre Wertpapiere zu Geld zu machen, wenn sie kurzfristig selbst Liquidität (im Sinne des Verfügens über Geld) benötigen.

> "In markets where ordinary goods are traded, two groups with contrary interests face each other, producers and consumers, the one looking to sell for high prices, the other looking to buy for low prices. This basic opposition, precisely because it produces countervailing forces, works to stabilize price in accordance with the law of supply and demand. In the secondary financial market, by contrast, where previously issued securities and financial instruments are traded, share owners all have the same desire for high returns.
>
> Here there is no fixed distinction between buyers and sellers; instead there are investors who alternate as buyers and sellers, depending on their need for liquidity. In order to preserve the law of supply and demand in this case, neoclassical economists must appeal to something still more fundamental-the share,s intrinsic value, which is supposed to anchor stock prices in a world that lies outside the market and apart from the transactions that take place there. It is this value, in other words, that gives rise to countervailing forces, which keep the movement of prices within a relatively narrow range, and that, in this way, guarantees market efficiency. The problem is that the negative-feedback model of neoclassical finance cannot be justified [...]. The orthodox belief that competition governs the exchange of both ordinary goods and financial assets must therefore be rejected. Two distinct dynamics are at work, one in which exchange is motivated by an interest in utility, the other by an interest in liquidity. The related idea that an intrinsic value governs the movement of share prices must therefore be given up as well." (Orléan 2014, S. 233)

Die Finanzwelt errichtet ihre Autonomie in einem ersten Schritt durch die Abtrennung von Fundamentalwerten (also den Verkaufswerten der Unternehmen) und

Börsenwerten (also den Handelswert der Aktien). Die Finanzwelt hat ihre Autonomie in einem zweiten Schritt gegenüber der „Realwirtschaft" gesteigert, indem sie in die Einrichtung von Derivaten (wie Optionen) investiert hat, die zusätzliche Formen für die „Liquidierung", also für die Wandelbarkeit von Aktien sind. Finanzmärkte haben seitdem das Potenzial – unabhängig von realwirtschaftlichen Vorgängen –, Liquidität beliebig zu steigern. Damit löst sich die Finanzwelt faktisch noch weiter von der „realen Ökonomie" ab, und für Orléan (1999) eröffnet sich damit die zunehmende Ausdifferenzierung zwischen zwei grundlegend verschiedenen Akteursorientierungen auf dem Finanzmarkt. (1) Einerseits finden sich Akteure auf dem Finanzmarkt, die sich an den realwirtschaftlichen Vorgängen zu orientieren und so den Wert von Wertpapieren zu taxieren versuchen. Diese Akteure beobachten vorrangig finanzmarktexterne Vorgänge, und sie versuchen, Unternehmensführung und Unternehmenswerte auf die langfristige Wertentwicklung hin zu beurteilen, um Aktienwerte einzuschätzen. (2) Andererseits finden sich Akteure, die versuchen, die anderen Akteure auf Finanzmärkten und die Preisbewegungen zu beobachten. Diese Akteure beobachten erstrangig finanzmarktinterne Vorgänge, und sie versuchen, diese Beobachtungen für die Spekulation zu nutzen.

Der Handel mit Devisen, Aktien und Derivaten ist wie jeder Markt durch Unsicherheit und Risiko gekennzeichnet. Der Institutionalist Frank Knight hat bereits in den 1920er-Jahren die Unterscheidung zwischen Risiko und Unsicherheit eingeführt (Knight 2006). Während Risiken sich mithilfe von Daten über die Vergangenheit statistisch bewerten lassen, bezeichnet Knight mit Unsicherheit die Möglichkeit, dass neuartige Ereignisse eintreten können, die die bisherigen Erfahrungen und Modelle in Frage stellen.[315] Während Risiken berechenbar sind, sind es Unsicherheiten nicht. Daraus folgt, dass Risiken, nicht aber Unsicherheiten in neoklassischen Marktmo-

315 "But Uncertainty must be taken in a sense radically distinct from the familiar notion of Risk, from which it has never been properly separated. The term 'risk', as loosely used in everyday speech and in economic discussion, really covers two things which, functionally at least, in their causal relations to the phenomena of economic organization, are categorically different. [...] The essential fact is that 'risk' means in some cases a quantity susceptible of measurement, while at other times it is something distinctly not of this character; and there are far-reaching and crucial differences in the bearings of the phenomenon depending on which of the two is really present and operating. There are other ambiguities in the term 'risk' as well, which will be pointed out; but this is the most important. It will appear that a *measurable* uncertainty, or 'risk' proper, as we shall use the term, is so far different from an *unmeasurable* one that it is not in effect an uncertainty at all. We shall accordingly restrict the term 'uncertainty' to cases of the non-quantitative type. It is this 'true' uncertainty, and not risk, as has been argued, which forms the basis of a valid theory of profit and accounts for the divergence between actual and theoretical competition." (Knight 2006, S. 19f. Herv. i. Orig.)

dellen modelliert werden können und dass die neoklassische Wirtschaftstheorie keine Handlungsstrategien für Unsicherheiten ableiten kann (Orléan 1989, S. 242). Keynes kam im Grunde (einige Jahre später) zum gleichen Schluss. Er hat zunächst das Konzept der Konvention eingeführt, um den für die Finanzwelt grundlegenden Mechanismus zu interpretieren, der die Bewältigung von Unsicherheit leistet und für die relative Stabilität von Finanzwerten verantwortlich ist.

> „Das Wesentliche dieser Konvention [...] liegt in der Voraussetzung, daß die bestehende Geschäftslage unendlich andauern wird, soweit wir nicht besondere Gründe für die Erwartung einer Änderung haben. Das heißt nicht, daß wir wirklich glauben, daß die bestehende Geschäftslage unendlich andauern werde. Wir wissen durch umfangreiche Erfahrung, dass dies höchst unwahrscheinlich ist. [...] Wir setzen tatsächlich voraus, dass die bestehende Marktbewertung, wie sie auch immer erreicht wurde, in bezug auf unsere Kenntnis der den Ertrag der Investition beeinflussenden Tatsachen eindeutig *richtig* ist, und dass sie sich nur im Verhältnis zu Änderungen in dieser Kenntnis ändern wird, obschon sie, philosophisch gesprochen nicht eindeutig richtig sein kann, weil die Kenntnis, die wir haben, keine genügende Grundlage für eine berechnete mathematische Erwartung schafft. Tatsache ist, daß in der Marktbewertung alle Arten von Erwägungen einbezogen werden, die in keiner Weise für den erwarteten Ertrag von Belang sind. Die obige konventionelle Rechenmethode wird dennoch mit einem beträchtlichen Maß von Stetigkeit und Beständigkeit in unseren Unternehmungen vereinbar sein, *solange wir uns auf die Einhaltung der Konvention verlassen können.*" (Keynes 2006, S. 129f, Herv. i. Orig.)

Keynes folgert, dass rationale Akteure den gegenwärtigen Zustand der Finanzwerte als maßgebliche Meinung heranziehen, anstatt die Entwicklungen der Vergangenheit zu studieren. Auch über die Zukunft könne man nur so viel sagen, als dass deren Einschätzung in die Konvention eingeflossen sei. Eine instrumentelle und individuelle ökonomische Rationalität muss aber angesichts von Unsicherheiten, die sich auf dem Markt fundamental auswirken könne, aufgegeben werden. Für Keynes ist die Orientierung an Konventionen letztlich irrational und Zugeständnis der Marktteilnehmer an die Einsicht, dass es keine wissenschaftliche Strategie gibt, die Entscheidungen (oder Preisentwicklungen) auf einem individuellen formalen Kalkül zu fundieren.[316] Die Orientierung an der Konvention bedeute, dass sich Akteure an allen anderen Akteuren orientieren (Keynes 1937, S. 214).

Bereits Keynes hat die *Autoreferenzialität* der Konvention herausgestellt, die darin besteht, dass sich die Marktakteure nicht einfach an der Konvention als einem Wert (Preis) orientieren, sondern an der Konvention als *erwarteter Durchschnittsmeinung*.

---

316 Bekannt geworden ist das Diktum Keynes von den „animal spirits". Dabei hat Keynes dieses verbunden mit einem positiven Optimismus, der für das Unternehmertum notwendig sei (Keynes 2006, S. 137, siehe auch Koppl 1991).

Bekannt geworden ist das von Keynes verwendete Beispiel des Wettbewerbs, bei derjenige gewinnt, der die Mehrheitsmeinung am besten antizipieren kann.

> „[Es] kann das berufsmäßige Investment mit jenen Zeitungswettbewerbern verglichen werden, bei denen die Teilnehmer die sechs hübschesten Gesichter von hundert Leitbildern auszuwählen haben, wobei der Preis dem Teilnehmer zugesprochen wird, dessen Wahl am nächsten mit der durchschnittlichen Vorliebe aller Teilnehmer übereinstimmt, so daß jeder Teilnehmer nicht diejenigen Gesichter auszuwählen hat, die er selbst am hübschesten findet, sondern jene, von denen er denkt, daß sie am ehesten die Vorliebe der anderen Teilnehmer gewinnen werde, welche alle das Problem vom gleichen Gesichtspunkt aus betrachten. Wir haben den dritten Grad erreicht, wo wir unsere Intelligenz der Vorwegnahme dessen widmen, was die durchschnittliche Meinung als das Ergebnis der durchschnittlichen Meinung erwartet. Und ich glaube, daß es sogar einige gibt, welche den vierten, fünften und noch höhere Grade ausüben.“ (Keynes 2006, S. 132f)

In *Le pouvoir de la finance* (Orléan 1999) sowie in *The empire of value* (Orléan 2014) setzt Orléan bei diesem Modell von Keynes an. Orléan vergleicht den Preisfindungsmechanismus auf Finanzmärkten mit dem Meinungsbildungsprozess in Parlamenten. Das Parlament der Aktionäre versuche nichts anderes, als die Mehrheitsmeinung auf dem Finanzmarkt zu identifizieren (Orléan 1999, S. 57). Eine Fundamentalanalyse ist für ihn ein zweckloser wirtschaftswissenschaftlicher Ansatz, da man anhand der von der Fundamentalanalyse unterschätzten Häufigkeit von Börsenkrisen die fehlende Validität ihres Ansatzes erkennen könne.

Die von Keynes geschilderte Komplexität der Beobachtung von Konventionen, der Beobachtung ihrer Antizipationen, der Beobachtung der Beobachtung ihrer Antizipationen usw. führe zu einer anderen Rationalität, nämlich einer *mimetischen Rationalität*, die die Selbstbezüglichkeit der Finanzmärkte stabilisiere, aber auch steigere und „Ansteckungseffekte“ ermögliche (Orléan 1992, 2014).[317] Wie Olivier Favereau argumentiert hat, erhalten Konventionen den Status eines kollektiven kognitiven Dispositivs (Favereau 1986, 2012), alle individuellen Kalküle müssen sich daran orientieren. Die Konvention wird damit (erneut) zum Vermittler zwischen Individuum und Gruppe, die individuellen Wahrnehmungen passen sich diesem kollektiven Dispositiv an, die Kognition wird zur Sozio-Kognition.[318] Weiter erhält die Konvention den Status einer Institution, zugleich ist sie die (kognitive) Organi-

---

317 Siehe für die konventionentheoretische Verwendung dieses Arguments des mimetischen Mechanismus auch Gomez (1994, 1995, 1996, 2006, 2009).

318 Siehe für eine Kritik dieser kognitivistischen Auffassung von Konvention Salais (2007a).

sationsform der Finanzwelt (Orléan 1999, S. 87).[319] Für Orléan ist die Konvention ein durch die Finanzakteure selbst hervorgebrachtes Resultat (*auto-production du groupe*), in dem sich die Autonomie der Finanzwelt (gegenüber der Realwirtschaft) artikuliert. Die Finanzwelt erzielt so die Qualität der Selbstregulierung (*autorégulation*), die sie von den Absichten der Unternehmen noch weiter unabhängig mache.[320]

7.7 Konventionen als Paradigmen in Finanzmärkten

Orléan will das Verständnis von Konventionen bei Keynes erweitern. Denn Konventionen sind für ihn nicht einfach konventionelle Preise (oder die Konventionen über ihre Ermittlung), sondern kollektiv geteilte Einschätzungen über die Art und Weise „wie der Finanzmarkt funktioniert".[321] Konventionen erhalten den Charakter von Modellen für die kollektive Interpretation, und Orléan rückt das Konzept der Konvention in die Nähe des Konzepts des „Paradigmas" von Thomas S. Kuhn (Orléan 1986, 1989, 1999).[322] Beispielhaft ist für Orléan das Aufkommen der Internetökonomie. Internetfirmen (wie „*YAHOO!*", „*Amazon*", „*Google*" oder „*eToys*"), die in den 1990er-Jahren wenige Millionen Dollar Gewinn oder gar Verluste erzielt hatten, hatten in dieser Zeit einen Börsenwert von vielen Milliarden Dollar. Die Frage ist, wie diese absurde Überbewertung möglich war. Orléan argumentiert, dass die Finanzmärkte in dieser Zeit eine neue Konvention für die Internetökonomie zu entwickeln begannen. Das Umdenken bestand darin, dass nicht mehr der Unternehmensgewinn oder die zukünftige Unternehmensentwicklung der Maßstab für die Bewertung war, sondern die Zahl der für die Internetfirmen erreichbaren neuen Kunden und Vertriebswege (Orléan 1999, S. 148; Orléan 2014, S. 228).

Konventionen müssen sich argumentativ legitimieren. Neben der mimetischen Bewegung, die eine Konvention anstrebt und stabilisiert, gibt es eine begleitende diskursive Bewegung, die eine Interpretation als dominierende Bewegung durchzusetzen

319 „La convention est le mode d'organisation de la communauté financière." (Orléan 1999, S. 87)

320 Man kann die von Orléan verwendete Konzeption der Konvention in Beziehung setzen zur Konvention der Meinung (Welt der Bekanntheit) bei Boltanski und Thévenot (2007, 2011); siehe den Hinweis bei Orléan (2012, S. 75).

321 Siehe für eine aktuelle Analyse der Verdrängung von Konventionen auf dem Finanzmarkt und im Bereich der Unternehmensführung Kädtler (2009).

322 Auch John Latsis hat vorgeschlagen Konventionen als Paradigmen aufzufassen (Latsis 2005, 2007).

versucht für die Legitimierung eben dieser Konvention als valider Interpretation der (preislich bewerteten) Vorgänge auf dem Finanzmarkt (Orléan 1999, S. 88).

Orléan sieht die Keynessche Ausarbeitung der Konvention eingeschränkt auf die Erklärung der relativen Stabilität von Aktienwerten (Orléan 1999, S. 129). Dies bezeichnet Orléan als die Konvention der Normalität eines Preises, die mit einer „normalen Volatilität" einhergeht. Die „normale Volatilität" von Aktienkursen ergibt sich aufgrund divergierender individueller Antizipationen. (Exzessive Volatilität entsteht dagegen, wenn die vormals dominierende Interpretation ihre Stellung verliert, die Konvention geschwächt wird und sich die Meinungen polarisieren.) Aber diese Konvention ist für Orléan nur eine unter vielen möglichen. Neben der Frage der Vielfalt der Konventionen sei bei Keynes weiter ungeklärt, wie die Dynamik der Konventionen *en detail* beschaffen ist: wie sie entstehen, sich etablieren und verdrängt werden.[323] Die Arbeiten von Orléan haben versucht, anhand verschiedener Börsenkrisen und Finanzblasen die Vielfalt von Konventionen und ihre jeweilige Dynamiken zu rekonstruieren (Orléan 1999, 2009b, 2014). Beispielhaft dafür sind die unterschiedlichen Konventionen für die Märkte in den verschiedenen Weltregionen wie die „asiatische Konvention", bei der von den asiatischen Ökonomien als von den „Tigerstaaten" die Rede ist oder die Rede von der „New Economy".[324]

7.8 Die Krisenhaftigkeit der Finanzmärkte

Orléan unternimmt in der Studie „*De l'euphorie à la panique: penser la crise financière*" den Versuch, die Finanzmarktkrise aus den Jahren 2007 und 2008 zu erklären (Orléan 2009b).[325] Trotz ihres Ausmaßes und den schwerwiegenden, bis heute anhaltenden Folgen sieht Orléan einen „klassischen" Mechanismus am Werk, der für die Krise verantwortlich ist, der sich in der Vergangenheit immer wieder

323 Siehe dafür Boyer und Orléan (1991, 2004).

324 Orléan (1999) betrachtet diese Konventionen auch als Governanceformen für Unternehmen als wirksam. Konventionen sind in diesem Sinne Paradigmen für die Unternehmensführung und die Art der Unternehmenskontrolle, wie dies mit dem Shareholder-value-Ansatz deutlich geworden ist.

325 Die folgenden Ausführungen zur Krise des Finanzmarktes stützen sich auf Orléan (2009b). In der englischen Übersetzung von *L'empire de la valeur* (Orléan 2011), *The empire of value* (Orléan 2014), finden sich zwei zusätzliche Kapitel 8 und 9, die im Wesentlichen die Inhalte dieser Studie aus 2009 darstellen. Siehe für eine Analyse des New Yorker Börsenkrachs vom Oktober 1987 weiter auch Orléan (1999, S. 98f), für Analysen der Finanzkrise, die sich auch auf die EC stützen, Arnoldi (2009) und MacKenzie (2011).

krisenhaft ausgewirkt hat und der sich lediglich – wenn auch in einem sehr heftigen Ausmaß – wiederholt hat.[326] Für ihn ist die Krise des Finanzmarktes erklärlich durch eine Kopplung von Immobilienkrise und Kreditkrise. Diese Kopplung habe dann zu der weltweiten Krise des Finanzsektors geführt.

Worin besteht nun genau der von Orléan angeführte Mechanismus? Die Immobilienkrise führt er auf einen selbstverstärkenden und autoreferenziellen Effekt zurück. Immobilien haben – im Unterschied zu Konsumgütern, die durch ihren Konsum verbraucht werden – die Eigenschaft, dass ihr Wert nicht durch den Konsum reduziert wird. Der Wert einer Immobilie steigt nicht einfach deshalb, weil die Mieten steigen und damit eine höhere Rendite ermöglicht wird. Die Mieteinnahmen aus (vermietbaren) Immobilien sind in den letzten Jahren in den USA kaum gestiegen, die Immobilienpreise (vor der Krise des Finanzmarktes) dagegen sind enorm angewachsen. Die Wertsteigerung ist für Orléan auf einen Börseneffekt zurückzuführen: Die Wertsteigerungen haben an der Börse die Nachfrage nach Immobilien ansteigen lassen. Denn Preissteigerungen werden hier als Wertsteigerungen gedeutet. Anders als auf anderen Märkten hat die Preissteigerung die Nachfrage eben nicht sinken lassen, und der Markt hat sich hier nicht selbst reguliert. Im Gegenteil: Die Wertsteigerung von Immobilien hat die Nachfrage nach Immobilien als Wertanlagen steigen lassen. Dieser Effekt hat sich über viele Jahre selbst verstärkt und dann zu einer für die Akteure auf dem Immobilienmarkt zu erwartenden Dynamik geführt, die scheinbar stabil zu sein schien: dass Immobilienpreise stetig steigen. Damit wurde sowohl für Käufer, die den Immobilienkauf über die Aufnahme von Hypotheken finanzierten, als auch für Banken, die Hypothekenkredite zu einem (im Verhältnis) niedrigen Zinssatz verkauften, der Immobilienmarkt ein lukratives Geschäftsfeld, in dem es nur Gewinner zu geben schien. Denn die Käufer konnten (vermeintlich) damit rechnen, dass die Wertsteigerung der Immobilien die Hypothekenkosten übertraf, die Banken konnten damit rechnen, dass die Wertsteigerung der Immobilien zugleich eine Wertsteigerung der Sicherheiten für ihre (an die Käufer gewährten) Kredite bedeutete. Beide Seiten – Immobilienkäufer wie Banken – hatten ein Interesse an dem Mechanismus der kontinuierlichen Wertsteigerung der Immobilien. Zugleich hat dieser Mechanismus ebenso für beide Seiten den Immobilienmarkt attraktiver werden lassen und die Nachfrage nach und das Angebot an Immobilien und Krediten weiter anwachsen lassen. Entscheidend ist nun, dass auf dem Immobilienmarkt diese zu beobachtende kontinuierliche Wertsteigerung als erwartbare Dynamik

---

326 In seiner Analyse der Krise stützt sich Orléan auf verschiedene vorlaufende wirtschaftswissenschaftliche Analysen, die diesen Mechanismus früh identifiziert haben (siehe ausführlicher Orléan 2009b).

zum Modell für das Funktionieren des Immobilienmarktes wurde. Damit hat sich in diesem Markt eine ihm eigene Konvention etabliert, die fundiert wird durch die Autoreferenzialität dieses Wertsteigerungsmechanismus.

Dass Finanzmärkte autoreferenziell operieren, ist für Orléan das erste Gesetz der Finanzmärkte; spezifisch ist hier Autoreferenzialität, welche auf dieser spezifischen Konvention fußt.[327] Denn diese Autoreferenzialität führte – so Orléan – tatsächlich zu Wertsteigerungen, solange die Kredite gewährt und bezahlt werden konnten. Die Wertsteigerung der Immobilien war so lange auch keine wirkliche „Blase", denn dieser Begriff unterstellt, dass man die Preise für Immobilien kritisch mit einem Fundamentalwert hätte abgleichen können und so feststellbar gewesen sei, dass sie überhöht waren (dennoch verwendet auch Orléan den Begriff der Blase, um das Phänomen zu bezeichnen).[328] Zentral ist, dass die wahrgenommene Qualität der Kredite (Hypotheken) nicht an die Zahlungsfähigkeit der Kreditnehmer gebunden war, sondern an die Verstetigung der Wertsteigerung der Immobilien (der Hausse im Immobilienmarkt) selbst.[329] Damit wurden Hypothekenkredite ihrerseits für den Finanzsektor eigenständige attraktive Spekulationsobjekte, deren Qualität (Wertigkeit) auf einer neuen Konvention beruhte, die nicht auf „Fundamentalwerten" gestützt war, sondern auf der angenommenen Stabilität eines Trends. Immobilienwertpapiere und Immobilienfonds wurden damit ein lukratives Spekulationsobjekt und eine florierende Sparte im Finanzsektor. In diesem Markt war der Mechanismus der Autoreferenzialität durch einen spezifischen *„mimetischen Druck"* (Orléan 2009b, S. 44f) und eine spezifische Interessenkoalition gestützt. Der mimetische Druck wirkte auf die Konformität mit der Konvention hin und marginalisierte kritische und warnende Stimmen. Ermöglicht wurde dieser Druck durch die publizierten Befunde der ökonometrischen Analysen, die – so Orléan kritisch – einfach den obigen Trend erfassten und zeitlich in die Zukunft

327 Das Argument fußt letztlich auf der oben eingeführten Position von Keynes (Orléan 2009b, S. 48).

328 Eben diese Ermittlung von Fundamentalwerten ist Orléan zufolge nicht möglich (Orléan 1999, 2001, 2009b, 2012, 2014).

329 Für die Finanzierung des Immobilienkaufs durch Hypothekenkredite ergab sich dann der „perverse" Effekt, dass Häuser ohne nennenswertes Eigenkapital gekauft werden konnten und die Wertsteigerung die Kosten der Hypothekenkredite wettmachte. Der Kauf einer Immobilie „auf Pump" wurde so in den USA für Millionen zu einem Geschäft. Anstatt Miete für eine Immobilie zu zahlen, die man nicht besaß, konnte man eine Immobilie mit Geld erwerben, das man nicht besaß, und zugleich erwarten, dass man allein durch die Wertsteigerung der Immobilie das geliehene Geld würde zurückzahlen können und zudem einen Gewinn erzielen würde. In den USA haben Immobilienbesitzer also mit der Aufnahme einer Hypothek Geld verdient (Orléan 2009b, S. 20f).

projektierten. Zudem wirkten die erfolgreichen Banken und Spekulanten als überzeugendes Vorbild. Zugleich lag weiter eine Interessenkoalition vor, da sowohl die Kreditnehmer (Hauskäufer, die Hypotheken aufgenommen hatten) als auch die Kreditgeber (Banken) ein Interesse an der Fortführung dieses Trends hatten. Beide Gruppen haben entsprechend ihre Überzeugungen in diese Immobilienblase argumentativ – also diskursiv – „investiert". Zu dieser Zeit – so Orléan – war es auch den Rating-Agenturen (die die Risiken von Immobilienwertpapieren zu beurteilen hatten) aufgrund des mimetischen Drucks nicht möglich gewesen, etwas anderes als eine erwartete hohe Qualität der Wertpapiere zu zertifizieren. Als Immobilienkrise trat diese Entwicklung erst manifest hervor, als der krisenhafte Trend auch als mit einer Kreditkrise verbunden wahrgenommen wurde. Die Verkopplung dieser beiden Krisen (die die spezifische Form ist, wie diese beiden Krisen als solche sich artikulieren konnten) erfolgte über den Zwischenschritt der Verbriefung (*titrisation*), der Umwandlung der Hypothekenkredite in Wertpapiere – genauer in sogenannte strukturierte Wertpapiere, die CDOs (*collateralised debt obligations*) genannt werden. Mit dieser Umwandlung waren die Hypothekenkredite nun selbst frei auf den Finanzmärkten handelbar. Damit wurde aus vergebenen Krediten nochmals eine neue Form der Liquidität generiert, welche nun ein enormes Volumen innehatte und weltweit zirkulieren konnte. Diese liquidierten Kredite wurden in den frühen 2000er-Jahren nun zum Gegenstand weltweiter und kreditfinanzierter Massenspekulation. Das zentrale Problem bei den strukturierten Wertpapieren war aber, dass hier Hypothekenkredite mit unterschiedlichem Risiko in komplexer Weise so zusammengebündelt wurden, dass die Qualität dieser Wertpapiere an Transparenz einbüßen musste. Dafür wurden nun die Ratings von Rating-Agenturen (wie *Moody's*, *Standard & Poor's*, *Fitch*) als Äquivalent für die Qualitätsbewertung (die Bewertung des Ausfallrisikos) herangezogen. Die Ratings etablierten sich hier als neue Qualitätskonventionen, auf deren Grundlage dann Preise für die strukturierten Wertpapiere ermittelbar waren. Im Juni und Juli 2007 geriet nun die Qualität von einigen strukturierten Wertpapieren, die durch die Rating-Agenturen exzellent gerankt waren, als Wertpapiere mit hohem Ausfallrisiko in die Kritik. In der Folge verschlechterte sich die Bereitschaft dramatisch, diese zu akzeptieren (was sich anhand dramatisch steigender Risikoaufschläge zeigte).[330] Die Zahl der so infrage gestellten strukturierten Wertpapiere nahm rasch zu, sodass sich im August 2007 die Situation auf den Finanzmärkten zur Krise zugespitzt hatte. Diese bestand in dem fast vollständigen Vertrauensverlust in die Ratings der Rating-Agenturen. Die Folge war, dass diese Konvention (Ratings als Qualitätsmaßstab heranzuziehen)

330 Auslöser waren systematisch eingetretene Zahlungsausfälle bei sehr gut bewerteten Wertpapieren.

aufgegeben wurde, aber keine neue an ihre Stelle treten konnte, um die Qualität der strukturierten Wertpapiere glaub- und vertrauenswürdig zu fundieren.[331] Damit brach die Liquidität für diese Wertpapiere ein, und die Qualitätskrise wurde zur Liquiditätskrise. Illiquidität war zugleich das zwischenzeitliche und fast vollständige Aussetzen des Finanzmarktes. Banken waren nicht länger bereit, sich untereinander zu beleihen. Viele Banken waren gezwungen, ihre anderen Aktiva zu verkaufen, um überhaupt wieder liquide zu werden. Bis März 2009 sind Finanzwerte von mehreren Billionen US-Dollar verloren und viele Banken Konkurs gegangen. Es hat massive Auswirkungen auf die Realwirtschaft gegeben. Für Orléan (1999) ist das entscheidende, diese Krise manifestierende Moment eben die Infragestellung der Konvention auf dem Finanzmarkt. Und ebenso zentral ist für ihn, dass die anfängliche Autoreferenzialität, die die Wertsteigerung forciert hatte, nun in anderer Form die Krisenhaftigkeit des Finanzmarktes (für diese CDOs) forcierte.

Für Orléan sind damit verschiedene Mechanismen dafür verantwortlich, dass Finanzmärkte krisenhaft werden. Sie sind anhand der Finanzkrise in 2007–2008 vorgestellt worden, lassen sich aber verallgemeinern. Denn die sogenannte Finanzkrise wird von Orléan nicht als seltenes historisches Ereignis verstanden, sondern als eine weitere Artikulation der Krisenhaftigkeit von Finanzmärkten.

1. Wie bereits eingeführt, sieht Orléan (2014) in der Besonderheit der Finanzmärkte, keine echte Trennung zwischen Käufern und Verkäufern einzurichten, einen grundsätzlichen Mechanismus am Werk, der ebenfalls zur Krisenanfälligkeit von Finanzmärkten beiträgt. Denn sind Verkäufer und Käufer prinzipiell getrennt, dann gibt es ein gegenläufiges Interesse. Verkäufer sind an hohen Preisen und Käufer an niedrigen Preisen interessiert. Hinzu kommt, dass Produzenten und Verkäufer nicht jederzeit verkaufen oder kaufen können, wenn Konsumprodukte noch nicht fertig produziert sind oder nicht dauerhaft gelagert werden können (Orléan 2014, S. 208f). Anders verhält es sich bei Wertpapieren, die auf Börsen gehandelt werden. Hier haben deren Inhaber als zukünftige Verkäufer ein Interesse an der Wertsteigerung. Die Käufer sind nun ebenfalls an einer (weiteren) zukünftigen Wertsteigerung und nicht an einer Wertminderung interessiert. Liquidität als kollektiver Glaube, dass die Wertpapiere auch zukünftig jederzeit gekauft oder verkauft werden können, führt nicht nur zu einer Entdifferenzierung dieser Gruppen (Orléan 2014, S. 234f), sondern dann auch zu einer prinzipiellen Akzeptanz für bzw. zur Hoffnung auf wachsende Wertpapierkurse durch alle

331 „Im August 2007 war die Konvention, die vormals vorherrschend war, verdrängt worden, ohne dass eine neue an ihre Stelle getreten wäre." (Orléan 2009b, S. 73; Übersetzung RDB)

beteiligten Akteure. Das Interesse von Käufern wie Verkäufern von Wertpapieren konvergiert. Hier haben konkret Immobilien und darauf beruhende Derivate dieselbe Eigenschaft, wie sie Wertpapiere allgemein haben.

2. Der mimetische Druck, dem Händler auf Finanzmärkten unterliegen, sorgt ebenfalls dafür, dass es eine tendenzielle Steigerung von Börsenkursen gibt. Auch wenn Finanzhändler einen praktischen Sinn dafür haben, dass bestimmte Werte „überbewertet" sein können und der zugehörige Börsenkurs nicht den „richtigen" Wert (im Sinne eines Fundamentalwertes) widerspiegelt, so sind sie doch gezwungen, zuerst auf den Börsenkurs zu achten und die Tendenzen der Börsenkurse zu antizipieren oder ihnen zumindest zu folgen. Händler können also durchaus zwei verschiedene Bewertungen unterscheiden und die Börsenkurse als irrational kritisieren. Dennoch sehen sie sich gezwungen, ihre Kritik an den Bewertungen durch die Mehrheit der Börsenteilnehmer nicht als Handlungsmaxime heranzuziehen. Es ist daher rational, sich in Finanzmärkten irrational zu verhalten und den Börsenkursen zu folgen (Orléan 2014, S. 220f).[332]
3. Finanzmärkte benötigen allgemeine Konventionen, wie die relevanten Vorgänge (Regulierungen, Innovationen, Investitionen anderer usw.) und Erwartungen über Werte (und deren Entwicklung) in Ökonomien zu interpretieren sind. Oben sind solche Konventionen als Paradigmen bezeichnet worden. Neue Konventionen wie die der „New Economy" können krisengenerierend sein. Sie fordern einen Bruch mit den vorangehenden Erfahrungen und Konventionen in Finanzmärkten ein, da sie eine neue „Logik" für die Ökonomie (oder Bereiche davon) proklamieren. Dieser Bruch kann nicht nur zur Entwertung vorher etablierter Bewertungspraktiken und Börsenwerte führen, sondern auch zu neuen Wachstumsversprechen, an denen sich Akteure dann neu orientieren und an welche sie nun als zutreffend glauben müssen. Der Verlust der ehemaligen Bewertungsgrundlage, die die vorangehende Konvention darstellte, kann – gerade in Kombination mit der neuen Wachstumserwartung – Akteure mobilisierbar machen für das Investieren bei gleichzeitiger Ausblendung von „Fundamentalwerten" oder alternativen Analysen. Diese Mechanismen sorgen zusammen mit der Autonomisierung der Börsenkurse gegenüber den „Fundamentalwerten" dafür, dass in Finanzmärkten das Potenzial für Selbstkorrekturen schwach ausgeprägt ist. Die Tendenz, „Blasen" und darauf folgende „Crashs" zu generieren, wohnt damit Finanzmärkten inne (Orléan 2009b, 2014).

332 Denn es sei besser, mit den anderen zu irren, als allein im Recht zu sein (Orléan 2014, S. 225).

7.9 Die Konvention der Unverantwortlichkeit

Auch Robert Salais hat sich mit den Finanzmärkten und ihrer Krisenhaftigkeit befasst. Ihn interessiert allerdings nicht zuerst die Finanzkrise, sondern die Entstehung der Europäischen Union sowie die allmähliche Ausblendung ihrer Gründungsidee, die – so Salais – auch in ihrer demokratischen Legitimierung und der Etablierung sozialer Rechte besteht (Salais 2013, 2015b). Salais hat die Gründung der EU seit dem Zweiten Weltkrieg aus sozial- und wirtschaftshistorischer Warte rekonstruiert. Er diagnostiziert, dass früh die Schaffung eines einheitlichen europäischen Markt- und Finanzraums die treibende Kraft gewesen sei. Die Schaffung einer gemeinsamen Währung war hierfür ein wichtiges Moment. Salais kritisiert, dass damit die nationalen Steuerungsmöglichkeiten, wie sie die nationale Geld- und Währungspolitik durch die nationalen Zentralbanken ermöglicht hatte, verloren gegangen sind. In den Mitgliedsstaaten der EU und auf der Ebene der EU selbst habe sich eine neoliberale Auffassung etabliert, die den Banken und den Finanzmärkten weitgehende Unabhängigkeit von staatlicher und europäischer Regulierung verschafft hat. Dabei hat sich ebenfalls eine verhängnisvolle Situation entwickelt, die darin besteht, dass in der Finanzkrise in Schwierigkeiten geratene Banken durch staatliche Finanzhilfen vor dem Bankrott gerettet werden mussten. Salais sieht hier eine Art negativer Koordinationsform entstehen, die er „Konvention der Unverantwortlichkeit" nennt und die in einer fatalen „Arbeitsteilung" zwischen Zentralbanken und Banken besteht.

> „Die Zentralbank rechtfertigt ihre Rolle anhand ihrer Verantwortlichkeit als Kapitalgeber in letzter Instanz. [...] Die Idee ist hierbei, dass im Falle einer Liquiditätskrise die Zentralbank an alle Banken Geld verleiht, die in Schwierigkeiten geraten sind und die dennoch als Gegenwert ‚gute Papiere' [...] anbieten können, sodass die Rückerstattung sicher ist. [...] Das Problem ist, dass heutzutage dieses Prinzip instrumentalisiert worden ist: Das, was hätte eine Ausnahme bleiben sollen (sich auf eine Bank zu verlassen), ist die Regel geworden. Die Zentralbanken sind, mehr oder weniger freiwillig, die Diener der Finanzmärkte geworden. [...] Der Mechanismus ist simpel. Wenn die außergewöhnliche Intervention der Zentralbank normal wird, dann erwarten die Banken, ganz gleich, was sie unternehmen, dass sie im Falle von Schwierigkeiten unterstützt werden; die Folge ist, dass sie alle Vorsicht aufgeben, was wiederum zur Folge hat, dass sie eben genau diese Schwierigkeiten selbst hervorbringen. [...]
>
> Die Macht der Zentralbanken ist zu einer Fiktion geworden. In der Praxis übernehmen die Banken und Finanzmärkte die Führung und können den Zentralbanken die zu verfolgende Politik auferlegen. Aber dies ist eine geteilte Fiktion, die zu unterstützen alle interessiert sind. Der ‚Deal' zwischen ihnen ist die minimale Kontrolle gegen

> maximale Freiheit. Auf diese Weise setzt sich eine Konvention der Unverantwortlichkeit im Finanzbereich fort." (Salais 2013, S. 225f)[333]

Damit sind die Möglichkeiten der Zentralbanken limitiert, einer Finanzkrise und dem Vertrauensverlust entgegenzuwirken, den die Banken und der Finanzmarkt erlitten haben. Damit liegt ein weiterer Mechanismus vor, der die Finanzkrise möglich gemacht und ihre Effekte verstärkt hat. Eine Forderung von Salais ist daher die Trennung zwischen Depotbanken und Geschäftsbanken (Salais 2013, S. 227).

> „Die konstruktive Ambiguität besteht in der Einführung eines Elements der Unsicherheit hinsichtlich der Gewährung von Unterstützungen seitens der Zentralbank. Nicht wissend, ob, wann und unter welchen Bedingungen ihr im Falle von Schwierigkeiten beigestanden wird, ist die Bank dazu veranlasst, sich vorsichtig und verantwortlich zu verhalten. Denn sie steht der Bedrohung gegenüber, alles zu verlieren und Bankrott zu gehen. Die Effizienz eines solchen Schemas – unter der Voraussetzung, dass es glaubwürdig ist – besteht darin, dass es selbstverwirklichend ist. Indem sie sich, aus Sorge, nicht unterstützt zu werden, vorsichtig verhält, vermeidet die Bank selbst das Risiko des Bankrotts. Und genauso vermeidet die Zentralbank, einschreiten zu müssen und – wenn sich die Operation wiederholt – in ein System der systematischen Unterstützung einzutreten." (Salais 2013, S. 234)[334]

Die Lösung, die Salais hier vorschlägt, basiert auf der von ihm vorgeschlagenen Konvention des situierten Staates (Kapitel 6). Die sich koordinierenden Akteure wissen nicht, in welcher Form eine Intervention der regulierenden Instanz erfolgt. Aber wenn sie mit ihrer Koordination versagen, wird sie erfolgen – und dies möglicherweise in einer Art und Weise, die den koordinierenden Akteuren nicht gefallen kann. Die Bezeichnung „Konvention der Unverantwortlichkeit" drückt bereits die kritische Perspektive aus, die Salais auf die neoliberale Verfassung des Bankensektors und des Finanzmarkts wirft. Im Unterschied zu den Qualitätskonventionen, die im Kapitel 5 behandelt wurden, verfolgt diese Art des (mehr oder weniger) impliziten Abkommens über die illegitime Absicherung des Bankensektors eben kein Gemeinwohl. Es ist eine Konvention, die dem Gemeinwohl schadet (wenn die staatliche Instanzen einspringen müssen und Risiken der Privatwirtschaft absichern), die aber dennoch als Konvention aufgefasst werden kann, da sie die Bewältigung von Unsicherheit in Koordinationen innerhalb der Finanzmärkte ermöglicht.

333 Übersetzung RDB.

334 Übersetzung RDB.

7.10 Die Refundierung der Ökonomie

Die letzte Monographie *L'empire de la valeur* von Orléan wurde 2011 in Frankreich publiziert, sie hat dort viel Beachtung gefunden und wurde 2014 bei MIT Press in der englischen Übersetzung publiziert (Orléan 2014).[335] Hierin präsentiert Orléan eine Systematisierung seiner Positionen, die bisher eingeführt wurden. Es geht ihm dabei weniger um eine Zusammenfassung der Befunde der vorangehenden Arbeiten, auf die er stellenweise verweist (wie auf die detailliertere Studie zum Finanzmarkt in *Le pouvoir de la finance*).[336] Es geht ihm vielmehr um die kohärente Präsentation der Kritik an den Grundannahmen der etablierten Wirtschaftswissenschaften und um die Präsentation der Grundzüge einer konventionentheoretisch fundierten Wirtschaftswissenschaft, die nun sozialwissenschaftlich ansetzen soll. Der Untertitel *A new foundations for economics* (*refonder l'économie*) macht diesen Anspruch deutlich. Der rote Faden des Buches ist die Kritik derjenigen Theorien, die versuchen, den Wert in der Ökonomie auf Sachverhalte zurückzuführen, die der Ökonomie *exogen* sind. Insbesondere in *Le pouvoir de la finance* hat Orléan die Kritik des Fundamentalwertes – allgemeiner: jedes substanziell fundiert gedachten Wertes – entwickelt und die Wertkonstruktion in Finanzmärkten auf die autoreferenziellen und konventionenbasierten Prozesse in diesen zurückgeführt. Letztlich repräsentieren Liquidität und das Geld für Orléan die Präsenz des Kollektivs sowie das Vertrauen in dieses, und Preise sind kollektiv verbindliche Wertermittlungen, die letztlich eine Kollektivmeinung repräsentieren. Werte haben somit keine substanzielle Grundlage, sie sind rein konventionenbasiert.

Was *L'empire de la valeur* aber gegenüber den vorherigen Arbeiten von Orléan auszeichnet, ist die ausführlichere Diskussion verschiedener Klassiker, die bereits Konzeptionen für die Erklärung des Wertes versucht haben. Neben der Kritik der Neoklassik (Walras), die eingangs bereits kurz angesprochen wurde, widmet sich Orléan nun auch der Arbeitswertlehre von Karl Marx sowie der Theorie der Statusgruppen von Thorstein Veblen. Zunächst betrachtet Orléan die Ansätze von Leon Walras und Karl Marx als die klassischen Erklärungsansätze für ökonomische Werte. Bei Walras ist es der Gebrauchsnutzen der Güter (sowie deren daraus

---

335 Sie ist 2011 mit dem Wissenschaftspreis *Prix Paul Ricœur* ausgezeichnet worden. Siehe auch die Rezensionen von Heiner Ganßmann (2012), Christian Bessy (2013b), Jörg Potthast (2015) sowie die Diskussion in Le Libellio d'AEGIS 8(3) im Jahr 2012, verfügbar über http://crg.polytechnique.fr/v2/aegis.html#libellio

336 In *Le pouvoir de la finance* finden sich auch detailliertere Darlegungen zu vielen von Orléan eingeführten Konzepten, sodass diese ältere Monographie weder in der neueren Monographie *L'empire de la valeur* aufgeht noch inaktuell würde. Siehe dazu die Aussagen in Orléan (2013).

resultierende Knappheit), bei Marx die investierte Arbeit, auf die Preise (legitim) zurückgeführt werden können. Beide ziehen – so Orléan (2014) – damit einen dem Markt exogenen und substanziellen Sachverhalt heran. Orléan stellt aber auch diese beiden exogenen Grundlagen des ökonomischen Wertes infrage.

Bei der Begründungsstrategie der Marxschen Arbeitswertlehre sieht Orléan das Problem, dass der Wert der Arbeit selbst nicht anders ermittelt werden kann als über den Umweg über verschiedene Märkte, sodass Arbeit selbst keine sichere Basis für die Bestimmung des Wertes der mit ihrer Hilfe produzierten Güter sein kann. Marx habe zudem das Problem, dass unklar sei, ob Märkte Mechanismen seien, anhand derer Werte dann kreiert würden (wie der Wert der Arbeit) oder nur durch sie identifiziert würden. Hinzu kommt, dass der Wert der Güter sich dann als objektiv gegeben und zudem als stabil erweisen müsse (Orléan 2014, dort Kapitel 1). Die Rückführung auf den Nutzen bei Walras kritisiert Orléan, indem er bei der „Marktobjektivität" (*market objectivity*) ansetzt, womit Orléan die Denkweise über das Funktionieren des Marktes bei Walras bezeichnet.

> "This remarkable view of economic behavior rests on four postulates. Together they make up what I call *market objectivity*:
> 1. a set of goods and qualities known to all actors (classification postulate regarding commodities),
> 2. a common perception of the future (classification postulate regarding states of the world),
> 3. a collective acceptance of a centralized price mechanism (auctioneer postulate regarding prices), and
> 4. the adoption by all actors of a strictly utilitarian attitude toward commodities (convexity postulate regarding preferences)." (Orléan 2014, S. 76; Herv. i. Orig.)

Wenn die Marktobjektivität zutreffe – so Orléan –, dann sei keine Verständigung zwischen den Akteuren oder eine Orientierung der Akteure aneinander in Märkten erforderlich. Die Marktobjektivität schließe auch jede Uneinigkeit zwischen den Akteuren hinsichtlich der involvierten Qualitäten aus. Orléan beruft sich in seiner Kritik der Marktobjektivität auf die Theorie von René Girard (Orléan 2014, S. 50f).[337] Demnach wissen voneinander isolierte Individuen nicht, was sie an Bedürfnissen und Präferenzen und welchen Nutzen demnach Güter für sie haben. Dennoch haben sie unbestimmtes Verlangen und Triebe, die sie drängen, ihnen sie zu artikulieren. Girard geht davon aus, dass Individuen sich für die Ausbildung von Bedürfnissen und Präferenzen an anderen orientieren und diese imitieren. Bedürfnisse und Präferenz werden im Grunde bei anderen abgeschaut, denn die

337 Bezug ist insbesondere Girard (1972).

Natur des Verlangens sei selbst mimetisch (Hypothese der Mimesis). Damit ist der Nutzen der Güter keine substanzielle Eigenschaft, sondern er wird ihnen durch die Interaktionen und die Orientierung der Akteure untereinander (Mimesis) erst zuteil. Demnach tritt an die Stelle der durch den Preismechanismus angenommenen *externen Mediation* des Nutzens durch die Mimesis eine *interne Mediation*, denn der Nutzen, den Produkte für einen Konsumenten haben, hängt vom Nutzen ab, den diese Produkte für andere Konsumenten haben. Weiter sind die Präferenzen der Konsumenten sowie der Nutzen der Produkte damit auch veränderlich und nicht stabil. Es stellen sich dann – aus Sicht der Neoklassik – paradoxe Effekte ein: Denn ein Produkt, das begehrt wird, wird dann von immer mehr Konsumenten begehrt, der Nutzen und die Präferenz für dieses Gut hängen vom Ausmaß der Nachfrage und nicht vom Preis ab – ungeachtet eines möglicherweise steigenden Preises.[338] Ein neoklassischer Markt, in dem das Verhalten anderer Konsumenten nicht beobachtet werden kann und der keine Orientierungspunkte dafür bietet, wie andere bewerten und sich entscheiden, gerät aus Sicht dieses Ansatzes von Girard in Gefahr, dass Konsumenten verwirrt sind und Schwierigkeiten haben, sich ein Modell vom Funktionieren dieses Marktes und der dortigen Qualitäten zu machen (Orléan 2014, S. 59f). Die auf dem mimetischen Modell von Girard fundierte neue Denkweise über das Funktionieren des Marktes steht dem neoklassischen Modell der Marktobjekte diametral entgegen, da der Nutzen nicht extern gegeben und der Markt nun als ein soziales Forum gedacht ist, in dem zuerst Akteure miteinander interagieren und sich beobachten müssen, um den Nutzen und die Qualität der Güter (Produkte) für sich beurteilen zu können.

Der Institutionentheoretiker Thorstein Veblen scheint auf den ersten Blick eine ähnliche Theorie des Nutzens und der Wertschätzung zu haben, wie sie Girard vorgelegt hat (Veblen 2011). Allerdings ist es nicht der Mechanismus der Mimesis, sondern der Mechanismus des Prestiges und des prestigeträchtigen Konsums, auf den Veblen sich stützt, um eine Erklärung des Wertes und der Wertigkeit von Gütern (Produkten) zu entwerfen. Jede soziale Klasse orientiert sich – Veblen zufolge – zunächst an der jeweils über ihr stehenden Klasse und ist bestrebt, die Güter zu konsumieren, die auch diese präferiert. Auf diese Weise soll soziale Mobilität signalisiert werden. Letztlich ist es die oberste Klasse, deren wahrgenommene Gewohnheiten, Standards und Lebensstil auch in die darunterliegenden Klassen als Konsumorientierung hineinreicht. Auch bei Veblen kommt – so die Kritik von Orléan – die Wertigkeit der Konsumgüter durch *exogene Mediation* zustande, denn Konsumenten orientieren sich an den Normen und Codes der anderer Klassen in

338 Den Effekt, dass trotz steigender Preise die Nachfrage nach prestigeträchtigen Gütern steigt, nennt man auch „Veblen-Effekt“.

der Sozialstruktur und dem ihnen zugeschriebenen Prestige, aber nicht mehr an dem Verhalten der anderen Akteuren selbst.

> "Owing to the force of convention, individuals are now able to act without reference to others, doing only what they have learned to consider to be prudent and well-advised, in keeping with prevailing codes of proper behavior. As the immediate influence exerted by others fades, consumption patterns begin to resemble the ones described by neoclassical theory in terms of a list of ordered preferences, formalized by an exogenous utility function." (Orléan 2014, S. 93)

Wie diese Normen aber entstehen und wie die Gewohnheiten, Standards und der Lebensstil der oberen Klassen aufkommen, bleibt in der Theorie von Veblen unklar, so die Kritik von Orléan, und das Prestige wird so, ein für alle Mal, mit der Position und Existenz der dominanten Klasse reifiziert (Orléan 2014, S. 97f).
Alle drei verhandelten klassischen Erklärungsansätze werden also hinsichtlich der herangezogenen *exogenen* Prinzipien und Mediationen kritisiert. Die Endogenisierung der Wertkonstruktion, die Orléan unternimmt, wird durch das Konzept der Konvention ermöglicht. Auffällig ist insgesamt, dass das Konzept der Konvention in *The empire of value* viel prominenter erscheint als noch in *Le pouvoir de la finance* und nun die Realität des Kollektivs klarer darauf bezogen wird. Konventionen entstehen in den Interaktionen der Individuen, erhalten dann aber eine kollektive und überindividuelle Autonomie und wirken als kognitive Repräsentation des Kollektivs auf die Individuen und deren Wahrnehmungen, Bewertungen und Entscheidungen zurück (Orléan 2014, S. 218f). Die Entstehung der Konvention ist hierbei als *endogen* gedacht und weiterhin müssen Konventionen von Akteuren in das Handeln und Interpretieren eingelagert sein, also endogen bleiben. Es ist diese Position, die Orléan als eine bessere Grundlage für die (sozialwissenschaftlich weit verstandene) Wirtschaftswissenschaft auffasst, denn die theoretische Erklärung des Wertes sieht er als die grundlegende Frage der Ökonomie an. Auch hierin teilt er das Grundanliegen der EC, die kollektive Konstruktion der Wertigkeiten (Qualitäten, Preise, Nutzen) in der Koordination zum zentralen Ausgangspunkt zu machen.

Recht und Arbeit 8

„Das Recht ist in den ökonomischen Handlungen präsent, und zwar als Ausrüstung der Akteure, die an ihnen teilnehmen. [...] Das Recht führt in das Innere der ökonomischen Handlung die Instrumente für die Artikulation von Interessenkonflikten ein. Daher ist das Recht eines der antreibenden Elemente [für die ökonomischen Handlungen]."
(Didry 2002, S. 33)[339]

„Die EC integriert selbstverständlich die Analyse der juristisch Regeln, wie alle Ansätze, die sich für die Art und Weise interessieren, wie die Institutionen den ökonomischen Tausch strukturieren. Diese erfolgt aber, ohne auf die eine oder andere Form des Funktionalismus zurückzufallen (wie die Suche nach den optimalen institutionellen Arrangements sowie die Forschung zur Minimierung der Transaktionskosten). Diese Integration ist entstanden aus dem empirischen Interesse an öffentlichen Politiken, insbesondere an Fragen der Arbeit und der Konkurrenz sowie den Modalitäten ihrer Evaluation."
(Bessy 2014, S. 13)[340]

8.1 Einleitung

Für jede moderne Ökonomie und für die ökonomische Koordination ist das Recht fundamental. Das Recht spielt in modernen Gesellschaften und in jeder sozialen Sphäre eine reglementierende Rolle. Für die Ökonomie ist das Recht selbst eine der fundamentalen *Institutionen* (Bessy/Favereau 2003). Moderne Märkte und

339 Übersetzung RDB.

340 Übersetzung RDB.

R. Diaz-Bone, *Die „Economie des conventions"*, Soziologie der Konventionen, https://doi.org/10.1007/978-3-658-21062-5_8

Organisationen sind ohne Eigentumsrecht oder ohne Vertragsrecht undenkbar.[341] Haftungen, Verbraucheransprüche, Marken(namen), Patente und Urheberrechte, Besteuerungen (von Gewinnen und Gehältern), Arbeitsverträge (deren Abschluss, Form und Kündigung) sowie die Regulierungen von Berufsgruppen (Berufsbezeichnungen und berufliche Zulassungen, tarifliche Gehaltsansprüche, Verhinderung von Diskriminierung im Beruf) sind wichtige Beispiele für Sachverhalte, die *rechtlich* reglementiert sind und deren juristische Reglementierungen Ökonomien „funktionieren" lassen. Die Bedeutung des Rechts für die Ökonomie in den Blick zu nehmen, hat zur Folge, dass auch die Organisation des Rechtswesens und die Tätigkeit der Rechtsinstitutionen, der „Juristen" (wie Rechtsanwälte, Richter, Rechtwissenschaftler u. a.), in den Blick geraten, und sei es nur insoweit, als dass gefragt wird, wie sie Ökonomie und (andere) ökonomische Institutionen (als das Recht) ermöglichen. Dann ist es nur noch ein kleiner Schritt, bis die wirtschaftssoziologische Analyse den Staat selbst und die staatlich garantierte Rechtsdurchsetzung einbezieht in die Analyse der Ökonomie (und zunehmend auch entsprechend die internationalen, überstaatlichen Organisationen wie die Europäische Union und deren Rechtsdurchsetzung).

Bereits die soziologischen Klassiker haben diese Trias von Wirtschaft, Recht und Staat in systematischer und historischer Perspektive analysiert. Insbesondere Max Weber hat das in „Wirtschaft und Gesellschaft" in dem umfangreichen Kapitel zur Rechtssoziologie entworfen (Weber 1980, dort Kapitel VII; Swedberg 1998, 2006b; Ford/Swedberg 2009; Serverin 2000; Dupret 2006). Weber beschreibt – im historischen Gesellschaftsvergleich – wie das Recht entstanden und organisiert ist, wie sich kulturelle Einflüsse auf die Rechtsordnung ausgewirkt haben. Er beschreibt dann, wie das Recht selbst Rationalisierung und Systematisierung erfahren hat, und Weber skizziert auch die Organisation des Rechtswesens hinsichtlich seiner institutionellen Organisation und der juristischen Ausbildung und Tätigkeit. Bereits Weber hat also auch das (Feld des) Recht(s) als Beruf(sfeld) untersucht – wie später Bourdieu und Vertreter der EC. Für die Wirtschaftssoziologie ist aus Sicht Webers das Recht von großer Bedeutung, weil es selbst ermöglichend und rationalisierend auf die Ökonomie einwirkt. Das Recht ermöglicht die Durchsetzbarkeit, damit Planbarkeit und Verlässlichkeit von vertraglichen Ansprüchen in der Wirtschaft, und es stattet das (wirtschaftliche) Handeln mit Legitimität aus. Ein zentraler Beitrag des Rechts ist aber, dass es Organisationen selbst mit einem rechtlichen Status versieht, wie Verbände und Unternehmen, und hier Vertretung, Eigentum und

341 Siehe zur Analyse von Eigentumsrechten Alchian und Demsetz (1973), dann aus Sicht der EC Gomez (1996), Bessy und Brousseau (1998), Brousseau und Bessy (2006) sowie Barbot (2015).

Haftung für diese überindividuelle Einheit reglementiert und so einrichtet (siehe auch Serverin 2000 und Stryker 2003). Emile Durkheim hat ebenfalls in „Über soziale Arbeitsteilung“ (Durkheim 1992) und in seiner Vorlesung zur Soziologie der Moral „Physik der Sitten und des Rechts“ (Durkheim 1999) dem Recht eine besondere Bedeutung beigemessen. Anhand der Rechtsform erschien es ihm möglich, den Typus der gesellschaftlichen Solidarität zu ermitteln, und seine Vorlesungen zur Soziologie der Moral beginnen mit der Berufsmoral. Berufsgruppen spielen in der Theorie Durkheims eine zentrale Rolle für die Gesellschaftsstruktur insgesamt, da sie wichtige soziale Gruppen bilden. Berufsmoral, berufsständige Regeln und das auf Berufsausübung und die Berufsgruppen bezogene Recht formen und stabilisieren ihrerseits diese Gruppen (Didry 1990, 2000, 2015). Durkheim erarbeitet, warum Verträge (und das Vertragsrecht) nicht durch sich selbst begründet werden können, sondern möglich werden, weil sie in die Gesellschaft eingebettet und mit (anderen) sozialen Institutionen verknüpft sind. Gesellschaft ist damit nicht auf (einer Vielzahl) von Verträgen begründet, es ist aus Sicht Durkheims umgekehrt (Durkheim 1992, 1999). Beide, Weber und Durkheim, haben sowohl die soziale Einbettung des Rechts herausgestellt als auch die strukturierende Wirkung des Rechts für die Ökonomie erkannt.

Die französische Rechtssoziologie und auch die Analyse des Rechts der EC sind durch die Analyse des Rechtsfeldes durch Pierre Bourdieu beeinflusst worden. Mitte der 1970er-Jahre haben Bourdieu und Boltanski (1981) auf die Bedeutung des Rechts für die Absicherung sozialer Kategorien hingewiesen, wobei sie sich zunächst an den Berufskategorien und ihrer rechtlichen Absicherung orientiert haben.[342]

> „Bei der Kodierung des Sozialen haben die Worte praktische Wirkung; das ist die *Definition des Rechts*. Wenn im Kontext der Definition eines Berufes ein Wort vergessen wird, hat dies Folgen, zum Beispiel die, daß man eine unerwünschte Aufgabe zu erfüllen hat oder erhoffte Aufgaben nicht übernommen werden dürfen.
>
> Da die soziale Terminologie (die Bezeichnungen der Klassen, der Berufe usw.) Gegenstand und Hauptinstrument des in symbolischer Weise ausgetragenen Klassenkampfes um die Definition der sozialen Welt, d.h. um die Konstitution der sozialen Ab- und Einstufung, ist, gehört sie – wie in anderen Gesellschaftsformationen die Verwandtschaftsbezeichnungen – zum Bereich der *offiziellen Begriffe*, d.h. zum Recht.“ (Bourdieu/Boltanski 1981, S. 105f; Herv. i. Orig.)

Mitte der 1980er-Jahre hat Bourdieu dann einen Aufsatz zur Soziologie des juristischen Feldes vorgelegt, an den später Vertreter der EC angeschlossen haben

342 Der Beitrag von Bourdieu und Boltanski (1981) ist zunächst im französischen Original 1975 in den *Actes de la recherche en sciences sociales* (Nr. 2) erschienen.

(Bourdieu 1987).[343] Es handelt sich um eine Feldanalyse, in der die Welt des Rechts und der Sinnhorizont der darin professionell Agierenden als eine eigengesetzliche Welt aufgefasst wird.[344] Die EC und die grundlegende Theoriearbeit von Boltanski und Thévenot werden zwar mit dem Feldkonzept (sowie dem des Habitus) brechen (Boltanski/Thévenot 2007), dennoch ist die Soziologie von Pierre Bourdieu ein Entstehungsmoment der EC – nicht nur hinsichtlich der Analyse der Praxis des Klassifizierens (Kapitel 3), sondern auch im Bereich der Analyse des Rechts. Bourdieus Analyse des juristischen Feldes ist auf den ersten Blick „nur" eine rechtssoziologische Studie. Denn Feldanalysen sind „methodische Deklinationen" seiner allgemeinen Theorie sozialer Felder. Dann aber deutet Bourdieu die soziologische Analyse als die umfassende Analyse einer weit aufgefassten Ökonomie. Bourdieus Feldanalysen reintegrieren den Nexus zwischen Kultur und Ökonomie in der Soziologie, und seine Arbeiten haben zum einen eine Forschungstradition begründet, die die Wirtschaftssoziologie wieder in das Zentrum der allgemeinen soziologischen Forschung insgesamt rückt (siehe für diese Deutung Diaz-Bone 2006, 2012b). Zum anderen analysiert Bourdieu die interne Arbeitsteilung des juristischen Feldes und führt dessen Professionalisierung und Autonomisierung eben darauf zurück – wie bereits Durkheim (1999). Aber über Weber und Durkheim hinaus führt Bourdieu die Analyse nun auch an die faktische Berufsorganisation des juristischen Feldes hinsichtlich seiner organisierenden Prinzipien und Oppositionen heran. Bourdieu kritisiert die Position, die das Recht a priori als autonom setzt (Formalismus), sowie auch die (gegenteilige) Position, die das Recht nur als Instrument der herrschenden sozialen Gruppen auffasst (Instrumentalismus). Beide ignorierten eben das juristische Feld, das intern differenziert ist und dessen interne Organisation seine Eigengesetzlichkeit genauso wie seine Dynamik ermögliche (Bourdieu 1987).[345] Für die soziologische Analyse des Rechts ist wichtig, dass Bourdieu die Ausbildung des juristischen Diskurses und hier insbesondere dessen Formalisierung (Bourdieu 1987) als wichtige Mechanismen identifiziert. Die diskursive Aneignung von konflikthaften Alltagsphänomenen im juristischen Feld führt dazu, dass deren Beschreibung in eine formalisierte Sprache überführt wird, die – so Bourdieu – diese Vorfälle neutralisiert und entpersönlicht (*neutralization effect*). Damit wird es möglich, im

343 Der Aufsatz ist zunächst 1986 im französischen Original in den *Actes de la recherche en sciences sociales* (Nr. 64) erschienen.

344 Der Aufsatz legt keine korrespondenzanalytische Strukturanalyse zugrunde und ist insofern nicht „paradigmatisch" für die Analysestrategie Bourdieus und seiner Schule.

345 Und man muss anmerken, dass Bourdieu in seinen Vorlesungen am Collège de France in der Zeit von 1989 bis 1992 die Rolle der Juristen für die Konstituierung des Staates systematisch mit einbezogen hat, siehe dafür Bourdieu (2014).

juristischen Feld die normative juristische Behandlung der Vorfälle und die Entscheidung darüber zu etablieren, die den Richter als Repräsentanten der Unparteilichkeit etabliert. Dieser repräsentiert im Feld eine Position als objektives und universelles Subjekt (*universalization effect*). Zugleich werden dafür Heuristiken der juristischen Argumentation und Instanzen der juristischen Legitimation eingerichtet. Bourdieus Analyse orientiert sich hier an der Weberschen Analyse der Rationalisierung des Rechts und durch das Recht. Wie Weber sieht auch Bourdieu die Herausbildung und Ausbildung von Juristenfraktionen als maßgeblich für das juristische Feld an, womit er ebenfalls die Professionalisierung von Theoretikern und Praktikern im Feld als wichtige Dynamik herausstellt. Wenn Bourdieu ein Bezugspunkt für die EC ist, dann allerdings auch ein als kritisch betrachteter. Insbesondere Olivier Favereau hat kritisiert, dass das Recht bei Bourdieu letztlich doch wesentlich als eine Instanz der Reproduktion der sozialen Strukturen betrachtet werde (womit Favereau Bourdieu eine instrumentalistische Position zuschreibt). Favereau (2001b, S. 294f) hält Bourdieu vor, dass bei ihm das Recht letztlich nur als „leeres Theater der Legitimation ohne Zuschauer" zu denken sei, so dass implizit angenommen werde, dass die Beherrschten dauerhaft und ausreichend dumm sein müssten. Für Favereau ist Recht wesentlich diskursiver Art und muss sich gegenüber den Beherrschten in Form von verschriftlichten Aussagen präsentieren. Tatsächlich ermöglicht für Favereau gerade die Unvollständigkeit des Rechts dessen Demokratisierung sowie kollektives Lernen und Recht ist so gesehen für die EC eben nicht determinierend und auch keine einheitliche Machtinstanz (Favereau 2001b, S. 296f).

Dennoch bleiben sind die zwei Bereiche der Analyse der Formen des Rechts (seiner Formalisierung und Etablierung ihrer Reichweite) sowie der Analyse der internen Professionalisierung (und des Professionsverständnisses) des Rechtsfeldes, die auch die EC als Forschungsbereiche fortführt.[346]

In diesem Kapitel wird versucht, die Beiträge der EC zur Analyse des Rechts und der Bedeutung des Rechts in der Arbeitswelt sowie in der Ökonomie insgesamt einführend darzustellen. Dieses Kapitel setzt damit die Darstellung in Kapitel 4 zur Arbeit und zu den Arbeitsmärkten fort, fokussiert aber die Rolle des Rechts dafür. Die Analyse des Rechts – insbesondere des Arbeitsrechts – zählt zu den großen Forschungsbereichen der EC. Eine vollständige Darstellung allein dieser Forschung

346 Die Professionsgeschichte als Geschichte der Professionalisierung untersucht dann (durchaus unter dem Einfluss der EC) Lucien Karpik (1989, 1999). Emmanuel Lazega hat die internationale Vernetzung in Rechtsfirmen untersucht (Lazega 2001). Bruno Latour (2010) hat eine Ethnographie des obersten Verwaltungsgerichtes als Analyse eines juristischen Teilfeldes vorgelegt (conseil d'Etat, zugleich für die Regierung in juristischen Fragen die beratende Instanz).

würde mittlerweile eine eigene Monographie erfordern.[347] Daher werden hier nur ausgewählte Beiträge vorgestellt, die hinsichtlich der entwickelten Konzepte und Analysestrategien für die EC beispielhaft und bedeutsam sind.[348]

Auch weil das Thema Arbeit und Arbeitsmärkte von Beginn an in der EC ein Forschungsschwerpunkt war, waren Rechtsaspekte wie Arten der Reglementierungen des Arbeitsrechts sowie Handhabungen und Auswirkungen des Arbeitsrechts von Beginn an Forschungsgegenstände der EC – denn sie hat früh den Schwerpunkt auf die Bereiche der Arbeitsbeziehungen und der Arbeitsorganisation gelegt. Zum einen begründet dieser Fokus die Entscheidung, das Recht in einem gesonderten Kapitel zu behandeln, aber es gibt weitere Gründe. Die Arbeiten der EC untersuchen zunächst den Einfluss des Rechts auf die Wirtschaft, d. h. das Recht wird als Institution der Ökonomie analysiert. Es sind verschiedene Momente, die das Recht als Forschungsbereich der EC nach und nach herauskristallisiert haben und die „das Recht" – über seine Bedeutung als Institution für die Reglementierung der Arbeit hinaus – als Forschungsfeld für die EC zunehmend haben wichtiger werden lassen.

Wie an kaum einer anderen Institution zeigt sich deren Interpretationsbedürftigkeit so deutlich wie an dem Recht. Rechtsanwendung ist (bekanntlich) eine Sache der Rechts*auslegung*, aber auch der pragmatischen Feststellung der Anwendungs*voraussetzungen* des Rechts und damit verbunden einer pragmatisch herzustellenden „Übereinkunft" zwischen Akteuren (und Dingen), wie aus juristischer Sicht Situationen zu interpretieren sind und wie das Recht auf sie in verbindlicher Form zu beziehen ist. Verträge und (andere) juristische Regeln sind daher für die EC beispielhaft für diese Art der interpretatorischen Unvollständigkeit von Institutionen.

Insbesondere Laurent Thévenot hat die Ausweitung der Analyse des Rechts in der EC inspiriert, indem er darauf hingewiesen hat, dass Rechtsurteile und juristische „Feststellungen" *Recht*fertigungen sind und in Bezug gesetzt werden können zu den Konzepten der Rechtfertigungsordnung, der Konvention, aber auch der Form und der Forminvestition.

Nachdem die EC die Konzepte der Form sowie der *Forminvestition* (Kapitel 3 und 4), der *Intermediäre* (Kapitel 4), der *Qualitätskonvention* (Kapitel 5) sowie

---

347 Hinzu kommen die Arbeiten von Rechtsforschern, die den Ansatz der EC übernommen und in ihre Forschung integriert haben, wie dies z. B. für Simon Deakin (2003, 2006, 2015) oder Jean de Munck (2006) gilt.

348 Wie sich die Forschungskooperation der EC (insbesondere repräsentiert durch Thévenot und Favereau) mit Rechtswissenschaftlern (wie Antoine Lyon-Caen, Alain Supiot oder Simon Deakin) auswirkt, die den Reformen des Arbeitsrechts gelten, bleibt noch abzuwarten (siehe Thévenot 2012a sowie den Forschungsbericht Lyon-Caen/Affichard Hrsg. 2008). Rebérioux hat bereits rechtswissenschaftliche und konventionentheoretische Konzeptionen des Unternehmens verglichen (Rebérioux 2006).

der Produktionswelten (Kapitel 6) entwickelt hatte, war es möglich, die Analyse der Qualitätskonstruktion der juristischen Tätigkeit und damit das Recht als Berufsfeld aus der Perspektive der EC neu anzugehen, was in den letzten Jahren intensiver erfolgt ist.

8.2 Pragmatische Wirtschaftssoziologie des Rechts

Die Arbeiten der EC zielen nicht auf die Entwicklung einer soziologischen Theorie des Rechts oder einer (umfassenderen) Rechtssoziologie ab.[349] Das Analyseinteresse ist, das Recht aus wirtschaftssoziologischer, sozioökonomischer Perspektive zu analysieren.[350] Es ist bemerkenswert, dass die Wirtschaftssoziologie – nachdem die Klassiker wie Weber oder Durkheim das Recht als selbstverständlich in die wirtschaftssoziologische Analyse einzubeziehen erachtet hatten – das Recht in der Wirtschaft lange Zeit selbst kaum zum Analysegegenstand gemacht hat.[351] Lauren

349 Siehe für die Verortung des Ansatzes von Boltanski und Thévenot im Spektrum der pluralistischen Sozialphilosophien des Rechts die Beiträge in Affichard und Foucauld (Hrsg.)(1995) Eine Einschätzung des Zugangs der EC zur Analyse des Rechts hat Thierry Kirat vorgelegt, der feststellt, dass die EC früh das Recht in ihre Analysen einbezogen habe, wobei es sich aber nicht um die ökonomische Analyse des Rechts im strikten Sinne handele, sondern darum, wie das Recht in die ökonomische Koordination hineinwirke (Kirat 2012, S. 7). Diese wohl kritisch gemeinte Einschätzung ist insofern etwas befremdlich, da die „Economie du droit" – so der Titel einer Monographie von Kirat (2012) – eine externe Position gegenüber dem Recht praktiziert (Kirat 2012). Damit übersieht sie gerade den internen Zugang der pragmatischen Wirtschaftssoziologie des Rechts durch die EC.

350 Die für die Rechtssoziologie insgesamt bedeutsame Unterscheidung der Rechtsform des *common law* (verbreitet in den anglo-amerikanischen Ländern), das sich vorrangig an getroffenen Rechts*entscheidungen* orientiert, und der Rechtsform, die sich wesentlich an dem *geschriebenen Recht* und *Kommentierungen* von Rechtsentscheidungen orientiert (verbreitet in den kontinentaleuropäischen Ländern), wird hier vernachlässigt (siehe dafür Serverin 2000). Sie spielt für die Darstellung der pragmatischen Analyse des Rechts der EC nur eine marginale Rolle.

351 So ist in der ersten Auflage des „Handbook of economic sociology" (Smelser/Swegberg Hrsg. 1994) kein eigenständiges Kapitel zum Verhältnis von Recht und Wirtschaft enthalten. Das ändert sich mit der zweiten Auflage (Smelser/Swedberg Hrsg. 2005), in der der Überblicksbeitrag von Edelman und Stryker (2005) zum Verhältnis von Recht und Wirtschaft aus wirtschaftssoziologischer Perspektive enthalten ist.

Edelman und Robin Stryker haben diese Vernachlässigung des Rechts durch die Wirtschaftssoziologie skizziert.[352]

> "Ironically, law is 'all over', yet marginal in economic sociology. Despite law's centrality to classical sociological understandings of the economy [...], law is not often a sustained object of inquiry in its own right for 'new' economic sociologists." (Edelman/Stryker 2005, S. 527)

Im Unterschied dazu gibt es im wirtschaftswissenschaftlichen Institutionalismus eine lange und aktuelle Tradition der Analyse des Rechts. Bereits der klassische amerikanische wirtschaftswissenschaftliche Institutionalismus (Commons 1993; Knight 2006) hat in den 1920er-Jahren die Bedeutung des Rechts für die Ökonomie untersucht. Auch der wirtschaftswissenschaftliche Neoinstitutionalismus hat hier eine starke Tradition mit den Arbeiten von Ronald Coase (1960) und dem durch diese mitbegründeten „Law and economics"-Ansatz mit der ökonomischen Theorie des Rechts bei Richard Posner (1973) sowie mit der Einbeziehung des Rechts bei Oliver Williamson (1985). Das Analyseinteresse dieser wirtschaftswissenschaftlichen Betrachtungsweise zielt darauf ab zu untersuchen, wie das Recht als eine für die Ökonomie externe Institution die Effizienz ökonomischer Handlungen und ökonomischer Institutionen fördert oder beeinträchtigt; dann auch, wie das Recht vermeiden hilft, dass ökonomische Kosten externalisiert werden. Ein Beispiel dafür sind gesellschaftliche Kosten für die Umweltverschmutzung, die ein Unternehmen verursacht und die eigentlich durch dieses Unternehmen zu tragen wären (Kirat 2012).

Während für die Wirtschaftswissenschaften die Einbeziehung des Rechts für die Analyse der Ökonomie kontinuierlich erfolgt ist und sich hier Ansätze entwickelt haben, ist in der neueren Wirtschaftssoziologie die Analyse des Rechts eher randständig geblieben.[353] Das galt lange sowohl für die amerikanische neue Wirtschaftssoziologie (Harrison White, Mark Granovetter, Viviana Zelizer u. a.) als

352 Zu dieser Diagnose kommt in Frankreich auch Thierry Kirat (2011). Siehe weiter Edelman (2003, 2011) und Stryker (2003, 2011).

353 Der soziologische Neoinstitutionalismus ist hier eine Ausnahme. Das gilt bereits für die frühen und fundierenden Aufsätze wie Meyer und Rowan (1977). Siehe weiter die Arbeiten von Frank Dobbin (1994, 2009), Dobbin und Dowd (2000) oder Neil Fligstein (1990, 2001), die ebenfalls das Recht in die institutionalistische Analyse der Ökonomie (Branchen, Unternehmen) einbezogen haben.

auch für die deutsche Wirtschaftssoziologie. Hier hat man die Analyse des Rechts jahrzehntelang im Grunde der Rechtssoziologie „überlassen".[354]

In den letzten zehn Jahren hat sich die Situation geändert. Innerhalb der amerikanischen Wirtschaftssoziologie wird der Bedeutung des Rechts für die Wirtschaft zunehmend Aufmerksamkeit gewidmet. Richard Swedberg hat Anfang der 2000er-Jahre eine zu entwickelnde „economic sociology of law" eingefordert und dabei deutlich gemacht, dass es nicht um die Übernahme rechtssoziologischer Modelle und Theorien gehe, sondern um eigenständige Beiträge der Wirtschaftssoziologie, die mit ihren eigenen Ansätzen etwas zur Bedeutung des Rechts für die Ökonomie beitragen könne – wenn sie das Recht wieder umfassend in ihre Analysen einbeziehe (Swedberg 2002, 2003a, S. 189f, 2003b; Ford/ Swedberg 2009).[355] Die Arbeiten von Mark Suchman, Robyn Stryker und Lauren Edelman haben das Forschungsfeld zum Verhältnis von Recht und Ökonomie aus sozioökonomischer und politökonomischer Perspektive systematisiert und dabei ebenfalls die Defizite der klassischen soziologischen Analysen des Rechts sowie die Differenzen zur Rechtssoziologie herausgearbeitet (Suchman 2003, 2011; Edelman 2011; Stryker 2003; Edelman/ Stryker 2005).[356] In Frankreich haben Vertreterinnen und Vertreter der EC – auch in Kooperationen mit anderen – neuere Beiträge vorgelegt, die eine pragmatische Wirtschaftssoziologie des Rechts und eine pragmatische Analyse des juristischen Berufsfeldes sowie der Professionalisierung der Juristen entwickeln. Dabei geht es um die juristischen Berufspraktiken und um die Qualitätskonstruktionen juristischer Dienstleistungen. Die Rechtspraxis wird dabei nicht auf das niedergeschriebene

---

354 Dabei gilt, dass die Rechtswissenschaft die „Rechtssoziologie" als Bestandteil eben der Rechtswissenschaften auffasst und nicht als Teil der Soziologie (Serverin 2000). In Frankreich finden sich bis heute Weiterentwicklungen der Rechtssoziologie, die zwar an die Klassiker anschließen, aber darüber hinausgehen und insbesondere neue empirische Forschung angeregt haben (Dupret 2006). Dies ist für die deutsche soziologische Rechtssoziologie nicht der Fall. Siehe für eine Bilanzierung der deutschen Rechtssoziologie Machura (2003).

355 Richard Swedberg hat einflussreich die Wirtschaftssoziologie insbesondere von Max Weber rekonstruiert und hier auf die Bedeutung der soziologischen Analyse des Zusammenhangs von Recht und Wirtschaft hingewiesen (Swedberg 1998). Er prospektiert eine Wirtschaftssoziologie des Rechts, die auf drei Ebenen ansetzen soll, auf denjenigen der Volkswirtschaft, der Unternehmen und der Haushalte (Swedberg 2003b, S. 29f). Siehe auch die Beiträge in der von Richard Swedberg und Laura Ford herausgegebenen Ausgabe von „Economic Sociology – European Electronic Newsletter" 10(3) zum Verhältnis von Recht und Wirtschaftssoziologie, verfügbar über http://econsoc.mpifg.de/archive/econ_soc_10-3.pdf

356 Zu den wenigen deutschsprachigen Arbeiten zum Verhältnis von Recht und Wirtschaftssoziologie zählt die Untersuchung von Jens Beckert zum Erbrecht (Beckert 2004).

Recht oder auf verschriftlichte Entscheidungen beschränkt, denn das Recht wird als Dispositiv für kompetente Akteure aufgefasst, das damit auch neue Situationen und Handlungslogiken ermöglicht.[357] Weiter wird das Recht als Institution nicht als dem Handeln und den Handlungsfeldern äußerlich (exogen) gedacht, sondern als in das Handeln, in die Situationen und Handlungsfelder eingelagert (endogen) analysiert. Mittlerweile liegen verschiedene Sammelbände (Favereau Hrsg. 2010; Bessy et al. Hrsg. 2011), Special issues von Zeitschriften (Diaz-Bone Hrsg. 2013; Diaz-Bone et al. Hrsg. 2015) sowie Monografien (Didry 2002; Bessy 2015a) vor, und es hat sich auch in Frankreich eine eigenständige Position für eine pragmatisch fundierte Wirtschaftssoziologie des Rechts herauskristallisiert.[358]

> „Man muss festhalten [...], dass es die juristischen Regeln selbst sind, die denjenigen, für die sie bestimmt sind, Anstrengungen für ihr Verstehen und ihre Interpretation abverlangen. In dem Ausmaß, in dem die juristischen Aussagen einen allgemeinen Charakter haben, sind diejenigen, die sie ins Werk setzen sollen, häufig dazu angehalten, selbst zu bestimmen, welche konkreten Handlungen sie ausführen müssen, um diesen Regeln zu entsprechen. Sie müssen herausfinden, welchen praktischen Sinn sie den juristischen Regeln in Situationen des Alltagslebens verleihen. Denn obwohl sich die wörtliche Bedeutung der juristischen Regeln nur schwer verstehen lässt, beinhaltet das Gesetz immer einen Bestandteil an Unvollständigkeit, Ungenauigkeit und Mehrdeutigkeit (und das in dem Ausmaß, in dem das Gesetz nicht systematisch die Kriterien darlegt oder die Grenzen benennt, die es ermöglichen, den gesetzlichen oder nicht gesetzlichen Charakter einer Tatsache zu bestimmen). [...] Die Mehrzahl der juristischen Texte versteht sich nicht als Rezepte für direkt ausführbare Handlungen, sondern sie formulieren Prinzipien. Aus diesem Grund erfordern sie, dass sie in den praktischen Kontext übersetzt werden. Den Akteuren erscheinen sie daher als etwas, dessen Sinn zu verhandeln ist, denn das Fehlen einer Übereinkunft darüber, was das Befolgen der Regeln bedeutet, kompromittiert die Chancen für das Gelingen einer kollektiven Handlung. Der Tenor dieser Verständigungen über die Interpretation dieser Texte ist notwendig beeinflusst von den Ideen, Werten und Interessen der Akteure, die sie erzielt haben." (Bessy et al. 2011, S. 17)[359]

Als ein wichtiger Beitrag für die pragmatische Wirtschaftssoziologie des Rechts gilt in Frankreich der Aufsatz „*Jugements ordinaires et jugements de droit*" von Laurent

---

357 Siehe für diese Perspektive auf Recht als ermöglichendes Dispositiv auch Le Velly (2012, S. 36f).

358 Bessy et al. (2011) und Diaz-Bone et al. (2015) positionieren diese pragmatische Wirtschaftssoziologie des Rechts gegen die institutionalistischen Ansätze in den Wirtschaftswissenschaften wie den Law-and-economics-Ansatz oder den Public-choice-Ansatz auf der Grundlage der Unterscheidung von endogener und exogener Auffassung des Rechts.

359 Übersetzung RDB.

Thévenot (1992a).[360] Ausgangspunkt für Thévenot ist die Gemeinsamkeit zwischen der EC einerseits und den Rechtswissenschaften sowie den Wirtschaftswissenschaften andererseits in der Analyse des Urteilens (*jugement*) und der Analyse des Interpretierens von Regeln (Gesetzen). Aber gleichzeitig stellt Thévenot - wie Bourdieu - heraus, dass das juristische Urteilen sich in einen Gegensatz zum alltäglichen Urteilen stellen muss, wenn es den Effekt der Generalisierung, Legitimität und Reichweite erzielen will. Und Thévenot betont - wie die Klassiker -, dass es einen wechselseitigen Zusammenhang zwischen Recht und Moral gibt, der sich nicht nur im Entwurf des geschriebenen Rechts zeigt, sondern insbesondere in der Praxis der Rechtsanwendung. Denn die Analyse der Praxis des Rechts zeige auch für Juristen die Praktikabilität des Gesetzes. Thévenot ist der erste Vertreter der EC, der für die Analyse des Rechts herausstellt, dass es (auch) dort um die Analyse der Pluralität von *Recht*fertigungsordnungen geht, wie sie von Boltanski und Thévenot (2007) differenziert wurden. Die pragmatische Position kritisiert den rechtswissenschaftlichen Positivismus, der darin besteht, das Gesetz als „gegebenes System von Normen" zu betrachten und die juristische Argumentation danach auf die argumentative Folgerichtigkeit und Konsistenz innerhalb des (verschriftlichten) Gesetzes hin zu analysieren (Dupret 2006; Thévenot 2012a; Kirat 2012). Das Gesetz wird damit nicht einfach „ausgeführt" oder „vollzogen". Das Gesetz wird auch nicht mehr als Vorschrift gedacht, sondern als ein „Modell" aufgefasst, an dem sich Juristen orientieren können, um es als ein Objekt in ihren rhetorischen Strategien einzusetzen, und die ihnen gerade damit die Interpretationsspielräume in Situationen einrichten. Evelyn Serverin hat aufgezeigt, wie der Rechtspositivismus - insbesondere repräsentiert durch Hans Kelsen (1960) - als Bewegung innerhalb der Rechtswissenschaft versucht hat, die Rechtstheorie als von der Empirie der Rechtsprechung unabhängig aufzufassen. Damit hat der Rechtspositivismus versucht, die Rechtswissenschaften gegenüber den Sozialwissenschaften zu autonomisieren (Severin 2000, S. 24f).[361] Analysegegenstand der Rechtswissenschaften

360 Siehe auch Thévenot (1995b) sowie für eine Aktualisierung dieses Aufsatzes Thévenot (2008).

361 Serverin und Dupret rekonstruieren dafür die Arbeit des Rechtswissenschaftlers Hans Kelsen und zeigen, wie Kelsen die Webersche Rechtssoziologie missversteht, wenn er sich auf Webers Differenzierung zwischen der dogmatischen, auslegenden Rechtswissenschaft und der verstehenden Rechtssoziologie beruft (Serverin 2000, S. 24f; Dupret 2006, S. 105f). Während Kelsen hier die Trennung der Zuständigkeiten von Rechtswissenschaft und Rechtssoziologie sieht, ist auch für Weber die soziologische Analyse der internen Struktur des Rechts Gegenstand der Rechtssoziologie. Die interne Struktur des Rechts bezieht Weber auf die Institutionalisierung und Rationalisierung des Rechts (Serverin 2000, S. 45f).

sind demnach nur die Rechtsnormen und ihre Systematik – auch der Staat wird dieser rechtspositivistischen Auffassung zufolge letztlich als System von Rechtsnormen aufgefasst. Die Praxis der Produktion der Rechtsnormen und die Praxis ihrer Handhabung bleiben außen vor.

Wenn man aber bei Situationen ansetzt, wie es der methodologische Standort der EC einfordert (Kapitel 10), dann muss man auch die in der Situation kognitiv relevanten Orientierungskriterien (*repères*) in die Analyse einbeziehen.[362] Denn ein juristisches Urteil ist kein Sprechakt im Bereich des Justizwesens, sondern vielmehr eine Handlung, die eine Rechtfertigung von genereller Reichweite beansprucht und die auf den darauf eingerichteten Formen aufbauen muss, die diese Reichweite ermöglichen (Thévenot 1992a). Daher müssen (1) einmal die Konzepte der Forminvestitionen und der Herstellung von Äquivalenzen (Vergleichbarkeiten, nicht Gleichmachungen) in die pragmatische Analyse des Rechts eingebracht werden. Formen und Äquivalenzen ermöglichen dann die situationsübergreifende Geltung des Urteils, die sich von der eingeschränkten Geltung von alltäglichen Urteilen unterscheidet. Das Recht selbst kann – so Thévenot – als eine Forminvestition mit größter Validität und Dauerhaftigkeit aufgefasst werden (Thévenot 1992a, S. 1286). Daran hat jüngst Claude Didry angeschlossen und seiner Analyse der Entstehung des Arbeitsrechts gezeigt, wie das Recht als Form gedeutet werden kann (Didry 2015). (2) Zum anderen sind juristische Urteile wie alltägliche Urteile in Situationen darauf gestützt, dass die Anwendbarkeit von Rechtfertigungsordnungen (Konventionen) die Qualifizierung von Personen, Objekten, Ereignissen, Handlungen beinhaltet, sodass danach der juristische Diskurs von „Tatbeständen" und „Fakten" sprechen kann, die vorher noch unbestimmt waren.

> "The judge has to *qualify* the factual situation, i.e. to select and format the relevant (from *relevare*: raise up) evidence to state that a certain regulation applies. Similarly, human and non human entities have to qualify for a conventional order of worth for their being involved in this convention of coordination which is thus a convention of quality. This is the way EC's realistic approach to coordination is based on the shaping of the material environment, and not limited to values or argued discourse." (Thévenot 2012a, S. 5; Herv. i. Orig.)

Für Thévenot (1992a, 2008, 2012a) und Favereau (2008a) ist die grundlegende Ausgangssituation der Analyse des Rechts durch verschiedene Momente dauerhaft geprägt. (1) Konventionen (Rechtfertigungsordnungen) bringen für die Akteure als praktische Metaphysiker auch die Ansprüche eines (anzustrebenden) *Gemeinwohls* ein, Richtigkeit (*justesse*) und Gerechtigkeit (*justice*) sind damit immer praktisch

362 Siehe dafür Kapitel 10.

durch die konventionenbasierte Handlung aufeinander bezogen. Damit muss die EC mit einem Rechtspositivismus grundlegend brechen (Thévenot 2008, 2012a). (2) Zum anderen ist die *Pluralität der Konventionen* im Bereich des Rechts ebenso fundamental, wie dies für die Ökonomie gilt. Die Pluralität der Konventionen ist auch ein Ausgangspunkt der Kritik an der wirtschaftswissenschaftlichen „Law-and-economics"-Bewegung, denn wirtschaftliche Effizienz als Kriterium zur Beurteilung von Recht kann regelmäßig nicht in Einklang gebracht werden mit Gerechtigkeit – wobei sowohl Effizienz als auch Gerechtigkeit aus Sicht der EC abhängig sind von den zugrunde gelegten Konventionen (Favereau 2008a, 2012; Bessy/Favereau 2011). (3) Weiter ist die EC daran interessiert, in die Analyse erklärend einzubeziehen, welche (situativen) *außerrechtlichen Ressourcen und Dispositive* Akteure ins Werk setzen müssen, um das Recht „ins Werk" zu setzen. Das Recht prozessiert nicht von selbst. Seine Anwendung sowie die Art und Weise, wie es angewendet wird, hängen von vermittelnden Personen und Sachverhalten (Intermediäre), von Formen des Engagements (informellen Praktiken, Routinen, praktischen Formen der Vertrautheit und des Vertrauens) sowie von Akteurskompetenzen ab (Thévenot 2008, 2012a; Bessy 2010, 2015a, 2015b; Bessy et al. 2011). (4) Institutionentheoretisch gesehen führt die Einbeziehung der außerrechtlichen Ressourcen und Dispositive durch die EC nicht dazu, dass das Recht als eine dem Handeln externe Institution aufgefasst wird. Thévenot, Favereau, Didry, Bessy und auch andere Vertreter der EC beziehen – wie Edelman, Suchman oder Stryker (s. o.) – die Realität und Wirksamkeit des Rechts auf die koordinierende situative Praxis in juristischen Feldern, sodass auch hier das Recht als Institution als dem Handeln endogen gedacht wird.

8.3 Institutionalistische Aspekte des Arbeitsvertrags

Seit den 1980er-Jahren gibt es ein Forschungsinteresse der EC an Arbeitsverträgen, an dem Verhältnis von Arbeitsverträgen und Unternehmen, an den Regelungen für Gehälter und an den kollektiven Arbeitsverträgen. Bereits die Ausführungen zu den Konventionen der Arbeit und der Arbeitslosigkeit von Salais (Kapitel 4) haben deutlich werden lassen, dass „Arbeit" kein Sachverhalt und auch keine Substanz ist, den bzw. die man wie ein Produkt auf einem Markt kaufen oder verkaufen kann. Verschiedene Vertreterinnen und Vertreter der EC wie François Eymard-Duvernay, Olivier Favereau, Bénédicte Reynaud und Christian Bessy haben die wirtschaftswissenschaftlichen Konzepte des Arbeitsvertrags diskutiert und aus konventionentheoretischer Sicht kritisiert.

Bereits Emil Durkheim hat die Unvollständigkeit von Verträgen aus soziologischer Sicht hergeleitet. Sein Argument ist heute für die Wirtschaftssoziologie klassisch: Verträge sind nicht durch sich selbst fundiert, sondern durch die nicht vertraglichen Voraussetzungen des Vertrages (Durkheim 1992).[363] Die Akteure, die sich vertraglich verpflichten, sind in einen sozialen Kontext eingebettet, der ihnen ermöglicht, den Sinn dieser vertraglichen Regelung (sowohl hinsichtlich Vertragsinhalt als auch Vertragsform) zu klären. Weiter kontrolliert der soziale Kontext die Einhaltung des Vertrages und die Vertragserfüllung. All dies können der Vertrag sowie die beiden Vertragsparteien allein nicht leisten.[364] Aber auch in den Wirtschaftswissenschaften ist die Diskussion des Arbeitsvertrages Bestandteil bereits der klassischen institutionentheoretischen Forschung. Herbert Simon kommt in einem formalen Vergleich zwischen dem Tauschvertrag und dem Arbeitsvertrag zu der Folgerung der Unvollständigkeit des Arbeitsvertrags:[365]

> "[...] in an employment contract certain aspects of the worker's behavior are stipulated in the contract terms' certain other aspects are placed within the authority of the employer' and still other aspects are left to the worker's choice." (Simon 1951, S. 305)

Auch John Commons (1993) hat den *labor relations* in seiner evolutionären Perspektive auf den modernen Kapitalismus einen zentralen Platz eingeräumt und dabei ebenfalls auf die Unvollständigkeit der Arbeitsverträge hingewiesen (Bazolli et al. 1994). Für Commons geht es um eine politische Ökonomie der Arbeit, die mit der Marxschen Arbeitswertlehre bricht und die nicht einzelne Akteure, sondern Transaktionen ins Zentrum der ökonomischen Analyse stellt. Wie Durkheim setzt er sich ab von einem methodologischen Individualismus, und auch er bezieht verschiedene soziale „Ebenen" in die Analyse ein. Beide sehen Berufsgruppen als eine Einheit auf der Mesoebene (zwischen Individuen und Gesellschaft), die in kollektiven Aktionen Reglementarien entweder zu setzen oder zu beeinflussen

---

363 „Zusammenfassend können wir sagen, dass der Vertrag sich nicht selber genügt; er ist nur möglich dank einer Reglementierung des Vertrags, die sozialen Ursprungs ist." (Durkheim 1992, S. 272)

364 Siehe für die aktuelle rechtssoziologische Analyse des Vertrages die Beiträge von Mark Suchman (2003, 2011). Hier wird über die Perspektive Durkheims hinaus auch nach den Einflüssen der Verträge und Vertragsformen auf den sozialen Kontext gefragt. Dabei geht es Suchman, nicht um eine allgemeine Theorie des Vertrages oder um die Theoretisierung der Governance-Formen, sondern um die Auswirkungen der konkreten formalen und „technischen" Eigenschaften der Verträge, die er als Dispositive für Koordination auffasst. Die dafür erforderliche Methode ist die detaillierte Untersuchung der Vertragsinhalte und Vertragsformen ist.

365 Siehe auch Williamson (2000).

suchen.[366] Für Commons sind Arbeitsbeziehungen und deren juristische Formen in die resultierenden sozialen Beziehungen und kollektiven Verträge eingebettet, *eben weil* individuelle Arbeitsverträge unvollständig sind und die Arbeitsbeziehungen dauerhaft ambivalent und immer wieder konfliktträchtig sind.

8.3.1 Kritik der Firma als Vertragssystem

Die wirtschaftswissenschaftliche Analyse hat nach der neoklassischen Revolution und der Marginalisierung ihrer institutionalistischen Tradition immer wieder riskiert, anzunehmen, dass der ökonomische Tausch zwischen Individuen – wie Arbeit gegen Gehalt – selbstgenügsam sei und Regeln (Institutionen) daher eigentlich obsolet seien (Reynaud 1987, 1988).[367] In den Wirtschaftswissenschaften werden Regeln zumeist als juristische Regeln wahrgenommen. Für Reynaud ist evident, dass ein Arbeitsvertrag *nicht* auf eine juristische Regelung („Vertrag") reduziert werden kann, weil eine grundlegende Unsicherheit hinsichtlich der Qualität der Arbeit bestehe (Reynaud 1988). Denn die Besonderheit des Arbeitsvertrages besteht in der zeitlichen Trennung zwischen dem Abschluss des Vertrages (unter juristisch gleichgestellten Personen in einer nicht hierarchischen Beziehung) und der Vertragserfüllung, also dem Einsatz der Arbeitskraft und der Leistung von Arbeit (wobei diese nun im Rahmen einer hierarchischen Beziehung geleistet wird).[368] Arbeitsverträge sind eine spezifische Vertragsform, da die Arbeitsbeziehung hierbei zumeist langfristig (häufig unbefristet) eingegangen wird und die Qualität der Arbeit dann nicht vollständig vorab vertraglich spezifiziert werden kann, wenn die Arbeitstätigkeit nicht in einfacher und hochgradig standardisierter Form erfolgen kann. Damit ist der Arbeitsvertrag als Regel unvollständig – dieser bereits klassische Befund bleibt also aktuell. Die Unvollständigkeit bezieht Reynaud auf jede Art von Regel. Und sie hebt hervor, dass die Regeln nicht nur interpretiert werden müssen, sondern dass diese Interpretationen ihrerseits andere Regeln zur Interpretation heranziehen.

366 Für Commons sind kollektive Transaktionen die angemessene Einheit der Analyse, er differenziert dabei „bargaining transactions", „managerial transactions" und „rationing transactions" (Bazzoli et al. 1994, S. 101f).

367 Damit ist die Formalisierung der Theorie von Léon Walras durch Kenneth Arrow und Gérard Debreu (1954) sowie ihre internationale Etablierung als wirtschaftswissenschaftlicher Mainstream gemeint (Fourcade 2009).

368 Siehe auch das Modell von Robert Salais in Kapitel 4.

> "They are incomplete because each one needs to be applied in the light of knowledge, of information contained in other rules, as well as custom, and practice, and context. A rule in itself neither strictly determines individual choices and behaviors nor guides them. Rather than being autonomous, rules form a system." (Reynaud 2005, S. 850)

Reynaud kritisiert das neoklassische Modell, das das Modell der Börse als paradigmatisches Modell auf alle anderen Märkte überträgt. Bei Walras ist der Markt noch nicht der Regel (als Institution) entgegengesetzt, und Reynaud fragt kritisch an, wie die Vorstellung eines organisierten Wettbewerbs einhergehen kann mit der vollständigen Abwesenheit von Organisation – eben auch dieses Wettbewerbs (Reynaud 1988, S. 161). Die Kritik von Reynaud führt zur Folgerung, dass auch Märkte durch Regeln organisiert werden müssen, die die Vermittlung von Angebot und Nachfrage koordinieren, und dann auch durch solche Regeln, die die kollektive Kognition organisieren. Die Arbeitsökonomie hat sich von der Neoklassik abgesetzt, indem sie die Unvollständigkeit der Arbeitsverträge und die Problematik der Asymmetrie der Information in ihre Analysen einbezogen hat.[369] Auch für Reynaud sind die Arbeiten von Frank Knight (2006) oder Ronald Coase (1937) aus der ersten Hälfte des 20. Jahrhunderts der Ausgangspunkt für die Klärung, wie die Probleme der Unvollständigkeit des Arbeitsvertrages – die sich aus dem neoklassischen Marktmodell ergeben – praktisch durch die Unternehmung gelöst werden. Für Reynaud ist das Problem, dass die neoklassische Theorie nicht differenziert, an welchen Orten der ökonomische Tausch erfolgt. Das bedeutet praktisch, dass diese Theorie nicht zwischen den unternehmens*externen* und den unternehmens*internen* Regeln unterscheidet (Reynaud 1988, S. 175). Reynaud greift als Beispiel für einen Versuch, die Organisationstheorie auf dem neoklassischen Denken zu fundieren, die Theorie von Armen Alchian und Harold Demsetz (1972) auf. Diese haben eine Theorie der Firma in die wirtschaftswissenschaftliche Debatte eingeführt, die die Firma als ein zentralisiertes Set von Verträgen auffasst. Derjenige, der mit allen über Verträge vernetzt ist, ist der Firmeninhaber (er ist der „central agent"). Er ist insofern in einer besonderen Position, als er die Verträge je neu verhandeln kann. Die Begründung, warum es Firmen überhaupt gibt, ist hier: weil Firmen Teamarbeit möglich machen. Firmen seien in der Lage, Informationen effizienter zu prozessieren und verschiedene Ressourcen effizienter zu kombinieren, als dies einzelne Akteure auf dem Markt zu leisten vermögen. Sie kritisieren dabei, dass es

369 Die Arbeiten von Akerlof, Stiglitz, Shapiro und anderen kommen bei der Modellierung des „effizienten Gehaltes" dabei zu Folgerungen, die den Positionen der neoklassischen Analyse diametral entgegengesetzt sind, wie derjenigen, dass das Gehalt die Produktivität determiniere – und nicht umgekehrt, wie in der neoklassischen Theorie postuliert (Reynaud 1988, S. 164f).

nicht die Hierarchie ist, die Firmen auszeichnet. Denn in Firmen wie in Märkten gibt es letztlich nur dieselben Möglichkeiten zu sanktionieren (auch hier finden je „Neuverhandlungen" statt). Teamproduktion ist gewünscht, wenn der Output größer ist als die Summe der Teilleistungen der einzelnen Mitarbeiter. Firmen sehen Alchian und Demsetz am Ende als „privat besessene Märkte" an (Alchian/Demsetz 1972, S. 795), die besser als herkömmliche Arbeitsmärkte den Arbeitseinsatz zu kontrollieren in der Lage seien. Das Problem ist nun aber, dass die Produktivität der einzelnen Mitarbeiter nicht mehr objektiv bestimmt werden kann. Die Theorie von Alchian und Demsetz gilt als das grundlegende Modell, eine Firma als ein Set von (bilateralen) Verträgen zu interpretieren (Reynaud 1988, S. 165).[370]

Es bleiben hier für Reynaud (1988) die zentralen Probleme der neoklassischen Theorie: zuerst das Problem, dass die Organisation mit Mitteln des Marktmodells modelliert wird. Auch die Unvollständigkeit der Arbeitsverträge bleibt für den wirtschaftswissenschaftlichen Neoinstitutionalismus ein notorisches Problem, denn hier wird die Frage virulent, wie man opportunistisches Verhalten kontrollieren kann. Unternehmen sind damit Institutionen, die das Marktversagen kompensieren sollen. Tatsächlich ergeben sich Dilemmata für die neoklassische Theorie, wenn man den methodologischen Individualismus und das neoklassische Vertragsmodell beibehält – wie im Fall von Alchian und Demsetz –, weil man die Produktivität der individuellen Arbeitsleistung im Team nicht mehr erfassen kann und damit die Grundlage für die Berechnung des optimalen Lohns schwierig wird.[371]

Christian Bessy und François Eymard-Duvernay haben ebenfalls die wirtschaftswissenschaftlichen und rechtswissenschaftlichen Ansätze für die Analyse der Arbeitsbeziehung im Unternehmen systematisch diskutiert. Sie argumentieren, dass das Unternehmen als ein Dispositiv für die dauerhafte Koordination aufgefasst werden muss und dass die wirtschaftswissenschaftliche und die juristische Analyse des Vertrags der Dauerhaftigkeit der Arbeitsbeziehung nicht angemessen Rechnung tragen (Eymard-Duvernay 1988; Bessy/Eymard-Duvernay 1995).[372] Denn über die Zeit bilden sich Konventionen zwischen Arbeitnehmern und Arbeitgebern für die praktische Handhabung der Arbeitsbeziehung heraus, die juristisch nicht geregelt sein müssen und – aufgrund der jeweils spezifischen Arbeitssituationen – auch

370 Eugene Fama (1980) hat versucht, das Firmenmodell von Alchian und Demsetz zu kritisieren und zu radikalisieren, indem er die Position des Unternehmers ganz auflöst.

371 Siehe für eine Diskussion und Kritik des Unternehmens als Vertragssystem sowie auch des Ansatzes von Alchian und Demsetz auch Gomez (1996).

372 Diese Eigenheit der Organisation, kollektive Koordination auch dann zu ermöglichen, wenn Märkte versagen, betont auch Simon (1991, S. 38f).

nicht vollständig rechtlich reglementiert sein können. In dieser Hinsicht werde die Macht des Rechts überschätzt (Eymard-Duvernay 1988, S. 545).

Die Schwierigkeiten der wirtschaftswissenschaftlichen Ansätze, die vertragliche Regelung der Arbeitsbeziehung im Unternehmen zu modellieren, verorten die Vertreter der EC letztlich darin, dass versucht werde, das Unternehmen als kollektive Realität in einem System von hierarchischen Beziehungen aufzulösen. Diese Strategie beinhalte den Widerspruch zwischen einem liberalen Vertragsmodell unter Gleichen einerseits und einer vertraglich eingegangenen hierarchischen Beziehung zwischen Arbeitgeber und Arbeitnehmer andererseits, die die Kontrolle der Leistung der Arbeitnehmer durch den Arbeitgeber einrichten soll (Supiot 2007a; Eymard-Duvernay/Bessy 1995; Eymard-Duvernay 2010). Dieses Modell einer hierarchischen Ordnung von Arbeitsbeziehungen werde den Koordinationsformen im Unternehmen nicht gerecht, die durch vermittelnde Akteure (wie den „cadres", den Führungskräften in Frankreich) und vermittelnde Objekte – den Intermediären (Kapitel 4) – erfolge.

> „Indem man die Arbeitsbeziehung als durch eine hierarchische Ordnung oder als durch formale Regeln fixiert betrachtet, kann man den dezentralisierten Formen der Koordination nicht Rechnung tragen. Die juristische Konzeption einer Unterordnungsbeziehung zwischen Arbeitgeber und dem Gehaltsempfänger als dem universellen Charakteristikum der Arbeitsbeziehung scheint nur schwer vereinbar zu sein mit der Begrenztheit des Wissens, das der Arbeitgeber für die unmittelbare Anweisung der Arbeit hat. Dieses Wissen ist in einem Netzwerk aus Personen und Objekten [der Instrumentierung des Unternehmens] distribuiert. Kein Bestandteil dieses Netzwerks – auch nicht der Arbeitgeber – hat die Kontrolle über das Ganze inne." (Bessy/Eymard-Duvernay 1995, S. 960)[373]

Für Bessy und Eymard-Duvernay ist evident, dass auch institutionalistische Ansätze in den Wirtschaftswissenschaften (wie die Principal-agent-Theorie, die Aufnahme der Vertragstheorie in den wirtschaftswissenschaftlichen Neoinstitutionalismus durch Oliver Williamson) dieser Eigenheit des Unternehmens als Dispositiv für die Koordination nicht angemessen Rechnung tragen, wenn sie es auf ein Vertragssystem reduzieren (Bessy/Eymard-Duvernay 1995, S. 948f).

Man kann die hier angeführten Positionen der EC als eine Kritik daran auffassen, dass das individualistisch begründete Vertragsrecht nicht geeignet ist, eine kollektive Realität (wie diejenige des Unternehmens und die der kollektiven Koordination) angemessen zu modellieren. Das Unternehmen ist insbesondere für Eymard-Duvernay (2004, 2012) eine kollektive Sphäre für eine politische Fundierung

373 Übersetzung RDB.

der Produktion – „politisch" hierbei verstanden im Sinne der Theorie von Boltanski und Thévenot (2007).[374] Der für die EC einflussreiche Rechtswissenschaftler Alain Supiot hat dieses Grundproblem bereits als einen Antagonismus identifiziert, der auch im Recht selbst angelegt ist. Aus seiner Sicht steht das Vertragsrecht (dessen individualistische Fundierung er kritisiert) hierbei dem Sozialrecht gegenüber. Rechtliche Regelungen, die Arbeitnehmerinnen und Arbeitnehmer betreffen (wie der Kündigungsschutz), gehören zu eben diesem Sozialrecht, das versucht sozial Benachteiligte und Schwächere zu schützen.

> „Im Gegensatz zum allgemeinen Vertragsrecht, das die Menschen als geschichtslose Monaden ohne Fleisch und Blut betrachtet, hat das Sozialrecht den Blick wieder darauf gerichtet, dass die Menschen, die miteinander in Austausch treten, Glieder einer Generationenkette sind, dass sie physische Unzulänglichkeiten aufweisen und es Bande der Solidarität gibt, die sie einen oder entzweien. [...] Durch die ‚Zersplitterung des Rechts in subjektive Rechte' entsteht ein Freiraum für den wechselseitigen Ausgleich von Individuen, die mit den gleichen Rechten ausgestattet sind. Der Mensch, der auf eine vertragschließende und kalkulierende Monade reduziert wird, soll demnach nur zwei Arten von Regeln unterworfen sein: solchen, die eine wissenschaftliche Grundlage haben, und solchen, die er sich selbst gibt. Allen Individuen werden die gleichen Rechte zugeteilt, und auf diese Weise hofft man, zu einer Gesellschaft zu gelangen, die ausschließlich auf Verträgen basiert und in der es nur freiwillig eingegangene Verpflichtungen gibt." (Supiot 2011, S. 38f)

Der Antagonismus, wie Supiot ihn zwischen Vertragsrecht und Sozialrecht angelegt sieht, korrespondiert daher auch mit dem fundamentalen Antagonismus zwischen einer individualistischen Argumentation und einer kollektivistischen Argumentation in den Rechtswissenschaften.[375]

8.3.2 Prozeduralisierung und kollektives Lernen

Olivier Favereau (1989a) hat sich den Arbeitsvertrag im Rahmen einer theoretischen Ausarbeitung der Probleme des Regelkonzeptes vorgenommen. Im Unterschied zu Durkheim und Commons, die die Unvollständigkeit des Vertrages insbesondere mit der Notwendigkeit der vorgängigen und nachlaufenden externen sozialen Einbettung

374 Insofern ist die EC nicht angemessen rezipiert, wenn man ihr zuschreibt, sie erkenne die kollektive Realität des Unternehmens nicht und setze auch die konflikttheoretische Perspektive nicht mehr fort. Eine solche nicht zutreffende Rezeption findet man etwas bei Mikl-Horke (2011, S. 96).

375 Siehe für die sozialphilosophische Kritik an der liberalen (individualistischen) Fundierung des Rechts Supiot (2007b).

begründen, setzt Favereau anders bei dem Vertrag an, indem er argumentiert, dass ein Arbeitsvertrag gar nicht in der Lage ist, alle zukünftigen Arbeitssituationen so zu spezifizieren, dass alle dem Arbeitnehmer zumutbaren Aufgaben und Leistungen, die auftreten können, darin aufgelistet sein könnten. Es ist für Favereau also auch nicht in erster Linie das Problem des Opportunismus, das den Arbeitsvertrag als problematisch erscheinen lässt, sondern das klassische Problem der Unsicherheit über die Zukunft in der Ökonomie (Knight 2006). Das Problem scheint auf einen unendlichen Regress hinauszulaufen, der darin besteht, dass Regeln hinzutreten müssen, wie man Regeln (Arbeitsverträge) anwendet, und dass dann erneut weitere Regeln hinzutreten müssen, die nun wiederum regeln, wie man diese Regeln handhabt usw. (Favereau 1989a; Bessy/Favereau 2003). Favereau entwickelt eine alternative Interpretation der Regel, die erklärt, warum dieser unendliche Regress praktisch vermieden wird.

Für ihn sind Organisationen zwar Ensembles von Regeln, aber dies erfolgt im Falle von Unternehmen auf einer gesetzlichen Grundlage. Die Unternehmen haben Rechtsformen, und sie können verbindliche Regeln für Arbeitnehmer vorgeben (Favereau 1989a). Durch die unternehmensinterne Kooperation wird eine intentionale Kooperation ermöglicht, die sich von der nicht intentionalen Kooperation im Falle des Marktes unterscheidet. Die Organisationstheorie von Herbert Simon (1947, 1951, 1991) und insbesondere die Theorie des organisationalen Lernens von Chris Argyris und Donald Schön (1978) sind für Favereau – neben anderen Ansätzen der Kognitionswissenschaften – ein maßgeblicher Einfluss, insofern er das institutionelle Lernen in Organisationen auf das Konzept der Regel bezieht: Regeln sind einmal das Resultat des institutionellen Lernens.[376] In die Regeln sind organisationale Erfahrungen eingeflossen, Regeln, die Bestand haben, können dies gerade deshalb haben, weil sie sich als Lernerfahrung für die Organisation bewährt haben.[377] In einem Schritt argumentiert Favereau, dass die Unvollständigkeit der Regel aus der Perspektive des organisationalen Lernens und der Bewältigung zukünftiger Situationen nun kein Problem sei, sondern vielmehr die Lösung dafür darstelle.

Favereau bezeichnet Regeln als *kollektive kognitive Dispositive.* Regeln sind demnach manifestiertes kollektives Wissen und sie dienen als Werkzeuge für die Koordination im Unternehmen. Die Koordination erfolgt dabei auf zwei Ebenen. Zum einen orientieren sich Akteure an den Regeln selbst (die auch vorgeben, was ausgeblendet, ausgelassen usw. werden kann). Zum anderen verständigen sich die

376 Siehe auch Favereau (1995, 2004).

377 Dass die Übernahme formaler Regeln auch ein Feldeffekt sein kann, ist eine Hauptaussage des soziologischen Neoinstitutionalismus (Meyer/Rowan 1977; DiMaggio/Powell 1983).

Akteure in der Koordination dann, wie Regeln und ihre Handhabung zu „verstehen" sind. Der Arbeitsvertrag generalisiert die Bereitschaft zu dieser Koordination.[378] Anders formuliert: Der Arbeitsvertrag reglementiert die Einfügung in das kollektive Wissen (Favereau 1989a, S. 298). Die Regeln werden damit zu kollektiven Objekten und ihre Unvollständigkeit ermöglicht, das individuelle Lernen mit dem kollektiven Lernen zu verbinden, indem die Koordinationserfahrungen in Regeln eingehen. Entsprechend sei das *Gehalt* der Arbeitnehmer nicht nur eine Vergütung ihrer Leistung im Unternehmen und auch nicht nur eine Kompensation für deren Einordnung in die Hierarchie des Unternehmens, sondern auch eine Anerkennung für ihren Beitrag zum organisationalen Lernen (hier sind es insbesondere die Arbeitnehmer in den oberen Positionen der Hierarchie, die dazu beitragen). Der Arbeitsvertrag stellt dann aber nicht das einzige kollektive kognitive Dispositiv dar – wenn auch ein besonders wichtiges –, das Organisationen als kollektive Realität ermöglicht. Organisationen können so charakterisiert werden als kollektiv geschaffene Umgebungen für das Ansammeln eines kollektiven Wissens (*savoir collectif*), das sich einerseits in kollektiven kognitiven Dispositiven manifestiert (als manifester Teil des kollektiven Wissens), das sich aber andererseits auf diese Dispositive stützen können muss, um neues Wissens generieren zu können. Dafür *müssen* diese kollektiven kognitiven Dispositive (als Regeln) ausreichend unvollständig – also ergänzbar und damit wandelbar – sein. Die Unvollständigkeit der Regeln ist damit also „nicht das Problem, sondern die Lösung" (Favereau 1989a, 1997).[379]

Favereau (2012) hat darauf hingewiesen, dass das Konzept des Dispositivs (das in den französischen Sozialwissenschaften weit verbreitet ist) eine Kombination verschiedener Sachverhalte sein kann (Repräsentationen, Werkzeuge, Strategien u. a.) oder auch nur ein einzelner als Dispositiv fungieren kann (Favereau 2012). Worauf es ankommt, das ist ein strategischer Effekt, den ein Dispositiv steigert oder ermöglicht. Kollektive kognitive Dispositive sind für Favereau deshalb „kollektiv", weil sie eine Gruppe abgrenzen („definieren"). Regeln sind damit keine Sachver-

378 In den 1980er-Jahren ist die Flexibilisierung der Arbeit ein großes Thema in der Arbeitswissenschaft. Favereau und Walliser (2000) vertreten die Position, dass es gerade nicht die marktförmige Reorganisation der Arbeit ist, die die Flexibilisierung begründet. Stattdessen sehen sie als Grundlage für die Flexibilität vielmehr die durch die Gehaltszahlung erfolgte generalisierte Akzeptanz der Autorität des Arbeitgebers durch die Arbeitnehmer, die dann flexibel die Arbeitskraft in dem Unternehmen einsetzen kann. Dieser Tausch (Akzeptanz der Autorität gegen Gehalt) sei Kern des Arbeitsvertrages (Favereau/Walliser 2000). Hier schließen Favereau und Walliser an die klassische Position von Herbert Simon (1947) an.

379 Favereau hat dieses Konzept damit auch auf die Organisationstheorie insgesamt bezogen. Siehe dafür die Diskussion verschiedener Organisationskonzepte in Favereau (1989b).

halte, die auf eine individuelle Perzeption reduzierbar sind. Damit ist „Kognition" nicht als individueller Effekt (von wahrnehmen/verstehen) zu denken. Favereau setzt der *„substanziellen Rationalität"*, die Kognition (Entscheidung) als individuellen Prozess eines unabhängigen Individuums bezeichnet, das Konzept einer *„prozeduralen Rationalität"* entgegen. Bei dieser erfolgt Kognition gestützt auf die kognitive Instrumentierung und Abläufe des Unternehmens (bzw. der Organisation) sowie des zugehörigen Kollektivs. In diese prozedurale Rationalität gehen dann Objekte, Praktiken, aber auch die Normen (Standards und Werte) ein, die in einem Unternehmen institutionalisiert sind.[380] Kognition bezeichnet damit die „internen" interpretativen Prozeduren eines Unternehmens und des zugehörigen Kollektivs (Favereau 2012).

Favereau knüpft an das Konzept des *internen Arbeitsmarktes* von Peter Doeringer und Michael Piore (1985) an.[381] Demnach sind die unternehmens*internen* Arbeitsbeziehungen von der direkten Marktlogik der freien Konkurrenz (auf dem unternehmens*externen* Arbeitsmarkt) abgesetzt durch besondere Regulierungen. Einstellung und Entlassung sind die Modi des Zugangs zum internen Arbeitsmarkt. Dieser ist insofern eben kein neoklassischer Markt, nicht nur weil die Konkurrenz weitgehend außen vor gehalten wird, sondern auch weil das Gehalt nicht den Schwankungen („Preisanpassungen") unterliegt, die den Marktmechanismus kennzeichnen und die Eigenheiten des externen Arbeitsmarktes wären. Die vertragliche Regelung der Arbeitsbeziehung (Arbeitsvertrag) – und damit die Absetzung vom externen Arbeitsmarkt – ermöglicht in dem Unternehmen (interner Arbeitsmarkt) eine Ausrichtung der kollektiven Koordination und des kollektiven Wissens auf die Produktion.

Für Favereau ist die Folgerung, dass die internen Arbeitsmärkte nicht mit dem Marktmodell der neoklassischen Wirtschaftstheorie, die Favereau als „Standardtheorie" bezeichnet, angemessen erfasst werden können. Aber auch die externen Arbeitsmärkte seien organisiert. Etwas prägnant formuliert kann man mit Favereau folgern, dass *Organisationen keine Märkte und Märkte organisiert sind* (Favereau 1989a, 1989b).

> „Organisation und Markt liegen nicht auf derselben Ebene. Und man muss wahrscheinlich vielmehr den Markt ausgehend von der Organisation begreifen als die Organisation ausgehend vom Markt." (Favereau 1989b, S. 88)[382]

380 Hier zeigt sich eine Parallelität des Konzeptes der prozeduralen Rationalität zu dem Ansatz der „distributed cognition" von Edwin Hutchins (1995).

381 Siehe für die Unterscheidung von internen und externen Arbeitsmärkten Kapitel 4.

382 Übersetzung RDB

Favereau hat das durch die neoklassische Ökonomie eingesetzte Primat des Marktmodells gegenüber einem dazu eigenständigen Organisationsmodell so in Frage gestellt.

Der Ansatz der EC ist von Favereau in einem Schema gegenüber anderen wirtschaftswissenschaftlichen Ansätzen positioniert worden (Favereau 1989a, S. 280). Er verwendet dafür zwei Oppositionen. (1) Die erste betrifft die Frage, ob es wichtig für die Analyse des externen Marktes ist, was im Unternehmen passiert, oder ob dies nicht der Fall ist – d. h. ob die Analyse die internen Unternehmensbeziehungen vernachlässigt und schlichtweg annimmt, dass auch hier das neoklassische Marktmodell verwendet werden kann. (2) Die zweite Opposition betrifft die Frage, ob angenommen wird, dass die (unternehmens)interne Umwelt für die Qualität der Rationalität (Entscheidungsfindung) der Akteure wichtig ist (prozedurale Rationalität), oder ob angenommen wird, dass Akteure unabhängig davon entscheiden (substanzielle Rationalität).[383]

Die Abbildung 8.1 soll – so Favereau (1989a) – die beiden Problematiken der „Standardtheorie“ (neoklassische Wirtschaftstheorie) veranschaulichen, die darin bestehen, dass sie (1) die Logik von Regeln (Arbeitsvertrag, Organisation/Unternehmen) nicht angemessen erfasst und dass sie (2) die Probleme der Unsicherheit und des organisationalen Lernens nicht angemessen berücksichtigt. Hinzu kommt, dass die Irreversibilität (Pfadabhängigkeit) organisatorischer (und insgesamt sozialer) Prozesse noch nicht einbezogen wird (Favereau 1991).

Die Formen der „erweiterten Standardtheorie“ wie die Theorie asymmetrischer Information (Arrow 1974) oder der wirtschaftswissenschaftliche Neoinstitutionalismus (Williamson 1985) beziehen (auf der Grundlage eines Modells substanzieller Rationalität) Regeln mit ein.[384] Zeitgenössische wirtschaftswissenschaftliche Theorien, die Unsicherheit, das organisationale Lernen oder die Irreversibilität einbeziehen, sind neben der Theorie von Argyris und Schön (1978) die wirtschaftswissenschaftliche Theorie des evolutionären Wandels (Nelson/Winter 1982).[385] Favereau will mit der Abbildung 8.1 die EC kritisch gegenüber den anderen Institutionalismen positionieren und er versucht, die Probleme der neoklassischen Theorie zu lösen

383 Siehe für die Einführung dieses Schemas auch Gensse (2003, S. 15).

384 Favereau ordnet den Erweiterungen auch die Informationsökonomik hinzu mit den Beiträgen von Arrow, Akerlof, Stiglitz, Shapiro, Spence; siehe Favereau (2001a).

385 Die Arbeit von Nelson und Winter (1982) schließt an den klassischen wirtschaftswissenschaftlichen Institutionalismus (Thorstein Veblen) und die Arbeiten von Joseph Schumpeter an. Sie aktualisiert also die klassischen Positionen, die die neoklassische Theorie verdrängt hatte.

und dabei über die existierenden Ansätze der wirtschaftswissenschaftlichen Ansätze hinauszugehen.

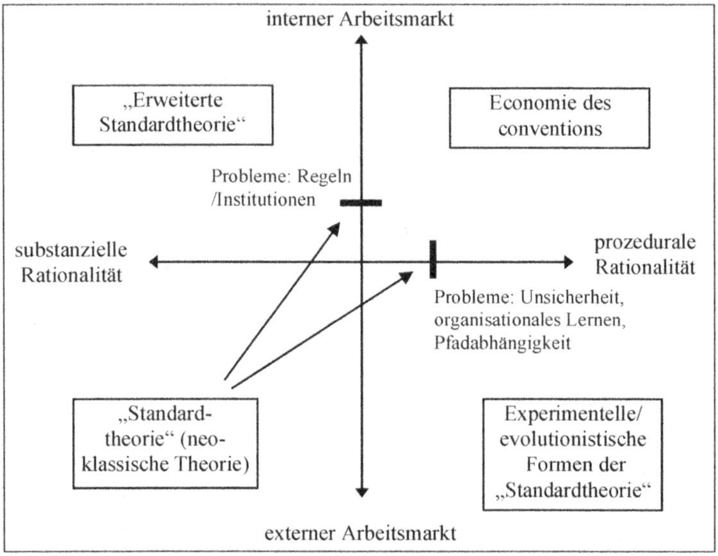

Abbildung 8.1 Differenzierung der Institutionalismen
Quelle: Favereau (1989a, S. 280)

Dabei hat Favereau in einem späteren Beitrag insbesondere die „erweiterte Standardtheorie" dahingehend kritisiert, dass die hier erfolgte Aufnahme von Regeln zu internen Widersprüchen in der Wirtschaftstheorie führe, da die Grundpositionen der „Standardtheorie" mit dem Konzept der Regel nicht vereinbar seien (Favereau 2000). Favereau setzt dafür bei der Theorie der asymmetrischen Information an, die Kenneth Arrow (1974) entwickelt hat und die eben eine solche Erweiterung der Standardtheorie darstelle, da sie sich ebenfalls auf dessen normativen Bewertungsmaßstab bezieht. Dieser bestehe in dem Pareto-Optimum, welches durch das Befolgen nutzenmaximierender individueller Entscheidungen von eigennützig kalkulierenden und nicht kooperativ agierenden Akteuren (Modell des Homo oeconomicus) unter idealen Marktbedingungen zu erreichen und welches zugleich das anzustrebende Gemeinwohl sei. Zu dessen Erreichung seien in der Standardtheorie keine Regeln, sondern lediglich die Orientierung am Marktpreis erforderlich (Favereau 2000, S. 157). Mithilfe dieses Pareto-Optimums als normativem Prinzip *in der Wirtschaftswissenschaft* sei es der Standardtheorie erklärlich geworden, warum die ethische Diskursivierung *in der Wirtschaft* selbst zu vermeiden sei (Favereau 2000, S. 163). Das Gemeinwohl werde so „substanzialisiert" und zugleich „de-moralisiert" (Favereau 2000, S. 160).

Das von Arrow identifizierte Problem besteht nun darin, dass in vielen Marktsituationen die Akteure nicht über dieselben Informationen verfügen. Das ist ein grundlegender Verstoß gegen das neoklassische Marktmodell, zu dessen Annahmen auch das Vorliegen perfekter Informationen bei allen Marktteilnehmern zählt, ohne die das Pareto-Optimum nicht erzielt werden könne. Arrow hat das Standardmodell daher um drei verschiedene Formen von Regeln erweitert, die notwendig sind, um die Abweichung realer Marktsituationen vom neoklassischen Marktmodell zu kompensieren. Die drei Formen sind Verträge, Gesetze sowie Normen und Werte. Favereau diskutiert nun Arrows drei Formen von Regeln und stellt dabei die Kritik der EC an der erweiterten Standardtheorie heraus. Für den *Vertrag* werde angenommen, dass freie Individuen eine Willensübereinstimmung erzielen, ohne dass diese ihr eigennütziges individuelles Verhalten dabei aufgeben. Zugleich soll hier der Staat (als Rechtsetzer) außen vor gehalten werden, denn die „guten Regeln" sind solche, die sich selbst erzwingen und die sich auch selbst ausführen. Für den Staat und die Öffentlichkeit (*collectivité publique*) gelte, dass sie nur mithilfe von *Gesetzen* eingreifen sollen, um die privaten Akteure zur Kooperation anzureizen. Die privaten Akteure seien selbst in der Lage, die angemessenen *Normen und Werte* für das Schließen von Verträgen heranzuziehen und zur Anwendung zu bringen.

Favereau diagnostiziert, dass Arrow zwar verschiedene Formen von Regeln unterscheide, sich aber letztlich doch ein Problem mit der als notwendig erachteten Erweiterung der Standardtheorie einhandele. *Entweder* werde allein die eigennützige, nicht kooperative Akteursrationalität im Modell beibehalten, womit die notwendige moralische Dimension (zur Kompensierung der Abweichung vom idealen Marktmodell und zur Erreichung des Pareto-Optimums) nicht mehr erklärlich sei. *Oder* die erweiterte Standardtheorie handele sich eine interne Inkonsistenz ein, die in der Koexistenz einer eigennützigen, nicht kooperativen Akteursrationalität einerseits und einer moralischen Akteursrationalität andererseits bestehe (Favereau 2000, S. 159).

Damit Verträge zustande kommen können, muss eine kooperative Akteursrationalität gefördert werden. Die (in diesem Kapitel dargestellte) Theorie des organisationalen Lernens, die auf der Unvollständigkeit des Vertrages sowie der Begrenztheit und der Prozeduralität der Rationalität begründet ist, führt Favereau weiter, indem er dem Versagen des Marktes (Verträge und Kooperationen systematisch anzureizen) mit der Rolle des Staates begegnet, die in der Anreizung von

Kooperation besteht (Favereau 2000, S. 164). Denn auch auf das Gesetz müssen die Problematiken der Unvollständigkeit sowie das Konzept der Prozeduralität bezogen werden, damit sie – wie der Vertrag – das Lernen in diese Form der Regel integriert.

> „Verständigen wir uns darauf, unter ‚Prozeduralisierung des Rechts' eine neue Form der Intervention des Staates als Produzent von Normen zu verstehen. Diese Intervention entfaltet sich zum einen im *Prozess* der Produktion von Normen, indem sie die an dem *Resultat* interessierten Parteien einbezieht; zum anderen indem sie in den *Gehalt* eben dieser Normen das Lernen als eine wichtige Dimension integriert." (Favereau 2000, S. 155; Herv. i. Orig.)[386]

Die EC hat – so Favereau – diese Perspektive auf die kollektive Intentionalität und Prozeduralität übernommen. An die Stelle eines Modells vom homo oeconomicus, des nicht kooperativen, eigennützig kalkulierenden und misstrauisch agierenden Akteurs, setzt die EC ein Modell des kooperativen Akteurs, der in Kooperationen vertraut und der mit Bezug auf Regeln und Konventionen dann Kooperationen eingehen kann. Weil er auf die Rationalität des homo oeconomicus verzichtet und kooperations*willig* ist, wird er kooperations*fähig*.

> „Anders formuliert: *Es kann rational sein, die Rationalität auszusetzen*. Dabei entsteht kein Paradox. Es kann *auf lange Sicht* rational sein, *kurzfristig* auf die Rationalität zu verzichten." (Favereau 2000, S. 168; Herv. i. Orig.)[387]

Insgesamt legt Favereau mit den Konzepten der Prozeduralisierung (sowohl der Rationalität als auch des Rechts und allgemeiner der Regeln) und dem Konzept des auf die Regeln bezogenen Lernens eine pragmatische Antwort vor, wie die Unvollständigkeiten von Rationalität und Verträgen (und Gesetzen) durch kooperierende Akteure praktisch gehandhabt und so immer wieder „gelöst" werden.[388] Die Stoßrichtung, in der er diese Lösung entwickelt, eröffnet für ihn zugleich die Strategie für die institutionentheoretische Kritik an der „Standardtheorie" (Neoklassik) sowie an ihrer Erweiterung (insbesondere in Gestalt der Theorie asymmetrischer Information). Beide „substanzialisierten" und „de-moralisierten" das Gemeinwohl in Gestalt des Pareto-Optimums und beide scheiterten damit. Favereau (2000, S. 166f) strebt insgesamt eine De-Substanzialisierung und eine Re-Moralisierung des Gemeinwohls an. Die dafür erforderliche Umstellung auf Prozeduralität ist

386 Übersetzung RDB.

387 Übersetzung RDB.

388 Eben die Ersetzung von Substanzen durch Prozesse (hier Prozeduren) ist eine theoretische Grundposition des Pragmatismus und danach auch der pragmatischen Institutionalismen. (Siehe für die methodologischen Konsequenzen Kapitel 10.)

verbunden mit einer notwendigen Einbeziehung der kollektiven Ebene, denn das Lernen und die Moralität der Kooperation sind auf Kollektive bezogen.

Das von Favereau eingeführte Konzept der Prozedur ist von dem Konzept der Regel (als kollektives kognitives Dispositiv) zu unterscheiden. Mit der Verwendung des Konzepts der Prozedur betont Favereau, dass eine Regel erst noch mit einer Praxis vervollständigt werden muss. Damit rückt das Konzept der Prozedur in die Nähe des Konzepts der Konvention, und für eine Gesellschaft wird dieses plurale System der Konventionen zum wertvollen (sozio-ökonomischen genauso wie sozio-kulturellen) gesellschaftlichen Vermögen (Favereau 2000, S. 167).

8.3.3 Rechtswelten

Mit der Arbeit zur Entstehung der „kollektiven Konvention" hat Claude Didry eine pragmatische Rechtssoziologie entworfen, die die Rechtssoziologie der Klassiker Max Weber und Emile Durkheim einbezieht, die aber wesentlich das Konzept der Produktionswelten von Robert Salais und Michael Storper (Storper/Salais 1997) auf die Produktion des Rechts anwendet. Didrys Arbeit „*Naissance de la convention collective*" (Didry 2002) stellt sicher einen der originellsten Beiträge der EC zu einer „economic sociology of law" dar. Denn Didry bezieht grundlegender als andere Vertreter der EC rechtssoziologische Überlegungen auf die pragmatische Analyse des Wirtschaftsrechts (und in seiner Studie: der Etablierung der Möglichkeit kollektiver Vereinbarungen im Arbeitsrecht).

Zentral ist für Didry die Perspektive auf die *Produktion des Rechts*. Er spricht auch von der „juristischen Arbeit" (Didry 2002, S. 14/27), die durch eine Vielzahl von Akteuren und in verschiedenen Phasen der Rechtspraxis erfolgt. Denn bereits in die Überlegungen, Vorformulierungen, Verhandlungen, Erarbeitungen von Gesetzen sind verschiedene Akteure, Gruppen und Organisationen involviert. Diese bringen zugleich eine Pluralität diskursiver Positionen und „Argumentationsregister" (Didry 2002, S. 124f) ein. Aus seiner Sicht wird in der Rechtswissenschaft eben das Engagement sozialer Gruppen für die Generierung von Recht und Rechtsauslegungen vernachlässigt. Zudem – dies hatte bereits Max Weber kritisiert – werde in den Rechtswissenschaften nicht angemessen wahrgenommen, dass es zumeist Unterschiede gibt zwischen der Absicht der „gesetzgebenden Instanz" und der tatsächlichen sozialen Realität, auf die Erstere sich mit ihrer Regulierungsabsicht bezieht. Der Staat ist für Didry demnach als ein *Produzent* von Rechtsnormen aufzufassen und Recht ist als die *Präsenz* des Staates in den ökonomischen Handlungen zu denken (Didry 2002, S. 32). Allerdings ist der Staat kein vereinheitlichtes Gebilde und nicht rückführbar auf die Vorstellung von Staat als einem Normensystem (wie im Rechtspositivismus von Kelsen). Staatliche und nicht staatliche Kommissionen, Arbeitgeber- und Arbeitnehmerorganisationen, Rechtswissenschaftler, soziale Bewegungen, Nichtregierungsorganisationen und Wirtschaftsinstitutionen (wie die verschiedenen Kammern auf nationaler und regionaler Ebene) sind beteiligt an dem komplexen Prozess des Rechtsentwurfs und der politischen Prozesse der Beschließung und Implementierung des Rechts.

Wie die anderen Vertreter der EC, so geht auch Didry von der Notwendigkeit der Interpretation des Rechts durch die Akteure in konkreten (historischen) Situationen aus. Im Zentrum seiner Rechtstheorie stehen die Pluralität der Rechtsauslegungen sowie die Pluralität verschiedener Rechtskulturen, die er (im Anschluss an Salais und Storper) als mögliche „*Rechtswelten*" (*mondes du droit*) bezeichnet. Akteure haben einen praktischen Sinn für die Koexistenz verschiedener Rechtskulturen, wie Didry dies mit Bezug auf die Arbeiten des Anthropologen Clifford Geertz belegt. Geertz hatte gezeigt, wie im von einer Kolonialmacht besetzten Indonesien die Akteure eine „*legale Sensibilität*" (Geertz 1983, S. 168) aufweisen, die darin besteht, zwischen der Anwendung des traditionellen und des durch die Kolonialmacht etablierten Rechts in Situationen kompetent unterscheiden zu können und zu wissen, welches Recht wann wie zur Anwendung kommt (bzw. „betroffen" ist). Didry verwendet das Konzept der legalen Sensibilität auch, um damit die Kompetenz der Akteure zu bezeichnen, eine kollektive Übereinkunft in einer Rechtswelt oder einen Kompromiss zwischen verschiedenen Rechtswelten herstellen zu können. Dieses Konzept ergänzt damit dasjenige der juristischen Arbeit, und es soll sowohl die konzeptionelle Trennung von Rechtstheorie und rechtlicher Praxis als auch die Differenzierung in Rechtslaien und professionelle Juristen überwinden helfen (Didry 2002, S. 76/91).

Didry fokussiert in seiner Analyse insbesondere die Rechts*produktion*, die Erarbeitung von Gesetzen und ihres praktischen Sinns, die ebenso „situativ" in einer historischen und pluralistischen Konstellation der Rechtswelten erfolgt.

Rechtswelten bestehen aus den Auffassungen, wie die Rechtsinstitutionen zu verstehen sind, und aus den Praktiken, wie Rechtstreitigkeiten von den Akteuren prozessiert werden (Didry 2002, S. 32). Sie sind – wie die Rechtfertigungsordnungen von Boltanski und Thévenot (2007) – zu denken als mögliche „kulturelle Logiken", in diesem Sinne als „Rechtskulturen", die als Grundlage dafür dienen, wie Richter, Rechtsanwälte, Rechtswissenschaftler („Rechtsprofessoren") das Recht, seine Bedeutung und ihr Rechtshandeln auffassen und argumentativ gegenüber anderen legitimieren können. Eine Welt des Rechts dient den Akteuren insbesondere dazu, andere mögliche Rechtswelten zu kritisieren. Rechtsinstitutionen können nur dann faktisch existieren, wenn sie die Kapazität aufbringen, die Kritiken aus den möglichen Rechtswelten abzuwehren und Kompromisse zwischen den Rechtswelten herzustellen (Didry 2002, S. 38). Mit Bezug auf Weber hat Didry zwei fundamentale Dimensionen identifiziert, anhand derer sich diese sechs Welten systematisieren lassen. (1) Eine erste Dimension erfasst das Ausmaß der Formalisierung des Rechts. Damit wird erfasst, wie stark sich die Rechtspraxis auf Formen bezieht und sich von ethischen Dimensionen ablöst. „Formell" ist die Rechtspraxis dann, wenn sie sich argumentativ auf Rechtsformen beruft; „materiell" ist die Rechtspraxis dagegen, wenn sie sich argumentativ auf soziale Werte beruft. (2) Eine zweite Dimension erfasst das Ausmaß der Rationalisierung des Rechts. Damit ist der Grad der logisch-deduktiven Systematisierung und Kodifizierung des Rechts gemeint. Die Rechtspraxis ist „rational", wenn der Grad der logisch-deduktiven Systematisierung hoch ist und sich die juristische Behandlung der konkreten Einzelfälle aus den allgemeinen Gesetzen „ableiten" lässt. Eine Rechtspraxis ist „irrational", wenn die Rechtsprechung der einzelnen Rechtsstreitigkeiten als unabhängig aufgefasst wird und die Praxis des Rechts auf solche spezifischen Situationen bezogen bleibt. Die Abbildung 8.2 verortet die Rechtswelten anhand der beiden Dimensionen in einem zweidimensionalen Raum.

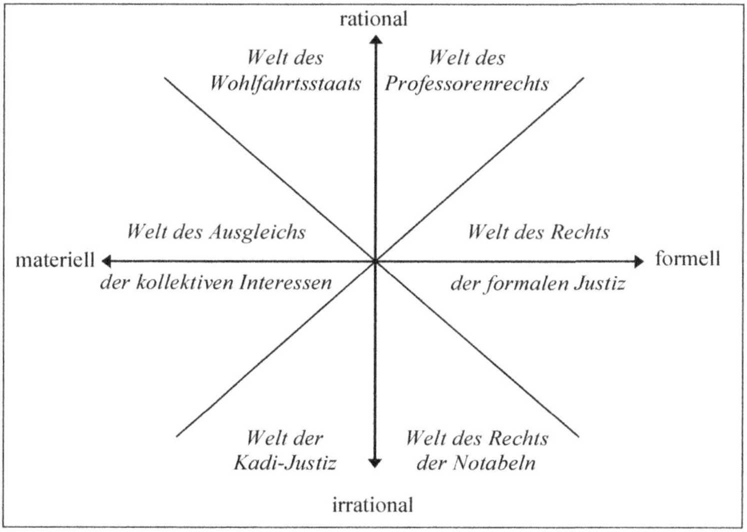

Abbildung 8.2 Modell der möglichen Rechtswelten
Quelle: Didry (2002, S. 39)

Didry hat sechs solcher möglichen Rechtswelten differenziert (Didry 2002, S. 40ff). Die *Welt des Professorenrechts* ist durch das Bestreben der Systematisierung und der logischen Rationalisierung des vorhandenen Rechts gekennzeichnet. Diese Welt ist durch ihre Nähe zu einem Rechtspositivismus charakterisiert, welcher sich gegen eine naturrechtliche Auffassung stellt und der klar zwischen Rechtmäßigkeit und Gerechtigkeit differenziert. Ihre wichtigsten Akteure sind die Professoren, die nicht nur an den Universitäten das Recht systematisch lehren (ohne allerdings ebenfalls die Differenz zwischen Rechts*systematik* und Rechts*praxis* zu lehren), sondern die auch in den Rechtskommissionen und juristischen Gesellschaften die Rechtsdoktrinen vertreten. Die *Welt des Wohlfahrtsstaates* wird durch das Beispiel des Preußenkönigs Friedrich II. repräsentiert. Hier hat - so Didry - ein aufgeklärter Monarch wie ein „Rechtsdiktator" versucht, zum Wohle des Gemeinwesens Rechtsreformen durchzusetzen. Die wichtigen Akteure sind hier der Monarch (bzw. ein Diktator) und die ihm unterstellten Minister und Beamte, die seine Direktiven umsetzen. Es handelt sich um eine „charismatische Justiz", die Gleichheit und soziale Gerechtigkeit verfolgt und eine formale und eine materielle Rechtspraxis vereint (Didry 2002, S. 43).[389] Die *Welt des Ausgleichs der kollektiven Interessen* ist durch eine korporatistische Rechtsauffassung geprägt, der es um den Ausgleich von Gruppeninteressen geht. Didry führt die Rechtstheorie der Interessenjustiz von Jhering als Beispiel für diese Rechtswelt an (Didry 2002, S. 44). Die *Welt der Kadi-Justiz* gilt insbesondere Weber als Beispiel für eine Rechtswelt, die durch die Irrationalität der Rechtspraxis gekennzeichnet ist, da die Akteure hierin dazu neigen, weder nach ethischen Prinzipien noch nach formalen Kriterien, sondern situativ (von Fall zu Fall) zu entscheiden, und diese Rechtswelt sich der Routinisierung des Justizwesens entzieht (Didry 2002, S. 45f). Dennoch ist diese Rechtswelt in modernen Gesellschaften präsent, wie sich am Ombudswesen oder an der Existenz von Schlichtern in gerichtsähnlichen Situationen verdeutlichen lässt. Die *Welt des Rechts der Notabeln* wird durch die Entstehung von berufsständischen Organisationen wie den Anwaltskammern ermöglicht. Die typischen Repräsentanten sind hier Räte oder Rechtsanwälte. Sie tragen mit ihrer Tätigkeit zur Routinisierung und damit zur Rationalisierung der Rechtspraxis bei. Didry betont aber auch die Bedeutung der Interessenvertretung, die sie ausführen, und das Erfordernis, (vertretene) materielle Ideen privater Klienten in eine formale Rechtssprache übersetzen zu müssen (Didry 2002, S. 49). Die *Welt des Rechts der formalen Justiz* ist durch die Orientierung an der Verfahrenslogik gekennzeichnet. Ihr typischer Vertreter ist der Richter. Didry argumentiert hier, dass die Praxis

389 Didry deutet mit Bezug auf Ewald (1993) selbst darauf hin, dass er eine sehr spezifische Verwendung des Konzepts „Wohlfahrtsstaat" heranzieht (Didry 2002, S. 43).

zwar durch Formalität gekennzeichnet ist, dass sie aber auch jeweils sehr konkret praktiziere und somit – in diesem Sinne – nicht rational sei (Didry 2002, S. 50).

So wie Salais und Storper von möglichen Produktionswelten sprechen, so ist auch diese Systematik von Rechtswelten als ein Modell möglicher Rechtskulturen zu denken. Wie es das Modell der Rechtfertigungsordnungen von Boltanski und Thévenot (2007) auch nahelegt, geht es in empirischen Analysen nun darum, die Pluralität der Rechtswelten sowie die empirischen Konflikte und Kompromisse zwischen ihnen zu identifizieren.

8.3.4 Die Produktion der „kollektiven Konvention"

Claude Didry unternimmt eine sozialhistorische und rechtssoziologische Rekonstruktion der juristischen Produktion der „conventions collectives", der kollektiven Konvention im Frankreich der Dritten Republik.[390] Dafür rekonstruiert er die Debatten um die Regelung kollektiver Vereinbarungen zu den Arbeitsbedingungen seit dem Ende des 19. Jahrhunderts, wobei er versucht, die Positionen und die interpretativen Standpunkte der verschiedenen beteiligten Akteure in der sozio-historischen Situation zu identifizieren. Zentral ist die methodologische Folgerung für Didry, dass man in der historischen Analyse methodisch die Situation der Akteure einnehmen muss, um den pragmatischen Handlungssinn zu erfassen.

> „Anstatt von objektiven Realitäten auszugehen, die sich vor den Augen der ‚Arbeiter' oder ‚Angestellten' und der ‚patrons' oder ‚Arbeitgeber' allmählich enthüllen, ist es erforderlich, zu den Umständen zurückzukehren, unter welchen die Personen dazu angehalten wurden, juristische Kategorien zu *mobilisieren*, um ihre Differenzen juristisch zu *qualifizieren*. Dafür ist es angemessen, dass man die Entscheidungen im Rechtswesen heranzieht, die man in den Debatten vorfindet, die von den individuellen oder kollektiven Akteuren im Rahmen eines *Gerichtsverfahrens* geführt wurden. Die Akteure waren in spezifischen ökonomischen Situationen engagiert, von denen ausgehend sie den *Grund* für ihren Prozess konstruierten." (Didry 2002, S. 23; Herv. i. Orig.)[391]

Damit ist ausgeschlossen, dass man die Analyse auf das Studium der Rechtstexte beschränkt. Und Didry betrachtet das Recht auch nicht als einfache Widerspiegelung

390 Die Dritte Republik bezeichnet die republikanische Demokratie in Frankreich, die in der Zeit von 1871 bis 1940 Bestand hatte. Sie folgte auf das zweite Kaiserreich von Napoleon III, das durch die militärische Niederlage gegen Deutschland im deutsch-französischen Krieg 1870/71 sowie durch die Pariser Kommune 1871 beendet wurde (Rosanvallon 2000).

391 Übersetzung RDB.

sozialer Klassenkämpfe bzw. einer sozialen Klassenposition – wie dies marxistische Positionen tun – oder als einfachen Ausdruck der ökonomischen Verhältnisse einer Gesellschaft – hier schließt er an Weber an (Didry 2002, S. 23). Ähnlich wie François Ewald in seiner sozialhistorischen Diskursanalyse der Unfallversicherung (Ewald 1993), so unternimmt auch Didry in „*Naissance de la convention collective*" eine rechtssoziologische Diskursanalyse der Problematisierungen um den „contrat collectif" seit den 1880er-Jahren. Diese Problematisierung mündet dann nach Jahrzehnten in die Verabschiedung eines Gesetzes über die „convention collective". Die Zeit der Dritten Republik ist geprägt durch die „soziale Frage" und die Instabilitäten, die sich aus den Folgen der Industrialisierung in Frankreich ergeben, das bis in das 20. Jahrhundert mit seinen Institutionen nicht auf die Industrialisierung eingestellt ist. Dies zeigt sich insbesondere im Fehlen rechtlicher Grundlagen und zugehöriger Institutionen für die soziale Absicherung wie Versicherungen gegen Unfallrisiken, Arbeitslosigkeit oder Armut (Ewald 1993; Rosanvallon 2000; Didry 2002, S. 55f). Der im ersten Kaiserreich 1806 verabschiedete Code civil trägt den entstehenden industriellen Berufsgruppen und den industriellen Arbeitsbedingungen nur unzureichend Rechnung. Ende des 19. Jahrhunderts kommt es in verschiedenen Branchen dann zu Streiks, die nicht von den – zu dieser Zeit in Frankreich noch schwachen – Gewerkschaften organisiert oder koordiniert wurden. Didry kann zeigen, dass sich regional und nach Branchen in sehr verschiedener Form als Lösung für die Beendigung der Streiks immer wieder kollektive Konventionen zwischen den Arbeitern und den Arbeitgebern herausbilden, ohne dass diese auf einer etablierten Rechtsgrundlage stünden. Die kollektiven Konventionen kommen in unterschiedlicher Weise zustande, zumeist durch Vermittlung von neutralen Personen, die in der lokalen Wirtschaftsorganisation eine Reputation haben, oder durch die Vermittlung von regionalen Arbeitsräten.[392] Die Rechtswelt der Kadi-Justiz ist in dieser Zeit von besonderer Bedeutung, da das Charisma der Rechtsakteure eine entscheidende Rolle für die Etablierung solcher kollektiven Konventionen ist. Die Rechtsprechung muss in der Zeit zwischen den 1880er- und den 1910er-Jahren häufig den juristisch unklaren Status dieser kollektiven Konventionen nachträglich verhandeln. (Dies ist dann erforderlich, wenn einzelne Angehörige der Berufsgruppe gegen die kollektive Konvention vor Gericht ziehen, wenn sie sich

392 Didry hat 37 kollektive Konventionen einer (standardisierten) Inhaltsanalyse unterzogen, die in der Zeit von 1876 bis 1912 vor juristischen Instanzen einer Klage unterzogen wurden. Er hat dann Indizes gebildet und die kollektiven Konventionen in dem zweidimensionalen Modell der Produktionswelten nach Salais und Storper (Kapitel 6) verortet. Auf diese Weise kann Didry zeigen, in welchen Produktionswelten sich kaum oder keine kollektiven Konflikte zeigen und wo die Konflikte (differenziert nach Streitigkeiten hinsichtlich Arbeitszeit oder Lohn) sich konzentrieren (siehe Didry 2002, dort Kapitel 3). Für eine kurze Darstellung siehe Didry (1998a).

durch diese in ihrer individuellen Vertragsfreiheit oder in anderer Weise durch die kollektive Konvention beeinträchtigt sehen.)

Die Rechtswelt der formalen Justiz hat hier dann ihren großen Einfluss (insbesondere am Kassationsgerichtshof), wenn es zu Revisionen kommt, die mit juristischen Inkohärenzen mit dem Code civil argumentieren. Letzterer erweist sich in den von Didry untersuchten Jahren in den diskursiven Problematisierungen zunehmend selbst als Problem, sodass die *Société d'études législatives* (kurz SEL), die einflussreiche Rechtstheoretiker vereint, anlässlich des hundertjährigen Bestehens des Code civil 1906 eine Reihe von Reformvorschlägen ausarbeitet und letztlich die Gesetzesinitiative für die kollektive Konvention vorbereitet.

Im Code civil ist das Vertragsrecht zwar von zentraler Bedeutung, aber der Arbeitsvertrag ist nicht vollständig präzisiert und der rechtliche Status der Gewerkschaften als rechtliche Repräsentanten von Berufsgruppen ist ebenfalls nicht geregelt.[393] Wichtig ist, dass man die kollektive Konvention vom Kollektivvertrag unterscheidet. Letzterer besteht in der Übertragung des liberalen Vertragsmodells auf eine Vereinbarung zwischen Kollektiven. In den auf das Recht bezogenen Diskursen dieser Zeit wird das englische Modell des Kollektivvertrags als eine mögliche Form betrachtet, wie man die industriellen Beziehungen juristisch reglementieren kann. Zu dieser Zeit haben in England Gewerkschaften branchenweite Regelungen der Arbeitsbedingungen durchsetzen können, von denen dann kein Arbeiter und kein Unternehmen ausgenommen ist.

> „In einer komplexen wirtschaftlichen Situation und bei Fehlen einer gewerkschaftlichen Kontrolle der Streikbewegungen hat sich – zumindest anfänglich – das Konzept der ‚kollektiven Konvention' durchgesetzt, aufgrund seines Potenzials die Begrenzungen des ‚Kollektivvertrags' zu überwinden. Der ‚Kollektivvertrag' unterstellt eine Übereinstimmung zwischen zwei Personen, von denen zumindest die Gewerkschaft ein moralisches Kollektiv ist. Aber das Konzept lässt dabei unberücksichtigt, dass es am Ende von Streiks Vereinbarungen gegeben hat, die unter Abwesenheit von Gewerkschaften zustande gekommen sind. Das Konzept der ‚kollektiven Konvention' entsteht aus einer Veränderung des Standpunkts: Indem – zumindest für einen Moment – in den juristischen Reflexionen die Institution der Gewerkschaft eingeklammert wird, wird der ‚Arbeitsvertrag', ein zu dieser Zeit neues Konzept, zu einem Ausgangspunkt. Die Idee ist dabei, erneut von der Qualifizierung der Arbeitsbeziehung im Sinne des Dienstvertrags auszugehen, der aus der interpersonalen Beziehung zwischen Dienstherrn und Diener abgeleitet wird (Art. 1780 Code civil), um dann in die Definition des Arbeitsvertrages die kollektive Dimension zu integrieren, die er impliziert." (Didry 2002, S. 56)[394]

393 Siehe für die Geschichte des Arbeitsrechts und des Arbeitsvertrags in Frankreich Cottereau (2002).

394 Übersetzung RDB.

Das Zitat beinhaltet die ganze Problematik dieser Zeit. Der Dienstvertrag (*louage de services*), der im Code civil spezifiziert ist, trägt den Erfordernissen kollektiver Vereinbarungen nicht Rechnung, zugleich wollen viele Rechtsgelehrte vermeiden, ein Gesetz zu schaffen, das die Gewerkschaften hier als Repräsentanten juristisch „installiert" (Didry 1998a, S. 241, 2002, S. 93). Der Kollektivvertrag erweist sich zugleich für viele Vertreter einer liberalen, individualistischen Rechtsauffassung als ein korporatistischer Zwang, der der liberalen Rechtsphilosophie widerspricht, wie sie dem Vertragsrecht im Code civil unterliegt, das eine freie Vereinbarung zwischen Individuen ermöglichen soll. Demnach existieren zuerst die Vereinbarungen zwischen Individuen, aus denen sich dann erst kollektive Vereinbarungen ergeben können. Für Vertreter der republikanischen Linken (sowie insgesamt für Vertreter der Rechtswelt des Ausgleichs der kollektiven Interessen) ist es gerade der Zwangscharakter des Kollektivvertrags, der bessere und gerechte Arbeitsbedingungen in einheitlicher Weise durchsetzen kann. Um gleicher Arbeitsbedingungen willen müsse eben der Zwang des kollektiven Rechts eingeführt werden. Die Diskurse, die in den verschiedenen Rechtswelten positioniert sind und die Didry sozialhistorisch anhand von Rechtsdissertationen, Rechtskommentaren, Rechtsurteilen, Kommissionsberichten und Rechtsentwürfen aufwendig rekonstruiert, müssen also alle diese Problematisierungen abarbeiten. Didry argumentiert, dass es diese juristische Arbeit anhand ihrer diskursiven Form ist, die dann die Gesetzgebung und die darauf beruhende Rechtsprechung und Rechtspraxis letztlich beeinflusst. Dabei kann Didry verschiedene einflussreiche Diskurspositionen Ende des 19. Jahrhunderts identifizieren. Er unternimmt dies, indem er deren je spezifische unterliegende diskursive Schemata beschreibt, die er *Argumentationsregister* nennt.[395]

Das erste Argumentationsregister wird von den republikanischen Sozialreformern vertreten, die zu dieser Zeit für eine gesetzliche Grundlage des *contrat collectifs* eintreten. Sie vertreten dies mit dem Erfordernis der Versicherung gegen kurzfristige Kündigungen, die Versicherung gegen Risiken (wie Arbeitsunfälle) und insgesamt mit neuen Rahmenbedingungen („neue soziale Kräfte" der Industrialisierung), denen gegenüber die Individuen gleichzustellen seien. Didry ordnet dieses Argumentationsregister der Welt des Wohlfahrtsstaates zu (Didry 2002, S. 127). Das zweite Argumentationsregister vertritt die Position, dass die Schiedsgerichte (*conseils de prud'hommes*) gegenüber den Richtern und auch gegenüber den patrons gesetzlich gestärkt werden müssten, um in die Lage versetzt zu sein, Schiedssprüche besser durchzusetzen, und auch um den Gewerkschaften eine Position in diesem kollektiven Organ zuzuerkennen. Diese Position ordnet Didry der Welt der Kadi-Justiz zu

---

395 Siehe für eine weitere Analyse der Argumentationsregister bezüglich der juristischen Entscheidungen zu Betriebsräten Didry (1998b).

(Didry 2002, S. 130). Das dritte Argumentationsregister ist durch ein grundlegendes Misstrauen gegenüber einer gesetzlich verankerten Intervention in die industriellen Beziehungen geprägt und tritt für die Beibehaltung der Stellung der patrons ein, und statt einer gesetzlichen Verankerung kollektiver Verträge wird die Arbeitsinspektion befürwortet. Didry ordnet diese Position der Welt der Notabeln zu (Didry 2002, S. 133). Das vierte Argumentationsregister tritt für die Beibehaltung der existierenden gesetzlichen Regelungen ein, und die Argumentation stellt sich gegen ein Gesetz für eine kollektive Vereinbarung. Didry ordnet diese Position der Welt der formalen Justiz zu, die sich die richterliche Prüfung und die Revision kollektiver Vereinbarungen letztlich vorbehalten will (Didry 2002, S. 135). Das fünfte Argumentationsregister repräsentiert die individualistische Position. Hier erscheint ein Gesetz für eine kollektive Vereinbarung als weiterer Zwang oder Kostenfaktor, und es wird befürchtet, dass ein solches Gesetz die patrons veranlasst, nach alternativen Strategien zu suchen, wenn sie ihre individuelle Vertragsfreiheit eingeschränkt sehen. Didry ordnet diese Position der Welt des Professorenrechts zu (Didry 2002, S. 137).

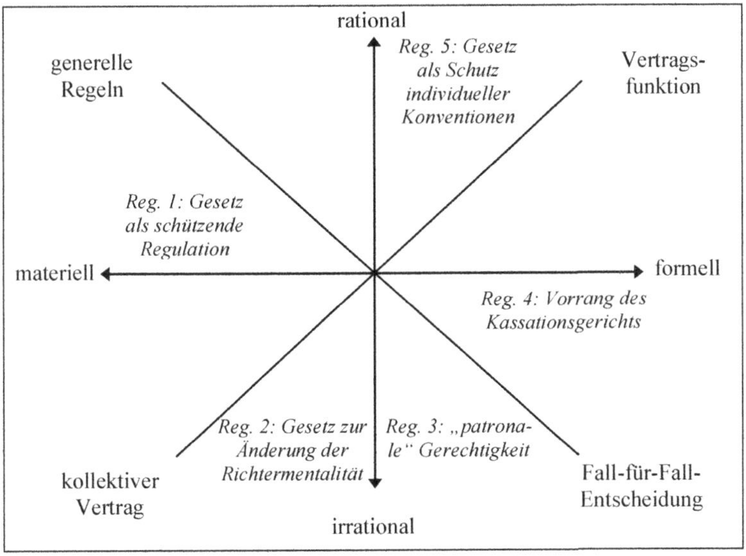

Abbildung 8.3 Argumentationsregister im Raum der Rechtswelten
Quelle: Didry (2002, S. 124)

Die hier skizzierten Argumentationsregister stehen untereinander in Beziehung und sie dienen Ende des 19. Jahrhunderts den oppositionellen Gruppierungen der Arbeitgeber und Arbeitnehmer als diskursive Instrumentierung. Die Abbildung 8.3 verortet die Register im Raum der Rechtswelten. Das erste und vierte Argumentationsregister liegen weit voneinander entfernt und sie erscheinen Didry als unversöhnlich. Das zweite und dritte Argumentationsregister liegen näher beieinander und erscheinen daher eher kompromissfähig (Didry 2002, S. 138). Nachdem 1906 ein Gesetzentwurf im Parlament erstmalig verhandelt worden war, kam es erst im Jahr 1919 zu einer Verabschiedung eines Gesetzes, das die kollektive Konvention nun als eine Form der vertraglichen Vereinbarung vorsieht und in dessen Formulierung wesentlich die durch Didry skizzierten diskursiven Investitionen der letzten Jahrzehnte eingeflossen sind (insbesondere hinsichtlich der Formierung der Argumentationsregister in der SEL).[396]

Die Publikationen von Didry (1998a, 2001, 2002) zur juristischen Arbeit für die Etablierung der kollektiven Konvention zeigen insgesamt, wie weit die rechtssoziologische Anwendung der EC reicht und wie man die Erklärungsleistung des Modells der Produktionswelten bzw. der Rechtswelten entfalten kann. Dies erfolgt anhand des Nachweises, wie die Positionen in diesen mit Diskurslogiken (Argumentationsregistern) zusammen hängen. Die Position, die Didry in der EC vertritt, greift am radikalsten auf die tieferen diskursiven Schemata der Rechtsdiskurse zu (Didry 2013a). Seine Rekonstruktion der vorhandenen diskursiven Schemata in der Zeit der juristischen Arbeit an den kollektiven Konventionen zeigt auch die Erklärungsstrategie der EC auf. Denn die Analyse rekonstruiert nicht, wie sich ein „fordistisches Arbeitsrecht" in der sich industrialisierenden Dritten Republik einfach als vermeintlich effiziente Regelung der industriellen Beziehungen durchsetzt, sondern wie Akteure in Rechtswelten die vorhandenen Gesetze als unzulänglich infrage stellen und dann das Problem erkennen, solche Rechtsinstitutionen entwerfen und etablieren zu müssen, die als viable Kompromisse zwischen verschiedenen Rechtswelten die Koordination in der Produktion stabilisieren helfen (Didry 2012, 2015).

396 Siehe für die Analyse der weiteren Entwicklung insbesondere der Handhabung in der Zeit des Ersten Weltkriegs Didry (2002) sowie für die Novellierung des Gesetzes (die im Grunde als eine Vervollständigung gelten kann) zu den kollektiven Konventionen 1936 Salais und Didry (1993, 1995).

8.3.5 Die Vertraglichung der Arbeitsbeziehung

Bis heute sind branchenspezifische kollektive Konventionen ein kennzeichnendes Merkmal der Reglementierung der Arbeitsbeziehungen in Frankreich. Staat (Gerichte) und Unternehmen müssen diese in Rechnung stellen, wenn die individuellen Verträge zwischen Arbeitgebern und Arbeitnehmern entworfen oder vor Gericht verhandelt werden. Anders als dies in anglo-amerikanischen Rechtswelten gilt, hat das französische Recht den Kollektiven damit eine wichtige Funktion für die Vereinbarung von Arbeitsbedingungen eingeräumt, die die individuellen Vereinbarungen sehr lange formal eingefasst haben. Insbesondere in Frankreich ist der Berufsstatus vieler Berufsgruppen und sind die Kategorien in Berufsklassifikationen wesentlich auf die Zugehörigkeit zu überbetrieblichen Kollektiven und berufsständischen Gruppen und sogar Organisationen bezogen (Didry 2002; Bessy 2007, S. 33).[397]

Christian Bessy hat in seiner Studie „*De la contractualisation de la relation de travail*" (Bessy 2007) systematisch die inhaltliche Struktur von Arbeitsverträgen untersucht und versucht, auf die Praktiken der „Vertraglichung" der Arbeitsbeziehungen zu schließen.[398] Unter Formen der Vertraglichung können diejenigen Formen (zugleich Resultate von Forminvestitionen) verstanden werden, die sich für die schriftliche Fixierung von Arbeitsbeziehungen über die Zeit faktisch durchgesetzt haben. Dies muss man klar unterscheiden von den gesetzlichen Vorgaben des Arbeitsrechts, da dieses nicht alle Details vorgibt und in der Praxis auch versucht wird, Vertragsformen einzuführen, die geeignet sind, rechtliche Grundlagen zu umgehen und der Intention der gesetzgebenden Instanz entgegenzuwirken. Auch wenn üblicherweise Arbeitsverträge zumeist die Art der Arbeit, den Arbeitsort, die Arbeitszeit (insbesondere hinsichtlich der Unterscheidung Vollzeitarbeit und Teilzeitarbeit), die mögliche Befristung des Arbeitsverhältnisses, eventuelle Probezeiten

397 Baudry und Charmettant (2008) haben argumentiert, dass sich aus dieser anderen Rechtskultur auch die Bedeutung des EC als institutionentheoretischer Ansatz für die Analyse des Rechts ansatzweise erklären lässt. Denn die EC stellt die Bedeutung von Kollektiven für Koordinationslogiken ins Zentrum, währen der wirtschaftswissenschaftliche Neoinstitutionalismus und die Neoklassik von freien Individuen ausgehen, die das Recht nutzen, um ihre Einigung vertraglich zu fixieren. Auch Bessy selbst beurteilt kritisch die neoinstitutionalistische Version der „Vertragstheorie des Unternehmens" als durch die englische politische Philosophie geprägt (Bessy 2007, S. 33).

398 Bessy setzt damit seine Analysen fort, die er 1993 mit der Untersuchung zu den betriebsbedingten Kündigungen (licenciements économiques) begonnen hatte (Bessy 1993). Siehe für eine weitere Anwendung des Konventionenkonzepts auf die Analyse der Arbeitsbeziehung als Unterordnungsbeziehung Baudry und Charmettant (2007). Für eine vergleichende Analyse der Vertraglichung der Arbeitsbeziehungen in der englischen und französischen Bankenbranche siehe Lejeune (2013).

und Kündigungsformen (wie Kündigungsfristen) sowie das Gehalt spezifizieren,[399] so sind die Vertragsformen vielfältig, und Branche, Betriebsgröße, juristische Kenntnisse bzw. juristische Unterstützung der Vertragspartner beispielsweise sind Einflussfaktoren, die sich auf die Gestaltung des Vertrags auswirken und die auch zu einer *rechtlichen Asymmetrie*, einer rechtlichen Benachteiligung eines Vertragspartners führen können – dies kann insbesondere bei kleinen Unternehmen ein rechtlich unkundiger Arbeitgeber sein, bei großen Unternehmen mit Personalabteilung können dies Arbeitnehmer sein. Praktisch hat Bessy Arbeitsverträge systematisch inhaltsanalytisch ausgewertet. Die Grundlage war eine Datenbasis aus einigen Hundert Verträgen.[400] Bessy wertet diese Verträge in verschiedener Hinsicht quantitativ aus, indem er ein Kategoriensystem entwickelt, sodass er Häufigkeiten (mit denen Kategorien auftreten) berichten kann. Diese Auswertungsstrategie wird von Bessy kritisch reflektiert, denn sie ist im ersten Moment nicht geeignet, um Verhandlungsstrategien (die den Vertragsabschlüssen vorlaufen), Interpretationspraktiken (wie die Verträge gedeutet werden) oder die Handhabung der Verträge (wie Klauseln im Vertrag, die in der Praxis – selbst bei Verstößen – nicht berücksichtig bzw. übergangen werden) zu untersuchen. Zudem kann eine Analyse von Verträgen die Bedeutung informeller Regeln (die eben nicht verschriftlicht sind), die auf verschiedenen „Ebenen" anzusiedeln sind (gesellschaftliche, auf der Ebene der Branche und insbesondere auf der Ebene des Unternehmens), nicht erfassen und die Praxis, wie sich informelle Regeln in den Arbeitsbeziehungen auswirken, auch nicht analysieren. Typisch für die französische Rechtsauffassung und auch für die Erwartungshaltung der französischen Arbeitnehmer war sehr lange, dass die Zugehörigkeit (und ihre Dauer) zu einem Unternehmen über die vertraglichen Regelungen hinaus eine informelle Verbindlichkeit zwischen Arbeitnehmern und Unternehmen schafft – das „lien d'entreprise" –, ohne dass diese rechtlich kodiert

399 Siehe für eine konventionentheoretische Analyse des Gehalts Reynaud (1994). Die Strategien der Gehaltsermittlung sowie der Aneignung von Gewinnen in der Finanzbranche hat Olivier Godechot (2001, 2007) empirisch untersucht. Für konventionentheoretische Aspekte des Gehalts in der Bankenbranche siehe auch Lejeune (2013).

400 Die Datenbasis wurde für ein Forschungsprojekt erstellt, das vom französischen Forschungsministerium finanziert wurde. Sie beinhaltet 403 Arbeitsverträge von über 300 verschiedenen Unternehmen aus verschiedenen Branchen (Bessy 2007, S. 18). Die Verträge stammen aus der Zeit zwischen 1970 und 2004. Davon sind die meisten Verträge von unbefristeten Anstellungen (82,6 %), es handelt sich mehrheitlich um Verträge für Vollzeitarbeit (77 %); siehe Bessy (2007, S. 305). Insgesamt erscheint Bessy die Stichprobe (der Verträge) ausreichend repräsentativ zu sein (Bessy 2007, S. 54f). Da eine große Zahl von Unternehmen standardisierte Formen für Verträge einsetzt, dürften mit der Stichprobe (mit kleinen Variationen) die Vertragsformen für viele Tausend Angestellte erfasst sein.

sein muss (Bessy 2007, S. 33; Bessy/Eymard-Duvernay 1995). Die Ebene des Unternehmens als *Kollektiv* für die Produktion (von Produkten und Dienstleistungen) ist in Frankreich (trotz der in Frankreich stärker ausgeprägten Streikbereitschaft) auch für die Rechtsprechung bedeutsam, ohne dass dies im Arbeitsrecht oder in den Verträgen expliziert sein muss.[401]

Bessy argumentiert, dass Verträge zwischen Individuen zwar eine zentrale Institution im Arbeitsrecht und für die Arbeitsbeziehungen sind, dass sie aber wesentliche Voraussetzungen nicht regeln können und dass sie insbesondere die Bereitschaft zur Kooperation nicht rechtlich durchkodieren können. Es müssen eben auch informelle Regelungen greifen, die dafür sorgen, dass Konflikte, die zu Rechtsstreitigkeiten eskalieren könnten, im täglichen Betrieb vermieden werden.

> „[…] wenn die Interessen der Parteien in den Arbeitsbeziehungen auch in einer gewissen Weise antagonistisch sein mögen, so basiert die Aktivität des Unternehmens auf einem Minimum an Kooperation, auf Regeln also, die, ohne einen formellen Charakter haben zu müssen, doch ermöglichen, dass Gerichtsverfahren vermieden und Konflikte verhandelt werden können." (Bessy 2007, S. 35)[402]

All diese Regeln und Praktiken sind ihrerseits nicht in den Arbeitsverträgen *manifest*. Sie sind selbst vielmehr Ressourcen für die Akteure, *wie* sie die Arbeitsverträge handhaben.[403] Bessy muss also in seiner Untersuchung auf die vor- und nachlaufenden Praxisformen schließen oder in seiner Interpretation methodisch Kontextwissen heranziehen. Und tatsächlich bettet Bessy die aus der Datenbasis gewonnenen Daten in den polit-ökonomischen Kontext ein, sodass die Untersuchung zur Vertraglichung der Arbeitsbeziehungen mehr ist als nur eine Deskription der Vielfalt von Vertragsformen.

Auch wenn Bessy ausweist, dass er methodisch die situativen Praktiken nur indirekt erschließen kann, so ist der Vertrag nicht einfach nur „ein Stück Papier", sondern ein normatives Modell für die Arbeitsbeziehung, in dem sich die Prozesse der kollektiven Konstruktion von Kategorien sowie des institutionellen Lernens über die Zeit niederschlagen (Bessy 2007, S. 45f).

Die Bedeutung der Studie tritt erst klarer hervor, wenn man sie in den Kontext der Analysen zu den vielen Situationen der Qualifizierung (Kapitel 4) einstellt. Denn

---

401 So weist Bessy auf das Konzept des „Unternehmensinteresses" hin, das in der französischen Rechtsprechung die Ebene des Unternehmens in Rechtsstreitigkeiten zwischen Individuen einbringt und welches faktisch dazu dient, die Reichweite des Arbeitsvertrags (bzw. einiger Vertragsklauseln) zu begrenzen (Bessy 2007, S. 34).

402 Übersetzung RDB.

403 Bessy verweist auf das Konzept des impliziten Vertrags (Bessy 2007, S. 24).

die Vertraglichung ist eine weitere Situation, die zur kollektiven Herstellung von „Qualitäten" von Menschen, Dingen und Handlungen beiträgt. Denn im Vertrag müssen die Arbeit und die Qualitäten „vereinbart" und damit definiert werden.

> „Die Regeln der Definition der Arbeit gehören zur Grundlage der Verhandlungen über die Klassifikation der Angestellten, die es erlauben, die Gehaltsempfänger und ihre Arbeit sowie das ganze Ensemble der Rechte und Pflichten zu qualifizieren. Üblicherweise auf der Ebene der Branche angesiedelt, können diese Dispositive der Qualifizierung in Konkurrenz treten zu Kategorisierungen der spezifischen Anstellungen im Unternehmen – obwohl die Dispositive von Branchen mit ihren ‚klassifikatorischen' Rastern zunehmend einen großen Spielraum eröffnen für die Manöver der Unternehmen, wie sie ihre Angestellten klassifizieren." (Bessy 2007, S. 98)[404]

Die Vertraglichung tritt hier als eine weitere Situation auf, die Personen und ihre Qualitäten sowie Formen in der Berufswelt mit konstruiert. Dazu zählen die Praxis der statistischen Klassifizierung (in der statistischen Kette; siehe Kapitel 3), die Formulierungen der Stellenanzeigen und die Situationen der Auswahl sowie Einstellung (siehe Kapitel 4). Die Analysen der Vertraglichung vervollständigen so die Analysen der EC, die die *ganze Serie der Situationen* kollektiver Konstruktionen von Qualitäten empirisch untersuchen. Für Frankreich ist zwar kennzeichnend, dass viele branchenspezifische kollektive Konventionen Vorgaben machen, welche Vereinbarungen im Vertrag aufgeführt und welche Informationen zum Arbeitsverhältnis im Vertrag enthalten sein müssen. Dennoch gibt es eine *Pluralität* von Koordinationslogiken und damit verbundenen Reichweiten, die in die Qualifizierung der Arbeitnehmer und ihrer Tätigkeiten involviert sind. Das Zitat verdeutlicht, dass es eben das Unternehmens ist, das unternehmensspezifische Kategorien, Funktionen und Anforderungen im Vertrag einrichtet, wie spezifische Positionen, spezifische Tätigkeitsanforderungen. Unternehmen können sich damit von der Regulation durch die Branche absetzen und Freiheitsgrade in der Definition (und Kontrolle) von Qualifikationen einrichten (Bessy 2007, S. 100).[405]

Bessy analysiert die Stichprobe der Verträge, indem er spezifische Vertragsinhalte auf Eigenschaften der Unternehmen und Arbeitnehmer bezieht.[406] Es wird unter-

---

404 Übersetzung RDB.

405 Siehe dazu auch die von Thévenot identifizierte Problematik der „fluktuierenden Berufsbezeichnungen" in Kapitel 3.

406 Es handelt sich genauer um deskriptivstatistische, bivariate Analysen der *spezifischen Vertragsinhalte* mit Eigenschaften der Arbeitnehmer wie Berufsstatus, Geschlecht u. a. und mit Eigenschaften des Unternehmens wie Unternehmensgröße, Umsatz, Gewerkschaftspräsenz, Vorhandensein einer kollektiven Konvention u. a. sowie mit formalen Eigenschaften der Verträge (unbefristet/befristet, Jahr des Vertragsabschlusses). Für

sucht, wie im Vertrag selbst der Übergang zur Festanstellung (z. B. aus der Probezeit) formuliert wird und wie die Vertragsauflösung sowie mögliche Kündigungsformen und Kündigungsgründe behandelt werden insbesondere auch hinsichtlich der Kündigungsfristen (Bessy 2007, dort Kapitel 3). Dann wird aufgeschlüsselt, wie in den Verträgen einmal die Einordnung der Arbeitnehmer in die Unternehmenshierarchie erfolgt (Regelungen, wie und von wem Weisungen erteilt werden, wie Arbeitnehmer positional zugeordnet werden, welche betrieblichen Anleitungen, Manuale, Handbücher etc. maßgeblich sind, Verbote der Tätigkeit für konkurrierende Unternehmen bis hin zu Vorgaben, wie Arbeitnehmer auftreten und sich kleiden sollen). Danach wird untersucht, wie sich das Unternehmen die Flexibilität des Arbeitnehmers vertraglich zusichern lässt – hinsichtlich der möglichen Erweiterung des Aufgabenspektrums, der zeitlichen Flexibilität und der räumlichen Mobilität (Bessy 2007, dort Kapitel 4).[407] Im nächsten Schritt geht Bessy der Frage nach, welche Vertragsinhalte die „immateriellen Aktiva" des Unternehmens schützen sollen, wozu Betriebsgeheimnisse (Kenntnisse über Technologien, Innovationen etc.) sowie die Kontakte zu Firmenkunden und Informationen über diese zählen. Unternehmen lassen sich hier die Eigentumsrechte an Kenntnissen und Innovationen sowie Vertraulichkeit vertraglich zusichern (Bessy 2007, dort Kapitel 5). Die Verträge lassen aber auch die in Frankreich seit den 1980er-Jahren zunehmenden Tendenzen der „Individualisierung" der Arbeitsbeziehungen erkennen. Bessy zeigt, wie in den Verträgen Klauseln die Gehaltsstruktur individualisieren (z. B. anhand individueller Prämien), wie die Vergütung von individuell vereinbarten Arbeitszielen abhängig gemacht wird und wie zunehmend Anforderungen in Klauseln eingeführt werden, deren Nichterfüllung eine Kündigung als Sanktion vorsehen (Bessy 2007, dort Kapitel 6).

Mithilfe einer Clusteranalyse hat Bessy die Verträge gruppiert und so eine Typologie der Vertragsformen entwickelt (Bessy 2007, dort Kapitel 7). Die Clusterung wurde anhand der gerade beschriebenen Aspekte (vertragliche Festlegung der Einordnung in die Hierarchie, Flexibilität, Schutz der immateriellen Aktiva und Individualisierung) durchgeführt.[408] Bessy identifiziert vier Typen von Ver-

die interessierenden spezifischen Vertragsinhalte bildet Bessy summative Indikatoren. Zudem gruppiert er die Verträge nach Jahren in drei Gruppen, um die zeitliche Veränderung anhand der Serien der Indikatoren zu analysieren .

407 Flexibilisierung bedeutet hier praktisch, dass nur die Arbeitgeber ex post Vertragsklauseln spezifizieren können.

408 Für eine hierarchische Clusteranalyse sind dies die aktiven Variablen. „Vertragstyp" begründet sich durch die Repräsentation der erhaltenen Cluster durch den jeweils „durchschnittlichen" Vertrag. Dieser ist also als „Typ" nicht idealtypisch (im Sinne Webers), sondern empirisch zu verstehen.

tragsformen. Der erste Vertragstyp lässt sich durch geringe Flexibilität, „stabile“ Arbeitsbedingungen und ein geringes Ausmaß an Individualisierung kennzeichnen. Verträge sind hier durch gesetzliche Reglementierungen sowie durch kollektive Konventionen und wenig durch betriebliche Reglementierungen ausgewiesen. Der zweite Vertragstyp lässt sich durch eine moderate Flexibilität kennzeichnen, er setzt sich vom ersten Vertragstyp durch eine höhere Spezifizierung der Tätigkeiten ab, die zudem eher unternehmensspezifische Tätigkeiten sind. Der dritte Vertragstyp ist durch hohe Anforderungen an die Flexibilität der Arbeitnehmer und umfangreiche Kontrollregeln gekennzeichnet, mit denen die Arbeitnehmer der Macht der Arbeitgeber untergeordnet werden – so Bessy (2007, S. 182f). Gemessen an der Seitenzahl ist bei diesem Typ zudem die Formalisierung der Arbeitsbeziehungen hoch (hier fünfeinhalb Seiten und damit zwei Seiten umfangreicher als im Gesamtdurchschnitt der Verträge). Hinzu kommt, dass bei diesem Vertragstyp auch die vorgesehenen Sanktionen (bei Verstößen gegen Vertraulichkeit und Konkurrenzverbot) und die „Eigenverantwortlichkeit“ für die Höhe des Gehalts überdurchschnittlich ausgeprägt sind. Der vierte und letzte Vertragstyp zielt auf die leitenden Arbeitnehmer ab (er wird zu fast 80 % mit cadres abgeschlossen). Hier zielen die Arbeitgeber insbesondere auf den Schutz der immateriellen Aktiva und die räumliche Mobilität ab. Der vierte Vertragstyp hat noch höhere Werte für die vertragliche Absicherung der Wahrung der immateriellen Aktiva, für die Klauseln der Vertraulichkeit und des Konkurrenzverbots als der dritte Vertragstyp. Hier sind zusätzliche Vereinbarungen hinsichtlich Gehaltszahlungen (Prämien) ebenfalls am häufigsten vorhanden.[409]

Für Bessy müssen die Vertragstypen 1 und 2 insofern kritisch beurteilt werden, als sie eigentlich nicht das Resultat von Verhandlungen über Arbeitsbedingungen sind. Die Arbeitnehmer haben hier kaum Verhandlungsspielräume und Verhandlungsmacht. Der *Umgang mit dem Recht* kann für diese beiden Vertragstypen so beschrieben werden, dass es sich um „Dispositive der Information“ handelt, die es den Arbeitnehmern ermöglichen, sich zügig in die Hierarchie des Unternehmens einzufügen und sich über ihre Aufgaben zu orientieren. Viele dieser Verträge sind in hohem Maße und bereits vorab standardisiert (Bessy 2007, S. 192, Bessy 2017).

Die hier enthaltenen Regeln und Standards werden daher von den Unternehmen mit Bezug auf kollektive Konventionen, gesetzliche Standards und betriebliche Vereinbarungen festgesetzt. Für die beiden anderen Vertragstypen 3 und 4 gilt dies

---

409 Im Zeitverlauf zeigt sich, dass die Anteile der letzten beiden Vertragstypen an allen Verträgen zunehmen. Während der erste Vertragstyp an Bedeutung zu verlieren scheint, ist der Anteil des zweiten Vertragstyps an allen Verträgen über die Zeit stabil (Bessy 2007, S. 187).

nicht, sie repräsentieren den Trend der Individualisierung der Arbeitsbedingungen, was allerdings keinesfalls heißen muss, dass hierbei Arbeitnehmer in den Stand versetzt werden, wirklich über ihre Arbeitsbedingungen zu verhandeln. Bessy verdeutlicht dies am Vertragstyp 4, bei dem die Arbeitgeber sich durch die Aufnahme vieler Klauseln „absichern", insbesondere um ihre immateriellen Aktiva zu schützen. Die Strategie des Umgangs mit dem Recht ist bei dem Vertragstyp 4 ein hohes Maß an *Formalisierung* mit dem Ziel, die Macht der Arbeitgeber abzusichern und zu steigern.[410] Etwas anders stellt sich die Situation bei dem Vertragstyp 3 dar. Denn dieser bezieht sich auf Arbeitnehmer, die am ehesten mit ihren Arbeitgebern über ihre Arbeit und die Bedingungen verhandeln können; dieser Vertragstyp entspricht am ehesten dem Modell des Marktes (Bessy 2007, S. 193).

Die von Bessy entwickelte Typologie wird in Abbildung 8.4 systematisch dargestellt.[411] Sie verortet die vier von ihm differenzierten Typen in einem Raum mit zwei Dimensionen. (1) Einmal – in der horizontalen Dimension – werden die Typen daraufhin verortet, ob die vertraglichen Regeln sich überwiegend an kollektiven Standards ausrichten („Kollektiv") oder ob die Verträge eher Ausdruck einer Individualisierung sind. (2) Zum anderen – in der vertikalen Dimension – werden die Typen danach unterschieden, ob sie eher Ausdruck der Flexibilisierung und des Kontrollinteresses der Arbeitgeber sind oder ob die Qualifikation der Arbeitnehmer sich an den etablierten Formen (Berufsbezeichnungen) ausrichtet, die durch vorlaufende Praktiken institutionalisiert worden sind.

410 Damit ist für Bessy das hierarchische Modell des Arbeitsvertrags nicht länger legitimierbar, wenn das Recht einseitig zu einer Machtsteigerung für die Arbeitgeber eingesetzt wird. Dieses Modell besteht darin, dass die Einordnung in die Hierarchie mit der Fürsorge des Arbeitgebers (patrons) kompensiert wird. Dieses Modell hat offensichtlich eine Beziehung zur häuslichen Konvention (domestic convention).

411 In Abbildung 8.4 sind die Umgangsweisen mit dem Recht kursiv gesetzt. Die Grundlagen („Quellen") der vertraglichen Regelungen sind normal gesetzt. Die Bezeichnungen der Typen, die Bessy (2007) einführt, sind fett gesetzt.

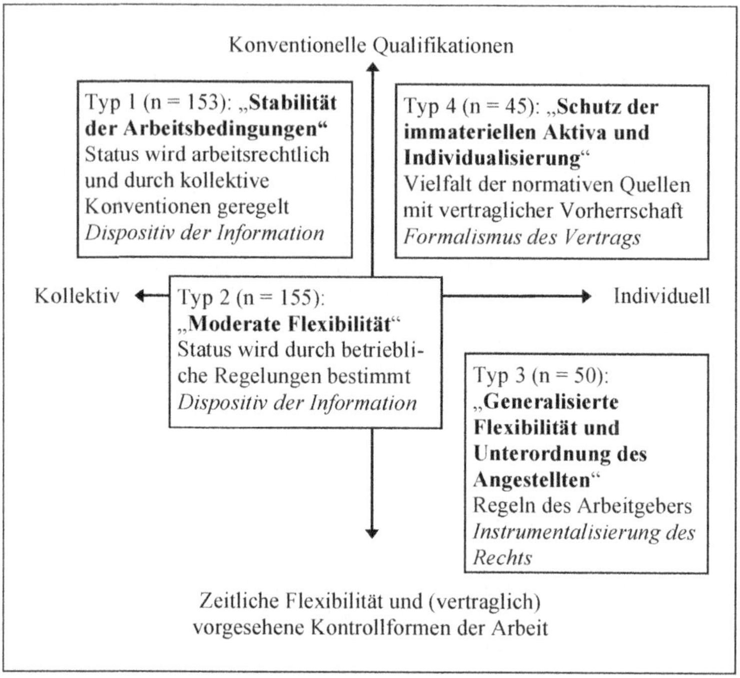

Abbildung 8.4 Typologie der Vertragsformen
Quelle: Bessy (2007, S. 190)

Bessy hat verschiedene Trends der Vertraglichung und des strategischen Umgangs mit Arbeitsverträgen ausgemacht, die nicht so einfach auf eine einzelne Steuerungsabsicht zurückgeführt werden können. Die Rechtsdynamik und die juristische Arbeit erfolgen in einer komplexen Situation, in der verschiedene Akteure interpretieren und ihre Strategien mit Bezug auf Konventionen einbringen.

> „Wir […] gehen von der Annahme aus, dass die Institution des ‚Arbeitsvertrags‘ aus einem komplexen Ensemble von Konventionen und Normen hervorgeht, die ihrerseits unterschiedliche ‚Grade an Rechtlichkeit‘ (*degrés de juridicité*) aufweisen. Letztere resultieren wiederum aus impliziten Konventionen – die im Alltag die Arbeitsbeziehungen reglementieren. Arbeitsverträge resultieren weiter aus den kodifizierten juristischen Regeln (und deren Reflexion), die mobilisiert werden von den Richtern, der Verwaltung der Arbeit und dem Gesetzgeber und die die Kodifizierung auch im Zuge der kollektiven Verhandlung über die Regeln der Arbeit erhalten. Von dieser

Perspektive aus basiert die Stabilisierung der juristischen Regeln insgesamt auf einem Ensemble von Regeln, die im Unternehmen (bzw. der Profession) am Werk sind. Diese wurden wiederum selektiert durch die juridischen und legislativen Prozesse, in denen die Interessengruppen ihren Einfluss haben zum Tragen kommen lassen." (Bessy 2007, S. 237)[412]

Das Recht wird also nicht durch den Gesetzgeber „gesetzt" und von den Institutionen ausgeführt, sondern es entsteht aus dieser beschriebenen komplexen Konstellation.[413] Anfang der 1990er-Jahre versucht die französische Regierung, die Möglichkeiten und Bedingungen für betriebsbedingte Kündigungen zu verändern und die rechtliche Stellung der Angestellten zu verbessern. Hinzu kommt, dass die Europäische Union in dieser Zeit die Gesetzgebung dazu drängt, das Arbeitsrecht und die Gestaltung des Arbeitsvertrages marktkonformer zu gestalten und insbesondere die Informationen für die Arbeitnehmer klarer anzulegen. Aus Sicht eines pragmatischen Institutionalismus ist aber evident, dass eine einfache Steuerung der Rechtspraxis sich nicht durch externe Vorgaben einrichten lässt, denn die Strategien der Akteure werden so nicht in Rechnung gestellt. Und tatsächlich kann Bessy (2007, dort Kapitel 8, 9, 10) rekonstruieren, wie die Arbeitgeber versuchen, diese Steuerungsversuche zu umgehen, und auf die Änderung der Kündigungsbedingungen mit Änderungen der Vertragsformen (zusätzliche Aufnahme von Klauseln) und einer flexiblen Handhabung der Verträge (Änderungen der Arbeitsbedingungen ex post) reagieren (Bessy 2007, S. 246). Die Folge ist eine Zunahme an Rechtsstreitigkeiten. Aber auch die Arbeitsrichter führen in die Praxis der Rechtsprechung eigene Konzepte ein, wie dasjenige des „Unternehmensinteresses", mit dem sie einige der Arbeitnehmerstrategien (z. B. Verträge im Nachhinein anzupassen) für rechtlich angemessen erachten.[414] Gleichzeitig versuchen die Richter auch auf eine Ausarbeitung von Standards der Formulierung der Arbeitsverträge hinzuarbeiten, die dazu beitragen soll, die in Frankreich komplexe Rechtslage im Arbeitsrecht einfacher handhaben zu können. Insgesamt wirkt sich diese Konstellation von Akteuren und Strategien in einer Zunahme der Formalisierung der Arbeitsverträge aus, die seitdem mehr Seiten umfassen. Aus dieser Interaktion von Strategien und zunehmender Formalisierung resultiert dann nicht die Standardisierung des Arbeitsrechts (sowie dessen Vereinfachung), sondern eine weitere Flexibilisierung des Arbeitsrechts (sowie dessen Individualisierung). Die Flexibilisierung wird – so Bessy – zum Dispositiv für die Arbeitgeber, das ihnen ermöglicht, die Instrumen-

412 Übersetzung RDB.

413 Siehe für eine solche evolutionäre Perspektive mit Bezug auf die EC auch Deakin (2006).

414 Bessy führt drei Fallanalysen von Verhandlungen an Arbeitsgerichten durch und zeigt so die richterliche Argumentation auf (Bessy 2007, Kapitel 8).

talisierung des Rechts zuungunsten der Arbeitnehmer zu betreiben (Bessy 2007, dort Kapitel 9).[415]

8.4 Recht als Profession

Die Arbeiten von Lucien Karpik haben die Analyse des Rechts als Anwendungsbereich der aktuellen französischen Professionssoziologie und der „Ökonomie des Singulären" prominent gemacht (Karpik 1985, 1989, 1999, 2011).[416] Karpik zählt selbst nicht zur EC, aber seine Soziologie hat er mit Orientierung an der EC entwickelt.[417] Früh hat er das Konzept der Qualitätskonvention rezipiert (Karpik 1989). Umgekehrt sind aktuelle rechtssoziologische Beiträge der EC ihrerseits beeinflusst durch die Soziologie Karpiks, die er wesentlich aus der Analyse des Berufsstandes der Rechtsanwälte, des Marktes der juristischen Dienstleistungen und der Struktur des juristischen Feldes entwickelt hat. Letztlich ist auch die Soziologie von Lucien Karpik Teil der neuen pragmatischen Soziologie in Frankreich, die wie die EC und die ANT wichtige Beiträge zur Wirtschaftssoziologie geleistet hat, indem er – wie die EC – die neoklassische Annahme gegebener Produktqualitäten und selbstregulierender Marktmechanismen aus institutionentheoretischer Perspektive kritisiert. Karpik differenziert das Konzept der Profession von demjenigen des Berufes, indem er es auf die Dienstleistungsberufe bezieht, dabei aber herausstellt, dass Professionen auf Institutionen und institutionelle Prozesse („Instanzen") bezogen sind, die Professionen *formieren*.

415 Bessy verweist mehrfach auf die von Boltanski und Chiapello identifizierte Netzwerkkonvention (Boltanski/Chiapello 2003), zu deren Aufkommen Bessy mit den hier beschriebenen Trends eine parallele Entwicklung sieht (Bessy 2007, S. 193).

416 Siehe für die vergleichende historische Analyse der Entstehung des „juristischen Komplexes" die Beiträge in Halliday und Karpik (Hrsg.)(1998) sowie in Halliday, Karpik und Feeley (Hrsg.)(2007, 2012).

417 Auffällig ist, dass die Soziologie von Karpik viele Ähnlichkeiten zur EC aufweist. So hat das Konzept der Arrangements klar erkennbare Ähnlichkeiten zu dem der Konvention. Trotz vieler Referenzen auf die EC arbeitet Karpik die Beziehungen zwischen seiner „Ökonomie des Singulären" und der EC in seiner Untersuchung zur Profession der Rechtsanwälte (Karpik 1999) nicht klar heraus. Die Arbeit zur Ökonomie des Singulären (Karpik 2011) verwendet dagegen einige der Konventionen, die die EC identifiziert hat.

> „Der Begriff der Profession bezieht sich auf verschiedene Gruppen, die personalisierte Dienstleistungen ‚produzieren' und anbieten, von Ärzten, Zahnärzten, Anwälten oder Architekten bis hin zu diversen Beratern. Sie müssen zu diesem Zweck in besondere Regulierungsinstanzen eingebettet sein, zu denen Selbstorganisation, Reglementierung, Berufsethik, Aufsichtsbehörden und Netzwerkmärkte gehören. Für Anhänger der neoklassischen Ökonomie sind diese Instanzen hinderlich für den Wettbewerb – ohne sie würden professionelle Dienstleistungen besser und billiger sein. Hier wird der umgekehrte Standpunkt vertreten: *Ohne besondere Instanzen keine Professionalisierung, ohne Professionalisierung keine personalisierten Dienstleistungen.*" (Karpik 2011, S. 232; Herv. i. Orig.)

Eine Professionssoziologie ist damit erst möglich, wenn sie nicht nur die professionsinterne Organisation, sondern auch professionsexterne Instanzen einbezieht, die die Profession ermöglichen. Karpik will dann aber auch die Reichweite der Professionssoziologie erhöhen, denn sein Analyseinteresse bezieht sich wesentlich darauf, wie Professionen selbst auf Institutionen (Organisationen, Märkte, Öffentlichkeit, Staat) einwirken und diese ihrerseits formieren. Wie Boltanski (1990a) in seiner Studie zu den „cadres" (Kapitel 3), so argumentiert auch Karpik, dass Professionen damit wie politische Bewegungen agieren (Karpik 1999, S. 6f). Seine sozialgeschichtliche Rekonstruktion der Entstehung der Profession der Rechtsanwälte in Frankreich setzt im 13. Jahrhundert an, als die Juristen noch am königlichen Hof in Paris tätig waren. Es war zunächst eben das Entstehen des neuzeitlichen Staates, der die Administrationen und eine Rechtsprechung aufgebaut hat, in dem die Rechtsanwälte ein systematisches Tätigkeitsfeld erhielten, denn ihre Tätigkeit wurde bald als staatsbildend betrachtet. Hier begann die „soziale Bewegung" dieser Profession, die am Königshof entstand und sich bald danach vom Königshof autonomisieren wollte. Sie drängte auch auf die Einrichtung der Instanzen, die sowohl die Autonomie einrichten und legitimieren als auch die Zugehörigkeit zur Profession und ihre Ausübung kontrollieren und so monopolisieren sollten. Die Bestrebung zur Monopolisierung wurde bereits im 14. Jahrhundert mit dem Argument der Qualitätssicherung begründet. Durchgesetzt wurde, dass Rechtsanwälte in einem Verzeichnis eingetragen sein mussten. Das war die erste Instanz im Sinne von Karpik. An die Einrichtung dieses Verzeichnisses (sowie die Aufnahme in dieses) konnten dann in den folgenden Jahrhunderten weitere Bedingungen (Instanzen) gekoppelt werden, wie die Einführung einer Vergütungsordnung, die Ablegung eines Eides auf die Einhaltung eines Regelkanons und universitäre Abschlüsse in den Rechtswissenschaften (Karpik 1999, S. 15f). Viele Berufsfelder haben solche Strategien eingeführt (wie bereits Durkheim dies für die Zünfte beschreibt). Die Rechtsprofession begründete bereits im Spätmittelalter die Autonomisierung und Monopolisierung ihrer Profession mit dem Spezifikum, dass sie die Neutralität des Rechts vertritt. Rechtsanwälte (und mehr noch Richter) sollen allen gleichermaßen den Zugang zum Recht und die Vertretung ermöglichen (als Recht auf das Recht), wobei sie das Anliegen des Klienten in freier Rede vor Gericht auch gegenüber reicheren und mächtigeren Gegenparteien vertreten können wollen. Dafür musste die Rechtsanwaltschaft nicht nur eine Standesorganisation entwickeln, die Anwaltskammer (im Englischen *bar associations*, im Französischen *barreaux*), sondern sich auch als liberaler Berufsstand etablieren, der aus Personen besteht, die sich regelgeleitet für die Klärung sowie Durchsetzung von Rechtsansprüchen engagieren lassen und ansonsten für Desinteressiertheit stehen sollen.[418] Das Vertrauen in die Neutralität und die Desinteressiertheit dieser Profession hat die Profession auch dadurch erreicht, dass sie einen moralischen Kode und ein Normensystem dafür entwickelt hat (Karpik 1999, S. 174f).

Wie ANT und EC, so bezieht Karpik die sozio-materielle und sozio-kulturelle Umwelt der Professionen mit ein, wozu Dispositive und Handlungslogiken (die er „Arrangements" und „Regimes" nennt) zählen. Ähnlich wie die EC differenziert er verschiedene Handlungslogiken (Staat, Markt und Öffentlichkeit), die bedeutsam waren, um Professionen in den letzten Jahrhunderten zu organisieren. Seine Studie zur Entstehung der Profession der Rechtsanwälte seit dem 13. Jahrhundert in Frankreich sowie der Binnenorganisation und der Außenbeziehungen dieses Berufsstandes in den 1990er-Jahren veranschaulicht, wie eine allgemeine Professionssoziologie auf der Grundlage einer pragmatischen Wirtschaftssoziologie angelegt werden kann, die insofern über eine berufssoziologische Analyse hinausgeht, als sie die Bedeutung der je spezifischen Organisationsformen von Professionen für die Ökonomie und den Staat für die wirtschaftssoziologische Analyse erschließt (Karpik 1999). Die Studie zu den Rechtsanwälten ist damit eine professionssoziologische Analyse, die sich als eine Wirtschaftssoziologie mit der Reichweite einer allgemeinen Soziologie versteht.

Für Karpik ist die juristische Dienstleistung ein singuläres Gut. Das liegt nicht daran, dass der Markt der juristischen Dienstleistungen lange Zeit undurchsichtig (opak) für die Klienten war. (Dies aufgrund des Werbeverbots für juristische Dienstleistungen, das in Frankreich bis in die 1970er-Jahre galt.) Es liegt vielmehr an der Eigenheit personengebundener Dienstleistungen, die für die juristische Beratung und Vertretung vor Gericht einen je individuellen und spezifischen Charakter („von Fall zu Fall") annimmt – dies scheinbar trotz einheitlicher Gesetzeslage – und deren Qualität erst dann erfahrbar ist (s. u.). Die juristische Anwendung von Gesetzen, die Klärung ihrer Anwendungsbedingungen und ihre Interpretation für den konkreten Fall machen die Dienstleistung für jeden Fall einzigartig. Singuläre

418 Heute ist der *Conseil national des barreaux* (CNB) der nationale Dachverband der Anwaltskammern in Frankreich.

Produkte sind durch Mehrdimensionalität gekennzeichnet, womit Karpik insbesondere herausstellt, dass diese Produkte kaum standardisiert und vergleichbar gemacht werden können. Damit steht für Karpik grundsätzlich die Möglichkeit solcher Marktmodelle infrage, die die Vergleichbarkeit und Substituierbarkeit von Produkten unterstellen, wie dies im neoklassischen Marktmodell der Fall ist. Die Ökonomie des Singulären (Karpik 2011) ist durch die Unsicherheit über die Qualität gekennzeichnet. Für Karpik steht die spezifische Qualität von Produkten im Vordergrund, sodass Produkte einzigartig oder „singulär" werden. Dies trifft nicht nur auf Dienstleistungen zu, sondern auch auf Luxusgüter (Kunst) sowie viele alltägliche Konsumgüter (wie Musik, Wein, Filme). Anders als die EC, die die *Pluralität* der Qualitätskonventionen zum Ausgangspunkt nimmt, geht Karpik von der *Singularität* der Qualitäten aus.[419] Kennzeichnend für beide Ansätze ist, dass sie die Unbestimmtheit der Qualität als Ausgangspunkt für die pragmatische Analyse der ökonomischen Institutionen wählen.[420]

Karpik hat empirisch die interne Struktur und Organisation der Rechtsbranche untersucht. Bereits der französische Begriff des *„avocat"* umfasst ein breites Tätigkeitsspektrum, das sich im Deutschen auffächert in dasjenige des Notars, des Rechtsberaters und des Rechtsanwaltes, der auch vor Gericht Mandanten vertritt. Die für Karpik wichtigsten Strukturdimensionen für die Rechtsbranche sind die Organisationsformen (sowie die darin eingenommenen Positionen und erzielten Gehälter) und die juristischen Felder.

Rechtsanwälte (im weiten Sinne der *avocats*) arbeiten (in Europa) häufig selbstständig als einzelne Rechtsanwälte, die sich auf bestimmte Rechtsbereiche spezialisiert haben, dann aber auch in kleinen Kanzleien, die durch Partner gegründet und geführt werden.[421] Die Unternehmensform dieser Kanzleien kann noch danach differenziert werden, ob (und wie viele) angestellte Rechtsanwälte dort tätig sind. Zumeist haben die Kanzleien ebenfalls eine Spezialisierung in einem der juristischen Felder. Mit der Größe korreliert, dass Kanzleien eher korporative Klienten (Unternehmen, Verbände) als private Klienten vertreten. Zu den modernen Entwicklungen, die mit der Internationalisierung der Ökonomie, aber auch der übernationalen

419 Siehe für die deutsche Rezeption des Konzeptes der Singularitäten Reckwitz (2017).

420 Das Konzept der Singularität steht dem Konzept der Forminvestition entgegen. Letzteres hat ja gerade das Ziel, die Erhöhung der (räumlichen und zeitlichen) Reichweite und der Vergleichbarkeit von Produkten und Formen zu erreichen. Man kann auch folgern, dass sich die Ökonomie des Singulären überall da entfalten kann, wo sich die die industrielle Konvention nicht dominierende Koordinationslogik durchsetzen konnte.

421 Dafür gibt es in Deutschland die eigenständige Unternehmensform der Partnerschaftsgesellschaft als Rechtsform, im anglo-amerikanischen Raum findet sich die Rechtsform der Limited Liability Partnership.

politischen Integration einhergehen, zählt das Auftreten von großen *„law firms"* in Europa. Diese sind Großanwaltskanzleien, die sich vorwiegend in den USA, Großbritannien und Australien herausgebildet haben und sich insbesondere auf die verschiedenen Bereiche des Wirtschaftsrechts und allgemeiner der juristischen Aspekte wirtschaftlicher Prozesse und Organisation konzentrieren. Diese Kanzleien sind im Grunde Wirtschaftskanzleien, die einige Hundert bis einige Tausend von Juristen beschäftigen können und die geschäftliche Aktivitäten von großen Unternehmen beraten, durchführen und dabei ein Spektrum von Dienstleistungen anbieten, wobei die Vertretung eines Unternehmens vor Gericht darin eingebunden ist.[422] Die Beratung und Abwicklung von Börsengängen, von Unternehmensgründungen und Unternehmensfusionen, die Absicherung von Patenten, die Klärung von Steuerfragen und des Wettbewerbsrechts zählen hierzu. Seit den 1970er-Jahren agieren diese law firms zunehmend international (mit regionalen Filialgründungen) und weisen eine wachsende interne Differenzierung in juristische Abteilungen auf. Law firms sind damit in der Lage, das komplette Spektrum juristischer und rechtsbezogener Dienstleistungen anzubieten. Wie Christian Bessy (2010a, 2012b, 2015b) herausstellt, gehen law firms in der Beratung entschieden weiter.[423] Sie sind international insbesondere dadurch einflussreich geworden, dass sie in Bereichen, in denen rechtliche internationale Regelungen noch fehlen (z. B. weil es sich um neue Märkte für neue Produkte handelt), juristische Strategien für die durch sie beratenen Unternehmen entwerfen und hier häufig die ersten rechtlichen Strategien vorlegen, die dann faktisch Einfluss auf die spätere Gesetzgebung haben können (weil sich Gesetzgeber nicht nur an allgemeinen Normen, sondern auch an den „etablierten" Koordinationsformen orientieren).[424]

Man muss hier – wenn man die Branche als Tätigkeitsfeld auffasst – auch anführen, dass ausgebildete Juristen immer auch andere Tätigkeitsoptionen hatten, als Rechtsanwalt bzw. Rechtsanwältin zu werden. Neben der Berufstätigkeit als Rechtsanwalt ist die Tätigkeit im Staatsdienst (wie die des Staatsanwaltes oder des Richters) eine klassische Option für eine respektable Juristenkarriere. Daneben waren Juristen zudem immer *außerhalb* des Rechtswesens und der Rechtsanwaltsbranche beschäftigt, wie in Personalabteilungen von Unternehmen. Christian Bessy

422 So beschäftigen die US-Kanzleien *DLA Piper* und *Baker & McKenzie* jeweils mehr als 4000 Anwälte, die britische Kanzleien *Clifford Chance* mehr als 3000 und *Freshfields Bruckhaus Deringer* ca. 2500 Anwälte.

423 Der Artikel Bessy (2012b) stellt einen überarbeiteten Auszug aus dem Artikel Bessy (2010a) dar.

424 Siehe für die Anwendung der EC auf die Internationalisierung des Rechts und die Prozesse der Reorganisation der Kompromisse zwischen den Konventionen auch Thévenot (2012a).

(2010b) hat darauf hingewiesen, dass die Kopplung der juristischen Ausbildung (mit durch staatliche Prüfungskommissionen kontrollierten Diplomvergaben – wie den beiden Staatsexamina in Deutschland) einerseits und des juristischen Berufsfelds andererseits sich zunehmend fragilisiert hat. Dafür gibt es mehrere Gründe. Einmal ist es immer wieder zu einem „Überangebot" an Absolventen juristischer Studiengänge gekommen mit der Folge der Verschlechterung des Arbeitsmarktes und der Vergütungen für Juristen. Zum anderen ist die universitäre Ausbildung als Qualifikation für juristische Positionen (wie in den law firms) zumeist nicht ausreichend, und Berufsanfänger müssen eine Fortsetzung ihrer Ausbildung in Unternehmen in Kauf nehmen, für die sich aber die Finanzierung (bzw. die Akzeptanz niedriger Gehälter in dieser Qualifizierungsphase) als zunehmend problematisch erwiesen hat.

Karpik (1999) und Bessy (2010a, 2012b, 2015a, 2016a, 2016b) sehen neben dem Aufkommen der law firms (in Europa) sowie der Internationalisierung dann in der wachsenden Komplexität des Rechts und der internen Ausdifferenzierung von juristischen Feldern (Karpik 1999) weitere aktuelle Trends, die die Profession prägen. Karpik hat empirisch analysiert, dass mit der Tätigkeit in juristischen Feldern Unterschiede im Gehalt, dem Prestige, dem Grad der Spezialisierung und der Art der Klienten einhergehen.[425] Die juristischen Tätigkeitsfelder sind für die Profession – neben der Organisationsform und der in ihr eingenommenen Position – damit das wichtigste Strukturprinzip. Karpik macht darauf aufmerksam, dass die Grenzen der juristischen Felder unscharf sind und dass ihre Einteilung und Klassifikation zunächst unklar sind. Sie sind aber in Frankreich – so Karpik – seit den 1950er-Jahren durch den nationalen Rechtsanwaltsverband (*Association nationale des avocats*) selbst als Felder praktisch etabliert worden, indem Workshops, Arbeitsgruppen, Publikationen auf die Klassifikation bezogen worden sind, sodass sie heutzutage als mentale Kategorien der Profession fungieren (Karpik 1999, S. 199f).[426] Juristische Felder wie Familienrecht, Strafrecht, Arbeitsrecht stehen nach Prestige, Komplexität und Gehalt in der Hierarchie unten und Klienten sind zumeist Personen. Dagegen stehen Felder wie Wirtschaftssteuerrecht, Wirtschaftsstrafrecht und internationales Recht in der Hierarchie ganz oben. Hier werden die höchsten Gehälter gezahlt, Komplexität und Prestige sind am höchsten und die Klienten sind typischerweise

---

425 Karpik schließt nicht an das Feldkonzept von Bourdieu (1986) an. Bourdieu hat im Unterschied zu Karpik auch keine empirische Analyse des juristischen Felds (Bourdieu) bzw. der juristischen Felder (Karpik) vorgelegt.

426 Karpik unterscheidet in dieser Klassifikation der juristischen Felder: Wirtschaftssteuerrecht, Wirtschaftsstrafrecht, internationales Recht, Urheberrecht, Transportrecht, Verwaltungsrecht, Unternehmensrecht, Baurecht, Handelsrecht, Landrecht, Familienrecht, Arbeitsrecht, Schadensrecht, Strafrecht (Karpik 1999, S. 198, Tabelle 5).

Organisationen (Unternehmen). Das Aufkommen neuer Formen der Kooperation zwischen Rechtsanwälten – wie das Arbeiten in Netzwerken – kommt als moderne Entwicklung für die Profession hinzu (Lazega 2001; Lazega/Bessis 2010). Hier sind die großen law firms führend. Die zunehmende Komplexität von Rechtslagen ist in vielen juristischen Feldern ein Grund dafür, dass law firms spezialisierte Abteilungen ausgebildet haben und Kanzleien sich spezialisieren müssen. Kanzleien und große law firms kooperieren dann auch unternehmensübergreifend. Die Folge ist, dass für komplexe Rechtsangelegenheiten die Kooperation in diesen Netzwerken zunehmend transdisziplinär ist und auch Ökonomen sowie weitere Berater involviert werden, sodass die transdisziplinäre Koordination selbst komplexer wird. Die Kollegen in diesem Netzwerk werden dann auch zu qualifizierten Beurteilern der Qualität der in hohem Maße nun spezialisierten juristischen Arbeit und das Netzwerk wird zu einem Qualifizierungskontext (Lazega 2001; Lazega/Bessis 2010).

Bessy (2010a, 2012b, 2015a, 2016a, 2016b) bezieht sich auf die Arbeiten von Edelman (2011), die zeigen, dass es eine Doppelbewegung sowohl der zunehmenden „Verrechtlichung" der Beziehungen in und zwischen Unternehmen als auch der „Managerialisierung des Rechts" gibt. Letztere besteht darin, dass Rechtsanwälte für die von ihnen beratenen Unternehmen Strategien entwerfen, die das bestehende Recht in effizienter Weise berücksichtigen.[427] Die Beratung durch große Rechtsfirmen ist insbesondere da aus Sicht der Unternehmen innovativ, wo neue juristisch entworfene Strategien wirtschaftlich erfolgreich werden oder wo bei fehlender rechtlicher Regulierung oder rechtlicher Deregulierung die juristische Beratung eine spätere Rechtspraxis so vorbereitet, dass sie für die Unternehmen vorteilhaft ist. Die Beratung durch law firms „vermittelt" die Regulierungsabsichten der Recht setzenden Instanzen im ökonomischen Feld an ein Unternehmen, das eine für das Unternehmen effiziente Strategie anstrebt und nicht notwendig die Regulierungsabsicht umsetzt. (Aus Sicht der Recht setzenden Instanz kann das Gesetz damit ineffizient werden.) Rechtsanwälte „endogenisieren" so als *„law intermediaries"* (*intermédiaires du droit*) das Recht in praktischer Weise und vermitteln verschiedene Handlungslogiken und Konventionen, sodass für die beratenen Unternehmen gewinnbringende Lösungen entstehen.[428]

---

427 Edelman (2011) zeigt, wie diese Praktiken der „Managerialisierung des Rechts" dann eine Legitimisierung mobilisieren und sich so etablieren.

428 Weiter sind auch gerichtlich zugelassene oder bestellte „Experten" in Gerichtsverhandlungen als solche *law intermediaries* aufzufassen, wie Emmanuel Charrier und Jerôme Pélisse (2012) anhand der gerichtlichen Wirtschaftsexperten in Frankreich (French forensic experts in economics) verdeutlichen. In Frankreich stehen sie dem Richter bei der Feststellung wirtschaftlicher Sachverhalte als staatlich bedienstete, unabhängige Gutachter zur Verfügung. Siehe für die Analyse der *„intermédiaires du droit"* Stryker

> "This role of mediation would be particularly important in international, commercial contracts in the absence of true business law and stabilized market rules. The large business firms can be regarded as powerful players for globalization. Because they are permanently in 'conflicts of interests', they have an important power of arbitration in commercial contracts between multinational firms (they hold information about the two sides) and play a part in respect of them or in their possible renegotiation.
> This role of go-between has also developed in finance and in particular in big international mergers and acquisitions. In the absence of applicable law, the large law firms provided standards for documents, contracts and written agreements' procedures' and have at the same time contributed to building the international financial market and the market for law. In becoming experts in the field, 'opinion leaders', they take part in national or international regulation [...]." (Bessy 2012b, S. 26)

Bessy merkt nun kritisch an, dass solche Tätigkeiten durch law firms bedenklich sein können, wenn Neutralität und Desinteressiertheit nicht mehr gewährleistet sind, und die Praxis dann Schwierigkeit hat, sich zu rechtfertigen. Wenn nationale Regierungen oder die EU rechtliche Deregulierung und somit die gestalterische Praxis und Regulierung von law firms zulässt, dann bestehe weiter das Risiko, dass diese nicht länger ein Gemeinwohl – das nach Konvention unterschiedlich gedacht sein kann – anstreben, sondern dass ihre professionelle Rechtstätigkeit partikularen Interessen diene und die Rechtspraxis somit nicht mehr allen zu gleichen Rechtsansprüchen verhilft. Bessy bezeichnet dies als die individualistische Rechtsauffassung, die er als Folge des neoliberalen Einflusses auf das Recht in ökonomischen Feldern ansieht. Wenn law firms dann auch Einfluss nehmen können auf die Rechtsetzung, wird der Staat als letzter Garant für das Gemeinwohl und die Legitimität des Rechts faktisch auch hier zurückgedrängt (Bessy 2010a, 2012b, 2015a).

Sowohl Karpik als auch Bessy haben versucht, für den französischen Markt der juristischen Dienstleistungen Modelle für deren Struktur vorzulegen. Für Karpik ist die Unsicherheit über die Qualität der juristischen Dienstleistungen das große Problem, das entsteht, weil die Qualität der juristischen Dienstleistung für Klienten schlecht vorab einzuschätzen und kaum vergleichbar ist (Karpik 2011, dort Kapitel 16). Dienstleistungen sind personengebunden und damit als Güter zu verstehen, deren Qualität erst bei Inanspruchnahme zutage tritt. Die Qualität der juristischen Dienstleistungen ist für Klienten schlecht einzuschätzen, weil sie in vielen Fällen (wie nicht standardisierbaren Rechtsangelegenheiten) von den Erfahrungen, spezifischen Qualifikationen und der Vernetzung des jeweiligen Rechtsanwaltes abhängt. Dann ist die Ermessensfreiheit, die der Rechtsanwalt in der Ausübung der

(2011) und die weiteren Beiträge in Bessy et al. (Hrsg.)(2011) sowie auch Bessy (2016b, 2017).

juristischen Tätigkeit handhaben muss, durch die Klienten schlecht zu beurteilen. Die dann realisierte Dienstleistung ist für Karpik faktisch ein Interaktionssystems zwischen Klient und Rechtsanwalt und daher eine „Koproduktion" – sowohl hinsichtlich des Prozesses als auch des Resultats (Produkt)(Karpik 2011, S. 237f). Vertrauen und Kontrolle durch eine übergeordnete Instanz sind Kontrollinstanzen, die das Problem der Unsicherheit über die Qualität der Dienstleistung für die Akteure handhabbar machen. Karpik differenziert zwei Formen des Vertrauens. (1) Persönliches Vertrauen ist das Vertrauen in die Person des Rechtsanwalts. Es kann durch die Bekanntheit mit ihm oder durch Informationen über ihn entstehen, die man über sein eigenes soziales Netzwerk erhält. (2) Unpersönliches Vertrauen orientiert sich nicht an sachlichen und formellen Aspekten. Es handelt sich nicht um das Vertrauen in einzelne Personen, sondern in den Anwaltsstand (und letztlich in dessen Kontrolle durch die Anwaltskammer).

> „Persönliches Vertrauen wird durch die Interaktionen im Rahmen des geschäftlichen Netzwerks hervorgebracht, unpersönliches Vertrauen geht der Begegnung von Praktiker und Klient voraus und ergibt sich aus der Überzeugung, dass der Praktiker dem Gemeinwohl verpflichtet ist." (Karpik 2011, S. 237)

Karpik differenziert mit dieser Unterscheidung von Formen des Vertrauens vier „Koordinationsregimes" (beide Vertrauensformen vorhanden, nur je eine der beiden oder keine Vertrauensform vorhanden, siehe Tabelle 8.1). Mithilfe von Survey-Daten kann er die Plausibilität dieser vier Regimes belegen.[429]

Tabelle 8.1 Koordinationsregimes von Anwaltsklienten

	unpersönliches Vertrauen	ohne unpersönliches Vertrauen
persönliches Vertrauen	öffentliche Variante	private Variante
ohne persönliches Vertrauen	Preismarkt	autorisierter Markt

Quelle: Karpik (2011, S. 243)

429 Es handelt sich um Daten einer standardisierten INSEE-Umfrage, in der 1996 und 1997 Privatpersonen und Kleinbetriebe befragt wurden, die angegeben hatten, einmal einen Anwalt beauftragt zu haben (Karpik 2011, S. 242).

Nur eine davon korrespondiert mit dem (neoklassischen) Marktmodell („Preismarkt"). Wenn keine der Vertrauensformen vorhanden ist, müssen andere Kontrollinstanzen einsetzen, wie dies im Fall von Rechtsschutzversicherungen der Fall ist, die ihren Versicherten Anwälte einfach zuweisen können („autorisierter Markt")(Karpik 2011, S. 242f).

Bessy hat qualitative Interviews mit Rechtsanwälten in Frankreich ausgewertet, um wie Karpik die Strukturierung des Angebotes der juristischen Dienstleistungen auf das Qualitätsproblem zu beziehen. Er berücksichtigt neben der Beziehung zwischen Klient und Rechtsanwalt auch das Konzept der Qualitätskonventionen, um damit die Differenzierung der Organisationsform und der angebotenen juristischen Dienstleistungen zu erklären. Für Bessy stellt sich dabei die Frage, wie sich die Liberalisierung des Marktes juristischer Dienstleistungen auf dessen Struktur Ende der 2000er-Jahre in Frankreich ausgewirkt hat (Bessy 2010a, 2012b, 2015a).[430] Er differenziert für die juristischen Dienstleistungen vier Qualitätstypen (siehe Abbildung 8.5).

> "Indeed each case evokes a different perception of quality by the client: *inspired* quality (client's expectations centered on creativity), *industrial* quality (client's expectations based on efficiency)' *market* (or *merchant*) quality (client's expectations centered on obtaining the international standard at the best cost), *civic* quality (client's expectations related to a certain vision of general interest expressed by lawyer), *domestic* quality (client's expectations related to his confidence in the lawyer's ability to handle his personal file completely)." (Bessy 2012b, S. 26f; Herv. i. Orig.)

430 Datengrundlage sind nicht standardisierte Interviews, die im Rahmen eines Forschungsprojektes erhoben wurden, das die Situation der Profession und die Struktur der juristischen Dienstleistungen im Auftrag des CNB untersucht hat (Favereau Hrsg. 2010).

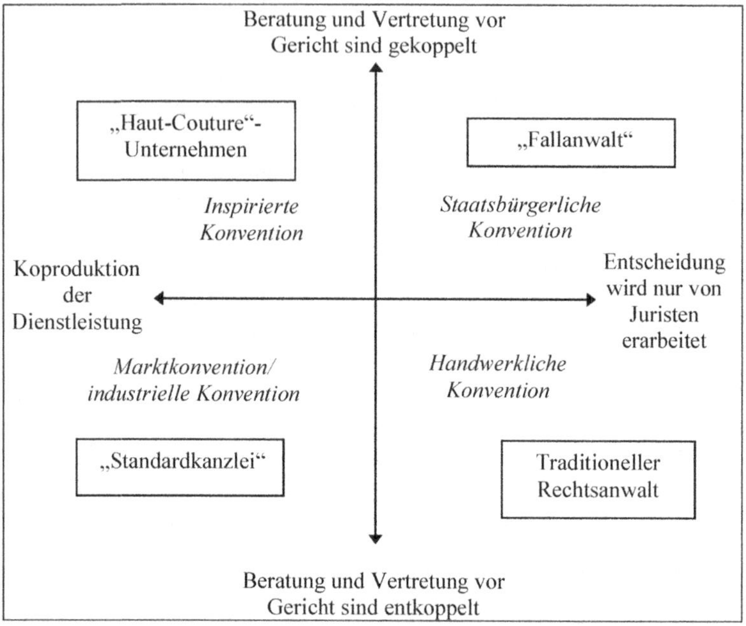

Abbildung 8.5 Qualitätskonventionen der juristischen Dienstleistungen
Quellen: Bessy (2012b, S. 30, 2015a, S. 79)

Diese vier Qualitäten korrespondieren mit zugehörigen Organisationsformen. Der *traditionelle Rechtsanwalt* vertritt Klienten (zumeist Privatpersonen) in einfachen Rechtsangelegenheiten.

Der *Fallanwalt* engagiert sich für spezifische Rechtsprobleme und ist hier ein Vertreter für Bürgeranliegen. Beide Anwälte entscheiden die juristische Vorgehensweise wesentlich selbst. Dagegen entwickeln die beiden anderen Organisationsformen die juristischen Strategien zusammen mit ihren Klienten und lassen dabei häufig auch Expertise aus dem professionellen Netzwerk eingehen, in das sie eingebunden sind. (Law firms können diese beiden Organisationsformen realisieren – je nach Fall.) Das ist einmal die Standardkanzlei, die über standardisierte Vorgehensweisen verfügt und diese anbietet. Dann gibt es Rechtsunternehmen, die kreative Rechtslösungen entwickeln, die auf den Klienten und den Fall „zugeschneidert" sind (daher die Bezeichnung „Haute-Couture"-Unternehmen).

Die hier vorgestellten Arbeiten zum Recht, insbesondere zum Arbeitsrecht, dann allgemeiner auch zum Wirtschaftsrecht sowie zu den institutionentheoretischen

Aspekten des Rechts machen einige Besonderheiten der EC deutlich. Insbesondere wird in der Analyse des Rechts als integraler Bestandteil der Analyse der Ökonomie der transdisziplinäre Charakter der EC manifest (Diaz-Bone et al. 2015). Die Vertreterinnen und Vertreter der EC haben hierbei immer wieder im engen Austausch mit Rechtswissenschaftlern gestanden, aber sich selbst auch zuständig gesehen für die umfassende sozialwissenschaftliche Analyse des Rechts als Teil der institutionellen Ausstattung der Ökonomie. Wie Pierre Bourdieu dies in seiner Feldanalyse unternommen hat, so haben Vertreter der EC auch die organisatorisch-institutionellen Strukturen der Rechtswelt und deren interne Differenzierung untersucht, sodass man im Rahmen der EC von Rechtswelten (im Plural) sprechen muss in Entsprechung zu den Produktionswelten.[431] Die EC vermeidet damit auch einen eingeschränkten Zugang zum Recht, in dem Sinne, dass sie allein die textlichen (oder diskursiven) Strukturen des (geschriebenen) Rechts durchführt (was man eine lediglich interne Analyse des Rechts nennen könnte). Zugleich vermeidet sie eine Reduktion der Rechtanalyse auf die Analyse der institutionellen Kontexte oder nur auf den „Gebrauch" des Rechts (was man eine lediglich externe Analyse des Rechts nennen könnte). Stattdessen werden die Prozeduralität, Interpretativität und die Pluralität der Rechtsformen (wie der Verträge) betont und die endogene Auffassung der Institution auch auf das Recht angewendet, indem die Analyse des Rechts die Analyse der auf das Recht bezogenen Praktiken in Koordinationssituationen angeht (Bessy 2015a, 2015b).

Wie kaum ein anderer Forschungsbereich der EC ist das Feld des Rechts dadurch ausgezeichnet, dass hier eine Vorbereitung der diskurstheoretischen Erweiterung zu erkennen ist.[432] Man kann dies in die Reihe der anfangs vorgestellten Arbeiten von Bourdieu und Thévenot sich bereits abzeichnen sehen. Es ist insbesondere dann aber die Arbeit von Claude Didry (2002, 2013a), die die Bedeutung von Diskursen und der Diskursivität des Rechts herausgearbeitet hat (Diaz-Bone 2015a, 2015b). Es wäre dann nur ein weiterer Schritt, diese Grundlagen einer konventionentheoretischen Analyse der Diskurse und der Diskursivität im Recht auf die Analyse ökonomischer Diskurse insgesamt auszuweiten (siehe dazu Kapitel 11).

---

431 Man kann hier daher auch eine Nähe der EC zu den klassischen Positionen des „legal pluralism" (von Georges Gurvitch) erkennen, siehe zum legal pluralism Berman (2009).

432 Eine weitere solche Vorbereitung ist mit den Beiträgen in Favereau (Hrsg.)(2012) erfolgt, in denen eine lexikometrische Analyse zur Analyse der Formen von Arbeitslosigkeit sowie ihrer Interpretationen eingesetzt wurde. Siehe dafür Kapitel 4.

Quantifizierung und Staat

9

„Quantifizieren bedeutet, eine Konvention einzuführen und dann zu messen." (Desrosières 2008a, S. 10)[433]

„Wie Alain Desrosières gut gezeigt hat, ist die Quantifizierung ein sozialer Prozess des Wissens. Einerseits verlangt die Quantifizierung eine gewaltige historisch und sozial verankerte Arbeit, deren Methoden und Produkte sich nach Ländern unterscheiden. Andererseits müssen die produzierten Ziffern, um verständlich zu werden, durch Erläuterungen darüber ergänzt werden, wie sie produziert wurden. Ohne dies wäre ein Vergleich irreführend." (Salais 2013, S. 351)[434]

„Es ist umso dringender geboten, jede Berechnung in ein Bezugssystem einzuordnen, das selbst nicht messbar ist, wenn man nicht Naturphänomene, sondern ökonomische und soziale Sachverhalte messen will. In seinen grundlegenden Arbeiten hat Alain Desrosières gezeigt, dass im Gegensatz zu Quantifizierungen in den Naturwissenschaften die wirtschafts- und sozialwissenschaftliche Statistik keine vorgegebene Realität misst, sondern eine neue Realität konstruiert, indem sie heterogene Menschen und Kräfte als Äquivalente behandelt." (Supiot 2011, S. 63f)

9.1 Einleitung

In diesem Kapitel werden die Beiträge der EC zum Verhältnis von Quantifizierung und Staat vorgestellt. Auf die konventionenbasierte Quantifizierung sind in der EC die Statistik und die Ökonomie, aber auch bereits eingeführte Konzepte wie Form-

433 Übersetzung RDB.

434 Übersetzung RDB.

R. Diaz-Bone, *Die „Economie des conventions"*, Soziologie der Konventionen, https://doi.org/10.1007/978-3-658-21062-5_9

investition intensiv bezogen worden. Man kann hier eigenständige Beiträge der EC zur Soziologie der Quantifizierung sowie zur Soziologie der Statistik ausmachen, die nun eingeführt werden. Diese Perspektive ist wesentlich durch die Arbeiten von Alain Desrosières fundiert worden (Thévenot 2004a, 2016a; Salais 2006a, 2007c, 2008a, 2012a; Jany-Catrice 2012; Didier 2014).[435]Alain Desrosières ist auch als Ausbilder sowie Kollege vieler Vertreter der EC einflussreich geworden.[436] Bereits das Kapitel 3 (zu den Berufsklassifikationen und zur Praxis des Klassifizierens) zeigt, wie die Arbeiten von Desrosières am INSEE zur Entstehung der EC beigetragen haben. Beispielhaft sind die Beiträge zur Analyse und Entwicklung der CSP, die Desrosières zusammen mit Laurent Thévenot durchgeführt hat.[437]

In gewisser Weise zwischen Bourdieu und der EC positioniert, hat Desrosières mit seinen Arbeiten sehr früh die konventionentheoretische Perspektive auf den Staat und die Statistik bezogen. Desrosières hat die sozialhistorische Analyse der wechselseitigen Ko-Konstruktion von Staat, Statistik und Ökonomie aus konventionentheoretischer Perspektive in innovativer Weise aufgenommen. Desrosières betrachtet die Statistik hierbei nicht lediglich als eine spezifische Wissenschaft, sondern als eine politökonomische Konstellation aus Konzepten, Praktiken und Institutionen, die soziale Sachverhalte auf konventioneller Basis systematisch generieren. Bekanntlich ist die semantische Abstammung von Statistik auf das Wort Staat zurückzuführen.[438] Die Statistik ist – so verstanden – letztlich die Wissenschaft vom Staatswissen.

> „Der Begriff der Statistik im ältesten Sinne des Wortes geht ins 18. Jahrhundert zurück und beinhaltet eine Beschreibung des Staates durch ihn und für ihn […]. Zu Anfang des 19. Jahrhunderts kristallisierte sich in Frankreich, England und Preußen um das Wort ‚Statistik' eine Verwaltungspraxis heraus und man entwickelte Formalisierungstechniken, bei denen die Zahlen im Mittelpunkt standen." (Desrosières 2005a, S. 165)

---

435 Siehe auch die Beiträge in Didier und Droesbeke (Hrsg.)(2014), in Bruno et al. (Hrsg.) (2016) sowie in Diaz-Bone und Didier (Hrsg.)(2016).

436 Alain Desrosières hat sich nicht als Mitglied der EC im engeren Sinne verstanden. Er spielt dennoch eine wichtige Rolle für diese Wissenschaftsbewegung (Desrosières 2011a; Thévenot 2011c, 2016a; Didier 2014). Auch wenn er in Frankreich nicht zu den Gründern der EC gezählt wird, ist seine Stellung in der EC vergleichbar derjenigen von Luc Boltanski, der ebenfalls wichtige Beiträge zur EC geleistet hat, aber auch nicht als zentrales Mitglied dieser Wissenschaftsbewegung angesehen wird.

437 Siehe für die Positionierung von Desrosières innerhalb der Sozialwissenschaften seit den 1970er-Jahren in Frankreich sowie für seine zunehmend internationale Rezeption Didier (2014, 2016).

438 Das lateinische Wort „statisticum" kann mit „den Staat betreffend" übersetzt werden. Das italienische Wort „statista" lässt sich interpretieren mit „Staatsmann" und bezeichnete auch „Staatskunde" sowie die „systematische Staatsbeschreibung".

Desrosières geht einen Schritt weiter und fokussiert die Praktiken und Konventionen der Quantifizierung, welche er auf ihre gesamtgesellschaftliche Reichweite und Verankerung bezieht, insofern sie *konstitutiv* für „Staat" sind. Die Statistik ist damit – seit langer Zeit und insbesondere in den westlichen Gesellschaften – nicht nur abbildendes Staatswissen, sondern konstitutive Repräsentation für Gesellschaft insgesamt. An die Arbeiten zur Statistik und Quantifizierung von Alain Desrosières haben Konventionentheoretiker wie Laurent Thévenot oder Robert Salais angeknüpft.[439] Auch diese Beiträge sollen hier berücksichtigt werden. Insgesamt setzt dieses Kapitel die Darstellungen aus dem Kapitel 3 fort, wobei nun aber die neueren Beiträge zur Soziologie der Statistik und zur Soziologie der Quantifizierung im Vordergrund stehen.

9.2 Äquivalenzkonventionen

Konventionen unterliegen den statistischen Kategorien und Klassifikationen (siehe auch Kapitel 3). Konventionen sind die Verständigungsgrundlage für zwei wichtige und untrennbar miteinander verbundene Fragestellungen: (1) wie man die Konstruktionen von Kategorien (und Klassifikationen) durchführen und (2) wie man die Fälle praktisch den Kategorien zuordnen (klassifizieren) kann (Desrosières 2001, S. 116). Konventionen ermöglichen damit die Vergleichbarmachung, d. h. praktisch die Herstellung von Äquivalenzen zwischen vormals unvergleichbaren Objekten oder Personen. Denn die Ausgangssituation ist, dass alle Objekte oder Personen singulär, d. h. einzigartig sind. Erst Konventionen erlauben zu bestimmen, welche Objekte oder Personen derselben Kategorie zugeordnet werden können, d. h. praktisch dieselbe Kodierung erhalten und in diesem Sinne „äquivalent" sind. Entsprechend bestimmen Konventionen, welche Objekte oder Personen unterschiedlich kodiert werden müssen, weil sie nicht derselben Kategorie zugeordnet werden können. Desrosières spricht daher von diesen Konventionen als von *Äquivalenz*konventionen (Desrosières 2001, 2005a).[440] Die Studie „Die Politik der großen Zahlen" (Desrosières 2005a) unternimmt eine wissenschaftsgeschichtliche

439 An die Arbeiten von Desrosières haben auch andere angeschlossen, die nicht zur EC zählen. Siehe für Frankreich die Beiträge von Berns (2009), Jany-Catrice (2012) sowie Supiot (2015). Ein international einflussreicher Beitrag findet sich mit Espeland und Stevens (2008).

440 Bereits bei Aaron V. Cicourel (1970) findet man das Konzept der Äquivalenzklassen. Allerdings verwehrt sich Desrosières gegen die Art der Kritik an der quantitativen Sozialforschung, wie man sie bei Cicourel findet (Desrosières 2005, S. 97).

Rekonstruktion der Konventionen in der Statistik.[441] Desrosières charakterisiert die Studie als ein Buch, „in dem wir die Genese der Konventionen untersuchen, die bei der Konstruktion von Äquivalenzen und bei der statistischen Kodierung getroffen wurden" (Desrosières 2005a, S. 78).

Die Statistik dient für das Regierungshandeln und auch für die informierte Öffentlichkeit als objektive Grundlage für die Beurteilung sozialer Tatbestände. Aber wenn die Grundlage der Statistik als konventionell fundiert wahrgenommen wird, dann kann eben die Statistik selbst in die Kritik geraten.

> „Arbeitslosigkeit, Inflation, Wachstum, Armut, Fertilität – diese Objekte und ihre statistischen Messungen dienen als Anhaltspunkte zur Beschreibung ökonomischer Situationen, zur Denunziation sozialer Ungleichheiten und zur Rechtfertigung politischer Aktionen. Die Anhaltspunkte sind Bestandteil routinemäßiger Anwendungen, die zur Formung der Realität der beschriebenen Landschaft beitragen, indem sie eine stabile und weitgehend akzeptierte Sprache liefern, in der sich die Debatte ausdrückt. Aber die Wendung impliziert ein Paradoxon. Die Bezugspunkte, das heißt die Objekte, müssen als unanfechtbar wahrgenommen werden und über dem Streit stehen. Wie also soll eine Debatte angelegt sein, die sich um genau die oben genannten Objekte dreht? Fragen dieser Art werden oft im Zusammenhang mit Denunziationen aufgeworfen. Lügt die Statistik? Wie groß ist die tatsächliche Anzahl der Arbeitslosen? Welches ist die wahre Fertilitätsrate? Als Bezugspunkte der Debatte sind die betreffenden Messungen ebenfalls Gegenstand der Debatte." (Desrosières 2005a, S. 1)

Der Einfluss von „Über die Rechtfertigung" (Boltanski/Thévenot 2007) wird hier deutlich. Es ist die Infragestellung des Realitätsbezuges der Messung, die die Statistik kritisierbar erscheinen lässt. Für Desrosières (2001) sind es insbesondere drei *Modelle der Realität*, die in der quantitativen Soziologie anzutreffen sind und auf die sich zugehörige *Messtheorien* stützen. Das erste Modell ist dasjenige der Naturwissenschaften, in denen die Messung als eine Widerspiegelung der vorgängigen und beobachtbaren Realität erscheint. Das statistische Objekt kann hier mit manifesten und zumeist stetigen Variablen abgebildet werden. Das zweite Modell ist dasjenige der Lebenswissenschaften, in denen nun latente Variablen hinzukommen, die nicht direkt beobachtbare Sachverhalte abbilden sollen. Zudem werden Indikatoren aus aggregierten Daten konstruiert (wie administrativen Daten einer Region), die aber ebenfalls einen Sachverhalt realistisch abbilden sollen. Das zweite Modell der Lebenswissenschaften – so Desrosières (2001) – versucht das naturwissenschaftliche Modell

441 In Frankreich ist die Studie unter dem Titel „La politique des grands nombres" zuerst 1993 erschienen und hat viel Beachtung erfahren (Desrosières 1993). Dort liegen bereits mehrere Auflagen vor. Viele Arbeiten (Artikel, Vorträge, Buchbeiträge), die Desrosières (insbesondere nach 1993) zur Statistik publiziert hat, sind in Desrosières (2008a, 2008b, 2014) erschienen.

nachzuahmen und bedient sich ebenso einer Rhetorik des Realismus. Beide Modelle beruhen dennoch auch auf Konventionen, wie die Variablen zu konstruieren und die statistischen Objekte zu definieren sind – wie man auch für die Definition von Länge, Zeit oder Masse eine Konvention eingeführt hat, die die Messung ermöglicht hat.[442] Im Unterschied dazu weist das dritte Modell aus den Sozialwissenschaften die soziale Konvention als Grundlage explizit aus. Das Modell sind die Rechtswissenschaften und die Politikwissenschaft, die ihre Variablen als konventionell fundiert auffassen. Hier entzündet sich die Kritik an den Messungen immer wieder, weil die Intention der Variablenkonstruktion als die Intention der Einführung einer Konvention erkennbar bleibt und damit selbst kritisierbar wird. Denn wenn die Statistik beispielsweise Grundlage einer öffentlichen Maßnahme oder zum Ausgangspunkt einer sozialpolitischen Intervention wird, dann kann die Statistik selbst zum Objekt der Kritik werden, wenn sie als wenig verlässlich erscheint, da sie durch Akteure konstruiert ist und nicht durch eine vorgängige Realität gestützt erscheint.[443] Desrosières vertritt eine konventionalistische Grundposition in der Statistik, allerdings eine, die *sowohl* konstruktivistisch *als auch* realistisch zu sein beansprucht. Denn Konventionen sind die Grundlage einer kollektiven Konstruktion und als solche werden sie durch Kollektive in der Koordination *realisiert*. Für Desrosières ist diese Wendung eine konventionelle Fundierung einer realistisch aufgefassten Statistik. Dabei liegen bei genauer Betrachtung zwei Schritte vor: die Quantifizierung muss in einem ersten Schritt durch die Einführung einer Konvention fundiert werden,

---

442 Jean-Baptiste Joseph Delambre und Pierre Méchain haben Ende des 18. Jahrhunderts versucht, eine nachprüfbare und international akzeptable Konvention für die Bestimmung des Meters einzuführen. Ihre Konvention sollte sein, das Maß als den zehnmillionsten Teil der Distanz vom Nordpol zum Äquator (i. e. des Meridians, halber Längenkreis auf der Erdoberfläche) zu ermitteln. Faktisch wurde das erste Urmeter mit einem Messfehler von 0,2 Millimeter dann von ihnen als Konvention festgesetzt und tausendfach repliziert, um in ganz Frankreich das metrische System zu etablieren (Alder 2003). Die eigentliche Investition in diesen Standard als Form liegt dann auch in der landesweiten Durchsetzung in Frankreich und danach in der Übernahme durch die meisten Länder im 19. Jahrhundert – insbesondere mit der „Internationalen Meterkonvention" von 1875.

443 Desrosières (1995, 2001, 2008c, 2011) bezieht diese unterschiedlichen Messmodelle und ihre verschiedenen konventionellen Fundierungen auf die beiden wichtigsten soziologischen multivariaten Analyseverfahren, die logistische Regression und die Korrespondenzanalyse. Demnach gehört die logistische Regression zu dem ersten Modell. Die Korrespondenzanalyse zählt als faktorenanalytisches Modell zunächst zum zweiten Modell, sie sei aber auch geeignet für die Auffassung des dritten Modells (Desrosières 2001, S. 126). Desrosières macht so auch deutlich, dass die Statistik nicht nur aus den konventionenbasierten Resultaten (den „Daten") besteht, sondern auch aus den statistischen Verfahren, die ebenso abhängig sind von den zugrunde liegenden Konventionen (über die Realität des Messens).

sodass in einem zweiten Schritt die Messung zur Quantifizierung führt (siehe das auch Zitat zu Beginn des Kapitels). Diese Quantifizierung wird dann zu einem Bezugspunkt in der Koordination und verleiht somit den statistischen Objekten in der Koordination aufgrund der fundierenden Konvention (für das Messen) einen realistischen Charakter. Die Konventionentheoretikerin Laura Centemeri schreibt mit Bezug auf Desrosières:

> "According to the sociology of quantification, it is possible to work out a different way to deal with the question of constructivism versus realism. Conventions of quantification defining solid objects of knowledge bring into existence realities, even if they are conventional." (Centemeri 2012a, S. 122)

Für Desrosières ist diese Auffassung von Quantifizierung von zentraler Bedeutung, da sie die Gleichzeitigkeit von konventioneller („konstruktivistischer") *und* objektiver („realistischer") Realität der Objekte im Zuge des Prozesses der Quantifizierung ermöglicht.

> „Die Frage nach der Konsistenz und Objektivität von statistischen Messungen wird häufig gestellt. Mit der hier vorgeschlagenen Auffassung beabsichtige ich, das stets wiederkehrende Dilemma zu vermeiden, dem sich der ‚Zahlenkonstrukteur' ausgesetzt sieht, wenn er seiner Aufgabe vollständig gerecht werden will. Einerseits stellt er klar, dass die Messung *von den Konventionen abhängt*, die in Bezug auf die Objektdefinition und die Kodierungsverfahren getroffen werden. Aber andererseits fügt er hinzu, dass seine Messung *eine Realität widerspiegelt*. Paradoxerweise sind diese beiden Aussagen zwar unvereinbar, aber gleichwohl ist es unmöglich, eine andere Antwort zu geben. Ersetzt man die Frage der *Objektivität* durch die der *Objektivierung*, dann schafft man sich eine Möglichkeit, diesen Widerspruch anders zu sehen. Die Realität erscheint nun als Produkt einer Reihe von materiellen Aufzeichnungsoperationen – als ein Produkt, das umso realer ist, je umfassender diese Aufzeichnungen sind, das heißt je dauerhafter die (auf der Grundlage größerer Investitionen getroffenen) Äquivalenzkonventionen sind." (Desrosières 2005a, S. 13f; Herv. i. Orig.)

Die Differenzierung von konventioneller Fundierung der Statistik einerseits und einer realistischen Auffassung der Quantifizierung (Messung) andererseits eröffnet für die EC die Möglichkeit, die Reichweite der Aufzeichnungsoperationen sowie die sozialhistorische Kontingenz der konventionellen Fundierung der Statistik in den Blick zu nehmen.[444] Mit dieser Auffassung von Quantifizierung als sowohl konventionenbasierter als auch objektivierender Messung, die in der Koordinationen von Akteuren ein Handlungsbezug ist, bestimmt Desrosières den eigentlichen Gehalt

444 Siehe für eine kritische Anwendung des Ansatzes von Desrosières auf die Statistik in der Medizin Da Silva (2014).

einer Soziologie der Quantifizierung. Diese muss die Theoretisierung und Analyse der Quantifizierung erfassen können als das „*In-Form-bringen*“ (*mise en forme*) von staatlichen, ökonomischen, massenmedialen (und anderen) Informationen (den „Daten“) – sowie auch der Prozesse und Koordinationen selbst. Dennoch ist die Statistik damit nicht befreit von der internen Spannung zwischen „Konstruktivismus“ und „Realismus“. Insbesondere den Statistikern sollte dies deutlich sein – wie Desrosières (2009, 2014) und Centemeri (2012a) betont haben.[445]

9.3 Standards, Normen und Maße

Laurent Thévenot hat – wie Desrosières – eine Reihe von Ausarbeitungen des Konzepts der Form vorgelegt und diese in die Soziologie der Quantifizierung eingebracht (Thévenot 1997, 2009). Zentral ist für Thévenot, dass die Formen nun auf die Prozesse der Standardisierung bezogen werden können, um diese als Dispositive für das Regieren sowie die Valuation analysieren zu können (Thévenot 2015, 2016a). Wie Desrosières setzt Thévenot bei der Reichweite der Formen an, die wesentlich ist dafür, dass Formen sich als Dispositive etablieren konnten. Forminvestitionen erzielen insbesondere dann Gewinne, wenn die Formen zwei Eigenheiten aufweisen – zeitliche und räumliche Geltung – und wenn die Form sich artikuliert anhand von dauerhaften Materialien bzw. Objekten.

> “The returns on such an investment, in terms of coordination, vary according to three dimensions: the *temporal* and *spatial validity* of the form, and the *solidity* of the material equipment involved.
>
> Once an investment has been made, it will have a ‘temporal validity’: that is, the period of time in which it is operative in a community of users. It will also have a ‘spatial validity,’ which refers to the boundaries demarcating the community within which the form will be valid.[…] The *solidity* of an invested form varies with the weight of its material equipment. Although the degree of objectivity of a form is the result

445 Desrosières beschreibt das Berufsethos der Statistiker als dasjenige von Wissenschaftlern, die für sich Unabhängigkeit und Objektivität für Ihre Tätigkeit einfordern (Desrosières 2014, S. 36). Die Effekte, die ihre Tätigkeit hat, fallen für sie aus ihrem Tätigkeitsbereich (und zumeist auch aus ihrer Wahrnehmung) heraus. Desrosières hat daran gearbeitet, die Rückwirkungen der Statistik, die sie auf diejenigen Individuen und Gruppen ausübt, die von der Quantifizierung betroffen sind (die von der Statistik „quantifiziert“ werden), konzeptionell in seine Theorie zu integrieren. Er bezeichnet die Rückwirkungen der Statistik als „*rétroaction*“. Eine Soziologie der Quantifizierung sollte demnach auch eine Soziologie der Rétroaction sein, die diese Rückwirkungen analysiert und sie an die Profession der Statistiker rückvermittelt (Desrosières 2014, S. 49f).

of three dimensions (temporal and spatial validity, solidity), objectivity is frequently confused with solidity." (Thévenot 2009, S. 794; Herv. i. Orig.)

Thévenot identifiziert Standards als spezifische Formen mit hoher Reichweite. In diese wurden durch ein (die Standards setzendes) Komitee zeitliche und ökonomische Kosten investiert, um in einem Koordinationsbereich eine Übereinkunft über Formen zu erzielen, um mit ihnen Eigenschaften, Benchmarks, Prozeduren und Tests zu definieren, die Auswahlen (Zulassungen, Selektionen etc.) ermöglichen sollen. Wie dies bereits Desrosières aufgezeigt hat, so verdeutlicht auch Thévenot, dass ein Standard seine Vorgeschichte und seine Kontingenz als Form verdecken muss, soll er als Standard so funktionieren können, sodass er in der Koordination unhinterfragt akzeptiert wird. Thévenot verwendet die Formulierung, dass eine Form keine Spuren ihrer eigenen Vergangenheit mitführen kann, wenn sie effektiv operieren will. Eine Form muss mit einem „blinden Vertrauten" ausgestattet sein, das so die Koordination ermöglichen kann und die Akteure „verschließen die Augen" gegenüber anderen möglichen Formen, die ebenso für die Koordination hätten herangezogen werden können, die aber dafür „geopfert" wurden (Thévenot 2009, S. 795). Der Begriff des „Konventionellen" betont hier diese Entlastung und das Vertrauen in das Etablierte. Andererseits beinhaltet die Bezeichnung von etwas als „konventionell" auch ein skeptisches und misstrauendes Moment, das Thévenot als ein Augenöffnen und als Gegenmoment zum blinden Vertrauen in das Etablierte ausmacht und welches die Form als „kontingent", „nicht authentisch", „anzweifelbar" und „formelhaft" in Frage stellt (Thévenot 2009, S. 796). Diese beiden Momente sind miteinander verquickt in dem Prozess, in dem die Standardisierung erst noch durchgeführt werden muss und aus dem die Standardisierung als eine (zeitlich bruchhaft auftretende) Innovation hervorgehen soll. Erst wenn die kritischen Momente integriert, ausgeblendet oder anhand eines Kompromisses eingebunden worden sind, kann eine Form so für die Zwecke der Koordination dienlich sein, sodass sie Unsicherheit über das Gelingen und über die Richtigkeit der Koordination erfolgreich ausblenden kann. Insbesondere als Standards sind Formen für Thévenot bezogen auf die Rechtfertigungsformen, die er mit Boltanski differenziert hat (Boltanski/Thévenot 2007). Damit sind sie verbunden mit dem Konzept des Gemeinwohls, dessen Verfolgung Standards zu legitimieren ermöglicht, und sie sind untrennbar mit einer Normativität verknüpft, die aus den Welten resultiert, in denen sie konstruiert wurden und die aus der standardisierenden Macht resultiert, die sie ausüben. Standards sind für Thévenot unmittelbar involviert in Machtausübung und Unterdrückung einerseits, in die Gegenbewegung der Kritik und ihrer reflexiv-kritischen Handhabung in Situationen andererseits.

> "Standards govern life, from living beings to living together in the world. Their extension should give rise to critical reflection on the politics of standards." (Thévenot 2009, S. 805)

Für die Ausübung von staatlicher Macht (aber nicht nur dieser) sowie für die Verwendung von Formen für die Regierung haben die Objekte und die Formate eine besondere Rolle (Thévenot 1997). Denn für die Herstellung von Normalitäten (*normalités*) kommt es einerseits darauf an, dass Objekte und Informationen einbezogen werden in einen Prozess der Normalisierung, der Normen in Situationen anhand von (formatierten) Informationen und Objekten etabliert. „Formalisierte Informationen" – also Zahlen, Statistiken – erhalten andererseits für diese Art der Macht eine besondere Bedeutung, da sie – einfacher als Erzählungen oder andere Formate – von den Situationen abgelöst werden können und sie einfacher in der Öffentlichkeit zirkulieren können (Thévenot 1997). Sie verfügen damit über besonders große Reichweite und können so in eine Vielzahl von zeitlich und räumlich entfernten Situationen hineinreichen. Eine besondere Rolle haben dabei die Prozesse und Dispositive für die Entwicklung, der Festlegung und rechtliche Etablierung von Maßeinheiten inne, die die Regierung in das wissenschaftliche, technische aber auch alltägliche Leben implementieren. Hier ist die *Metrologie* als die Wissenschaft der Maße und der Maßsysteme von Thévenot als ein besonderer Bereich identifiziert worden, in dem die „Politik der Maße" als Versuche der Normierung und Standardisierung sowie der Widerstände dagegen erfolgt sind und erfolgen (Thévenot 1997, S. 225f). Nationale Regierungen müssen daher versuchen, sich der Metrologie zu bemächtigen, um selbst eine Form der „metrologischen Regierung" (*gouvernement métrologique*) ausüben zu können, die mit Hilfe der Standardisierung der Maße und der rechtlichen Absicherung (über lange Ketten und Intermediäre) die Regierung der Eichmaße mit den Individuen und Objekten in Situationen verbindet (Thévenot 1997, S. 228).

9.4 Adunation

Weitet man die Perspektive, die Boltanski, Desrosières und Thévenot auf das Kodieren, auf die Praxis der Klassifikation (Kapitel 3) sowie auf die Herstellung von Äquivalenzen und Standards eröffnet haben, in dem Sinne aus, dass man auch die räumliche und zeitliche Reichweite (Generalisierung) der Formen sowie ihre Bedeutung für das Regieren (und Regierbarmachen) hinzuzieht, dann kann man die Sozialgeschichte der Nationenbildung anders begreifen: nämlich als einen Generalisierungsprozess von Forminvestitionen, zu denen neben Investitionen in juristische und monetäre Formen insbesondere auch die Investition in statistische Formen zählt. Im Zuge der Formierung des modernen französischen Staates ist dieser Prozess von Emmanuel Joseph Sieyès als „Adunation“ bezeichnet worden.[446] Dieser Begriff beschreibt die staatlich angestrebte Vereinheitlichung der „Bezugssysteme“, die von der Neueinteilung Frankreichs in Departements bis zur nationalen Vereinheitlichung der metrologischen Maßzahlen und Statistiken auf administrativ-informationeller Ebene reichte und zentraler Bestandteil der Formierung der neuen Nation war.[447]

> „Alle diese metrologischen, juristischen und taxonomischen Konstruktionen hatten das grundsätzliche Ziel, physikalische Messungen, Urteilssprüche und Kodierungen identisch wiederholbar, übertragbar und generalisierbar zu machen. Dadurch sollten die Konstruktionen eine theoretische Unabhängigkeit von den singulären und lokalen Umständen erhalten. Man verfolgte damit die Absicht, die Gerechtigkeit in den zwischenmenschlichen Beziehungen ebenso zu gewährleisten, wie die Genauigkeit bei der Eichung von Dingen. Die Universalität und Transparenz des Systems der Maße und Gewichte ermöglichte es also, Betrügereien beim Warenaustausch zu vermeiden; die administrativen und juristischen Formen der Kodierung waren dabei unerlässlich, wenn man den Dingen eine objektive Konsistenz geben wollte, ohne die sie nicht gezählt werden konnten: Heiraten, Verbrechen, Selbstmorde und später Betriebe, Arbeitsunfälle und Arbeitslose.
>
> Die sichtbarste Manifestierung dieser Homogenisierungs- und Kodierungsarbeit in Bezug auf zahlreiche Aspekte des menschlichen Lebens war die Vereinheitlichung des nationalen Territoriums, denn es wurden viele Dinge und Vorschriften neu definiert und verallgemeinert, die vorher nur auf lokaler Ebene oder auf Provinzebene spezifiziert waren. Diese komplizierte, kostenaufwendige und oftmals quälende Arbeit

---

446 „Der Begriff ‚Adunation‘ geht auf das spätlateinische Substantiv ‚adunatio‘ (Vereinigung) zurück, das sich vom Verb ‚adunare‘ (‚zum Einen machen‘) ableitet.“ (Desrosières 2005a, S. 36, Anm. 15).

447 Die Adunation hat in Frankreich schon mit der Verwaltungstätigkeit von Vauban in der Zeit von Ludwig XIV. (im 17. Jh.) eingesetzt (Desrosières 2005a, S. 82f; Virol 2003). Vauban entwirft zu dieser Zeit die ersten Fragebögen, um Daten über die französische Bevölkerung und deren wirtschaftliche Verhältnisse zu erheben, und er führt statistische Verfahren zur Schätzung der Bevölkerungsgröße ein. Siehe auch die Studie von Berns (2009) für eine Rekonstruktion der frühen Verbindung von Staatsdenken und Statistik, die bereits seit der zweiten Hälfte des 16. Jahrhunderts in Frankreich einsetzt. Siehe Brian (2001) für die der Revolution vorlaufende Entstehung der Koalition von Statistikkultur (Mathematik) und Verwaltungskultur sowie deren Anstrengungen zur „Vermessung“ Frankreichs und der Modernisierung des Staates. Die Adunation findet dann auch in der Revolutionszeit sowie dem (ersten) Kaiserreich noch viel Widerstand (Lefebvre 2003). Siehe zuletzt Rosanvallon (2000) für die Schwierigkeiten der Staatenbildung in Frankreich seit der Revolution. Rosanvallon kann erst nach dem Zweiten Weltkrieg eine erfolgreiche Implementation eines französischen Zentralstaates erkennen.

> wurde von Sieyès, einem der beteiligten Hauptakteure, als *Adunation* bezeichnet, womit die gewollte Vereinheitlichung der Bezugssysteme gemeint ist. [...]
> Das allgemeine Prinzip bestand darin, *tabula rasa* mit einer Gesellschaft zu machen, die zuvor durch Privilegien, provinzbezogene Steuergesetzgebungen und lokalen Aberglauben charakterisiert war. Die Departements [...] und die Präfekten [...] sollten die Instrumente dieser Adunation sein, das heißt der politisch-kognitiven Konstruktion eines gemeinsamen Messraums mit der Skala der einen und unteilbaren Nation." (Desrosières 2005a, S. 37f; Herv. i. Orig.)

Anstatt ein hierarchisches Mehrebenenmodell heranzuziehen (wie es andere soziologische Institutionalismen präferieren) und von einem allgemeinen „Kulturwandel" oder einer gesamtgesellschaftlichen „Rationalisierung" als abstraktem Prozess zu sprechen, geht es Desrosières in seiner wissenschaftshistorischen Analyse um die vielfachen und polyzentrischen Praktiken, die die Reichweite der Forminvestitionen ausdehnen und die zum anderen die Konsistenz der Quantifizierungen (Objektivierungen) erhöhen und so die Forminvestitionen stabilisieren. Hier schließt Desrosières das Konzept des *Äquivalenzraums* an. Dieses Konzept bezeichnet die soziale – man könnte sagen: die sozio-kognitive – Reichweite, insofern die Statistiken für alle Mitglieder eines Gemeinwesens prinzipiell zugänglich sind und einem Gemeinwesen eine Repräsentation seiner selbst als „Öffentlichkeit" ermöglichen.

> „Die Konstruktion eines statistischen Systems ist untrennbar mit der Konstruktion von Äquivalenzräumen verknüpft, welche sowohl die politische als auch die kognitive Konsistenz und Permanenz der Objekte garantieren, die einen Bezugsrahmen für die Debatte liefern sollen. [...] statistische Informationen können nun den Anspruch erheben, Bezugspunkte einer Debatte zu sein [...]." (Desrosières 2005a, S. 361)

Erst mit diesem Schritt tritt die Statistik aus den „Amtsstuben" heraus und wird nicht nur ein Dispositiv für den Staat („die Regierung"), sondern auch Bezugspunkt für die gesellschaftlichen Diskurse und die darin erfolgende Repräsentation von Öffentlichkeit. Der Staat reicht so (auch mithilfe des Rechts, das Grundlage für die Datenerhebung und deren Publikation ist, das Kategorien und Klassifikationen absichert und durchsetzt usw.) in die Gesellschaft hinein. Äquivalenzräume sind allerdings nicht allein „diskursive Sphären", da sie technische Infrastrukturen benötigen, und sie sind auch nicht einfach gegeben, sondern das Resultat kollektiver und institutioneller Investitionen, auf die erst die Konsistenz und Reichweite der statistischen Formen als Informationen für eine Allgemeinheit zurückzuführen ist.

9.5 Formen der Ko-Konstruktion

In verschiedenen Beiträgen hat Desrosières eine historische Perspektive auf die gemeinsame Entstehung von Staat, Ökonomie und amtlicher Statistik vorgeschlagen (Desrosières 1990, 1997, 2003b, 2005b, 2011b). Für ihn entstehen diese Bereiche in einer wechselseitigen Ko-Konstruktion, sodass sie immer wieder in konsistenten und aufeinander abgestimmten Formen auftreten können, wie Staat, Ökonomie und Statistik aufeinander bezogen sind. Für ihn ist es so möglich, verschiedene gesellschaftliche Formen der Quantifizierung mit Formen der politischen Ökonomie (im weit verstandenen Sinne) in Verbindung zu bringen. Gesellschaftliche Konzeptionen von „Staat", „Ökonomie" und „Statistik" korrespondieren demnach in der makrohistorischen Perspektive in der Weise, dass in verschiedenen Epochen verschiedene, prägende Formen dieser Ko-Konstruktion auftreten.[448]

Desrosières macht darauf aufmerksam, dass die Wirtschaftswissenschaften zwar die Rolle des Staates für die Ökonomie in verschiedenen Epochen als prominent erkannt habe, dass aber die unterschiedliche Form der Statistik bislang nur wenig Beachtung gefunden habe. Die Form, die die amtliche Statistik realisiert, ist damit nicht unabhängig von der Art der politischen Ökonomie. Ihre institutionellen und kognitiven Formen sind somit kontingent. Für Desrosières ist die Erklärung dafür, dass die Wirtschaftswissenschaft und die Wirtschaftsgeschichte den Zusammenhang zwischen politischer Ökonomie und Forminvestitionen übersehen haben, darin zu suchen, dass diese Disziplin(en) die statistische Praxis und die statistischen Verfahren lediglich als gegenüber einer zu messenden Realität als „neutral" und als der Analyse „untergeordnete Methodologie" für die Validierung der ökonomischen Theorie auffassen. Desrosières sieht die Statistik nicht einfach als „externes" Instrument, das für die Rationalisierung der modernen Staaten nur herangezogen wurde. Genauso wenig entwickelt sich die Statistik als Disziplin (für die Verfahren der Datenanalyse) oder als Praxis (der formatierenden Prozessierung des Staatswissens) unabhängig („extern") von den Entwicklungen der Ökonomie

448 Diese könnte man „performativitätstheoretisch" nennen (was Desrosières selbst noch nicht gemacht hat). Die Performativitätstheorie geht davon aus, dass wissenschaftliche Praxis den „wissenschaftlichen Gegenstand" nicht einfach nur erkennt, beschreibt und analysiert, sondern dass wissenschaftliche Praxis ihre Konzepte, Instrumente und Strategien so in die Gesellschaft einbringt, dass sie dort die wissenschaftlichen Gegenstände realisiert und herstellt, von denen sie vermeintlich nur „berichtet". Callon (1998), Garcia-Parpet (2017), MacKenzie und Millo (2003) sowie MacKenzie (2006) haben diese Argumentation für die Tätigkeit der Wirtschaftswissenschaften nachgezeichnet. Bereits Bourdieu hat diese – im Wortsinn – konstruktivistische Tätigkeit im Fall der Sozialwissenschaften als „Theorieeffekt" bezeichnet (Bourdieu 1985).

und der Staatstätigkeit (Desrosières 2003b, S. 553f, 2011b, S. 42f). Der pragmatischen Perspektive der EC entsprechend, die die Internalisierung von Institutionen (in die Koordination von Handelnden) als Erklärungsstrategie wählt, geht auch Desrosières davon aus, dass die Trias von Staat, Ökonomie und Statistik sich in je historischen Konfigurationen praktisch „artikuliert". Er hat fünf typische Konfigurationen identifiziert, die von ihm beschrieben werden (Desrosières 2011b). Empirisch treten sie dagegen nicht in Reinform auf und es kann auch „Ungleichzeitigkeiten" geben. Sie folgen nicht zwangsläufig einer historischen Abfolge und sie schließen sich nicht wechselseitig aus (Desrosières 2011b), d.h. es kann Koexistenzen (und entsprechend Kompromisse oder Konflikte) in einer Epoche geben.

Der *Ingenieurstaat* ist durch die direkte Intervention des Staates in die Ökonomie charakterisierbar.[449] Merkantilismus, die Ideen von Colbert und Saint-Simon sowie der Taylorismus und die sozialistische Planwirtschaft sind Theorien des Ingenieurstaates. Zentralisierte und hierarchische Organisation sowie wissenschaftlich fundierte Planung sind wichtige Elemente. Die damit zusammenhängende statistische Tätigkeit besteht aus Volkszählungen (Demographie) und der umfassenden Erfassung von Produktion (Output) und Produktionsmitteln sowie der Produktströme zwischen den Unternehmen. Das Marktgeschehen selbst ist hier nicht von eigentlichem Interesse. Insbesondere Frankreich ist (bis heute) stark durch diese Konfiguration geprägt. Die Konfiguration des *liberalen Staates* sieht den unregulierten Markt als Zentralinstitution. Hier entsteht demnach weder eine staatliche Intervention oder Planung noch existiert zunächst ein Interesse an statistischen Daten über das Markgeschehen. Allerdings gilt hier die Sorge den möglichen Beschränkungen des freien Marktes, was anhand statistischer Daten zu freiem Handel und fehlender Marktkonzentration beobachtet werden soll. Der Markt selbst liefert aus Sicht dieser Konfiguration kontinuierlich die relevanten Daten, wenn er als Institution ideal funktioniert. Wenn dennoch marktrelevante Statistiken erhoben werden, dann wird hier erwartet, dass sie zeitnah und weit distribuiert werden, um selbst wieder für die Akteure auf dem Markt verwendet werden zu können. Im *Wohlfahrtsstaat* geht es um die Statistiken, die geeignet sind, Informationen über die Arbeit, den Arbeitsmarkt, die Arbeitsbedingungen sowie die weiteren Lebensbedingungen zu erheben. Surveys (Befragungen von Stichproben) sind hier eine wichtige Methode, um Wissen zu erheben. In der Konfiguration des *Keynesianischen Staates* kommt dem Staat die Aufgabe zu, die gesamte Wirtschaft zu führen, wobei der volkswirtschaftlichen Gesamtrechnung (*national accounting*) eine herausragende Bedeutung zukommt, für die wiederum

449 Die fünf Konfigurationen sind kurz beschrieben in Desrosières (2011b). Sie sind ausführlicher dargestellt in Desrosières (2003b).

die Statistik die Grundlage ist.[450] Nun wird insbesondere der Konsum der (gesamten) Bevölkerung analysiert (aggregiert), und mit Hilfe makroökonomischer Modelle werden staatliche Investitionsprogramme geplant und evaluiert. Die Konfiguration des *neoliberalen Staates* ist nicht einfach eine Aktualisierung des liberalen Staates. Hier ist nun neu, dass die mikroökonomischen Prozesse gezielt instrumentalisiert werden durch Anreizsysteme. Desrosières sieht das Benchmarking als paradigmatisch für das neoliberale Modell: „Benchmarking, the evaluation, the classification, and the list of best performance, is one of its key instruments." (Desrosières 2011b, S. 46)[451] Und es ist zu einem wichtigen Modell für den internationalen Vergleich geworden – wie auf Ebene der europäischen Union (Desrosières 2005c, S. 22). Die Tabelle 9.1 systematisiert die fünf unterschiedenen Konfigurationen.[452]

Konkret stellt sich Desrosières vor, dass diese fünf Konstellationen deshalb als Ko-Konstruktion aufzufassen sind, weil die drei Aspekte in vernetzter Weise miteinander koevoluieren.

> „[...] die drei Elemente bilden ein Tripel: (1) die Art und Weise, wie Gesellschaft gedacht wird, (2) die Modalitäten des Handelns und (3) die Art, wie Gesellschaft – insbesondere statistisch – beschrieben wird. All dies unterstellt eine Zirkularität zwischen dem Handeln und der Beschreibung, die den Problemen der [Erklärungs-] Logik Rechnung trägt [...]." (Desrosières 2005c, S. 20)[453]

Wie die Akteure sich Gesellschaft denken, wie sie ihr Handeln konzipieren und welche Instrumente sie für ihr Handeln verwenden, ist aus pragmatischer Sicht nicht nur entscheidend für die praktische Konstruktion von Wirtschaft, Markt und Staat. Es ist vielmehr auch so, dass es keinen einfach gerichteten Determinismus

---

450 Siehe für die Bewertung der Accounting-Theorie aus Sicht der EC die Beiträge von Eve Chiapello und Alain Desrosières (2006, 2009).

451 An die Arbeiten von Desrosières anschließend haben Isabelle Bruno und Emmanuel Didier (2013) das Aufkommen des Benchmarkings in der Verwaltung untersucht. Siehe für Deutungen der neoliberalen Situation auf der Grundlage der konventionentheoretisch fundierten Soziologie der Quantifizierung auch die Beiträge von Davies (2014) sowie Diaz-Bone (2016, 2017b).

452 Man kann bei dieser Typologie eine Nähe zu einigen der Konventionen erkennen, die Luc Boltanski und Laurent Thévenot (2007) identifiziert haben. Der Ingenieurstaat ließe sich auf den ersten Blick auf die industrielle Konvention beziehen, der liberale sowie der neoliberale Staat auf die Marktkonvention und der Wohlfahrtsstaat auf die staatsbürgerliche Konvention. Desrosières hat (wie auch Orléan) das Konzept der Konvention aber der Fundierung der Statistik vorbehalten und die Typologie von Boltanski und Thévenot nicht auf die historischen Artikulationen zwischen Staat, Ökonomie und Statistik selbst bezogen.

453 Übersetzung RDB.

gibt – eben das bezeichnet das „Ko" in der Ko-Konstruktion. Diese drei Aspekte (wie sie in der Tabelle 9.1 spaltenweise aufgeführt sind) gehen aus historisch situierten Handlungskonstellationen hervor und sie emergieren dann als Konstellation mit großer Reichweite und relativer Stabilität.

Tabelle 9.1 Staat, Markt und Statistik

	Konzipierung von Gesellschaft und Wirtschaft	Handlungsmodus	Form der Statistik
Ingenieurstaat Produktion und Menschen (seit 17. Jh.)	hierarchisch strukturierte Institutionen, rational organisiert (Frankreich in der Zeit von Colbert bis de Gaulle, UDSSR)	Optimierung unter Randbedingungen, Kostenreduktion, Technokratie, Planung, langfristige Planung	Demographie, Produktion nach Mengen, Input-Output-Tabellen, materielle Balance
Liberaler Staat Handel und Preise (seit 18. Jh.)	physiokratische Theorie, extensiver Markt, freier Wettbewerb	Kampf gegen Korporatismus, Philosophie des freien Handels, Antitrust-Gesetze	Statistiken, die Markttransparenz fördern (Anteilswerte, Indizes für Marktmacht)
Wohlfahrtsstaat bezahlte Arbeit und ihr Schutz (seit Ende des 19. Jh.)	Arbeitsmarkt ist als Markt besonders und muss geschützt werden	gesetzliche Regulierung von Arbeitszeiten, Unfällen, Arbeitslosigkeit sowie Sozialversicherungen	Statistiken zum Arbeitsmarkt, Surveys über Arbeitnehmerhaushalte, Preisindizes
Keynesianischer Staat globale Nachfrage und ihre Zusammensetzung (seit den 1940er-Jahren)	Märkte sind krisenanfällig, sodass sie global reguliert werden müssen	Überwachung und Management der konjunkturellen Lücke zwischen Angebot und Nachfrage durch monetäre und budgetäre Policies	volkswirtschaftliche Gesamtrechnung, Analyse der ökonomischen Gesamtsituation, Wirtschaftsplanung
Neoliberaler Staat Polyzentrismus, Anreize, Benchmarking (seit den 1990er-Jahren)	umfangreicher Markt, freier und unverzerrter Wettbewerb	Anreize anstelle von Gesetzen, Transformation von Verwaltungen in Agenturen, Vertraglichung, Koordination durch Wettbewerb	Verwendung von Indizes, um Performanz zu evaluieren, Benchmarking ergänzt oder ersetzt andere Regulationen

Quelle: Desrosières (2011b, S. 45), leicht gekürzt

Laurent Thévenot hat (in Zusammenarbeit mit Olivier Monso) versucht, auf der Ebene eines Survey-Programms (des INSEE), in dessen Rahmen in Frankreich seit über 50 Jahren wiederholt Surveys erhoben werden, den Wandel dieser Ko-Konstruktion zu rekonstruieren. Er kann zeigen, wie auch die statistischen Instrumente, die Daten zur Repräsentation der Gesellschaft (sowie der Beurteilung ihrer Maßnahmen) historisch situiert sind. Er zeichnet konkret nach, wie anhand von Surveys in sich verändernder Form die staatlichen Policies evaluiert werden können sollen. Er kann nachweisen, wie verschiedene Konventionen über die Zeit mit unterschiedlichem Gewicht einflussreich werden (Monso/Thévenot 2011; Thévenot 2011d).[454]

9.6 Forminvestitionen und Statistik

Auf die Beziehung zwischen Staat und Statistik hat Thévenot auch die Konzepte der Forminvestition und der Wertigkeit (*grandeur*) bezogen. Letzteres ist Teil der Theorie der Rechtfertigungsordnungen sowie in der EC vernetzt mit dem Konzept der Qualitätskonvention. Für Thévenot sind es die „statistischen Werkzeuge", die das Scharnier zwischen verschiedenen Äquivalenzen herstellen – wie z. B. zwischen statistischen Äquivalenzen und politischen Äquivalenzen (Thévenot 1994a, S. 8). Thévenot schließt dabei an die Arbeiten von Desrosières (2005a) an. Dieser hat untersucht, wie Quetelet und Durkheim Ende des 19. Jahrhunderts in die entstehende Soziologie statistische Konzepte einbrachten, die ihnen für die Erfassung von Kollektiveigenschaften ein angemessenes Instrument zu sein schienen. Thévenot (1994a) verdeutlicht dies am arithmetischen Mittel, das im 19. Jahrhundert durch die Statistiker auf verschiedene soziale Sachverhalte angewendet wurde. Es erhält einen geradezu moralischen Wert in dem Sinn, dass es als normativer Bezugspunkt für die Beurteilung von Einzelfällen eingesetzt wird.

> „Das durchschnittliche Objekt ist mit einer allgemeinen Form (*form générale*) ausgestattet, die ihm zu einem reineren Sein verhilft als den konkreten Objekten, welche in die Berechnung eingegangen sind – und dessen Resultat es ist. Seine Allgemeinheit erhält es sicherlich aufgrund der aggregierenden Berechnungsformel. Aber vorgängig legt es eine quantifizierende Investition zugrunde, um Ereignisse in Zahlen zu transformieren, welche ohne diese Forminvestition situationsabhängig und nicht

454 Ein solcher Wandel der Bedeutung der Äquivalenzkonventionen und damit der statistischen Instrumente geht einher mit der Änderung der durch sie erhobenen statistischen Formen, wobei sich für die historische Analyse das Problem ergibt, dass die Daten über die Zeit nicht vergleichbar sind (Desrosières 1992c).

vergleichbar geblieben wären. Das arithmetische Mittel verstärkt diese vorgängige Investition, indem es den sehr verschiedenen Messungen eine allgemeine Form gibt, ähnlich derjenigen der Konstanten in der Physik." (Thévenot 1994a, S. 9)[455]

Das arithmetische Mittel wird nun als das Maß für „Normalität" und „Harmonie" angesehen und so diskursiv aufgeladen zu einem normativ-moralischen Dispositiv, von dem aus dann Extremwerte und Abweichungen beurteilt werden können und von dem aus Qualifikationen (im Sinne der EC als Zuschreibungen von Wertigkeit) erfolgen. Das arithmetische Mittel („der Durchschnitt") etabliert sich in vielen Themenbereichen und Problematisierungen als eine *statistische Form*, die Übertragungen von Strategien der Qualifikation aus dem Bereich der Statistik auf andere Bereiche ermöglicht (Thévenot 1994a).[456] Thévenot hat versucht, die Beziehungen zwischen dem Konzept der Forminvestition und dem Staat aufzuzeigen. Denn ein ausgezeichneter Bereich für statistische Formen sind die Politik und der Staat selbst. Thévenot versteht den Staat letztlich als durch ein Set von allgemeinen Formen repräsentiert (Thévenot 1994a, S. 19). Damit sind Forminvestitionen gemeint, die ermöglichen, den Staat zu repräsentieren und in der situativen Koordination Staatlichkeit „durchzusetzen". Zu diesen Formen zählen neben statistischen Formen auch solche Formen, die durch das Recht abgesichert sind (wie der Familienstatus). Thévenot hat dafür das Konzept der „Staatsvariablen" (*variables d'Etat*) eingeführt, um statistische Formen zu bezeichnen, die diese Eigenschaften haben (Thévenot 1992b).

> „Aufgrund ihrer Allgemeinheit, das heißt der Standardisierung ihrer Form und des Verständnisses ihres Gebrauchs, können sie den politischen Messprozessen und den administrativen Regeln dienen, welche verbunden sind mit der Definition des Staates oder nationaler Institutionen. Sie werden herangezogen in den Verhandlungen zwischen Verbandsvertretern, Gewerkschaften und Berufsverbänden. Auch wenn die Berechnung dieser Variablen umstritten sein kann – wie im Fall der Zahl der Arbeitslosen oder des Preisindex –, so gibt es doch Übereinstimmung über das Objekt der Diskussion und über die Legitimität dieser Variablen, um Messungen auf diesem Niveau zu rechtfertigen oder zu evaluieren. Die Normalisierung dieser Formen, die sich aus dem Verständnis der Reichweite ihrer Gültigkeit ergeben, rücken sie im Übrigen in die Nähe des Rechts." (Thévenot 1992b, S. 136f)[457]

---

455 Übersetzung RDB.

456 Ähnliches gilt für die Normalverteilung – allerdings erzielt sie als Form nie diese soziale Reichweite, wie sie das arithmetische Mittel erreicht hat.

457 Übersetzung RDB.

Die sichtbarsten Beispiele für solche „Staatsvariablen“ sind die demographischen Variablen der amtlichen Statistik, insbesondere die Berufsvariablen (die die staatlich anerkannten Berufe systematisieren) zählen zu den bevölkerungsweit wahrgenommenen Staatsvariablen (Kapitel 3). Letztlich sind aber alle Variablen, die national die Informationen der Verwaltungspraxis in einheitlicher Weise formatieren, solche Staatsvariablen (Unternehmensklassifikationen nach Wirtschaftsbranchen, Wachstumsindizes, Arbeitslosenquoten, Bevölkerungszahlen usw.). Diese Vereinheitlichung hat Joëlle Affichard (1986) in Bezug auf die Berufs- und Bildungsabschlüsse als *„homologisation des titres“* bezeichnet (Kapitel 4). Damit wird die landesweite Abstimmung für die staatliche Anerkennung von Titeln bezeichnet – was z. B. Folgen für die Vereinheitlichung von Löhnen und Gehältern, aber auch für die Vereinheitlichung von Zulassungsbedingungen zu weiterführenden Bildungseinrichtungen hat. Die Vereinheitlichung (*homologisation*) ist damit ebenfalls eine Forminvestition, die zum Ziel hat, Formen mit nationaler Reichweite auszustatten und sie zu Staatsvariablen werden zu lassen (Thévenot 1992b, S. 137).[458] Die Konzepte der Vereinheitlichung sowie der Staatsvariablen sind weitere Beiträge zur Ausarbeitung der Prozesse der Forminvestition, die Laurent Thévenot und François Eymard-Duvernay in den 1980er-Jahren begonnen haben.[459]

9.7 Arbeitsteilung und statistische Formen

Die Prozesse der amtlichen Statistik, die an der Forminvestition beteiligt sind und deren Aktivitäten in die statistischen Formen eingehen, greifen in komplexer (und nicht immer kohärenter) Weise ineinander. Desrosières hat versucht, auf die Problematik verschiedener Traditionen der amtlichen Statistik aufmerksam zu machen, die unterschiedliche Interessen, Praktiken und statistische Formen einbringen. Er thematisiert die Opposition zwischen der amtlichen Statistik, die sich wesentlich auf die Register von Verwaltungen (*gestion*) stützt, und derjenigen, die sich wesentlich auf Befragungen (*enquêtes*) stützt. Die Daten sind jeweils anderen

458 Das französische Verb „homologer“ bedeutet auch so viel wie „amtlich anerkennen“, was den Staatscharakter dieses Prozesses betont.

459 Bislang sind diese allerdings noch „untertheoretisiert“, und weitere Rezeptionen sowie die Anwendung dieser Konzepte stehen noch aus.

Einflüssen der Forminvestition ausgesetzt, ihre Eigenschaften und Zwecke können sich deutlich unterscheiden.[460]

> „[...] um es kurz zu sagen, die Befragungen zielen im Prinzip darauf ab, die Gesellschaft zu beschreiben, während die Register – konzipiert für Zwecke der Verwaltung – vielmehr die Vorgänge der Verwaltung und des Staates widerspiegeln. Unter Nutzengesichtspunkten beurteilt, ermöglichen Befragungen den Zuschnitt von Fragen in Abhängigkeit von spezifischen Analysebedürfnissen, aber sie sind teuer und zeitaufwendig. Hinzu kommt, dass Befragungen auf Stichprobenbasis nur schwer auf einzelne Regionen bezogen werden können, wenn man den Beschränkungen der Repräsentativität von Stichproben Rechnung tragen will. Umgekehrt ist es so, dass die Verwaltungsdaten als günstiger erachtet werden (da sie bereits für andere Zwecke erhoben wurden). Oft bilden sie auch die Gesamtheit so ab, dass sie auf die Regionen bezogen werden können. Allerdings müssen die Kategorien und Definitionen organisatorischen Reglementarien Rechnung tragen, sodass diese den Bedürfnissen der nutzenden Statistiker kaum gerecht werden und Vergleiche zwischen verschiedenen Ländern oder über die Zeit erschweren." (Desrosières 2005c, S. 4)[461]

Desrosières greift das Konzept der „statistischen Kette" (Desrosières/Thévenot 2002)[462] erneut auf, um auf zwei Problematiken hinzuweisen. Einmal nimmt die „Arbeitsteilung" in der amtlichen Datenproduktion (sowie Datenanalyse und Dateninterpretation) sowohl bei Befragungsdaten als auch bei Registerdaten zu. Zum anderen sind die Forminvestitionen bei Befragungen und Registerdaten an verschiedenen Stationen der Kette klar verschieden.

1. Die zunehmende Arbeitsteilung bringt es mit sich, dass die Möglichkeiten für die Inkohärenzen der Forminvestitionen größer werden. Konkreter bedeutet dies, dass in der statistischen Kette Transformationen erfolgen, die den anfänglichen Zusammenhang der Kodierungen (numerischen Informationen) mit den

460 Die Daten der Verwaltung werden häufig auf rechtlicher Grundlage erhoben, entsprechend sind die Kategorien dann juristisch fundierte Kategorien. Die Umfragen können dagegen auf subjektive Indikatoren und Einstellungen abzielen, also Daten erheben, die für Verwaltungen uninteressant, aber für die sozialwissenschaftliche Beschreibung von Gesellschaften wichtig sind. Das Auseinanderlaufen von Daten aus amtlichen Befragungen und Verwaltungsdaten hat sich zuletzt im Rahmen der Volkszählung 2012 in Deutschland gezeigt, deren Auswertung 2013 nennenswerte Differenzen (hinsichtlich Einwohnerzahlen, Wohnungsbeständen, Beschäftigung) zwischen beiden zutage gefördert hat.

461 Übersetzung RDB.

462 Diese ist zunächst auf die Produktion von Daten zu Berufen bezogen worden, das Prinzip der statistischen Kette lässt sich verallgemeinern (Thévenot 1992b). Siehe dazu auch Kapitel 3 sowie Salais (2006a, 2008b).

fundierenden Konventionen desintegrieren oder die für die Datenerhebung und Dateninterpretation wichtigen Kontexte (der Erhebung und des Gebrauchs wie Technologien, Praktiken, Situationen) bei der Auswertung nicht einbeziehen. Desrosières (2005c, S. 14) betrachtet insbesondere die Praktiken der nachträglichen Datenbearbeitung, die Praktiken des „data editing", als Praktiken der Transformation von Daten, die ebenso Beiträge zum arbeitsteilig erfolgenden „In-Form-Bringens" von Daten sind.[463] Chiapello und Desrosières (2006, 2009) heben hervor, das diese Arbeitsteilung auch für die hier Beteiligten die Gefahr einbringt, dass die im ersten Schritt erfolgte Fundierung der Quantifizierung durch die Einbringung einer Konvention ausgeblendet wird und die Daten als Messungen eines realistischen Objektes aufgefasst werden.

2. Die andere Problematik wirkt sich insbesondere dann aus, wenn nationale Statistiken aus verschiedenen Datenquellen und mithilfe von Umfragen und Registern „kompiliert" werden. So werden etwa für die volkswirtschaftliche Gesamtrechnung makroökonomische Informationen aus verschiedenen Datenquellen (mit unterschiedlichen Kontexten) und über verschiedene statistische Ketten zusammengestellt.

> „[...] die Hypothese wird hier erhoben, dass solche Synthesen – die durch die Produktion einer umfassenden und kohärenten Darstellung der makroökonomischen Größen gerechtfertigt werden – erzielt werden auf Kosten der Ausradierung der Besonderheiten ihres ursprünglichen Gebrauchskontextes und der Unterschiede der herangezogenen Datenquellen. Damit wird die erneute Datennutzung (*réusage*) nicht disqualifiziert. Sie ist gerechtfertigt durch den erzielten Folgenutzen. Es wird aber angeregt, die Umwandlung genauer zu untersuchen, die durch die Übertragung der Zahlen von einem Gebrauchskontext in einen anderen erfolgt. Die öffentliche Statistik vertraut sich dieser an. Der ‚Mehrwert' der öffentlichen Statistik resultiert dann aus der genauen Kontrolle der Bedingungen der Übertragung von Daten." (Desrosières 2005c, S. 18)[464]

Somit tritt eine komplexe Beziehung hervor zwischen den Nutzungen und Gebrauchskontexten von statistischen Daten einerseits und den Weisen des „In-Form-Bringens". Diese gerät in Bewegung, wenn ein neuer Gebrauch oder Kontext entsteht. Für Desrosières (2005c, S. 6) zählen dazu die Regionalisierung der amtlichen Statistik (Dezentralisierung ihrer Institutionen und Dienstleistungen), die Reformen der öffentlichen Verwaltung sowie die neuen Anforderungen an die internationale Vergleichbarkeit von Daten. Insbesondere der letzte Aspekt leitet über zur Problematik der Harmonisierung.

463 Siehe dazu auch Kapitel 4.

464 Übersetzung RDB.

9.8 Harmonisierung

Die Institutionen der amtlichen Statistik sind die Instanzen der staatlichen Forminvestitionen. Sie haben für die Adunation sowie für einen dauerhaften nationalen Äquivalenzraum eine herausragende Bedeutung. Die Bildung moderner Nationalstaaten ist eng verknüpft mit der Einrichtung statistischer Büros im 18. und 19. Jahrhundert und den daraus hervorgehenden nationalen statistischen Ämtern im 20. Jahrhundert (nationale Statistikinstitute) – den NSIs.[465] In der zweiten Hälfte des 20. Jahrhunderts entstehen nun auch transnationale und supranationale Äquivalenzräume. Für die Statistik sind die Sozialindikatorenbewegung und die europäische Vereinigung Prozesse, die die internationale Koordination von Konventionen erfordert bzw. durchgesetzt haben. Ziel der Sozialindikatorenbewegung ist es seit den 1960er-Jahren, eine Infrastruktur zu etablieren, die für die langfristige Beobachtung internationalen sozialen Wandels die makrosozialen Daten zu spezifischen sozialen Bereichen in Form vergleichbarer Sozialindikatoren auf Nationenebene zur Verfügung stellen kann. Insbesondere die Europäische Union (EU) hat seit Jahrzehnten zu einer neuen Ko-Konstruktion von europäischer Ökonomie, europäischem Rechtssystem, europäischer Politik und europäischer Statistik geführt (Desrosières 2000) und bildet einen neuen, nun übernationalen Äquivalenzraum (Desrosières 2009). Mit dem Begriff der *Harmonisierung* der amtlichen Statistik wird in der EU der Prozess der internationalen Abstimmung der nationalen Statistiken gefasst (wie gleiche Definitionen von Indikatoren sowie Art der Metadaten, z. T. auch die Gleichschaltung der Erhebungszeitpunkte für Volkszählungen usw.). Die EU selbst führt keine eigenen statistischen Erhebungen durch. Die europäische Statistikbehörde EUROSTAT (mit Sitz in Luxemburg) bezieht ihre statistischen Daten von den NSIs der Mitgliedsstaaten. Da die statistischen Daten die Grundlage sowohl für die Beiträge sind, die die Mitgliedsstaaten an die EU zu entrichten haben, als auch für die Gelder, die sie von der EU erhalten, spielen Daten zur *Quantifizierung* der Ländereigenschaften und des Ländervergleichs eine wichtige Rolle.[466] Aber auch die NSIs von Nicht-EU-Staaten sind in diesen Prozess

465 Die Abkürzung NSI steht für „national statistical institutes". Gebräuchlich ist auch die Bezeichnung „national statistical agencies".

466 Siehe Margo J. Anderson (1988) für die vergleichbare Bedeutung, die die (alle zehn Jahre durchgeführte) Volkszählung seit Ende des 18. Jahrhunderts in den USA hat. Die Statistik über die Bevölkerungen der Bundesstaaten ist die Grundlage für die Verteilung der Sitze im Repräsentantenhaus sowie Berechnungsgrundlage der finanziellen Beiträge der Bundesstaaten zur Union. Die Befunde der Volkszählungen schaffen in vielen Staaten eine wichtige (und auch rechtsverbindliche) Grundlage für die Staatstätigkeit (wie Steuererhebungen, Infrastrukturplanungen, staatliche Investitionen). Siehe auch

einbezogen (wie weitere skandinavische Länder oder die Schweiz), um Teil dieses neuen Äquivalenzraums zu werden.[467]

Desrosières (2000, S. 179f) hat auf eine Opposition unterschiedlicher Konzepte von „Harmonisierung" (im Rahmen der europäischen Vereinigung) hingewiesen, die sich im Laufe der Jahrzehnte herausgebildet haben und die sich wesentlich dadurch unterscheiden, dass die Harmonisierung vorrangig die Produkte oder die Methode der Datenproduktion als relevant erachtet. Die Position, die Harmonisierung der Resultate der Statistik als vorrangig anzusehen, ist die ältere, sie orientiert sich an den „Outputs" der amtlichen Statistik. Sie zeichnet sich durch ein realistisches Denken über Daten aus (schließt sich also dem ersten Modell der Realität an) und begreift die Daten unabhängig von der Messung. Die Eigenschaften der Objekte, die gemessen und verglichen werden, werden nationenübergreifend als gleich angesehen. Voraussetzung für die internationale Vergleichbarkeit ist hier, dass es eine gemeinsame konzeptuelle Basis gibt und die NSIs sich in der Lage sehen, aus verschiedenen Quellen aggregierte Daten als Operationalisierungen dafür zur Verfügung zu stellen.

Die neuere Position argumentiert, dass es nicht ausreichend ist, nur die Produkte der Harmonisierung anzustreben. Denn die Prozesse der Datenproduktion (die „statistische Kette") sind beeinflusst von den regionalen und nationalen Eigenheiten der sozialen, wirtschaftlichen und kulturellen Institutionen (Desrosières 1992b) sowie den unterschiedlichen kulturellen und nationalen Praktiken des Kodierens und Klassifizierens.[468] Insgesamt ist die Vergleichbarkeit der Daten nicht gegeben, solange die (nationalen) statistischen Ketten nicht untereinander koordiniert sind und ein internationaler Konsens über die Äquivalenzkonventionen besteht.

> „Die Unterschiede verschiedener Länder zwischen den ökonomischen und sozialen Strukturen verbieten Vergleiche nicht vollständig. Diese sind hier wie dort fundiert auf Äquivalenzkonventionen zwischen Fakten. In jedem Fall ist jede statistische Analyse bereits in einem Land auf solchen Konventionen fundiert. Der Unterschied im Falle eines bereits konstituierten Landes ist, dass diese dort etabliert und stark kodifiziert sind. [...] Wenn sich dagegen eine Gemeinschaft neu formiert, wie es mit der Europäischen Union heute der Fall ist, dann kann man die Geburt eines Systems von Äquivalenzen beobachten, die später Vergleiche ermöglichen werden. [...] In dieser Hinsicht kann die Konstruktion eines Staates oder einer Gemeinschaft wie

---

Emmanuel Didier (2009) für die Bedeutung der Statistik für die staatliche Repräsentation der amerikanischen Bevölkerung zur Zeit des New Deal im 19. Jahrhundert.

467 Auch die weltweite Harmonisierung der öffentlichen Statistik wird durch internationale Organisationen wie durch die OECD (Organisation für wirtschaftliche Zusammenarbeit und Entwicklung) forciert.

468 Siehe für eine solche Kritik der Harmonisierung auch Salais (2013).

der Europäischen Gemeinschaft als Konstruktion eines Äquivalenzraums angesehen werden." (Desrosières 1992b, S. 159)[469]

Desrosières sieht allerdings zwei gegenläufige Effekte: einerseits eine zunehmende Internationalisierung der statistischen Kompetenzen (unter den amtlichen Statistikern), andererseits aber das Beharrungsvermögen der nationalen Eigenheiten der statistischen Ketten. Diese gegenläufigen Effekte haben ihre eigenen Legitimierungen mit unterschiedlicher Reichweite: die „internationale Legitimation" der Statistik als internationaler Wissenschaft und die jeweils „nationale Legitimation" des Staates (Desrosières 1992b, S. 147).

Dabei ist die Adunation (Nationenbildung) je verschieden erfolgt und hat zu verschiedenen Formen und Auffassungen von „Staat" und – damit zusammenhängend – zu verschiedenen Arten der Legitimierung von „Statistik" sowie zu national verschiedenen institutionellen Formen der NSIs geführt (Desrosières 1992b). Die Harmonisierung muss daher als (internationaler) Prozess auf die komplette Datenproduktion in den Ländern bezogen werden, mit der Folge, dass die Praxis der NSIs nicht länger national unabhängig, sondern international (europäisch) koordiniert sein muss. Die europäische Harmonisierung der nationalen Statistiken kann so als eine äußerst umfangreiche und sehr kostspielige Forminvestition begriffen werden, die die verschiedenen nationalen organisatorischen Praktiken und Klassifikationen vereinheitlicht – bis hin zur Abstimmung der nationalen volkswirtschaftlichen Gesamtrechnungen (Desrosières 1992, S. 148). Die Tabelle 9.2 systematisiert die Charakterisierung der beiden Positionen von Desrosières (2000).

Ausgehend von Restrukturierungen der amtlichen Statistik, die sowohl eine zunehmende staatsbürgerliche Erwartungshaltung (staatsbürgerliche Konvention) als auch eine zunehmende Liberalisierung (Marktkonvention) erfahren hat, sind NSIs mit Anforderungen konfrontiert worden, die ihre Statistikproduktion für die Gesellschaften nicht nur zugänglicher, sondern auch transparenter und Nutzer-orientierter macht (Desrosières 2000, 2009). NSIs (und ihre Produkte) werden mittlerweile in einigen Regionen und Ländern nicht nur als amtliche Statistik, sondern auch als „öffentliche Statistik" aufgefasst. Die Bezeichnung „amtliche Statistik" (official statistics) ist unter anderem darauf zurückzuführen, dass es sich anfangs tatsächlich um „Büros" und Ämter gehandelt hat, die die Aufgaben der staatlichen Statistik ausgeführt haben. Diese waren lange abhängig von den jeweiligen Regierungen. Mit dem Begriff „öffentliche Statistik" wird der Einfluss der staatsbürgerlichen Konvention artikuliert: Die Daten werden für die Mitglieder der nationalstaatlichen bzw. europäischen Gemeinwesen erhoben und

469 Übersetzung RDB.

Tabelle 9.2 Formen der Harmonisierung

	Harmonisierung der Produkte	Harmonisierung der Methoden
Welche Auffassung liegt zugrunde?	realistisches Denken	konventionenbasiertes Denken
Was wird betrachtet?	Betrachtung der Resultate (aggregierte Daten und Tabellen), „Ouptut-Orientierung" überwiegt	Betrachtung des Produktionsprozesses (statistische Kette), „Input-Orientierung" überwiegt
Wie werden Daten gehandhabt?	„praktischer Umgang" mit statistischen Informationen, realistische Position fundiert Sichtweise dass Länder hinsichtlich der gemessenen Sachverhalte vergleichbar sind	„wissenschaftlicher Umgang" mit Informationen, konventionenbasierte Position führt zur Sorge dass die länderspezifischen und die lokalen Eigenheiten der statistischen Kette die Vergleichbarkeit beeinträchtigen
Unabhängigkeit der Datenproduktion?	Nationale Datenproduktion bleibt unabhängig und ist für NSIs anderer Länder eine Black Box	Datenproduktion der NSIs muss international vereinheitlicht werden, wenn Vergleichbarkeit der Statistik erreicht werden soll

Quelle: Eigene Darstellung

sollen einfach und möglichst kostenlos zugänglich sein. Die Statistik wird hierbei als öffentliches Gut angesehen. Desrosières verwendet daher auch den Ausdruck „public statistics" (Desrosières 2000, S. 173f) bzw. „statistique public" (Desrosières 2005c). Mit dieser Umstellung der Begrifflichkeit wird eine grundlegende Reorientierung vieler Statistikinstitutionen bezeichnet. Dazu gehören die weitere Etablierung einer rechtlichen Unabhängigkeit der NSIs, die auf nationalen und europäischen Statistikgesetzen beruht, gegenüber der (je aktuellen) Regierung sowie eine zunehmende Dienstleistungsorientierung gegenüber den (nationalen und europäischen) Bevölkerungen. Hier wirken sich Managementkonzepte aus wie das *Total Quality Management* (TDM), das insbesondere die Nutzerorientierung bereits in der Produktion (und nicht erst in der Distribution) betont (Desrosières 2000; Platek/Särndal 2001). Dazu gehört aber auch eine Transformation der NSIs zu Agenturen, die einen auf Dauer angelegten Leistungskatalog für gesellschaftlich relevante Aspekte bedienen müssen.

9.9 Kritik der Qualitätskriterien

Transparenz, Nutzerorientierung und Harmonisierung der amtlichen Statistik bringen es mit sich, dass die Qualität der Statistik ein neues Gewicht erhält. Die Bedeutung der Qualität hängt zusammen mit der erforderlichen Legitimierung der (nationalen und internationalen) Kosten für die Restrukturierung der NSIs sowie der Finanzierung internationaler Statistikinstitutionen sowie der Implementierung der rechtlichen Grundlagen der NSIs.[470] Unter den NSIs hat in den 1990er-Jahren eine „Qualitätsbewegung“ eingesetzt, die für die amtliche Statistik eine Reflexivierung sowie die Einführung von Qualitätskriterien für die Beurteilung von Datenqualität eingeleitet hat (Desrosières 2009). So hat das NSI *Statistics Sweden* Mitte der 1990er-Jahre die folgenden sechs Kriterien früh zur Diskussion gestellt: Relevanz, Genauigkeit, Aktualität, Zugänglichkeit, Vergleichbarkeit und Kohärenz.[471] Solche und ähnliche „Kataloge“ von Qualitätskriterien liegen mittlerweile von vielen NSIs vor, und auch sie sind Gegenstand der Bemühungen zur Harmonisierung der amtlichen Statistik in Europa. Desrosières diskutiert den Vorschlag der Qualitätskriterien und bringt im Wesentlichen drei Kritiken ein, die sehr gut die konventionentheoretische Position im Feld der öffentlichen Statistik konturieren. Denn alle drei Kritiken lassen sich letztlich auf den Standpunkt zurückführen, dass Konventionen die Fundierung für die statistische Messpraxis liefern müssen. Dies gilt dann aber auch für die Fundierung von „Qualitätskriterien“.

> "Quantification serves to *provide tools for comparison*, to coordinate them by standardizing them, and to control and stimulate players by ranking their performances on normative scales. [...] Quantifying quality criteria involves shaping an *equivalence space*, and the *equivalence conventions* that structure it." (Desrosières 2009, S. 312; Herv. i. Orig.)

1. Die erste Kritik zielt ab auf den argumentativen Kontext, in den die Einführung des Qualitätskriteriums der Genauigkeit gestellt worden ist (etwa von Platek/Särndal 2001). Hierbei wurde die Problematik der verschiedenen Fehlerarten angeführt, die im Rahmen der Datenerhebung vorliegt und die sich beeinträchtigend auf die Genauigkeit auswirkt. Für Desrosières erweist sich in dieser Über-

---

470 Diese reglementieren ihre Dienstleistungen und ihre Autonomie, ermöglichen aber auch, die Daten auf gesetzlicher Grundlage zu erheben, was die Verpflichtung zur Teilnahme von Unternehmen und Privatpersonen beinhaltet. Eine Folge ist, dass die öffentliche Statistik deutlich höhere Teilnahmequoten bei ihren Datenerhebungen hat und die Repräsentativität ihrer Daten unübertroffen ist.

471 Dies erfolgt in einem Artikel von Platek und Särndal (2001). Siehe auch die Diskussion des Artikels in der Ausgabe *Journal of Official Statistics* 17(1).

legung die Vorstellung eines vor der Messung bereits vorhandenen Messwerts als problematisch (Desrosières 2009, S. 313f). Zieht man die oben unterschiedenen Modelle der Realität heran, so liegen hier die Einflüsse der ersten beiden vor, deren Messtheorien von einem „wahren Wert“ ausgehen, der unabhängig von der Messung vorliegt.[472] In die Messung gehen dann der wahre Wert sowie die (verschiedenen Arten von) Fehler(n) ein – so die Annahme dieser Messtheorie.[473] Es fehlt für die Messungen in den Sozialwissenschaften die Berücksichtigung der durch die Konventionen erst ermöglichten Realisierung des Messvorgangs und seiner nicht vom Objekt, aber von den Konventionen abhängigen Eigenschaften.

2. Die zweite Kritik zielt auf die widersprüchliche Handhabung der Kriterien Genauigkeit (*accuracy*) und Relevanz (*relevance*) ab, die Desrosières durch eine Arbeitsteilung verursacht sieht. Zentral ist das Problem, dass es eine „soziale Nachfrage“ nach „realistischen Statistiken“ gibt, und es wird erwartet, dass die Statistiker diese „liefern“ (Desrosières 2009, S. 313). Diese Erwartung – so Desrosières (2009) – ist umso größer, je weiter ausdifferenziert die soziale Arbeitsteilung zwischen (reinen) Statistikern und „Substanzwissenschaftlern“ ausgeprägt ist.

> “In fact, in most NSIs other than the French INSEE ‘methodologist statisticians’ and ‘subject-matter specialists’ are two different professions. The former have studied statistics (mathematics) whereas the latter have degrees in economics, sociology, demography or geography. This social and technical distinction explains the sharp divide between the accuracy and relevance criteria, which are under the responsibility of the first and second groups, respectively. The predominance of a realist epistemology is strengthened by this social division of labor, since the first group ‘measures’ objects whose reality status is guaranteed by an *external* entity: the second group. […] It is precisely the division of labor between *relevance* specialists and *accuracy* specialists that is closely related to realist epistemology, which in turn is generated by a widespread social demand. […]
>
> In their everyday practice, statisticians are plunged into a world of conventions, which they record or shape themselves. The fact that measurement results from this sequencing of conventional decisions is therefore self-evident to them. Later, however,

472 Das Konzept des „wahren Wertes“ basiert letztlich auf einem psychometrischen Messmodell der klassischen Messtheorie. Diese ist im Grunde eine Fehlertheorie, die Messfehler als Abweichungen von der validen Messung latenter (wie psychischer) Eigenschaften bei Personen auffasst. Betrachtet man z. B. organisatorische oder administrative Modelle, wie Personen in soziale Kategorien eingeordnet werden, dann sind psychometrische Messmodelle offensichtlich unangemessen.

473 Ein Ansatz, der versucht, die verschiedenen Fehler zu systematisieren, die im Rahmen der Datenerhebung (bei Surveys) auftreten können, ist der „Total survey error“-Ansatz. Hier werden coverage, sampling, nonresponse und measurement als die vier großen Fehlerbereiche differenziert. Aber auch hier geht man von einem „wahren Wert“ (true value) aus (Groves/Lyberg 2010).

they change hats without realizing it, and speak a realist language when addressing to the outside world." (Desrosières 2009, S. 311/313/320; Herv. i. Orig.)

Wenn also den Statistikern bewusst ist, dass sie praktisch Konventionen heranziehen, um die statistischen Daten zu generieren, so sind sie notwendig praktische Konstruktivisten. Die Trennung von Statistikern und „Substanzwissenschaftlern", von Datenproduzenten und Datennutzern führt dazu, dass die beiden Qualitätskriterien Genauigkeit und Relevanz ebenfalls in verschiedene „Zuständigkeiten" fallen: Die Statistiker erhalten die Verantwortung, die Genauigkeit herzustellen und zu beurteilen, während die „Substanzwissenschaftler" die Relevanz beurteilen. Allerdings stützen sich Letztere dabei auf die Statistiker, indem sie sich auf diese als Versicherer für die realistische Auffassung der Messung berufen.

3. Die dritte Kritik betrifft allgemein die Klärung der Bedeutung der Qualitätskriterien sowie ihre Operationalisierbarkeit. Kriterien sind angewiesen auf Konventionen, die angeben, wie diese Kriterien zu operationalisieren sind und wie sie in die praktische Koordination eingelagert sind und praktisch erreicht werden. Desrosières macht bewusst, wie trügerisch es ist, wenn man sich auf Begriffe wie Vergleichbarkeit und Kohärenz stützt, um ein solch globales Konzept wie „Qualität" zu präzisieren, denn die Begriffsinhalte können sich überschneiden, und je komplexer ein Konzept ist, desto unschärfer werde tendenziell dessen Operationalisierung (Desrosières 2009; Desrosières et al. 2001).

Insgesamt ist eine Analyse der Qualität statistischer Daten für die EC nicht möglich, wenn nicht die Spannung zwischen der realistischen Auffassung und der konventionenbasierten Auffassung explizit in die Analyse einbezogen wird (Desrosières 2000, S. 185).

9.10 Kritik der Indikatoren

Robert Salais hat aus konventionentheoretischer Perspektive kritisch die Praxis der Konstruktion und Verwendung von Indikatoren im Rahmen des europäischen Vereinigungsprozesses analysiert. Seine Arbeiten beziehen sich auf diejenigen von Desrosières und Thévenot und stellen ebenso Beiträge zur Soziologie der Quantifizierung dar (Salais 2012a, 2013).

Salais knüpft an den Capabilities-Ansatz von Amartya Sen an. Der Wirtschaftswissenschaftler Amartya Sen hat eine alternative und grundlegend neue Perspektive in die Ökonomie eingeführt, indem er in der Wohlfahrtsökonomie anstelle von

Indikatoren, die im engen Sinn nur ökonomische („materielle") Aspekte heranziehen (wie dies für das Bruttosozialprodukt gilt), Indikatoren mitentwickelt hat, die auch nicht-ökonomische („immaterielle") Aspekte wie Verwirklichungschancen einbeziehen (wie dies für den Human Development Index gilt). Die Beurteilungsgrundlage ist demnach nicht länger allein das Kriterium der optimalen Verteilung materieller Güter, sondern die Frage, wie die Ökonomie die Individuen einer Gesellschaft mit Möglichkeiten zur Selbstverwirklichung ausstattet und diese Möglichkeiten erweitert. „Capabilities" sind in diesem Sinne die Fähigkeiten und Chancen einer Person, sich zu „verwirklichen". Salais betont, dass es hierbei nicht um ein Managementkonzept wie demjenigen der „employability" gehe, sondern darum, dass Individuen Entscheidungsfreiheiten haben, etwas für sie Wertvolles zu werden oder zu tun (Salais 2008c, S. 300f). Ungleichheit und Lebensstandard lassen sich nun in neuer Weise auf das Konzept der Capabilities anstatt nur auf dasjenige des Nutzens besessener Güter beziehen (Sen 1992, 1999). Armut ist somit ein Mangel an Verwirklichungschancen. Für die EC ist hierbei nun bedeutsam, dass Sen damit der Frage der Werte eine zentrale Rolle für die Ökonomie zuerkennt, die an die Stelle von „Nutzenfunktionen" treten.[474] Sen hat insbesondere die wirtschaftswissenschaftlichen Messungen von gesellschaftlichem Wohlstand und Lebensqualität durch monetäre Indikatoren wie dem BIP kritisiert (siehe zuletzt Sen 2010).[475]

Allerdings formuliert Salais nun zwei zentrale Kritiken an den Arbeiten von Sen, die er einfließen lässt in seine konventionentheoretische Konzeption von Indikatoren.

(1) Salais (2008c) vermisst zum einen eine grundlegende Ausarbeitung der Beziehung zwischen dem Capabilities-Konzept zum Gemeinwohl und zu den praktischen kollektiven Verhandlungen über Ziele und Werte. Damit Individuen Verwirklichungschancen erhalten, zwischen solchen wählen und die gewählten Optionen realisieren können, sind kollektive Verhandlungen und Investitionen in Angebote, Infrastrukturen und in rechtliche Absicherungen erforderlich. Für Salais ist die

474 Die Arbeiten von Sen sind für den Forschungsverbund CAPRIGHT grundlegend, der durch die Europäische Union gefördert wird. Forschungsziel ist die Untersuchung der Zusammenhänge zwischen Teilhabechancen auf den europäischen Arbeitsmärkten und institutionellen Akteuren und europäischen Gouvernance-Formen. Der Name CAPRIGHT setzt sich zusammen aus „capabilities" (nach Sen) und „rights". Siehe die Beiträge des CAPRIGHT-Kolloquiums in Salais (Hrsg.)(2011).

475 Siehe für weitere, durch die EC beeinflusste Anwendungen dieses Capabilities-Ansatzes die Beiträge von Bonvin (2009), Bonvin und Farvaque (2006), Eymard Duvernay (2008c, 2012), Zimmermann (2011), Didry (2013b), dann die Beiträge in den Sammelbänden Salais und Villeneuve (Hrsg.)(2004), Munck und Zimmermann (Hrsg.)(2008), Salais (Hrsg.)(2011) sowie De Leonardis et al. (Hrsg.)(2012).

Voraussetzung daher, dass es eine kollektive Verständigung über das Gemeinwohl gibt (Salais 2008c, S. 305). Anders als bei liberalen Auffassungen kann nun nicht mehr ein individualistisches Gedankenmodell von „Verträgen zwischen freien Individuen" sowie die „optimale Verteilung von Gütern" als Grundlage für die Gestaltung eines Gemeinwesens und die Erreichung des Gemeinwohls fungieren. Dieses Modell wäre defizitär. Für Salais tritt hier nun notwendig das kollektive Handeln als Staatshandeln ein. *Staat* begreift Salais dabei nicht als Institution, sondern selbst als eine Konvention, als eine Logik der Koordination realer Akteure in Situationen also, die für eine kollektive Problemlösung eine kollektive Intentionalität mobilisierbar machen (Salais 2007a; Storper/Salais 1997, S. 207f).

> „Wir beginnen damit die grundlegende Suche nach einer kollektiven Verständigung (*accord collectif*) über die sozialen Tatsachen, an denen sich eine kollektive Aktion orientiert. An dieser Verständigung müssen sich alle beteiligen, und sie wirft wesentliche Fragen über die deliberative Demokratie auf. Solche sozialen Tatbestände sind nicht auf allgemeine kognitive Kategorien beschränkt. Sie sind situiert, oder besser: *Sie sind in einem für das behandelte Problem angemessenen Bereich der Gerechtigkeit zu situieren.* Man versteht daher, warum die Fokussierung des Staatshandelns darauf liegt, den Mitgliedern der Gemeinschaft Zugang zu reellen Chancen zu gewähren, und warum damit notwendig zusammenhängt [...], die Mitglieder in die Definitionen dieser Aktion zu involvieren. Denn nur sie haben den Zugang zu der konkreten Realität von Situationen (ohne sich dessen bewusst sein zu müssen). Ohne diese Beteiligung ist es unmöglich, die Eigenschaften der Situation [...] hervortreten zu lassen, die wiederum die reellen Chancen erst ermöglichen. Im Gegenzug für diese Partizipation erwarten die Mitglieder die Entwicklung ihrer Kapazitäten." (Salais 2008c, S. 305; Herv. i. Orig.)[476]

Indem Salais kritisch die Frage der Verwirklichungschancen und des Staatshandelns auf das kollektive Handeln von Mitgliedern einer Gemeinschaft bezieht, die die situativen Verwirklichungschancen auf einer kollektiv geteilten Verständigung (über Tatsachen und Werte) fundiert, gibt Salais dem Capabilities-Ansatz von Sen eine pragmatische Wendung. Verwirklichungschancen sind damit nicht „objektiv" gegeben, sondern Resultat kollektiven Handelns, das die Mitglieder einer Gemeinschaft mobilisiert, um diese Chancen zu definieren, zu ermöglichen und sie für die Mitglieder nutzbar zu machen. Die Informationsgrundlage (die „Indikatoren") für diese Verwirklichungschancen in Situationen ist ihrerseits nun Resultat der kollektiven Handlung, welche – ebenso wenig „objektiv" gegeben – auf ethisch-normativen Prinzipien basiert (Salais 2008c, S. 308).

476 Übersetzung RDB.

(2) Zum anderen kritisiert Salais die positivistische Auffassung von Indikatoren, die den Arbeiten von Sen immer noch unterliegen (Salais 2008b). Auch wenn Sen die herkömmlichen wirtschaftswissenschaftlichen Indikatoren für die Messung des Wohlstandes kritisiert, so bleibt für Salais das Problem, dass Sen übersieht, dass die Indikatoren und die damit erfolgten Messungen selbst die Empirie nicht unmittelbar abbilden.

Salais unterscheidet zwei Konzeptionen von Indikatoren: das „instrumentalistische Konzept" und das „ethische Konzept" (Salais 2008b).[477] Das instrumentalistische Konzept der Indikatoren setzt Salais in Beziehung zu dem positivistischen Datenverständnis. Letzteres erscheint auf nationaler oder europäischer Ebene in Form von Leistungsindikatoren, die die Leistungsfähigkeit der Ökonomien angeben können sollen.

> „Ihre politische Legitimation und Akzeptanz resultiert aus der Tatsache, dass diese Leistungsindikatoren in Form von Ziffern erscheinen, die a priori objektiv und nicht hinterfragbar sind. In Wahrheit sind die Dinge jedoch viel komplizierter. Die Verwendung von Gouvernance-Werkzeugen heißt nicht nur, auf der Suche nach politischer Neutralität Politik durch Technik zu ersetzen, sondern zugleich – wenn auch häufig ganz unbeabsichtigt – mittels der Auswahl bestimmter Techniken Politik zu machen. [...] Das Problem hat drei Aspekte: das Erstellen von Indikatoren, die Produktion der notwendigen Daten und ihren Gebrauch bei der Entscheidung." (Salais 2008b, S. 193f)

Die von Salais aufgezählten drei Aspekte werden hierbei nicht differenziert. Werden Indikatoren dann unhinterfragt und ohne Betrachtung ihrer Konstruktionen verwendet, erscheinen statistische Zahlen und Tabellen den Nutzern schlicht als positiv gegebene „Fakten".

> „Die Herstellung von Äquivalenzen ist eine mächtige Operation. Sie hat zur Konsequenz, dass man eine statistische Tabelle nur durch die vorlaufenden Prozesse versteht, präziser anhand der Äquivalenzkonventionen, auf denen sie basiert. Diese Konventionen werden in der Regel durch die üblichen Nutzer nicht verstanden oder nicht erkannt, sie nehmen die Ziffern für bare Münze (das heißt, sie interpretieren sie mithilfe ihrer eigenen Kategorien)." (Salais 2008c, S. 311)[478]

Das Problem ist für Salais, dass durch diese Verkennung (oder auch Ignoranz) eine kognitive Mehrdeutigkeit (*ambiguïté cognitive*) eingebracht wird, die politische

---

477 Robert Salais hat in einer Reihe von Beiträgen seine wesentlichen Grundpositionen zur Kritik der Indikatoren jeweils dargelegt (Salais 2004a, 2006a, 2006b, 2007c, 2008b, 2010a, 2010b, 2013). Sie alle beziehen sich auf den Capabilities-Ansatz von Sen und kritisieren die Verwendung der Indikatoren im Vereinigungsprozess der Europäischen Union.

478 Übersetzung RDB.

Strategien ermöglicht, welche die konventionelle Fundierung der Indikatoren ausblenden und die Indikatoren „umwandeln" in politische Referenzpunkte – ohne dass die Öffentlichkeit sich dessen bewusst ist (Salais 2008c, S. 313). Alain Supiot hat das ebenfalls so gefasst.

> „Die ‚Steuerung auf der Grundlage von Zahlen' basiert auf dem Glauben an die Realität der Objekte, die von den statistischen Kategorien erfasst werden sollen, und darauf, dass die Verfahren, die die Objekte vergleichbar machen und der Konstruktion der Kategorien zugrunde liegen, nicht mit reflektiert werden." (Supiot 2011, S. 68)

Politische Steuerung kann sich dann beschränken auf die „Regierung anhand von Ziffern". Diese Art der Regierung führt einfach statistische Konventionen ein, deren politische Fundierung nicht mehr sichtbar ist (Salais 2013, S. 349). Herrschaft erfolgt dann „von oben" und „aus der Distanz" (Salais 2013, S. 304). Das Konzept der „open method of coordination" (OMC) repräsentiert für Salais auf europäischer Ebene eine Form der Implementierung so verstandener, instrumenteller Indikatoren.[479] Die OMC ist eine politische Steuerungsform, die im Rahmen des europäischen Vereinigungsprozesses entwickelt wurde. Gegenstand der Steuerung ist dabei die Koordination der Reform der nationalen Wohlfahrtsregimes sowie der nationalen Arbeitsmärkte, die durch die EU selbst nicht geregelt werden. Für die Integration eines europäischen Binnenmarktes werden die Koordination dieser Bereiche und der Abbau nationaler Unterschiede als wichtig erachtet. Die OMC wurde dafür als Koordinationsstrategie durch die EU selbst eingeführt (Heidenreich/Bischoff 2008). Alain Supiot hat in einem Essay die OMC kritisch beschrieben:

> „Seit der Ausdehnung der Europäischen Union auf die postkommunistischen Länder wird die Konkurrenz zwischen den Sozialgesetzen und den Steuergesetzen der einzelnen Mitgliedsländer mit großem Eifer gefördert. Genau darum geht es bei der im Vertrag von Amsterdam festgeschriebenen ‚Methode der offenen Koordinierung'. Dieses Verfahren zielt darauf ab, den sozialen Bereich an die großen wirtschaftspolitischen Ausrichtungen der Gemeinschaft und vor allem die Arbeitskräfte an die Bedürfnisse des Marktes anzupassen. Die ‚Leistungsfähigkeit' der Staaten im Hinblick auf die ihnen gesetzten Ziele wird anhand einer Vielzahl von Kennziffern gemessen, die von der Kommission ausgearbeitet und regelmäßig *peer reviews* unterzogen werden. Die schlechten Schüler der europäischen Klasse werden auf diese Weise ermuntert, ihren

479 Salais sieht die OMC als Teil des „new public management", das privatwirtschaftliche Steuerungselemente in den Bereich der öffentlichen Verwaltung einbringt (Salais 2007b, 2013). Der Politikwissenschaftler Arthur Benz äußert sich ebenfalls kritisch zur OMC, da sie insbesondere Experten und Spezialisten aus Verwaltungen involviere und die demokratische Legitimierung nicht fördere (Benz 2009, S. 220). Siehe zur OMC auch die Beiträge in Zeitlin et al. (Hrsg.)(2005) sowie Centemeri (2012).

> Platz in der Statistik zu verbessern, und das Benchmarking soll ihnen helfen, dem Beispiel der guten Schüler zu folgen." (Supiot 2011, S. 53f; Herv. i. Orig.)

Die OMC setzt auf ein instrumentalistisches Indikatorenverständnis, indem die nationalen Daten der verschiedenen europäischen Länder in aggregierter Form zusammengestellt und publiziert werden sollen, sodass sich alle an den „besten Praktiken" der führenden Nationen orientieren können, allerdings ohne dass die Konstruktion und die Prozesse der Datenerhebung für die Indikatoren abgestimmt sind (Salais 2007b). Damit entstehen Spielräume für die jeweiligen nationalen Datenlieferanten und Verwaltungen.

> „Genau in diesem Wechselspiel zwischen den Anforderungen an die nationalen Verwaltungen (und der Form, in der diese Anforderungen gestellt werden) und den Reaktionen der nationalen Verwaltungen auf diese Anforderungen (wozu nicht nur gehört, welche Angaben sie machen, sondern auch, welche sie verschweigen bzw. bei der Erstellung der Daten ignorieren) schreibt sich die politische Dimension des Prozesses ein. In allen Etappen des Spiels ist die Politik mit einer Vielzahl von technischen Entscheidungen beteiligt – zumeist mit kleinen, zuweilen aber auch mit ganz grundlegenden [...]. Das Normative [...] ist in diesen Entscheidungen stets präsent." (Salais 2008b, S. 198)

Als Beispiel führt Salais (2004a, 2006a, 2007b, 2010a, 2013) die Arbeitslosenquote an, die für internationale Vergleiche der wirtschaftlichen Entwicklung herangezogen wird. Diese ist aber abhängig von den nationalen politischen und rechtlichen Regelungen, welche klären, *wie* Personen *unter welchen Bedingungen* als „arbeitslos" kategorisiert werden. Insgesamt erscheint die OMC Salais nicht geeignet, um Vergleichbarkeit zwischen den europäischen Ländern herzustellen. Sie erscheint ihm aber insbesondere auch nicht geeignet, um die politische Ermöglichung und Verständigung hinsichtlich des anzustrebenden Gemeinwohls zu *verbinden* mit einer dafür geeigneten Konstruktion von Indikatoren. Indem Salais beide Kritiken zusammenführt, gelangt er zu der zweiten Konzeption von Indikatoren, die für deren Konstruktion eine kollektive Verständigung über eine normative Grundlage erfordert, die eingebunden ist in lokale Verhandlungen. Eben aus diesem Grund spricht Salais von einer „ethischen" Konzeption von Indikatoren.

> „Die zweite Konzeption der Indikatoren und der zwischen öffentlicher Politik herzustellenden Beziehungen legt ihr Schwergewicht dagegen auf das Faktum des *Bewertens*. Die Evaluation, das heißt die Bewertung, impliziert einen ausdrücklichen Bezug auf Werte. [...] Die durch die Politik der verschiedenen Mitgliedsstaaten angestrebten Resultate sind dieser Konzeption zufolge der Grad der Realisierung [...] der grundlegenden Prinzipien und Ziele durch einen jeden von ihnen. Das Konzept der tatsächlichen Umsetzung ist komplex, aber wichtig. Das was bewertet werden

> soll, betrifft genau genommen den Grad, in dem eine Norm (z. B. ein Standard wissenschaftlicher Qualität) zur *realen* Institution geworden ist, den Grad, in dem sie in den ökonomischen, politischen und sozialen Praktiken eines Landes inkorporiert ist. Damit betritt man den Bereich dessen, was als ‚eingebettete *action publique*' zu bezeichnen ist […]. In einer *action publique* dieser Art ist der Ausgangspunkt der Verwendung von Indikatoren das genaue Gegenteil von der Annahme einer a priori gegebenen Homogenität der Situationen in den einzelnen Mitgliedsstaaten. Um gut zu evaluieren, muss man die Eigenheiten respektieren; mehr noch, die Bewertung muss von den ‚lokalen' Akteuren selbst durchgeführt werden, und zwar unter bestimmten Bedingungen öffentlicher Beratung. […] Diese Beratung muss *lokale* Prozeduren einschließen, bei denen die Akteure diejenigen sind, die sich in den jeweiligen Situationen auskennen." (Salais 2008b, S. 202; Herv. i. Orig.)

Die Perspektive auf Indikatoren, die Salais hiermit eröffnet, lässt nicht nur für die Vergleichbarkeit von Indikatoren, wie sie im Rahmen der OMC verwendet werden, Grenzen erkennen. Sie setzt damit auch einer europäischen Harmonisierung der amtlichen Statistik Grenzen, denn diese müsste „top-down" erfolgen. Die Indikatoren werden stattdessen notwendig als mit einer Mobilisierung der Akteure in Situationen gedacht, was Salais als *action publique* bezeichnet. Es handelt sich bei diesem Modell nicht einfach nur um eine Legitimierungsstrategie, sondern vielmehr um eine Koordinationsstrategie, die die kollektiven Bestimmungen des Gemeinwohls (Werte) verbindet mit deren Messbarmachung (Indikator) sowie der Einbettung der formatierten Daten in das kollektive Handeln. Die Abbildung 9.1 vergleicht in schematischer Weise die beiden Konzepte von Indikatoren.

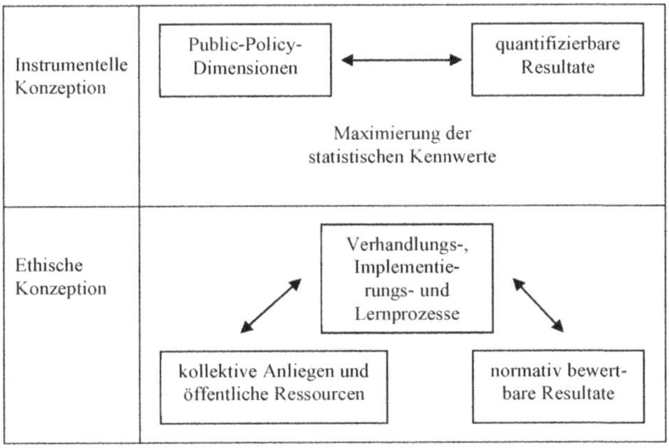

Abbildung 9.1 Zwei Konzeptionen von Indikatoren
Quellen: in Anlehnung an Salais (2006a, 2008b)

Die ethische Konzeption der Indikatoren ist eng verbunden mit einem weiteren Konzept – dem des „situierten Staates" – das Michael Storper und Robert Salais eingeführt haben (Kapitel 6). Das Staatsdenken wird hierbei der situativen Koordination nicht als äußerlich gedacht, sondern als eine Konvention aufgefasst, anhand derer die Akteure in der Koordination staatliche Anliegen verfolgen. Der Staat steht hier nicht „über" der Koordination oder ist ihr „äußerlich", sondern ist in diese eingelagert (Storper/Salais 1997, S. 207f; Salais 2007a). Wie Sen, so versucht auch Salais mit seiner Kritik an der herkömmlichen Verwendung von Indikatoren die Verbindung zwischen Werten und Ökonomie neu zu aktualisieren, welche als Gründungsmoment der EC in „Über die Rechtfertigung" von Boltanski und Thévenot (2007) früh angelegt ist.

Es wäre ein Missverständnis, diese Überlegungen als eine Art utopischen Entwurf zu deuten. Die pragmatische Fundierung der EC sieht die normative Ausrichtung der Koordination als empirischen, notwendigen und elementaren Vorgang an. Man könnte also auch das instrumentalistische Konzept als eine Konstruktion von Indikatoren auffassen, die ihre normative Grundlegung allerdings verschleiert, während das ethische Konzept diese Grundlegung explizit ausweist. Salais (2008b) plädiert für eine Verwendung multipler Indikatoren, die auch die Heranziehung von Leistungsindikatoren nicht ausschließt, diese aber notwendig mit Indikatoren kombiniert, die dem ethischen Konzept von Indikatoren entsprechen. Zusammen mit einer angemessenen Beteiligung der betroffenen Akteure in Situationen kann so dem Pluralismus, der Koordinationssituationen kennzeichnet, am besten Rechnung getragen werden (Salais 2008b). Salais schlägt vor, die Produktion öffentlicher Daten und den Prozess der Indikatorenbildung zu demokratisieren, dies in der Weise, dass die gewonnene Wissensbasis die praktische Erfahrungen der Menschen sowie auch die widersprüchlichen Meinungen und Positionen erfasst.

> „Das, was in einem solchen Prozess zu suchen ist, ist nicht die einfache Widerspiegelung der Welt, wie sie ist. Es handelt sich darum, sich einer Situation anzunähern, in der jeder, wenn er produzierte Daten zur Kenntnis nimmt, sich sagen können muss: ‚Ja, das stimmt mit meiner Erfahrung der Realität überein und es ist auch sozial gerecht, dass man sich damit befasst'. Um ‚gute' Entscheidungen zu treffen, die richtig im doppelten Sinne von richtig und gerecht sind,[480] muss der soziale Prozess der Wissensproduktion untrennbar verbunden sein mit den demokratischen Formen, mit der öffentlichen Meinungsbildung und mit der Streitkultur. Denn es handelt sich darum, die Diversität der von jedem erlebten Erfahrungen (eine Diversität, die durch Umfragen als einem grundlegenden Element der Sozialwissenschaften genau erfasst wird) in ein allgemeines Wissen zu transformieren, welches die Form eines

480 Salais spielt hier auf „Justesse et justice dans le travail" (Boltanski/Thévenot Hrsg. 1989) an.

> geteilten Wissens über das Objekt annimmt, über welches eine Entscheidung durch die Allgemeinheit zu treffen ist. Das Resultat dieser Wissensproduktion beinhaltet die identifizierten erklärenden Faktoren und Variablen für die angemessenen Maßnahmen. Es handelt sich nicht um einen opportunistischen politischen Konsens, sondern um einen Versuch, das betreffende Problem und seine Bestandteile sowie die dafür angemessenen Kategorien zu verstehen. Die Uneinigkeit wird dabei nicht unterdrückt, sie wird fortgesetzt und bleibt bestehen aufgrund der relativen Bedeutung der Probleme, der Frage der erklärenden Faktoren und der Variablen, anhand derer zu handeln ist." (Salais 2013, S. 252f)[481]

Anders als dies in vielen Ländern (insbesondere im zentralisierten Frankreich) die Auffassung der staatlichen Statistik ist, soll demnach die „Quantifizierung" gesellschaftlich relevanter Probleme nicht länger „amtlich" und in einer einheitlichen Weise durch eine staatliche Institution (wie dem INSEE) festgelegt werden. Stattdessen soll den deliberativen Prozessen und der Pluralität der öffentlichen Meinungen mit der Produktion relevanten Wissens durch die Statistik gedient werden. Dafür müssen die normativ-evaluativen Bezugssysteme (wie Supiot dies im Eingangszitat genannt hat) in die Prozesse der Indikatorenbildung und der Datenproduktion von Beginn an eingehen, anstatt dass die produzierten Daten einer Öffentlichkeit nur „zur Verfügung stehen". In diesem Sinne wäre das Staatsverständnis nicht länger kontinentaleuropäisch-etatistisch, sondern eher deliberativ-demokratisch (im Sinne des amerikanischen Pragmatisten John Dewey),[482] und das Verständnis der Prozesse der Quantifizierung durch den Staat so, wie Alain Desrosières dies vorgezeichnet hat, wäre nicht länger dasjenige einer *amtlichen* Statistik, sondern dasjenige einer *öffentlichen* Statistik.[483]

---

481 Übersetzung RDB.

482 Siehe für dessen Verständnis von Staat und Öffentlichkeit Dewey (1996).

483 Eine kritische Sozialwissenschaft der Quantifizierung sowie ein sozialkritisches Engagement „mit den Statistiken" finden sich in Frankreich unter dem Begriff „Statactivisme"; siehe Didier (2011), Didier und Tasset (2013) sowie die Beiträge in Bruno et al. (Hrsg.) (2014).

Der methodologische Standpunkt der EC 10

„[…] our framework […] challenges the classical macro-micro distinction since judgements of worth are precisely ways of enlarging the scope of an evaluation from a local context and of crafting generalized statements.“ (Thévenot 2001a, S. 418)

„Es wird nicht versucht, Handlungen analytisch zu isolieren und dann nach den Intentionen und Rationalitäten einerseits oder den gültigen Normen andererseits zu fragen. Im Mittelpunkt stehen stattdessen *Situationen* in ihrer Zeitlichkeit, die *Ungewißheit* des Einzelnen bezüglich der Identifikation der Situation und der *interpretative Aufwand*, die Situation mit anderen als eine gemeinsame zu bestimmen.“ (Wagner 1993, S. 466; Herv. i. Orig.)

10.1 Einleitung

Die EC hat von Beginn an methodologische Fragen aufgeworfen. Entsprechend haben bereits ihre Analysen der Klassifizierungen und der Klassifikationspraktiken sowie der Arbeit und der auf sie bezogenen Koordination erste Beiträge zu einer spezifischen methodologischen Position der EC ermöglicht. Nachdem die wichtigen Forschungsfelder und Anwendungsfelder der EC sowie ihre theoretisch-konzeptionelle Basis vorgestellt worden sind, kann nun in diesem Kapitel der methodologische Standpunkt der EC systematisch rekonstruiert und diskutiert werden.[484] Hier wird die Position vertreten, dass die EC pragmatische Positionen mit strukturalistischen

484 Dieses Kapitel basiert auf dem Artikel „The methodological standpoint of the Economie des conventions“ (Diaz-Bone 2011b). Es stellt eine übersetzte, überarbeitete, erweiterte und aktualisierte Fassung dar.

R. Diaz-Bone, *Die „Economie des conventions“*, Soziologie der Konventionen, https://doi.org/10.1007/978-3-658-21062-5_10

Perspektiven kombiniert.[485] Die EC überwindet dabei die Opposition zwischen methodologischem Individualismus (kurz: MI) und methodologischem Holismus (kurz: MH) in innovativer Weise. Man kann die methodologische Position der EC als einen *komplexen pragmatischen Situationalismus* bezeichnen.[486] Die Entwicklung dieser neuen methodologischen Position wurde durch die Rezeption sowohl des Pragmatismus als auch der späten strukturalistischen Position von Pierre Bourdieu vorbereitet. Beide haben die EC in die Lage versetzt, einen „dritten Weg" zwischen MI und MH zu entwickeln.

Hier wird der Begriff des methodologischen Standpunktes herangezogen, um ein weiter gefasstes Verständnis von Methodologie zu bezeichnen. Wie Herbert Blumer (1969) gezeigt hat, beinhaltet ein vollständiger sozialwissenschaftlicher Ansatz (wie der von Blumer entwickelte symbolische Interaktionismus) nicht einfach nur die zugehörigen Techniken und Instrumente für die Datenanalyse. Einen methodologischen Standpunkt auszuarbeiten erfordert, dass man von den zugrunde liegenden theoretischen Konzepten ausgeht, die Annahmen über die ontologische Beschaffenheit der sozialen Welt beinhalten. Dementsprechend muss ein empirischer Ansatz die theoretischen Annahmen über das „Was es gibt" sowie die daraus abzuleitenden Überlegungen in Betracht ziehen, wie sich das „Was es gibt" prinzipiell beobachten lässt. Um eine Kohärenz in ihrer Forschungspraxis zu erzielen, muss empirische

---

485 Diese Position findet sich auch in Lazega und Favereau (2002).

486 Die gegenwärtige Diskussion, die die methodologische Position der EC herausarbeitet, ist nicht ganz kohärent bzw. sogar unentschieden in der Beurteilung der Position. Christian Bessy (2011) bezeichnet die methodologische Position als einen „komplexen methodologischen Individualismus"; Vercueil (1997) spricht von einem methodologischen Individualismus vom Typ einer relationalen Totalität; Defalvard (1992) bezeichnet die methodologische Position als einen „modernisierten Holismus"; Gomez (1994, S. 84) spricht von einer „mittleren methodologischen Position zwischen Individualismus und Holismus"; Raveaud (2008) charakterisiert die Position der EC als „methodologischen Holismus"; Bessis (2006) versucht die EC (sowie die TR) als institutionentheoretische Ansätze zu beschreiben, die die Opposition zwischen MI und MH überbrücken; Billaudot (2004) diagnostiziert eine Entwicklung der EC hin zu einem „strukturalistischen Holismus"; Gensee (2003) spricht von einem erneuerten methodologischen Individualismus; Postel (2003) bezeichnet diese dagegen als einen „modernisierten methodologischen Individualismus"; Combemale (2001) argumentiert, dass die EC die klassische Position des methodologischen Individualismus vertrete; Rose (1990) spricht von der EC als von einem MI in einer „nicht extremen Form"; Latsis (2005, 2006, 2007) sieht die Notwendigkeit, sich von einem MI zu distanzieren, weil keine Version eines solchen MI vollständig sei. Die Beitragenden zur Ausgabe der Revue économique 40(2) aus dem Jahr 1989 haben zu dieser Konfusion allerdings auch beigetragen, da sie in ihrer Einführung die methodologische Position der EC nicht klar herausgearbeitet und sich hier auf den MI bezogen haben (Dupuy et al. 1989).

Sozialforschung diese Betrachtungen und Überlegungen in Rechnung stellen – und zwar in den konkreten instrumentellen und interpretatorischen Aspekten.

„Methodologie" kann daher als die Ebene angesehen werden, auf der kohärente Strategien für die empirische Forschung entwickelt und von der aus die Kohärenz der praktischen Forschung reflektiert werden. Man kann also von einer weiteren Form des Holismus sprechen: von *methodischem Holismus*. Der Begriff des methodischen Holismus wird in Abgrenzung zum Begriff des methodologischen Holismus eingeführt. Letzterer bezeichnet eine Logik der Erklärung – während Ersterer die Beziehungen zwischen einer theoretischen Grundlage und ihren Methodiken bezeichnet, die als geeignet angesehen werden, die durch die Theorie angeleitete Forschung zu realisieren. Methodischer Holismus bezeichnet die Kohärenz zwischen (a) den theoretischen Annahmen über die Ontologie der sozialen Welt, (b) den empirischen Forschungsstrategien, wie man auf die sozialen Praktiken bzw. auf die sozialen Strukturen „methodisch zugreifen" kann, und (c) den eingesetzten Forschungsinstrumenten der Datenerhebung und Datenanalyse. Um valide Forschungsergebnisse zu erhalten, muss man diesen methodischen Holismus respektieren. Anderenfalls ist die Art und Weise, wie die Forschungsobjekte (und die Daten) konstruiert werden, inkompatibel mit den theoretischen Grundlagen. Der Grund hierfür ist darin zu sehen, dass die Instrumente und Forschungspraktiken auch die ontologischen Behauptungen berücksichtigen müssen, die durch die Theorie gemacht werden, wie die soziale Realität „gemessen" werden kann. Man muss hervorheben, dass es eine Pluralität solcher möglichen methodischen Holismen gibt – zum einen, weil die konkrete Form des methodischen Holismus von der gewählten Theoriegrundlage abhängt. Zum anderen ist denkbar, dass es für eine Theoriegrundlage verschiedene mögliche Sets kompatibler Instrumente geben kann, die geeignet sind, die Theoriegrundlage in eine kohärente Forschungspraxis zu übersetzen. Man kann argumentieren, dass der methodologische Standpunkt der EC einen solchen methodischen Holismus realisiert.[487]

Diese Position muss aber noch systematisch aus den Arbeiten der Repräsentanten der EC rekonstruiert werden. Obwohl sich der Ansatz der EC seit den 1980er-Jahren im Raum Paris formiert hat, intensivieren sich die Beiträge zum methodologischen Standpunkt von Vertretern der EC oder von Außenstehenden erst seit den 1990er-Jahren. Der Grund für das Erfordernis der Rekonstruktion dieser methodologischen

487 Hervé Defalvard (1992, S. 131) verwendet den Begriff der „Kopplung" (frz. „couplage"), um diesen methodischen Holismus zwischen den verwendeten Methoden und den ontologischen Annahmen, die (implizit oder explizit) im theoretischen Denken der EC enthalten sind, zu bezeichnen. Das ist deutlich mehr als nur eine Art loser Affinität zwischen Methoden und Konzepten.

Beiträge wird seitdem darin gesehen, dass nur wenige Bemerkungen in den frühen Publikationen der EC vorliegen, die die methodologische Position ansprechen. Wie Hervé Defalvard (1992, S. 127) aufgezeigt hat, beinhaltet die kollektiv verfasste Einleitung in dem Special issue der *Revue économique* aus dem Jahr 1989 (Dupuy et al. 1989) lediglich zwei Absätze zum methodologischen Standpunkt der EC. 1989 postulieren die sechs Autoren der programmatischen Einleitung (Jean-Pierre Dupuy, François Eymard-Duvernay, Olivier Favereau, André Orléan, Robert Salais and Laurent Thévenot), dass sich der neue Ansatz nach wie vor dem MI zurechnet, dass kollektive Sachverhalte und kollektive Objekte jedoch nun hinzugezogen werden sollen. Diese methodologische Selbstverortung ist so noch nicht präzise genug. Seit den 1990er-Jahren hat sich die Diskussion zum methodologischen Standpunkt deshalb intensiviert, weil methodologische Beiträge von außerhalb und von den Rändern der EC aus beigesteuert worden sind (wie Defalvard 1992, 2000; Vercueil 1997; Postel 1998; Combemale 2001; Raveaud 2005, 2008).[488]

Im Folgenden werden die wichtigsten ontologischen Annahmen der EC schematisch zusammengestellt. Dann wird – darauf bezogen – die Diskussion zum methodologischen Standpunkt der EC systematisiert. Denn es liegen verschiedene Einflüsse aus dem französischen Theorie(n)kontext vor, in dem die EC entwickelt wurde – wie der pragmatic turn in den französischen Sozialwissenschaften seit den 1980ern (Dosse 1999; Nachi 2006; Corcuff 2011; Barthe et al. 2013). Zusammen mit der ANT bezieht die EC die Objekte und kognitiven Dispositive als konstituierende Prinzipien ein. Zugleich sind Aspekte des strukturalistischen Denkens immer noch präsente Einflüsse in der EC. Die spezifische methodologische Position der EC ist als „dritter Weg" zwischen MI und MH bezeichnet worden, weil sie pragmatische und strukturalistische Elemente integriert.[489] Letztlich bietet sich eine Webersche Perspektive an, um die verstehende Methodologie der EC zu charakterisieren. Wie Weber, so hat auch die EC eine sozialhistorische Rekonstruktion des Zusammenhangs von sozio-kulturellen Handlungslogiken und institutionellen Arrangements unternommen.

Es wird einerseits argumentiert, dass die EC wichtige Positionen mit der verstehenden Methodologie Webers teilt. (Aus diesem Grund ist die EC auch für die historische Analyse in den Feldern der Wirtschaftsgeschichte und Wirtschaftssoziologie

488 Man muss hier betonen, dass es sowohl in der französischen Wirtschaftsphilosophie als auch in der französischen Sozialphilosophie eine intensive Diskussion über die epistemologischen Grundlagen von Wirtschaft und Gesellschaft gibt. Die Positionen von Arnaud Berthoud, Vincent Descombes (1997) und Pierre Livet (1994, 2005a) sind dabei einflussreich für die EC geworden.

489 Für diese Perspektive einer neuen methodologischen Position der EC als dritten Weg siehe Dosse (1999), Livet (2005b) sowie Raveaud (2008).

bedeutsam.)[490] Andererseits unterscheidet sich die EC aber auch – wie zu zeigen sein wird – von den epistemologischen und methodologischen Positionen Max Webers.

10.2 EC als ein pragmatischer Institutionalismus

Um die methodologische Position als Umsetzung der grundlegenden theoretischen Annahmen darstellen zu können und verständlich werden zu lassen, soll die EC als ein pragmatischer Institutionalismus – nach den vorangehenden Kapiteln kann dies etwas prägnanter erfolgen – mit ihren ontologischen Annahmen skizziert werden.

Die EC kann heute als ein transdisziplinäres Netzwerk zwischen Wirtschaftswissenschaftlern, Soziologen und Historikern aufgefasst werden, die einen neuen und (im Verhältnis zur Mainstream-Ökonomie) heterodoxen Ansatz eines *pragmatischen Institutionalismus* ausgearbeitet haben und weiter ausarbeiten. Bereits ein Gründungsmoment der EC ist der Bruch mit der neoklassischen Wirtschaftstheorie, denn für die EC sind Akteure keine isolierten Individuen, die mit einer „A-priori-Rationalität" ausgestattet sind, sondern sie benötigen eine soziale Umgebung und Kompetenzen, um mit einer existierenden Pluralität möglicher Rationalitäten umgehen zu können. Für die EC ist das namensgebende Konzept der Konvention daher so wichtig. Konventionen sind geteilte überindividuelle Logiken, wie Akteure ihre Handlungen koordinieren und Handlungen, andere Individuen und Objekte in Situationen evaluieren können, die ihrerseits durch Unsicherheit gekennzeichnet sind (Eymard-Duvernay 1989; Thévenot 1989; Salais 1989, 2007a; Storper/Salais 1997; Diaz-Bone 2009a). Konventionen sind für die kollektive Koordination sozio-kulturelle Ressourcen, und die EC bezieht die konventionenbasierte Koordination auf die kollektive Intentionalität (Bessy 2011; Searle 2015), die Kollektive in der Koordination auf die Produktion und die Produkte ausrichten. Konventionen sind daher *mögliche* Arten und Weisen, wie man (sich) in der Sphäre der Produktion, Distribution und Konsumption koordinieren kann, sie sind dann auch geteilte (mögliche) Arten und Weisen, wie die *Qualität* von Produkten (aber auch von Personen, Ereignissen, Handlungen und weiteren Objekten) beurteilt werden kann. Eine zentrale Annahme ist also die radikale Pluralität existierende Konventionen, d. h. dass faktisch in den meisten Situationen eine plurale Konstellation von Konventionen virtuell für die Koordination zur Verfügung steht. Akteure sind kompetent, mit dieser Pluralität umzugehen und

490 Siehe dazu Salais, Baverez und Reynaud (1986) sowie die Beiträge in Diaz-Bone und Salais (Hrsg.)(2011).

die Angemessenheit von Konventionen (sowie ihrer Kombinationen) situativ zu beurteilen sowie auch Konventionen zu wechseln (und Kompromisse zwischen ihnen herzustellen). Zentral ist aber, dass für das Handeln der Akteure die Koordination in Situationen durch die radikale Pluralität der Konventionen damit auch *komplex* wird: Es gibt mehr Möglichkeiten für die Koordination, als realisiert werden können. Die Kontingenz der faktischen Koordination wird den Akteuren nicht nur in konfliktbeladenen Situationen bewusst, sondern sie aktualisiert sich kontinuierlich aufgrund der Virtualität anderer Koordinationsformen, die nun in die Situationen sinnhaft hineinragen.

Die Vertreter der EC kritisieren insbesondere den wirtschaftswissenschaftlichen Neoinstitutionalismus in der Form, wie er von Oliver Williamson (1985) und Douglass North (1990, 1991, 1993) entwickelt worden ist (Kapitel 5 und 6).[491] North betrachtet Regeln (formale Institutionen) als externe Bedingungen („external constraints") für die ökonomische Handlung.[492] Bénédicte Reynaud hat hervorgehoben, dass Regeln als unvollständige Instrumente für das Handeln angesehen werden müssen, die das Handeln und das Koordinieren nicht determinieren können (Reynaud 2004).

Anstatt Akteure durch Regeln (in ihrem Handeln und in der Koordination) determiniert zu sehen, muss man sie vielmehr als kompetent auffassen, dafür, Konventionen heranziehen zu können, um die Anwendung und Auslegung von Regeln zu interpretieren und diese so interpretierten Regeln auf Situationen dann auch anzuwenden. In einer pragmatischen Perspektive kann man formulieren, dass Akteure Regeln in dieser Weise konventionenbasiert handhaben, um eine Koordination unter Bedingungen von Unsicherheit zufriedenstellend zu erreichen. Dabei werden Regeln im Prozess der Handlung erst interpretiert und so handlungspraktisch vollzogen

491 Siehe dafür auch die ausgearbeitete Kritik an der durch North repräsentierten Form der „new economic history" in Diaz-Bone und Salais (2011).

492 North (1991) unterscheidet formale Regeln (wie Gesetze, Eigentumsrechte, Verfassungen) von informellen Regeln (Verhaltensregeln, Bräuche, Traditionen). „Regeln" sind in diesem Ansatz daher nicht die einzige Form von Institutionen. Dennoch ist es wichtig, klar herauszustellen, dass für North Institutionen externe Bedingungen („constraints") für das Handeln sind (North 1990, S. 4). Bessy and Favereau (2003) schätzen das Konzept der Institution von North als ein „offenes" Institutionenkonzept, weil es formale wie informale Regeln integriert. Eine weitere Parallele zwischen der EC und dem Institutionalismus von North kann in der Verbindung von Institution und Kognition gesehen werden (Bessy 2003, S. 40, 2011). In beiden Ansätzen werden Institutionen als kognitive Realitäten aufgefasst (vgl. auch Dequech 2005). Aber auch hier muss man die Unterschiede im Blick behalten. Wie Bessy festhält, ist das Konzept der Kognition nicht dasjenige eines psychischen Prozesses von autonomen Individuen, sondern entspricht dem Konzept der „distributed cognition" als einer kollektiven institutionalisierten Realität (Bessy 2003, S. 42).

(enacted), und sie erhalten damit den Charakter eines (der Handlungssituation) *endogenen Instruments*, sodass sie nicht länger angemessen als externe Bedingungen für das Handeln gelten können. Für Reynaud gilt dann, dass die Bedeutung einer Regel sich nicht unterscheiden lässt von ihrer konventionenbasierten Handhabung in Situationen. (Hier bringt Reynaud die pragmatischen Folgerungen der Sprachphilosophien von Ludwig Wittgenstein und Pierre Livet ein.)[493]

Die Probleme der Unvollständigkeit ergeben sich aber nicht nur aufgrund des Status der unvollständigen Regeln. Auch die Rationalität der Akteure ist in gewisser Weise unvollständig. Denn obwohl Akteure in der EC als kompetent betrachtet werden, die Angemessenheit von Konventionen situativ zu beurteilen, Konventionen selbst zu handhaben und sich auch mit Bezug auf Konventionen zu rechtfertigen, so sind Akteure in einer anderen Hinsicht als Akteure auch unvollständig, da sie nicht mir einer universellen und vollständigen Rationalität ausgestattet sind.

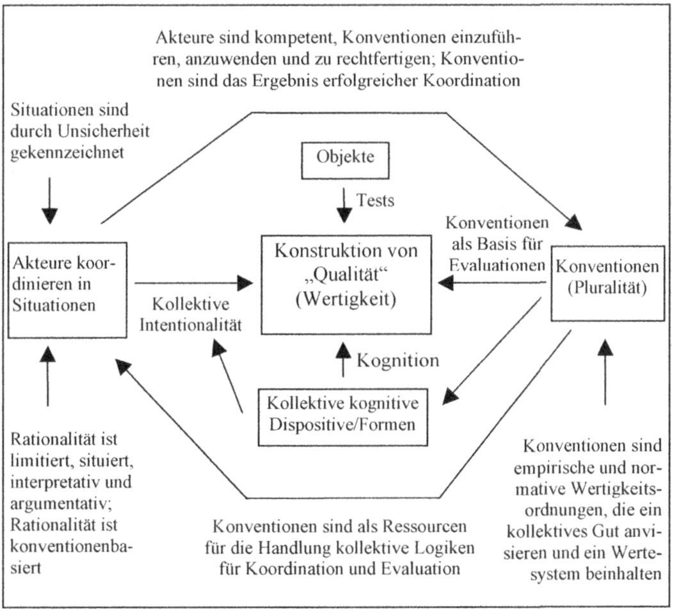

Abbildung 10.1 Konzepte der EC

493 Für diese Argumentation sind die Linguistik und die auf Konventionen bezogene pragmatische Weiterführung der Sprechakttheorie von Pierre Livet (1994) in der EC zu einem Einfluss geworden.

Aus Sicht der EC ist Rationalität begrenzt, situiert, interpretativ und argumentativ (Bessis et al. 2006). Sie ist begrenzt, da kein Akteur allein und von sich aus die kognitiven Kapazitäten aufbringt, alle verfügbaren und relevanten Informationen zu „prozessieren". Die Kognition ist eben nicht auf das individuelle Gehirn beschränkt, sie stützt sich vielmehr auf die kognitive Instrumentierung in ihrer sozio-kulturellen Umwelt.[494] Daher wird die Kognition von Akteuren als „situiert" bezeichnet, d. h. dass die Kognition ko-produziert wird durch die Formen und Formatierungen, anhand derer Informationen organisiert und für die Akteure verfügbar gemacht werden (Laville 2000).

In Situationen müssen Akteure dann die Situation und die Handlungen anderer interpretieren. Dafür ziehen sie Konventionen heran und unterstellen, dass andere dieses eben auch tun, um ihrerseits die Situation und die Handlungen der (aus ihrer Sicht) anderen zu interpretieren. Im Falle eines Konflikts in der Koordination, einer Kritik der Wertigkeit (von Personen oder Objekten), ziehen die Akteure konventionenbasierte Rechtfertigungsstrategien heran, um andere zu kritisieren oder um sich selbst zu rechtfertigen. In der Abbildung 10.1 werden die grundlegenden Konzepte der EC und ihre Vernetzung dargestellt, um die Sozialontologie der EC zu repräsentieren.

10.3 Situationen als Einheiten der Analyse

Warum kann man bei der methodologischen Position der EC von einem „Situationalismus" sprechen? Aus Sicht der EC sind Situationen und nicht Individuen oder deren Entscheidungen die Einheit der Analyse. Im Fokus stehen auch nicht einzelne Handlungen oder individuelle Intentionen (Wagner 1993, S. 466).[495] Die EC versucht, die empirische Logik der Koordination in realen Situationen „von innen heraus" zu verstehen und damit die Perspektive der Akteure und nicht diejenige von Wissenschaftlern einzunehmen, die das Verhalten von Akteuren zu modellieren versuchen (Salais 2007a, S. 97).

> "To understand what economic actors do, we must examine quite closely the situations in which they find themselves. Even when actors describe their own actions in terms of laws (as in the everyday use of the language of the market), our theories do not have to accept those descriptions as 'truthful' (or lawful) – nor do they authorize rejecting

494 Die Arbeiten von Hutchins (1995) und Norman (1988) sind wichtige Einflüsse für die Analyse der „situierten Kognition".

495 Siehe das Zitat von Peter Wagner am Anfang des Kapitels.

> them as irrelevant falsehoods. Instead, we must analyze the extent to which actors actually use such descriptions or hypotheses to represent their practical problems, and how, as forms of lived social live, the descriptions affect the real course of economic action, irrespective of their 'truthfulness'. Our starting point is therefore the individual's interpretative effort, a strong form of action in and of itself." (Storper/Salais 1997, S. 15)

Um die Handlungen anderer zu interpretieren und die Angemessenheit von Konventionen und konventionenbasierten Formen zu beurteilen, müssen Akteure in Situationen ihre Kompetenzen hinsichtlich des Verständnisses der Art und Weise einsetzen, wie man Konventionen handhabt. Aber diese Angemessenheit wird nicht von isoliert wahrnehmenden und isoliert handelnden Akteuren beurteilt. Individuen müssen über ein „common knowledge" (Dupuy 1989) verfügen, wozu eben die in Situationen existierenden Konventionen als geteilte Formen des Interpretierens zählen. Die Möglichkeit einer *kollektiven Intentionalität* kann aus Sicht der EC nicht reduziert werden auf die Summierung individueller Intentionen. Situationen sind zudem charakterisiert durch die Unsicherheit über die Resultate von Interaktionen und die interaktiven Prozesse. Auch die Interaktion ist nicht durch individuelle Intentionen oder durch externe Bedingungen bestimmt (die Ausnahme bildet nur die Anwendung von Gewalt). Situationen, in denen Koordinationen erforderlich sind, sind daher durch eine grundlegende *Unsicherheit* gekennzeichnet, die die Akteure in Interaktionen handhaben müssen. Zudem ist das Konzept der „Situation" nicht auf Face-to-face-Situationen reduzierbar. Situationen sind komplexe Konstellationen von Objekten, kognitiven Formaten, Koordinationserfordernissen (Problemen), institutionellen Arrangements (wie Organisationen), Personen und Konzepten. Solche Situationen sind weiter eingebettet in die historisch entstandenen weiteren sozialen Kontexte, in denen sich auch Konventionen als kulturelle Schemata etabliert haben, weil sie sich über die Zeit als Ressourcen für die Koordination bewähren konnten. Wenn die Situation methodologisch als die „Ebene" gewählt wird, auf der die Analyse und die Erklärung der EC ansetzen, dann weil Situationen Praktiken und Strukturen mit unterschiedlicher Reichweite (re)produzieren und integrieren, die sonst als Mikroebene, Mesoebene und Makroebene bezeichnet werden.

Denn es sind Situationen, in denen sich diese „Ebenen" nicht nur „auswirken", weil sie „in sie hineinreichen", vielmehr haben sie hier ihre je spezifische Realität als Aspekt der Handlungen, die in Koordinationen unterschiedliche Reichweiten erzielen können (Barthe et al. 2013). Wichtig ist, dass der Situationsbegriff und die *Zeitlichkeit* der Situation nicht auf einzelne, abgetrennte Interaktionssituationen verkürzt werden.[496] Denn dann wäre die Methodologie der EC wirklich als eine „nur mikrosoziologische" zu verstehen. Situationen in der EC können im Gegensatz dazu eine Reichweite haben, die weit über die einzelne Interaktion (eine „Face-to-face-Situation") hinausgeht. Die EC versteht beispielsweise auch die institutionelle Konstellation in einer Branche oder eine epochale historische Konstellationen von institutionellen Arrangements, Konventionen, Interpretationen, Objekten *als Situationen*. Hier wirkt sich die genuin pragmatische Perspektive aus, die auch der EC unterliegt.[497] In einem jüngeren Beitrag haben Vertreterinnen und Vertreter der pragmatischen Soziologie die Einteilung in „Ebenen" als im Grunde nicht relevant für die pragmatische Soziologie beschrieben.

> „Die Perspektive, die die pragmatische Soziologie auf makrosoziologische Sachverhalte wirft, kann mit einem Satz zusammengefasst werden: Diese Perspektive löst sie niemals ab von den Operationen und Prozessen, in denen und durch die diese Sachverhalte erfasst werden können. Diese Perspektive impliziert auch, dass der Soziologe sein Analyseinteresse auf die Orte und Aktivitäten ausrichtet, an denen bzw. durch die Ensembles aggregiert werden, Ganzheiten vereinigt werden, Kollektive instituiert werden und Strukturen greifbar werden. Man könnte von diesem Standpunkt aus sagen, dass die pragmatische Soziologie sich darum bemüht, niemals die Ebene der Situation und als Konsequenz niemals die ‚Mikro'-Ebene zu verlassen. Davon abgesehen wird die ‚Mikro'-Ebene jedoch nicht in Opposition zur ‚Makro'-Ebene gesehen, sondern im Gegenteil als eine Ebene der Situation in der Situation, wo die ‚Makro'-Ebene ausgeführt wird, wo sie anhand von Praktiken, Dispositiven und Institutionen realisiert und objektiviert wird. Ohne Letztere mag die ‚Makro'-Ebene möglicherweise existieren, aber sie wäre nicht in der Lage, sichtbar und beschrieben zu werden." (Barthe et al. 2013, S. 178)[498]

Hier tritt die methodologische Haltung der pragmatischen Soziologie hervor, eine echte Einteilung in hierarchisch gedachte Ebenen für soziologische Erklärungen abzulehnen (wie dies andere Institutionalismen unternehmen) und stattdessen denkbar werden zu lassen, dass eine solche Ebenenunterscheidung in der Analyse kollabiert – wie dies François Eymard-Duvernay (2012, S. 14) angemerkt hat –, denn Qualitätskonventionen können nicht einzelnen Ebenen zugerechnet werden (Eymard-Duvernay 2012, S. 14). Er hinterfragt die Ebenenunterscheidung in einer grundlegenden Weise, indem er die Theorien, die solche Ebenen unterscheiden, hinsichtlich der mit den Ebenen verbundenen Qualitätsontologie kritisiert.

---

496 Bereits Peter Wagner hat diese Bezüge des Situationskonzeptes auf Unsicherheit und Zeitlichkeit klar herausgestellt (Wagner 1993, S. 466).

497 Siehe für eine Konzeption im klassischen amerikanischen Pragmatismus Dewey (2002, S. 87).

498 Übersetzung RDB.

> „Die einflussreichen Theorien, seien sie Makrotheorien oder Mikrotheorien, unterstellen jeweils, dass die Probleme der Qualität bereits gelöst sind. Man kann ihnen zufolge eine Ökonomie postulieren, in der Güter vorliegen, die für verschiedene Akteure Objekte für Kaufentscheidungen und Verkaufsentscheidungen sind. Diese Entscheidungen betreffen nur die Quantitäten des Kaufs oder Verkaufs. Zwar implizieren diese Entscheidungen eine Evaluation der Güter, wie sie anhand der Nutzenfunktion formalisiert ist. Allerdings ist diese Evaluation rein subjektiv und wird sehr rudimentär repräsentiert anhand der Maximierung einer Nutzenfunktion, welche selbst als exogen gedacht wird. Man verschleiert auf diese Weise die wesentliche Phase der Konstituierung der Güter. Im Gegensatz dazu ist das Anliegen unseres Ansatzes daher, die Situationen zu betrachten, in denen die Güter noch nicht stabilisiert sind. Die Personen und die Kollektive müssen hier erst noch über die Qualitäten und nicht nur über die Quantitäten entscheiden." (Eymard-Duvernay 2012, S. 40f)[499]

Die EC ist also durch eine grundlegende Skepsis gegenüber dem Ebenenkonzept gekennzeichnet. Sie führt entsprechend auch kein hierarchisches Mehrebenenmodell ein, sondern betrachtet Konventionen in Situationen und fragt nach ihrer zeitlichen, räumlichen, sachlichen und sozialen Reichweite,[500] die durch Forminvestitionen, Intermediäre, Äquivalenzräume und die Vernetzung mit Objekten erhöht werden kann, sodass sie eine nationale, europäische oder (wie im Fall der value chains) eine weltweite Reichweite erhalten.[501]

„Situativ" ist die methodologische Vorgehensweise deshalb, weil diese Konstellationen aus der Sicht der je in sie involvierten Akteure zu rekonstruieren sind. Methodologisch wird durch die EC also eine pragmatische Innenansicht der Situation angestrebt. Salais, Baverez und Reynaud (1986), aber auch Claude Didry (2002, 2012) haben mit ihren Untersuchungen diese methodologische (sowohl historische als auch pragmatische) Position realisiert, wenn sie versuchen, die Bedeutung dieser Konstellationen unter Berücksichtigung des *Handlungssinns aus Sicht der koordinierenden Akteure in der jeweiligen Zeit* zu rekonstruieren, anstatt ex post ein externes Kriterium für die Interpretation der Institution heranzuziehen. Mithilfe dieser Bedeutung, die dem Konzept der Situation zukommt, sollen

---

499 Übersetzung RDB.

500 Letztlich findet sich dieses Konzept der Reichweite als Alternative zu einem Mehrebenenmodell bereits im symbolischen Interaktionismus bei Herbert Blumer, der ebenfalls die Verkettungen von Interaktionen als Theoriestrategie ausgearbeitet hat, um eine Einführung verschiedener Ebenen mitsamt zugehöriger unterschiedlicher Ontologien zu vermeiden (Blumer 1969). Siehe insbesondere auch die Ausführungen von Lisa Knoll in ihrer Einleitung zu dem Band „Organisationen und Konventionen" (Knoll Hrsg. 2015).

501 Siehe insbesondere die staatlichen Formen in Kapitel 9 und zu den value chains Kapitel 5.

die Positionen des methodologischen Individualismus und des methodologischen Holismus überschritten werden.

10.4 Weder methodologischer Individualismus noch methodologischer Holismus

Um einen Ansatz für die Analyse der Ökonomie heutzutage methodologisch zu positionieren, ist es (immer noch) bedeutsam, ihn ins Verhältnis zum methodologischen Individualismus (MI) zu setzen, da dieser in der Mainstream-Ökonomie bis heute die einflussreichste Position darstellt – insbesondere in der neoklassischen Wirtschaftstheorie. Der methodologische Holismus stellt dagegen eine klassische Fundierung der Sozialwissenschaften dar – hier insbesondere für die französische Soziologie seit der programmatischen Arbeit von Emile Durkheim „Die Regeln der soziologischen Methode" (1984). Diese beiden zeitgenössischen Positionen sind wichtige Schemata für die Erklärung sozialer Phänomene sowie für die Modellierung der Beziehungen zwischen Mikro- und Makroebene. Beide bilden weiter eine Opposition, sie scheinen die idealtypischen Pole des Spektrums möglicher Erklärungsformen darzustellen. Dennoch existieren mittlerweile alternative Erklärungsstrategien, die aber kritisch auf diese ersten beiden Erklärungsschemata bezogen werden.

Joseph Agassi (1960) hat sich in der Folge von Karl Popper stark für den MI engagiert. Er hat versucht, die Positionen von MI und MH idealtypisch gegenüberzustellen (siehe Tabelle 10.1).

Tabelle 10.1 Methodologischer Holismus und methodologischer Individualismus

	Methodologischer Holismus	Methodologischer Individualismus
1	Gesellschaft stellt „ein Ganzes" dar, welches mehr ist als seine Bestandteile (Holismus).	Nur Individuen haben Ziele und Interessen (Individualismus).
2	„Gesellschaft" beeinflusst die individuellen Präferenzen und Handlungsziele (Kollektivismus).	Das Individuum handelt entsprechend seiner Ziele und unter gegebenen Randbedingungen (Rationalitätsprinzip).
3	Kollektive Sachverhalte und Institutionen beeinflussen und kontrollieren das individuelle Handeln.	Kollektive Sachverhalte und Institutionen können als Folge individuellen Handelns beeinflusst werden.

Das Kernargument des MI besteht darin, dass nur Individuen und individuelle Entscheidung als erklärende Prinzipien herangezogen werden dürfen. Der MI lehnt die Annahme der Existenz überindividueller Realitäten und kollektiver Entitäten, die selbst Ziele oder Intentionen haben könnten, ab. Für den MI gibt es demnach keine eigenständige Realität von Totalitäten oder überindividuellen Entitäten. Die Beziehung zwischen der Mikro- und der Makroebene ist hierbei als reine Aggregation individueller Zustände oder individueller Entscheidungen gedacht, die zu kollektiven Resultaten führen. Letzteres kann dann erklärt werden als das Resultat des rationalen Verhaltens vieler Individuen.

Das Kernargument des MH besteht in der Position, dass überindividuelle und kollektive Sachverhalte über eine eigenständige Realität (sui generis) verfügen und notwendig für Erklärungen hinzugezogen werden müssen, um soziale Koordination und individuelles Verhalten zu erklären, welches eben nicht eigengesetzlich sei. Hier ist klar, dass die Makroebene die Mikroebene beeinflusst. Rationalität wird dabei nicht als eine Eigenschaft von Individuen, sondern als ein sozio-historisches Phänomen mit variierenden Eigenschaften aufgefasst, die ihrerseits von kulturellen und institutionellen Strukturen abhängen.

Gegen beide Positionen gibt es mittlerweile klassische Einwände. (1) Gegen den MI ist eingewendet worden, dass er einen Reduktionismus darstelle, der das Soziale auf die Analyse psychischer Prozesse zurückführe, welcher dann nicht imstande sei, Institutionen in die Erklärung einzubeziehen, während er zugleich individuelle Rationalität und individuelle Spontaneität überbewerte.[502] (2) Gegen den MH ist eingewendet worden, dass er die Handlungskapazitäten der Akteure (agency) ignoriere und zugleich die Stabilität und Wirkmächtigkeit sozialer Strukturen überbewerte.

Die Gründer der EC unterscheiden sich hinsichtlich ihrer methodologischen Positionen, dennoch sind sie sich von Beginn an darin einig, dass sie den methodologischen Individualismus der neoklassischen Wirtschaftstheorie überwinden wollen (Dupuy et al. 1989).[503] Die EC hat sich mittlerweile sowohl von simplen Fassungen des MI als auch des MH distanziert (Eymard-Duvernay et al. 2006a). Rationalität wird hier nun gedacht als begrenzt, situiert, interpretativ und argumentativ (Bessis et

---

502 Der sogenannte „institutionelle Individualismus“ von Agassi (1960), der versucht hat, auf einige dieser Einwände zu reagieren, wird von Defalvard (1992) kritisiert, weil Agassi (a priori) autonome Individuen annehmen müsse, die dann über Institutionen entscheiden können.

503 Es heißt, Olivier Favereau sei am deutlichsten mit dem MI zu verbinden, während André Orléan die stärkste Affinität zum MH habe. In vergleichbarer Weise stellt Postel (1998) die methodologischen Positionen von Favereau (MI) und Thévenot (MH) gegenüber. In einem neueren, gemeinsam – von fünf der sechs Gründer – verfassten Text findet sich dann eine präzisere Positionierung (Eymard-Duvernay et al. 2006a).

al. 2006). Konventionen und die kognitiven Mittel (kollektive kognitive Dispositive und kognitive Formate) bilden sowohl die Grundlage als auch die Instrumentierung für die individuelle agency oder die kollektive Koordination. Um ein Beispiel anzuführen: Um individuelle Entscheidungen in einem Markt treffen zu können, muss der Markt als soziale Institution (mitsamt dem Geld, kollektiv geteilten Verständigungen über die Qualität und die Qualitätskriterien der gehandelten Güter) präexistieren. Danach ist eine marktförmige Koordination möglich. Diese kommt eben nicht spontan zustande. Der MI ist also keineswegs die geteilte „methodologische Überzeugung" der EC. Aber der MH wird ebenfalls kritisch beurteilt. Boltanski und Thévenot (2007) führen einen klaren Bruch ein, indem sie sich von dem Durkheimschen Konzept der Gruppe und den sozialen Entitäten sui generis distanzieren – hier vertritt die EC einen Anti-Durkheimschen Standpunkt. Denn die EC distanziert sich von Annahmen einer vorstabilisierten sozialen Struktur sowie von vorgegebenen sozialen Gruppen als erklärenden Prinzipien und damit auch von einem einfachen MH. Die Zitate von Thévenot (2001) am Anfang des Kapitels sowie diejenigen von Barthe et al. (2013) und Eymard-Duvernay (2012) im Kapitel 10.3 machen deutlich, dass aus Sicht der EC die Ebenendifferenzierung insgesamt fraglich erscheint, die sich in der Differenzierung von MI und MH vorfindet. Denn mit der Entscheidung für den MI oder den MH geht auch einher, dass erklärende Ontologien auf den verschiedenen Ebenen angesiedelt werden.[504] Dieses Denken ist mit dem Konzept der Situation als methodologischem Konzept nicht vereinbar.

10.5 Jenseits von Pragmatismus und Strukturalismus

Die EC stellt einen zentralen Bestandteil des pragmatic turn in den neuen Sozialwissenschaften in Frankreich dar (Dosse 1999; Diaz-Bone/Thévenot 2010). Strukturalistische und pragmatische Positionen sind wichtige vorangehende Einflüsse für diesen pragmatic turn und daher für den methodologischen Standort der EC.[505]

Der Pragmatismus stellt den älteren Einfluss dar. Die klassischen Arbeiten dieser ersten eigenständigen amerikanischen intellektuellen Bewegung brachten

504 Siehe auch den Beitrag von Marc Breviglieri und Joan Stavo-Debauge (1999), die die methodologische Position von Boltanski und Thévenot (2007) im Grunde genauso zwischen MI und MH positionieren.

505 Hier wird auf die Differenzierung von Strukturalismus und Poststrukturalismus sowie von Pragmatismus und Neopragmatismus verzichtet. Siehe für eine Ausführung dieser Differenzen Diaz-Bone (2013c).

die Grundlagen für eine neue methodologische und epistemologische Position ein (James 1912, 1994a, 1994b, 2006; Dewey 1995, 1998, 2002). Der Pragmatismus wurde in den USA entwickelt, um den klassischen britischen Empirismus, den kontinentalen Humanismus und die Einsichten Darwins zu integrieren.

Man kann einige fundamentale Prinzipien des Pragmatismus ausmachen:

1. Keine ontologischen Dualismen und Dichotomien. Der Pragmatismus weist die klassischen Dualismen sowie Dichotomien der kontinentalen Philosophie zurück (wie den Körper-Geist-Dualismus, den Dualismus von Objekt und Subjekt oder die Fakten-Werte-Dichotomie).[506]
2. Keine epistemologischen Apriori. Der Pragmatismus weist ebenso die kantianische Position universeller anthropologischer Erkenntnisstrukturen zurück.
3. Kein epistemologischer Skeptizismus. Alles, was erfahren werden kann, ist real.
4. Eine dynamische Weltsicht. Die physikalische, biologische und soziale Welt befindet sich in kontinuierlicher und (hinsichtlich der letzten beiden Aspekte) in evolutionärer Veränderung. Die Vorstellung unveränderlicher Eigenschaften (wie diejenige der Naturgesetze) sind lediglich Arbeitshypothesen.
5. Radikaler (ontologischer) Pluralismus. Die physische, biologische und soziale Welt ist strukturiert durch eine Pluralität existierender Prinzipien.
6. Viabilität. Lebende Individuen sind in eine physische und kulturelle Umwelt eingebettet. In dieser lernen sie und versuchen sie sich an diese Umwelt anzupassen. „Leben“ ist die erfolgreiche Hypothese, wie man leben und sich anpassen kann. Die Relation zwischen den lebenden Individuen und ihrer Umwelt ist interaktiv und dynamisch.
7. Permanente Anpassung und Bewährung („Tests“). Da Wissen, Werte und kognitive Strukturen durch die soziale Praxis erworben und in dieser eingesetzt werden, werden sie permanent angepasst, getestet und müssen sich hier bewähren. Solange sie für diese soziale Praxis nützlich sind, werden sie als richtig (wahr) betrachtet, d. h. sie sind viabler Bestandteil der empirischen Welt.[507]
8. Es gibt a priori keine universelle Methodologie für die empirische Forschung. Die Methodologie muss aus der angewandten empirischen Forschung selbst hervorgehen. Sie ist „operational a priori“ (Dewey 2002), wenn sie als das Resultat vorangehender erfolgreicher Forschung systematisiert wird.

506 Siehe zur Kritik der Fakten-Werte-Dichotomie im Neopragmatismus Putnam (2002).

507 Dieser Position wird Rechnung getragen durch die Bedeutung, die Tests im Rahmen der EC erhalten.

Sowohl der klassische als auch der moderne Pragmatismus waren kontinuierlich in der amerikanischen Mikrosoziologie (wie in der Ethnomethodologie und dem symbolischen Interaktionismus), in der kognitiven Soziologie (Conein 2005; Conein/Thévenot Hrsg. 1997; Thévenot 2007, 2011a) sowie in der Sprachphilosophie (Livet 1994) präsent. All diese Ansätze und Theorien sind dann eine Grundlage der französischen pragmatischen Sozialwissenschaften geworden.

Der Strukturalismus zählt zu den größten Paradigmen in den Geistes- und Sozialwissenschaften in Frankreich (Dosse 1996, 1997). Er wurde ursprünglich in der Linguistik entwickelt, dann generalisiert und durch Claude Lévi-Strauss auf die allgemeine Analyse der menschlichen kulturellen Praktiken, der Klassifikationen und der sozialen Strukturen in der ethnologischen Forschung angewandt (Lévi-Strauss 1967, 1968, 1975). Der Strukturalismus war zu keiner Zeit ein kohärentes und einheitliches Paradigma, aber eine der wichtigsten wissenschaftlichen Bewegungen in der zweiten Hälfte des 20. Jahrhunderts. Er postulierte die Existenz der den sozialen Praktiken unterliegenden (vorbewussten) Strukturen, welche der Kultur und Gesellschaft eine systematische Organisation verleihen und welche die strukturalistische Forschung aufzudecken sich vorgenommen hatte. Prominente Vertreter des Strukturalismus wie Michel Foucault, Jacques Derrida, Pierre Bourdieu wurden ihrerseits beeinflusst durch die wissenschaftshistorischen Studien, die die Vertreter der französischen Epistemologie vorgelegt hatten, zu deren Hauptvertretern Gaston Bachelard, Georges Canguilhem und – mit einigen Differenzen zu den beiden – Michel Serres zählen. Die französische Epistemologie proklamiert die Notwendigkeit spezifischer wissenschaftlicher Praxisformen, die den Bruch mit dem Alltagsdenken und alltäglichen Konzepten erfordern – eine Forderung, die bereits Durkheim (1984) Ende des 19. Jahrhunderts eingebracht hatte. Die französische Epistemologie erachtet es als notwendig, dass die empirischen Wissenschaften ihre Phänomene mithilfe wissenschaftlicher Instrumente neu konstruieren, wobei diese Instrumente als eine Verlängerung der Theorie aufgefasst werden (Bachelard 1978).

Die kulturellen und sozialen Strukturen werden im Strukturalismus als kollektive unbewusste Realitäten betrachtet, die das Denken, das Wahrnehmen und das Handeln der Mitglieder von Kollektiven prägen. Die strukturalistische Methodologie muss demnach geeignet sein, diese unterliegenden vorbewussten Strukturen zu rekonstruieren. Insbesondere Bourdieu erweiterte die frühen Formen des Strukturalismus, indem er deren engen methodologischen Holismus öffnete und den Dualismus von Struktur und Praxis in den Strukturalismus integrierte (Bourdieu 1976, 1982, 1987a; Bourdieu/Wacquant 1996; Fornel/Ogien Hrsg. 2011). Hier wird Praxis nun einerseits als durch die (vorbewussten) sozialen Strukturen geprägt aufgefasst, aber andererseits reproduzieren und verändern die sozialen Praktiken der verschiedenen sozialen Klassen und Milieus ihrerseits diese Strukturen. Auch für den Strukturalismus gilt, dass es grundlegende Positionen des strukturalistischen Denkens gibt, die sich insbesondere aus den Arbeiten Bourdieus entnehmen oder rekonstruieren lassen und die Ausgangspunkte für die EC sind.

1. Methodischer Holismus. Die Passung zwischen der empirischen Theorie und ihrer Methode muss hergestellt und respektiert werden. Instrumente und Forschungsstrategien müssen in reflexiver Weise eingesetzt werden, um theoriegeleitet das je wissenschaftliche Objekt zu konstruieren. Dafür wiederholen die Instrumente und Strategien die durch die Theorie vorgegebene Metaphysik des Sozialen.
2. Dualität von Struktur und Praxis. Um den MH zu überwinden, ist es erforderlich, diesen auf die konkreten Formen der Praxis zu beziehen, die ihrerseits die Strukturen rekonstruieren. Der MH muss damit um die erklärende Gegenrichtung von den Praktiken zu den Strukturen erweitert werden.
3. Identifizierung fundamentaler Oppositionen. Kennzeichnend für die strukturalistische Analyse ist die Suche nach unterliegenden fundamentalen Oppositionen, die als Prinzipien in strukturalistischen Analysen herangezogen werden können.
4. Notwendigkeit der Rekonstruktion von Strukturen. Die klassische methodologische Position des Strukturalismus bleibt aber wesentlich: soziale, kulturelle und kognitive Strukturen (Klassifikationen) müssen methodisch rekonstruiert werden – wie dies bei der Rekonstruktion von Grammatiken in der Linguistik erfolgt.
5. Kognitive Strukturen – insbesondere Klassifikationen – müssen im Kontext sozialer und institutioneller Strukturen sowie hinsichtlich der sozio-historischen Dynamik analysiert werden; ihre Evolution erfolgt als Koevolution mit diesen.

Einige Vertreter der EC sind von Bourdieu (mit) ausgebildet worden oder haben bei ihm studiert. Hierin kann man den Mechanismus ausmachen, der die strukturalistische Methodologie in der EC hat einflussreich werden lassen.[508] Aber die Soziologie Bourdieus ist eben zugleich eine problematische Referenz für die sich formierende pragmatische Soziologie in Frankreich gewesen. Denn Bourdieu und seine Mitarbeiter haben einige der theoretischen und methodologischen Positionen der EC zurückgewiesen (und umgekehrt). Die folgenden Positionen der EC können daher als Gegenpositionen und kritische Einwände gegen die Soziologie Bourdieus aufgefasst werden.[509]

---

508 Bourdieu hatte unmittelbaren Einfluss auf viele Vertreter der EC, da er Seminare an der ENSAE (*Ecole nationale de la statistique et de l'administration économique*) abgehalten hat, welche die Grande école ist, die für das INSEE ausbildet.

509 Man muss hier anfügen, dass es auch eine kritische Lektüre der Bourdieuschen Kritik der Wirtschaftswissenschaften durch Olivier Favereau gibt. Letzterer hält Bourdieus

1. Akteure verfügen über kritisch-reflexive Kompetenzen, ihr Handeln ist nicht durch vorbewusste gesamtgesellschaftliche Strukturen einseitig geprägt, sodass die sozialen Strukturen auf der Makroebene nicht die dominierenden erklärenden Prinzipien für die soziale Realität, das Handeln und die Koordination sind.
2. Sozialwissenschaftlerinnen und Sozialwissenschaftler haben gegenüber ihrem Gegenstand (und den „normalen" Akteuren) keinen besonderen epistemologischen Standpunkt.
3. Es existiert eine Pluralität von strukturierenden Prinzipien und nicht nur ein einziges fundamentales Prinzip (wie Bourdieus hierarchisches System aus sozialem Raum, Feld und den verschiedenen Formen von Kapital).
4. Handlung und agency können nicht durch die inkorporierten Dispositionen (wie das Konzept des Habitus von Bourdieu dies unterstellt) oder durch individuelle Intentionen erklärt werden. Vielmehr müssen nun instrumentelle und kognitive Dispositive herangezogen werden, die in Situationen vorhanden sind und die zusammen mit Konventionen und Kompetenzen das Handeln mit beeinflussen.

Die EC hat die verschiedenen methodologischen Einflüsse des Pragmatismus und des Strukturalismus in innovativer Weise integriert (Diaz-Bone 2017c). Während der Pragmatismus eher methodologisch schwach war, wenn es um die Erklärung sozialer Strukturen (sowie um deren Einbezug in Erklärungen) ging, ist die strukturalistische Methodologie lange methodologisch schwach entwickelt gewesen hinsichtlich der Einbeziehung der *agency*. Die EC hat versucht, beide Schwächen auszugleichen.[510] Sie zählt heute zu den wichtigsten französischen heterodoxen Ansätzen für die sozioökonomische Analyse von Institutionen.

Ihre methodologische Position korrespondiert mit ihren theoretischen Positionen – eben dies war die Anforderung der Einrichtung und Respektierung eines methodischen Holismus. Die Folge ist, dass die Forschung valide die komplexe Praxis der Wechselwirkung zwischen (sich) koordinierenden Akteuren und Konventionen untersucht. Und dies erfolgt in historisch-genealogischer Perspektive, indem die Koevolution der Konstellation(en) von Praktiken, kognitiver Instrumentierung und Konvention untersucht wird.

Wirtschaftssoziologie vor, nur eine andere Form einer wissenschaftlichen Orthodoxie zu sein (Favereau 2001b).

510 Es sind eben die Arbeiten Bourdieus selbst, die hier als Vorläufer und Wegbereiter aufgefasst werden können. Er hat früh die Integration pragmatischer Theorieelemente im Rahmen der Entwicklung seines konstruktiven Strukturalismus durchgeführt und damit seine Kritik der Ethnologie von Lévi-Strauss auf eine theoretische Grundlage gestellt (Bourdieu 1976; Bessis 2006; Fornel/Ogien Hrsg. 2011).

Beispielhafte Arbeiten haben Salais, Baverez und Reynaud (1986, 1999), Salais (1985), Thévenot (1990) und auch Boltanski (1990a) vorgelegt. Viele Studien verwenden Vergleiche, um die Unterschiede zwischen diesen Konstellationen herauszuarbeiten und um diese Arrangements zu verstehen, wie die international vergleichenden Studien von Storper und Salais (1997), Lamont und Thévenot (Hrsg.)(2000), Bessy et al. (Hrsg.)(2001) oder Lejeune (2013). Vergleiche innerhalb von Branchen finden sich beispielsweise mit den Arbeiten von Boisard und Letablier (1987, 1989), Thévenot (1992) sowie Biencourt und Urrutiaguer (2002). Die Erklärungsleistung wird in der EC nicht anhand statistischer Modellierung oder logischer Formen der Erklärung erbracht. Erklärungen erfolgen als interpretativer Prozess, in welchem die Handlungslogiken der Akteure exploriert werden, die diese für ihre Koordination heranziehen – wie in den Prozessen kollektiv erfolgender Produktion (von Produkten, statistischen Daten etc.).

10.6 Parallelen zum Weberschen Ansatz

Raveaud (2008) hat hervorgehoben, dass Max Weber als ein „Verbündeter" für die Entwicklung einer heterodoxen Wirtschaftstheorie betrachtet werden kann. Weber (1980) hat gefordert, die soziologische Methode müsse das soziale Handeln verstehend erklären, indem sie den Handlungssinn aus Sicht der Handelnden rekonstruiert und die innere Handlungslogik so ursächlich erklärt. Eine Erklärung ist damit zu fundieren auf einer wissenschaftlichen Rekonstruktion des Verstehens von Handelnden (als einer wissenschaftlichen Interpretation des Interpretierens Handelnder). Die Webersche Methodologie verbindet damit das Verstehen und das Erklären.

Bessy (2011) hat eine Parallele zwischen der EC und Webers obiger Forderung an die Methodologie aufgezeigt. Für Bessy gibt es zwei grundlegende Strategien der Institutionenanalyse. Eine der beiden Strategien fasst Institutionen als externe Bedingungen (external constraints) für das Handeln auf und modelliert den Einfluss dieser Bedingungen als kausalen Einfluss auf das Handeln. Hier sind Institutionen dem Handeln äußerlich, sie werden als exogen aufgefasst. Die andere Strategie stellt den interpretativen Prozess, den die Handelnden durchführen, ins Zentrum der Analyse. Dabei werden Institutionen als durch die Handelnden ins Werk gesetzt (enacted) betrachtet, und es wird versucht zu verstehen, worin die Bedeutung dieser Institutionen für eben diese Handelnden besteht. Handelnde müssen hier selbst zu diesem Interpretationsprozess und zu dem folgenden Ins-Werk-Setzen der performativen Realität der Institutionen handelnd beitragen. Institutionen sind hier keine gegebenen externen und kausalen Faktoren, sie sind vielmehr in das

Handeln „eingelagert". Die Parallele zwischen der Weberschen Perspektive und der Position der EC findet sich in dieser zweiten Strategie, die versucht, Institutionen als in das Handeln eingelagerte Realitäten zu rekonstruieren (siehe auch Salais 1998).

Weber hat vorgeschlagen, methodisch Idealtypen zu bilden. Diese sind weder empirische Fälle noch Durchschnittstypen. Idealtypen sind analytische Konstruktionen, die verschiedene Rationalitätsformen verkörpern. Sie werden konstruiert, um eine kohärente Art und Weise des Handelns und Interpretierens zu repräsentieren. Die methodologische Aufgabe der Soziologie besteht darin, systematisch solche Idealtypen zu rekonstruieren und von diesem System der Idealtypen ausgehend auf allgemeine Regeln sozialer Prozesse zu schließen. Die Qualität dieser Idealtypen als Rekonstruktionen kann man anhand ihrer Leistungsfähigkeit erkennen, Handlungsfolgen als durch einen kohärenten Handlungssinn organisiert zu interpretieren (Sinnadäquanz), sowie durch ihr Vermögen, Handlungsserien als an Regeln ausgerichtet zu beschreiben (Kausaladäquanz). Weber hat in seinen sozialhistorischen Analysen zur Entstehung des Kapitalismus aus dem „Geist des Protestantismus" seine interpretative Strategie vorgeführt und ihre Logik demonstriert (Weber 1988a). Weber identifiziert hier einen Idealtyp, denjenigen des Calvinisten, dessen religiöse Motivation ihn dazu bringt, alle Aspekte seiner Lebensführung zu disziplinieren, um wirtschaftlichen Erfolg als Zeichen der eigenen Auserwähltheit zu erzielen.

Die durch die EC empirisch rekonstruierten Konventionen haben also Gemeinsamkeiten mit Webers Konzept des Idealtypus.[511] Dennoch gibt es wichtige Unterschiede. Denn Konventionen sind als Koordinations- und Evaluationslogiken – und anders als Idealtypen – keine wissenschaftlichen Rekonstruktionen. Sie sind als „ideale Formen" für die Koordination und die Evaluation für alle kompetenten Akteure virtuell präsent. Sie stellen eine Art des „common knowledge" für die Mitglieder einer Gesellschaft dar (Dupuy 1989). Die Kennzeichnung „virtuell" zeigt an, dass Konventionen nicht vollständig realisiert sein müssen (sei es in objektivierter Form wie in Formen, sei es als praktizierte Koordinationslogiken), sondern dass sie als sozio-kulturelle und dann auch sozio-kognitive Ressourcen in Situationen (empirisch) präsent sind, als mögliche Formen der Koordination und der Evaluation. Storper und Salais (1997; Salais und Storper 1993) haben daher die Bezeichnung der „möglichen Welten" (Kapitel 6) eingeführt, die in diesem Sinn als

511 Und man kann mit Bezug auf die Arbeiten von Latsis (2005, 2006, 2007) und Orléan (2014) auch prüfen, ob Konventionen Ähnlichkeiten zum Konzept des Paradigmas aufweisen. Sowohl Paradigmen als auch Idealtypen weisen die Eigenarten auf, dass sie (1) den Handelnden und Interpretierenden Modelle für die (soziale) Welt zur Verfügung stellen und dass sie (2) unscharf sind und im Handeln und im Interpretieren in der (sozialen) Welt erst noch auf ihre Passung hin gehandhabt werden müssen.

Sinn-Ressourcen für die Koordination von und für die Evaluation durch Akteure in realen Welten zur Verfügung stehen.[512]

In seiner Religionssoziologie konnte Weber veranschaulichen, dass die Ökonomie eine normative und kulturelle Grundlage hat. Als ein Beispiel wurde der Calvinismus angeführt, dessen religiöse Doktrin die normative Grundlage für eine spezifische historische Form des Kapitalismus und des wirtschaftlichen Handelns zur Verfügung stellte. Die EC postuliert ebenso, dass Konventionen eine empirische Form einer „alltäglichen Normativität" darstellen und daher faktisch als eine normative Fundierung der Ökonomie aufgefasst werden können (Eymard-Duvernay et al. 2006a, 2006b, 2011; Reynaud/Richebé 2007).

Webers analytisches Interesse bestand darin, die historische Entwicklung verschiedener Formen der Ökonomie zu rekonstruieren (Weber 1991; Swedberg 1998). Sein Ansatz war dabei, deutlich werden zu lassen, dass kulturelle Formationen die sozialhistorische Evolution der materiellen ökonomischen Organisation induzieren kann (Weber 1988b), und zu zeigen, dass man, um den modernen Kapitalismus und seine Institutionen zu erklären, das vorlaufende Aufkommen sozio-kultureller Formationen untersuchen muss. Auch dies ist eine Parallele zur EC.[513]

10.7 Die Komplexitäten des methodologischen Standpunkts der EC

Indem die Arbeiten von Weber als Referenz herangezogen werden, soll der interpretative Charakter der Methodologie der EC betont werden. Allerdings strebt die EC nicht einfach die Erstellung von Idealtypen an. Akteure, die in realen Situationen Koordinationen erreichen müssen, sehen sich einer Pluralität von Konventionen gegenüber und sind zudem häufig mit konfliktbeladenen Situationen konfrontiert, in denen sie Kompromisse herstellen müssen. Diese Pluralität der Konventionen kann man eine erste Komplexität nennen – die „horizontale Pluralität". Darüber hinaus gibt es eine zweite Komplexität. Denn die EC integriert verschiedene Reichweiten von Koordinationen, die als in praktischen Situationen aktualisiert gedacht werden und die weit über die Interaktionssituationen hinausreichen (Ey-

512 Das Konzept der möglichen Welten findet sich bereits bei Lewis (1975).

513 Boltanski und Thévenot (2007) haben ebenso Konventionen (die sie als Rechtfertigungsordnungen bezeichnet haben) als sozio-kulturelle Formationen aus historischen Dokumenten und klassischen Texten „rekonstruiert", so wie Max Weber dies in seiner Religionssoziologie unternommen hat.

mard-Duvernay et al. 2006a, 2011; Thévenot 1997). Der methodologische Grund für die Konzentration auf die Situation besteht eben darin, dass Institutionen als in das situative Handeln eingelagert gedacht werden (Salais 2007a; Bessy 2002, 2011; Bessy/Favereau 2003). Sie gelten in der EC nicht als externe Bedingungen, wie dies für die neoinstitutionalistische Wirtschaftstheorie von Williamson (1985) und North (1990) zutrifft. Die zweite Komplexität reicht in die Situation hinein – beginnend bei den personalen Regimen des Engagements (siehe Kapitel 11) bis hin zur auf den Staat bezogenen Koordination und Evaluation (Kapitel 6 und 9). Diese unterschiedlichen Reichweiten von Koordinationen stellen simultane Handlungsbezüge in Situationen dar und werden durch das koordinierende und bewertende Handeln faktisch realisiert – die „vertikale Komplexität". Die Evolution dieser doppelten Komplexität (als zwei kombinierte Formen der Pluralität) ist das eigentlich zu Erklärende – nicht die Evolution von einzelnen Idealtypen (oder von einzelnen Konventionen). Die EC schlägt vor, die Praktiken verstehend zu rekonstruieren, die „die Dinge zusammenhalten lassen" (Desrosières 1989, 1990), und sie versucht auch, die Logik der konstruierten Konstellationen aus Praktiken, kognitiven Formaten, Konventionen usw. zu interpretieren.

Webers Perspektive war es zu fragen, wie Kultur und verschiedene Formen von Rationalität (die sich aus seiner Sicht aus der Zugehörigkeit zu sozialen Gruppen und dem Einfluss von Institutionen ergab) das individuelle Verhalten beeinflussen. Wie die meisten Soziologinnen und Soziologen nach ihm, so trennte auch Weber die sozialen Bereiche, in denen er die Ursachen verortete, von den sozialen Bereichen, in denen die Folgen von ihm verortet wurden. Im Gegensatz dazu weisen die EC und die ANT (als wichtigste Strömungen der neuen französischen Sozialwissenschaften) eine solche Trennung sozialer Bereiche zurück.[514] Stattdessen werden Netzwerke betrachtet, die aus Menschen, Dingen, kognitiven Konzepten bestehen und denen zugeschrieben wird, dass aus ihnen neue Phänomene emergieren. Die Differenzierung von Ursachen und Wirkungen wird hierbei nun als ein sozialer Prozess verstanden, der ebenfalls in diesen Netzwerken, und zwar als Zuschreibung („dies ist Ursache", „dies ist Wirkung") erfolgt. Es handelt sich damit um eine soziale Konstruktion „a posteriori". Diese Zuschreibung erfolgt als Konstruktion dabei sowohl in der untersuchten sozialen Realität als auch in der sozialwissenschaftlichen Analyse – was aber nicht bedeutet, dass diese beiden Formen der Zuschreibungen in gleicher Weise erfolgen.

514 Die ANT, die EC und die Theorie von Boltanski und Thévenot (2007) wurden in wechselseitiger Orientierung aneinander entwickelt (Kapitel 2). Und weil die theoretische Grundlagenarbeit von Boltanski und Thévenot als Teil der EC angesehen werden kann, teilen die ANT und EC fundamentale theoretische Positionen. Dennoch wird Boltanski nicht als zentrales Mitglied der EC betrachtet – anders als Laurent Thévenot.

Die EC und die ANT beanspruchen für sich, Objekte in neuer Weise „ernst" zu nehmen (Thévenot 1993, 1994b). Objekte „partizipieren" in Prozessen der Vergesellschaftung, Objekte sind in Prozesse der sozialen Konstruktion und in konstruktive Praktiken involviert. Die Wertigkeit (worth) von Objekten und Individuen wird in einem Prozess wechselseitiger Zuschreibungen hervorgebracht. Objekte sind die Referenz und die Basis für den „Test" dieser Wertigkeit von Individuen und ihrer Handlungen. Und auch umgekehrt gilt, dass die soziale Bedeutung und Wertigkeit von Objekten (z. B. als „Produkte") konstruiert werden, indem sie auf Praktiken, kognitive Konzepte und kognitive Formate bezogen bzw. in diese einbezogen werden. Latour hat für diese Perspektive eine von ihm so bezeichnete „symmetrische Methodologie" als Grundlage gefordert, die die Ontologien (und kausalen Zuschreibungen) aus diesen wechselseitig und nicht einseitig gerichteten Prozessen erklärt. Anstatt also die Existenz (Ontologie) einer Gesellschaft zu unterstellen und danach die soziale Konstruktion der Natur durch soziale Praktiken zu untersuchen, exploriert die ANT den wechselseitigen Konstruktionsprozess (Latour 1998, 2007).

Die Komplexität dieser methodologischen Position in der neuen französischen Sozialwissenschaft wird weiter dadurch gesteigert, dass die EC und die ANT eine Monokausalität vermeiden und eben diese Zuschreibungsprozesse (von Kausalität) in der Empirie untersuchen. Auch das ist eine klassisch pragmatische Analysestrategie. Aus diesem Grund wird auch eine Vielzahl von Methoden und Techniken eingesetzt. Wie in den *Social Studies of Science* (STS, die maßgeblich durch die ANT beeinflusst bzw. auf den Weg gebracht wurden) sind es ethnographische Methoden, die für die Analyse dieser komplexen Zuschreibungen von Kausalitäten, aber auch für die Konstruktion sozialer Kategorien (und Klassifikationen) sowie für die Konstruktion von Wertigkeiten von Objekten und Individuen eingesetzt werden. Die frühen Analysen zu den interpretativen Praktiken der Kategorisierungen im Feld der öffentlichen Statistik setzten qualitative Interviews und qualitative Gruppenexperimente ein, um zu rekonstruieren, wie Klassifikationen konstruiert und gehandhabt werden.[515] Aber es finden sich auch multivariate statistische Analysetechniken, am häufigsten die Korrespondenzanalyse, die ebenfalls geeignet ist, die Resultate solch konstruktiver Prozesse zu identifizieren.[516] Diese statistische Analysetechnik

515 Eymard-Duvernay und Thévenot (1986), Salais et al. (1986, 1999), Boltanski und Thévenot (1983), Desrosières und Thévenot (2002) sowie Thévenot (1983a).

516 Eymard-Duvernay (1981), Bony und Eymard-Duvernay (1982), Delattre und Eymard-Duvernay (1983), Salais (1983, 1988, 1993), Rivaud-Danset und Salais (1992), Storper und Salais (1997), Bessy (1993, 1997), dann Bessy, Larquier und Vennant (2001), Marty (2002) sowie Larquier und Marchal (2012).

wurde von Bourdieu (und Mitarbeitern) für die strukturalistische Analyse sozialer Felder in die französischen Sozialwissenschaften eingeführt (Bourdieu 1982).[517]

Eine weitere Forschungsstrategie ist die Analyse und Interpretation von (auch historischen) Dokumenten. Hier geht es um die Identifizierung impliziter Kategorien und der „Spuren" (Salais 2011) von Konventionen (in diesem Fall als latenter Strukturen). Damit wird von Dokumenten auf die konventionenbasierten Handlungspraktiken interpretativ gefolgert.[518] Beispielhaft sind hier die Studien in Thévenot (Hrsg.)(1986) und in Boltanski und Thévenot (Hrsg.)(1989) wie auch die Beiträge von Luciani und Salais (1992) sowie von Boltanski und Thévenot (1983). Die Gruppe um Eymard-Duvernay hat Stellenanzeigen inhaltsanalysiert, um die unterliegenden Konventionen zu erschließen (Eymard-Duvernay/Marchal 1997; Bessy/Larquier 2000; Larquier/Rieucau 2017). Bessy hat Hunderte von Arbeitsverträgen systematisch ausgewertet und Unternehmen aufgrund ihrer Vertragspraktiken klassifiziert (Bessy 1993, 2007, 2017). Dahlberg (2010) untersucht die konventionenbasierten Rechtfertigungen, die die Organisationen der Selbstkontrolle der Werbebranche (in Großbritannien und Schweden) praktisch eingesetzt haben. Dahlberg hat dafür qualitative Interviews durchgeführt.[519]

Qualitative Interviews ermöglichen, die Perspektive der Akteure und deren Interpretationen von Situationen und von Institutionen einzubeziehen. Erst dadurch werden aus Sicht der EC die („kausalen") Effekte, die Institutionen und Regeln für Koordinations- und Evaluationssituationen haben können, erklärlich. In der Analyse der Erfahrung von Arbeitslosigkeit im Rahmen von Berufsverläufen in unterschiedlichen Marktsegmenten haben Eymard-Duvernay und Remillon die Bedeutung der methodischen Einbeziehung dieser Interpretationsleitungen herausgestellt (Kapitel 4).

> „In den statistischen Ansätzen wird die kausale Beziehung *a posteriori* durch den Forscher eingeführt, indem mit den gesammelten Daten Korrelationen zwischen Variablen ermittelt werden. Der Weg, der [hier] eingeschlagen wird, ist ein anderer.

517 Christian Bessy hat zusätzlich auch Clusteranalysen und Logit-Analysen durchgeführt (Bessy 2007; Bessy/Marchal 2009). Larquier und Marchal (2012) sowie Remillon (2009) verwenden sowohl multiple Korrespondenzanalysen als auch (multinomiale) logistische Regressionen.

518 Die Arbeit von Boltanski und Thévenot (2007) hat „Rechtfertigungsordnungen" interpretativ aus historischen (philosophische Texte) und zeitgenössischen Quellen (Managementliteratur) rekonstruiert. Diese waren als „Tiefenstrukturen" in den herangezogenen Texten zu identifizieren – allerdings fehlt hier die Offenlegung der Methodik, wie die beiden Autoren diese rekonstruiert haben.

519 Siehe für die Verwendung qualitativer Interviews auch Benarrosh (2012), Bessy (2010a, 2012b, 2015a) sowie Eymard-Duvernay und Remillon (2012).

> Die Betonung wird auf die Schlussfolgerungen gelegt, die explizit oder implizit durch den Befragten selbst zum Zusammenhang zwischen Ereignissen und seiner Situation der Arbeitslosigkeit erfolgt. Man erfragt hierbei nicht, was seine Meinung über die Ursachen seiner Arbeitslosigkeit ist, damit würde man das Vorgehen mit einer Meinungsumfrage verwechseln. Die gemeinsam unternommene Reflexion mit dem Befragenden wird unternommen, um das Verstehen des Prozesses, der zu der Arbeitslosigkeit geführt hat, zu erreichen. Es sind diese Bemühungen um das Verstehen [...], die die als entscheidend beurteilten Momente in der Berufsbiografie hervortreten lassen. Auch wenn sie sich als gegebene Fakten darstellen, treten die gesammelten Informationen in eine Interpretation des beruflichen Werdeganges ein, nämlich in eine Theorie der Arbeitslosigkeit. [...] Das Verstehen der Arbeitslosigkeit, das diese Analyse zur Verfügung stellt, ist bedingt durch die Folgerungen der befragten Personen, welche versuchen ihrer Laufbahn einen Sinn zu verleihen. Die unbestreitbare Subjektivität dieser Folgerungen ist dennoch verankert in einem gemeinsamen Raum des Verstehens, die ihnen Objektivität verleiht. Zum einen stützt sich die Interpretation auf Konzepte, die durch die Sozialwissenschaften erarbeitet wurden: Entlassungen, Arbeitsbedingungen, Lohnniveau, Vertragsart etc. Zum anderen filtern Forscher und befragte Person diejenigen Folgerungen, die als legitim betrachtet werden können." (Eymard-Duvernay/Remillon 2012, S. 117/134; Herv. i. Orig.)[520]

Wenn die EC also auf einer endogenen (internalistischen) Auffassung von Institutionen insistiert, dann kann eine solche Integration des Verstehens der Akteure eine passende Form der Erklärung für die EC eröffnen. Zugleich macht das Zitat auch deutlich, dass die EC mit diesem Vorgehen auch eine Kritik der etablierten Kausalanalyse verbindet, die einfach Variablen miteinander korreliert, ohne die eigentlichen kausalen Mechanismen ernst zu nehmen, die wesentlich auch in den interpretativen Praktiken der Akteure anzusiedeln sind. Eymard-Duvernay und Remillon haben diese Praxis der quantitativen Kausalanalyse im Rahmen des Institutionalismus als „funktionalistisch" bezeichnet, da sie einfach davon ausgehe, dass Institutionen die Akteure zu „Ausführenden" werden ließen (Eymard-Duvernay/Remillon 2012, S. 114). Aber diese Kritik ist nicht als Grundsatzkritik gegen die Verwendung statistischer Methoden und quantitativer Indikatoren zu verstehen. Die Kritik wendet sich insbesondere gegen die ökonometrische Analyse als regressionsanalytischer Analysetechnik (Bessy 2014, S. 13). Gerade der Charakter der Korrespondenzanalyse als explorativer statistischer Analysetechnik fordert dagegen aber eine Einbeziehung solch interpretativer Praktiken. Larquier und Marchal haben zudem argumentiert, dass die Verwendung statistischer Verfahren eben auch dazu geeignet ist, unbewusste Verzerrungen und unbewusste Einflüsse auf das Handeln zu identifizieren (Larquier/Marchal 2012, S. 48).

520 Übersetzung RDB.

Charakteristisch für die methodologische Praxis der EC sind zwei Aspekte. Einmal finden sich Untersuchungen, die verschiedene Datenquellen, aber insbesondere auch *verschiedene Methoden kombinieren*, wie qualitative Interviews, standardisierte Interviews und statistische (deskriptivstatistische und korrespondenzanalytische) Methoden (Beispiele sind Salais et al. 1986, 1999; Eymard-Duvernay et al. Hrsg. 2001; Eymard-Duvernay Hrsg. 2012; Favereau Hrsg. 2010; Bessy 1993, 2007; Remillon 2009).[521] Um ein solches „mixed methods design" realisieren zu können und dabei die Integrität einer Forschungspraxis zu wahren, muss aus Sicht der EC der zweite Aspekt hinzutreten. Er besteht in der *methodologischen Reflexivität*. Die methodologische Praxis wird daraufhin reflektiert, ob sie die theoretisch-konzeptionelle Basis der EC angemessen umsetzen kann, welche Beiträge die verwendeten Instrumente für die Datenkonstruktion haben und wie die methodische Praxis angelegt sein muss, die die Daten im Lichte der theoretisch-konzeptionellen Basis auswertet und präsentiert. Es ist die methodologische Reflexivität, die die EC als Teil sowohl der pragmatischen Sozialwissenschaften als auch als durch den französischen Strukturalismus beeinflussten Ansatz ausweist. Eben hier setzt sich die lange Tradition der epistemologischen Tradition in Frankreich fort.[522]

Man kann argumentieren, dass die (an Foucault orientierte) Diskursanalyse geeignet ist, den Ansatz der EC zu operationalisieren, um die Qualitätskonventionen als Tiefenstrukturen in der Wissensordnung der Wirtschaft zu rekonstruieren (siehe dazu Kapitel 11). Verschiedene Vertreter der EC haben die Bedeutung der Sprache und des Diskurses (diskursiver Praktiken) für die Fundierung von Konventionen und Wissen betont (Thévenot 2007, 2011a; Eymard-Duvernay 2009, 2012; Diaz-Bone/Salais 2011).

10.8 Die wirtschaftshistorische Methodologie der EC

Die EC hat von Beginn an auch wirtschafts*historische* Analysen unternommen (Salais et al. 1986, 1999) und ihre Position als Ansatz für die Analyse der Entwicklung von Ökonomien formuliert (Diaz-Bone/Salais 2011).[523] Das Interesse an diesen wirt-

521 So werten Marchal und Remillon (2012) und Remillon (2009) qualitative Interview zur Berufsbiographie lexikometrisch aus und clustern dann Typen von Berufsverläufen. Die Cluster werden interpretativ ausgewertet und je ein repräsentativer Fall wird vorgestellt.

522 Praktisch finden am IDHES Seminare zur reflexiven Methodologie statt.

523 Siehe dafür die Beiträge in Diaz-Bone und Salais (Hrsg.)(2011). In Deutschland hat der Wirtschaftshistoriker Jürgen Kocka einige Gemeinsamkeiten zwischen der deutschen

schaftshistorischen Analysen war, die Koevolution von Konventionen, Praktiken und institutionellen Arrangements zu verstehen, indem man die historischen Konstellationen freizulegen versuchte, die das Aufkommen neuer Koordinationsformen und Wertigkeiten ermöglichten. Desrosières hat diese Koevolution für die öffentliche Statistik rekapituliert und die verschiedenen historischen Konstellationen des staatlichen Wissens identifiziert, die je unterschiedliche Konventionen der Statistik und des Staates kombiniert haben (Kapitel 9). Salais hat die stärkste wirtschaftshistorische Orientierung innerhalb der EC. Für ihn kommt es darauf an, dass die EC versucht, historische Rekonstruktionen wirtschaftlicher Koordinationsformen zu unternehmen, die den Handlungssinn aus Sicht der koordinierenden und interpretierenden Akteure in historischen Situationen methodisch entwickeln (Salais 2011, 2013; Diaz-Bone/Salais 2011; Diaz-Bone et al. 2015). Auch hierin liegt eine Parallele der Weberschen Analyse zu den wirtschaftshistorischen Studien der EC vor. Zentral ist dabei, dass den Analysen keine externe Modellierung aufgestülpt wird, die dem praktischen Handlungssinn externe Sachverhalte als Erklärungen antragen. Die EC fordert daher für die historische Analyse einen *internalistischen Standpunkt* (Diaz-Bone/Salais 2011). Die Richtlinie, auf Prozesse zu achten, mag für die wirtschaftshistorische Forschung zunächst selbstverständlich und evident sein. Zieht man aber konsequent einen internalistischen Standpunkt (anstelle eines externalistischen Standpunktes) heran, so reicht es nicht, ex post identifizierte Indikatoren (und deren Veränderung) für solche Prozesse zu analysieren, sondern man muss sich die Mühe machen und die Akteursperspektiven rekonstruieren, die mit diesen Prozessen einhergehen.

Die neoinstitutionalistische Wirtschaftsgeschichte von North ist dabei ein kritischer Bezug. North ist ein – paradigmatisch gesehen – attraktiverer Bezug für die EC als Williamson (1985), da North einen weiteren Institutionenbegriff verwendet und zudem auch kognitive Elemente wie *mental models* in seine wirtschaftshistorische Theorie integriert hat (Knight/North 1997; North/Denzau 1994). Aber North fokussiert in der Analyse der historischen Entstehung von ökonomischen Institutionen auf die Steigerung von Effizienz und die Reduktion von Transaktionskosten als erklärendem Mechanismus (North 1991, 2005). Die Methodologie von North kann (im Vergleich zur EC) als ein *externalistischer Standpunkt* bezeichnet werden, da sie einen dem praktischen Handeln äußerlichen Mechanismus als Erklärung einbringt.

Im Unterschied dazu versucht die EC, sowohl historische Diskurse als auch kognitive Konzepte einzubeziehen, aber dies im Zusammenhang mit konventionenbasierten Praktiken, die aus der Perspektive der Koordinierenden den Institutionen einen Sinn geben und die eine Pluralität von Handlungslogiken und Kompromissen

---

Wirtschaftsgeschichte und der EC benannt (Kocka 2010).

zwischen ihnen fundieren. Aus Sicht der EC ist die Sphäre der Kultur (gemeint sind hier nicht Normen im Sinne von North), aus der sich Konventionen als sozio-kulturelle Ressourcen ausdifferenzieren, den Institutionen und ihrem sozialen Gebrauch vorrangig.

Zudem geht die EC in dem Verständnis dessen, was wirtschaftshistorisch zu betrachten ist, weiter, als nur den Handel, die Produktion und deren Organisation in der Zeit zu betrachten. Dann betrachtet North „Konventionen" auch nur als eine Form der (informellen) Konvention, während es für die EC gerade darauf ankommt, Konventionen und Institutionen zu differenzieren. Dies nicht nur, weil Institutionen (als Regeln) interpretativ unvollständig sind, sondern weil Konventionen und nicht Institutionen für die wirtschaftliche Dynamik maßgeblich sind – denn Akteure verständigen und koordinieren sich (sowie ihre Erwartungen über die Zukunft und die Dynamik der Ökonomie) anhand konventionenbasierter Evaluationen.[524] Weiter ist hier wichtig, dass Institutionen in ihrer Praxisrelevanz einen anderen Sinn erhalten können, wenn sie auf eine andere konventionenbasierte Grundlage gestellt werden. Hier erhält der wirtschaftshistorische Begriff der Institutionendynamik einen ebenfalls erweiterten Sinn.

Den Objekten kommt aus Sicht der EC auch in der wirtschaftshistorischen Analyse eine besondere Rolle zu. Es sind Objekte, die die Wertigkeit (sowie deren „Tests" in kritischen und konflikthaften Situationen) mit stützen. In neuen Objekten artikulieren sich auch immer wieder neue Konventionen oder Konstellationen von Konventionen. Die EC sieht hier auch Texte nicht allein als verschriftlichte Artikulationen von Sprechern, sondern als Objekte, in denen sich Konventionen niederschlagen. Salais (2011) hat in seiner international vergleichenden Rekonstruktion der Arbeitsorganisation in Frankreich, Deutschland und Großbritannien juristische und historische Textquellen herangezogen, um sein analytisches Konzept der „Spur" (*trace*) darauf anzuwenden. Objekte weisen demnach Spuren ihres konventionenbasierten Gebrauchs und ihres Involviertseins in Sinnkonfigurationen auf. Ebenso kann sich die wirtschaftshistorische Forschung Analysepotenziale eröffnen, indem sie die historischen Prozesse der Forminvestition nachzeichnet, die für die situative und Situationen übergreifende Koordination die geteilte Kognition ermöglicht. Das Auftauchen neuer Formen der Forminvestition und neuer kognitiver Formate sowie die Prozesse der Stabilisierung und Generalisierung von Konventionen sind die Prozesse, auf die sich die sozialhistorische – und konkreter die wirtschaftshistorische – Forschung fokussieren kann. Die sozialhistorische Analyse muss dann aber den historischen situativen Sinn aus der Konstellation

524 Siehe für ein weitere Konventionen-Konzept, welches eher anschlussfähig erscheint, Tilly (2006).

von Objekten, kognitiven Formen und Handlungspraktiken rekonstruieren, will sie wirklich eine pragmatische Innenansicht der vergangenen Situationen gewinnen (Salais 2011). Das Problem für Salais ist, dass eine Situationsanalyse für die Wirtschaftsgeschichte nicht möglich ist. Sie muss sich auf Artefakte stützen, um die Konventionen zu rekonstruieren, die in Situationen handlungspraktisch wirksam waren. Die EC kann genauso wenig wie andere Ansätze die vergangenen Situationen vergegenwärtigen. Dennoch sieht Salais eine spezifisch hermeneutische Strategie, die die Sinnkonfigurationen und die Konventionen rekonstruierbar macht.

> "What the economics of convention can undertake is more modest and, one guesses, more realistic. Following the example of Simmel, it can make the opacity more decipherable and practicable. The task should be first to become aware of the configurations of meaning that have laden social objects with semantic determinations, knowledge, experiences and practices, and second, to be able to grasp the plurality of interpretations of social reality and the plurality of possible worlds this reality harbours. In such a perspective, historical research would aim at bringing to light the buried traces of the configurations of meaning and of the systems of conventions which have durably installed these configurations in daily life and work. And, in periods of crises, it should focus, by difference, on the processes which bring about re-interpretation of the established configurations, their reorganisation – often, at the end, more incremental than it appears at first glance – through the incorporation of new social objects and conventions." (Salais 2011, S. 228)

Eine anschließende Folgerung ist, dass vermeintliche „Daten" – wie sie sich aus der (jeweiligen) Jetzt-Perspektive darstellen – eben in den historischen Situationen noch gegebene Fakten gewesen sein können, die für das Handeln und Koordinieren einen Sinn und einen Wert hatten. Damit waren sie „andere" Fakten in ihrer Zeit, als sie aus heutiger Perspektive als historische „Daten" erscheinen (Diaz-Bone/Salais 2011). Erst die Rekonstruktion der situativen Einbettung der Objekte und Artefakte in die konventionenbasierte Handlung ermöglicht, historische Fakten zu Daten für die Analyse werden zu lassen.

11 Perspektiven

„Für die Zukunft kann die Sozioökonomie wohl am meisten von den Konzepten des französischen Konventionalismus profitieren (Konventionenökonomik, Soziologie der Konventionen). Er versteht sich als genuin transdisziplinär, forscht in großer Breite über sozioökonomische Phänomene und Probleme, erweist sich als gleichermaßen anschlussfähig zu Ökonomik und Soziologie und bietet für eine elaborierte sozioökonomische Forschung leistungsfähige Basiskonzepte [...]. Die nächsten Jahre werden zeigen, ob und wie der ökonomische Konventionalismus zur konzeptionellen Weiterentwicklung der Sozioökonomie beitragen kann. Über genügend wissenschaftliches Potenzial verfügt er zweifellos, sowohl methodologisch und theoretisch, als auch forschungsstrukturell aufgrund seiner genuinen Transdisziplinarität. Deshalb ist der Konventionalismus auch erfrischend unkonventionell: um disziplinäre Selbstverständnisse und Abgrenzungen kümmert er sich kaum. Insofern verkörpert er exemplarisch Anspruch und Arbeitsweise einer selbstbewussten Sozialwissenschaft der Wirtschaft." (Hedtke 2015, S. 53)

„Nach den Menschen besitzt eine Gesellschaft möglicherweise nichts Wertvolleres als ihre Prozeduren – ihre Konventionen, wie John Maynard Keynes gesagt hätte [...]." (Favereau 2000, S. 167)[525]

11.1 Einleitung

Im letzten Kapitel sollen Entwicklungsmöglichkeiten der EC aufgezeigt werden, die zum Teil bereits angelegt sind und die weitere wirtschaftssoziologische Forschungsperspektiven eröffnen. Es werden solche Perspektiven hier aufgegriffen,

525 Übersetzung RDB.

R. Diaz-Bone, *Die „Economie des conventions"*, Soziologie der Konventionen, https://doi.org/10.1007/978-3-658-21062-5_11

die sich insbesondere für die deutschsprachige Rezeption der EC als weiterführend erweisen oder erweisen könnten. Es handelt sich dabei um eine Auswahl. Andere Perspektiven, die sich noch deutlicher abzeichnen werden, sind hier noch zurückgestellt. Dazu zählt etwa die Vermittlung des Capabilities-Ansatzes von Amartya Sen mit der EC, wie sie durch Salais seit einigen Jahren entworfen wird (Kapitel 9). Auch Favereau (2012) bezieht sich zunehmend auf den Capabilities-Ansatz. Sowohl Favereau als auch Salais zielen dabei auf eine weitere Perspektive ab, nämlich auf die Fortsetzung der Analyse sozialer Ungleichheit durch die EC, wie sie in „Märkten" und Organisationen durch Qualifizierungsprozesse, Quantifizierungen und Selektionsprozesse erfolgt. Die Ökonomie, ihre sozioökonomischen Institutionen sind aus Sicht der EC eine ausgezeichnete Sphäre dafür. Als eine Perspektive der EC kann man aber hier auch verstehen, wie sich ihre Internationalisierung abzeichnet. Damit wird am Ende der Aspekt der Formierung und der institutionellen Struktur der EC wieder aufgegriffen, nun mit einem etwas anderen Blickwinkel.

11.2 Differenz zwischen Konventionen und Institutionen

Die EC bringt eine spezifische Auffassung von Institutionen ein. Im Gegensatz insbesondere zu soziologischen Auffassungen von Institutionen, die bereit sind, weitgehend alles, was nicht psychisch oder körperlich ist, als Institution zu bezeichnen, fasst die EC Institutionen enger.[526] Institutionen sind für die EC nicht einfach als unhinterfragte Ordnungen gegeben.[527] Sie sind aus Sicht der EC Regeln (wie Gesetze), Dispositive (wie Organisationen) oder andere sozial konstruierte Sachverhalte, die Akteure in Koordinationen heranziehen. Die pragmatische Fundierung der EC lehnt eine Vorausstattung von Akteuren mit einer unabhängigen Rationalität ab, sodass die EC sich distanziert von Analyseformen, die untersuchen, wie „rationale" Akteure mit gegebenen Präferenzen sich in „gegebenen" institutionellen Settings

526 Das gilt beispielsweise für den soziologischen Neoinstitutionalismus von John Meyer; siehe Meyer (2009, 2010), Meyer und Rowan (1978), Hasse und Krücken (2005). Mit diesem Institutionalismus sowie mit der Theorie von Pierre Bourdieu teilt die EC aber die „Economy and culture"-Perspektive, eine Perspektive also, die kulturelle Strukturen und kulturelle Praktiken in die sozioökonomische Analyse integriert (Diaz-Bone 2012a).

527 Insbesondere die Absetzung von einer einfachen „Befolgung" und Evidentsetzung von Institutionen ist ein wichtiger Unterschied zwischen der EC und der deutschen Tradition der Kulturanthropologie, wie sie durch die Arbeit von Peter Berger und Thomas Luckmann (1969) formuliert wurde. Dort sind Institutionen „unhinterfragt", aus Sicht der EC sind sie dagegen Gegenstand der Interpretation und der Kritik.

verhalten. Aus Sicht der EC ziehen die Akteure die in der Situation vorhandenen Konstellationen von Institutionen, Konventionen, Formen und Objekten heran, um sich für die Evaluation (Kalkulation) darauf zu stützen. Institutionen werden daher als Instrumente aufgefasst, die Akteure interpretieren und so erst ins Werk setzen. Die Unvollständigkeit der Institutionen ist aus pragmatischer Sicht evident, und Institutionen erhalten eine soziale Realität erst mit Bezug auf Konventionen, die herangezogen werden, um kollektiv zu bestimmen, wie der Sinn, die Relevanz sowie die Funktionsweise von Institutionen zu interpretieren sind (Kapitel 5, 8 und 10). Konventionen „fundieren" in dieser Perspektive diese Realität von Institutionen. Konventionen selbst werden dann aber nicht durch andere Konventionen fundiert – was, wenn man dies in einem Gedankenspiel fortsetzte, auf einen „unendlichen Regress" hinausliefe – und ihre Einführung und Handhabung soll sich letztlich auf die pragmatische Kompetenz von Akteuren in Situationen zurückführen lassen (Favereau 1989a). Aber Konventionen können sich durchaus in einer Konstellation der „horizontalen Pluralität" (Kapitel 10) befinden. Und es ist auch denkbar, dass sie in einer Hierarchie stehen, wie im Fall des Modells von Robert Salais (Kapitel 4). Für ihn ist die Produktion durch zwei Konventionen geprägt, die Konvention der Produktivität und die Konventionen der Arbeit (Kapitel 6), die in einer hierarchischen Beziehung stehen – die Salais auch als Machtbeziehung deutet – und die nicht auf demselben Niveau angesiedelt sind (Salais 2007, S. 103). Zwischen Institutionen und Konventionen eröffnet sich eine für die EC bedeutsame Differenz, auf die Salais früh hingewiesen hat (Salais 1998, 2007, 2011). Diese Differenz kann in Situationen für Spannungen sorgen und damit institutionelle Dynamiken auslösen.

> "Uncertainty and critique are the driving forces for a continuing tension between conventions and institutions. Actors permanently have to apply their competence to judge the appropriateness of institutions for means of coordination and to fix and to adjust the relation between conventions and institutions in the course of economic coordination to situational purposes. Institutional dynamics result from these adjusting practices when actors invent new relations between conventions and institutions because the old relations were – in their view – no longer legitimate and viable." (Diaz-Bone/Salais 2011, S. 18)

Es lassen sich analytisch vier Konstellationen der Beziehung zwischen Institutionen und Konventionen unterscheiden. Die jeweilige Beziehung wird durch die Interpretationen und Handlungen der Akteure hergestellt.[528]

528 Siehe ausführlicher Diaz-Bone (2012).

Tabelle 11.1 Vier wahrgenommene Situationen

Beziehung zwischen Institutionen und Konventionen ist:	Funktionieren der Institutionen wird beurteilt als: „nicht kritisch“	„kritisch“
kohärent	(1) Normalität/ Verlässlichkeit	(2) Blockade/ Hegemonie
inkohärent	(3) Dynamik/ Wandel	(4) Krise/ Versagen

Quelle: Diaz-Bone (2012, S. 71)

Die erste Situation wird als unhinterfragte „Normalität“ interpretiert. Die Institutionen werden als „nützlich“, „richtig“, „funktionierend“ gedeutet und ihre Handhabung erfolgt kohärent und erscheint unproblematisch. Hier stabilisieren sich Konventionen und Institutionen wechselseitig und es stellt sich auch die Kognition ein, dass die „Dinge zusammenpassen“.[529] Die zweite Situation unterscheidet sich von der ersten dadurch, dass die Akteure diese als kritisch beurteilen. Nun ist aber problematisch, dass die Konventionen und die Institutionen miteinander in einer kohärenten Beziehung stehen, wenn diese Situation nicht im Einklang steht mit den kollektiven Interessen der Akteure und ihnen keine anderen angemessenen Konventionen oder Institutionen zur Verfügung stehen. Für die Akteure ist hier die Kritik nicht einfach anzubringen, denn die Kohärenz zwischen Konvention und Institution stützt die Institution.[530] Die Akteure sehen sich mit einer „Blockade“ der Situation konfrontiert, die als Hegemonie erfahren werden kann, wenn Akteure sich durch diese Kombination von Konvention und Institution benachteiligt oder gar durch diese bemächtigt sehen. Die dritte Situation wird von den Akteuren als unkritisch erfahren, obwohl das Verhältnis von Konvention und Institution nicht (mehr) kohärent ist. Dies kann der Fall sein in Situationen, in denen die Akteure neue Konventionen für die Handhabung von Institutionen eingeführt haben, mit der Folge, dass sich neue (wenn auch anfangs nicht vorgesehene) Verwendungsweisen und Möglichkeiten ergeben können (was Außenstehende durchaus als Missbrauch,

529 Dies in dem Sinne, in dem Alain Desrosières davon gesprochen hat, dass man handelt, um „Dinge zusammenhalten zu lassen“ (Desrosières 1990).

530 Batifoulier und Larquier (2005) sowie Favereau (2012, 2013) haben in diesem Sinn von „schlechten Konventionen“ gesprochen, die es Akteuren erschwert oder gar verunmöglicht, eine Lösung zu finden angesichts ökonomischer Krisen. Siehe für eine Überblicksdarstellung Larquier (2016b).

Zweckentfremdung etc. deuten können). Die vierte Situation erscheint wie die zweite als kritisch für die Akteure. Allerdings liegt eine Inkohärenz zwischen Konvention und Institution vor. Die Koevolution von beiden „läuft auseinander“, die Institution „erfüllt“ nicht mehr ihren wahrgenommenen bzw. erwarteten Zweck. Aus Sicht der Akteure ist die Institution in eine Krise geraten. Man wird erwarten, dass die dritte und vierte Situation weniger stabil sind und über die Zeit in eine der anderen hier differenzierten Situationen übergehen werden. Einen spezifischen Beitrag zur Analyse institutioneller Prozesse kann die EC dadurch beisteuern, dass sie Übergänge zwischen diesen Situationen rekonstruiert und nach den Bedingungen und den Folgen fragt.

11.3 Dynamik von Konventionen

Die EC sieht sich immer wieder mit kritischen Anfragen hinsichtlich ihrer Erklärung der Dynamik von Konventionen konfrontiert. Diese Anfragen sind durchaus widersprüchlich. Denn einerseits wird angefragt, wie das Entstehen und die Veränderung von Konventionen zu erklären seien. Andererseits wird angefragt, wie denn die Etablierung und Stabilität der Konventionen zu erklären seien. Dabei zeigt sich schnell, dass die EC nicht Konventionen isoliert betrachtet, sondern Konstellationen aus Akteuren, Praktiken, Objekten, Dispositiven (Intermediären) und (zumeist mehreren) Konventionen in Situationen sowie über unterschiedliche Reichweiten hinweg. Diese Konstellationen erst können eine relative Dauer erreichen, indem die Elemente sich wechselseitig stützen. Rechtfertigungsordnungen, Qualitätskonventionen, Produktionswelten entstehen über lange Zeit (oft über die Dauer von Jahrzehnten oder gar Jahrhunderten) und koevoluieren mit ihren Kontexten. Die Studie von Salais, Baverez und Reynaud (1986, 1999) zeigt, dass eine solche Konstellation wie die der industriellen Arbeit und Arbeitslosigkeit sich über einen Zeitraum von fast hundert Jahren formiert hat. Boltanski und Thévenot (2007) haben die kulturelle Emergenz des industriellen Denkens noch weiter zurückführen können. Die Frage nach der Dynamik bezieht sich nicht auf das Auftreten einer Konvention, sondern darauf, wie solche Konstellationen entstehen, für die sich dann eine oder mehrere Konventionen als stabilisierende Koordinationslogiken bewähren können. Dabei muss eine Konstellation wohl nicht von Beginn an als Einheit entstehen, die bereits die einzelnen Elemente zugleich beinhaltet. Das ungeplante Auftreten neuer Elemente kann etablierte Konstellationen instabil werden lassen und andere ermöglichen. Die Frage nach der Dynamik von Konventionen lässt sich auch auf Situationen mit geringer zeitlicher Dauer beziehen. Denn in Situationen finden sich immer mehrere Konventionen vor sowie Akteure, die zwischen ihnen wechseln, Kompromisse herstellen oder sich im Konflikt auf unterschiedliche Konventionen beziehen.[531] Die Praktiken der Akteure können in Situationen das Gefüge destabilisieren und in anderer Form neu stabilisieren (wie das Beginnen und Beenden eines Konflikts). Marty (2002, 2006, 2015) hat in seiner Untersuchung der Reglementierung der Elektrizitätsproduzenten in Frankreich gezeigt, wie Rechtsstreitigkeiten dazu führen können, dass Kläger oder Gerichte andere Konventionen für diesen Bereich einfordern und hier wirksam werden lassen können. Didry (2002, 2012) hat in seiner Studie der Entstehung der kollektiven Konventionen gezeigt, wie diese in sozialen Konflikten über die Frage der kollektiven oder individuellen Vereinbarungen über die Arbeitsorganisation und Arbeitsbedingungen sich als Lösung in den neuen Pariser Industrien etabliert haben. Die bisherigen individuellen Arbeitsverträge standen in der nun kollektiven Kritik, da sie mit den neuen Arbeitserfordernissen und den entstehenden Arbeitskollektiven nicht länger vereinbar schienen. Allerdings handelt es sich bei diesen Dynamiken nicht um Veränderungen von Konventionen an sich, sondern um Änderungen ihrer Positionierung in einer situativen Konstellation. Die systematische Beantwortung der Fragen nach der Entstehung, Stabilisierung sowie Veränderung solcher Konstellationen hängt eng zusammen mit der Systematisierung und dem gezielten Einsatz von Untersuchungsanlagen, wie der wirtschaftshistorischen Methodologie oder vergleichenden Analysen (Kapitel 10).

11.4 Regimes des Engagements

Es ist insbesondere eine Theorieentwicklung, die als „Erweiterung" der EC zu sehen ist und die in Frankreich bereits als eigenständiger soziologischer Beitrag rezipiert und diskutiert worden ist.[532] Es handelt sich um die Regimes des Engagements, die Thévenot ausgearbeitet hat. Diese sind als Koordinationslogiken unterhalb „der

531 Siehe detaillierter Knoll (2013b, 2015a, 2017).

532 Thévenot selbst hat seine Theorie der Regimes des Engagements im Kontext und in Zusammenarbeit mit anderen pragmatischen Theoretikern in Frankreich entwickelt, wie Nicolas Dodier, Pierre Livet und Ruwen Ogien. Siehe Dodier (1991, 1993a, 1993, 1995, 2011), dann Livet (1994, 2005a) und Thévenot (1997, 2004) sowie die Bezüge auf Ogien und Livet in Thévenot (2011b). Die Vielfalt der pragmatischen Modelle des Handels, die in den französischen Sozialwissenschaften entwickelt wurde, findet sich in den Beiträgen zur Buchreihe *Raisons pratiques* (Editions de l'EHESS) wieder. Luc Boltanski hat ebenfalls ein pragmatisches Modell von Handlungsregimes entwickelt (1990b); für einen Vergleich der Theorien von Thévenot und Boltanski siehe Knoll (2013b).

Ebene“ der Rechtfertigungsordnungen, der Produktionswelten und Qualitätskonventionen angesiedelt und werden im Handeln herangezogen, um die individuelle Lebensführung in den Bereichen zu strukturieren, in denen sie nicht dem Zwang zur (öffentlichen) Rechtfertigung unterliegt. Thévenot (1994d, 2006, 2011b, 2011c, 2011e, 2012c, 2014) hat mehrere dieser Regimes identifiziert, sodass auch hier eine Pluralität als Koordinationslogiken vorliegt und damit insgesamt ein „vertikaler Pluralismus“ (Blokker 2011) oder „zweiter Pluralismus“ (Eymard-Duvernay et al. 2006a, 2011). Thévenot fasst diese Regimes als ebenfalls *soziologische* Regimes auf, da sie von Individuen praktisch in ihr Handeln mit anderen Personen, aber insbesondere in ihr Handeln mit Objekten und mit der eigenen Person einbezogen werden. Sie sind *Koordinationslogiken*, da sie die Koordination des Individuums mit den Bereichen seiner Umwelt betreffen, die ermöglichen, die individuelle Persönlichkeit und die praktische Lebensführung in eine Form zu bringen und zu konstruieren. Somit sind diese Regimes auch Koordinationslogiken, wie mit dem „Selbst“ praktisch umgegangen werden kann; das betrifft auch die Frage, wie dieses „Selbst“ in die Koordination mit anderen eintreten kann und welche Form es dafür vorfindet (Thévenot 2014). Thévenot (2011b) spricht davon, dass diese Regimes den Personen ermöglichen, in einer stabileren und (selbst)sicheren Weise über verschiedene Situationen hinweg handeln zu können. Thévenot hat drei solcher Regimes differenziert. Im *Regime des Handelns im Plan* strebt eine Person das Vollziehen von Handlungen an, die die Person vorbereitet und vorstrukturiert – eben „plant“. Das beinhaltet nicht notwendigerweise, dass das Erreichen eines Ziels damit verbunden sein muss. Es kann ausreichen, lediglich eine „normale“ Handlung („pünktlich zur Arbeit erscheinen“) zu vollziehen. Zeiteinteilungen, Standards, Routinen und formalisierte Regeln sind für dieses Regime bedeutsam. Damit dieses Regime auch für die Persönlichkeit des Individuums als Koordinationslogik zur Entfaltung kommen kann, kommt es darauf an, dass das Individuum eine entsprechende Autonomie innehat, um zu planen – im Unterschied zur Planung des eigenen Handelns durch andere. Das *Regime des Handelns im Vertrauten* entfaltet sich, wenn das Individuum in seinem Milieu agiert, mit dem es durch ungezwungenen Gebrauch vertraut wird. Thévenot zieht die Begrifflichkeit der Privatheit und der Intimität heran, um den Geltungsbereich dieses Regimes zu beschreiben (Thévenot 2011b). Das zuletzt von Thévenot angeführte Regime ist das *Regime des entdeckenden Handelns*. Dieses ist durch eine spielerische Haltung zur Umwelt gekennzeichnet. Zugleich ist im Vergleich zum Regime des planenden Handelns der Zeitbezug ein anderer.

> “In contrast to the two previous ones, this regime is exclusively present-oriented. Value is placed on surprise and the assurance of an excited self depends on the unflagging rejuvenation of the environment – including one’s body – which has to be arranged to produce the shock of newness. Such a renewable milieu is properly arranged by

contemporary techniques of information and communication that deliver a permanently 'refreshed' display on a screen able to prelaunch curiosity. This engagement is a basic component of contemporary consumption and production, and contributes to the blurring of boundaries between the two spheres." (Thévenot 2014, S. 15)

Es scheint, als ob Thévenot mit dem dritten Regime den neuen elektronischen Lebenswelten in besonderer Weise Rechnung tragen will. Aber für diese gilt, dass die neuen Kommunikationstechnologien auch ein Repertoire der beiden vorangehenden Regimes sind. Thévenot bezieht auch Macht bzw. Unterdrückung auf das Verhältnis der Regimes zu formatierten Umwelten (Milieus). Die Möglichkeit, eigene Kapazitäten zu entfalten bzw. Herrschaft zu unterliegen, sieht Thévenot als durch die „In-Formatierung" der Umwelten bedingt.

> "The dependency of human beings, capacities and powers on such formatted and structured environments sheds light on mechanisms of domination and oppression that are most indirect: they work through the trans-format-ion of the format of these environments that is taken into account in policies and organizations." (Thévenot 2014, S. 12; Bindestriche i. Orig.)

Regimes des Engagements sind deshalb nicht bereits „persönliche Machttechnologien", die Akteuren Macht für den selbstbestimmten Umgang mit sich selbst zukommen lassen.[533] Die Regimes stehen selbst in komplexen Konstellationen mit formatierten Umwelten, die Machteffekte ermöglichen und selbst durch Machteffekte durchzogen werden. Intermediäre können für deren Übertragung, Steigerung und für ihre Organisation konstitutiv sein (Thévenot 2014, S. 18). Dennoch kann man für drei Regimes je eigene „Kapazitäten" ausmachen, die den Akteuren dazu dienen, das jeweilige Regime in Umwelten „beizubehalten" und sich nicht ohne Weiteres durch die Umwelt beherrschen zu lassen. Ebenso sind für die drei Regimes spezifische Modi anzugeben, wie mehrere Personen „darin" zueinander in Beziehung treten.

Zwei Beispiele. (1) In einem Unternehmen richten Personen ihren Tagesablauf selbst so ein, dass sie vor Teamsitzungen ausreichend Zeit haben, um sich darauf vorzubereiten (Regime des planenden Handelns). Die Arbeitsplätze sind durch das Unternehmen zwar vorausgestattet, aber die dort arbeitenden Individuen gestalten diese individuell und richten sich dort so ein, dass eine persönliche Arbeitsatmosphäre entsteht (Regime des Handelns im Vertrauten). Es finden sich gelegentlich

533 Hier zeigt sich der Unterschied zur Machttheorie von Foucault, der mit den Technologien des Selbst die Praktiken zu identifizieren versucht hat, anhand derer Akteure sich selbst für ihre Lebensführung eine Form geben und so an ihrer „Selbstbemächtigung" arbeiten können (Foucault et al. 1993). Thévenot hat auch an dem Vergleich der Machtkonzeption bei Bourdieu und Dewey mit derjenigen der EC gearbeitet (Thévenot 2011e).

und ungeplant Situationen, die Gelegenheiten für das intuitive Ausprobieren neuer Geräte oder das „Herumspielen" mit neuen Ideen bieten (Regime des entdeckenden Handelns). (2) Um in ihrer Freizeit mit Freunden eine Wanderung machen zu können, muss eine Person sich dafür vorbereiten, entsprechende Vorkehrungen treffen, sie nutzt die Informationen im Internet über Verkehrsverbindungen zum Startpunkt der Wanderung (Regime des planenden Handelns). Während der Wanderung tauscht man Erinnerungen aus, am Abend wird gemeinsam gekocht und gegessen (Regime des Handelns im Vertrauten). Das Ziel der Wanderung ist, einen neuen Wanderweg und neue Ausrüstung zu probieren (Regime des entdeckenden Handelns).

Kommt es in diesen Beispielen allerdings zu Problemen, Schwierigkeiten und Infragestellungen, müssen sich diese Personen kompetent auf Rechtfertigungsordnungen und Qualitätskonventionen beziehen. Zu Problemen kann es auch dann kommen, wenn Ereignisse diese Regimes „stören". Umweltverschmutzung und Umweltzerstörung, mangelhafte und schädigende Produkte, Störungen der Infrastruktur (Verkehrsstaus, Fluglotsenstreiks, Stromausfälle etc.), Krankheiten und Unfälle sowie andere Vorfälle können Krisen und Konflikte auslösen, die die betroffenen Personen mobilisieren und dazu bringen, sich im Protest auf Rechtfertigungsordnungen und Qualitätskonventionen zu beziehen, um diejenigen Bedingungen legitim einzufordern, die die Regimes des Engagements (wieder) möglich machen. Die Tabelle 11.2 stellt die drei Regimes des Engagements einander gegenüber.

Tabelle 11.2 Regimes des Engagements

	Regime des planenden Handelns	Regime des Handelns im Vertrauten	Regime des entdeckenden Handelns
Zu erzielendes Gut	vollzogene Absicht	Leichtigkeit, Komfort, persönlicher Komfort	Reiz des Neuen
Format der Information	funktional	üblich, kongenial	überraschend
Fähigkeit/Macht, um das Engagement beizubehalten	Autonomie, Absicht	Verbundenheit	Neugier, Erkundung
Engagement (mit anderen Personen)	Gemeinsames Projekt, Vertrag	Enge Freundschaft, Intimität	Spiel

Quelle: Thévenot (2014, S. 13)[534]

534 Übersetzung RDB; Übersetzung der Begrifflichkeit ist teilweise mit Bezug auf Thévenot (2011b) erfolgt. Thévenot (2014, S. 13) führt in einer Spalte auch die Rechtfertigungsordnungen und das Engagement in ihnen auf. Er setzt so die Koordinationslogiken, die das

Die Regimes des Engagements sind keine inkorporierten Strukturen der Personen selbst, also keine Habitusformen, wie Bourdieu sie in seiner Sozialstrukturanalyse Frankreichs identifiziert hat (Bourdieu 1982, 1987a). Denn Individuen müssen auch hier je nach Situation wechseln können. Die Angemessenheit der Regimes hängt von der jeweiligen Situation und ihrer Ausstattung mit Objekten und kognitiven Formaten ab. Die ökonomisch relevanten Aspekte der verschiedenen Formen des Habitus können jeweils (habitusspezifisch sowie situationsspezifisch) auf die drei Regimes des Engagements bezogen werden. Zumindest für eine Wirtschaftssoziologie, die die Bourdieusche Theorie zum Ausgangspunkt nimmt, wäre dies eine vielversprechende Forschungsperspektive.[535]

Die hier vorgestellten Regimes des Engagements werden bislang erst noch in wenigen Arbeiten der EC herangezogen.[536] Dennoch ist dieses Konzept vielversprechend, wenn diese Regimes im Zusammenhang mit den anderen Konzepten der EC zusammen in Analysen eingesetzt werden, um zu zeigen, wie ökonomische Prozesse und Strukturen großer Reichweite im Verhältnis stehen zur praktischen individuellen Lebensführung. Dies ist eine Forschungsperspektive, die vielversprechend ist für Bereiche wie die Konsumforschung, die Soziologie der personenbezogenen Dienstleistungen oder die Analyse neuer Arbeitsformen – darunter solche, die wesentlich mehr Selbstmanagement und Selbstkontrolle erzwingen (Thévenot 2014, S. 9).[537] Allgemein sind die hier vorgestellten Regimes für die EC von Bedeutung, weil sie entscheidend dafür sein können, wie Personen sich für Situationen mobilisieren lassen, die durch die Koordinationslogiken der Rechtfertigungsordnungen, Qualitätskonventionen und Produktionswelten koordiniert und strukturiert sind.

Selbst in seiner Umwelt betreffen, mit denjenigen Koordinationslogiken in Beziehung, die Gemeinschaften mit größerer Reichweite koordinieren. Thévenot spricht zudem von der „liberalen Grammatik", welche sich aber als Konzept noch nicht klar abzeichnet (Thévenot 2014).

535 Die Arbeiten von Lahire (2006, 2011) versuchen, die Habitustheorie Bourdieus zu „pragmatisieren", und wären am ehesten geeignet, sie an die Theorie von Thévenot zu vermitteln.

536 Für Frankreich kann man auf die Arbeiten von Auray (2007; Auray/Vétel 2014), Breviglieri (2009), Centemeri (2012b, 2015) oder Cheyns (2011; Ponte/Cheyns 2013) verweisen. Für Deutschland siehe beispielsweise die Arbeiten von Knoll (2013a, 2015a), Kozica und Kaiser (2015) oder Kozica et al. (2014).

537 Siehe für die Vermittlung einer Konsumperspektive an die EC Hedtke (2001, S. 255ff) sowie Jeannerat (2012).

11.5 Einbeziehung von Diskursen

Es gab lange in der EC kein explizites und systematisches Anliegen, diesen Ansatz um eine Diskurstheorie oder um diskurstheoretische Konzepte zu erweitern. Und tatsächlich findet man zunächst auch eine Skepsis gegenüber (allein) diskurstheoretischen bzw. diskursanalytischen Zugängen, denn eine zentrale Position der Arbeit von Boltanski und Thévenot besteht in dem Aufweis, dass Rechtfertigungsordnungen, Forminvestitionen und Prüfungen wesentlich angewiesen sind auf die Objektwelt und auf (nicht-diskursive) Praktiken. Eine falsch verstandene Diskurstheorie als Sozialwissenschaft, die die Reduktion des Sozialen auf Diskurse praktiziert, wird also klar zurückgewiesen. Auffällig ist aber, dass Diskurselemente (ökonomische Konzepte, Diskursuniversen, diskursive Praktiken) und die Bedeutung der Sprache und des Sprechens in vielen Arbeiten der EC Analysegegenstände sind und sich dort sogar diskursanalytische Verfahren finden. Das sind Beiträge wie die von Remillon und Marchal (Kapitel 4), in denen lexikometrische Analysen eingesetzt werden, von Gomez (Kapitel 5) und Diaz-Bone (2015c, 2017d), in denen die Foucaultsche Diskurstheorie an Konzepte der EC vermittelt wird, von Thévenot (Kapitel 8), in denen die Praxis des rechtlichen Urteilens als Rechtfertigungspraxis gedeutet wird, oder von Didier (Kapitel 8), in denen die diskursiven Beiträge zur Rechtsproduktion untersucht werden. Darüber hinaus gibt es einzelne empirische Arbeiten. Bessis und Remillon (2012) haben die zunehmende Bedeutung von Statistiken in politischen Debatten zur Wirtschaftspolitik untersucht. Chiapello und Fairclough (2002) haben eine kritische Diskursanalyse von Managementliteratur vorgelegt. Es existieren dann weiter – wenn auch verstreute – Beiträge, die häufig nicht viel mehr als Hinweise auf mögliche diskurstheoretische Perspektiven geben. Bessy und Favereau (2003) sowie Bessy (2017) benennen Diskurse (und Sprache) als eine grundlegende Institution für jede Ökonomie. Favereau (2005a, 2008) und Eymard-Duvernay (2009) haben auf die Rolle der Sprache für die Etablierung von kalkulierenden Praktiken hingewiesen. Beide haben die Position vertreten, dass die Unvollständigkeit der „Rationalität" von Akteuren durch deren sprachlich-interpretative Tätigkeit „vervollständigt" wird, die Akteuren ermöglicht, sich in Koordinationen auf Konventionen zu beziehen und dabei kollektiv geteilt Evaluationen und Qualifizierungen zu leisten. Favereau (2005b, 2013) hat auf den Einfluss von Wittgenstein auf Keynes sowie auf die Deutung der wirtschaftswissenschaftlichen Theorie als ein Sprachspiel aufmerksam gemacht. Salais (2013) hat in seiner wirtschaftshistorischen Kritik des europäischen Vereinigungsprozesses zentrale Diskurskonzepte des neoliberalen Diskurses untersucht und auf ihre Umdeutung hingewiesen. Centemeri (2015) hat das Konzept der Valorisierungssprachen (*languages of valuation*) in ihrer Analyse von Umweltkonflikten verwendet. Letztlich kann aber bereits die „Identifizierung" der verschiedenen Rechtfertigungsordnungen durch Boltanski und Thévenot (2007) als Rekonstruktion von Rechtfertigungsgrammatiken und damit als eine Form der Diskursanalyse aufgefasst werden. Auch die Studie zu den Denunziationen in Leserbriefen von Boltanski (1987) hat den Charakter einer Diskursanalyse.[538] All diese Beiträge sind noch nicht als Diskursanalysen ausgewiesen oder gar methodisch angelegt, sie machen aber deutlich, dass die sozioökonomische Analyse der EC eben auch die Diskurse (in) der Ökonomie praktisch mit einbezieht. Dabei wiederholt sich hier auch das methodologische Spektrum zwischen Pragmatismus und Strukturalismus, denn auch für die Diskursforschung ist diese Opposition – was ihre theoretischen und ihre methodischen Ansätze angeht – ein das Feld der Diskursforschung organisierendes Prinzip. Die sich hier eröffnende Perspektive ist vorbereitet, nämlich diejenige einer organisierten, systematischen Erweiterung der EC um diskurstheoretische und diskursanalytische Ansätze.

Vonseiten der Diskursforschung ist der Anschluss bereits vorgezeichnet. Denn man kann Konventionen auch als Tiefenstrukturen in Diskursen auffassen, die die kollektive Kognition (oder Sozio-Kognition) strukturieren. Der Diskursforscher Teun van Dijk schreibt bereits 1980 mit Bezug auf das Konventionenkonzept von Lewis (Lewis 1975, siehe Kapitel 6):

> "Hence, when speaking of the foundations of language use and interaction, we should use the notion of social cognition to account for the fact that our interpretations and representations in this area are essentially conventional: The categories and rules we manipulate are developed under the constraints of all kinds of communicative interaction and cooperation." (van Dijk 1980, S. 2)

Konventionen „organisieren" also die Interpretationen und Repräsentationen, welche van Dijk als sprachlich (diskursiv) organisiert auffasst. Hier korrespondiert van Dijks Auffassung von Kognition mit derjenigen der EC. Weiter sieht auch er die Pragmatik von Regeln und Kategorien nicht nur in Kooperationen (in der EC: Koordinationen) eingebettet, sondern spricht Letzterem auch das Primat zu. Ein neu in diesem Kontext aufgetretener Aspekt ist die Differenzierung von Konventionen ohne semantischem Gehalt und Konventionen mit semantischem Gehalt. Denn in der EC werden nicht nur solche Konventionen analysiert und für Interpretationen herangezogen, die eine interne semantische Organisation und einen internen semantischen Gehalt haben (weswegen man diese als eine „Logik" deuten kann),

---

538 Stark hat in den USA im Anschluss an Boltanski und Thévenot das Konzept des „diskursiven Pragmatismus" ausgearbeitet, um auf die Bedeutung des organisationalen Wissens und seiner diskursiven (pluralistischen) Ordnung hinzuweisen (Stark 2009, S. 27).

sondern auch solche Muster der Koordination werden als Konvention bezeichnet, die nicht über einen semantischen Gehalt verfügen (siehe für diese Diskussion Diaz-Bone 2016a). Diskurstheoretisch wäre hier weiter auszuarbeiten, was für unterschiedliche Wirkmächtigkeiten (für Legitimation, Machteffekte oder gesteigerte Reichweite der Koordination) Konventionen mit und ohne semantischen Gehalt aufweisen. Konventionen mit semantischem Gehalt sind nun auch diskursanalytisch relevante Sachverhalte, nicht nur als Tiefenstrukturen (Diaz-Bone 2015c). Als vielversprechend erscheint die kombinierte Analyse von ökonomischen Diskursen und ökonomischen Dispositiven. Die Analyse von Dispositiven (in) der Ökonomie ist von Beginn an integraler Bestandteil der EC, die Analyse von Diskursen ist eine aufkommende Perspektive. In den deutschsprachigen Sozialwissenschaften war das Feld der Diskursforschung dagegen lange von der Wirtschaftssoziologie faktisch separiert. Erst seit wenigen Jahren werden hier die Verbindungen zwischen einer Diskursanalyse (in) der Ökonomie und einer Dispositivanalyse (in) der Ökonomie hergestellt und in der empirischen Analyse der Ökonomie eingesetzt.[539] Bislang ist hier weitgehend noch nicht gesehen worden, dass die EC in einigen Hinsichten – insbesondere was die Dispositivanalyse (in) der Ökonomie betrifft – einige Jahrzehnte Vorlauf hat. Denn das Dispositivkonzept, das insbesondere für die Sozialtheorie sowie Machttheorie von Michel Foucault so bedeutsam ist, wird in der EC seit Jahrzehnten in vielfältiger Weise verwendet. Mit dem Entwickeln diskurstheoretischer Perspektiven eröffnet sich für die EC eine neue Relevanz gerade der Arbeiten von Foucault.[540]

---

539 Siehe die Beiträge in *Economic Sociology – European Electronic Newsletter* 14(2) aus dem Jahr 2013. Weiter auch die Beiträge in Diaz-Bone und Krell (Hrsg.)(2015), Hartz und Rätzer (Hrsg.)(2013) sowie Diaz-Bone und Hartz (Hrsg.)(2017).

540 Und damit verbunden auch weitere Perspektiven für eine konventionentheoretische Ausarbeitung von Konzeptionen der Macht, wie sie Eymard-Duvernay (2006b, 2012) mit den Konzepten der „Macht der Evaluation“ sowie der „Macht der Valorisierung“ oder Boltanski und Thévenot (2007) mit der „Macht der Konventionen“ (Zwang zur Rechtfertigung) begonnen haben. Siehe für eine erste Systematisierung der Machtkonzeptionen in der EC Thévenot (2016b).

11.6 Internationalisierung

Der Ansatz der EC ist erst mit deutlicher Verzögerung außerhalb Frankreichs rezipiert worden.[541] Als ein Problem ist die französische Sprache als „Rezeptionsbarriere" identifiziert worden, aber auch die spezifische kognitive und institutionelle Struktur der EC (Kapitel 2). Obwohl einige Publikationen früh in englischer Sprache publiziert wurden – wie Storper und Salais (1997) oder der Sammelband von Favereau und Lazega (Hrsg.)(2002) – sind diese zunächst nicht als Teil einer Wissenschaftsbewegung wahrgenommen worden.[542] Für die (sich nun intensivierende) internationale Rezeption spielt eine Rolle, dass die EC Grundzüge aufweist, die untypisch sind für Frankreich. Sie repräsentiert kein staatszentriertes Denken, das den Staat (der in Frankreich zentralistisch ist und immer noch auf eine Staatselite setzt) sowohl als Problem (hinsichtlich seiner politisch-institutionellen Strukturen und des Staatsversagens) als auch als Ansatzpunkt für die Lösung dieser Probleme auffasst. Dieses Denken wäre eher kennzeichnend für die *Théorie de la régulation* (TR), und dieses Denken wäre nicht pragmatisch. Die EC betont nicht nur den Pluralismus der Koordinationslogiken sowie Staatsverständnisse, sondern auch die Unterschiede in den Wirtschaftsregionen, die von Storper und Salais (1997) kleiner gefasst wurden als nationalstaatlich (Kapitel 7). Dennoch haben die ländervergleichenden Analysen (wie in Kapitel 4) Länderunterschiede herausgearbeitet, die den Eindruck erwecken können, es gäbe (immer noch) nationale dominierende Koordinationslogiken. Die Arbeiten zu den global value chains (Kapitel 6) zeigen aber, dass die EC auch transnationale Analysen vorgelegt hat und sich nicht auf eine politische Einheit oder Ebene festlegen lässt, in dem Sinne, dass sie vorrangig für deren Analyse geeignet sei.

Wie Dosse (1999) gezeigt hat, sind in den französischen Sozialwissenschaften seit den 1980er-Jahren zunehmend amerikanische Theorien und Methoden einflussreich geworden. Das ist ein erklärendes Moment für das Wiedererstarken des Pragmatismus in den französischen Sozialwissenschaften. Dabei ist der Pragmatismus nicht nur über das interpretative Paradigma in der Soziologie (symbolischer Interaktionismus, Ethnomethodologie) maßgeblich geworden, es sind später auch Rezeptionen des klassischen Pragmatismus von John Dewey (Thévenot 2011e) sowie

541 Außerhalb Frankreichs sind die frühen Rezeptionen Beiträge wie die von Wagner (1993), Wilkinson (1997), Lamoureux (1996), Lévesque et al. (1997) sowie dann ebenfalls Hedtke (2001).

542 Dass die Zahl der englischsprachigen Publikation insbesondere seit Ende der 2000er Jahre zunimmt (wie mit den Special issue der Zeitschrift Historical Social Research) veranschaulicht die Tabelle 2.1.

ein erneuertes Interesse am pragmatisch beeinflussten klassischen Institutionalismus von John Commons (Defalvard 2005; Bessy 2011) hinzugekommen. Man muss hier aber herausstellen, dass die Rezeption des Pragmatismus in Frankreich durch die EC sowie die neuen französischen Sozialwissenschaften auch eine „indirekte" und – was die Klassiker des Pragmatismus betrifft – eine „nachholende" Rezeption war (Stavo-Debauge 2013; Thévenot 2011c).[543]

Aber eben die Tatsache, *dass* die EC in wichtigen Aspekten untypisch für die Situation in Frankreich ist, legt nahe, dass ihre Denkweisen und Analysestrategien nicht auf die Analyse der französischen Ökonomie und Gesellschaft beschränkt sind. Sozialwissenschaftlerinnen und Sozialwissenschaftler außerhalb Frankreichs, die pragmatische und strukturalistische Denkweisen in die sozio-ökonomische Analyse der Koordination einbringen, haben entsprechend seit Jahren schon eine undogmatische Rezeption der Arbeiten der EC begonnen. Dazu zählen einführende Darstellungen der EC (wie in Handbüchern und Lehrbüchern) sowie Diskussionen ihrer theoretischen Positionen, dann aber auch neue empirische Anwendungen. Die Übersetzungen der beiden Hauptwerke (Boltanski/Thévenot 1991; Salais/Storper 1993), dann die Übersetzung der Bücher von Boltanski und Chiapello (Boltanski/Chiapello 1999) sowie von Orléan (2011) ins Englische haben die internationale Rezeption wesentlich befördert.[544] Allerdings ist hierbei die Aufmerksamkeit häufig nur in Teilbereichen mobilisiert worden (wie für eine pragmatische Theorie der Rechtfertigungsordnungen im Falle von Boltanski und Thévenot oder eine Theorie der industriellen Beziehungen im Falle von Salais und Storper), sodass dann nicht länger die Zusammenhänge innerhalb der Wissenschaftsbewegung der EC gesehen werden.[545]

543 Siehe für eine Bewertung des Pragmatismus in den neuen französischen Sozialwissenschaften Bénatouïl (1999), Breviglieri und Stavo-Debauge (1999), Stavo-Debauge und Trom (2004), Nachi (2006), Barthe et al. (2013), Thévenot (2011e, 2012c, 2014), die Beiträge in Breviglieri et al. (Hrsg.)(2009), in Cantelli et al. (Hrsg.)(2009) sowie die Artikel im *European Journal of Social Theory* 14(3) aus dem Jahr 2011. Wichtige Beiträge der pragmatischen Soziologie erscheinen seit 1990 in der Buchreihe *Raisons pratiques* (Editions de l'EHESS).

544 Siehe dafür die Tabelle 2.1 in Kapitel 2.

545 Ein Beispiel für eine solche „verengende" Rezeption ist die Diskussion der neuen französischen Sozialwissenschaften durch den „Institutional logics"-Ansatz (Thornton und Ocasio 2008; Thornton et al. 2010). Dieser bezeichnet als institutionelle Logiken ebenfalls „tiefer liegende" Koordinationslogiken und hat daher eine Theorieverwandtschaft mit der EC. (Zudem teilt er hiermit auch die strukturalistische Grundposition.) Es zeigt sich allerdings, dass fast nur die übersetzten Arbeiten – und hier wesentlich Boltanski und Thévenot (2006) – in den USA zur Kenntnis genommen worden sind. Eine fundierte Ausnahme stellen die Artikel von Cloutier und Langley (2010) sowie Dansou und Langley

Rezeptionen in den USA sind beispielsweise durch Biggart und Beamish (2003), Stark (2000) oder Swedberg (2003a, 2006a) erfolgt. Darüber hinausgehende Anwendungen und Kooperationen finden sich mit Lamont (2009), Lamont und Thévenot (Hrsg.)(2000), Stark (2009), Storper (1997) sowie White (2002a, 2002b, 2002c).[546] In England haben Deakin (2003, 2006), Latsis (2005, 2006, 2007; Al-Amoudi/Latsis 2014) und Whiteside (Salais/Whiteside Hrsg. 1998), die EC auf verschiedene Bereiche wie die Analyse der Arbeit und des Rechts angewendet. Diese Aufzählung muss unvollständig bleiben, und insbesondere im (von Paris aus gesehen) restlichen Frankreich sowie in den französischsprachigen Regionen außerhalb Frankreichs – wie in Wallonien in Belgien, in der Romandie in der Schweiz, in Québec in Kanada (Lévesque et al. 1997) – ist die Rezeption der EC doch früh umfangreicher und breiter erfolgt.[547]

In den deutschsprachigen Sozialwissenschaften (in Deutschland, in der Schweiz und in Österreich) zählt die EC nun seit einigen Jahren zu den aktuellen Ansätzen in der neuen Wirtschaftssoziologie – aber auch in angrenzenden Bereichen der Sozialwissenschaften (in der Schweiz ist die Bildungssoziologie führend in der Rezeption der EC). Die Arbeiten von Peter Wagner (1993, 1994, 2004) waren hier mit die allerersten Publikationen, aber sie waren in dem Sinne leider nicht wegbereitend, dass sie ausreichend zur Kenntnis genommen worden wären.[548] Danach haben aber verschiedene Gruppen und weitere Einzelpersonen Publikationen mit konventionentheoretischen Forschungsbeiträgen vorgelegt. Entsprechend der fehlenden Beschränkung der EC auf „Bindestrichsoziologien" (wie sie in der deutschen Soziologie erfolgt) ist die Rezeption im deutschsprachigen Raum auch über viele Bereiche erfolgt, wie in der Institutionentheorie, Organisationsforschung, Bildungssoziologie, Arbeits- und Industriesoziologie und nicht zuletzt

---

(2012) dar. Siehe auch die Kurzbeiträge im *Journal of Management Inquiry* 23(3) aus dem Jahr 2014.

546 In dem für die Wirtschaftssoziologie international einflussreichen „Handbook of economic sociology" (Smelser/Swedberg Hrsg. 2005) findet sich bislang noch keine Aufnahme der EC – bislang sind die Grundlagenmonographie von Boltanski und Thévenot (2007) sowie der Band von Boltanski und Chiapello (2003) erwähnt (Smelser/Swedberg 2005, S. 19). In der internationalen Enzyklopädie der Wirtschaftssoziologie (Beckert/Zafirovski Hrsg. 2006) findet sich dann ein Beitrag zur EC (Thévenot 2006b).

547 Und man kann weiter Dequech (2005, 2008, 2013, 2017a, 2017b) in Brasilien, Jagd (2004, 2007, 2011) in Dänemark, Dahlberg (2010) in Schweden sowie Borghi und Vitale (2006) in Italien anführen. Für die Rezeption der EC in Russland siehe die Quellen in Thévenot (2014) sowie Diaz-Bone und Thévenot (2010). Es gibt nun auch in Japan konventionentheoretische Forschung, befördert durch die Übersetzungen von Batifoulier (Hrsg.) (2001) sowie Boltanski und Thévenot (1991) ins Japanische.

548 Siehe auch Kapitel 2.

Wirtschaftssoziologie. Vor allem in Studien, die die Arbeit als Analysegegenstand haben – wie die berufliche Ausbildung und die Rekrutierung, Arbeitskonventionen, die Regulierung und Förderung von Ausbildung und Berufstätigkeit sowie den Arbeitsmarkt – ist die EC ein nun häufig herangezogener Ansatz.[549] Auch in der Organisationsforschung, Marktsoziologie und Finanzsoziologie liegen Anwendungen vor.[550] Und wie in Frankreich findet auch in der deutschen Soziologie nun eine Intensivierung der Diskussion um den Pragmatismus in der Soziologie statt, die sich dann auch auf die französische EC und die dortige Soziologie der Konventionen bezieht.[551] Weitgehend unbeachtet geblieben sind dagegen die Arbeiten der EC in Frankreich zur Politik, den Institutionen und den Qualifizierungsprozessen im Gesundheitswesen sowie die Arbeiten zu sozialen Bewegungen – wenn man von den vergleichenden Arbeiten zu den Umweltschutzbewegungen in Frankreich und den USA absieht (Lamont/Thévenot Hrsg. 2000).[552]

Allerdings ist auch der Eindruck zulässig, dass sich anders gelagerte Schwerpunkte bzw. Rezeptionsinteressen ergeben, als sie für die Situation in Frankreich prägend sind. Auch wenn eine Einteilung nicht ganz trennscharf sein kann, lassen sich doch einige thematische Schwerpunkte identifizieren. Dazu zählt das Anliegen, die Konzepte und Analysestrategien der EC heranzuziehen, um damit andere Institutionalismen zu kombinieren oder zu vervollständigen. Ein Beispiel dafür sind

549 Siehe Baur et al. (2014), Baur und Hering (2017), Baur und Meier (2017), Brandl und Pernkopf (2015), Imdorf (2012, 2017), Imdorf und Leemann (2012), Jacobsen (2012), Jacobsen et al. (2017), Gerlach (2014), Grüttner (2013, 2015), Latzke (2018), Leemann (2014), Leemann und Imdorf (2015a, 2015b), Pernkopf-Konhäusner und Brandl (2010, 2011), Robin (2017) sowie Seiterle (2017). Und man muss hier anführen, dass einige Sozialforscherinnen und Sozialforscher am Max-Planck-Institut für Gesellschaftsforschung die EC seit Jahren intensiv rezipieren und diskutieren (wie Jens Beckert, Siegrid Quack, Arne Dreßler, Lisa Suckert u. a.).

550 Siehe Brandl und Schneider (2017), Diaz-Bone (2007), Knoll 2015b, die Beiträge in Knoll (Hrsg.)(2015), Kozica et al. (2014), Kozica und Brandl (2015, 2016), Mense-Petermann (2008, 2015), Schneider (2016), Suckert (2015a, 2016b, 2017) und Widmer (2012). Für Finanzmärkte siehe insbesondere Kädtler (2009, 2011) sowie Kädtler et al. (2017).

551 Siehe Knoll (2013b), Lamla (2013), Potthast und Guggenheim (2013), Schmidt (2012) sowie die Beiträge in Dietz et al. (Hrsg.)(2017).

552 Insbesondere Batifoulier hat Beiträge zur Analyse des Gesundheitsfeldes beigesteuert (siehe die Literaturhinweise in Kapitel 2). Die Analyse sozialer Bewegungen wird in der neuen französischen Soziologie vielfach durchgeführt, wie in der Analyse (nationaler und internationaler) medial-öffentlicher politischer Konflikte, aber auch in der Analyse regionaler Proteste, Demonstrationen, Verhandlungen. Insbesondere diese Analysen kombinieren den Ansatz der EC mit dem Konzept der Regimes des Engagements. Siehe beispielsweise die Arbeiten von Cheyns (2011), Centemeri (2012b, 2015) sowie Silva-Castaneda (2012).

Arbeiten, die existierende Institutionalismen wie den soziologischen Neoinstitutionalismus als defizitär betrachten (aufgrund der fehlenden „Mikrofundierung" und fehlender eigenständiger Methodologie) und daher die EC heranziehen.[553] Ein weiteres Beispiel sind Ansätze, die die EC mit der Feldtheorie von Pierre Bourdieu kombinieren.[554] Dann finden sich Arbeiten, die deutlicher auf die Verwendung der EC für sozialwissenschaftliche Diskursanalysen oder für eine diskurstheoretische Ausarbeitung existierender Ansätze setzen.[555] Die hier beschriebene Internationalisierung der EC – und insbesondere ihre Etablierung im deutschsprachigen Raum – ist nicht nur befördert worden durch den zunehmend internationalen Austausch zwischen Vertreterinnen und Vertretern der EC, sondern auch durch die zunehmende englische Publikationstätigkeit der EC. Nachdem die EC sich nun drei Jahrzehnte lang im Raum Paris formiert hat, kann man mittlerweile von ihrer Internationalisierung sprechen (Diaz-Bone 2016b), und die EC kann mittlerweile als internationale Wissenschaftsbewegung gelten.

553 Siehe insbesondere Knoll (2012).

554 Siehe Diaz-Bone (2005, 2007), Schenk und Rössel (2011), Schmidt-Wellenburg (2015), Suckert (2015a, 2015b) sowie Vogel (2015).

555 Siehe Diaz-Bone (2013a, 2015c, 2015d), Mützel (2013, 2015), Grüttner (2013, 2015).

Literatur[556]

Abolafia, Mitchel. 1996. *Making markets. Opportunism and restraint on Wall Street*. Cambridge: Harvard University Press.

Affichard, Joëlle. 1986. *L'homologisation des titres et des diplômes de l'enseignement technologiques, une transformation pour donner valeur d'Etat à des formations specifiques*. In: Salais, Robert/Thévenot, Laurent (Hrsg.), Le travail. Marchés, règles, conventions. Paris: Economica, S. 119-138.

Affichard, Joëlle (Hrsg.) 1977. *Pour une histoire de la statistique*. Bd. 1: Concepts. Paris: INSEE/Economica.

Affichard, Joëlle (Hrsg.) 1987. *Pour une histoire de la statistique*. Bd. 2: Matériaux. Paris: INSEE/Economica.

Affichard, Joëlle/Foucauld, Jean-Baptiste de (Hrsg.) 1995. *Pluralisme et équité. La justice sociale dans les démocraties*. Paris: Editions Esprits.

Agassi, Joseph. 1960. Methodological individualism. *British Journal of Sociology* 11(3), S. 244-270.

Aglietta, Michel. 1976. *Régulation et crises du capitalisme*. Paris: Calman-Levy.

Aglietta, Michel. 2000. *Ein neues Akkumulationsregime*. Hamburg: VSA.

Aglietta, Michel/Orléan, André. 2002. La monnaie. Entre violence et confiance. Paris: Odile Jacob.

Akerlof, George A. 1970. The market for lemons. Quality uncertainty and the market mechanism. *Quarterly Journal of Economics* 84(3), S. 488-500.

Al-Amoudi, Ismael/Latsis, John. 2014. The arbitrariness and normativity of social conventions. *British Journal of Sociology* 65(2), S. 358-378.

Alchian, Armen A./Demsetz, Harold. 1972. Production, information costs, and economic organisation. *American Economic Review* 62(5), S. 777-795.

Alchian, Armen A./Demsetz, Harold. 1973. The property right paradigm. *Journal of Economic History* 33(1), S. 16-27.

Alder, Ken. 2003. *Das Maß der Welt. Die Suche nach dem Urmeter*. München: Bertelsmann.

556 Literatur ist in folgender Reihenfolge für jede Autorin bzw. für jeden Autor (alphabetisch und zeitlich aufsteigend) aufgeführt: (1) Einzelautorschaften, (2) Koautorschaften mit einer Autorin bzw. mit einem Autor (alphabetisch), (4) dann Koaturoschaften mit mehreren Beitragenden (nach Erscheinungsjahr), (4) Herausgeberschaften (alphabetisch).

R. Diaz-Bone, *Die „Economie des conventions"*, Soziologie der Konventionen, https://doi.org/10.1007/978-3-658-21062-5

Allaire, Gilles. 2006. *Conventions professionnelles et régimes de responsabilité*. In: Eymard-Duvernay, François (Hrsg.), L'économie des conventions. Méthodes et résultats. Bd. 1: Débats. Paris: La Découverte. S. 279-293.

Allaire, Gilles/Boyer, Robert (Hrsg.) 1995. *La grande transformation de l'agriculture*. Paris: INRA-Economica.

Allaire, Gilles/Daviron, Benoit (Hrsg.) 2017. *Transformations et transitions dans l'agriculture et l'agro-alimentaire*. Versailles: QUAE.

Allais, Maurice. 1947. *Economie et intérêt*. Paris: Imprimerie Nationale.

Althusser, Louis. 1977. *Ideologie und ideologische Staatsapparate*. Hamburg: VSA.

Amblard Marc. 2004. Conventions et comptabilité: vers une approche sociologique du modèle. *Comptabilité, contrôle, audit* 10, S. 47-68.

Amblard, Marc (Hrsg.) 2003. *Conventions et management*. Brüssel: De Boeck & Larcier.

Amossé, Thomas. 2012. Catégories socioprofessionnelles: quand la réalité résiste! Après le crépuscule, une aube nouvelle? *Revue française de socio-économie* 10(2), S. 225-234.

Amossé, Thomas. 2013. La nomenclature socio-professionnelle: une histoire revisitée. *Annales* 68(4), S. 1039-1075.

Amossé, Thomas. 2016. The Centre d'Etudes de l'Emploi (1970-2015). Statistics – On the cusp of social sciences and the state. *Historical Social Research* 41(2), S. 72-95.

Anderson, Margo J. 1988. *The American census. A social history*. New Haven: Yale University.

Argyris, Chris/Schön, Donald A. 1978. *Organizational learning. A theory of action perspective*. Reading: Addison Wesley.

Arnoldi, Jakob. 2009. *Finanzkrise in der Weltrisikogesellschaft*. Frankfurt: Suhrkamp.

Arrow, Kenneth J. 1974. *The limits of organization*. New York: Norton.

Arrow, Kenneth J./Debreu, Gérard. 1954. Existence of an equilibrium for a competitive economy. *Econometrica* 22(3), S. 265-290.

Auray, Nicolas. 2007. Folksonomy: The new way to serendipity. *Communications and Strategies* 65, S. 67-91.

Auray, Nicolas/Vétel, Bruno. 2014. L'exploration comme modalité d'ouverture attentionnelle: Le cas d'un jeu freemium. *Réseaux* 182, S. 153-186.

Bachelard, Gaston. 1978. *Die Bildung des wissenschaftlichen Geistes. Beitrag zu einer Psychoanalyse der objektiven Erkenntnis*. Frankfurt: Suhrkamp.

Bachelard, Gaston. 1988. *Der neue wissenschaftliche Geist*. Frankfurt: Suhrkamp.

Baillé, Jacques (Hrsg.) 2010. *Convention. Du mot au concept*. Grenoble: Presses Universitaires de Grenoble.

Bailly, Franck/Chatel, Elisabeth. 2006. *La construction de la qualité de l'education: l'exemple des bacs professionnels tertiares*. In: Eymard-Duvernay, François (Hrsg.), L'économie des conventions. Méthodes et résultats. Bd. 2: Développements. Paris: La Découverte, S. 439-452.

Barbera, Filippo/Audifredi, Stefano. 2012. In pursuit of quality. The institutional change of wine production market in Piedmont. *Sociologia Ruralis* 52(3), S. 311-331.

Barbot, Michela. 2015. When the history of property rights encounters the economics of convention. Some open questions starting from European history. *Historical Social Research* 40(1), S. 78-93.

Barthe, Yannick/Blic, Damien de/Heurtin, Jean-Philippe/Lagneau, Eric/Lemieux, Cyril/Linhardt, Dominique/Moreau de Bellaing, Cédric/Rémy, Catherine/Trom, Danny. 2013. Sociologie pragmatique: mode d'emploi. *Politix* 103, S. 175-204.

Batifoulier, Philippe. 1992. Le rôle des conventions dans le système de santé. *Sciences sociales et santé* 10(1), S. 5-44.
Batifoulier, Philippe. 2008. Mutation du patient et construction d'un marché de la santé. L'expérience française. *Revue française de socio-économie* 1(1), S. 27-46.
Batifoulier, Philippe/Bien, Franck. 2000. Les honoraires libres en médecine ambulatoire: une lecture par la théorie des conventions. *Sciences sociales et santé* 18(1), S. 5-22.
Batifoulier, Philippe/Gadreau, Maryse. 2006. *Régulation et coordiantion du système de santé. Des institutions invisibles à la politique économique.* In: Eymard-Duvernay, François (Hrsg.), L'économie des conventions. Méthodes et résultats. Bd. 2: Développements. Paris: La Découverte, S. 453-468.
Batifoulier, Philippe/Larquier, Guillemette de. 2001a. *La convention en théorie des jeux.* In: Batifoulier, Philippe (Hrsg.), Théorie des conventions. Paris: Economica, S. 99-159.
Batifoulier, Philippe/Larquier, Guillemette de. 2001b. *De la convention et ses usages.* In: Philippe Batifoulier (Hrsg.), Théorie des conventions. Paris: Economica, S. 9-31.
Batifoulier, Philippe/Bessis, Franck/Biencourt, Olivier. 2011. La déontologie médicale face aux impératifs de marché. *Politiques et management public* 28(1), S. 83-101.
Batifoulier, Philippe/Braddock, Philippe/Latsis, John. 2013. Priority setting in health care. From arbitrariness to societal values. *Journal of Institutional Economics* 9(1), S. 61-80.
Batifoulier, Philippe/Cordonnier, Laurent/Zenou, Yves. 1992. L'emprunt de la théorie économique à la tradition sociologique. Le cas du don contre-don. *Revue économique* 43(5), S. 917-946.
Batifoulier, Philippe/Domin, Jean-Paul/Gadreau, Maryse. 2011. Market empowerment of the patient. The French experience. *Review of Social Economy* 69(2), S. 143-162.
Batifoulier, Philippe/Bessis, Franck/Ghirardello, Ariane/Larquier, Guillemette de/Remillon, Delphine. 2016. *Introduction.* In: Batifoulier, Philippe/Bessis, Franck/Ghirardello, Ariane/ Larquier, Guillemette de/Remillon, Delphine (Hrsg.), Dictionnaire des conventions. Villeneuve-d'Ascq: Presses Universitaires du Septentrion, S. 13-21.
Batifoulier, Philippe (Hrsg.) 2001. *Théorie des conventions.* Paris: Economica.
Batifoulier, Philippe/Bessis, Franck/Ghirardello, Ariane/Larquier, Guillemette de/Remillon, Delphine (Hrsg.) 2016. *Dictionnaire des conventions.* Villeneuve-d'Ascq: Presses Universitaires du Septentrion.
Baudry, Bernard/Charmettant, Hervé. 2007. La relation d'autorité employeur-employé. Une approche conventionnaliste. *Revue économique* 58(5), S. 1011-1033.
Baudry, Bernard/Charmettant, Hervé. 2008. L'analyse de la „relation d'emploi" par les économistes „contractualistes" et „conventionnalistes". Une confrontation avec le cadre juridique de la „relation de travail". *Revue économique* 59(2), S. 213-239.
Baur, Nina/Hering, Linda. 2017. Learning from the Past. How Local Economic Conventions Influence Responses to Global Crises. *Human Figurations: Long-term Perspectives on the Human Condition* 6(2). http://hdl.handle.net/2027/spo.11217607.0006.208. Zugegriffen: 15. Januar 2018.
Baur, Nina/Meier, Lars. 2017. *Vermarktlichung und Lebenswelt. Lokale Differenzierungen von Wirtschaftspraktiken im Friseurwesen.* In: Sachweh, Patrick/Münnich, Sascha (Hrsg.), Kapitalismus als Lebensform? Deutungsmuster, Legitimation und Kritik in der Marktgesellschaft. Wiesbaden: Springer VS, S. 187-220.
Baur, Nina/Löw, Martina/Hering, Linda/Raschke, Anna Laura/Stoll, Florian. 2014. *Die Rationalität lokaler Wirtschaftspraktiken im Friseurwesen. Der Beitrag der „Ökonomie der Konventionen" zur Erklärung räumlicher Unterschiede wirtschaftlichen Handelns.*

In: Bögenhold, Dieter (Hrsg.), Soziologie des Wirtschaftlichen. Alte und neue Fragen. Wiesbaden: Springer VS, S. 299-327.

Bazzioli, Laure/Kirat, Thierry/Villeval, Marie-Claire. 1994. Contrat et institutions dans la relation salariale: Pour un renouveau institutionnaliste. *Travail et emploi* 58, S. 94-110.

Beck, Ulrich. 1986. *Risikogesellschaft. Auf dem Weg in eine andere Moderne*. Frankfurt: Suhrkamp.

Becker, Howard S. 1982. *Art worlds*. Berkeley: University of California Press.

Beckert, Jens. 1996. Was ist soziologisch an der Wirtschaftssoziologie? Ungewissheit und die Einbettung wirtschaftlichen Handelns. *Zeitschrift für Soziologie* 25(2), S. 125-146.

Beckert, Jens. 2004. *Unverdientes Vermögen. Soziologie des Erbrechts*. Frankfurt: Campus.

Beckert, Jens/Deutschmann, Christoph (Hrsg.) 2009. Wirtschaftssoziologie. *Kölner Zeitschrift für Soziologie und Sozialpsychologie*. Sonderheft 49. Wiesbaden: VS Verlag.

Beckert, Jens/Diaz-Bone, Rainer/Ganßmann, Heiner (Hrsg.) 2007. *Märkte als soziale Strukturen*. Frankfurt: Campus.

Beckert, Jens/Zafirovski, Milan (Hrsg.) 2006. *The international encyclopaedia of economic sociology*. London: Routledge.

Benarrosh, Yolande. 2012. *Les chômeurs, leurs institutions et le travail. Normes, usage et croyances*. In: Eymard-Duvernay, François (Hrsg.), Epreuves d'évaluation et chômage. Toulouse: Octarès Editions, S. 159-192.

Bénatouïl, Thomas. 1999. A tale of two sociologies: The critical and the pragmatic stance in contemporary French sociology. *European Journal of Social Theory* 2(3), S. 379-396.

Benz, Arthur. 2009. *Politik in Mehrebenensystemen*. Wiesbaden: VS Verlag.

Berger, Peter/Luckmann, Thomas. 1969. *Die gesellschaftliche Konstruktion der Wirklichkeit*. Frankfurt: Fischer.

Berman, Paul Schiff. 2009. The new legal pluralism. *Annual Review of Law and Social Science* 5, S. 225-242.

Bernhard, Stefan/Schmidt-Wellenburg, Christian (Hrsg.) 2012a. *Feldanalyse als Forschungsprogramm*. Bd. 1: Der programmatische Kern. Wiesbaden: Springer VS.

Bernhard, Stefan/Schmidt-Wellenburg, Christian (Hrsg.) 2012b. *Feldanalyse als Forschungsprogramm*. Bd. 2: Gegenstandsbezogene Theoriebildung. Wiesbaden: Springer VS.

Bernoux, Philippe. 1995. Das Unternehmen – ein neues soziologisches Forschungsobjekt in Frankreich? *WZB Discussion paper* FS I 96-105. Berlin: WZB.

Berns, Thomas. 2009. *Gouverner sans gouverner. Une archéologie politique de la statistique*. Paris: Presses Universitaires de France.

Bessis, Franck. 2006. *Dynamiques et institutions entre conventions et régulations*. Thèse doctorat de l'Université de Paris 10-Nanterre.

Bessis, Franck. 2007. Sur quelques critiques récurrentes de l'économie des conventions. *EconomiX Document de travail* 2007-07. Paris: Université Paris 10-Nanterre.

Bessis, Franck. 2008a. La théorie de la réfléxivité limitée. Une contribution au débat sur l'action entre l'économie des conventions et la théorie de la régulation. *Cahiers d'économie politique* 54, S. 27-56.

Bessis, Franck. 2008b. Quelques convergences remarquables entre l'économie des conventions et la théorie de la régulation. *Revue française de socio-économie* (1), S. 9-25.

Bessis, Franck. 2009. L'institution comme réalisation du collectif. *Tracés* 2(17), S. 73-87.

Bessis, Franck/Remillon, Delphine. 2012. Déchiffrer l'économie au parlement. La place des arguments chiffrés dans les débats sur les semaines de 40 et 35 heures. *Mots* 100, S. 75-89.

Bessis, Franck/Chaserant, Camille/Favereau, Olivier/Thévenon, Olivier. 2006. *L'identité sociale de l'homo conventionalis.* In: Eymard-Duvernay, François. (Hrsg.), L'économie des conventions. Méthodes et résultats. Bd. 1: Débats. Paris: La Découverte, S. 181-195.

Bessis, Franck/Larquier, Guillemette de/Latsis, John. 2009. Are conventions solutions? Contrasting visions of the relationship between convention and uncertainty. *EconomiX Document de travail* 2009-12. Paris: Université Paris 10-Nanterre.

Besson, Jean-Louis (Hrsg.) 1992. *La cité des chiffres. Ou l'illusion des statistiques.* Paris: Editions Autrement.

Bessy, Christian. 1993. *Les licenciements économiques. Entre la loi et le marché.* Paris: CNRS.

Bessy, Christian. 1997a. *Les dispositifs d'évaluation des compétences. Une approche statistique par branche d'activité.* In: Bessy, Christian/Eymard-Duvernay, François (Hrsg.), Les intermédiaires du marché du travail. Paris: Presses Universitaires de France, S. 35-51.

Bessy, Christian. 1997b. *Cabinets de recrutement et formes d'intermédiation sur le marché du travail.* In: Bessy, Christian/Eymard-Duvernay, François (Hrsg.), Les intermédiaires du marché du travail. Paris: Presses Universitaires de France, S. 103-141.

Bessy, Christian. 1997c. *Les marchés du travail des photographes.* In: Bessy, Christian/ Eymard-Duvernay, François (Hrsg.), Les intermédiaires du marché du travail. Paris: Presses Universitaires de France, S. 235-282.

Bessy, Christian. 2002. *Institutional embeddedness of economic exchange: Convergence between new institutional economics and the economics of conventions.* In: Favereau, Olivier/Lazega, Emmanuel (Hrsg.), Conventions and structures in economic organization. Markets, networks, hierarchies. Cheltenham: Edward Elgar, S. 79-92.

Bessy, Christian. 2003a. *Conventions et institutions du travail.* Rapport de recherche 10. Paris: Centre d'études de l'emploi.

Bessy, Christian. 2003b. Distributed cognition and the theory of the firm: Enriching Nelson and Winter's evolutionary analysis of organizational learning and memory. *Economie appliquée* 4, S. 65-90.

Bessy, Christian. 2007. *La contractualisation de la relation de travail.* Paris: LGDJ.

Bessy, Christian. 2010a. *Les enjeux de la qualité: innovations juridiques et diversité des exercises professionnels.* In: Favereau, Olivier (Hrsg.), Les avocats, entre ordre professionnel et ordre marchand. Paris: Lextenso Editions/Gazette du Paris, S. 13-16 (synthèse 3) und 83-110 (analyse 3).

Bessy, Christian. 2010b. Les avocats, un marché professionnel déstabilisé. *Formation emploi* 110, S. 35-48.

Bessy, Christian. 2011. *Repräsentation, Konvention und Institution. Orientierungspunkte für die Economie des conventions.* In: Diaz-Bone, Rainer (Hrsg.), Soziologie der Konventionen. Grundlagen einer pragmatischen Anthropologie. Frankfurt: Campus, S. 167-202.

Bessy, Christian. 2012a. Institutions and conventions of quality. *Historical Social Research* 37(4), S. 15-21.

Bessy, Christian. 2012b. Law, forms of organization and the market for legal services. *Economic Sociology - European Electronic Newsletter* 14(1), S. 20-30. http://econsoc.mpifg.de/archive/econ_soc_14-1.pdf. Zugegriffen: 15. Januar 2018.

Bessy, Christian. 2013a. Economics of convention as the socio-economic analysis of law. Christian Bessy interviewed by Rainer Diaz-Bone. *Economic Sociology – European Electronic Newsletter* 14(2), S. 54-60. http://econsoc.mpifg.de/archive/econ_soc_14-2.pdf. Zugegriffen: 15. Januar 2018.

Bessy, Christian. 2013b. Quelle sociologie des institutions pour refonder l'économie? Rezension von „André Orléan. 2011. L'empire de la valeur". *Année sociologique* 63(1), S. 261-276.
Bessy, Christian. 2014. Economie des conventions et sociologie. *Revue française de socio-économie* 13(1), S. 259-265.
Bessy, Christian. 2015a. *L'organisation des activités des avocats: entre monopole et marché.* Paris: Lextenso Editions.
Bessy, Christian. 2015b. The dynamics of law and conventions. *Historical Social Research* 40(1), S. 62-77.
Bessy, Christian. 2016a. Organisation des cabinets d'avocats et marchés des services juridiques
Bessy, Christian. 2016b. Transformation du marché du travail des avocats et nouveaux intermédiaires du recrutement. *Droit et sociéte* 92, S. 201-227.
Bessy, Christian. 2017. *Intermediäre, Konventionen und die Diskurse des Arbeitsmarktes.* In: Diaz-Bone, Rainer/Hartz, Ronald (Hrsg.), Dispositiv und Ökonomie. Diskurs- und dispositivanalytische Perspektiven auf Märkte und Organisationen. Wiesbaden: Springer VS, S. 113-132.
Bessy, Christian/Brousseau, Eric. 1998. Technology licensing contracts features and diversity. *International Review of Law and Economics* 18, S. 451-489.
Bessy, Christian/Chateauraynaud, Francis. 1995. *Experts et faussaires. Pour une sociologie de la perception.* Paris: Métaillié.
Bessy, Christian/Chateauraynaud, Francis. 2014. *Experts et faussaires. Pour une sociologie de la perception.* 2. Aufl. Paris: Editions Pétra.
Bessy, Christian/Chauvin, Pierre-Marie. 2011. Market intermediaries. Paper präsentiert auf dem Workshop „Pragmatism and economic sociology" am Max Planck Institut für Gesellschaftsforschung am 8./9. Februar 2011.
Bessy, Christian/Chauvin, Pierre-Marie. 2013. The power of market intermediaries: From information to valuation processes. *Valuation Studies* 1(1), S. 83-117.
Bessy, Christian/Eymard-Duvernay, François. 1995. Les économistes et les juristes face à la relation de travail dans l'entreprise. *Revue d'économie politique* 105(6), S. 937-964.
Bessy, Christian/Eymard-Duvernay, François. 1997. Introduction. In: Bessy, Christian/Eymard-Duvernay, François (Hrsg.), *Les intermédiaires du marché du travail.* Cahiers du centre d'études de l'emploi 36. Paris: Presses Universitaires de France, S. VII-XXIX.
Bessy, Christian/Favereau, Olivier. 2003. Institutions et économie des conventions. *Cahiers d'économie politique* 44, S. 119-164.
Bessy, Christian/Favereau, Olivier. 2011. *Régulation du marché du travail et conceptions du droit, l'incompréhension néolibérale des faits et des règles.* In: Bessy, Christian/Delpeuch, Thierry/Pélisse, Jerôme (Hrsg.), Droit et régulations des activités économiques et institutionalistes. Paris: LGDJ, S. 111-124.
Bessy, Christian/Larquier, Guillemette de. 2000. Le marché du travail des informaticiens médiatisé par les annonces d'offres d'emploi: comparaison France/Grande-Bretagne. *Document de travail 5/2000.* Paris: Centre d'études de l'emploi.
Bessy, Christian/Larquier, Guillemette de. 2010. Diversité et efficacité des intermédiaires du placement. *Revue française d'économie* 25(2), S. 227-270.
Bessy, Christian/Marchal, Emmanuelle. 2007. L'usage des canaux de recrutement par les entreprises. *Document de travail* 89. Paris: Centre d'études de l'emploi.
Bessy, Christian/Marchal, Emmanuelle. 2009. Le rôle des réseaux et du marché dans les rectutements. *Revue française de socio-économie* 3, S. 121-146.

Bessy, Christian/Larquier, Guillemette de/Vennat, Marie-Madeleine. 2001a. *„IT professional wanted (£25000 + benefits)"/„Entreprise recherche informaticien diplômé grande école".* In: Bessy, Christian/Eymard-Duvernay, François/Larquier, Guillemette de/Marchal, Emmanuelle (Hrsg.), Des marchés du travail équitables? Approche comparative France/Royaume-Uni. Brüssel: Peter Lang, S. 227-268.

Bessy, Christian/Eymard-Duvernay, François/Larquier, Guillemette de/Marchal, Emmanuelle. 2001b. *Introduction.* In: Bessy, Christian/Eymard-Duvernay, François/Larquier, Guillemette de/Marchal, Emmanuelle (Hrsg.), Des marchés du travail équitables? Brüssel: Peter Lang, S. 9-17.

Bessy, Christian/Eymard-Duvernay, François/Larquier, Guillemette de/Marchal, Emmanuelle. 2001c. *Conclusion.* In: Bessy, Christian/Eymard-Duvernay, François/Larquier, Guillemette de/Marchal, Emmanuelle (Hrsg.), Des marchés du travail équitables? Brüssel: Peter Lang, S. 301-308.

Bessy, Christian/Delpeuch, Thierry/Pélisse, Jerôme. 2011. *Situer le droit par rapport à l'action économique. Les apports croisés de l'économie institutionaliste et de la sociologie du droit.* In: Bessy, Christian/Delpeuch, Thierry/Pélisse, Jerôme (Hrsg.), Droit et régulations des activités économiques et institutionalistes. Paris: LGDJ, S. 9-29.

Bessy, Christian/Delpeuch, Thierry/Pélisse, Jerôme (Hrsg.) 2011. *Droit et régulations des activités économiques et institutionalistes.* Paris: LGDJ.

Bessy, Christian/Eymard-Duvernay, François (Hrsg.) 1997. *Les intermédiaires du marché du travail.* Cahiers du centre d'études de l'emploi 36. Paris: Presses Universitaires de France.

Bessy, Christian/Eymard-Duvernay, François/Larquier, Guillemette de/Marchal, Emmanuelle (Hrsg.) 2001. *Des marchés du travail équitables? Approche comparative France/Royaume-Uni.* Brüssel: Peter Lang.

Biencourt, Olivier. 2006. *Une économie de l'interprétation des règles: Piore et l'économie des conventions.* In: Eymard-Duvernay, François (Hrsg.), L'économie des conventions. Méthodes et résultats. Bd. 1: Débats. Paris: La Découverte, S. 211-228.

Biencourt, Olivier/Urrutiaguer, Daniel. 2002. *Market profiles. A tool suited to quality orders? An empirical analysis of road haulage and the theatre.* In: Favereau, Olivier/Lazega, Emmanuel (Hrsg.), Conventions and structures in economic organization. Markets, networks, hierarchies. Cheltenham: Edward Elgar, S. 253-281.

Biggart, Nicole W./Beamish, Thomas D. 2003. The economic sociology of conventions: Habit, custom, practice, and routine in market order. *Annual Review of Sociology* 23, S. 443-464.

Billaudot, Bernard. 2004. Institutionnalisme(s), rationalisme et structuralisme en science sociale. *Economie et institutions* 4(1), S. 5-50.

Blair, Jennifer (Hrsg.) 2009. *Frontiers of commodity chains.* Stanford: Stanford University Press.

Blanc, Michel/Desrosières, Alain. 2003. Between decentralization and coordination. An analysis of the specificities of French ministerial statistical offices. *Courrier des statistiques* (English Series 9), S. 3-19.

Blokker, Paul. 2011. Pragmatic sociology: Theoretical evolvement and empirical application. *European Journal of Social Theory* 14(3), S. 251-261.

Blumer, Herbert. 1969. *The methodological standpoint of symbolic interactionism.* In: Blumer, Herbert, Symbolic interactionism. Perspective and beyond. Englewood-Cliffs: Prentice-Hall, S. 1-60.

Bocquet, Rachel. 2007. *Firm and industrial organization frontiers: An empirical model of inter-firm network in the winter sports industry.* In: Cliquet, Gérard/Tuunanen, Mika/

Hendrikse, George/Windsperger, Josef (Hrsg.), Economics and management of networks. Franchising, strategic alliances, and cooperatives. Heidelberg: Physica-Verlag, S. 313-341.

Boisard, Pierre. 1991. The future of a tradition: Two ways of making camembert, the foremost cheese of France. *Food and Foodways* 4(3/4), S. 173-207.

Boisard, Pierre. 2003. *Le camembert. A national myth*. Berkeley: University of California Press.

Boisard, Pierre. 2007. *Le camembert, mythe français*. Paris: Odile Jacob.

Boisard, Pierre/Letablier, Marie-Thérèse. 1987. *Le camembert: normand ou normé. Deux modèles de production dans l'industrie fromagère*. In: Eymard-Duvernay, François (Hrsg.), Entreprises et produits. Cahiers du Centre d'études de l'emploi 30. Paris: Presses Universitaires de France, S. 1-29.

Boisard, Pierre/Letablier, Marie-Thérèse. 1989. *Un compromis d'innovation entre tradition et standardisation dans l'industrie laitière*. In: Boltanski, Luc/Thévenot, Laurent (Hrsg.), Justesse et justice dans le travail. Cahiers du Centre d'études de l'emploi 33. Paris: Presses Universitaires de France, S. 209-218.

Boltanski, Luc. 1970. Taxinomies populaires, taxinomies savantes: Les objets de consommation et leur classement. *Revue française de sociologie* 11(1), S. 34-44.

Boltanski, Luc. 1987. *Bezichtigung und Selbstdarstellung. Die Kunst, ein normales Opfer zu sein*. In: Hahn, Alois/Kapp, Volker (Hrsg.), Selbstthematisierung und Selbstzeugnis. Bekenntnis und Geständnis. Frankfurt: Suhrkamp, S. 149-169.

Boltanski, Luc. 1990a. *Die Führungskräfte. Die Entstehung einer sozialen Gruppe*. Frankfurt: Campus.

Boltanski, Luc. 1990b. *L'amour et la justice comme compétences. Trois essais de sociologie de l'action*. Paris: Métalié.

Boltanski, Luc. 2003. *Usages faibles, usages forts de l'habitus*. In: Encrevé, Pierre/Lagrave, Rose-Marie (Hrsg.), Travailler avec Bourdieu. Paris: Flammarion, S. 153-161.

Boltanski, Luc. 2008. Domination revisited. From the French critical sociology of the 1970s to present-day pragmatic sociology. *Graduate Faculty Philosophy Journal* 29(1), S. 27-70.

Boltanski, Luc/Chiapello, Eve. 1999. *Le nouvel esprit du capitalisme*. Paris: Gallimard.

Boltanski, Luc/Chiapello, Eve. 2001. Die Rolle der Kritik in der Dynamik des Kapitalismus und der normative Wandel. *Berliner Journal für Soziologie* 11(4), S. 459-477.

Boltanski, Luc/Chiapello, Eve. 2003. *Der neue Geist des Kapitalismus*. Konstanz: UVK.

Boltanski, Luc/Darré, Yann/Schiltz, Marie-Ange. 1984. La denonciation. *Actes de la recherche en sciences sociales* 51, S. 3-40.

Boltanski, Luc/Chiapello, Eve. 2006. *The new spirit of capitalism*. New York: Verso Books.

Boltanski, Luc/Thévenot, Laurent. 1983. Finding one's way in social space: A study based on games. *Social Science Information* 22(4/5), S. 631-680.

Boltanski, Luc/Thévenot, Laurent. 1987. *Les économies de la grandeur*. Cahiers du Centre d'études de l'emploi 31. Paris: Presses Universitaires de France.

Boltanski, Luc/Thévenot, Laurent. 1991. *De la justification. Les économies de la grandeur*. Paris: Gallimard.

Boltanski, Luc/Thévenot, Laurent. 2000. The reality of moral expectations: A sociology of situated judgement. *Philosophical Explorations* 3(3), S. 208-231.

Boltanski, Luc/Thévenot, Laurent. 2006. *On justification. Economies of worth*. Princeton: Princeton University Press.

Boltanski, Luc/Thévenot, Laurent. 2007. *Über die Rechtfertigung. Eine Soziologie der kritischen Urteilskraft*. Hamburg: Hamburger Edition.

Boltanski, Luc/Thévenot, Laurent. 2011. *Die Soziologie der kritischen Kompetenzen*. In: Diaz-Bone, Rainer (Hrsg.), Soziologie der Konventionen. Grundlagen einer pragmatischen Anthropologie. Frankfurt: Campus, S. 43-68.

Boltanski, Luc/Thévenot, Laurent (Hrsg.) 1989. *Justesse et justice dans le travail*. Cahiers du Centre d'études de l'emploi 33. Paris: Presses Universitaires de France.

Bonvin, Jean-Michel. 2009. Der Capability Ansatz und sein Beitrag für die Analyse gegenwärtiger Sozialpolitik. *Soziale Passagen* 1(1), S. 8-22.

Bonvin, Jean-Michel/Farvaque, Nicolas. 2006. *Promoting capability for work. The role of local actors*. In: Deneulin, Séverine/Nebel, Matthias/Sagovsky, Nicholas (Hrsg.), Transforming unjust structures. The capability approach. Library of ethics and applied philosophy 19. New York: Springer, S. 121-142.

Bony, Daniel/Eymard-Duvernay, François. 1982. Cohérence de la branche et diversité des entreprises: étude d'un cas. *Economie et statistique* 144, S. 13-23.

Borghi, Vanto/Vitale, Tommaso. 2006. Convenzioni, economia morale e analisi sociologica. *Sociologia del lavoro* 104, S. 7-34.

Bourdieu, Pierre. 1958. *Sociologie de l'Algérie*. Paris: Presses Universitaires de France.

Bourdieu, Pierre. 1976. *Entwurf einer Theorie der Praxis*. Frankfurt: Suhrkamp.

Bourdieu, Pierre. 1978. Classement, déclassement, reclassement. *Actes de la recherche en sciences sociales* 24, S. 13-23.

Bourdieu, Pierre. 1982. *Die feinen Unterschiede. Kritik der gesellschaftlichen Urteilskraft*. Frankfurt: Suhrkamp.

Bourdieu, Pierre. 1985. *Sozialer Raum und Klassen*. In: Bourdieu, Pierre, Sozialer Raum und Klassen. Frankfurt: Suhrkamp, S. 9-45.

Bourdieu, Pierre. 1987a. *Sozialer Sinn. Kritik der theoretischen Vernunft*. Frankfurt: Suhrkamp.

Bourdieu, Pierre. 1987b. The force of law: Towards a sociology of the juridical field. *Hastings Law Journal* 38, S. 314-853.

Bourdieu, Pierre. 1988. *Homo academicus*. Frankfurt: Suhrkamp.

Bourdieu, Pierre. 2002. *Ein soziologischer Selbstversuch*. Frankfurt: Suhrkamp.

Bourdieu, Pierre. 2004a. *Der Staatsadel*. Konstanz: UVK.

Bourdieu, Pierre. 2004b. *Science of science and reflexivity*. London: Polity.

Bourdieu, Pierre. 2014. *Über den Staat. Vorlesungen am Collège de France 1989-1992*. Berlin: Suhrkamp.

Bourdieu, Pierre/Boltanski, Luc. 1981. *Titel und Stelle. Zum Verhältnis von Bildung und Beschäftigung*. In: Bourdieu, Pierre/Boltanski, Luc/de Saint Martin, Monique/Maldidier, Pascal, Titel und Stelle. Über die Reproduktion sozialer Macht. Frankfurt: Europäische Verlagsanstalt, S. 89-115.

Bourdieu, Pierre/Passeron, Jean-Claude. 1981. *Soziologie und Philosophie in Frankreich seit 1945*: Tod und Wiederauferstehung einer Philosophie ohne Subjekt. In: Lepenies, Wolf (Hrsg.), Geschichte der Soziologie. Bd. 3. Frankfurt: Suhrkamp, S. 496-551.

Bourdieu, Pierre/Wacquant, Loïc. 1992. *Reflexive Anthropologie*. Frankfurt: Suhrkamp.

Bourdieu Pierre/Darbel Alain/Rivet Jean-Paul/Seibel, Claude. 1963. *Travail et travailleurs en Algérie*. Paris: Mouton.

Bourdieu, Pierre/Chamboredon, Jean-Claude/Passeron, Jean-Claude. 1991. *Soziologie als Beruf*. Berlin: De Gruyter.

Bourghelle, David/Brandouy, Olivier. 2006. *Sensitivité des marchés financiers aux informations macroéconomiques: une lecture conventionnaliste*. In: Eymard-Duvernay, François

(Hrsg.), L'économie des conventions. Méthodes et résultats. Bd. 2: Développements. Paris: La Découverte, S. 209-226.

Bourghelle, David/Brandouy, Olivier/Gillet, Roland/Orléan, André (Hrsg.) 2005. *Croyances, représentations collectives et conventions en finance*. Paris: Economica.

Bouvier, Alban/Conein, Bernard (Hrsg.) 2007. *L'épistémologie sociale. Une théorie sociale de la connaissance* (Raisons pratiques 17). Paris: EHESS.

Boyer, Robert. 1987. *La théorie de la régulation: une analyse critique*. Paris: La Découverte.

Boyer, Robert. 2003. Les institutions dans la théorie de la régulation. *Cahiers d'économie politique* 44, S. 79-101.

Boyer, Robert. 2004. *Théorie de la régulation. Les fondamenteaux*. Paris: La Découverte.

Boyer, Robert. 2005. How and why capitalisms differ. *Economy and Society* 34(4), S. 509-557.

Boyer, Robert. 2006. *L'économie des conventions 15 ans après. Un point de vue à partir de la théorie de la régulation*. In: Eymard-Duvernay, François (Hrsg.), L'économie des conventions. Méthodes et résultats. Bd. 1: Debats. Paris: La Decouverte, S. 45-66.

Boyer, Robert/Freyssenet, Michel. 2000. *Les modèles productifs*. Paris: La Découverte.

Boyer, Robert/Orléan, André. 1991. Les transformations des conventions salariales entre théorie et histoire d'Henry Ford au fordisme. *Revue économique* 42(2), S. 233-272.

Boyer, Robert/Orléan, André. 2004. *Persistance et changement des conventions*. In: Orléan, André (Hrsg.), Analyse économique des conventions. 2. Aufl. Paris: Presses Universitaires de France, S. 243-271.

Boyer, Robert/Saillard, Yves. 2002. *Summary of regulation school*. In: Boyer, Robert/Saillard, Yves (Hrsg.), Regulation theory. The state of the art, London: Routledge, S. 36-44.

Boyer, Robert/Saillard, Yves (Hrsg.) 2002. *Regulation theory. The state of the art*. London: Routledge.

Brandl, Julia/Pernkopf, Katharina. 2015. *Anerkennung der Personalarbeit aus Perspektive der Soziologie der Konventionen*. In: Knoll, Lisa (Hrsg.), Organisationen und Konventionen. Die Soziologie der Konventionen in der Organisationsforschung. Wiesbaden: Springer VS, S. 301-323.

Brandl, Julia/Schneider, Anna. 2017. *Headquarters-subsidiary relationships from a convention theory perspective. Plural orders of worth, arrangements and form-giving activities*. In: Dörrenbächer, Christoph/Geppert, Mike (Hrsg.), Multinational corporations and organization theory. Post millennium perspectives. Bingley: Emerald Publishing, S. 295-324.

Breviglieri, Marc. 2009. *L'insupportable. L'excès de proximité, l'atteinte à l'autonomie et le sentiment de violation du privé*. In: Breviglieri, Marc/Lafaye, Claudette/Trom, Danny (Hrsg.), Compétences critiques et sens de justice. Paris: Economica, S. 125-149.

Breviglieri, Marc/Stavo-Debauge, Joan. 1999. Le geste pragmatique de la sociologie française. Autour des travaux de Luc Boltanski et Laurent Thévenot. *Antropolitica* 7, S. 7-22.

Breviglieri, Marc/Lafaye, Claudette/Trom, Danny (Hrsg.) 2009. *Compétence critiques et sens de la justice*. Paris: Economica.

Brian, Eric. 2001. *Staatsvermessungen. Condorcet, Laplace, Turgot und das Denken der Verwaltung*. Wien: Springer.

Brochier, Damien/Verdier, Eric. 1999. Contractualisation de l'action publique et critères de performance dans le domaine de la formation continue. Un lien problématique. *Politiques et management public* 17(3), S. 129-149.

Brousseau, Eric/Bessy, Christian. 2006. *Public and private institutions in the governance of intellectual property rights*. In: Andersen, Birgitte (Hrsg.), Intellectual property rights innovation, governance and the institutional environment. Cheltenham: Edward Elgar, S. 243-277.

Bruno, Isabelle/Didier, Emmanuel. 2013. *Benchmarking. L'Etat sous pression statistique.* Paris: La Découverte.

Bruno, Isabelle/Didier, Emmanuel/Prévieux, Julien (Hrsg.) 2014. *Statactivisme. Comment lutter avec les nombres.* Paris: La Découverte.

Bruno, Isabelle/Jany-Catrice, Florence/Touchelay, Béatrice (Hrsg.) 2016. *The social science of quantification. From politics of large numbers to target-driven policies.* Cham: Springer.

Burke, Peter. 1991. *Offene Geschichte. Die Schule der Annales.* Berlin: Wagenbach.

Burt, Ronald S. 1992. *Structural holes. The social structure of competition.* Cambridge: Harvard University Press.

Busch, Lawrence. 2000. The moral economy of grades and standards. *Journal of Rural Studies* 16(3), S. 273-283.

Busch, Lawrence. 2007. Performing the economy, performing science. From neoclassical to supply chain models in the agrifood sector. *Economy and Society* 36(3), S. 437-466.

Busch, Lawrence. 2011. *Standards. Recipes for reality.* Cambridge: MIT Press.

Callon, Michel. 1986. *Some elements of a sociology of translation: Domestication of the scallops and the fisherman of St. Brieuc Bay.* In: Law, John (Hrsg.), Power, action and belief. London: Routledge, S. 196-223.

Callon, Michel. 1998. *Introduction: The embeddedness of economic markets in economics.* In: Callon, Michel (Hrsg.), The laws of the markets. Oxford: Blackwell, S. 1-57.

Callon, Michel. 2017. *L'emprise des marchés. Comprendre leur fonctionnement pour pouvoir les changer.* Paris: La Découverte.

Callon, Michel/Muniesa, Fabian. 2005. Economic markets as calculative collective devices. *Organization Studies* 26(8), S. 1229-1250.

Callon, Michel/Méadel, Cécile/Rabeharisoa, Vololona. 2002. The economy of qualities. *Economy and Society* 31(2), S. 194-217.

Callon, Michel (Hrsg.) 1998. *The laws of the markets.* Oxford: Blackwell.

Callon, Michel/Akrich, Madeleine/Dubuisson-Quellier, Sophie/Grandclément, Catherine/Hennion, Antoine/Latour, Bruno/Mallard, Alexandre/Méadel, Cécile/Muniesa, Fabian/Rabeharisoa, Vololona (Hrsg.) 2013. *Sociologie des agencements marchands. Textes choisis.* Paris: Presses des Mines.

Cantelli, Fabrizio/Roca i Escoda, Marta/Stavo-Debauge, Joan/Pattaroni, Luca (Hrsg.) 2009. *Sensibilités pragmatiques. Enquêter sur l'action publique.* Brüssel: Peter Lang.

Carruthers, Bruce/Stinchcombe, Arthur. 1999. The social structure of liquidity: Flexibility, markets, and states. *Theory and Society* 28(3), S. 353-382.

Centemeri, Laura. 2012a. *The contribution of the sociology of quantification to a discussion of objectivity in economics.* In: Castro Caldas, José/Neves, Vítor (Hrsg.), Facts, values and objectivity in economics. London: Routledge, S. 110-125.

Centemeri, Laura. 2012b. What orders of worth don't say about why the environment is valuable to us. Environmental valuation, "constitutive incommensurability" and the "vertical pluralism" of regimes of engagement. Vortrag gehalten am 05.10.2012 auf dem 36. Soziologiekongress 2012 an der Ruhr-Universität in Bochum.

Centemeri, Laura. 2015. Reframing problems of incommensurability in environmental conflicts through pragmatic sociology. From value pluralism to the plurality of modes of engagement with the environment. *Environmental Issues* 24(3), S. 299-320.

Certeau, Michel de. 1988. *Die Kunst des Handelns.* Berlin: Merve.

Chantelat, Pascal. 2002. La nouvelle sociologie économique et le lien marchand: des relations personelles à l'impersonalité. *Revue française de sociologie* 43(3), S. 521-556.

Charbeau, Lidwine/Larquier, Guillemette de. 2010. Evaluer une politique d'égalité professionnelle en entreprise: l'apport d'une analyse en termes de parcours. *Formation emploi* 112, S. 5-20.

Charrier, Emmanuel/Pélisse, Jerôme. 2012. Conventions at work: On forensic accountant's intermediation. *Economic Sociology – European Electronic Newsetter* 14(1), S. 31-39. http://econsoc.mpifg.de/archive/econ_soc_14-1.pdf. Zugegriffen: 15. Januar 2018.

Chateauraynaud, Francis. 2003. *Prospéro. Une technologie littéraire pour les sciences humaines*. Paris: CNRS Editions.

Chatel, Elisabeth. 1998. *Pragmatiques de l'éducation au lycée. L'évaluation de l'éducation entre la mesure et le jugement en situation*. In: Salais, Robert/Chatel, Elisabeth/Rivaud-Danset, Dorothée (Hrsg.), Institutions et conventions. La réflexivité de l'action économique (Raisons pratiques 9). Paris: EHESS, S. 91-118.

Chatel, Elisabeth. 2001a. *Comment évaluer l'éducation? Pour une théorie sociale de l'action éducative*. Lausanne: Delachaux et Niestlé.

Chatel, Elisabeth. 2001b. *L'incertitude de l'action educativ: enseigner une action en tension*. In: Baudouin, Jean-Michel/Friedrich, Janette (Hrsg.), Theories de l'action et éducation. Paris: De Boeck, S. 179-201.

Chatel, Elisabeth. 2009. The sociology in French high schools. The challenge of teaching social issues. *Journal of Social Science Education* 8(4), S. 57-65.

Chatel, Elisabeth/Rivaud-Danset, Dorothée. 2006. L'économie des conventions: une lecture critique à partir de la philosophie pragmatiste de John Dewey. *Revue de philosophie économique* 13(1), S. 49-75.

Chatel, Elisabeth/Kirat, Thierry/Salais, Robert (Hrsg.) 2005. *L'action publique et ses dispositifs. Institutions, économie, politique*. Paris: L'Harmattan.

Cheyns, Emmanuelle. 2011. *Multi-stakeholder initiatives for sustainable agriculte*. In: Ponte, Stefano/Gibbon, Peter/Vestergaard, Jakob (Hrsg.), Governing through standards. Origins, drivers and limitations. London: Palgrave, S. 210-235.

Chiapello, Eve. 2008. Accounting at the heart of the performativity of economics. *Economic Sociology – European Electronic Newsletter* 10(1), S. 12-15. http://econsoc.mpifg.de/archive/econ_soc_10-1.pdf. Zugegriffen: 15. Januar 2018.

Chiapello, Eve. 2015a. Financialisation of valuation. *Human Studies* 38(1), S. 13-35.

Chiapello, Eve. 2015b. *Die Konstruktion der Wirtschaft durch das Rechnungswesen*. In: Diaz-Bone, Rainer/Krell, Gertraude (Hrsg.), Diskurs und Ökonomie. Diskursanalytische Perspektiven auf Märkte und Organisationen. 2. Aufl. Wiesbaden: Springer VS, S. 149-176.

Chiapello, Eve. 2017. Critical accounting research and neoliberalism. *Critical Perspectives on Accounting* 43, S. 47-64.

Chiapello, Eve/Desrosières, Alain. 2006. *La quantification de l'économie et la branche en sciences sociales: paradoxes, contradictions et omissions*. In: Eymard-Duvernay, François (Hrsg.), L'économie des conventions. Méthodes et résultats. Bd. 1: Débats. Paris: La Découverte, S. 297-310.

Chiapello, Eve/Desrosières, Alain. 2009. *Les paradoxes de la métrologie économique*. In: Breviglieri, Marc/Lafaye, Claudette/Trom, Danny (Hrsg.), Compétence critiques et sens de la justice. Paris: Economica, S. 187-199.

Chiapello, Eve/Fairclough, Norman. 2002. Understanding the new management ideology: A transdisciplinary contribution from critical discourse analysis and new sociology of capitalism. *Discourse and Society* 13(2), S. 185-208.

Chiapello, Eve/Walter, Christian. 2016. The three ages of financial quantification. A conventionalist approach to the financiers' metrology. *Historical Social Research* 41(2), S. 155-177.

Cicourel, Aaron V. 1970. *Methode und Messung in der Soziologie*. Frankfurt: Suhrkamp.

Cicourel, Aaron V. 1975. *Sprache in der sozialen Interaktion*. München: List.

Cloutier, Charlotte/Langley, Ann. 2013. The logic of institutional logics: Insights from French pragmatist sociology. *Journal of Management Inquiry* 20(10), S. 1-21.

Cloutier, Charlotte/Gond, Jean-Pascal/Leca, Bernard (Hrsg.) 2017. *Justification, evaluation and critique in the study of organizations. Contributions from French pragmatist sociology*. Bingley: Emerald.

Coase, Ronald. 1937. The nature of the firm. *Economica* 16(4), S. 386-405.

Coase, Ronald. 1960. The problem of social cost. *Journal of Law and Economics* 3, S. 1-44.

Combemale, Pascal. 2001. La longue maladie de l'hétérodoxie. *L'économie politique* 12, S. 64-76.

Commons, John R. 1993. *Legal foundations of capitalism*. New York: Transaction Books.

Conein, Bernard. 2005. *Les sens sociaux. Trois essais de sociologie cognitive*. Paris: Economica.

Conein, Bernard/Dodier, Nicolas/Thévenot, Laurent (Hrsg.) 1993. *Les objets dans l'action. De la maison au laboratoire* (Raisons pratiques 4). Paris: EHESS.

Conein, Bernard/Thévenot, Laurent (Hrsg.) 1997. *Cognition et information en société* (Raisons pratiques 8). Paris: EHESS.

Corcuff, Philippe. 2011. *Les nouvelles sociologies. Entre le collectif et l'individuel*. 3. Aufl. Paris: Armand Colin.

Cottereau, Alain. 2002. Droit et bon droit – Une droit ouvrier instauré puis évincé par le droit du travail (France, XIXieme siècle). *Annales* 57(6), S. 1521-1557.

Cronon, William. 1991. *Nature's metropolis: Chicago and the Great West*. New York: Norton.

Cusset, François. 2008. *French theory*. Minneapolis: University of Minnesota Press.

Da Silva, Nicolas. 2014. La qualité des soins est-elle soluble dans la quantification ? Une critique du paiement à la performance médicale. *EconomiX Working Paper* 2014-34. Paris: Université Paris 10-Nanterre.

Dahlberg, Caroline. 2010. *Picturing the public. Advertising self-regulation in Sweden and the UK*. Stockholm: University of Stockholm.

Dallery, Thomas/Eloire, Fabien/Melmiès, Jordan. 2009. La fixation des prix en situation d'incertitude et de concurrence. Keynes et White à la même table. *Revue française de socio-économie* 4(2), S. 177-198.

Dansou, Kafui/Langley, Ann. 2012. Institutional work and the notion of test. *M@n@gement* 15(5), S. 502-527.

DARRAS. 1966. *Le partage des bénéfices. Expansions et inégalités en France*. Paris: Edition de Minuit.

Daudigeous, Thibault/Valiorgue, Bertrand. 2010. Convention theory: Is there a french school of organizational institutionalism? *Working Paper*. http://hal.inria.fr/docs/00/51/23/74/PDF/WP_10-04.pdf. Zugegriffen: 15. Januar 2018.

Davies, William. 2014. *The limits of neoliberalism. Authority, souvereignty and the logic of competition*. London: Sage.

Daviron, Benoit/Ponte, Stefano. 2005. *The coffee paradox. Global markets, commodity trade, and the elusive promise of development*. New York: Zed Books.

De Leonardis, Ota/Negrelli, Serafino/Salais, Robert (Hrsg.) 2012. *Democracy and capabilities for voice. Welfare, work and public deliberation in Europe*. Brüssel: Peter Lang.
De Munck, Bert/Lyna, Dries (Hrsg.) 2015. *Concepts of value in European material culture, 1500–1900*. Farnham: Ashgate.
Deakin, Simon. 2003. Evolution for our time: A theory of legal memetics. *Current Legal Problems* 55, S. 1-42.
Deakin, Simon. 2006. *Les conventions du marché du travail et l'évolution du droit*. In: Eymard-Duvernay, François (Hrsg.), L'économie des conventions. Méthodes et résultats. Bd. 1: Debats. Paris: La Découverte, S. 231-247.
Deakin, Simon. 2015. Juridical ontology: The evolution of legal form. *Historical Social Research* 40(1), S. 170-184.
Deauvieau, Jérôme/Penissat, Etienne/Brousse, Cécile/Jayet, Cyril. 2014. Les catégorisations ordinaires de l'espace social français. Une analyse à partir d'un jeu de cartes. *Revue française de sociologie* 55(3), S. 411-457.
Defalvard, Hervé. 1992. Critique de l'individualisme méthodologique revu par l'économie des conventions. *Revue économique* 43(1), S. 127-143.
Defalvard, Hervé. 2000. L'économie des conventions à l'Ecole des institutions. *Document de travail* 2/2000. Paris: Centre d'études de l'emploi.
Defalvard, Hervé. 2005. Pragmatisme et institutionnalisme en économie: une voie outillée. *Revue de métaphysique et de morale* 3, S. 375-389.
Delain, Pierre. 1987. *L'évolution des moyens de l'INSEE de 1946 à 1981*. In: Affichard, Joëlle (Hrsg.), Pour une histoire de la statistique. Bd. 2: Matériaux. Paris: Economica, S. 803-810.
Delamottre, Eric (Hrsg.) 2004. *Du partage au marché. Regards croisés sur la circulation des savoirs*. Villeneuve-d'Ascq: Edition du Septentrion.
Delattre, Michel/Eymard-Duvernay, François. 1983. Sept catégories d'entreprises pour analyser le tissu industriel. *Economie et statistique* 159, S. 71-87.
Deleuze, Gilles/Guattari, Félix. 1992. *Tausend Plateaus*. Berlin: Merve.
Dequech, David. 2005. Cognition and valuation. Some similarities and contrasts between institutional economics and economics of convention. *Journal of Economic Issues* 39(2), S. 465-473.
Dequech, David. 2008. Logics of justification and logics of action. *Journal of Economic Issues* 42(2), S. 527-535.
Dequech, David. 2013. Economic institutions: Explanations for conformity and room of deviation. *Journal of Institutional Economics* 9(1), S. 85-108.
Dequech, David. 2017a. The concept of development conventions: Some suggestions for a research agenda. *Journal of Economic Issues* 51(2), S. 285-296.
Dequech, David. 2017b. Some institutions (social norms and conventions) of contemporary mainstream economics, macroeconomics and financial economics. *Cambridge Journal of Economics*, https://doi.org/10.1093/cje/bex014. Zugegriffen: 15. Januar 2018.
Derouet, Jean-Louis. 1992. *Ecole et justice. De l'égalité des chances aux compromis locaux?* Paris: Métailié.
Descombes, Vincent. 1997. *Les institutions du sens*. Paris: Les Editions de Minuit.
Desrosières, Alain. 1977. *Eléments pour l'histoire des nomenclatures socio-professionnelles*. In: Affichard, Joëlle (Hrsg.), Pour une histoire de la statistique, Bd. 1: Concepts. Paris: INSEE, S. 155-231.
Desrosières, Alain. 1978. Marché matrimonial et structure des classes sociales. *Actes de la recherche en sciences sociales* 20, S. 97-107.

Desrosières, Alain. 1985. Histoires de formes: statistique et sciences sociales avant 1940. *Revue française de sociologie* 26(2), S. 277-310.
Desrosières, Alain. 1987. *Les nomenclatures de professions et emplois*. In: Affichard, Joëlle (Hrsg.), Pour une histoire de la statistique. Bd. 2: Matériaux. Paris: Economica, S. 35-56.
Desrosières, Alain. 1989. Comment faire des choses qui tiennent: Histoire sociale et statistique. *Histoire et mesure* 4(3), S. 225-242.
Desrosières, Alain. 1990. *How to make things which hold together: Social science, statistics and the state*. In: Wagner, Peter/Wittrock, Björn/Whitley, Roger (Hrsg.), Discourse on society. Dordrecht: Kluwer Academic, S. 195-218.
Desrosières, Alain. 1992a. *Discuter l'indiscutable. Raison statistique et espace public*. In: Cottereau, Alain/Ladrière, Paul (Hrsg.), Pouvoir et légitimité. Figures de l'espace public (Raisons pratiques 3). Paris: EHESS, S. 131-154.
Desrosières, Alain. 1992b. *Entre la statistique universelle et les traditions nationales*. In: Besson, Jean-Louis (Hrsg.), La cité des chiffres. Ou l'illusion des statistiques. Paris: Editions Autrement, S. 146-159.
Desrosières, Alain. 1992c. Séries longues et conventions d'équivalence. *Genèses* 9, S. 92-97.
Desrosières, Alain. 1993. *La politique des grands nombres. Histoire de la raison statistique*. Paris: La Découverte.
Desrosières, Alain. 1995. Classer et mesurer: les deux faces de l'argument statistique. *Réseaux* 13, S. 11-29.
Desrosières, Alain. 1997. *Du singulier au général. L'argument statistique entre la science et l'Etat*. In: Conein, Bernard/Thévenot, Laurent (Hrsg.), Cognition et information en société (Raisons pratiques 8). Paris: EHESS, S. 267-282.
Desrosières, Alain. 1998. *The politics of large numbers. A history of statistical reasoning*. Cambridge: Harvard University Press.
Desrosières, Alain. 2000. Measurement and its uses: Harmonization and quality in social statistics. *International Statistical Review* 68(2), S. 173-187.
Desrosières, Alain. 2001. Entre réalisme métrologique et conventions d'équivalence: les ambiguïtés de la sociologie quantitative. *Genèses* 43, S. 112-127.
Desrosières, Alain. 2003a. *Une rencontre improbable et ses deux héritages*. In: Encrevé, Pierre/ Lagrave, Rose-Marie (Hrsg.), Travailler avec Bourdieu. Paris: Flammarion, S. 209-218.
Desrosières, Alain. 2003b. *Managing the economy*. In: Porter, Theodore M./Ross, Dorothy (Hrsg.), The Cambridge history of science. Bd. 7: The modern social sciences. Cambridge: Cambridge University Press, S. 553-564.
Desrosières, Alain. 2005a. *Die Politik der großen Zahlen. Eine Geschichte der statistischen Denkweise*. Berlin: Springer.
Desrosières, Alain. 2005b. Birth of a new statistical language between 1940 and 1960. *Courrier des statistiques* (English series 11), S. 39-49.
Desrosières, Alain. 2005c. Décrire l'Etat ou explorer la société: les deux sources de la statistique publique. *Genèses* 58, S. 4-27.
Desrosières, Alain. 2008a. *Pour une sociologie historique de la quantification*. L'argument statistique I. Paris: Mines ParisTech.
Desrosières, Alain. 2008b. *Gouverner par les nombres*. L'argument statistique II. Paris: Mines ParisTech.
Desrosières, Alain. 2008c. Analyse des données et sciences sociales: comment cartographier le monde social. *Journal électronique d'histoire des probabilités et de la statistique* 4(2).

Desrosières, Alain. 2009. How to be real and conventional: A discussion of the quality criteria of official statistics. *Minerva* 47, S. 307-322.

Desrosières, Alain. 2011a. The economics of convention and statistics: The paradox of origins. *Historical Social Research* 36(4), S. 64-81.

Desrosières, Alain. 2011b. *Words and numbers. For a sociology of the statistical argument.* In: Saetnan, Ann R./Lomell, Heidi Mork/Hammer, Svein (Hrsg.), The mutual construction of statistics and society. London: Routledge, S. 41-63.

Desrosières, Alain. 2014. *Prouver et gouverner. Une analyse politique des statistiques publiques.* Paris: La Découverte.

Desrosières, Alain/Thévenot, Laurent. 1979. Les mots et les chiffres: les nomenclatures socioprofessionnelles. *Economie et statistique* 110, S. 49-65.

Desrosières, Alain/Thévenot, Laurent. 2002. *Les catégories socioprofessionnelles.* 5. Aufl. Paris: La Découverte.

Desrosières, Alain/Mairesse, Jacques/Volle, Michel. 1977. *Les temps forts de la statistique française depuis un siècle.* In: Affichard, Joëlle (Hrsg.), Pour une histoire de la statistique. Bd. 1: Concepts, S. 509-517.

Desrosières, Alain/Goy, Alain/Thévenot, Laurent. 1983. L'identité sociale dans le travail statistique. La nouvelle nomenclature des professions et catégories socioprofessionnelles. *Economie et statistique* 152, S. 55-81.

Desrosières, Alain/Delville, Jean-Claude/Sautory, Olivier. 2001. Comment. *Journal of Official Statistics* 17(1), S. 33-37.

Dewerpe, Alain. 1995. *L'exercice des conventions. Le cas de l'industrie naval française (fin XIXe - debut XXe siècle).* In: Lepetit, Bernard (Hrsg.), Les formes de l'expérience. Une autre histoire sociale. Paris: Albin Michel, S. 99-126.

Dewey, John. 1995. *Erfahrung und Natur.* Frankfurt: Suhrkamp.

Dewey, John. 1996. *Die Öffentlichkeit und ihre Probleme.* Bodenheim: Philo.

Dewey, John. 1998. *Die Suche nach Gewissheit.* Frankfurt: Suhrkamp.

Dewey, John. 2002. *Logik. Theorie der Forschung.* Frankfurt: Suhrkamp.

Diaz-Bone, Rainer. 2005. Strukturen der Weinwelt und der Weinerfahrung. *Sociologia Internationalis* 43(1/2), S. 25-57.

Diaz-Bone, Rainer. 2006. *Wirtschaftssoziologische Perspektiven nach Bourdieu in Frankreich.* In: Florian, Michael/Hillebrandt, Florian (Hrsg.), Pierre Bourdieu: Neue Perspektiven für die Soziologie der Wirtschaft. Wiesbaden: VS Verlag, S. 43-71.

Diaz-Bone, Rainer. 2007. Qualitätskonstruktion in ökonomischen Feldern. Perspektiven für die Soziologie des Marktes nach Bourdieu. *Berliner Journal für Soziologie* 17(4), S. 489-509.

Diaz-Bone, Rainer. 2008. Die französische Epistemologie und ihre Revisionen. Zur Rekonstruktion des methodologischen Standortes der Foucaultschen Diskursanalyse. *Historical Social Research* 33(1), S. 29-72.

Diaz-Bone, Rainer. 2009a. Konvention, Organisation und Institution. Der institutionentheoretische Beitrag der „Economie des conventions". *Historical Social Research* 34(2), S. 235-264.

Diaz-Bone, Rainer. 2009b. Economie des conventions. In: Beckert, Jens/Deutschmann, Christoph (Hrsg.), Wirtschaftssoziologie. *Kölner Zeitschrift für Soziologie und Sozialpsychologie.* Sonderheft 49. Wiesbaden: VS Verlag, S. 176-193.

Diaz-Bone, Rainer. 2009c. *Konventionen und Arbeit. Beiträge der „Economie des conventions" zur Theorie der Arbeitsorganisation und des Arbeitsmarktes.* In: Nissen, Sylke/Vobruba, Georg (Hrsg.), Die Ökonomie der Gesellschaft. Wiesbaden: VS Verlag, S. 35-56.

Diaz-Bone, Rainer. 2010a. *Qualitätskonstruktion und Marktstrukturen. Ein Vergleich der Economie des conventions mit dem Marktmodell von Harrison White.* In: Fuhse, Jan/Mützel, Sophie (Hrsg.), Relationale Soziologie. Zur kulturellen Wende der Netzwerkforschung. Wiesbaden: VS Verlag, S. 163-178.

Diaz-Bone, Rainer. 2010b. *Die konventionelle Grundlage der Märkte und des Geldes. Der institutionentheoretische Beitrag der Economie des conventions (EC) zur Geld- und Finanzökonomie.* In: Pahl, Hanno/Meyer, Lars (Hrsg.), Gesellschaftstheorie der Geldwirtschaft. Soziologische Beiträge. Marburg: Metropolis, S. 215-240.

Diaz-Bone, Rainer. 2011a. *Einführung in die Soziologie der Konventionen.* In: Diaz-Bone, Rainer (Hrsg.), Soziologie der Konventionen. Grundlagen einer pragmatischen Anthropologie. Frankfurt: Campus, S. 9-41.

Diaz-Bone, Rainer. 2011b. The methodological standpoint of the "économie des conventions". *Historical Social Research* 36(4), S. 43-63.

Diaz-Bone, Rainer. 2011c. Ein neuer pragmatischer Institutionalismus. Symposiumsbeitrag zu: Boltanski, Luc/Thévenot, Laurent. 2007. Über die Rechtfertigung. Eine Soziologie der kritischen Urteilskraft. Hamburg: Hamburger Edition. *Soziologische Revue* 34(3), S. 263-269.

Diaz-Bone, Rainer. 2012a. Ökonomische Felder und Konventionen. Perspektiven für die transdisziplinäre Analyse der Wirtschaft. In: Bernhard, Stefan/Schmidt-Wellenburg, Christian (Hrsg.), Feldanalyse als Forschungsprogramm 1. Der programmatische Kern. Wiesbaden: Springer VS, S. 99-119.

Diaz-Bone, Rainer. 2012b. *Die Autoreferentialität der Finanzmärkte. Die Perspektive der Economie des conventions auf die Börsenwelt.* In: Kalthoff, Herbert/Vormbusch, Uwe (Hrsg.), Soziologie der Finanzmärkte. Bielefeld: Transcript, S. 63-85.

Diaz-Bone, Rainer. 2012c. Elaborating the conceptual difference between conventions and institutions. *Historical Social Research* 37(4), S. 64-75.

Diaz-Bone, Rainer. 2013a. Discourse conventions in the construction of wine qualities in the wine market. *Economic Sociology – European Electronic Newsletter* 14(2), S. 46-53. http://econsoc.mpifg.de/archive/econ_soc_14-2.pdf. Zugegriffen: 15. Januar 2018.

Diaz-Bone, Rainer. 2013b. *Global value chains und die transnationale Verkettung von Qualitätskonventionen.* In: Soeffner, Hans-Georg (Hrsg.), Transnationale Vergesellschaftungen. Verhandlungen des 35. Kongresses der Deutschen Gesellschaft für Soziologie in Frankfurt 2010. Bd. 1. Wiesbaden: Springer VS, S. 429-445.

Diaz-Bone, Rainer. 2013c. Situationsanalyse – Strauss meets Foucault? Review Essay zu „Clarke, Adele. 2012. Situationsanalyse. Grounded Theory nach dem Postmodern Turn". *Forum Qualitative Sozialforschung/Forum Qualitative Research* 14(1), Art. 11. http://nbn-resolving.de/urn:nbn:de:0114-fqs1301115. Zugegriffen: 15. Januar 2018.

Diaz-Bone, Rainer. 2015a. *Recht aus konventionentheoretischer Perspektive.* In: Knoll, Lisa (Hrsg.), Organisationen und Konventionen. Die Soziologie der Konventionen in der Organisationsforschung. Wiesbaden: VS Verlag, S. 115-133.

Diaz-Bone, Rainer. 2015b. Institutionalist and methodological perspectives on law – Contributions of the economics of convention. *Historical Social Research* 40(1), S. 23-41.

Diaz-Bone, Rainer. 2015c. *Qualitätskonventionen als Diskursordnungen in Märkten.* In: Diaz-Bone, Rainer/Krell, Gertraude (Hrsg.), Diskurs und Ökonomie. Diskursanalytische Perspektiven auf Märkte und Organisationen. 2. Aufl. Wiesbaden: Springer VS, S. 309-337.

Diaz-Bone, Rainer. 2015d. *Sozioökonomik und Economie des conventions.* In: Hedtke, Reinhold (Hrsg.), Was ist und wozu Sozioökonomie? Wiesbaden: Springer VS, S. 261-276.

Diaz-Bone, Rainer. 2016a. Convention theory, classification and quantification. *Historical Social Research* 41(2), S. 48-71.
Diaz-Bone, Rainer. 2016b. *Diffusion*. L'internationalisation de l'économie des conventions. In: Batifoulier, Philippe/Bessis, Franck/Ghirardello, Ariane/Larquier, Guillemette de/Remillon, Delphine (Hrsg.), Dictionnaire des conventions. Villeneuve-d'Ascq: Presses Universitaires du Septentrion, S. 77-80.
Diaz-Bone, Rainer. 2017a. *Dispositive der Ökonomie. Konventionentheoretische Perspektiven auf Institutionen und Instrumentierungen der ökonomischen Koordination*. In: Diaz-Bone, Rainer/Hartz, Ronald (Hrsg.), Dispositiv und Ökonomie: Diskurs- und dispositivanalytische Perspektiven auf Märkte und Organisationen. Wiesbaden: Springer VS, S. 83-111.
Diaz-Bone, Rainer. 2017b. Classifications, quantifications and quality conventions in markets – Perspectives of the economics of convention. *Historical Social Research* 42(1), S. 238-262.
Diaz-Bone, Rainer. 2017c. *Theoretische und methodologische Perspektiven auf Agency und relationale Soziologie im Spannungsfeld zwischen Strukturalismus und Pragmatismus*. In: Löwenstein, Heiko/ Emirbayer, Mustafa (Hrsg.), Netzwerke, Kultur und Agency. Problemlösungen in relationaler Methodologie und Sozialtheorie. Weinheim: Beltz Juventa, S. 336-354.
Diaz-Bone, Rainer. 2017d. Discourses, conventions, and critique – Perspectives of the institutionalist approach of the economics of convention. *Historical Social Research* 42(3), S. 79-96.
Diaz-Bone, Rainer/Salais, Robert. 2011. The economics of convention and the history of economies. Towards a transdisciplinary approach in economic history. *Historical Social Research* 36(4), S. 7-39.
Diaz-Bone, Rainer/Thévenot, Laurent. 2010. Die Soziologie der Konventionen. Die Theorie der Konventionen als ein zentraler Bestandteil der neuen französischen Sozialwissenschaften. *Trivium* 5/2010. http://journals.openedition.org/trivium/3557. Zugegriffen: 15. Januar 2018.
Diaz-Bone, Rainer/Didry, Claude/Salais, Robert. 2015. Conventionalist's perspectives on the political economy of law. *Historical Social Research* 40(1), S. 7-22.
Diaz-Bone, Rainer (Hrsg.) 2011. *Soziologie der Konventionen. Grundlagen einer pragmatischen Anthropologie*. Frankfurt: Campus.
Diaz-Bone, Rainer (Hrsg.) 2012. Conventions, law and economy. *Economic Sociology – European Electronic Newsletter* 14(1). http://econsoc.mpifg.de/archive/econ_soc_14-1.pdf. Zugegriffen: 15. Januar 2018.
Diaz-Bone, Rainer/Didier, Emmanuel (Hrsg.) 2016. Conventions and quantification – Transdisciplinary perspectives on statistics and classifications (special issue). *Historical Social Research* 41(2). https://www.gesis.org/hsr/archiv/2016/412-conventions-and-quantification. Zugegriffen: 15. Januar 2018.
Diaz-Bone, Rainer/Didry, Claude/Salais, Robert (Hrsg.) 2015. Law and conventions from a historical perspective (special issue). *Historical Social Research* 40(1). https://www.gesis.org/hsr/archiv/2015/401-law-and-conventions. Zugegriffen: 15. Januar 2018.
Diaz-Bone, Rainer/Hartz, Ronald (Hrsg.) 2017. *Dispositiv und Ökonomie. Diskurs- und dispositivanalytische Perspektiven auf Märkte und Organisationen*. Wiesbaden: Springer VS.
Diaz-Bone, Rainer/Krell, Gertraude (Hrsg.) 2015. *Diskurs und Ökonomie. Diskursanalytische Perspektiven auf Märkte und Organisationen*. 2. Aufl. Wiesbaden: Springer VS.
Diaz-Bone, Rainer/Salais, Robert (Hrsg.) 2011. Conventions and institutions from a historical perspective (special issue). *Historical Social Research* 36(4).

http://www.gesis.org/hsr/archiv/2011/364-conventions-institutions. Zugegriffen: 15. Januar 2018.
Diaz-Bone, Rainer/Salais, Robert (Hrsg.) 2012. The Economie des Conventions – Transdisciplinary discussions and perspectives (HSR-focus). *Historical Social Research* 37(4). https://www.gesis.org/hsr/archiv/2012/374-the-economie-des-conventions. Zugegriffen: 15. Januar 2018.
Diaz-Bone, Rainer/Thévenot, Laurent (Hrsg.) 2010. Sociologie des conventions/Soziologie der Konventionen. Themenheft der Online-Zeitschrift *Trivium* 5/2010. Paris: Editions de la maison des sciences de l'homme. http://journals.openedition.org/trivium/3540. Zugegriffen: 15. Januar 2018.
Didier, Emmanuel. 2009. *En quoi consiste l'Amérique? Les statistiques, le new deal et la démocratie*. Paris: La Découverte.
Didier, Emmanuel. 2011. L'Etat néolibéral ment-il? "Chanstique" et statistiques de police. *Terrain* 57, S. 66-81.
Didier, Emmanuel. 2014. *Introduction. Alain Desrosières, savant essentiel et homme de qualités*. In: Desrosières, Alain, Prouver et gouverner. Une analyse politique des statistiques publiques. Paris: La Découverte, S. 5-29.
Didier, Emmanuel. 2016. Alain Desrosières and the Parisian flock. Social studies of quantification in France since the 1970s. *Historical Social Research* 41(2), S. 27-47.
Didier, Emmanuel/Droesbeke, Jean-Jacques (Hrsg.) 2014. Hommage à Alain Desrosières. *Statistique et société* 2(3).
Didier, Emmanuel/Tasset, Cyprien. 2013. Pour un statactivisme. La quantification comme instrument d'ouverture du possible. *Tracés* 24, S. 123-140.
Didry, Claude. 1990. De l'Etat aux groupes professionnels. Les itinéraires croisés de L. Duguit et E. Durkheim au tournant du siècle (1880-1900). *Genèses* 2, S. 5-27.
Didry, Claude. 1998a. *Du contrat collectif à la convention collective*. In: Salais, Robert/Chatel, Elisabeth/Rivaud-Danset, Dorothée (Hrsg.), Institutions et conventions. La réflexivité de l'action économique (Raisons pratiques 9). Paris: EHESS, S. 227-253.
Didry, Calude. 1998b. Les comités d'entreprise face aux licenciements collectifs: trois registres d'argumentation. *Revue française de sociologie* 39(3), S. 495-534.
Didry, Claude. 2000. La réforme des groupements professionnels comme expression de la conception durkheimienne de l'Etat. *Revue française de sociologie* 41(3), S. 513-538.
Didry, Claude. 2001. La production jurdique de la convention collective. La loi du 4 mars 1919. *Annales* 56(6), S. 1253-1282.
Didry, Claude. 2002. *Naissance de la convention collective. Débats juridiques et luttes sociales en France au début du XXe siècle*. Paris: EHESS.
Didry, Claude. 2012. Labour law as social questioning: The contribution of the "labour conventions approach" to a different history of socio-economic institutions. *Economic Sociology – European Electronic Newsletter* 14(1), S. 11-19. http://econsoc.mpifg.de/archive/econ_soc_14-1.pdf. Zugegriffen: 15. Januar 2018.
Didry, Claude. 2013a. Contributing to a pragmatic institutionalism of economic law – Claude Didry interviewed by Rainer Diaz-Bone. *Economic Sociology – European Electronic Newsletter* 14(2), S. 61-68. http://econsoc.mpifg.de/archive/econ_soc_14-2.pdf. Zugegriffen: 15. Januar 2018.
Didry, Claude. 2013b. L'approche par les capacités comme registre des restructurations: un nouveau regard sur l'entreprise et le contrat de travail? In: *Revue française de sociologie* 54(3), S. 537-566.

Didry, Claude. 2015. The institutional foundations of "labour conventions" in France between the wars. *Historical Social Research* 40(1), S. 42-61.

Didry, Claude/Salais, Robert. 1993. *L'écriture des conventions du travail entre le métier et l'industrie, un moment critique: les conventions collectives de 1936-1937.* In: Jobert, Annette/Reynaud, Jean-Daniel/Saglio, Jean/Tallard, Michele (Hrsg.), Les conventions collectives de branche: déclin ou renouveau? Etude 65. Marseille: CEREQ, S. 77-94.

Didry, Claude/Salais, Robert. 1995. *Troubles sur les produits d'Etat et écriture des conventions collectives de travail de 1936.* In: Jacob, Annie/Vérin, Hélène (Hrsg.), L'inscription sociale du marché. Paris: L'Harmattan, S. 112-136.

Didry, Claude/Wagner, Peter. 2000. *Transformation des europäischen Kapitalismus. Der erste Weltkrieg und die Nationalisierung der Wirtschaft in Frankreich.* In: Wagner, Peter/Didry, Claude/Zimmermann, Bénédicte (Hrsg.), Arbeit und Nationalstaat. Frankreich und Deutschland in europäischer Perspektive. Frankfurt: Campus, S. 45-74.

Dietz, Hella/Nungesser, Frithjof/Pettenkofer, Andreas (Hrsg.) 2017. *Pragmatismus und Theorien sozialer Praxis. Vom Nutzen einer Theoriedifferenz.* Frankfurt: Campus.

DiMaggio, Paul/Powell, Walter. 1983. The iron cage revisited. Institutional isomorphism and collective rationality in organizational fields. *American Sociological Review* 48(2), S. 147-160.

Dobbin, Frank. 1994. *Forging industrial policy. The United States, Britain, and France in the railway age.* Cambridge: Cambrigde University Press.

Dobbin, Frank. 2009. *Inventing equal opportunity.* Princeton: Priceton University Press.

Dobbin, Frank/Dowd, Timothy. 2000. The market that antitrust built: Public policy, private coercion, and railroad acquisitions 1825 to 1922. *American Sociological Review* 65(5), S. 631-657.

Dodier, Nicolas. 1991. Agir dans plusieurs mondes. *Critique* 529/530, S. 427-458.

Dodier, Nicolas. 1993a. Les appuis conventionnels de l'action. Eléments de pragmatique sociologique. *Réseaux* 62, S. 63-85.

Dodier, Nicolas. 1993b. Action as a combination of common "worlds". *Sociological Review* 41(3), S. 556-571.

Dodier, Nicolas. 1993c. *L'expertise médicale. Essai de sociologie sur l'exercice du jugement.* Paris: Metailié.

Dodier, Nicolas. 1995. *Les hommes et les machines.* Paris: Metailié.

Dodier, Nicolas. 2011. *Konventionen als Stützen der Handlung: Elemente der soziologischen Pragmatik.* In: Diaz-Bone, Rainer (Hrsg.), Soziologie der Konventionen. Grundlagen einer pragmatischen Anthropologie. Frankfurt: Campus, S. 69-97.

Dodier, Nicolas/Barbot, Janine. 2016. La force des dispositifs. *Annales. Histoire, sciences sociales* 71(2), S. 421-450.

Doeringer, Peter B./Piore, Michael J. 1985. *Internal labor markets and manpower analysis.* 2. Aufl. London: Sharpe.

Dosse, François. 1994. *New history in France. The triumph of the Annales.* Chicago: University of Chicago Press.

Dosse, François. 1996. *Geschichte des Strukturalismus.* Bd. 1: Das Feld des Zeichens, 1945-1966. Hamburg: Junius.

Dosse, François. 1997. *Geschichte des Strukturalismus.* Bd. 2: Die Zeichen der Zeit, 1967-1991. Hamburg: Junius.

Dosse, François. 1999. *The empire of meaning. The humanization of the social sciences.* Minneapolis: University of Minnesota Press.

Dosse, François. 2017. *Gilles Deleuze, Félix Guattari*. Wien: Turia und Kant.

Dupret, Baudoin. 2006. *Droit et sciences sociales*. Paris: Armand Colin.

Dupuy, Jean-Pierre. 1989. Convention et common knowledge. *Revue économique* 40(2), S. 361-400.

Dupuy, Jean-Pierre. 1997. *Introduction*. In: Dupuy, Jean-Pierre/Livet, Pierre (Hrsg.), Les limites de la rationalité. Bd. 1: Rationalité, éthique et cognition. Paris: La Découverte, S. 13-21.

Dupuy, Jean-Pierre/Eymard-Duvernay, François/Favereau, Olivier/Orléan, André/Salais, Robert/Thévenot, Laurent. 1989. Introduction. *Revue économique* 40(2), S. 141-145.

Dupuy, Jean-Pierre/Livet, Pierre (Hrsg.) 1997. *Les limites de la rationalité*. Bd. 1: Rationalité, éthique et cognition. Paris: La Découverte.

Durkheim, Emile. 1981. *Die elementaren Formen des religiösen Lebens*. Frankfurt: Suhrkamp.

Durkheim, Emile. 1984. *Die Regeln der soziologischen Methode*. Frankfurt: Suhrkamp.

Durkheim, Emile. 1992. *Über soziale Arbeitsteilung. Studie über die Organisation höherer Gesellschaften*. Frankfurt: Suhrkamp.

Durkheim, Emile. 1999. *Physik der Sitten und des Rechts. Vorlesungen zur Soziologie der Moral*. Frankfurt: Suhrkamp.

Durkheim, Emile/Mauss, Marcel. 1993. *Über einige primitive Formen der Klassifikation. Ein Beitrag zur Erforschung der kollektiven Vorstellungen*. In: Durkheim, Emile, Schriften zur Soziologie der Erkenntnis. Frankfurt: Suhrkamp, S. 169-256.

Edelman, Lauren B. 2003. Law at work: An institutional approach to civil rights. WP 2003. Berkeley: Center for the study of law and society.

Edelman, Lauren B. 2011. *L'éndogeneité du droit*. In: Bessy, Christian/Delpeuch, Thierry/Pélisse, Jerôme (Hrsg.), Droit et régulations des activités économiques et institutionalistes. Paris: LGDJ, S. 85-109.

Edelman, Lauren B./Stryker, Robin. 2005. *A sociological approach to law and the economy*. In: Smelser, Neil/Swedberg, Richard (Hrsg.), Handbook of economic sociology. 2. Aufl. Princeton: Princeton University Press, S. 525-551.

El Aoufi, Noureddine. 2009. Théorie de la régulation: la perspective oubliée du développement. *Revue de la régulation* 6. http://regulation.revues.org/7641. Zugegriffen: 15. Januar 2018.

Encrevé, Piere/Lagrave, Rose-Marie (Hrsg.) 2003. *Travailler avec Bourdieu*. Paris: Flammarion.

Ermann, Ulrich/Langthaler, Ernst/Penker, Marianne/Schermer Markus. 2018. *Agro-Food Studies. Eine Einführung*. Wien: Böhlau (UTB).

Eser, Patrick. 2008. *Perspektiven der Regulationstheorie*. Hamburg: Diplomica.

Espeland, Wendy N./Stevens, Mitchell L. 2008. A sociology of quantification. *European Journal of Sociology* 49(3), S. 401-436.

Esser, Josef/Görg, Christoph/Hirsch, Joachim (Hrsg.) 1994. *Politik, Institutionen und Staat. Zur Kritik der Regulationstheorie*. Hamburg: VSA.

Ewald, François. 1993. *Der Vorsorgestaat*. Frankfurt: Suhrkamp.

Eymard-Duvernay, François. 1981. Les secteurs de l'industrie et leurs ouvriers. *Economie et statistique* 138, S. 49-68.

Eymard-Duvernay, François. 1986. *La qualification des produits*. In: Salais, Robert/Thévenot, Laurent (Hrsg.), Le travail. Marché, règles, conventions. Paris: INSEE, S. 239-247.

Eymard-Duvernay, François. 1987a. *Introduction*. In: Eymard-Duvernay, François (Hrsg.), Entreprises et produits. Cahiers du Centre d'études de l'emploi 30. Paris: Presses Universitaires de France, S. V-XXII.

Eymard-Duvernay, François. 1987b. Droit du travail et lois économiques: quelques éléments d'analyse. *Travail et emploi* 33, S. 9-14.

Eymard-Duvernay, François. 1988. Le lien durable d'emploi: des accommodements difficiles avec le marché. *Droit social* 7-8, S. 544-547.
Eymard-Duvernay, François. 1989. Conventions de qualité et formes de coordinations. *Revue économique* 40(2), S. 329-359.
Eymard-Duvernay, François. 1991. Le rôle des entreprises dans la qualification des ressources. *Cahiers d'économie politique* 20/21, S. 13-31.
Eymard-Duvernay, François. 1993. La négociation de la qualité. *Economie rurale* 217, S. 12-17.
Eymard-Duvernay, François. 1994. *Les frontières de l'entreprise.* In: ENS (Hrsg.), Variations autour de la régulation sociale. Hommage à Jean-Daniel Reynaud. Paris: Presses de l'Ecole Normale Supérieure, S. 161-171.
Eymard-Duvernay, François. 1997. *Les interactions aux frontières des organisations. L'économie des relations en proximité.* In: Garrouste, Pierre (Hrsg.), Les frontières de la firm. Paris: Economica, S. 81-94.
Eymard-Duvernay, François. 2001. *Principes de justice, chômage et exclusion: approfondissements théoriques.* In: Bessy, Christian/Eymard-Duvernay, François/Larquier, Guillemette de/Marchal, Emmanuelle (Hrsg.), Des marchés du travail équitables? Brüssel: Peter Lang, S. 271-299.
Eymard-Duvernay, François. 2004. *Economie politique de l'entreprise.* Paris: La Découverte.
Eymard-Duvernay, François. 2005. Défauts de coopération et chômage: Une théorie institutionnaliste. *Document de travail 46.* Paris: Centre d'études de l'emploi.
Eymard-Duvernay, François. 2006a. *Introduction.* In: Eymard-Duvernay, François (Hrsg.), L'économie des conventions. Méthodes et résultats. Bd. 1: Débats. Paris: La Découverte, S. 11-20.
Eymard-Duvernay, François. 2006b. *Pouvoir d'évaluation de la qualité du travail et décisions d'emploi.* In: Petit, Héloïse/Thévenot, Nadine (Hrsg.), Les nouvelles frontières du travail subordonné. Approche pluridisciplinaire. Paris: La Découverte, S. 71-86.
Eymard-Duvernay, François. 2008a. Justesse et justice dans les recrutements. *Formation emploi* 101, S. 55-70.
Eymard-Duvernay, François. 2008b. Approches institutionnalistes de l'Etat social. *Revue française de socio-économie* 1, S. 89-105.
Eymard-Duvernay, François. 2008c. *Le marché est-il bon pour les libertés?* In: Munck, Jean de/Zimmermann, Bénédicte (Hrsg.), La liberté au prisme des capacités. Amartya Sen au-delà du libéralisme (Raisons pratiques 18). Paris: EHESS, S. 185-213.
Eymard-Duvernay, François. 2009. *L'économie des conventions entre économie et sociologie: l'homo conventionalis calcule et parle.* In: Steiner, Philippe/Vatin, François (Hrsg.), Traité de sociologie économique. Paris: Presses Universitaires de France, S. 131-164.
Eymard-Duvernay, François. 2010. *La mal-mesure du travail dans les transactions marchandes.* In: Hatchuel, Armand/Favereau, Olivier/Aggeri, Franck (Hrsg.), L'activité marchande sans marché? Paris: Presses des Mines, S. 133-146.
Eymard-Duvernay, François. 2011. *Konventionalistische Ansätze in der Unternehmensforschung.* In: Diaz-Bone, Rainer (Hrsg.), Soziologie der Konventionen. Grundlagen einer pragmatischen Anthropologie. Franfurt: Campus, S. 99-123.
Eymard-Duvernay, François. 2012. *Du chômage keynésien au chômage d'exclusion.* In: Eymard-Duvernay, François (Hrsg.), Epreuves d'évaluation et chômage. Toulouse: Octarès Editions, S. 9-46.
Eymard-Duvernay, François/Marchal, Emmanuelle. 1994. Les règles en action. Entre une organisation et ses usagers. *Revue française de sociologie* 35(1), S. 5-36.

Eymard-Duvernay, François/Marchal, Emmanuelle. 1997. *Façons de recruter. Le jugement des compétences sur le marché du travail.* Paris: Métailié.

Eymard-Duvernay, François/Marchal, Emmanuelle. 2014. Entretien avec François Eymard-Duvernay et Emmanuelle Marchal. *Revue française de socio-économie* 14(2), S. 155-167.

Eymard-Duvernay, François/Remillon, Delphine. 2012. *Généalogies du chômage: les biographies professionnelles comme parcours d'épreuves.* In: Eymard-Duvernay, François (Hrsg.), Epreuves d'évaluation et chômage. Toulouse: Octarès Editions, S. 107-157.

Eymard-Duvernay, François/Thévenot, Laurent. 1983a. Investissements spécifiques et concurrence sur le marché. WP. Paris: INSEE.

Eymard-Duvernay, François/Thévenot, Laurent. 1983b. Les investissements de forme. Leur usage pour la main d'œuvre. WP. Paris: INSEE.

Eymard-Duvernay, François/Thévenot, Laurent. 1986. *L'économiste et son modèle.* In: Thévenot, Laurent (Hrsg.), Conventions économiques. Cahiers du centre d'études de l'emploi 29. Paris: Presses Universitaires de France, S. 129-150.

Eymard-Duvernay, François/Favereau, Olivier/Orléan, André/Salais, Robert/Thévenot, Laurent. 2006a. *Valeurs, coordination et rationalité: trois thèmes mis en relation par l'économie des conventions.* In: Eymard-Duvernay, François (Hrsg.), L'économie des conventions. Méthodes et résultats. Bd. 1: Débats. Paris: La Découverte, S. 23-44.

Eymard-Duvernay, François/Favereau, Olivier/Orléan, André/Salais, Robert/Thévenot, Laurent. 2006b. *Des contrats incitatifs aux conventions légitimes. Une alternative aux politiques néolibérales.* In: Eymard-Duvernay, François (Hrsg.), L'économie des conventions. Méthodes et résultats. Bd. 2: Développements. Paris: La Découverte, S. 17-42.

Eymard-Duvernay, François/Favereau, Olivier/Orléan, André/Salais, Robert/Thévenot, Laurent. 2011. *Werte, Koordination und Rationalität: Die Verbindung dreier Themen durch die „Economie des conventions".* In: Diaz-Bone, Rainer (Hrsg.), Soziologie der Konventionen. Grundlagen einer pragmatischen Anthropologie. Frankfurt: Campus, S. 203-230.

Eymard-Duvernay, François (Hrsg.) 1987. *Entreprises et produits.* Cahiers du Centre d'études de l'emploi 30. Paris: Presses Universitaires de France.

Eymard-Duvernay, François (Hrsg.) 2006a. *L'économie des conventions. Méthodes et résultats.* Bd. 1: Débats. Paris: La Découverte.

Eymard-Duvernay, François (Hrsg.) 2006b. *L'économie des conventions. Méthodes et résultats.* Bd. 2: Développements. Paris: La Découverte.

Eymard-Duvernay, François (Hrsg.) 2012. *Epreuves d'évaluation et chômage.* Toulouse: Octarès Editions.

Fama, Eugene. 1980. Agency problems and the theory of the firm. *Journal of Political Economy* 88(2), S. 288-307.

Faust, Michael/Kädtler, Jürgen. 2017. *Das (nicht nur) finanzialisierte Unternehmen – Ein konzeptioneller Vorschlag.* In: Faust, Michael/Kädtler, Jürgen/Wolf, Harald (Hrsg.), Finanzmarkt-Kapitalismus? Der Einfluss von Finanzialisierung auf Arbeit, Wachstum und Innovation. Frankfurt: Campus, S. 33-99.

Favereau, Olivier. 1986. *La formation du rôle des conventions dans l'allocation des ressources.* In: Salais, Robert/Thévenot, Laurent (Hrsg.), Le travail. Marchés, règles, conventions. Paris: Economica, S. 249-268.

Favereau, Olivier. 1988. Les systèmes des classifications professionnelles. Le point de vue de l'économiste. *Travail et emploi* 38, S. 17-20.

Favereau, Olivier. 1989a. Marchés internes, marchés externes. *Revue économique* 40(2), S. 273-328.

Favereau, Olivier. 1989b. Organisation et le marché. *Revue française d'économie* 4(1), S. 65-96.

Favereau, Olivier. 1991. *Irréversibilités et institutions: Problèmes micro-macro*. In: Boyer, Robert/Chavance, Bernard/Godard, Olivier (Hrsg.), Les figures de l'irréversibilité en économie. Paris: Editions de l'EHESS, S. 69-96.

Favereau, Olivier. 1995. *Apprentissage collectif et coordination par les règles: Application à la théorie des salaires*. In: Lazaric, Nathalie/Monnier, Jean-Marie (Hrsg.), Coordination économique et apprentissage des firmes. Paris: Economica, S. 23-38.

Favereau, Olivier. 1996. *Préface*. In: Gomez, Pierre-Yves, Le Gouvernement de l'entreprise. Modèles économiques de l'entreprise et pratiques de gestion. Paris: InterEditions, S. 5-7.

Favereau, Olivier. 1997. *L'incomplétude n'est pas le problème, c'est la solution*. In: Reynaud, Bénédicte (Hrsg.), Les limites de la rationalité. Bd. 2: Les figures du collectif. Paris: La Découverte, S. 219-233.

Favereau, Olivier. 2000. *La procéduralisation du droit et la théorie économique*. In: Coppens, Philippe/Lenoble, Jacques (Hrsg.), Démocratie et procéduralisation du droit. Brüssel: Brylant, S. 155-170.

Favereau, Olivier. 2001a. *Theory of information: from bounded rationality to interpretative reason*. In: Petit, Pascal (Hrsg.), Economics and information. Dordrecht: Kluwer Academic, S. 93-120.

Favereau, Olivier. 2001b. *L'économie du sociologue ou penser (l'orthodoxie) à partir de Pierre Bourdieu*. In: Lahire, Bernard (Hrsg.), Le travail sociologique de Pierre Bourdieu. Paris: La Découverte, S. 255-314.

Favereau, Olivier. 2002. *Conventions and régulation*. In: Boyer, Robert/Saillard, Yves. (Hrsg.), Regulation theory. The state of the art. London: Routledge, S. 312-333.

Favereau, Olivier. 2004. *Règles, organisation et apprentissage du collectif: un paradigme non standard pour trois théories hétérodoxes*. In: Orléan, André (Hrsg.), Analyse économique des conventions. 2. Aufl. Paris: Presses Universitaires de France, S. 137-161.

Favereau, Olivier. 2005a). The missing piece in rational choice theory. *Revue française de sociologie* 46(5), S. 103-122.

Favereau, Olivier. 2005b. Quand les parallèles se rencontrent: Keynes et Wittgenstein, l'économie et la philosophie. *Revue de métaphysique et de morale* 3, S. 403-427.

Favereau, Olivier. 2008a. *Critères d'efficacité économique du droit du travail: un essai de classification raisonnée*. In: Lyon-Caen, Antoine/Perulli, Adalberto (Hrsg.), Efficacia e diritto del lavoro. Verona: Cedam, S. 99-128.

Favereau, Olivier. 2008b. The unconventional, but conventionalist, legacy of Lewis's "convention". *Topoi* 27(1/2), S. 115-126.

Favereau, Olivier. 2010. *La place du marché*. In: Hatchuel, Armand/Favereau, Olivier/Aggeri, Franck (Hrsg.), L'activité marchande sans marché? Paris: Presses des Mines, S. 111-131.

Favereau, Olivier. 2011. "New institutional economics" versus "economics of conventions". *Economic Sociology - European Electronic Newsletter* 13(1), S. 22-27. http://econsoc.mpifg.de/archive/econ_soc_13-1.pdf. Zugegriffen: 15. Januar 2018.

Favereau, Olivier. 2012. To move institutional analysis in the right direction. Olivier Favereau interviewed by Rainer Diaz-Bone. *Economic Sociology - European Electronic Newsletter* 14(1), S. 40-46. http://econsoc.mpifg.de/archive/econ_soc_14-1.pdf. Zugegriffen: 15. Januar 2018.

Favereau, Olivier. 2013. Keynes *after* the economics of conventions. *Evolutionary Institutional Economics Review* 10(2), S. 179-195.

Favereau, Olivier. 2014a. *Entreprises. La grande déformation*. Paris: Collège des Bernardins.

Favereau, Olivier. 2014b. *"Société" par nécessité, "entreprise" par convention.* In: Segrestin, Blanche/Roger, Baudoin/Vernac, Stéphane (Hrsg.), L'entreprise. Point aveugle du savoir. Auxerre: Sciences Humaines Editions, S. 48-64.
Favereau, Olivier. 2016. *The impact of financialisation of the economy on enterprises and more specifically on labour relations.* Genf: International Labour Organization.
Favereau, Olivier. 2017. Hommage à François Eymard-Duvernay. Révolutionnaire discret. *Revue française de socio-économie* 18, S. 5-12.
Favereau, Olivier/Bessy, Christian. 2003. Institutions et économie des conventions. *Cahiers d'économie politique* 44(1), S. 119-164.
Favereau, Olivier/Walliser, Bernard. 2000. Authority, as flexibility, is the core of labor contracts. *Revue d'économie industrielle* 92(2/3), S. 179-192.
Favereau, Olivier/Biencourt, Olivier/Eymard-Duvernay, François. 2002. *Where do markets come from? From (quality) conventions!* In: Favereau, Olivier/Lazega, Emmanuel (Hrsg.), Conventions and structures in economic organization. Markets, networks, hierarchies. Cheltenham: Edward Elgar, S. 213-252.
Favereau, Olivier/Lazega, Emmanuel (Hrsg.) 2002. *Conventions and structures in economic organization. Markets, networks, hierarchies.* Cheltenham: Edward Elgar.
Favereau, Olivier (Hrsg.) 2010. *Les avocats, entre ordre professionnel et ordre marchand.* Paris: Lextenso Editions/Gazette du Paris.
Filhon, Alexandra/Deauvieau, Jérôme/De Verdalle, Laure/Pelage, Agnès/Poullaouec, Tristan/ Brousse, Cécile/Mespoulet, Martine/ Sztandar-Sztanderska, Karolina. 2013. Un projet de nomenclature socioprofessionnelle européenne. Une construction savante face aux variations nationales de représentation du monde social. *Sociologie* 4(4), S. 373-393.
Fleck, Ludwik. 1980. *Entstehung und Entwicklung einer wissenschaftlichen Tatsache. Einführung in die Lehre vom Denkstil und Denkkollektiv.* Frankfurt: Suhrkamp.
Fligstein, Neil. 1990. *The transformation of corporate control.* Cambridge: Harvard University Press.
Fligstein, Neil. 2001. *The architecture of markets. An economic sociology of twenty-first-century capitalist societies.* Princeton: Princeton University Press.
Florian, Michael/Hillebrandt, Frank (Hrsg.) 2006. *Pierre Bourdieu: Neue Perspektiven für die Soziologie der Wirtschaft.* Wiesbaden: VS Verlag.
Florida, Richard. 2002. *The rise of the creative class.* New York: Basic Books.
Ford, Laura/Swedberg, Richard. 2009. Law in economy and society: Introductory comments. *Economic Sociology – European Electronic Newsletter* 10(3), S. 3-7. http://econsoc.mpifg.de/archive/econ_soc_10-3.pdf. Zugegriffen: 15. Januar 2018.
Fornel, Michel de/Ogien, Albert/Quéré, Louis (Hrsg.) 2001. *L'ethnométhodologie. Une sociologie radicale.* Paris: La Découverte.
Fornel, Michel de/Ogien, Albert (Hrsg.) 2011. *Bourdieu, théorecien de la pratique* (Raisons pratiques 21). Paris: EHESS.
Fornel, Michel de/Quéré, Louis (Hrsg.) 1999. *La logique des situations. Nouveaux regards sur l'écologie des activités sociales* (Raisons pratiques 10). Paris: EHESS.
Foucault, Michel. 1971. *Die Ordnung der Dinge.* Frankfurt: Suhrkamp.
Foucault, Michel. 1973. *Archäologie des Wissens.* Frankfurt: Suhrkamp.
Foucault, Michel. 1976. *Überwachen und Strafen.* Frankfurt: Suhrkamp.
Foucault, Michel. 1977. *Sexualität und Wahrheit.* Bd. 1: Der Wille zum Wissen. Frankfurt: Suhrkamp.

Foucault, Michel/Martin, Rux/Martin, Luther H./Paden, William E./Rothwell, Kenneth S./Gutman, Huck/Hutton, Patrick H. 1993. *Technologien des Selbst*. Frankfurt: Fischer.

Fourcade, Marion. 2009. *Economists and societies. Discipline and profession in the United States, Britain and France, 1890s to 1990s*. Princeton: Princeton University Press.

Fradin, Bernard/Quéré, Louis/Widmer, Jean (Hrsg.) 1994. *L'enquête sur les catégories. De Durkheim à Sacks* (Raisons pratiques 5). Paris: EHESS.

François, Pierre. 2008. *Sociologie des marchés*. Paris: Armand Colin.

Füssel, Marian. 2018. *Zur Aktualität von Michel de Certeau. Einführung in sein Werk*. Wiesbaden: Springer VS.

Ganßmann, Heiner. 2012. Review: André Orléan „L'empire de la valeur. Refonder l'économie" (2012). *Economic Sociology - European Electronic Newsletter* 14(1), S. 47-50. http://econsoc.mpifg.de/archive/econ_soc_14-1.pdf. Zugegriffen: 15. Januar 2018.

Garcia-Parpet, Marie-France. 2009. *Le marché de l'excellence: Les grands crus à l'épreuve de la mondialisation*. Paris: Seuil.

Garcia-Parpet, Marie-France. 2011. *Symbolic value and the establishment of prices*. In: Aspers, Patrik/Beckert, Jens (Hrsg.), The worth of goods. Oxford: Oxford University Press, S. 131-155.

Garcia-Parpet, Marie-France. 2014. Marché, rationalité et faits sociaux totaux: Pierre Bourdieu et l'économie. *Revue française de socio-économie* 13(1), S. 107-127.

Garcia-Parpet, Marie-France. 2017. *Die soziale Konstruktion eines perfekten Marktes. Der Auktionsmarkt für Erdbeeren in Fontaines-en-Sologne*. In: Diaz-Bone, Rainer/Hartz, Ronald (Hrsg.), Dispositiv und Ökonomie. Diskurs- und dispositivanalytische Perspektiven auf Märkte und Organisationen. Wiesbaden: Springer VS, S. 39-82.

Garfinkel, Harold. 1967. *Studies in ethnomethodology*. Englewood Cliffs: Prentice Hall.

Garrouste, Pierre (Hrsg.) 1997. *Les frontières de la firm*. Paris: Economica.

Gautié, Jerôme. 2002. De l'invention du chômage à sa déconstruction. *Genèses* 46, S. 60-76.

Genette, Gérard. 1992. *Paratexte. Das Buch vom Beiwerk des Buches*. Frankfurt: Campus.

Geertz, Clifford. 1983. *Local knowledge. Further essays in interpretive anthropology*. New York: Basic Books.

Gensse, Pierre. 2003. *Introduction générale*. In: Amblard, Marc (Hrsg.), Conventions et management. Brüssel: De Boeck & Larcier, S. 13-23.

Gereffi, Gary/Humphrey, John/Sturgeon, Timothy. 2005. The governance of global value chains. *Review of International Political Economy* 12(1), S. 78-104.

Gereffi, Gary/Korzeniewicz, Miguel (Hrsg.) 1994. *Commodity chains and global capitalism*. Westport: Greenwood Publishing Group.

Gerlach, Philipp. 2014. *Der Wert der Arbeitskraft. Bewertungsinstrumente und Auswahlpraktiken im Arbeitsmarkt für Ingenieure*. Wiesbaden: Springer VS.

Ghirardello, Ariane/van der Plancke, Véronique. 2006. *Analyse de la discrimination à l'embauche. Pluraliser les actions positives pour réviser les conventions*. In: Eymard-Duvernay, François (Hrsg.), L'économie des conventions. Méthodes et résultats. Bd. 2: Développements. Paris: La Découverte, S. 145-158.

Gibbon, Peter/Ponte, Stefano. 2008. Global value chains: From governance to governmentality? *Economy and Society* 37(3), S. 365-392.

Girard, René. 1972. *La violence et le sacré*. Paris: Grasset.

Giraudeau, Martin. 2009. *Formuler les projets de l'entreprise*. In: Vatin, François (Hrsg.), Evaluer et valoriser. Une sociologie économique de la mesure. Toulouse. Presses Universitaires du Mirail, S. 137-154.

Godechot, Olivier. 2001. *Les traders. Essai de sociologie des marchés financiers*. Paris: La Découverte.

Godechot, Olivier. 2007. *Der Finanzsektor als Feld des Kampfes um die Aneignug von Gewinnen*. In: Beckert, Jens/Diaz-Bone, Rainer/Ganßmann, Heiner (Hrsg.), Märkte als soziale Strukturen. Campus: Frankfurt, S. 267-279.

Godechot, Olivier. 2011. How did the neoclassical paradigm conquer a multidisciplinary research institution? *Revue de la régulation* 10(2), S. 2-27.

Goffman, Erving. 1977. *Rahmen-Analyse. Ein Versuch über die Organisation von Alltagserfahrung*. Frankfurt: Suhrkamp.

Gollac, Michel. 1997. Des chiffres insensés? Pourquoi on donne un sens aux données statistiques. *Revue française de sociologie* 38(1), S. 5-36.

Gollac, Michel. 2004. La rigueur et la rigolade. A propos de l'usage des méthodes quantitatives par Pierre Bourdieu. *Courrier des statistiques* 112, S. 29-36.

Gomez, Pierre-Yves. 1994. *Qualité et théorie des conventions*. Paris: Economica.

Gomez, Pierre-Yves. 1995. Des règles du jeu pour une modélisation conventionnaliste. *Revue française d'économie* 10(3), S. 137-171.

Gomez, Pierre-Yves. 1996. *Le Gouvernement de l'entreprise. Modèles économiques de l'entreprise et pratiques de gestion*. Paris: InterEditions.

Gomez, Pierre-Yves. 2006. Information et conventions. *Revue française de gestion* 160(1), S. 217-240.

Gomez, Pierre-Yves. 2009. La gouvernance actionariale et financière. *Revue française de gestion* 198/199, S. 369-391.

Gomez, Pierre-Yves/Jones, Brittany. 2000. Conventions. An interpretation of deep structures in organizations. *Organization Science* 11(6), S. 696-708.

Gond, Jean-Pascal/Leca, Bernard. 2012. Theorizing change in a pluralistic institutional context: What can economies of worth and new-institutionalism learn from each other? *Document de travail du LEM* 2012-15. Lille: Lille Economy & Management.

Gond, Jean-Pascal/Demers, Christiane/Michaud, Valérie. 2017. *Managing normative tensions within and across organizations*. In: Smith, Wendy K./Lewis, Marianne W./Jarzabkowski, Paula/Langley, Ann (Hrsg.), The Oxford Handbook of organizational paradox. Oxford: Oxford University Press. S. 239-259.

Granovetter, Mark S. 1973. The strength of weak ties. *American Journal of Sociology* 78(6), S. 1360-1380.

Granovetter, Mark S. 1985. Economic action and social structure: The problem of embeddedness. *American Journal of Sociology* 91(3), S. 481-510.

Groves, Robert M./Lyberg, Lars. 2010. Total survey error: Past, present, and future. *Public Opinion Quarterly* 74(5), S. 849-879.

Grüttner, Michael. 2013. Zur Bedeutung von „Konventionen" in der Arbeitsverwaltung. Die Vergabepraxis des Gründungszuschusses. *IAB Bibliothek 342*. Nürnberg: Institut für Arbeitsmarkt- und Berufsforschung.

Grüttner, Michael. 2015. *Soziologie der Konventionen und Implementationsforschung. Die Gründungsförderung der Arbeitsagenturen als Anwendungsbeispiel*. In: Knoll, Lisa (Hrsg.), Organisationen und Konventionen. Die Soziologie der Konventionen in der Organisationsforschung. Wiesbaden: Springer VS, S. 249-274.

Gruson, Claude. 1976. *Programmer l'espérance*. Paris: Stock.

Guibert, Bernard/Laganier, Jean/Volle, Michel. 1971. Essai sur les nomenclatures industrielles. *Economie et statistique* 20, S. 23-36.

Halliday, Terence C./Karpik, Lucien (Hrsg.) 1998. *Lawyers and the rise of western political liberalism: Europe and North America from the eighteenth to twentieth centuries*. Oxford: Clarendon Press.
Halliday, Terence C./Karpik, Lucien/Feeley, Malcolm (Hrsg.) 2007. *Fighting for political liberalism*. Portland: Hart Publishing.
Halliday, Terence C./Karpik, Lucien/Feeley, Malcolm (Hrsg.) 2012. *Fates of political liberalism in the British post-colony: The politics of the legal complex*. Cambridge: Cambridge University Press.
Hartz, Ronald/Rätzer, Matthias (Hrsg.) 2013. *Organisationsforschung nach Foucault*. Bielefeld: Transcript.
Hedtke, Reinhold. 2001. *Konsum und Ökonomik*. Grundlagen, Kritik und Perspektiven Konstanz: UVK.
Hedtke, Reinhold. 2014. *Wirtschaftssoziologie. Eine Einführung*. Konstanz: UVK.
Hedtke, Reinhold. 2015. *Was ist und wozu Sozioökonomie? Zur Topographie eines unübersichtlichen Feldes*. In: Hedtke, Reinhold (Hrsg.), Was ist und wozu Sozioökonomie? Wiesbaden: Springer VS, S. 19-69.
Hedtke, Reinhold (Hrsg.) 2015. *Was ist und wozu Sozioökonomie*? Wiesbaden: Springer VS.
Heidenreich, Martin/Bischoff, Gabriele. 2008. The open method of co-ordination: A way to the Europeanization of social and employment policies? *Journal of Common Market Studies* 46(3), S. 497-532.
Heilbron, Johan. 2001. Economic sociology in France. *European Societies* 3(1), S. 41-67.
Heilbron, Johan. 2015. *French sociology*. Ithaca: Cornell University Press.
Heinich, Nathalie. 2017. *Des valeurs. Une approche sociologique*. Paris: Gallimard.
Hennion, Antoine. 2015. *The passion for music. A sociology of mediation*. Farnham: Ashgate.
Hicks, John. 1989. *A market theory of money*. Oxford: Oxford University Press.
Holst, Hajo. 2016. Finanzialisierung als „Investifizierung". Innovationsarbeit und Portfolio-Arbeitsorganisation. *Zeitschrift für Soziologie* 45(3), S. 145-161.
Hopwood, Anthony/Miller, Peter (Hrsg.) 1994. *Accounting as social and institutional practice*. Cambridge: Cambridge University Press.
Horn François. 2001. La diversité de l'économie du logiciel. Pluralité et dynamique de quatre «mondes de production». *Revue d'économie industrielle* 95(2), S. 37-60.
Horn, François. 2004. *L'économie des logiciels*. Paris: La Découverte.
Huet, Maryse. 1981. *Les catégories statistiques utilisées pour classer les épouses et enfants d'agriculteurs; des principes à l'usage effectif*. In: INSEE (Hrsg.), Les catégories socioprofessionnelles et leur repérage dans les enquêtes. Etudes méthodologiques. Archives et documents 38. Paris: INSEE, S. 41-81.
Humphrey, John/Schmitz, Hubert. 2002. Developing country firms in the world economy: Governance and upgrading in global value chains. *INEF Report* 61. Duisburg: Universität Duisburg.
Hutchins, Edwin. 1995. *Cognition in the wild*. Cambridge: MIT Press.
Imdorf, Christian. 2012. Zu jung oder zu alt für eine Lehre? Altersdiskriminierung bei der Ausbildungsplatzvergabe. *Journal for Labour Market Research* 45(1), S. 79-98.
Imdorf, Christian. 2017. Understanding discrimination in hiring apprentices: how training companies use ethnicity to avoid organisational trouble. *Journal of Vocational Education and Training* 69(3), S. 405-423.

Imdorf, Christian/Leemann, Regula. 2012. New models of apprenticeship and equal employment opportunity. Do training networks enhance fair hiring practices? *Journal of Vocational Education and Training* 64(1), S. 57-74.

INSEE (Hrsg.) 1981. Les catégories socioprofessionnelles et leur repérage dans les enquêtes. Etudes méthodologiques. *Archives et documents* 38. Paris: INSEE.

INSEE (Hrsg.) 1996. *Cinquante ans d'INSEE, ou la conquête du chiffre*. Paris: INSEE.

Jacobsen, Heike. 2012. *Dienstleistungsrationalität: Beiträge einer Soziologie der Konventionen zur Service Science*. In: Dunkel, Wolfgang/Bienzeisler, Bernd (Hrsg.), 3sResearch. Sozialwissenschaftliche Dienstleistungsforschung. Stuttgart: Fraunhofer Verlag S. 12-22.

Jacobsen, Heike/Blazejewski, Franziska/Graf, Patricia. 2017. *Der verdeckte Transformationsprozess der Energieversorger – Kollisionen von Rechtfertigungsordnungen*. In: Giacovelli, Sebastian (Hrsg.), Die Energiewende aus wirtschaftssoziologischer Sicht. Wiesbaden: Springer VS, S. 93-117.

Jagd, Søren. 2004. Laurent Thévenot and the French convention school. A short introduction. *Economic Sociology – European Electronic Newsletter* 5(3), S. 2-9. http://econsoc.mpifg.de/archive/esjune04.pdf. Zugegriffen: 15. Januar 2018.

Jagd, Søren. 2007. Economics of convention and new economic sociology: Mutual inspiration and dialogue. *Current Sociology* 55(1), S. 75-91.

Jagd, Søren. 2011. Pragmatic sociology and competing orders of worth in organizations. *European Journal of Social Theory* 14(3), S. 343-359.

James, William. 1912. *Essays in radical empiricism*. New York: Longmans, Green & Co.

James, William. 1994a. *Der Pragmatismus. Ein neuer Name für eine alte Denkmethode*. Hamburg: Meiner.

James, William. 1994b. *Das pluralistische Universum*. Wiesbaden: Wissenschaftliche Buchgesellschaft.

James, William. 2006. *Pragmatismus und radikaler Empirismus*. Frankfurt: Suhrkamp.

Jany-Catrice, Florence. 2012. *La performance totale. Nouvel esprit du capitalisme?* Villeneuve-d'Ascq: Presses Universitaires du Septentrion.

Jeannerat, Hugues. 2012. Staging experience, valuing authenticity: Towards a market perspective on territorial development. *European Urban and Regional Studies* 20(4), S. 370-384.

Jessop, Bob. 1997. Survey article: The regulation approach. *Journal of Political Philosophy* 5(3), S. 287-326.

Jessop, Bob/Sum, Ngai-Ling. 2006. *Beyond the regulation approach*. Cheltenham: Edward Elgar.

Jessop, Bob (Hrsg.) 2001. *Regulation theory and the crisis of capitalism*. 5 Bde. Cheltenham: Edward Elgar.

Judde de Larivière, Claire/Hanne, Georges. 2011. Occupational naming conventions: Historicity, actors, interactions. *Historical Social Research* 36(4), S. 82-102.

Juhem, Philippe. 1994. Un nouveau paradigme sociologique? À propos du modèle économies de la grandeur de Luc Boltanski et Laurent Thévenot. *Scalpel* (1), S. 1-21.

Kädtler, Jürgen. 2009. Finanzialisierung und Finanzmarktrationalität. Zur Bedeutung konventioneller Handlungsorientierung im gegenwärtigen Kapitalismus. *SOFI-Arbeitspapier* 2009-5. Göttingen: SOFI.

Kädtler, Jürgen. 2011. Financialisation of capitalist economies. Bargaining on conventional economic rationalities. *Historical Social Research* 36(4), S. 169-191.

Kädtler, Jürgen. 2012. On conventions, institutions, power, and uncertainty – Some cursory remarks. *Historical Social Research* 37(4), S. 36-43.

Kädtler, Jürgen/Mautz, Rüdiger/Faust, Michael. 2017. *Finanzmarktakteure und Innovationen – Wie beobachten und bewerten (Aktien-)Fondsmanager und Analysten die Innovationsfähigkeit von Unternehmen?* In: Faust, Michael/Kädtler, Jürgen/Wolf, Harald (Hrsg.), Finanzmarkt-Kapitalismus? Der Einfluss von Finanzialisierung auf Arbeit, Wachstum und Innovation. Frankfurt: Campus, S. 225-268.

Kalthoff, Herbert. 2004. Finanzwirtschaftliche Praxis und Wirtschaftstheorie. Skizze einer Soziologie ökonomischen Wissens. *Zeitschrift für Soziologie* 33(2), S. 154-175.

Kalthoff, Herbert. 2009. *Die Finanzsoziologie: Social Studies of Finance. Zur neuen Soziologie ökonomischen Wissens.* In: Beckert, Jens/Deutschmann, Christoph (Hrsg.), Wirtschaftssoziologie. Kölner Zeitschrift für Soziologie und Sozialpsychologie. Sonderheft 49. Wiesbaden: VS Verlag, S. 266-287.

Kalthoff, Herbert/Vormbusch, Uwe (Hrsg.) 2012. *Soziologie der Finanzmärkte.* Bielefeld: Transcript.

Karpik, Lucien. 1985. Avocat: une nouvelle profession? *Revue française de sociologie* 26(4), S. 571-600.

Karpik, Lucien. 1989. L'économie de la qualité. *Revue française de sociologie* 30(2), S. 187-210.

Karpik, Lucien. 1999. *French lawyers. A study in collective action 1274 to 1994.* Oxford: Oxford University Press.

Karpik, Lucien. 2011. *Mehr Wert. Die Ökonomie des Einzigartigen.* Frankfurt: Campus.

Karsenti, Bruno/Quéré, Louis (Hrsg.) 2004. *La croyance de l'enquête. Aux sources du pragmatisme* (Raisons pratiques 15). Paris: EHESS.

Kelsen, Hans. 1960. *Reine Rechtslehre. Einleitung in die rechtswissenschaftliche Problematik.* 2. Aufl. Wien: Deuticke.

Keynes, John M. 1937. The general theory of employment. *Quarterly Journal of Economics* 51(2), S. 209-223.

Keynes, John M. 2006. *Allgemeine Theorie der Beschäftigung, des Zinses und des Geldes.* 10. Aufl. Berlin: Duncker & Humblot.

Kirat, Thierry. 2011. *L'encastrement juridique de l'économie: l'institutionalisme réaliste s'est dissous dans la sociologie économique*? In: Bessy, Christian/Delpeuch, Thierry/Pélisse, Jerôme (Hrsg.), Droit et régulations des activités économiques et institutionalistes. Paris: LGDJ, S. 53-67.

Kirat, Thierry. 2012. *Economie du droit.* Neuaufl. Paris: La Découverte.

Knight, Frank. 2006. *Risk, uncertainty and profit.* Mineola: Dover Publications.

Knight, John/North, Douglass C. 1997. Explaining economic change: The interplay between cognition and institutions. *Legal Theory* 3, S. 211-226.

Knoll, Lisa. 2012. Über die Rechtfertigung wirtschaftlichen Handelns. *CO_2-Handeln in der kommunalen Energiewirtschaft.* Wiesbaden: Springer VS.

Knoll, Lisa. 2013a. Justification, conventions, and institutions in economic fields. *Economic Sociology – European Electronic Newsletter* 14(2), S. 39-44. http://econsoc.mpifg.de/archive/econ_soc_14-2.pdf. Zugegriffen: 15. Januar 2018.

Knoll, Lisa. 2013b. Die Bewältigung wirtschaftlicher Unsicherheit. Zum Pragmatismus der Soziologie der Konventionen. *Berliner Journal für Soziologie* 23(3/4), S. 367-387.

Knoll, Lisa. 2015a. *Einleitung.* In: Knoll, Lisa (Hrsg.), Organisationen und Konventionen. Die Soziologie der Konventionen in der Organisationsforschung. Wiesbaden: Springer VS, S. 9-34.

Knoll, Lisa. 2015b. The hidden regulation of carbon markets. *Historical Social Research* 40(1), 132-149.

Knoll, Lisa. 2017. Ökonomie der Konventionen. In: Maurer, Andrea (Hrsg.), Handbuch der Wirtschaftssoziologie. 2. Aufl. Wiesbaden: Springer VS, S. 151-162.
Knoll, Lisa. 2018. *Konventionen und Kompromisse auf Finanzmärkten*. In: Beyer, Jürgen/ Senge, Konstanze (Hrsg.), Finanzmarktsoziologie. Entscheidungen, Ungewissheit und Geldordnung. Wiesbaden: Springer VS, S. 107-124.
Knoll, Lisa (Hrsg.) 2015. *Organisationen und Konventionen. Die Soziologie der Konventionen in der Organisationsforschung*. Wiesbaden: Springer VS.
Knorr Cetina, Karin/Bruegger, Urs. 2002. Global microstructures: The virtual societies of financial markets. *American Journal of Sociology* 107(4), S. 905-950.
Knorr Cetina, Karin/Preda, Alex (Hrsg.) 2005. *The sociology of financial markets*. Oxford: Oxford University Press.
Kocka, Jürgen. 2010. History, the social sciences and potentials for cooperation, with particular attention to economic history. *InterDisciplines* 1, S. 43-63.
Koppl, Roger. 1991. Retrospectives: Animal spirits. *Journal of Economic Perspectives* 5(3), S. 203-210.
Koumakhov, Rouslan. 2014. Conventionalism, coordination, and mental models: From Poincaré to Simon. *Journal of Economic Methodology* 21(3), S. 251-272.
Kozica, Arjan/Brandl, Julia. 2015. Handling paradoxical tensions through conventions. The case of performance appraisals. *Zeitschrift für Personalforschung*, 29(1), S. 49-68.
Kozica, Arjan/Brandl, Julia. 2016. *Organisationales Gedächtnis und Konventionen: Über Hypothesen, Akteure und Rechtfertigung*. In: Leonhard, Nina/Dimbath, Oliver/Haag, Hanna/Sebald Gerd (Hrsg.), Organisation und Gedächtnis. Über die Vergangenheit der Organisation und die Organisation der Vergangenheit. Wiesbaden: Springer VS, S. 15-38.
Kozica, Arjan/Kaiser, Stephan. 2015. *Konventionen und Routinen. Beiträge der Economie des conventions zur Forschung zu organisationalen Routinen*. In: Knoll, Lisa (Hrsg.), Organisationen und Konventionen. Die Soziologie der Konventionen in der Organisationsforschung. Springer VS, S. 37-59.
Kozica, Arjan/Kaiser, Stephan/Friesl, Martin. 2014. Organizational routines: Conventions as a source of change and stability. *Schmalenbach Business Review* 66(3), S. 334-356.
Kraemer, Klaus/Nessel, Sebastian (Hrsg.) 2012. *Entfesselte Finanzmärkte. Soziologische Analysen des modernen Kapitalismus*. Frankfurt: Campus.
Kraemer, Klaus/Nessel, Sebastian (Hrsg.) 2015. *Geld und Krise. Die sozialen Grundlagen moderner Geldordnungen*. Frankfurt: Campus.
Krais, Beate. 1981. *Einleitung*. In: Bourdieu, Pierre/Boltanski, Luc/de Saint Martin, Monique/ Maldidier, Pascal, Titel und Stelle. Über die Reproduktion sozialer Macht. Frankfurt: Europäische Verlagsantalt, S. 7-21.
Krais, Beate. 1990. *Nachwort zur deutschen Ausgabe*. In: Boltanski, Luc, Die Führungskräfte. Die Entstehung einer sozialen Gruppe. Frankfurt: Suhrkamp, S. 335-344.
Kuhn, Thomas S. 1996. *Die Struktur wissenschaftlicher Revolutionen*. Frankfurt: Suhrkamp.
Lafaye, Claudette/Thévenot, Laurent. 1993. Une justification écologique? Conflits dans l'aménagement de la nature. *Revue française de la sociologie* 34(4), S. 495-524.
Lahire, Bernard. 2006. *La culture des individus. Dissonances culturelles et distinction de soi*. Paris: La Découverte.
Lahire, Bernard. 2011. *The plural actor*. Cambridge: Polity Press.
Lamla, Jörn. 2013. Arenen des demokratischen Experimentalismus. Zur Konvergenz von nordamerikanischem und französischem Pragmatismus. *Berliner Journal für Soziologie* 23(3/4), S. 345-365.

Lamont, Michèle. 2009. *How professors think. Inside the curious world of academic judgment.* Cambridge: Harvard University Press.

Lamont, Michèle. 2012. Towards a comparative sociology of valuation and evaluation. *Annual Review of Sociology* 38, S. 201-221.

Lamont, Michèle/Thévenot, Laurent (Hrsg.) 2000. *Rethinking comparative cultural sociology. Repertoires of evaluation in France and the United States.* Cambridge: Cambridge University Press.

Lamoureux, Josée. 1996. Naissance et transformation des institutions: apports de la théorie de la régulation, de la théorie des conventions et de J.R. Gommons. *CRISIS Working Paper.* Montreal: CRISES – Centre de recherche sur les innovations sociales. https://depot.erudit.org/bitstream/001742dd/1/ET9608.pdf. Zugegriffen: 15. Januar 2018.

Lanciano-Morandat, Caroline/Verdier, Eric. 2004. Dynamiques des régimes sociétaux d'enseignement supérieur et d'innovation. *Revue internationale de politique comparée* 11(3), S. 369-388.

Larquier, Guillemette de. 2001. *Dynamiques des marchés du travail, chômage et inégalités.* In: Bessy, Christian/Eymard-Duvernay, François/Larquier, Guillemette de/Marchal, Emmanuelle (Hrsg.), Des marchés du travail équitables? Approche comparative France/Royaume-Uni. Brüssel: Peter Lang, S. 21-50.

Larquier, Guillemette de. 2016a. *Une approche conventionnaliste du marché du travail fondée sur le recrutement des entreprises. Economies et finances.* Université de Paris Ouest-Nanterre La Défense. https://hal.archives-ouvertes.fr/tel-01423201. Zugegriffen: 15. Januar 2018.

Larquier, Guillemette de. 2016b. *Mauvaise convention. Quand un concept passe de la théorie des jeux à l'Economie des conventions.* In: Batifoulier, Philippe/Bessis, Franck/Ghirardello, Ariane/Larquier, Guillemette de/Remillon, Delphine (Hrsg.), Dictionnaire des conventions. Villeneuve-d'Ascq: Presses Universitaires du Septentrion, S. 183-186.

Larquier, Guillemette de. 2017. The first 100 days. Interview with Guillemette de Larquier on her new position as full professor: "… we would like to show how EC can complement the labor market segmentation theory". Guillemette de Larquier interviewt von Katharina Pernkopf and Lisa Knoll. https://conventions.hypotheses.org/category/interviews. Zugegriffen: 15. Januar 2018.

Larquier, Guillemette de/Batifoulier, Philippe. 2005. Peut-on suivre de mauvaises conventions? Coordination et Pareto-optimalité. *Economie appliquée* 57(1), S. 5-32.

Larquier, Guillemette de/Marchal, Emmanuelle. 2012. *La légitimité des épreuves de sélection: apports d'une enquête statistique auprès des entreprises.* In: Eymard-Duvernay, François (Hrsg.), Epreuves d'évaluation et chômage. Toulouse: Octarès Editions, S. 47-77.

Larquier, Guillemette de/Remillon, Delphine. 2008. Assiste-t-on à une transformation uniforme des carrières professionnelles vers plus de mobilité? Une exploitation de l'enquête «Histoire de vie». *Travail et emploi* 113, S. 13-30.

Larquier, Guillemette de/Rieucau, Géraldine. 2010. Trouver ou créer son emploi: compter sur soi, sur autrui ou sur les institutions? *Travail et emploi* 124, S. 43-55.

Larquier, Guillemette de/Rieucau, Géraldine. 2014. Quand les entreprises font leur marché: canaux et sélection sur les marchés du travail. *Revue française de socio-économie* 14(2), S. 93-113.

Larquier, Guillemette de/Rieucau, Géraldine. 2017. Les annonces d'offre d'emploi: une information publique mais ciblée. Exploitation de l'enquête Emploi (2003-2012). *Revue économique* 68(2), S. 199-217.

Latour, Bruno. 1987. *Science in action. How to follow scientists and engineers through society.* Cambridge: Harvard University Press.
Latour, Bruno. 1998. *Wir sind nie modern gewesen. Versuch einer symmetrischen Anthropologie.* Frankfurt: S. Fischer.
Latour, Bruno. 2005. *Reassembling the social. An introduction to actor-network-theory.* Oxford: Oxford University Press.
Latour, Bruno. 2007. *Eine neue Soziologie für eine neue Gesellschaft.* Frankfurt: Suhrkamp.
Latour, Bruno. 2010. *The making of law. An ethnography of the conseil d'Etat.* London: Polity Press.
Latsis, John. 2005. Is there redemption for conventions? *Cambridge Journal of Economics* 29, S. 709-727.
Latsis, John. 2006. Convention and intersubjectivity: New developments in French economics. *Journal for the Theory of Social Behaviour* 36(3), S. 255-277.
Latsis, John. 2007. Conventions and exemplars: An alternative conceptual framework. *EconomiX Document de travail* 2007-03. Paris: Université Paris 10-Nanterre.
Latsis, John/Larquier, Guillemette de/Bessis, Franck. 2010. Are conventions solutions to uncertainty? Contrasting visions of social coordination. *Journal of Post Keynesian Economics* 32(4), S. 535-558.
Latzke, Peter Paul. 2018. *Wert und Werte von arbeitsintensiven Dienstleistungen. Die Markt- und Qualitätskonstruktion in der Gebäudereinigungsbranche.* Wiesbaden: Springer VS.
Laville, Frédéric. 2000. La cognition située. *Revue économique* 51(6), 1301-1331.
Law, John (Hrsg.) 1986. Power, action and belief. London: Routledge.
Law, John/Hassard, John (Hrsg.) 1999. *Actor network theory and after.* Oxford: Blackwell.
Lazega, Emmanuel. 2001. *The collegial phenomenon: The social mechanisms of cooperation among peers in a corporate law partnership.* Oxford: Oxford University Press.
Lazega, Emmanuel/Bessis, Franck. 2010. *Les coûts cachés de la qualité du travail professionnel: l'entretien de la collégialité et des réseaux sociaux.* In: Favereau, Olivier (Hrsg.), Les avocats, entre ordre professionnel et ordre marchand. Paris: Lextenso Editions/Gazette du Paris, S. 9-11 (synthèse 2) und S. 65-82 (analyse 2).
Lazega, Emmanuel/Favereau, Olivier. 2002. *Introduction.* In: Favereau, Olivier/Lazega, Emmanuel (Hrsg.), Conventions and structures in economic organization. Markets, networks, hierarchies. Cheltenham: Edward Elgar, S. 1-28.
Le Velly, Ronan. 2012. *Sociologie du marché.* Paris: La Découverte.
Lebaron, Frédéric. 1997. La dénégation du pouvoir. Le champ des économistes français au milieu des années 1990. *Actes de la recherche en sciences sociales* 119, S. 3-26.
Lebaron, Frédéric. 2000. *La croyance économique. Les économistes entre science et politique.* Pairs: Seuil.
Lebaron, Frédéric. 2003. Pierre Bourdieu: Economic models against economism. *Theory and Society* 32(5/6), S. 551-565.
Lebaron, Frédéric. 2009. *How Bourdieu "quantified" Bourdieu: The geometric modeling of data.* In: Robson, Karen/Sanders, Chris (Hrsg.), Quantifying theory: Pierre Bourdieu. New York: Springer, S. 11-29.
Lebaron, Frédéric. 2015. *L'espace social. Statistique et analyse géométrique des données dans l'oeuvre de Pierre Bourdieu.* In: Lebaron, Frédéric/Le Roux, Brigitte (Hrsg.) 2015, La méthodologie de Pierre Bourdieu en action. Espace culturel, espace social et analyse des données. Paris: Dunod, S. 43-58.

Leemann, Regula. 2014. How schools deal with expectations of gender equality. *Schweizerische Zeitschrift für Soziologie* 40(2), S. 215-236.

Leemann, Regula/Imdorf, Christian. 2015a. *Ausbildungsverbünde als Organisationsnetzwerke*. In: Knoll, Lisa (Hrsg.), Organisationen und Konventionen. Die Soziologie der Konventionen in der Organisationsforschung. Wiesbaden: Springer VS, S. 137-161.

Leemann, Regula/Imdorf, Christian. 2015b. Cooperative VET in training networks. Analysing the free-rider problem in a sociology-of-conventions perspective. *International Journal for Research in Vocational Education and Training* 2(4), S. 284-307.

Lefebvre, Georges. 2003. *Napoleon*. Stuttgart: Klett-Cotta.

Lejeune, Jean-François. 2013. *L'individualisation de la relation de travail. Une analyse conventionnaliste dans la banque de détail commerciale en France et au Royaume-Uni au tournant des années 2000*. Thèse doctorat de l'Université de Paris 10-Nanterre.

Lepenies, Wolf. 1978. *Vergangenheit und Zukunft der Wissenschaftsgeschichte – Das Werk Gaston Bachelards*. In: Gaston Bachelard, Die Bildung des wissenschaftlichen Geistes. Beitrag zu einer Psychoanalyse der objektiven Erkenntnis. Frankfurt: Suhrkamp, S. 7-36.

Lepenies, Wolf (Hrsg.) 1981a. *Geschichte der Soziologie*. Bd. 2. Frankfurt: Suhrkamp.

Lepenies, Wolf (Hrsg.) 1981b. *Geschichte der Soziologie*. Bd. 3. Frankfurt: Suhrkamp.

Lepetit, Bernard. 1995a. *Histoire des pratiques, pratique de l'histoire*. In: Lepetit, Bernard (Hrsg.), Les formes de l'expérience. Une autre histoire sociale. Paris: Albin Michel, S. 9-22.

Lepetit, Bernard. 1995b. *Le présent de l'histoire*. In: Lepetit, Bernard (Hrsg.), Les formes de l'expérience. Une autre histoire sociale. Paris: Albin Michel, S. 273-298.

Lepetit, Bernard (Hrsg.) 1995. *Les formes de l'expérience. Une autre histoire sociale*. Paris: Albin Michel.

Letablier, Marie-Thérèse/Delfosse, Claire. 1995. *Genèse d'une convention de qualité. Cas des appellations d'origine fromagères*. In: Allaire, Gilles/Boyer, Robert (Hrsg.), La grande transformation de l'agriculture. Paris: INRA-Economica, S. 97-118.

Lévesque, Benoît/Bourque, Gilles L./Forgues, Eric. 1997. La sociologie économique de la langue française. Originalité et diversité des approches. *Cahiers internationaux de sociologie* 103, S. 265-294.

Lévi-Strauss, Claude. 1967. *Strukturale Anthropologie I*. Frankfurt: Suhrkamp.

Lévi-Strauss, Claude. 1968. *Das wilde Denken*. Frankfurt: Suhrkamp.

Lévi-Strauss, Claude. 1975. *Strukturale Anthropologie II*. Frankfurt: Suhrkamp.

Levy, Thierry. 2002. *The theory of conventions and a new theory of the firm*. In: Fullbrook, Edward (Hrsg.), Intersubjectivity in economics. London: Routledge, S. 254-272.

Lewis, David K. 1975. *Konventionen. Eine sprachphilosophische Abhandlung*. Berlin: De Gruyter.

Litz, Hans Peter/Lipowitz, Thanos. 1986. *Amtliche Statistik in marktwirtschaftlich organisierten Industriegesellschaften. Eine vergleichende Untersuchung der amtlichen Statistik der Bundesrepublik, der Niederlande und Frankreichs*. Frankfurt: Campus.

Livet, Pierre. 1994. *La communauté virtuelle. Action et communication*. Paris: Editions de l'Eclat.

Livet, Pierre. 2005a. *Qu'est-ce qu'une action?* Paris: Vrin.

Livet, Pierre. 2005b. *Les institutions, au-delà du holisme et de l'individualisme*. In: Leroux, Alain/Livet, Pierre (Hrsg.), Leçons de philosophie économique. Bd. 1: Economie politique et philosophie sociale. Paris: Economica, S. 187-206.

Livet, Pierre/Thévenot, Laurent. 1997. *Modes d'action collective et construction éthique. Les émotions dans l'évaluation.* In: Dupuy, Jean-Pierre/Livet, Pierre (Hrsg.), Les limites de la rationalité. Bd. 1: Rationalité, éthique et cognition. Paris: La Découverte, S. 412-439.
Livet, Pierre/Thévenot, Laurent. 2004. *L'action collective.* In: Orléan, André (Hrsg.), Analyse économique des conventions. 2. Aufl. Paris: Presses Universitires de France, S. 163-191.
Livet, Pierre/Ogien, Ruwen (Hrsg.) 2000. *L'enquête ontologique. Du mode d'existence des objets sociaux* (Raisons pratiques 11). Paris: EHESS.
Luciani, Jean/Salais, Robert. 1990. Matériaux pour la naissance d'une institution: l'Office du travail (1890-1900). *Genèses* 2, S. 83-108.
Lyon-Caen, Antoine/Affichard, Joëlle (Hrsg.) 2008. L'évaluation du droit du travail: Problèmes et méthodes. Rapport final Bd. I. *Rapport de synthèse.* Paris: Institut International Pour les Etudes Comparatives.
Machura, Stefan. 2003. *Stand und Perspektiven der deutschen Rechtssoziologie.* In: Orth, Barbara/Schwietring, Thomas/Weiß, Johannes (Hrsg.), Soziologische Forschung. Stand und Perspektiven, Opladen: Leske + Budrich, S. 415-426.
MacKenzie, Donald. 2006. *An engine not a camera. How financial markets shape markets.* Cambridge: Cambridge University Press.
MacKenzie, Donald. 2009. *Material markets.* Oxford: Oxford University Press.
MacKenzie, Donald. 2011. The credit crisis as a problem in the sociology of knowledge. *American Journal of Sociology* 116(6), S. 1778-1841.
MacKenzie, Donald/Millo, Yuval. 2003. Constructing a market, performing theory. The historical sociology of a financial derivatives exchange. *American Journal of Sociology* 109(1), S. 107-145.
Mansfield, Malcom/Salais, Robert/Whiteside, Noel (Hrsg.) 1994. *Aux sources du chômage. Une comparison intedisciplinaire entre la France et la Grande-Bretagne.* Paris: Belin.
Marchal, Emmanuelle. 2013. *Uncertainties regarding applicant quality. The anonymous resume put in test.* In: Beckert, Jens/Musselin, Christine (Hrsg.), The classification of goods in markets. Oxford: Oxford University Press, S. 103-123.
Marchal, Emmanuelle. 2015. *Les embarras des recruteurs. Enquête sur le marché du travail.* Paris: Editions de l'EHESS.
Marchal, Emmanuelle/Remillon, Delphine. 2007. A chaque marché du travail ses propres modes de recherche d'emploi. *Document de travail* 90. Paris: Centre d'études de l'emploi.
Marchal, Emmanuelle/Remillon, Delphine. 2012. *La recherche d'emploi façonnée par la pluralité des modes de valorisation du travail.* In: Eymard-Duvernay, François (Hrsg.), Epreuves d'évaluation et chômage. Toulouse: Octarès Editions, S. 79-105.
Marchal, Emmanuelle/Rieucau, Géraldine. 2006. *Les a priori de la sélection professionnelle: une approche comparative.* In: Eymard-Duvernay, François (Hrsg.), L'économie des conventions. Méthodes et résultats. Bd. 2: Développements. Paris: La Découverte, S. 93-110.
Marchal, Emmanuelle/Rieucau, Géraldine. 2010. *Le recrutement.* Paris: La Découverte.
Marchal, Emmanuelle/Torny, Didier. 2002. Embaucher, sélectionner, valoriser. Les offres d'emploi dans la presse française entre 1960 et 2000. *Rapport de recherche* 3. Paris: Centre d'études de l'emploi.
Marchal, Emmanuelle/Torny, Didier. 2003. Des petites aux grandes annonces: Evolution du marché des offres d'emploi (1960-2000). *Travail et emploi* 95, S. 59-72.
Marchal, Emmanuelle/Mellet, Kevin/Rieucau, Géraldine. 2007. Job board toolkits: Internet matchmaking and changes in job advertisements. *Human Relations* 60(7), S. 1091-1113.

Marmor, Andrei. 2009. *Social conventions. From language to law.* Princeton: Princeton University Press.

Marsden, David. 1989. *Marchés du travail. Limites sociales des nouvelles théories.* Paris: Economica.

Martens, Stefan. 2005. *Vom Ersten Weltkrieg bis zum Ende des Vichy-Regimes.* In: Hinrichs, Ernst (Hrsg.), Kleine Geschichte Frankreichs. Bonn: Bundeszentrale für politische Bildung, S. 361-416.

Marty, Frédéric. 2002. *Pluralité et dynamique des conventions de reglementation. Une analyse économique de la jurisprudence du conseil de la concurrence relative au secteur électrique.* Thèse doctorat de l'Ecole normale superiéure de Cachan/Paris.

Marty, Frédéric. 2006. *La libéralisation du secteur électrique. Une approche en termes de dynamique conventionelle.* In: Eymard-Duvernay, François (Hrsg.), L'économie des conventions. Méthodes et résultats. Bd. 2: Développements. Paris: La Découverte, S. 335-349.

Marty, Frédéric. 2015. Towards an economics of convention-based approach of the European competition policy. *Historical Social Research* 40(1), S. 94-111.

Masson, Philippe. 2012. French sociology and the state. *Current Sociology* 60(5), S. 719-729.

Menger, Pierre-Michel. 2003. *Les professions et leurs sociologies: Modèles théoriques, catégorisations, évolutions.* Paris: Maison des Sciences de l'Homme.

Mense-Petermann, Ursula. 2008. Die Wirtschaft und ihre Grenzen – Transnationalisierung als theoretisches Problem der Wirtschaftssoziologie. Vortrag gehalten auf der Tagung „Theoretische Ansätze der Wirtschaftssoziologie" der Sektion Wirtschaftssoziologie in der Deutschen Gesellschaft für Soziologie, 17./18.02.08 in Berlin.

Mense-Petermann, Ursula. 2015. *Die Transnationalisierung von Wirtschaftsorganisationen in der Perspektive der Economie des conventions.* In: Knoll, Lisa (Hrsg.), Organisationen und Konventionen. Die Soziologie der Konventionen in der Organisationsforschung. Wiesbaden: Springer VS, S. 163-191.

Merllié, Dominique. 1983. Une nomenclature et sa mise en oeuvre. *Actes de la recherche en sciences sociales* 50, S. 3-47.

Merllié, Dominique. 1990. Les classements professionnels dans les enquêtes de mobilité. *Annales* 46(6), S. 1317-1333.

Meyer, John W. 2009. *World society.* Oxford: Oxford University Press.

Meyer, John W. 2010. World society, institutional theories, and the actor. *Annual Review of Sociology* 36, S. 1-20.

Meyer, John W./Rowan, Brian. 1977. Institutionalized organizations: Formal structure as myth and ceremony. *American Journal of Sociology* 83(2), S. 340-63.

Midler, Christophe. 1986. *Les concepts au concret. Réflexion sur les liens entre systèmes techniques et systèmes de gestion dans l'industrie automobile.* In: Salais, Robert/Thévenot, Laurent (Hrsg.), Le travail. Marchés, règles, conventions. Paris: Economica, S. 29-50.

Mikl-Horke, Gertraude. 2011. *Wirtschaftssoziologische und gesellschaftstheoretische Perspektiven der Unternehmung.* In: Mikl-Horke, Gertraude/Pirker, Reinhard/Resch, Andreas (Hrsg.), Theorie der Firma: interdisziplinär. Wiesbaden: Springer VS, S. 75-103.

Moebius, Stephan/Peter, Lothar. 2004. *Neue Tendenzen der französischen Soziologie.* In: Moebius, Stephan/Peter, Lothar (Hrsg.), Französische Soziologie der Gegenwart. Konstanz: UVK, S. 9-77.

Moebius, Stephan/Peter, Lothar (Hrsg.) 2004. *Französische Soziologie der Gegenwart.* Konstanz: UVK.

Moody, Michael/Thévenot, Laurent. 2000. *Comparing models of strategy, interest, and the public good in French and American environmental disputes*. In: Lamont, Michèle/Thévenot, Laurent (Hrsg.), Rethinking comparative cultural sociology. Repertoires of evaluation in France and in the United States. Cambridge: Cambridge University Press, S. 273-306.
Monso, Olivier/Thévenot, Laurent. 2011. Les questionnements sur la société française pendant quarante ans d'enquêtes Formation et Qualification Professionnelle. *Economie et statistique* 431-432, S. 13-36.
Moureau, Nathalie/Rivaud-Danset, Dorothée. 2004. *L'incertitude dans les théories economiques*. Paris: La Découverte.
Moureau, Nathalie/Sagot-Duvauroux, Dominique. 2006. *La construction sociale du marché: le cas du marché des tirages photographiques*. In: Eymard-Duvernay, François (Hrsg.), L'économie des conventions. Méthodes et résultats. Bd. 2: Développements. Paris: La Découverte, S. 45-60.
Mützel, Sophie. 2013. On coordination, stories and meaning making in markets. *Economic Sociology – European Electronic Newsletter* 14(2), S. 4-9. http://econsoc.mpifg.de/archive/econ_soc_14-2.pdf. Zugegriffen: 15. Januar 2018.
Mützel, Sophie. 2015. *Geschichten als Signale. Zur diskursiven Konstruktion von Märkten*. In: Diaz-Bone, Rainer/Krell, Gertraude (Hrsg.), Diskurs und Ökonomie. Diskursanalytische Perspektiven auf Märkte und Organisationen. Interdisziplinäre Diskursforschung. 2. Aufl. Wiesbaden: Springer VS, S. 263-284.
Munck, Jean de. 2006. *Vers un noveau paradigme du droit*. In: Eymard-Duvernay, François (Hrsg.), L'économie des conventions. Méthodes et résultats. Bd. 1: Debats. Paris: La Découverte, S. 249-262.
Munck, Jean de/Zimmermann, Bénédicte (Hrsg.) 2008. *La liberté au prisme des capacités. Amartya Sen au-delà du libéralisme* (Raisons pratiques 18). Paris: EHESS.
Nachi, Mohamed. 2006. *Introduction à la sociologie pragmatique*. Paris: Armand Colin.
Nachtwey, Oliver/Seidl, Timo. 2017. Die Ethik der Solution und der Geist des digitalen Kapitalismus. *IFS Working Paper* 11. Institut für Sozialforschung. Frankfurt: Universität Frankfurt.
Nelson, Richard R./Winter, Sidney G. 1982. *An evolutionary theory of economic change*. Cambridge: Belknap Press.
Neu, Tim. 2015. Koordination und Kalklül. Die Economie des conventions und die Geschichstwissenschaft. *Historische Anthropologie* 23(1), S. 129-147.
Neuhaus, Lukas. 2008a. Produktives Problemlösen. Berufsbedingte Muster sozialer Klassifizierung bei Ingenieuren und Architekten. *Sozialer Sinn* 9(1), S. 95-120.
Neuhaus, Lukas. 2008b. Vom „weiten Denken" der Handwerker. Wie Lehrerinnen Berufe klassifizieren. *Schweizerische Zeitschrift für Soziologie* 34(1), S. 95-113.
Neuhaus, Lukas. 2011. *Wie der Beruf das Denken formt. Berufliches Handeln und soziales Urteil in professionssoziologischer Perspektive*. Marburg: Tectum Verlag.
Nicolas, François/Valceschini, Egizio (Hrsg.) 1995. *Agro-alimentaire: une économie de la qualité*. Paris: INRA-Economica.
Norman, Donald A. 1988. *The psychology of everyday things*. New York: Basic Books.
Norman, Donald A. 1993. *Les artifacts cognitifs*. In: Conein, Bernard/Thévenot, Laurent (Hrsg.), Cognition et information en société (Raisons pratiques 8). Paris: EHESS, S. 15-34.
North, Douglass C. 1990. *Institutions, institutional change and economic performance*. Cambridge: Cambridge University Press.
North, Douglass C. 1991. Institutions. *Journal of Economic Perspectives* 5(1), S. 97-112.

North, Douglass C. 1993. Economic performance through time. Nobelprize lecture. Stockholm. http://nobelprize.org/nobel_prizes/economics/laureates/1993/north-lecture.html. Zugegriffen: 15. Januar 2018.

North, Douglass C. 2005. *Understanding the process of economic chance*. Princeton: Princeton University Press.

North, Douglass C./Denzau, Arthur T. 1994. Shared mental models: Ideologies and institutions. *Kyklos* 47, S. 3-31.

Orléan, André. 1986. *Le rôle des conventions dans la logique monétaire*. In: Salais, Robert/Thévenot, Laurent (Hrsg.), Le travail. Marchés, règles, conventions. Paris: Economica, S. 219-238.

Orléan, André. 1989. Pour une approche cognitive des conventions économiques. *Revue économique* 40(2), S. 241-272.

Orléan, André. 1992. Contagion des opinions et fonctionnement des marchés financiers. *Revue économique* 43(4), S. 685-697.

Orléan, André. 1994. Analyse des phénomènes d'influence. De la psychologie sociale et cognitive à l'économie financière. *Revue économique* 45(3), S. 657-672.

Orléan, André. 1999. *Le pouvoir de la finance*. Paris: Odile Jacob.

Orléan, André. 2001. *The self centred logic of financial markets*. In: Petit, Pascal (Hrsg.), Economics and information. Dordrecht: Kluwer Academic, S. 83-92.

Orléan, André. 2002. La monnaie contre la marchandise. *L'homme* 162, S. 27-48.

Orléan, André. 2003. Reflexions sur les fondements institutionnels de l'objectivité marchande. *Cahiers d'économie politique* 44, S. 181-196.

Orléan, André. 2004a. *L'économie des conventions: Définitions et résultats*. In: Orléan, André (Hrsg.), Analyse économique des conventions. 2. Aufl. Paris: Presses Universitaires de France, S. 9-48.

Orléan, André. 2004b. *Vers un modèle général de la coordination économique par les conventions*. In: Orléan, André (Hrsg.), Analyse économique des conventions. 2. Aufl. Paris: Presses Universitaires de France, S. 49-80.

Orléan, André. 2007. L'approche institutionnaliste de la monnaie: une introduction. Working Paper. Paris: Paris School of Economics.

Orléan, André. 2008. *Monetary beliefs and the power of central banks*. In: Touffut, Jean-Philipp (Hrsg.), Central banks as economic institutions. Cheltenham: Edward Elgar, S. 7-21.

Orléan, André. 2009a. *La sociologie économique de la monnaie*. In: Steiner, Philippe/Vatin, François (Hrsg.), Traité de sociologie économique. Paris: Presses Universitaires de France, S. 209-246.

Orléan, André. 2009b. *De l'euphorie à la panique: penser la crise financière*. Paris: Editions Rue d'Ulm.

Orléan, André. 2011. *L'empire de la valeur. Refonder l'économie*. Paris: Seuil.

Orléan, André. 2012. Was ist der Wert des ökonomischen Werts? *Texte zur Kunst* 22(88), S. 69-79.

Orléan, André. 2013. Questioning economist's notion of value – André Orléan interviewed by Rainer Diaz-Bone. *Economic Sociology – European Electronic Newsletter* 14(3), S. 41-47. http://econsoc.mpifg.de/archive/econ_soc_14-3_docm.pdf. Zugegriffen: 15. Januar 2018.

Orléan, André. 2014. *The empire of value. A new foundation for economics*. Cambridge: MIT Press.

Orléan, André (Hrsg.) 1994. *Analyse économique des conventions*. Paris: Presses Universitaires de France.

Orléan, André (Hrsg.) 2004. *Analyse économique des conventions.* 2. Aufl. Paris: Presses Universitaires de France.

Patinkin, Don. 1972. *La monnaie, intérêt et les prix.* Paris: Presses Universitaires de France.

Penissat, Etienne/Brousse, Cécile/Deauvieau, Jérôme/Chevillard, Julien/Barozet, Emmanuelle/Mac-Lure, Oscar. 2016. From statistical categorizations to ordinary categorizations of social space: history and legacy of an original study based on a card game. *Historical Social Research* 41(2), S. 135-154.

Pernkopf-Konhäusner, Katharina/Brandl, Julia. 2010. How should human resources be managed? From comparing models of staff development in a German and Russian professional service firm: a conventionalist approach. *European Journal of Cross Cultural Competence and Management* 1(4), S. 356-377.

Pernkopf-Konhäusner, Katharina/Brandl, Julia. 2011. Variations in evaluative repertoires. Comparing employee perspectives on training and development in Germany and Russia. *Personnel Review* 40(5), S. 589-606.

Petit, Héloïse/Sauze, Damien. 2006. *Une lecture de la relation salariale comme structure de répartition d'aléas du travail de Salais.* In: Eymard-Duvernay, François (Hrsg.), L'économie des conventions. Méthodes et résultats. Bd. 2: Développements. Paris: La Découverte, S. 303-316.

Pestre, Dominique. 2006. *Introduction aux sciences studies.* Paris: La Découverte.

Pfeuffer, Andreas/Schultheis, Franz. 2002. Quelques particularités allemandes dans la représentation statistique du monde social. *Sociétés contemporaines* 45/46, S. 17-42.

Pharo, Patrick (Hrsg.) 1990. *Les formes de l'action. Sémantique et sociologie* (Raisons pratiques 1). Paris: EHESS.

Pinçon, Michel/Pinçon-Charlot, Monique. 2014. *Sociologie de Paris.* 3. Aufl. Paris: La Découverte.

Piore, Michael J. 1987. Historical perspectives and the interpretation of unemployment. *Journal of Economic Literature* 25(4), S. 1834-1850.

Piore, Michael J. (Hrsg.) 1979. *Unemployment and inflation: Institutionalist and structuralist views.* White Plains: Sharpe.

Platek, Richard/Särndal, Carl-Eric. 2001. Can a statistician deliver? *Journal of Official Statistics* 17(1), S. 1-20.

Ponte, Stefano. 2007. Governance in the value chain for South African wine. *Tralac* WP 9/2007. Kopenhagen: Danish Institut for International Studies.

Ponte, Stefano. 2009. Governing through quality: Conventions and supply relations in the value chain for South African wine. *Sociologia Ruralis* 49(3), S. 236-257.

Ponte, Stefano. 2016. Convention theory in the Anglophone agro-food literature. Past, present and future. *Journal of Rural Studies* 44(4), S. 12-23.

Ponte, Stefano/Cheyns, Emmanuelle. 2013. Voluntary standards, expert knowledge and the governance of sustainability networks. *Global Networks* 13(4), S. 459-477.

Ponte, Stefano/Daviron, Benoit. 2005. Quality standards, conventions and the governance of global value chains. *Economy and Society* 34(1), S. 1-31.

Ponte, Stefano/Gibbon, Peter/Vestergaard, Jakob (Hrsg.) 2011. *Governing through standards.* Basingstoke: Palgrave Macmillan.

Posner, Richard. 1973. *Economic analysis of law.* New York: Aspen.

Postel, Nicolas. 1998. L'économie des conventions. Une approche instrumentale de la rationalité individuelle? *Revue économique* 49(6), S. 1473-1495.

Postel, Nicolas. 2003. *Les règles dans la pensée économique contemporaine*. Paris: CNRS Editions.
Potthast, Jörg. 2015. Rezension zu „André Orléan: L'Empire de la valeur. Refonder l'e'conomie." *Human Studies* 38(1), S. 185-190.
Potthast, Jörg/Guggenheim, Michael. 2013. *Symmetrische Zwillinge. Zum Verhältnis von ANT und Soziologie der Kritik*. In: Thielmann, Tristan/Schüttpelz, Erhard (Hrsg.), Akteur-Medien-Theorie. Bielefeld: Transcript, S. 133-166.
Putnam, Hilary. 2002. *The collapse of the facts/value dichotomy*. Cambridge: Harvard University Press.
Raikes, Philip/Jensen, Michael Friis/Ponte, Stefano. 2000. Global commodity chain analysis and the French filière approach. *Economy and Society* 29(3), S. 390-417.
Ramirez, Carlos. 2013. "We are being pilloried for something, we did not even know we had done wrong!" Quality control and orders of worth in the British audit profession. *Journal of Management Studies* 50(5), S. 845-869.
Raveaud, Gilles. 2005. L'économie des conventions: théorie pragmatique, ou méthode radicale? *Document de travail* 5-03. Serie règles, institutions, conventions. Paris: IDHE Ecole normale supérieure de Cachan.
Raveaud, Gilles. 2008. Causalité, holisme méthodologique et modélisation «critique» en économie. *L'homme et la société* 170-171, S. 15-46.
Raynolds, Laura T. 2002. Consumer/Producer links in fair trade coffee networks. *Sociologia Ruralis 42(4), S. 404-424.*
Raynolds, Laura T. 2004. The globalization of organic agro-food networks. *World Development* 32(5), S. 725-743.
Rebérioux, Antoine. 2006. *La nature institutionelle de l'entreprise. Confrontation des points de vues juridique et conventionnaliste*. In: Eymard-Duvernay, François (Hrsg.), L'économie des conventions. Méthodes et résultats. Bd. 2: Développements. Paris: La Découverte, S. 275-288.
Reckwitz, Andreas. 2012. *Die Erfindung der Kreativität*. Berlin: Suhrkamp.
Reckwitz, Andreas. 2017. *Die Gesellschaft der Singularitäten*. Berlin: Suhrkamp.
Remillon, Delphine. 2009. *Chômage et transitions critiques dans les carrières. Les évaluations au coeur d'une analyse socio-économique de l'inemployabilité*. Thèse doctorat de l'Université de Paris 10 -Nanterre.
Reynaud, Bénédicte. 1986. *Diversité de la relation salariale de branche et codification des conventions collectives*. In: Salais, Robert/Thévenot, Laurent (Hrsg.), Le travail. Marchés, règles, conventions. Paris: Economica, S. 67-88.
Reynaud, Bénédicte. 1987. Les règles, et l'incomplétude du contrat du travail. *IEPE document de travail* 8704. Laboratoire IDHE. Paris: Ecole normale supèrieure de Cachan.
Reynaud, Bénédicte. 1988. Le contrat de travail dans le paradigme standard. *Revue française d'économie* 3(4), S. 157-194.
Reynaud, Bénédicte. 1994. *Les théories du salaire*. Paris: La Découverte.
Reynaud, Bénédicte. 1995. *Diversity and rules in wage determination*. In: Boyer, Robert/ Saillard, Yves (Hrsg.), Regulation theory. The state of the art. London: Routledge, S. 87-93.
Reynaud, Bénédicte. 2004. *Les règles économiques et leurs usages*. Paris: Odile Jacob.
Reynaud, Bénédicte. 2005. The void at the heart of rules. Routines in the context of rule-following. The case of the Paris Metro Workshop. *Industrial and Coporate Change* 14(5), S. 847-871.

Reynaud, Daniel/Richebé, Nathalie. 2007. Règles, conventions et valeurs. *Revue française de sociologie* 48(1), S. 3-36.

Reynaud, Bénédicte (Hrsg.) 1997. *Les limites de la rationalité*. Bd. 2: Figures du collectif. Paris: La Découverte.

Rivaud-Danset, Dorothée. 1989. L'activité de financement et lat relation banque-entreprise: une approche comparée. *IEPE document de travail* 8902. Laboratoire IDHE. Paris: Ecole normale supèrieure de Cachan.

Rivaud-Danset, Dorothée/Salais, Robert. 1992. Les conventions de financement des entreprises. *Revue française d'économie* 7(4), S. 81-120.

Robin, Catherine. 2017. *Werte kreativer Arbeit. Zur Vielfalt kreativer Arbeitspraktiken*. Bielefeld: Transcript.

Rössel, Jörg/Beckert, Jens. 2013. *Quality classifications in competition: Price formation in the German wine market*. In: Beckert, Jens/Musselin, Christine (Hrsg.), Constructing quality. The classification of goods in markets. Oxford: Oxford University Press, S. 288-315.

Rosanvallon, Pierre. 2000. *Der Staat in Frankreich. Von 1789 bis heute*. Münster: Westfälisches Dampfboot.

Rose, José. 1990. Des conventions aux formes institutionnelles: éléments pour un débat. *Revue française d'économie* 5(3), S. 123-153.

Salais, Robert. 1983. La formation du chômage dans les années trente. *Economie et statistique* 155, S. 15-28.

Salais, Robert. 1985. La formation du chômage comme catégorie: le moment des années 1930. *Revue économique* 36(2), S. 321-365.

Salais, Robert. 1986. *Les formes de la négation*. In: Salais, Robert/Thévenot, Laurent (Hrsg.), Le travail. Marchés, règles, conventions. Paris: Economica, S. 17-28.

Salais, Robert. 1988a. Les stratégies de modernisation de 1983 à 1986: le marché, l'organisation, le financement. *Economie et statistique* 213, S. 51-73.

Salais, Robert. 1988b. La modernisation des entreprises au cours des années 1980. *IEPE document de travatil* 8004. Laboratoire IDHE. Paris: Ecole normale supèrieure de Cachan.

Salais, Robert. 1989. L'analyse économique des conventions du travail. *Revue économique* 40(2), S. 199-240.

Salais, Robert. 1990. Conventions du travail, aléas économiques et flexibilité. *IEPE document de travail* 9001. Laboratoire IDHE. Paris: Ecole normale supèrieure de Cachan.

Salais, Robert (unter Mitarbeit von Luc Tessier). 1992. Modernisation des entreprises et fond national de l'emploi. *Travail et emploi* 51, S. 49-69.

Salais, Robert. 1996. La pluralité des mondes possibles: des produits aux territoires. *IEPE document de travail* 9601.

Salais, Robert. 1998. *A la recherche du fondement conventionnel des institutions*. In: Salais, Robert/Chatel, Elisabeth/Rivaud-Danset, Dorothée (Hrsg.), 1998 Institutions et conventions. La réflexivité de l'action économique (Raisons pratiques 9). Paris: EHESS, S. 255-291.

Salais, Robert. 2000. *Nationale wirtschaftliche Identitäten und Handelsbeziehungen zwischen Frankreich und Deutschland*. In: Wagner, Peter/Didry, Claude/Zimmermann, Bénédicte (Hrsg.), Arbeit und Nationalstaat. Frankreich und Deutschland in europäischer Perspektive. Frankfurt: Campus, S. 407-435.

Salais, Robert. 2004a. *La politique des indicateurs*. In: Zimmermann, Bénédicte (Hrsg.), Les sciences sociales à l'épreuve de l'action. Paris Edition de la Maison de sciences de l'homme, S. 287-331.

Salais, Robert. 2004b. *Incertitude et interactions de travail: des produits aux conventions.* In: Orléan, André (Hrsg.), Analyse économique des conventions. 2. Aufl. Paris: Presses Universitaires de France, S. 395-427.

Salais, Robert. 2006a. On the correct (and incorrect) use of indicators in public action. *Comparative Labor Law and Policy Journal* 27(2), S. 237-256.

Salais, Robert. 2006b. *Reforming the European social model and the politics of indicators: From the unemployment rate to the employment rate in the European employment strategy.* In: Jepsen, Maria/Serrano Pacial, Amparo (Hrsg.), Unwrapping the European social model. Bristol: Policy Press, S. 189-212.

Salais, Robert. 2007a. *Die „Ökonomie der Konventionen" – mit einer Anwendung auf die Arbeitswelt.* In: Beckert, Jens/Diaz-Bone, Rainer/Ganßmann, Heiner (Hrsg.), Märkte als soziale Strukturen. Frankfurt: Campus, S. 95-112.

Salais, Robert. 2007b. Europe and the deconstruction of the category of unemployment. *Archiv für Sozialgeschichte* 47, S. 371-401.

Salais, Robert. 2007c. Du bon (et du mauvais) emploi des indicateurs dans l'action publique. *IDHE Working Paper* 07-03. Paris: Ecole normale supérieure de Cachan (IDHE).

Salais, Robert. 2008a. Economics of convention – its origins, contributions and transdisciplinary perspectives. Robert Salais interviewed by Rainer Diaz-Bone in Berlin. *Economic Sociology – European Electronic Newsletter* 9(2), S. 16-23. http://econsoc.mpifg.de/archive/econ_soc_09-2.pdf. Zugegriffen: 15. Januar 2018.

Salais, Robert. 2008b. *Evaluation und Politik: Auf der Suche nach guten Indikatoren für die Forschung.* In: Matthier, Hildegard/Simon, Dagmar (Hrsg.), Wissenschaft unter Beobachtung. Effekte und Defekte von Evaluationen. Wiesbaden: VS Verlag, S. 193-212.

Salais, Robert. 2008c. *Capacités, base informationnelle et démocratie délibérative. Le (contre-) exemple de l'action publique européenne.* In: Munck, Jean de/Zimmermann, Bénédicte (Hrsg.), La liberté au prisme des capacités. Amartya Sen au-delà du libéralisme (Raisons pratiques 18). Paris: EHESS, S. 297-329.

Salais, Robert. 2010a. Usages et mésusages de l'argument statistique: le pilotage des politiques publiques par la performance. *Revue française des affaires sociales* 1(1/2), S. 129-147.

Salais, Robert. 2010b. La donnée n'est pas un donné. Pour une analyse critique de l'évaluation chiffrée de la performance. *Revue française d'administration publique* 135, S. 497-515.

Salais, Robert. 2011. Labour-related conventions and configurations of meaning: France, Germany and Great Britain prior to the Second World War. *Historical Social Research* 36(4), S. 218-247.

Salais, Robert. 2012a. Quantification and the economics of convention. *Historical Social Research* 37(4), S. 55-63.

Salais, Robert. 2012b. *Employment and the social dimension of Europe: What constitutive conventions of the market?* In: Rogowski, Ralf/Salais, Robert/Whiteside, Noel (Hrsg.), Transforming European employment policy: Labour market transitions and the promotion of capability. Cheltenham: Edward Elgar, S. 255-282.

Salais, Robert. 2013. *Le viol de l'Europe. Enquête sur la disparition d'une idée.* Paris: Presses Universitaires de France.

Salais, Robert. 2014. Réplique – chiffre et objetivité. Il y a convention et convention. *Cahiers droit, sciences et technologies* 4, S. 45-55.

Salais, Robert. 2015a. Revisiter la question de l'Etat à la lumière de la crise de l'Europe. Etat extérieur, situé ou absent. *Revue française de socio-économie* (hors-série), S. 245-262.

Salais, Robert. 2015b. Europe, laboratory for a-democracy? *Historical Social Research* 40(1), S. 185-199.
Salais, Robert/Storper, Michael. 1989. Une industrie, des rationalités multiples: flexibilité et production en masse dans l'industrie automobile en France dans les années 1980. *IEPE document de travail* 8901. Laboratoire IDHE. Paris: Ecole normale supèrieure de Cachan.
Salais, Robert/Storper, Michael. 1992. The four "worlds" of contemporary industry. *Cambridge Journal of Economics* 16(2), S. 169-193.
Salais, Robert/Storper, Michael. 1993. *Les mondes de production. Enquête sur l'identité économique de la France.* Paris: EHESS.
Salais, Robert/Baverez, Nicolas/Reynaud, Bénédicte. 1986. *L'invention du chômage. Histoire et transformations d'une catégorie en France des années 1890 aux années 1980.* Paris: Presses Universitaires de France.
Salais, Robert/Baverez, Nicolas/Reynaud, Bénédicte. 1999. *L'invention du chômage. Histoire et transformations d'une catégorie en France des années 1890 aux années 1980.* 2. Aufl. Paris: Presses Universitaires de France.
Salais, Robert (Hrsg.) 2011. *CAPRIGHT. Le travail réinventé. Un défi pour l'Europe.* Nantes: Cabinet Martinez.
Salais, Robert/Chatel, Elisabeth/Rivaud-Danset, Dorothée (Hrsg.) 1998. *Institutions et conventions. La réflexivité de l'action économique* (Raisons pratiques 9). Paris: EHESS.
Salais, Robert/Thévenot, Laurent (Hrsg.) 1986. Le *travail. Marchés, règles, conventions.* Paris: Economica.
Salais, Robert/Villeneuve, Robert (Hrsg.) 2004. *Europe and the politics of capabilities.* Cambridge: Cambridge University Press.
Salais, Robert/Whiteside, Noel (Hrsg.) 1998. *Governance, industry, and labour markets in Britain and France. The modernizing state.* London: Routledge.
Samuelson, Paul A. 1958. An exact consumption-loan model of interest with or without the social contrivance of money. *Journal of Political Economy* 66(6), S. 467-482.
Scherer, Christoph. 2005. *Die Ecole de la régulation: Französische Wirtschaftstheorie mit Ausstrahlung jenseits des Rheins.* In: Beilecke, François/Marmetschke, Katja (Hrsg.), Der Intellektuelle und der Mandarin. Kassel, S. 143-160.
Schenk, Patrick/Rössel, Jörg. 2011. *Identität und Qualität im Weinfeld.* In: Bernhard, Stefan/ Schmidt-Wellenburg, Christian (Hrsg.), Feldanalyse als Forschungsprogramm. Bd. 2: Gegenstandsbezogene Theoriebildung. Wiesbaden: Springer VS, S. 83-108.
Schmid, Robert. 2012. *Soziologie der Praktiken. Konzeptionelle Studien und empirische Analysen.* Berlin: Suhrkamp.
Schmidt-Wellenburg, Christian. 2015. *Konventionen, Felder, Organisationen. Beratung als Forminvestition im Unternehmen und im Feld des Managements.* In: Koll, Lisa (Hrsg.), Organisationen und Konventionen. Die Soziologie der Konventionen in der Organisationsforschung. Wiesbaden: Springer VS, S. 275-299.
Schneider, Anna. 2016. *Handling the clash between production and consumption. A situated view on front-line service workers' competencies in interactive service.* München: Hampp.
Schultheis, Franz. 2000. *Initiation und Initiative. Entstehungskontext und Entstehungsmotive der Bourdieuschen Theorie der sozialen Welt.* In: Bourdieu, Pierre, Die zwei Gesichter der Arbeit. Konstanz: UVK, S. 165-184.
Schultheis, Franz. 2007. *Bourdieus Wege in die Soziologie. Genese und Dynamik einer reflexiven Sozialwissenschaft.* Konstanz: UVK.

Schultheis, Franz/Bitting, Barbara/Bührer, Sabine/Kändler, Patrick/Mau, Kristina/Nensel, Markus/Pfeuffer, Andreas/Scheib, Elke/Voggel, Winfried. 1996. Repräsentationen des sozialen Raums im interkulturellen Vergleich: zur Kritik der soziologischen Urteilskraft. *Berliner Journal für Soziologie* 6(1), S. 43-68.
Schulz-Schaeffer, Ingo. 2000. *Akteur-Netzwerk-Theorie. Zur Koevolution von Gesellschaft, Natur und Technik*. In: Weyer, Jürgen (Hrsg.), Soziale Netzwerke. Konzepte und Methoden der sozialwissenschaftlichen Netzwerkforschung. München: Oldenbourg, S. 187-209.
Schwibs, Bernd. 1988. *Erläuterungen zum französischen Hochschulsystem*. In: Bourdieu, Pierre, Homo academicus. Frankfurt: Suhrkamp, S. 437-455.
Searle, John. 2015. *Was ist eine Institution?* In: Diaz-Bone, Rainer/Krell, Gertraude (Hrsg.), Diskurs und Ökonomie. Diskursanalytische Perspektiven auf Märkte und Organisationen. 2. Aufl. Wiesbaden: Springer VS, S. 105-129.
Seibel, Claude. 2004. Les liens entre Pierre Bourdieu et les statisticiens à partir de son expérience algérienne. *Couriers des statistiques* 112, S. 19-26.
Seiterle, Nicolette. 2017. *Lehrbetriebsverbünde. Integration von benachteiligten Jugendlichen in ein neues Modell der dualen Berufsausbildung in der Schweiz*. Opladen: Barbara Budrich.
Sen, Amartya. 1985. *The standard of living. Tanner lectures on human values*. Cambridge: Harvard University Press.
Sen, Amartya. 1992. *Inequality reexamind*. Cambridge: Harvard University Press.
Sen, Amartya. 1999. *Commodities and capabilities*. Oxford: Oxford University Press.
Sen, Amartya. 2010. *Mismeasuring our lives. Why GDP doesn't add up*. New York: Free Press.
Sennett, Richard. 2009. *Handwerk*. Frankfurt: Suhrkamp.
Sennett, Richard. 2012. *Zusammenarbeit. Was unsere Gesellschaft zusammenhält*. Berlin: Suhrkamp.
Serres, Michel. 1992. *Hermes III*. Übersetzung. Berlin: Merve.
Serres, Michel. 2002a. *Paris um 1800*. In: Serres, Michel (Hrsg.), Elemente einer Geschichte der Wissenschaften. 2. Aufl. Frankfurt: Suhrkamp, S. 597-643.
Serres, Michel. 2002b. *Gnomon: Die Anfänge der Geometrie in Griechenland*. In: Serres, Michel (Hrsg.), Elemente einer Geschichte der Wissenschaften. 2. Aufl. Frankfurt: Suhrkamp, S. 109-175.
Serres, Michel/Latour, Bruno. 1995. *Conversations on science, culture, and time*. Ann Arbor: University of Michigan Press.
Serres, Michel (Hrsg.) 2002. *Elemente einer Geschichte der Wissenschaften*. 2. Aufl. Frankfurt: Suhrkamp.
Serverin, Evelyne. 2000. *Sociologie du droit*. Paris: La Découverte.
Seys, Baudouin. 1984. De l'ancien code de la nomenclature à la nouvelle nomenclature des catégories socioprofessionnelles. *Economie et statistique* 171-172, S. 159-166.
Silva-Castaneda, Laura. 2012. A forest of evidence: Third-party certification and multiple forms of proof. A case study of oil palm plantations in Indonesia. *Agriculture and Human Values* 29(3), S. 361-370.
Simmel, Georg. 1987. *Philosophie des Geldes*. 8. Aufl. Berlin: Duncker & Humblot.
Simon, Herbert A. 1947. *Administrative behavior*. New York: MacMillan.
Simon, Herbert A. 1951. A formal theory of the employment relationship. *Econometrica* 19(3), S. 293-305.
Simon, Herbert A. 1991. Organizations and markets. *Journal of Economic Perspectives* 5(2), S. 25-44.

Smelser, Neil/Swedberg, Richard. 2005. *Introduction*. In: Smelser, Neil/Swedberg, Richard (Hrsg.), Handbook of economic sociology. 2. Aufl. Princeton: Princeton University Press, S. 3-25.
Smelser, Neil/Swedberg, Richard (Hrsg.) 1994. *Handbook of economic sociology*. Princeton: Princeton University Press.
Smelser, Neil/Swedberg, Richard (Hrsg.) 2005. *Handbook of economic sociology*. 2. Aufl. Princeton: Princeton University Press.
Smith, Adam. 1974. *Der Wohlstand der Nationen*. München: Beck.
Spence, Michael. 1973. Job market signaling. *Quarterly Journal of Economics* 87(3), S. 355-374.
Stark, David. 2000. For a sociology of worth. *Working Paper. Center of Organizational Innovation*. New York/Santa Fe: Columbia University and Santa Fe Institut.
Stark, David. 2009. *The sense of dissonance. Accounts of worth in economic life*. Princeton: Princeton University Press.
Stavo-Debauge, Joan. 2005. Mobilising statistical powers for action against discriminations: The case of the United Kingdom. *International Social Science Journal* 183, S. 43-55.
Stavo-Debauge, Joan. 2013. The so-called "pragmatic" French sociology and the American pragmatism: A few notes on a late meeting through the "regimes of engagement". Unveröffentlichtes Manuskript.
Stavo-Debauge, Joan/Trom, Danny. 2004. *Le pragmatisme et son public à l'épreuve du terrain. Penser avec Dewey contre Dewey*. In: Karsenti, Bruno/Quéré, Louis (Hrsg.), La croyance et l'enquête. Aux sources du pragmatisme (Raisons pratiques 15). Paris: Editions de l'EHESS, S. 195-226.
Steiner, Philippe. 2000. La Revue économique 1950-1980: la marche vers l'orthodoxie académique? *Revue économique* 51(5), S. 1009-1058.
Steiner, Philippe. 2005a. *La sociologie de Durkheim*. 4. Aufl. Paris: La Découverte.
Steiner, Philippe. 2005b. Le marché selon la sociologie économique. *Revue européenne des sciences sociales* 43(132), S. 31-64.
Steiner, Philippe/Vatin, François (Hrsg.) 2009. *Traité de sociologie économique*. Paris: Presses Universitaires de France.
Storper, Michael. 1993. Regional "worlds" of production: Learning and innovation in the technology districts of France, Italy and the USA. *Regional Studies* 27(5), S. 433-455.
Storper, Michael. 1996. Innovation as collective action: Conventions, products and technologies. *Industrial and Corporate Change* 5(3), S. 761-790.
Storper, Michael. 1997. *The regional world. Territorial development in a global economy*. New York: Guilford Press.
Storper, Michael/Salais, Robert. 1992. The division of labour and industrial diversity: Flexibility and mass production in the French automobile industry. *International Review of Applied Economics* 6(1), S. 1-37.
Storper, Michael/Salais, Robert. 1997. *Worlds of production. The action frameworks of the economy*. Cambridge: Harvard University Press.
Stryker, Robin. 2003. Mind the gap: law, institutional analysis and socioeconomis. *Socio-Economic Review* 1(3), S. 335-367.
Subar, Daniel. 2012. *Emile Durkheim*. Konstanz: UVK.
Suchman, Mark C. 2003. The contract as social artefact. *Law and Society Review* 37(1), S. 91-142.
Suchman, Mark C. 2011. *Le contrat comme artefact social*. In: Bessy, Christian/Delpeuch, Thierry/Pélisse, Jerôme (Hrsg.), Droit et régulations des activités économiques et institutionalistes. Paris: LGDJ, S. 231-253.

Suckert, Lisa. 2015a. *Die Dynamik ökologischer Märkte. Eine feldanalytische Betrachtung des Marktes für Bio-Molkereiprodukte.* Konstanz: UVK.
Suckert, Lisa. 2015b. *Organisierter Kompromiss. Wie Ecopreneur-Unternehmen das Dilemma der Nachhaltigkeit lösen.* In: Koll, Lisa (Hrsg.), Organisationen und Konventionen. Die Soziologie der Konventionen in der Organisationsforschung. Wiesbaden: Springer VS, S. 194-224.
Suckert, Lisa. 2017. Unravelling ambivalence. A field-theoretical approach to moralised markets. *Current Sociology.* https://doi.org/10.1177/0011392117737820. Zugegriffen: 15. Januar 2018.
Supiot, Alain. 2007a. *Critique du droit du travail.* Paris: Presses Universitaires de France.
Supiot, Alain. 2007b. *Homo juridicus. On the anthropological function of the law.* London: Verso.
Supiot, Alain. 2011. *Der Geist von Philadelphia. Soziale Gerechtigkeit in Zeiten entgrenzter Märkte.* Hamburg: Hamburger Edition.
Supiot, Alain. 2015. *La gouvernance par les nombres. Cours au Collège de France (2012-2014).* Paris: Fayard.
Swedberg, Richard. 1998. *Max Weber and the idea of economic sociology.* Princeton: Princeton University Press.
Swedberg, Richard. 2002. Law and economy. The need for a sociological approach. *Economic Sociology – European Electronic Newsletter* 3(3), S. 47-52. http://econsoc.mpifg.de/archive/esjune02.pdf. Zugegriffen: 15. Januar 2018.
Swedberg, Richard. 2003a. *Principles of economic sociology.* Princeton: Princeton University Press.
Swedberg, Richard. 2003b. The case for an economic sociology of law. *Theory and Society* 32(1), S. 1-37.
Swedberg, Richard. 2006a. *Quand la sociologie économique rencontre l'économie des conventions.* In: Eymard-Duvernay, François (Hrsg.), L'économie des conventions. Méthodes et résultats. Bd. 1: Débats. Paris: La Découverte, S. 77-92.
Swedberg, Richard. 2006b. Max Weber's contribution to the economic sociology of law. *Annual Review of Law and Social Science* 2, S. 61-81.
Tadjeddine, Yamina. 2006. *Les gérants d'active en action: l'importance des conventions dans la décision financière.* In: Eymard-Duvernay, François (Hrsg.), L'économie des conventions. Méthodes et résultats. Bd. 2: Développements. Paris: La Découverte, S. 193-207.
Taylor, Frederick W. 1977. *Die Grundsätze der wissenschaftlichen Betriebsführung.* Weinheim: Beltz.
Thévenon, Olivier. 2006. *Esquisse d'une analyse des régulations à laquelle pourrait contribuer l'économie des conventions.* In: Eymard-Duvernay, François (Hrsg.), L'économie des conventions. Méthodes et résultats. Bd. 1: Débats. Paris: La Découverte, S. 265-278.
Thévenot, Laurent. 1977. Les catégories sociales en 1975: l'extension du salariat. *Economie et statistique* 91, S. 3-31.
Thévenot, Laurent. 1979. Une jeunesse difficile. *Actes de la recherche en sciences sociales* 26, S. 3-18.
Thévenot, Laurent. 1981a. Introduction. In: INSEE (Hrsg.), Les catégories socioprofessionnelles et leur repérage dans les enquêtes. Etudes méthodologiques. *Archives et documents* 38. Paris: INSEE, S. 5-8.
Thévenot, Laurent. 1981b. Un emploi à quel titre; l'identité professionnelles dans les questionnaires statistiques. In: INSEE (Hrsg.), Les catégories socioprofessionnelles et leur

repérage dans les enquêtes. Etudes méthodologiques. *Archives et documents* 38. Paris: INSEE, S. 9-39.

Thévenot, Laurent. 1981c. Le flou d'appellation et de chiffrement dans les professions de santé. In: INSEE (Hrsg.), Les catégories socioprofessionnelles et leur repérage dans les enquêtes. Etudes méthodologiques. *Archives et documents* 38. Paris: INSEE, S. 253-263.

Thévenot, Laurent. 1983a. L'économie du codage social. *Critiques de l'économie politique* 23/24, S. 188-222.

Thévenot, Laurent. 1983b. A propos d'une définition des couches moyennes et de la nouvelle nomenclature des professions et catégories socioprofessionnelles. *Revue française de sociologie* 24(2), S. 317-326.

Thévenot, Laurent. 1984. Rules and implements: Investments in forms. *Social Science Information* 23(1), S. 1-45.

Thévenot, Laurent. 1986a. *Introduction*. In: Thévenot, Laurent (Hrsg.), Conventions économiques. Cahiers du centre d'études de l'emploi 29. Paris: Presses Universitaires de France, S. V-XVIII.

Thévenot, Laurent. 1986b. *Les investissements de forme*. In: Thévenot, Laurent (Hrsg.), Conventions économiques. Cahiers du Centre d'études de l'emploi 29. Paris: Presses Universitaires de France, S. 21-72.

Thévenot, Laurent. 1986c. *Economie et formes conventionnelles*. In: Salais, Robert/Thévenot, Laurent (Hrsg.), Le travail. Marchés, règles, conventions. Paris: Economica, S. 195-217.

Thévenot, Laurent. 1987. *Les enquêtes formations qualification professionnelle et leurs ancêtres français*. In: Affichard, Joëlle (Hrsg.), Pour une histoire de la statistique. Bd. 2: Matériaux. Paris: Economica, S. 117-165.

Thévenot, Laurent. 1989a. Equilibre et rationalité dans un univers complexe. *Revue économique* 40(2), S. 147-197.

Thévenot. 1989b. *Economie et politique de l'éntreprise. Economies de l'éfficacité et de la confiance*. In: Boltanski, Luc/Thévenot, Laurent (Hrsg.), Justesse et justice dans le travail. Cahiers du Centre d'études de l'emploi 33. Paris: Presses Universitaires de France, S. 135-207.

Thévenot, Laurent. 1990. La politique des statistiques: les origines sociales des enquêtes de mobilité sociale. *Annales* 45(6), S. 1275-1300.

Thévenot, Laurent. 1992a. Jugements ordinaires et jugement du droit. *Annales* 47(6), S. 1279-1299.

Thévenot, Laurent. 1992b. *Des chiffres parlants: mesure statistique et jugement ordinaire*. In: Besson, Jean-Louis (Hrsg.), La cité des chiffres. Ou l'illusion des statistiques. Paris: Editions Autrement, S. 130-142.

Thévenot, Laurent. 1993. *Essai sur les objets usuels*. In: Conein, Bernard/Dodier, Nicolas/Thévenot, Laurent (Hrsg.), Les objets dans l'action. De la maison au laboratoire (Raisons pratiques 4). Paris: EHESS, S. 85-111.

Thévenot, Laurent. 1994a. Statistique et politique. La normalité du collectif. *Politix* 7(25), S. 5-20.

Thévenot, Laurent. 1994b. Le régime de familiarité. Des choses en personne. *Genèses* 17(1), S. 72-101.

Thévenot, Laurent. 1995a. New trends in French social sciences. *Culture* 9(2), S. 1-7.

Thévenot, Laurent. 1995b. *L'action publique contre l'exclusion dans les approaches pluralistes du juste*. In: Affichard, Joëlle/Foucauld, Jean-Baptiste de (Hrsg.), Pluralisme et équité. La justice sociale dans les démocraties. Paris: Editions Esprits, S. 51-69.

Thévenot, Laurent. 1995c. *Des marchés aux normes.* In: Allaire, Gilles/Boyer, Robert (Hrsg.), La grande transformation de l'agriculture. Paris: INRA-Economica, S. 33-51.

Thévenot, Laurent. 1997. *Un gouvernement par les normes. Pratiques et politiques des formats d'information.* In: Conein, Bernard/Thévenot, Laurent (Hrsg.), Cognition et information en société (Raisons pratiques 8). Paris: EHESS, S. 205-241.

Thévenot, Laurent. 2001a. Organized complexity. Conventions of coordination and the composition of economic arrangement. *European Journal of Social Theory* 4(4), S. 405-425.

Thévenot, Laurent. 2001b. *Pragmatic regimes governing the engagement with the world.* In: Knorr Cetina, Karin/Schatzki, Theodore/von Savigny, Eike (Hrsg.), The practice turn in contemporary theory. London: Routledge, S. 56-73.

Thévenot, Laurent. 2002a. *Conventions of co-ordination and the framing of uncertainty.* In: Fullbrook, Edward (Hrsg.), Intersubjectivity in economics. London: Routledge, S. 181-197.

Thévenot, Laurent. 2002b. *Which road to follow? The moral complexity of an "equipped" humanity.* In: Law, John/Mol, Annemarie (Hrsg.), Complexities: Social studies of knowledge practices. Durham: Duke University Press, S. 53-87.

Thévenot, Laurent. 2004a. The French convention school and the coordination of economic action. Laurent Thévenot interviewed by Søren Jagd at the EHESS Paris. *Economic Sociology – European Electronic Newsletter* 5(3), S. 10-16. http://econsoc.mpifg.de/archive/esjune04.pdf. Zugegriffen: 15. Januar 2018.

Thévenot, Laurent. 2004b. *Les enjeux d'une pluralité de formats d'information* (Interview mit Thévenot). In: Delamottre, Eric (Hrsg.), Du partage au marché. Regards croisés sur la circulation des savoirs. Lille: Edition du Septentrion, S. 333-347.

Thévenot, Laurent. 2006a. *L'action au pluriel. Sociologie des régimes d'engagement.* Paris: La Découverte.

Thévenot, Laurent. 2006b. *Convention school.* In: Beckert, Jens/Zafirovski, Milan (Hrsg.), The international encyclopaedia of economic sociology. London: Routledge, S. 111-115.

Thévenot, Laurent. 2007. The plurality of cognitive formats and engagements moving between the familiar and the public. *European Journal of Social Theory* 10(3), S. 409-423.

Thévenot, Laurent. 2008. *Les sciences économiques et sociales et le droit: Quels biens reconnus, pour quelle evaluations?* In: Lyon-Caen, Antoine/Perulli, Adalberto (Hrsg.), Efficacia e diritto del lavoro. Verona: Cedam, S. 65-97.

Thévenot, Laurent. 2009. Governing life by standards. A view from engagements. *Social Studies of Science* 39(5), S. 793-813.

Thévenot, Laurent. 2011a. *Die Vielfalt kognitiver Formate.* In: Diaz-Bone, Rainer (Hrsg.), Die Soziologie der Konventionen. Grundlagen einer pragmatischen Anthropologie. Franfurt: Campus, S. 254-274.

Thévenot, Laurent. 2011b. *Die Person in ihrem vielfachen Engagiertsein.* In: Diaz-Bone, Rainer (Hrsg.), Die Soziologie der Konventionen. Grundlagen einer pragmatischen Anthropologie. Franfurt: Campus, S. 231-253.

Thévenot, Laurent. 2011c. On engagement, critique, commonality, and power (interview with Paul Blokker and Andrea Brighenti). *European Journal of Social Theory* 14(3), S. 383-400.

Thévenot, Laurent. 2011d. Conventions for measuring and questioning politics. The case of 50 years of policy evaluations through a statistical survey. *Historical Social Research* 36(4), S. 192-217.

Thévenot, Laurent. 2011e. Power and oppression from the perspective of the sociology of engagements: A comparison with Bourdieu's and Dewey's critical approaches to practical activities. *Irish Journal of Sociology* 19(1), S. 35-67.

Thévenot, Laurent. 2012a. Law, economies and economics. New critical perspectives on normative and evaluative devices in action. *Economic Sociology – European Electronic Newsletter* 14(1), S. 4-10. http://econsoc.mpifg.de/archive/econ_soc_14-1.pdf. Zugegriffen: 15. Januar 2018.

Thévenot, Laurent. 2012b. Convening the company of historians to go into conventions, powers, critiques and engagements. *Historical Social Research* 37(4), S. 22-35.

Thévenot, Laurent. 2012c. Des institutions en personne. Une sociologie pragmatique en dialogue avec Paul Ricœur. *Ricœur studies/Etudes ricœuriennes* 3(1), S. 11-33. http://ricoeur.pitt.edu/ojs/index.php/ricoeur/article/view/136/59. Zugegriffen: 15. Januar 2018.

Thévenot, Laurent. 2013. *The human being invested in social forms: Four extensions for the notion of enagegement.* In: Archer, Margaret S./Maccarini, Andrea M. (Hrsg.), Enaging with the world. Agency, institutions, historical formations. London: Routledge, S. 162-180.

Thévenot, Laurent. 2014. Voicing concern and difference: From public spaces to common-places. *European Journal of Cultural and Political Sociology* 1(1), S. 7-34.

Thévenot, Laurent. 2015. *Certifying the world. Power Infrastructures and practices in economies of conventional forms.* In: Aspers, Patrik/Dodd, Nigel (Hrsg.), Re-imagining economic sociology. Oxford: Oxford University Press, S. 195-223.

Thévenot, Laurent. 2016a. From social coding to economics of convention. A thirty-year perspective on the analysis of qualification and quantification investments. *Historical Social Research* 41(2), S. 96-117.

Thévenot, Laurent. 2016b. *Pouvoir. Le pouvoir des conventions.* In: Batifoulier, Philippe/Bessis, Franck/Ghirardello, Ariane/Larquier, Guillemette de/Remillon, Delphine (Hrsg.), Dictionnaire des conventions. Villeneuve-d'Ascq: Presses Universitaires du Septentrion, S. 203-207.

Thévenot, Laurent/Moody, Michael/Lafaye, Claudette. 2000. *Forms of valuing nature: Arguments and modes of justification in French and American environmental disputes.* In: Lamont, Michèle/Thévenot, Laurent (Hrsg.), Rethinking comparative cultural sociology. Repertoires of evaluation in France and the United States. Cambridge: Cambridge University Press, S. 229-272.

Thévenot, Laurent/Moody, Michael/Lafaye, Claudette. 2011. *Formen der Bewertung von Natur: Argumente und Rechtfertigungsordnungen in französischen und US-amerikanischen Umweltdebatten.* In: Diaz-Bone, Rainer (Hrsg.), Soziologie der Konventionen. Grundlagen einer pragmatischen Anthropologie. Fankfurt: Campus, S. 125-165.

Thévenot, Laurent (Hrsg.) 1986. *Conventions économiques.* Cahiers du Centre d'études de l'emploi 29. Paris: Presses Universitaires de France.

Thornton Patricia H./Ocasio, William. 2008. *Institutional logics.* In: Greenwood, Royston/Oliver, Christine/Sahlin, Kerstin/Suddaby, Roy (Hrsg.), The Sage Handbook of Organizational Institutionalism. Thousand Oaks: Sage, S. 99-129.

Thornton, Patricia H./Ocasio, William/Lounsbury, Michael. 2012. *The institutional logics perspective. A new approach to culture, structure and process.* New York: Oxford University Press.

Tilly, Charles. 2006. *Why?* Princeton: Princeton University Press.

Tobin, James. 1987. *Financial intermediaries.* In: The New Palgrave: Finance. London: Palgrave MacMillan, S. 35-52.

Thuderoz, Christian. 2005. *Sociologie des entreprises.* Paris: La Découverte.

Ughetto, Pascal. 2000. L'entreprise dans l'économie des conventions. *Revue économique* 51(1), S. 51-73.

Urrutiaguer, Daniel. 2014. *Les mondes du théâtre. Désenchantement politique et* économie des conv*entions*. Paris: L'Harmattan.

Van Dijk, Teun A. 1980. *Macrostructures. An interdisciplinary study of global structures in discourse, interaction, and cognition*. Hillsdale: Lawrence Earlbaum.

Vatin, François (Hrsg.) 2013. *Evaluer et valoriser. Une sociologie économique de la mesure*. 2. Aufl. Toulouse: Presses Universitaires du Mirail.

Veblen, Thorstein. 2011. *Theorie der feinen Leute*. Frankfurt: Fischer.

Vercueil, Julien. 1997. Institutionnalisme et économie des conventions. *Economie et sociétés* 31(10), Serie PE, S. 85-114.

Verdier, Eric. 2006. *Conventions et régimes d'actions en matière de R&D et d'innovation: les modalités sociétales de construction de bien commun*. In: Eymard-Duvernay, François (Hrsg.), L'économie des conventions. Méthodes et résultats. Bd. 2: Développements. Paris: La Découverte, S. 421-437.

Verdier, Eric. 2010a. Les dispositifs d'orientation en Europe: comment concilier vocation, autonomie et protection des individus? *Les sciences de l'éducation* 43(2), S. 109-132.

Verdier, Eric. 2010b. Postface: L'orientation scolaire et professionnelle: entre assignation et idées floues, l'anarchie organisée. *Formation emploi* 109, S. 113-126.

Vidal, Jean-François. 2001. *Birth and growth of the regulation school in the French intellectual context (1970-1986)*. In: Labrousse, Agnès/Weisz, Jean-Daniel (Hrsg.), Institutional economics in France and Germany. Berlin: Springer, S. 13-47.

Virol, Mchèle. 2003. *Vauban. De la gloire du roi au service de l'Etat*. Seyssel: Champ Vallon.

Vogel, Raphael. 2015. Kampf um Konventionen. Konventionenbezüge, Felddynamiken und Labels im Schweizer Lebensmittelhandel. *Working Paper des Soziologischen Seminars*. Luzern: Universität Luzern.

Volle, Michel. 1977. *Naissance de la statistique industrielle en France (1930-1950)*. In: Affichard, Joëlle (Hrsg.), Pour une histoire de la statistique. Bd. 1: Concepts. Paris: INSEE/Economica, S. 327-365.

Volle, Michel. 1978. L'analyse des donnés. *Economie et statistique* 96, S. 3-23.

Wärneryd, Karl. 1990. Conventions. An evolutionary approach. *Constitutional Political Economy* 1(3), S. 83-107.

Wagner, Peter. 1993. Die Soziologie der Genese sozialer Institutionen – Theoretische Perspektiven der „neuen Sozialwissenschaften" in Frankreich. *Zeitschrift für Soziologie* 22(6), S. 464-476.

Wagner, Peter. 1994. Dispute, uncertainty and institutions in recent French debates. *Journal of Political Philosophy* 2(3), S. 270-289.

Wagner, Peter. 2004. *Soziologie der kritischen Urteilskraft und der Rechtfertigung. Die Politik- und Moralsoziologie um Luc Boltanski und Laurent Thévenot*. In: Moebius, Stephan/Peter, Lothar (Hrsg.), Französische Soziologie der Gegenwart. Konstanz: UVK, S. 417-448.

Wagner, Peter. 2011. Handlung, Institution, Kritik. Materialien zur immer noch notwendigen Erneuerung der Gesellschaftstheorie (Symposiumsbeitrag). *Soziologische Revue* 34(3), S. 270-276.

Walras, Léon. 1988. *Eléments d'économie politique pure ou théorie de la richesse sociale*. Lausanne: Corbaz & Cie.

Weber, Max. 1980. *Wirtschaft und Gesellschaft*. 5. Aufl. Tübingen: J.C.B. Mohr.

Weber, Max. 1988a. *Die protestantische Ethik und der Geist des Kapitalismus*. In: Weber, Max, Gesammelte Aufsätze zur Religionssoziologie, Bd. 1. Tübingen: J.C.B. Mohr, S. 17-206.

Weber, Max. 1988b. *Vorbemerkung.* In: Weber, Max, Gesammelte Aufsätze zur Religionssoziologie, Bd. 1. Tübingen: J.C.B. Mohr, S. 1-16.

Weber, Max. 1991. *Wirtschaftsgeschichte. Abriß der universalen Sozial- und Wirtschaftsgeschichte.* 5. Aufl. Berlin: Duncker & Humblot.

Weischer, Christoph. 2004. *Das Unternehmen empirische Sozialforschung. Strukturen, Praktiken und Leitbilder der Sozialforschung in der Bundesrepublik.* München: Oldenbourg.

White, Harrison C. 1981. Where do markets come from? *American Journal of Sociology* 87(3), S. 517-547.

White, Harrison C. 2000. Modeling discourse in and around markets. *Poetics* 27(2/3), S. 117-133.

White, Harrison C. 2002a. *Markets from networks. Socioeconomic models of production.* Princeton: Princeton University Press.

White, Harrison C. 2002b. *Conclusion: Quality is a system property. Downstream.* In: Favereau, Olivier/Lazega, Emmanuel (Hrsg.), Conventions and structures in economic organization. Markets, networks, hierarchies. Cheltenham: Edward Elgar, S. 329-345.

White, Harrison C. 2002c. Substituability cross-stream between oriented markets: Conventions in the wine sector in France. *ISERP Working Paper* 02-02. New York: Columbia University.

White, Harrison C. 2008. *Identity and control: How social formations emerge.* 2. Aufl. Princeton: Princeton University Press.

White, Harrison C./Godart, Frédéric C. 2007. *Märkte als soziale Formationen.* In: Beckert, Jens/Diaz-Bone, Rainer/Ganßmann, Heiner (Hrsg.), Märkte als soziale Strukturen. Frankfurt: Campus, S. 197-215.

Widmer, Michelle. 2012. Kompetenzkonstruktion bei der Rekrutierung des Executive Managements. Eine empirische Anwendung der „Economie des conventions" auf ein internationales Unternehmen der Luftfahrt- und Luftfrachtindustrie. *Working Paper des Soziologischen Seminars* . Luzern: Universität Luzern. https://www.unilu.ch/fakultaeten/ksf/institute/soziologisches-seminar/forschung/#c20907. Zugegriffen: 15. Januar 2018.

Wilkinson, John. 1997. A new paradigm for economic analysis? Recent convergences in French social science and an exploration of the convention theory approach with a consideration of its application to the analysis of the agrofood system. *Economy and Society* 26(3), S. 305-339.

Williamson, Oliver E. 1975. *Markets and hierarchies. Analysis and antitrust implications.* New York: Free Press.

Williamson, Oliver E. 1985. *The economic institutions of capitalism.* New York: Free Press.

Williamson Oliver E. 2000. The new institutional economics. Taking stock, looking ahead. *Journal of Economic Literature* 38(3), S. 595-613.

Windolf, Paul (Hrsg.) 2005. Finanzmarkt-Kapitalismus. Analysen zum Wandel von Produktionsregimen. Sonderheft 45. *Kölner Zeitschrift für Soziologie und Sozialpsychologie.* Wiesbaden: VS Verlag.

Young, Peyton. 1993. The evolution of conventions. *Econometrica* 61(1), S. 57-84.

Zeitlin, Jonathan/Pochet, Philipp/Magnusson, Lars (Hrsg.) 2005. *The open method of coordination in action.* Brüssel: Peter Lang.

Zimmermann, Bénédicte. 2000. *Arbeitslosigkeit um die Jahrhundertwende. Zwei Formen der statistischen Konstruktion einer nationalen Kategorie.* In: Wagner, Peter/Didry, Claude/Zimmermann, Bénédicte (Hrsg.), Arbeit und Nationalstaat. Frankreich und Deutschland in europäischer Perspektive. Frankfurt: Campus, S. 283-307.

Zimmermann, Bénédicte. 2006. *Arbeitslosgikeit in Deutschland. Zur Entstehung einer sozialen Kategorie*. Frankfurt: Campus.
Zimmermann, Bénédicte. 2011. *Ce que travailler veut dire. Une sociologie des capacités et des parcours professionnels*. Paris: Economica.
Zuckerman, Ezra W. 1999. The categorical imperative. Securities analysts and the illegitimacy discount. *American Journal of Sociology* 104(5), S. 1398-1438.

Made in the USA
Las Vegas, NV
12 November 2024

11557472R00272